「福翁自傳」の研究

本文編

佐志 傳

慶應義塾大学出版会

口述校訂原稿「幼少の時」冒頭部分（本書１頁）

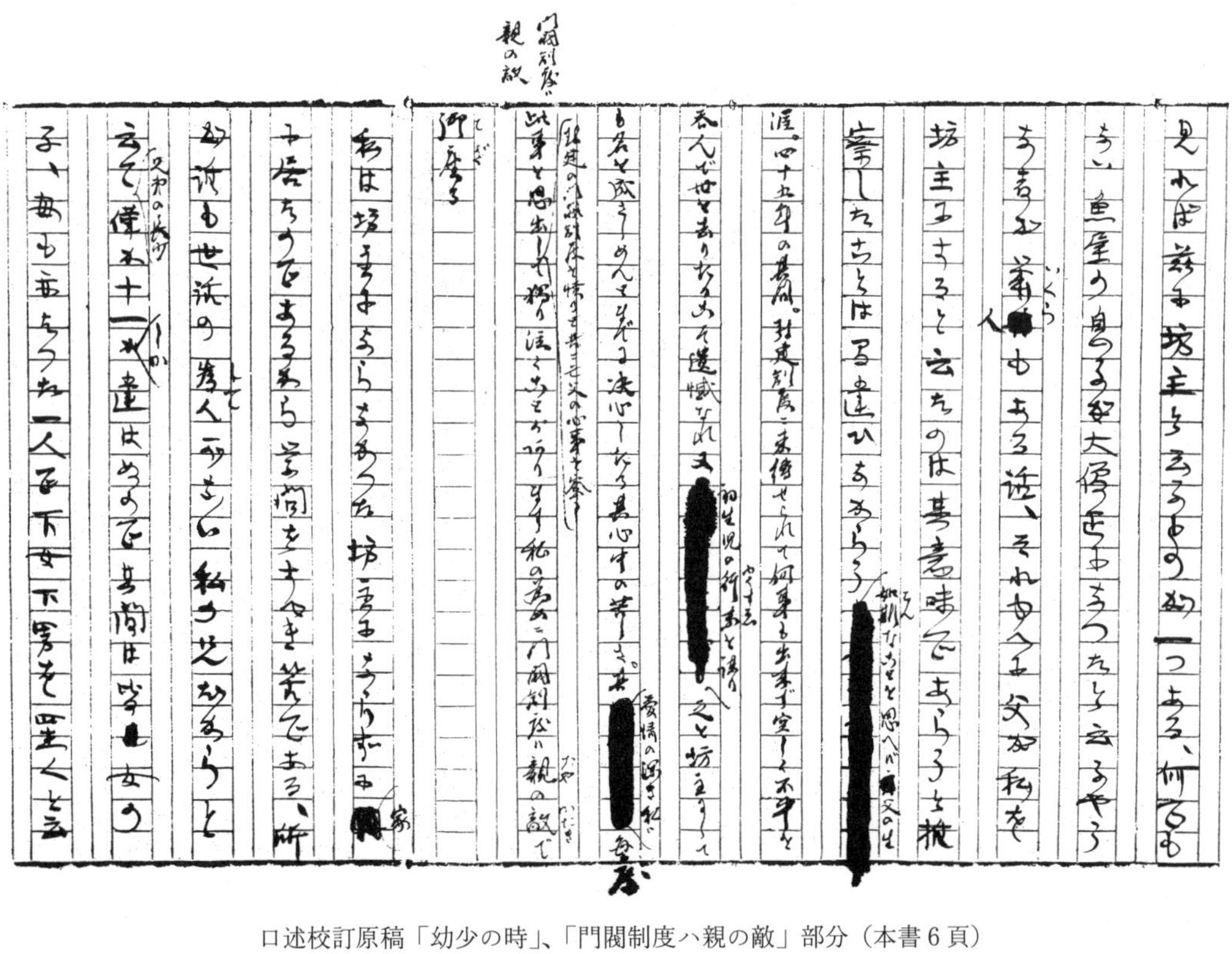

口述校訂原稿「幼少の時」、「門閥制度ハ親の敵」部分（本書６頁）

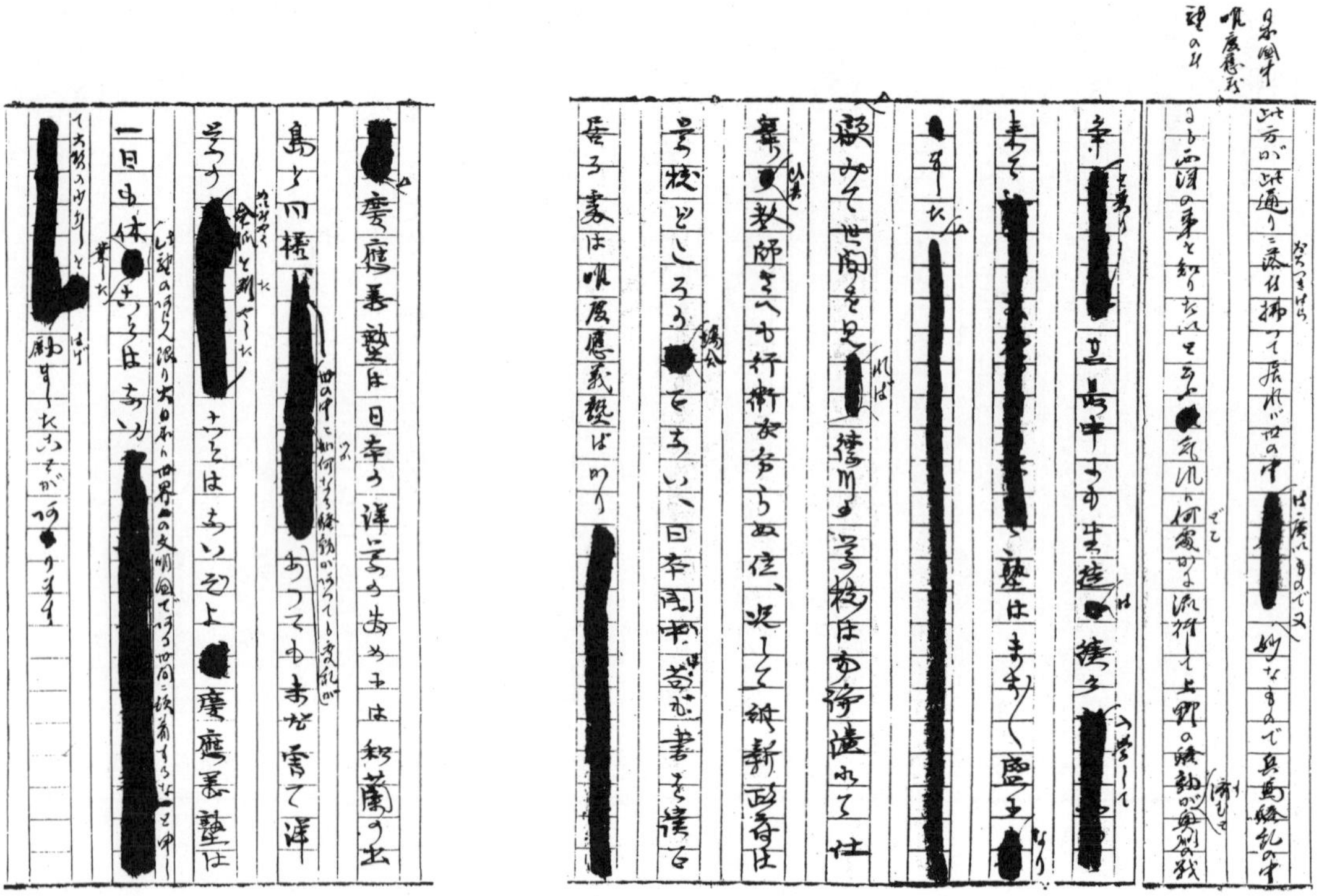

口述校訂原稿「王政維新」、「日本國中唯慶應義塾のみ」部分（本書 184 頁）

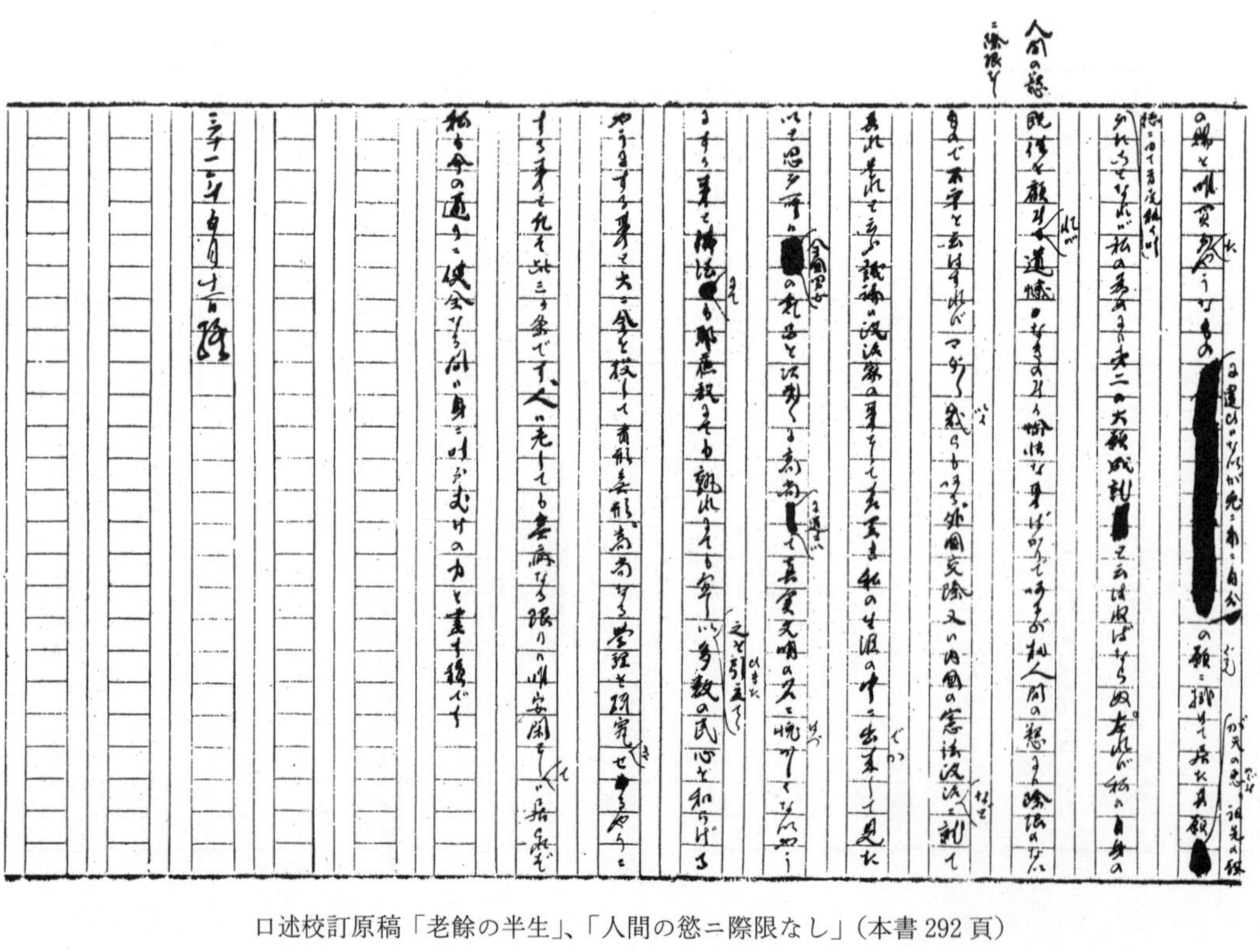

口述校訂原稿「老餘の半生」、「人間の慾ニ際限なし」（本書 292 頁）

解題

佐志　傳

一　福澤諭吉の啓蒙活動

十九世紀後半、七百年も続いた封建制度の桎梏を脱し、近代化に歩み出した日本の政治体制の変革期に、啓蒙思想家としてその流れを加速化させた人物の代表として、福澤諭吉の名前をあげることに異議を唱える人はいないであろう。それは福澤の啓蒙活動が極めて多方面に向けられていて、安政五年（一八五八）以来、独自の教育方針を持つ学塾（慶応四年・一八六八に初めて慶應義塾と名乗る）による教育活動を中心とし、著訳書の執筆、演説討論の創始、新聞雑誌の発刊、社交機関の創設等、日本の近代化に果した役割は測り知れないものがあるからである。それらの諸活動のなかで教育活動に次いで貢献度の高かったのは、万延元年（一八六〇）発行の『増訂華英通語』に始まり明治三十四年（一九〇一）没後に出版された『明治十年丁丑公論・瘠我慢の説』に至る、五十五部・百十七冊に及ぶ著訳書の執筆出版による啓蒙活動である。

福澤の四十年に及ぶ著述活動は四つの時期に分けてその傾向を説明出来るように思える。第一期は幕末から明治三年（一八七〇）の『西洋事情』二編の刊行までの十年間で、この期間は『西洋事情』や『雷銃操法』等を中心とした、兵書を含めた西欧文明の紹介と、それと同時に世界地理や入門物理学等の初等教育用の教科書の執筆に専念した時期であったと言える。

第二期は明治五年（一八七二）に始まり九年（一八七六）まで十七編を書き継いだ『学問のすゝめ』と、八年に出版した『文明論之概略』に象徴されるような、最も啓蒙的色彩の濃い内容の著作を行なって、遅れ馳せながらも日本にも議会政治を起そうとする世論を誘導せんとする意欲の見える時期で、福澤自身が東京府会議員（明治十一年）や東京学士会院の初代会長（十二年）に選ばれる（いずれも間もなく辞退する）という十余年間であった。

第三期は明治十四年（一八八一）十月の政変によって前年政府側から依頼されていた政府公報の発行計画が廃案となり、その翌年三月一日に『時事新報』という日刊新聞を発行して、三田の邸内で自から編集執筆に当って世論を直接指導する形で、ジャーナリストとしての活動が最も活発になった期間である。その間、新聞の社説は不偏不党の立場を堅持して政治・経済・社会のあらゆる面について論陣を張り、それらの幾編かは単行本として出版されているが、内容的に見て第一期や第二期に見られるような昂揚した熱気は少し薄れたように感じられる。

第四期は明治二十二年（一八八九）に憲法が発布され翌二十三年には帝国議会が開設されると同時に、儒教主義的色彩の濃い教育勅語が頒布されるという時期に、慶應義塾も従来の教養課程の上に専門課程たる大学部を他の私立学校に先駆けて設置するべく資本金の募集を開始し、また経営の基礎を鞏固なものにするため、規約を制定し評議員会を開催するなどの大改革が行なわれた時代であったためか、福澤の著述活動は時事問題についての社説の執筆に集中しているように思える。

一方、還暦（明治二十七年・一八九四）を過ぎる頃から義塾の経営維持のため、これまで発行した著書をまとめて全集となし、その版権を義塾に寄付しようと考えたこともあった（二十七年二月一日付小泉信吉宛書翰）。しかしこの時は実現せず、五冊本の『福澤全集』が出版されたのは三十一年（一八九八）のことであった（五巻で一万部製本し売捌高は五、九四九部という『福澤諭吉全集』別巻一九二頁）。矢張りその頃、二十六年（一八九三）から来客との対話を書き留めて後に『福翁百話』と題して出版する対話集の執筆を始め、その稿を終えてこれの公表を待っている時、その翌年日清戦争が勃発したためそれの公表を見合わせ、百話は二十九年（一八九六）三月一日から時事新報に掲載されることとなった。『福翁百話』は三十年七月に刊行され、その後九月からは「百餘話」の新聞掲載も始まっている。この年、三十年の秋から福澤はいよいよ自叙伝の口述を始めている。

二　『福翁自傳』の口述時期

福澤諭吉の自叙伝『福翁自傳』（以後『自傳』と略記）はよく知られている様に、速記者に自らの談話を書きとらせた談話体口語文で書かれており、自由暢達な文章は自伝文学の傑作の一つに数えられているが、加うるに福澤は近代日本のオピニオン・リーダーとして縦横に活躍した人物であるだけに、歴史を自ら築き上げたその実体験をもとにした内容であるため、今日これを読むと歴史家の証言の如く読みとれる箇所もあり、歴史の資料としても評価は高いと言える。

『自傳』口述の切っ掛けは、後述するように初版本の序文（明治三十二年六月）を記した時事新報社の石河幹明によると

> 一昨年の秋、或る外國人の需に應じて維新前後の實歴談を述べたる折、風と思ひ立ち、幼時より老後に至る經歴の概略を速記者に口述して筆記せしめ、自から校正を加へ、福翁自傳と題して、昨年七月より本年二月までの時事新報に掲載したり。（『福澤諭吉全集』第七巻三頁）

とあって、明治三十年福澤六十四歳の秋に思い立ち、時事新報の速記記者矢野由次郎を前にして口述したようで、その模様は矢野の談話として石河はその著『福澤諭吉傳』（第一巻三六七頁）に次のように記している。

> 先生は其口述のとき世間にありふれた年表を手にせらるゝ外、別に手控のやうなものも持たれず、速記の便利のために語調を緩にして、一席の口述は凡そ四時間ぐらゐを一齣とし、速記者がそれを飜譯淨書するを待つて丁寧に校正加筆せられた上更に第二齣に移り、月四

回づヽ口述して約一年間で完結したといふことである。

さらにこの矢野の事歴を調査した手塚豊（のち慶應義塾大学名誉教授）は矢野の未亡人に会って聴取した記録「矢野由次郎小傳―「福翁自傳」の速記者の生涯―」（『慶應倶樂部』昭和十五年三月号）において

> 先生は御多忙のお身體故、口述は大抵夜間を利用して行はれ、何月何日夕六時より来駕ありたしなどと云ふ先生のお端書或は御書簡が幾十枚にも達したことをよく覺えて居ります。

と未亡人の思い出を記して、毎回夜六時から十時まで四時間口述されたとある。これらをまとめると、三十年秋から月に四回夜六時から十時まで三田の福澤邸で口述を試み、ほぼ一年間で終了したということになる。しかし時事新報掲載は三十一年七月一日からであるから、実際は十ケ月ぐらいしか口述は行なわれていなかったと思われる。新聞連載は六十七回（後述するように新聞は連載中一度回数が重複しているので、最終掲載回数は六十六回となっている）もあるから、それだけの分量を月四回四時間だけの口述でその内容を活字化するのは不十分であり、若しそれだけの口述回数だとすると、口述以外に加筆された部分がかなりの分量になるであろうと考えなければならない。

ところが昭和二十三年（一九四八）九月、福澤家の架蔵する大量なる資料の中に、この『自傳』に関する根本史料たる福翁自傳の口述筆記原稿と、口述の際に心覚えとして書き留めた覚書数点に原稿の写本が含まれていることが分り、これらを調べることにより右の推測は訂正されねばならなくなった。詳しくは後に述べるが、原稿の巻末に「三十一年五月十一日終」と福澤自筆の書入れがあり、これは口述筆記原稿を訂正加筆し脱稿した年月日と推定され、さらに『自傳』の「大坂脩業」の原稿端裏の上部に「十二月廿二日」との日付が書き込まれており、これも口述か脱稿の日付と考えられて、『自傳』を収載する昭和版全集本『福澤諭吉全集』（以下『全集』と略記）第七巻の後記（六九二頁）に編纂者富田正文は

> この口述は明治三十年の十一月頃から始められ、三十一年五月十一日に脱稿したものと見て差支へないやうで、ほゞ半年ぐらゐで仕上つたものと思はれる。

と記して、石河の三十年秋から一年間との推測を大幅に訂正した。

しかし三十年十一月は二日から十九日まで福澤は家族同伴で京阪山陽方面に旅行しており、また一方慶應義塾の運営の面からみれば、その前年二十九年十月ごろから塾長小幡篤次郎や福澤の甥中上川彦次郎らは経営不振の大学部を廃止せんとの動きを示し、社頭の福澤や有力評議員荘田平五郎らはむしろ大学部を拡充して慶應義塾の学制を改革しようとしていた。これらの動きは結局、大学部の卒業をもって慶應義塾の卒業とし、従来の教養課程である高等科の修了では卒業の資格を認めないことで、大学部を確立することとして、翌三十年十一月から基本金の募集を開始するのであるが、小幡は福澤と意見が合わず八月には塾長を辞任してしまった。そこで社頭福澤は当分塾長をおかず、自から塾務を総攬し

て塾内の学制改革（一貫教育制度）と基本金募集とに専念するという劇務を招いてしまっている。明治三十一年の福澤および慶應義塾の動きを追ってみると、福澤は一月五日から十一日まで「福澤先生浮世談」を時事新報に発表、三月には月刊公報誌『慶應義塾學報』（『三田評論』の前身）が創刊され、四月には四十七歳の鎌田栄吉が塾長に選任され、五月には幼稚舎（六年）・普通学科（五年）・大学科（五年）の一貫教育制度が発足し、五月十三日は同年一月から発行していた『福澤全集』の第五巻が刊行され完結し、十六日には塾長鎌田の就任披露と大学部文学科主任ペリーの着任歓迎を兼ねた園遊会（明治十四年の政変以来絶交状態であった伊藤博文首相も出席）を広尾の別邸で開催するという多忙の中で、先に記したように五月十一日に『自傳』の草稿の校訂は終了しているのである。

このようなハード・スケジュールの中で月に四回の口述を行ない、その原稿を綿密に校訂したということはまさに驚嘆に値する作業である。そこで最近の福澤文献の刊行物たる『福澤諭吉書簡集』第九巻（二〇〇三年一月刊）の補注（三三四頁）には

> 明治三十年秋頃より、速記者矢野由次郎を前にして自らの生涯の閲歴を語った記録に、福沢自身が綿密に筆を入れて成ったものである。草稿末尾に福沢の自筆で「三十一年五月十一日終」と記されている。

とあって、開始時期を初版本の序文に戻している。

このような私生活の時間をかなりさかなければならない口述筆記という作業について、福澤自身は書翰などに殆んど触れていないのである。ただ一度だけ福澤の緒方塾以来の親友であった長與専斎の還暦の祝宴（三十一年九月二十八日開催）に寄せた祝文に

> 頃日迂老は自分の幼少の時より老餘の今日に至る迄、身の履歴の大略を記して子孫の爲めにせんと思ひ、記憶のまゝを口述して速記せしめ、之を福翁自傳と題して昨今自から執筆、その速記書の校正中なるが（「奉祝長與専齋先生還暦」『全集』十六巻四八七頁）

と書いて、三十一年八月三十一日『時事新報』に発表した『自傳』「緒方の塾風」の一節（八二頁二～十四行）を引用して『時事新報』に発表し、またその祝文の原稿の清書を依頼した書翰（田端重晟宛九月二十一日付）が遺されているだけである。

この『時事新報』の記事は二つの事柄で注目されるであろう。その一は文中に九月二十日頃まで「速記書の校正中」であったと福澤自身が書いていることと、もう一つはこの祝宴に福澤は出席できなかったことである。この記述に注目した松崎欣一氏は最新の刊行物である『福澤諭吉著作集』（以後『著作集』と略記）第12巻（二〇〇三年十一月慶大出版会刊）の解説（五〇七頁）で

> 草稿の最末尾に「五月十一日終」とあるけれども、この日に『自伝』執筆のすべてが完了したということではなく、その後も八、九月頃までは草稿に手を入れていたことが窺えるのである。

と言って、口述原稿の校訂作業の終了時期は五月十一日ではなく、三

十一年八、九月まで続いていたとして、その時期を三、四ケ月延ばしている。

ところが福澤は九月二十六日に突如脳出血の大患に見舞われ、二十八日の祝宴に出席出来なかったばかりか、この時以後一切の執筆活動は停止してしまったことである。しかし『自傳』の新聞連載は途切れることなく三十二年二月無事完結している。この事を福澤の伝記を記した石河幹明は

先生は數日もしくは數十日に亘る長編の論説記事も全文完成の上でなければ紙上に掲出せられなかつた。（『福澤諭吉傳』三巻二五六頁）

と言っており、『自傳』連載中の福澤の急病に際してある人が、石河に福澤の病状を尋ねたので容体を説明したところ、その人はそれでは『自傳』の完成はむづかしく残念であると嘆息したので、石河は

「自傳」は全部脱稿の上、紙上に出し始めたのであるといふことを語つた（同右）

と答えている。この石河の助手を勤めて福澤の伝記編纂に従事したことのある富田正文も『自傳』掲載の昭和版『全集』第七巻の「後記」（六九四頁）に

福澤はこの自傳に限らずいかなる長編でも必ず全編脱稿の上でなければ新聞に掲載しないのが常であった。

と書いている。これらの記述から勘案して、九月下旬まで速記原稿の「校正中」という表現は、新聞紙上では連載の最中で完結していないため、敢えてその様な表現をしたものと思われ、福澤自身による稿了の時期は、自筆の記述「三十一年五月十一日終」と見てよいのではないかと思われる。

三　『自伝』口述の準備

前述のように石河幹明著の伝記によると、口述の際福澤が準備したものは「世間にありふれた年表」だけで、「別に手控のようなもの」は持っていなかったとある。しかし今日「福翁自傳に関するメモ」として『全集』十九巻（二六九―二七九頁）に十二種の覚書が収録されており、それらは明らかに自伝口述に際しての心覚えと、『自傳』脱稿後その補遺を作るつもりで書き留めておいたと思われるものとの二種類のメモである。これらのメモは昭和二十六年十一月発行の『福澤諭吉選集』第六巻の富田正文の解題で初めて発表され詳細な註解が付されており、それの要旨は『全集』十九巻に転載されている。

ところで口述の際利用されたと思われる年表が、福澤旧蔵の蔵書の中に含まれていることが判明し、私は『福沢手帖』63（平成元年十二月）で富田正文に報告したことがあり、さらに『マイクロフィルム版福澤関係文書』「福澤諭吉関係資料㈢」（F3-AA05）に撮影しておいた。それは木版和装本（256×177mm）五十六丁の『新撰年表』というもので、逢谷箕作閲、佐倉順天堂蔵版、下総清宮秀堅著、嘉永甲寅（安政元年〔一八五四〕）六月刊である。本文は三段に分れ上から「皇國」「漢土」「西

洋」とあって細長い欄に一年一行に年代や記事が記してある。その四十四丁表の明和八年の項の上欄に福澤の筆蹟で「三月五日江戸鐵砲洲奥平屋敷前野蘭化先生宅ニ而始めて蘭書を讀む」との墨書があり、これは「後記」で触れるように三十年十月二十七日の時事社説「文明先輩の功勞忘る可らず」(『全集』十六巻一四三頁)に記されている内容であり、四十五丁裏文久二年の項の上欄に「欧行」「生麦」「二百萬弗」とあって福澤が遣欧使節の随員としてヨーロッパへ行ったこと、その留守中八月に生麦事件が起ったこと等(二百萬弗は不明)のメモが記され、文久三年の項には「英艦來ル」と薩英戦争のことを記し、四十六丁表元治元年の項には「小幡來ル」といずれも鉛筆での書き入れがある。小幡のことは『自傳』「暗殺の心配」の章(一九八頁)にふれている内容であるから、口述の際に福澤が手にしていた「世間にありふれた年表」に間違いないと思われる。

四 『福翁自傳』の諸本

『福翁自傳』の定本となっている『福澤諭吉全集』(慶應義塾編纂、昭和三十三年〜三十九年初版、全二十一巻・同四十四年〜四十六年再版、全二十一巻および別巻、いずれも岩波書店発行)第七巻(三十四年十二月初版、四十五年四月再版)が発行されるまでの経緯を年代順に辿ってみて、本書の校訂作業の根拠を示しておきたいと思う。

口述校訂原稿

既に述べた通り、明治三十年(一八九七)福澤諭吉の六十四歳の秋(十月頃か)から口述を始め、時事新報の速記記者矢野由次郎に速記させ、月に四回一回四時間ほど、主に夜間に三田の自宅で行ない、矢野は一回ごとに速記を飜訳浄書して持ってくると福澤はこれに訂正加筆して次に移ったと言われる。しかし現実の問題としてその加筆訂正原稿を見ると、矢野の浄書原稿をその場で訂正して次項に移ったとは到底思えないほど福澤筆蹟による追加訂正部分が多く、「後記」で詳述するように福澤の訂正部分は全体の半ばを越えており、たとえば最後の「老餘の半生」の部分は全文福澤の自筆であり、口述の形跡は全く見られないのである。その巻末に福澤自筆で「三十一年五月十一日終」と記してあり、それを原稿の脱稿の日と解釈しているから、実質七ヶ月ぐらいの期間に驚く程密度の濃い校訂作業をしたものと考えられる。

口述原稿は一行二十四字詰十五行一枚の時事新報社用の上質半紙の原稿用紙(縦二二九ミリ)に毛筆で記されていて、これを巻紙のように貼り継いだものが十七巻あり、各巻とも白封筒に収め、その上に「自傳才一」「自傳才二」の如く福澤が記し、各巻頭の紙背にも同様の記録がある。なお、ほとんどの章の上部欄外には本文中の「小見出し」が記入してあるが、「自傳才十四」にはそれが見られない。

「自傳才一」は「幼少の時」の章全文(一頁〜一八頁)

「自傳才二」は「長崎遊學」の章全文(一九頁〜三四頁)

「自傳才三」は「大坂脩業」の章全文(三五頁〜五二頁)。巻頭紙背の上欄に「自傳　才三　C.　十二月廿二日」（マイクロフィルム（F5–A52–01）参照）とあり、これは『自傳』口述の行われた日付と推測される。

「自傳才四」は「緒方の塾凡」の章の前半（五三頁～六九頁）

「自傳才五」は「緒方の塾凡」の章の後半（六九頁～八三頁）

「自傳才六」は「大坂を去て江戸ニ行く」（八四頁～九三頁）と「始めて亜米利加ニ渡る」（九四頁～一一〇頁）

「自傳才七」は「欧羅巴各國ニ行く」（一一一頁～一二四頁）と章立てのやや不自然な〈攘夷論〉の冒頭部分（一二四頁～一二六頁）

「自傳才八」は〈攘夷論〉の中間部分（一二七頁～一四一頁）

「自傳才九」は〈攘夷論〉の後半部分（一四一頁～一四五頁）と「再度米國行」（一四六頁～一五四頁）

「自傳才十」は「王政維新」の前半部分（一五五頁～一六六頁）

「自傳才十一」は「王政維新」の中間部分（一六六頁～一七九頁）

「自傳才十二」は「王政維新」の後半部分（一七九頁～一九五頁）

「自傳才十三」は「暗殺の心配」（一九六頁～二〇六頁）と「雑記」の前半部分（二〇七頁～二一五頁）

「自傳才十四」は「雑記」の後半部分（二一五頁～二二四頁）で、この巻は十七巻のうち最も分量の少ない巻であって、そのためか他の巻子に見られる「小見出し」は付けられていない。但し冒頭部分で福澤は「癇癪」という漢字が思い付かず、原稿には「疳癪（かんしゃく）」と書き、上欄に「疳癪（?）」と疑問符を付けた書き入れがある。これを『全集』七巻一九一頁では「疳〔癇〕癪」と「小見出し」にしているが、しかしこれは再検討の心覚えとして書込んだ文字であり、内容から推察しても「小見出し」ではないと思われ、『著作集』12巻（二九七頁）の松崎氏の説に従いこれは削除さるべきであろう。

「自傳十五」は「一身一家經済の由来」の前半部分（二二五頁～二四四頁）

「自傳十六」は「一身一家經済の由来」の後半部分（二四四頁～二五二頁）と「品行家凡」（二五三頁～二六七頁）

「自傳十七」は「老餘の半生」（二六八頁～二九三頁）。巻末に「三十一年五月十一日終」との福澤の墨書あり。この巻はすべて福澤の追加原稿で口述はなされていなかったと思われる。

この『自傳』原稿を検討するに当って、原本は前述のマイクロフィルム「福澤関係資料㈠」（F5–A52–01）に収録しておいたが、実際の作業は『草稿　福翁自傳』（福澤諭吉協会編纂、富田正文監修、東出版、昭和五十五年発行、全四冊）のオフセット印刷本を使用し、最後に原本により確認作業を行った。ところで、このオフセット印刷の「草稿」は研究者待望の史料であったため多くの研究者に利用されたのであるが、残念なことに一箇所だけ撮影の際、欠落した部分があるので注意したい。

それは第二冊、「自傳才五」「緒方の塾凡」の後半部分（七八頁）十七丁と十八丁の間に、原稿用紙一行文が撮影されていないのである。

十七丁十五行目

遣つたことがある其男は中

欠落部分

村恭安と云ふ讃岐の金比羅の医者であつた。

十八丁一行目

此外にも犬猫ハ（以下省略）

『自傳』原稿の浄写本

速記による原稿に綿密周到な加筆を施して出来上った決定稿を、福澤は側近の門下生に命じて浄写させているが、これは二部作られたようで、一部は時事新報掲載用の原稿として新聞社に送られ、掲載後はそのまま廃棄された模様で今日は遺されていない。ただ、この新聞社に渡すべき浄写原稿を収納した封筒が残されている。それは「福翁自傳に關するメモ」（『全集』十九巻二七九頁）の中に、

自傳校正濟／新聞社へ渡す／可きもの

六月廿七日　第二編

と表書きのある封筒である。これは福澤が明治三十一年六月二十七日に第二編、即ち「長崎遊學」の部分を浄写した原稿を納めて時事新報社に渡す用意をした封筒の表書きなのである。因に「長崎遊學」は七月十三日から二十四日まで四回にわたり掲載されている。もう一部は手許に留めておく目的で写させたもので、これは『自傳』原稿と共に慶應義塾へ寄託のち寄贈されて、現在は福澤研究センターに架蔵されて、マイクロフィルムにも撮影されている（F5-A52-03, 04）。

『自傳』原稿は時事新報社の原稿用紙を貼り継いで十七巻の巻物になっているが、福澤家に遺されていた浄写本の場合は二十五字十六行詰の青色罫紙（245×230 mm）で版心に「慶應義塾作文用紙」の文字のあるものを用い、これを袋綴にして紙縒でとじたもので十五綴ある。浄写本の筆写は前半第七綴までと、後半第八綴以降とでは明らかに筆蹟が異なっているので、二人の人物により筆写されたものと思われる。但しこの役割分担は多少混乱していた模様で、前半担当者が後半部分の第十綴の冒頭を写したものがあり、それをも加えると都合十六綴になる。それを具体的に示しておこう。

浄写本第一綴は「幼少の時」の章全文二十九丁（一頁〜一八頁）

浄写本第二綴は「長崎遊學」の章全文二十六丁（一九頁〜三四頁）

浄写本第三綴は「大坂脩業」の章全文三十一丁（三五頁〜五二頁）

浄写本第四綴は「緒方の塾風」の前半部分二十八丁（五三頁〜六九頁）

浄写本第五綴は「緒方の塾風」の後半部分二十五丁（六九頁〜八三頁）

浄写本第六綴は「大坂を去て江戸に行く」の章全文（八四頁〜九三頁）と「始めて亜米利加に渡る」の章全文四十五丁（九四頁〜一一〇頁）

浄写本第七綴は「歐羅巴各國に行く」の章全文（一一一頁〜一二四頁）と、章だてのやや不自然な「攘夷論」の前半部分二十七丁（一二四頁〜一二六頁）

浄写本第八綴から筆蹟が変りこれから後半担当者に代る。「攘夷論」の後半部分三十三丁（一二七頁〜一四五頁）

浄写本第九綴は「再度米國行」の章全文十六丁（一四六頁〜一五四頁）
浄写本第十綴は「王政維新」の章全文七十一丁（一五五頁〜一九五頁）。
この「王政維新」の章は前半担当者が再び筆写した写本（十九丁）が残っている。但し前半部分（一五五頁〜一六八頁）のみである。
浄写本第十一綴は「暗殺の心配」の章全文十八丁（一九六頁〜二〇六頁）
浄写本第十二綴は「雑記」の章全文三十二丁（二〇七頁〜二二四頁）
浄写本第十三綴は「一身一家経済の由來」の章全文四十九丁（二二五頁〜二五二頁）
浄写本第十四綴は「品行家風」の章全文二十四丁（二五三頁〜二六七頁）
浄写本第十五綴は「老餘の半生」の章全文四十五丁（二六八頁〜二九三頁）

時事新報掲載

福翁自傳福澤校訂原稿の浄写本二部のうちの一部は時事新報社に送られ新聞に掲載されることとなり、その「社告」が明治三十一年六月十二日（日）発行紙の二面に掲載され、以後十四、十五、十六、十七、十八、十九、二十一、二十二、二十五、二十六、二十九日と続けられた。（全集十九巻八〇九〜八一〇頁では句読点が施してある）。次頁にそれを写真版で掲出してある。

明治三十一年七月一日（金曜日）から「福翁自傳」の連載は始まった。次にその連載の記録をまとめてみよう。

「幼小の時」（第二回から「幼少の時」）　四回（一〜四）
七月一日（金）、三日（日）、六日（水）、十日（日）
「長崎遊學」　四回（五〜八）
七月十三日（水）、十七日（日）、二十日（水）、二十四日（日）
「大阪修業」　四回（九〜十二）
七月二十七日（水）、三十一日（日）、八月三日（水）、七日（日）
「緒方の塾風」　七回（十三〜十九）
八月十日（水）、十四日（日）、十七日（水）、廿一日（日）、廿四日（水）、廿八日（日）、三十一日（水）
「大阪を去て江戸に行く」　二回（二十〜廿一）
九月四日（日）、七日（水）
「始めて亜米利加に渡る」　四回（廿二〜廿五）
九月十一日（日）、十四日（水）、十八日（日）、二十一日（水）
「歐羅巴各國ょ行く」（第三回から「歐羅巴各國に行く」）　八回（廿六〜三十三）
九月二十五日（日）、二十八日（水）、十月二日（日）、五日（水）、九日（日）、十二日（水）、十六日（日）、十九日（水）
十月五日（水）第四回連載の途中で中見出し（章名）が「攘夷論」となった筈であるが、九日（日）の第五回連載以後その説は採られていない。
「再度米國行」　二回（三十四〜三十五）
十月二十三日（日）、二十六日（水）

福翁自傳

福澤先生は天保五年大阪に誕生、三歳のとき藩地豐前中津に歸り十四五歳にして始めて漢書を學び二十一歳長崎に行て洋學の門に入り次で大阪に行き又次で江戸に來り弱冠の時より老餘の今日に至るまで終始西洋文明の一主義を以て生涯を成したる人なり**其人の生涯は實に我國多事變化の日にして封建門閥の至靜より文明快活の新社會に移り先生亦さの新社會の組織に與りて力あるは世人の認むる所**なり先生本年六十五歳既往を回顧すれば苦樂一ならず啻に一身の苦樂のみならず**其行路の實際を聞けば由て以て時勢の眞面目を窺ひ見るに足る可し**

先生は之を子孫に告げ又知人朋友に語るを以て老餘の樂事と爲し去年來時に閑あれば之を**口述して速記せしめ又自から筆を執りて記憶中に往來するものを書綴り**漸く集めて一冊の書を成し福翁自傳と題して將さに出版せんとしたれども書中の記事隨て成れば又隨て記憶に浮れたるものを思出して殆んど際限なき次第なれば冊子印刷は他日の事とし先づ之を**時事新報紙上に掲載す可し**とて取敢へず原稿の成りしものを取纏めて**七月初旬より**紙面の許す限り寫して以て讀者の淸覽に供す可し

明治三十一年六月十二日

時事新報記者誌

「王政維新」　九回（三十六〜四十三〔四十四〕）

十月三十日（日）、十一月三日（木）、六日（日）、十日（木）、十三日（日）、十七日（木）、二十日（日）、二十四日（木）、二十七日（日）

十一月十日（木）第四回連載は福翁自傳連載第三十九回となるべきところ、誤って重ねて前回の回数三十八回としているため、以後連載完結まで回数は一回少なくなっている。

「暗殺の心配」　三回（四十四〔四十五〕〜四十六〔四十七〕）

十二月一日（木）、四日（日）、八日（木）

「雑記」　四回（四十七〔四十八〕〜五十〔五十一〕）

十二月十一日（日）、十五日（木）、十八日（日）、二十二日（木）

「一身一家經濟の由來」　六回（五十一〔五十二〕〜五十六〔五十七〕）

十二月二十五日（日）、二十九日（木）、明治三十二年一月一日（日）、五日（木）、八日（日）、十二日（木）

「品行家風」　三回（五十七〔五十八〕〜五十九〔六十〕）

一月十五日（日）、十九日（木）、二十二日（日）

「老餘の半生」　七回（六十〔六十一〕〜六十六〔六十七〕）

一月二十六日（木）、二十九日（日）、二月二日（木）、五日（日）、九日（木）、十二日（日）、十六日（木）

この新聞連載の真最中、三十一年九月二十六日の午後、福澤は脳出血の大患を発してその後みずから筆を執ることは難しくなったが、この自傳は滞りなく最後まで発表された。しかし右の日程で分る通り、その直後に不自然な形での章だて「攘夷論」が始まっているが、新聞の方はその説を採っていない。新聞が「歐羅巴各國に行く」の中見出しのまま続いて改められなかったのは、福澤の急病によってその指摘がなされなかったためかと思われる。

新聞連載記事でもう一つ指摘しておきたいのは、「老餘の半生」第四回、三十二年二月五日（日）『福翁自傳』連載第六十三〔六十四〕回の記事が異常に少ないことである。一般的に一回の分量は新聞全面の二段半か三段ぐらいのスペースを占めているが、この第四回の分量は一段と四分の一ぐらいしかないのである。そこは時事新報発行のことを語っている部分で、校訂原稿（二八一頁〜二八二頁）や浄写本には記されているのに、この新聞連載だけに欠けているのである。序に言えば新聞完結後に出版された初版本にはその部分は復原せられている。この部分には発表当時の時事新報社員の名前が多数（九名）あげられているために、当時の社長福澤捨次郎（諭吉次男）が「この記事中に名を挙げられない社員の感情を慮つて」（『全集』第七巻「後記」六九八頁）、これを載せないことにしたのであると伝えられている。

初版本

新聞連載が終了してから四ケ月後の明治三十二年六月十五日に単行本として時事新報社から発売された。当日の広告は書名を黒地に白抜きの大文字で示し、小活字は二行割りとして大小採りまぜて説明している。

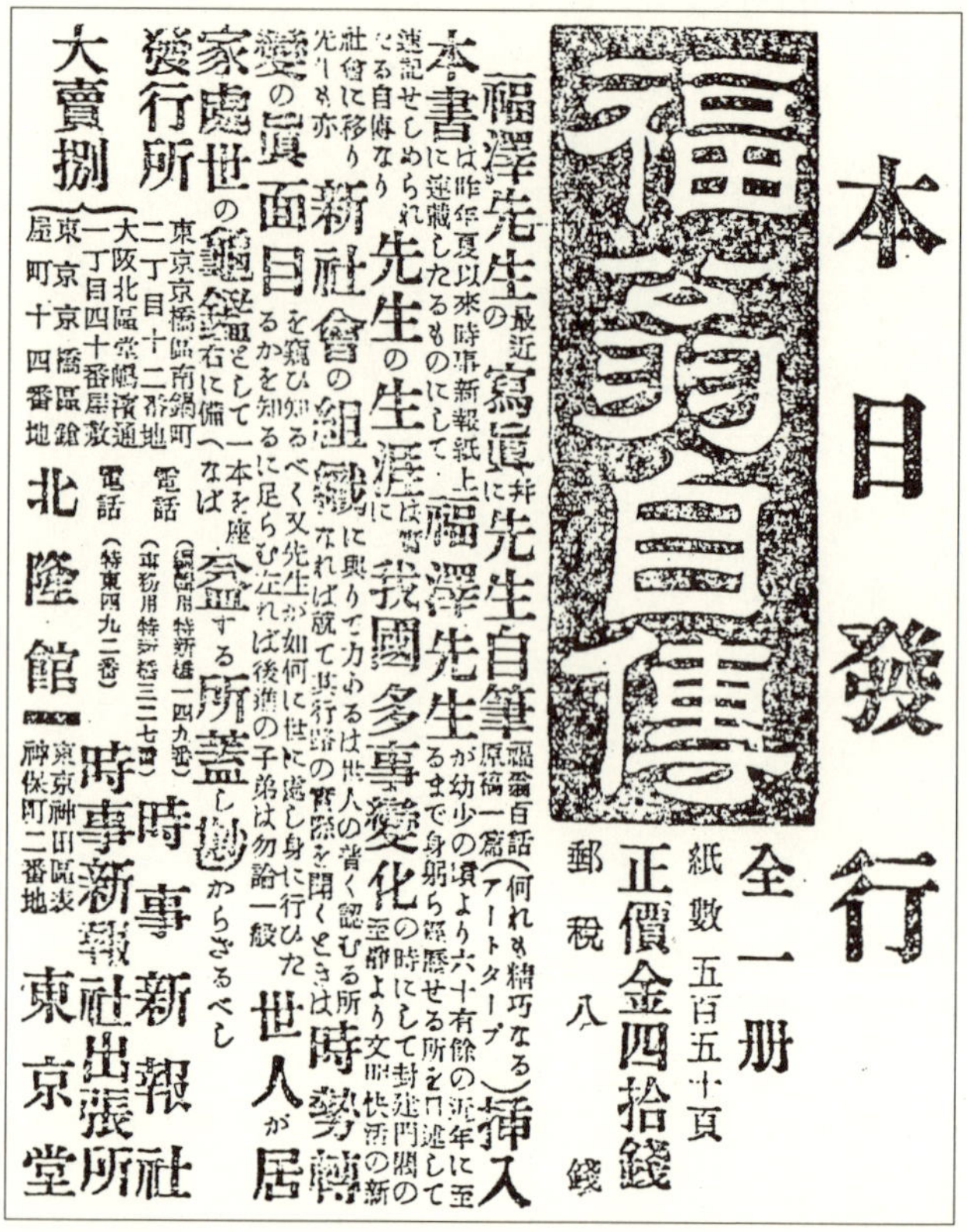

本日發行

全一冊

福翁自傳　紙數五百五十頁

正價金四拾錢

郵稅　八　錢

福澤先生最近の寫眞幷に先生自筆福翁百話原稿一篇（何れも精巧なるアートタープ）挿入

本書は昨年夏以來時事新報紙上に連載したるものにして福澤先生が幼少の頃より六十有餘の近年に至るまで身躬ら經歷せる所を口述して速記せしめられたる自傳なり先生の生涯は實に我國多事變化の時にして封建門閥の至靜より文明快活の新社會に移り先生も亦新社會の組織に與りて力あるは世人の普く認むる所なれば就て其行路の實際を聞くときは時勢轉變の眞面目を窺ひ知るべく又先生が如何に世に處し身に行ひたるかを知るに足らむ左れば後進の子弟は勿論一般世人が居家處世の龜鑑として一本を座右に備へなば益する所蓋し尠からざるべし

この文章に続いて発行所として時事新報社、大売捌として大阪の時事新報社出張所・東京の北隆館・東京堂をあげている。

初版本の表紙は白の洋紙に「明治三十二年六月／福翁自傳　全／時事新報社發行」の文字を飾り罫でかこみ、口絵に「最近之撮影」と題する福澤の紋付羽織姿で椅子に腰掛けた写真と、「福翁百話二十　一夫一婦偕老同穴」の横長の原稿の写真を四つ折にたたんだものが付いている。次に石河幹明の序文二頁、目次二頁、本文五百四十九頁があり、奥付には明治三十二年六月十一日印刷、同六月十五日発行、定価金四十銭、編輯兼発行者として時事新報社等が記されている。既に石河の記した序文の一部を引用したが、ここでその全文を引用してみよう。

慶應義塾の社中にては西洋の學者に往々自から傳記を記すの例あるを以て兼てより福澤先生自傳の著述を希望して親しく之を勸めたるものありしかども先生の平生甚だ多忙にして執筆の閑を得ず其儘に

經過したりしに一昨年の秋或る外國人の需に應じて維新前後の實歴談を述べたる折、風と思ひ立ち幼時より老後に至る經歴の概略を速記者に口授して筆記せしめ自から校正を加へ福翁自傳と題して昨年七月より本年二月までの時事新報に掲載したり本來この筆記は單に記憶に存したる事實を思ひ出づるまゝに語りしものなれば恰も一場の談話にして固より事の詳細を悉くしたるに非ず左れば先生の考にては新聞紙上に掲載を終りたる後更らに自から筆を執て其遺漏を補ひ又後人の參考の爲めにとて幕政の當時親しく見聞したる事實に據り我國開國の次第より幕末外交の始末を記述して別に一編と爲し自傳の後に付するの計畫にして既に其腹案も成りたりしに昨年九月中遽に大患に罹りて其事を果すを得ず誠に遺憾なれども今後先生の病いよ〳〵全癒の上は兼ての腹案を筆記せしめて世に公にし以て今日の遺憾を償ふことある可し

明治三十二年六月　時事新報社　石河幹明記

序文後半にある開国より幕末外交の始末を記述しようとの計画は、三十一年九月の大患のため遂に実現することはなかった。そして目次は十四章に分れ、「攘夷論」の章名は見られない。

この時事新報社発行の単行本は福澤の生前までに八版を重ね、その後も数十版を重ねている。

大正版全集本

福澤著作の全集としては生前の明治三十一年一月から五月にかけて時事新報社から発行された『福澤全集』（全五冊）が最初である。それには「福澤全集緒言」（三十年十二月刊）「華英通語」（万延元年刊）に始まり「實業論」（二十六年五月刊）までが含まれているが、三十二年六月発行の『福翁自傳』はもとより、全集出版以前に発行されていた『福翁百話』（三十年七月刊）もそれには洩れていた。その外、新聞雑誌等に発表した論稿は数多くあるため、没後二十五年を経た大正十四年（一九二六）十二月に時事新報発行一万五千号を記念して、十巻本の『福澤全集』が時事新報社から発行された（十五年九月完結）。第一巻巻頭に掲げる編纂者の端書（大正十四年十二月付）の冒頭には次のごとくある。

福澤先生の著譯書を包羅せる既刊の『福澤全集』五巻は明治三十一年の出版に係り、其後の著書は勿論、それまで公にしなかつたものは其中に載て居らぬ。今回時事新報一萬五千號の記念として先生の遺文を出版するに當り、是等未載のもの、并に先生の筆に成れる時事新報社説の鈔録とを既刊の全集に加へて都合十巻となし、矢張り『福澤全集』の名を以て刊行することにした。

この大正版全集の第七巻（大正十五年二月二十日発行、編纂者時事新報社、発行所國民圖書株式会社）には『福翁百話』『福翁百餘話』（三十四年四月刊）に続いて『福翁自傳』（二九三頁～六一八頁）が収録されている。これは時事新報社発行の単行本を原據にしており、石河幹明の序文に始まり目次も単行本に倣っているので、詳細は省略する。

昭和版全集本

今日福澤著作の定本となっているものは、昭和三十三年（一九五八）十一月慶應義塾創立百年記念事業の一つとして発行された『福澤諭吉全集』全二十一巻（三十九年完結、四十四年再刊、別巻一冊を追加）であり、その第七巻として『福翁自傳』は三十四年十二月（四十五年四月再版発行）に岩波書店から出版された。この昭和版全集本の基となったのは、それ以前二十六年十一月に同じく岩波書店から出版された『福澤諭吉選集』全八巻（二十六年五月～二十七年十一月）の第六巻（二十六年十一月刊）に収録された『福翁自傳』であった。それはこの本の解題（富田正文稿）によると二十三年九月に福澤家で大量の福澤諭吉自筆の草稿類や書翰・遺品などが発見され、その大部分が二十五年一月曾孫の福澤範一郎氏から慶應義塾に寄託（のち寄贈）されたため、それを利用して新しい著作集を編纂する目的で二十六年に社団法人福澤諭吉著作編纂会（理事長小泉信三、理事潮田江次慶應義塾長、監事安倍能成文部大臣等）が組織されて、富田正文と新たに土橋俊一が加わりこの二人が新資料を校訂検討して新しい選集の編纂が始まったのであった（富田正文「福沢研究のはなし（二）」『福沢手帖』63）。この選集版からそれまで見られなかった本文の「小見出し」が付けられ、また「攘夷論」も章立てされた。同書の「後記」によれば、

> 本選集に於ては、明治三十二年八月刊行の單行本第二版を原據とし、時事新報と福澤自筆の原稿とを参照して校訂し、従來一切の版本に缺けてゐた本文中の小見出しを掲げることが出來た。

とあって、明治三十二年八月刊行の単行本（同年六月出版の初版本を採らない理由の説明はない）を底本とし、新たに発見された自筆原稿と時事新報を参照した全く新しい定本を作製したとある。

右の著作編纂会は昭和三十三年の慶應義塾創立百年に際し、選集編纂時の原稿や資料類をすべて慶應義塾に寄附されたので、それを底本として新たなる二十一巻本の『福澤諭吉全集』すなわち「昭和版全集本」が出版される運びとなったのである。その第一巻（昭和三十三年十二月一日刊）の巻頭に掲げる「凡例」の冒頭に

> 本全集各巻の内容を成すものは、社團法人福澤諭吉著作編纂會の作成蒐集した校訂原本ならびに新資料の寫本に基く。

と記して、新全集の資料の原據を示している。次に「凡例」の具体例を摘記してみよう。

校訂の原則＝福澤生前の最終版本を原據とする。異版・原稿のある場合は、文字の異同に就いては、読み易いもの・字義の適切なもの・文法的に正しいものを採る。

仮名＝原據が漢字片仮名交りであっても、特殊な例外を除きすべて漢字
　平仮名交りに統一する。
漢字＝略体漢字は正体に、変体仮名と合成仮名は現今の普通の活字体平
　仮名に改める。
用字、送り仮名＝福澤は無頓着で同一書の中でも不統一であるが、概ね
　原據のままとする。誤字・脱字の場合は最初に見られたときに〔　〕
　に包んで附記し、それ以後はそのままとする。
仮名遣い＝福澤は殆んど無方針であるので、違った表現の場合は原據の
　ままとする。
振仮名＝原據にとらわれることなく、総振仮名のものはすべて削除する。
　ただし読み難い文字や人名地名には新に振仮名を施す。振仮名はすべ
　て平仮名を用いたが、福澤の特殊な読み方を保存する場合は片仮名で
　表示する。
外国語の片仮名表示＝地名・人名の区切はすべて中黒点で表示する。
句読點＝福澤の文章には原則として句読點がないが、本全集ではすべて
　校訂者の責任において句読点を施した。

『福澤諭吉全集』第七巻の「昭和版全集本」は口絵として「福澤諭吉寫眞　万延元年（一八六〇）サンフランシスコにて」と題して、寫眞館の少女と二人で撮ったものと、「福澤諭吉筆蹟　福翁自傳原稿」と題して福澤と速記者の筆蹟を示したものの二枚が付けられ、「福翁自傳」の本文二頁に初版本の表紙写真、三頁には初版本に付してある石河幹明の序文、目次（五～六頁）には〔攘夷論〕を含めた十五章が挙げられている。

幼少の時（七）　長崎遊學（二一）　大阪修業（三五）　緒方の塾風（五〇）　大阪を去て江戸に行く（七七）　始めて亜米利加に渡る（八五）　歐羅巴各國に行く（一〇〇）　〔攘夷論〕（一一二）　再度米國行（一三〇）　王政維新（一三八）　暗殺の心配（一七五）　雑記（一八四）　一身一家經濟の由來（二〇〇）　品行家風（二二四）　老餘の半生（二三七～二六〇）

五　本書の校訂方針

口述校訂原稿

福澤が数少ない覚書と、世間にありふれた年表とを手許にして口述した内容を、速記者矢野が書きとり、それを飜訳して次回の口述の際に持参すると、福澤はそれに綿密周到な校訂を行って決定稿を作製している。その原稿が『福翁自傳』の底本となる訳であるが、「後記」で触れるように福澤の校訂部分が全体の半ばを越えているため、本来自由闊達な口述原稿であったものが、文語体の「御座る」（六頁）というような文言が福澤により書き加えられたり、福澤の筆クセの文字（「大坂」や「淂意」（七）「深切」（三六）や九州地方の方言（「出来られない」（四三）や発音（「馴合（なれやゐ）」六三）が使われている。またかなり無神経な誤記もあるが、福澤の文体を素直に復原することによって、福澤の素顔が見え、その時

の息づかいが感じられるように思えるので、本書ではこの口述筆記原稿の校訂版を底本とし、現在定本となっている昭和全集本とを比較し、この両者の相違する語句を指摘することを校訂作業の目的とした。その過程で浄写本・時事新報掲載記述・初版本・大正版全集との異同を調べることとする。

福澤の著書で最も啓蒙的な内容と言われる『文明論之概略』は、明治七年から八年にかけて執筆されたものであるが、今日遺されているその草稿を見ると「推敲彫琢、改稿又改稿の苦心を重ねて出来上がったもの」(『全集』四巻「後記」(富田正文稿)であると言われる。この草稿を研究された進藤咲子氏(東京女子大学名誉教授)は

> 福澤が表現意図を筆に託して表出する時の、巧まずして自然に生ずる脱字、誤字の多さに少し驚くとともにそこに頭の回転の速さ、スピード感ある筆運び、またその時の福澤の息づかいが行間に窺えるような気さえする。(「『文明論之概略』草稿の考察」一四頁)

と言って、意欲的な福澤の執筆態度を説明しているが、油の乗った四十四、五歳の熱気は二十年経った『自傳』口述の時でも衰えていないことが分る。

浄写本

福澤家から慶應義塾に寄託のち寄贈された『自傳』の浄写本は十五綴(重複分を加えると十六綴)あり、前半部分七綴と後半部分八綴とは明らかに筆蹟が異なり、前半部分は比較的こなれた伸び〳〵とした勢いのある文字で書かれているが、後半のそれは几帳面に原稿用紙の枡目にきれいに納まるように楷書体で書かれている。この浄写本は口述原稿をそのまま写したものであるから、もう一部の浄写本によって発表された新聞掲載分と同一内容でなければならない筈であるが、何故か数箇所異なっている部分があるので指摘しておこう。

二一頁一三行「罷(まか)り出(で)て」を浄写本だけが「ヂヤ〳〵張出(はりで)て」としている。この根拠は全く不明である。

三二頁三行目「ほんとう家ニ」を新聞掲載・初版本・大正版全集・昭和版全集までのすべてが「眞實故郷に」としている。

三七頁一一行目「目ょなり私も亦病後」の部分が浄写本のみ欠落している。

三七頁一五行「七月」を新聞掲載以後すべて「八月」と訂正されている。従って

三七頁一六行「七月中旬」は新聞掲載以後省略されている。

四一頁一行「何(どう)したつて何十両と云ふ金を出す藩士ハありはせぬ、」の部分が浄写本のみ欠落している。

一〇一頁七行「海軍港がある其」の部分は新聞掲載以後大正版全集まで欠けているが、昭和版全集では補ってある。

一〇四頁五行「電気利用」を浄写本のみ「エレキトル」とする。

一〇四頁六行「電信」を浄写本のみ「テレガラフ」としている。この二例はいずれも速記者の持参した飜訳原稿では片仮名で表

現していたものを、福澤が新聞掲載に際して訂正したもので、自宅用の浄写本は未訂正のままで残されたものであろう。

時事新報掲載

口述原稿の浄写本の一部に基づいて発表された記事であるが、漢字は略字が正字に変えられ、しかも通用の文字（例えば大坂を大阪、脩業を修業のごとく）に変えたものも多い。また殆どの漢字に振仮名が付けられている。その振仮名に変体仮名も使われており、変体仮名は叙述の場合も使われ、句読点も極めて少ない。この時事新報で一番の問題点は「欧羅巴各國に行く」の後半に設けられた「攘夷論」の章立てが不自然であったため、連載中はその中見出しは遂に使われなかったことである。そのことは初版本や大正版全集本にも影響を及ぼしている。そして既述のように時事新報に関する記事が意識的に省略されている（二八一頁～二八二頁十二行）。

この新聞掲載の『自傳』で口述筆記原稿の誤りや不備な部分を訂正した部分がある。

六四頁七行　「長與」を新聞から昭和版全集本まで「長與專齋」と名前を補っている。

一四八頁一行　「吾妻艦」を新聞から昭和版全集本まで「東艦」と正しい艦名を記している。

二二八頁七行　「雪踏」を新聞から昭和版全集本まで「雪駄」と改めている。

また、福澤の誤記と思われる記述を訂正している部分がある。

一八七頁四行　「割合して」を新聞から昭和版全集本まで「割出して」と訂正している。

一八七頁八行　「しな𛀆もの」を浄写本「した𛀆もの」、新聞から昭和版全集本までは「したいもの」と訂正している。

一方、新聞掲載分が底本の一部を誤って洩らした箇所のいくつかを挙げてみる。

七二頁五～六行　「埒が明かない」が繰返されているが、新聞から大正版全集本まで省略されている。しかし昭和版全集本では復活している。

九〇頁一八行　「ホルトロツプ」が新聞から大正版全集本までは「ホルトツプ」と誤記されている。

一二六頁五行　「申志ましたが」が新聞から大正版全集本までは「申したが」とあって、福澤の追記部分が欠落している。

二〇三頁一〇行　「擧げて」が新聞から昭和版全集本まで「擧つて」としている。

初版本

時事新報の新聞掲載は明治三十二年二月十六日に終了しその四ケ月後の六月十五日に単行本として出版されたのが初版本である。従って新聞掲載記事と内容が異るのは右の時事新報関係記事がそのまま収録されている位で、細かい点では仮名に変体仮名の使用が減ったことであろう。

振仮名は新聞同様非常に多い。

大正版全集本

版型が初版本の四六判から菊判の大きさになり活字も大きく行間も広くなって読み易くなっている。この大正版全集本から所謂新聞雑誌の編集者の感覚で、漢字や振仮名を改めたものが目につく。その例を二、三示してみよう。

五五頁六行　「逐拂て」の振仮名を「おつぱらつ」と改めている。

七二頁一一行　「浸して」の振仮名を「ひた」と改めている。

一八五頁一二行　「置かぬ破るから」を「置かぬか破るら」と校正の誤りも見られる。

二五九頁二行　引出しを「明けて」を「開けて」と文字を改めている。

昭和版全集本

昭和版全集の編纂方針については既に述べたところであるが、基本は昭和二十六年の福澤諭吉著作編纂会によって定められた方針によっており、漢字は正体漢字、仮名は活字体平仮名、振仮名は福澤の特殊な読み方の場合は片仮名で表示し、文章全体について校訂者の責任において句読点を施したものである。

この昭和版全集本の再版本（昭和四十五年四月十三日刊）では、三十四年十二月刊行の初版本における記憶違いや誤りが訂正されているので、その主なものを「後記」に示しておくことにする。

右のように本書の校訂方針は福澤の口述校訂原稿を忠実に復元したものを底本として、現在定本となっている昭和版全集本とを比較し、後者が異なる語句を使っている語句を中心に、浄写本以下の各種稿本と比較検討することを目的としている。ただし底本で仮名を振っていない漢字に『時事新報』掲載以後大正版全集本まで、総振仮名に近く仮名を振っているので、読み誤る虞れのある漢字のみを選んで、その文字の左側に黒色インクで振仮名を施した。

凡　例

一、福澤諭吉の口述を速記した矢野由次郎の飜訳原稿を青インクで、それを福澤が自ら加筆訂正した原稿を黒インクで印刷したものを底本とする。

一、右の底本の浄写本を「A」とする。

一、時事新報の掲載記事（明治三十一年七月一日〜同三十二年二月十六日六十七回連載）を「B」とする。

一、時事新報社発行の『福翁自傳』初版本（明治三十二年六月十五日刊）を「C」とする。

一、大正版『福澤全集』第七巻（大正十五年二月二十日・國民圖書株式会社発行）を「D」とする。

一、昭和版『福澤諭吉全集』第七巻（昭和三十四年十二月一日・岩波書店発行）を「E」とする。
昭和版『福澤諭吉全集』第七巻（昭和四十五年四月十三日再版・岩波書店発行）を「E′」とする。

一、原稿の文字・振仮名・句読点などがA〜Eにおいて異っている場合は、原稿のその部分に「＊」を付けて、その相違を頭註として示す。

一、人名や事項で特に説明を要すると思われるものは章ごとに「①、②……」のように番号をふり、見開きの奇数頁に簡単な説明を加えた。

一、別冊の『註釈編』に解説がある事項については、原稿の当該部分の末尾に「註1、註2……」を付して、各章ごとの註番号を示した。

一、巻末に参考のために人名・書名・地名の固有名詞索引と、福澤特有の宛字や言葉、方言等の語句索引を付けた。

「福翁自傳」の研究　本文編——目　次

福翁自傳

福澤　諭吉口述
矢野由次郎速記

自傳才一（封筒表）
福翁自傳（一）幼小の時（一）時事新報明治三十一年七月一日（金）第五千二百六十號二面
少＝B小
ハ＝ABCDEは／**百助**＝BCDE百助(ひやくすけ)／。＝BCDE、／**ハ**＝ABCDEは／**橋本濱右衛門**＝D橋本濱右衛門E橋本濱右衛門(はしもとはまゑもん)／。＝BCDE、／**於順**＝B於順CDE於順(おじゆん)／**し**＝Eし、／**ヤツト**＝Eヤット／**ょ**＝ABCDEに／**定式**＝BCDE定式(ぢやうしき)／**ハ**＝ABCDEは／**宜しゐ**＝A宜しゐB CD宜しいE宜(よろ)しい／。＝BCDE、／**バ**＝ABCDEば／**う**＝Eう。／**坂**＝BCDE阪／**ょ**＝ABCDEに／**ゐ**＝ABCDEあ／**ニ**＝ABCDEに／**た**＝Eた。／**坂**＝BCDE阪／**ニ**＝ABCDEに／**て**＝Eて、／**ハ**＝ABCDEは／**坂**＝BCDE阪／。＝BCD、／**才**＝BCDE弟／**人**＝E人、／**總**＝AE總BCD總(そう)／**ニ**＝ABCDEに／。＝BCDE、／**ハ**＝ABCDEは／**末子**＝BCDE末子(ばつし)／。＝BCD、／**ハ**＝ABCDEは／。＝BCDE、／**す**＝Eす。／**月**＝E月、／**ょ**＝ABCDEに／。＝BCD、／**ニ**＝ABCDEに／**ハ**＝ABCDEは／**ょ**＝ABCDEに

幼少*の時

福澤諭吉の父ハ*豊前中津奥平藩(ぶぜんなかつおくだひらはん)註1の士族福澤百助。*註2①* 母ハ*同藩士族橋本濱右衛門*の長女。*名を於順*註2②と申し*父の身分註3はヤツト*藩主ょ**定式の謁見が出来(でき)ると云ふのですから足軽よりハ*數等(すうとう)宜*しゐけれども士族中の下級。③*今日で云へバ*先づ判任官(はんにんくわん)④の家でせう*藩で云ふ元締役(もとじめやく)を勤めて大坂*ょ*ゐ*る中津藩の倉屋敷(くらやしき)註4*ニ長く勤番して居ました夫(そ)れ*ゆゑ家内残らず大坂**ニ引越して居て*私共ハ*皆大坂*で生れたのです。*兄*才*五人*總領*の兄の次ニ女の子が三人。⑤*私ハ**末子。*私の生れたのハ*天保(てんぽう)五年十二月十二日。⑥*父四十三歳。*母三十一歳の時の誕生です*ソレカラ天保七年六月*父が不幸ょ*して病死註5*跡(あと)ニ*遺るハ*母一人ょ*子供

①福澤兵左衛門長男、寛政四年（一七九二）生。天保七年（一八三六）六月十八日没、四十五歳。②文化元年（一八〇四）八月生。文政五年（一八二二）四月結婚、明治七年（一八七四）五月八日没、七十歳。③家格は下士の最上級の中小姓、家禄は籾十三石二人扶持。④明治二十年制定の官吏の等級の最下級。⑤長男三之助文政九年（一八二六）十二月一日生、天保七年十月家督、安政三年（一八五六）九月三日没。長女お礼（小田部武右衛門のち武妻）文政十一年（一八二八）生、明治三十年（一八九七）没。次女お婉（中上川才蔵妻）文政十三年（一八三〇）生、明治三十年（一八九七）没。三女お鐘（服部復城妻）天保三年（一八三二）生、大正二年（一九一三）没。⑥天保五年は一八三四年であるが、十二月十二日は一八三五年の一月十日に当る。

五人。兄ハ十一歳。私は数へ年で三つ。斯くなれバ大坂にも居られず兄才残らず母ニ連れられて藩地の中津ニ帰りました註6

兄才五人中津の凡ニ合はず

才＝AE弟／凡ニ＝AE風に

扨中津ニ帰てから私の覺えて居ることを申せバ私共の兄才五人ハドウシテも中津人と一處ニ混和することが出来ない。其出来ないと云ふのハ深い由縁も何もないが従兄弟が沢山ある父方の従兄弟もあれば母方の従兄弟もあるマア何十人と云ふ従兄弟がある又近所の小供も幾許もある、あるけれども其者等とゴチヤクチヤになることは出来ぬ第一言葉が可笑しい私の兄弟は皆大坂言葉で中津の人が「さうぢやちこ」と云ふ處を私共は「さうでにます」なんと云ふやうな訳でお互ひニ可笑しいから先づ話が少ない、夫れから又母は素と中津生れであるが長く大坂に居たから大坂の風に慣れて小供の髪の塩梅式、⑦着物の塩梅式、一切大坂風の着物より外にない。有合の着物を着せるから自然中津の風とは違はなければならぬ、着物が違ひ言葉が違ふと云ふ外には何も原因はないが子供の事だから何だか人中に出るのを気耻かしいやうに思て自然。内ニ引込んで兄才同士遊んで居ると云ふやうな凡でした夫れから最う一つ之れに加えると私の父は学者であつた註8普通の漢学者であつて、大坂の藩邸に在勤して其仕事は何かといふと大坂の金持加島屋、註9⑧鴻ノ池といふやうな者に交際して藩債の事を司どる役であるが元来父はコンナ事が不平で堪らない金銭なんぞ取扱ふよりも讀書一偏の学者になつて居たいといふ考であるに存じ掛もなく算盤を執て金の数を数へなければならぬとか藩借延期の談判をしなければならぬとか云ふ仕事で今の洋学者とは大に違つて昔の学者は銭を見るも汚れると云ふて居た純粋の学者が純粋の俗事に当ると云ふ訳けであるから不平も無理はない。

。＝BCDE、／ハ＝ABCDEは／。＝BCDE、／かぞ＝Aなし／。＝BCD、／斯＝BCDE斯／バ＝ABCDEば／坂＝BCDE阪／に＝ABCDEに／ず＝Eず、／才＝BCD弟E弟／ニ＝ABCDEに／ニ＝ABCDEに／た＝Eた。

兄才五人中津の凡ニ合はず＝BCDなし〔以下BCDではすべての小見出しを欠く〕／ニ＝ABCDEに／こ＝CDEこ／バ＝ABCDばEば、／才＝BCD弟E弟／ハ＝ABCDEは／一處ニ＝A一處にBCDE一所に／混和＝BCE混和D混和／ことが＝ABことがCDEことが／い。＝BCDい、Eい。／い＝BCDEい／ハ＝ABCDEは／い＝Aく／な＝BCDEな／が＝Eが、／従兄弟＝A従兄才BCDE従兄弟／る＝Eる。／てゝかた＝AなしDちゝかた／母方＝E母方／る＝Eる。／る＝Eる。／小＝D子／いくら＝Aなし／其者等＝BCDE其者等／ゴチヤクチヤ＝Eゴチャクチャ／に＝ABCDEに／な＝ABCDEな／こ＝CDEこ／ぬ＝Eぬ。／おぅ＝BCDEをか／い＝BCDいEい。／坂＝BCDE阪／で＝Eで、／こ＝CDEこ／處＝AE處BCD所／を＝Eを、／に＝ADEお／な＝BCDEな／な＝BCDEな／訳で＝A訳でBCD譯けでE譯で、／お＝BCに／互ひニ＝BCD互にE互に／い＝BCDEい／い、＝BCDい、Eい。／も＝Aなし／が＝Eが、／坂＝BCDE阪／に＝ABCDEに／坂＝BCDE阪／に＝ABCDEに／て＝Eて、／小＝D子／塩梅式、＝BCDE鹽梅式、／塩梅式、＝BCDE鹽梅式、／坂＝BCDE阪／にな＝ABCDEにな／有合＝BCDE有合／な＝BCDEな／な＝BCDEな／、＝E。／ひ＝Aゐ／に＝ABCDEに／ないが＝AないがBCDないがEないが、／ひとなか＝AひとなかEなし／に＝ABCDEに／耻＝AE恥BC耻D恥／い＝BCDEい／に＝ABCDEに／て＝Eて、／。＝ABCDなしE、／ニ＝ABCDEに／引込んで＝A引込んでB引込んでCD引込んで／才＝BCD弟E弟／凡＝AE風BCD風／た＝Eた。／それ＝ABCDEなし／も＝Aなし／之れに＝A之れにBCDE之に／え＝BCDEへ／と＝Eと、／た＝Eた。／あたりまへ＝AなしEアタリマヘ／坂＝BCDE阪／に＝ABCDEに／と＝Eと、／坂＝BCDE阪／金持＝BCD金持E金持、／加島屋＝B加嶋屋CDE加島屋／鴻ノ池＝BCDE鴻ノ池／な＝BCDEな／に＝ABCDEに／つかさ＝AEなし／ど＝Aと／あ＝ABCDEあ／が＝Eが、／ない＝BCDないEない。／取扱＝B取扱CD取扱／にな＝ABCDEにな／に＝ABCDにEに、そん＝ABCDEぞん／かけ＝ABCDEがけ／な＝BCDEな／算盤＝BCDE算盤／執て＝BCDE執て／な＝BCDEな／な＝BCDEな／か＝Eか、／しな＝BCDEしな／な＝BCDEな／で＝Eで、／に＝ABCDEに／て＝Eて、／が＝Eが、／に＝ABCDEに／ら＝Eら、／い。＝BCDい、Eい。

儒教主義の教育

ダカラ小供を育てるのも全く儒教主義で育てたものであらうと思ふ其一例を申せば斯う云ふヿとがある私は勿論幼少だから手習どころの話でふいが最う十歳ばかりニなる兄と七八歳ょふる姉ふどか手習をするょは倉屋敷の中ょ手習の師匠があつて其家ょは町家の小供も来る其處でイロハニホヘトを教へるのは宜しいが大坂の事だから九々の声を教へる。二二が四、二三が六ヿれは当然の話であるが其事を父が聞て「怪しからぬ事を教へる幼少の小供ょ勘定の事を知らせると云ふのは以ての外だ、斯う云ふ處ょ小供は遣つて置かれぬ何を教へるか知れぬ早速取返せと云て取返した事があると云ふヿとは後ょ母ょ聞きました、何でも大変喧ましゐ人物でゟつたヿとハ推察が出来る其書遺したものなどを見れバ真実正銘の漢儒で殊ょ堀河の伊藤東涯⑨先生が大信心で誠意誠心屋漏ょ愧ぢず註10といふヿと斗り心掛たものと思はれるから其遺風は自から私の家ょは存して居ふければふらぬ一母五子他人を交へず世間の附合ハ少なく明けても暮れても唯母の話を聞く斗り父は死んでも生きてるやうなものですソコデ中津ょ居て言葉が違ひ着物が違ふと同時ょ私共の兄才ハ自然ニ一團体を成して言はず語らずの間ょ高尚ニ構へ中津人は俗物であると思て骨肉の従兄弟ょ對してさへ心の中ょハ何となく之を目下ょ見下して居て夫等の者のするヿとは一切咎めもせぬ多勢ょ無勢咎立をしやうと云ても及ぶ話でふいと諦らめて居ながら心の底ょは丸で歯牙ょ掛けず云はゞ人を馬鹿ょして居たやうなものです今で

小=CD子/そだ=AEなし/ば=Eば、/ヿ=BCDかEなし/ゐふ=ABCDEなし/ヿ=ABCDEこ/る=Eる。/ふいが=Aなゐか、BCDないがEないが、/も=Aなし/ニ=ABCDEに/七=E七、/ょふ=AょなBCDEにな/ふどか=AなどかBCDEなどが/ょ=ABCDEに/は=Eは、/ょ=ABCDEに/て=Eて、/そこ=AなしEソコ/ょ=ABCDEに/小=D子/る=Eる。/が=Eが、/坂=BCDE阪/る。=AるBCDる、/六=E六。/ヿ=CDEこ/当然=BCD當然E當然/が=Eが、/「=ABCDなしE、/る=Eる。/小=D子/ょ=ABCDEに/だ、=ABCDだEだ。/こ=AEなしBCDか/ょ=ABCDEに/小=D子/遣つて=BCD遣て/ぬ=Eぬ。/え=BCDEへ/ぬ=Eぬ。/ヿ=BCDEこ/は=Eは、/後=BCDE後/ょ=ABCDEに/ょ=ABCDEに/た、=ABCDたEた。/ゐ=ABCDEい/ゟ=ABCDEあ/ヿ=BCDEこ/ハ=ABCDEは/る=Eる。かきのこ=Aなし/バ=ABCDEば/正銘=BCDE正銘/で=Eで、/ょ=ABCDEに/堀河=BCDE堀河/伊藤東涯=BCDE伊藤東涯/大信心=BC大信心D大信心/で=Eで、/ょ=ABCDEに/ヿ=ABCDEこ/斗り=AばかりBCD許り/ら=Eら、/ょ=ABCDEに/ふ=BCDEな/ふ=ABCDEな/ぬ=Eぬ。/子=E子、/附合=BCDE附合/ハ=ABCDEは/少なく=A少ふくCD少くE少く、/明けても=AE明けてもB明けてもCD明ても/く=ACDEなし/唯=E唯/斗り=A斗りBCD許りE斗り、/もの=CD者/す=Eす。ょ=ABCDEに/て=Eて、/ょ=ABCDにEに、/才ハ=A才はBCDE弟は/ニ=ABCDEに/て=Eて、/ょ=ABCDEに/ニ=ABCDEに/構へ=BCD構へE構へ、/て=Eて、/ょ=ABCDEに/へ=Eへ、/ょハ=AょはBCDEには/目下=BCDE目下/ょ=ABCDEに/見下=BCDE見下/て=Eて、/夫等=BCDE夫等/ヿと=BCとDEこと/ぬ=Eぬ、/多勢=BC多勢DE多勢/ょ=ABCDEに/無勢=BC無勢D無勢E無勢、/ふい=Aふゐ、BCDEない/ゟき=AEなしBCDあき/ら=Eら、/底=B底CD底/ょ=ABCDEに/ょ=ABCDEに/掛けず=A掛けぞBCD掛けずにE掛けずに、/ょ=ABCDEに/す=Eす。

⑦ぐあいとか、かっこうのこと。⑧中津藩蔵元、広岡久右衛門家。⑨京都堀河に住んだ儒者（寛文十年一六七〇—元文元年一七三六）。父仁齋をつぎ古学派を発展させた。

が=Eが、/が=ABCDEが/ニ=ABCDEに/て=Eて、/し=Eし、/と=ACDEなし/ま=AEなし/は=Eなし/ま=AEなし/て=Eて、/にて=AでBCDEにて/あ=ABCDEあ/ら=Eら、/ニ=ABCDEに/登ぼる=A登ぼるBCD登るE登る/こ=CDEこ/が=ABCDEが/不得手で=A不得手でB不得手でCD不得手でE不得手で、/泳ぐ=AE泳ぐ/ことが=ABことがCDEことが/皆無出来ぬ=A皆無出来ぬBCD皆無出來ぬE皆無出來ぬ/も=Eも、/兎角=BCDE兎角/才=BCD弟E弟/解=ABCD解E解/こ=CDEこ/に=ABCDEに/こりつ=AEなし/所為=BCDE所爲/う=Eう。才=BCDE弟/ハ=ABCDはEは、/言語=BC言語D言語/に=BCDEに/て=Eて、/に=ABCDEに/ゐ=BCDEい/が=Eが、/ゐ=BCDEい/に=ABCDEに/凡=AE風BCD風/ゐ=BCDEい。/あ=ABCDEあ/ゐが=BCDいがEいが、/睦じく=A睦しくBCD睦じく、E睦じく/才=BCDE弟/こ=CDEこ/なゐ。=Aなゐ、BCない、DないEない。/か=Eか、/假初=BCDE假初/に=BCDEに/ぞく=AEなし/な=BCDEな/ない=AなゐBCDEない/て=Eて、/に=ABCDEに/教へる=D教る/ない=AなゐBCDないEない、/決=BC決D決E決/喧しゐ=A喧ましゐBCD喧しいE喧しい/六=BCD六/ゐ=BCDEい/人=BCDん/なゐのに=AないのにBCDないのにEないのに、/ニ=ABCDEに/爾=BCDE爾/ハ=ABCDはEは、/遺凡=AE遺風BCD遺風/う=Eう。/ニ=ABCDEに/こ=CDEこ/バ=ABCDばEば、/なりもの=Aなし/で=Eで、/を=Eを、/な=BCDEな/ぬ=Eぬ。/かやう=Aなし/な=BCDEな/な=BCDEな/ない=AなゐBCDないEない、/剕=BCDE剕/玩ぶ=A玩ふBCDE玩ぶ/もの=CD者/ない=AなゐBCDEない/持つて=A持てBCD持て/ら=Eら、/に=ABCDEに/こ=CDEこ/ない=Aなゐ、BCDないEない。/例へば=A例へばE例へば、/な=BCDEな/ニ=ABCDEに/る=Eる。/に=ABCDEに/て=Eて、/に=ABCDEに/は=Eは、/布令=BCDE布令/る=BCDる、Eる。/が=Eが、/決=DE決/こと=BとはCDことはEこと/ぬ=Eぬ、/住吉=BCDE住吉/社=BCDE社/に=ABCDEに/ことは=BことCDことEことは/な=BCDEな/は=Eは、/にある=ABCDEにある/が=Eが、/ら=Eら、/脇差=BCDE脇差/挟=BCDE挟/頰冠=BCDE頰冠/颯々=BCDE颯々/矢来=BCDE矢來/る=Eる。/そ=A之/ら=Eら、/こゝ=BCDこはEなし/ない=AなゐBCDないEない。/に=ABCDにEに、/しのびすがた=AなしBCDEしのびすがた/る=Eる。/ニ=ABCDEに/ゐ=BCDEい/で=Eで、/に=ABC

も覚えて居るが私が少年の時から家ニ居て能く饒舌りもし飛び廻はり刎ね廻はりして至極活潑にてありながら木ニ登ることが不得手で水を泳ぐことが皆無出来ぬと云ふのも兎角同藩中の子才と打解けて遊ぶことが出来ずに孤立した所為でせう

今申す通り私共の兄才ハ幼少のとき中津の人と言語風俗を殊にして他人の知らぬ處に随分淋しゐ思ひをしましたが其淋しゐ間にも家凡は至極正しゐ厳重な父があるでもなゐが母子睦じく暮して兄才喧嘩など唯の一度もしたことがなゐ。のみか假初にも俗な卑陋な事はしられないものだと育てられて別段に教へる者もない母も決して喧しゐ六かしゐ人でなゐのに自然ニ爾うなつたのハ矢張り父の遺凡と母の感化力でせう其事実

厳ならずして家凡正し

厳=E嚴/ず=Aぞ/凡=AE風

ニ現はれたことを申せバ鳴物などの一条で三味線とか何とか云ふものを聞かうとも思はなければ何とも思はぬ斯様なものは全体私なんぞの聞く可きものでない剕や玩ぶべきものでないと云ふ考を持つて居るから遂ぞ芝居見物など念頭に浮んだこともない例へば夏になると中津ニ芝居がある祭の時には七日も芝居を興行して田舎役者が藝をする其時には藩から布令が出る芝[註11]居は何日の間あるが藩士たるものは決して立寄ると相成らぬ住吉の社の石垣より以[註12]外に行くことはならぬと云ふ其布令の文面は甚だ厳重なやうにあるが唯一片の御布令だけの事であるから俗士族は脇差を一本挟して頰冠りをして颯々と芝居の矢来を破て這入る若しそれを咎めれば却て叱り飛ばすと云ふから誰も怖がつて咎める者はない町の者は金を拂て行くに士族は忍姿で却て威張て只這入て観る然るニ中以下俗士族の多ゐ中で其芝居に行かぬのは凡そ私のところ一軒位でせう決して行かなゐ、此處から先きは行くことはならぬと云へば一足でも行かぬ、どんな事があつても私の母は女な

DEに/こ=CDEこ/う=Eう。/決=BC決D決E決/い、=BCDい、Eい。/こゝ=AEなし/さ=ABCDEなし/こ=CDEこ/な=ABCDEな/ば=Eば、/ぬ、=Eぬ。E′ぬ、/な=ABCDEな/も=Eも、E′も。な=BCDEな

ニ=ABCDEに/ず=Eず、/ず=Eず、/一寸=BCE一寸D一寸/い=BCDいEい。/に=ABCDEに/く=Eく。/し=BCDEし/しない、=Aしない、BCDEしない、/な=BCDEな/に=ABCDEに/しない=AしないBCDしないEしない、/な=BCDEな/た=Eた。

前=BCDE前/り=Eり、/ハ=ABCDEは/あ=BCDEあ/に=ABCDEに/ない。=Aない。BCDない、Eない。/バ=ABCDEば/けとば=AEなし/ニ=ABCDEに/バ=ABCDEば/い。=BCDい、Eい。/決=BC決D決E決/やうす=AEなし/だ。=ABCDだ、/いか=AEなしBCDいか/に=ABCDEに/の=AEなし/で=Eで、/チヤント=Eチヤント/に=ABCDEに/ハ=ABCDはEは、/ニ=ABCDEに/う=Eう。/ハ=ABCDEは/ニ=ABCDEに/ひ=Aむ/す=Eす。/バ=AはBCDEば/に=ABCDEに/こ=AEなしBCDか/あ=ABCDEあ/る=Eる。/バ=ABCDEば/胷=BCD胸E胸/ニ=ABCDにEに、/ハ=ABCDEは/惣=BCD總E總/に=ABCDEに/宜しい=BCD宜しいE宜しい、/ニ=ABCDEに/た=Eた、/ハ=ABCDEは/おほ=AEなしBにほ/や=AEなし/ほねぶと=Aなし/で=Eで、/ニ=ABCDにEに、/ハ=ABCDEは/バ=ABCDEば/みごと=AEなしBCDみごと/ニ=ABCDEに/そだ=AEなし/て=Eて、/大造=B大層CD大層E大層/で=Eで、/ハ=ABCDEは/好い=A好いBCD好いE好い/だ=Eだ、/とほ=AなしBCDEとを/に=ABCDEに/バ=ABCDEば/ニ=ABCDEに/遣つて=BCD遣て/に=ABCDEに/と=Eと、/ニ=ABCDEに/す=Eす。/ニ=ABCDEに/て=Eて、/アノ=A「アノ/なぜ=BCDEなぜ/に=ABCDEに/仰ッしやつか=ADE仰ッしやつたかBC仰ッしやつたか/合點=BCDE合點/が=ABCDがEが、/御存命=BCDE御存命/バ=ABCDEば/お=Bに/ハ=ABCDEは/に=ABCDEに/はづ=AEなしBCDはず/ぢ=Aぢ/と=Eと、/か=ABCDEか/にハ=ABCDEには/が=Eが、/私が=AなしBCDE私が/に=ABCDEに、/チヤント=Eチヤント/はこ=AEなし/に=ABCDEに/に=ABCDEに/て=Eて、/ちよい=BCDちよいEなし/に=ABCDEに/にな=ABCDEにな/り=Eり、/に=ABCDEに/にな=ABC

がらも遂ぞ一口でも芝居の事を子供ニ云はず兄も亦行かうと云はず家内中一寸でも話がない夏、暑い時の事であるから涼みには行く併し其近くで芝居をして居るからと云て見やうともしない、どんな芝居を遣て居るとも噂にもしない平氣で居ると云ふやうな家風でした

前申す通り亡父ハ俗吏を勤めるのが不本意であつたに違ひない。左れバ中津を蹴飛して外ニ出れバ宜い。所が決してソンナ気はなかつた様子だ。如何なる事にも不平を呑んでチヤント小禄に安んじて居たのハ時勢の為めニ進退不自由なりし故でせう私ハ今でも獨り気の毒で残念ニ思ひます例へバ父の生前に斯う云ふ事がある今から推察すればバ父の胷算ニ福澤の家ハ惣領に相續させる積りで宜しい所が子供の五人目ニ私が生れた其生れた時ハ大きな瘠せた骨太な子で産婆の申すニ此子ハ乳さへ澤山呑ませれバ必ず見事ニ育つと云ふのを聞て父が大造喜んで是れハ好い子だ此子が

ニ=AEに

成長の上坊主ニする

段々成長して十か十一になれバ寺ニ遣つて坊主にすると毎度母ニ語つたさうです其事を母が又私ニ話してアノ時阿父さんは何故坊主にすると仰ッしやつか合點が行かぬが今御存命なれバお前ハ寺の坊様になつてる筈ぢやと何かの話の端にハ母が爾う申して居ましたが私が成年の後その父の言葉を推察するに中津は封建制度でチヤント物を箱の中に詰めたやうに秩序が立て居て何百年経ても一寸とも動かぬと云ふ有様、家老の家に生れた者は家老になり足軽の家に生れた者は足軽になり先祖代々家老は家老、足軽は足軽其間に挟まつて居る者も同様何年経ても一寸とも変化と云ふものがない、ソコデ私の父の身になつて考へて見れば到底どんな事をしたつて名を成すことは出来ない世間を見れば茲に坊主と云ふものが一つある、

何でもふい魚屋の息子が大僧正まふつたと云ふやうふ者が幾人もある話、それゆへま父が私を坊主ますると云たのは其意味であらうと推察したこととは間違ひふからう如斯ふことを思へバ父の生涯。四十五年の其間。封建制度ニ束縛せられて何事も出来ず空しく不平を呑んで世を去りたるこそ遺憾なれ又初生児の行末を謀り之を坊主ましても名を成さしめんとまでま決心したる其心中の苦しさ。其愛情の深き

私ハ毎度此事を思出し封建の門閥制度を憤ると共ニ亡父の心事を察して獨り泣くことぶあります私の為めニ門閥制度ハ親の敵で御座る

門閥制度ハ親の敵　ハ＝AEは／の＝A之

私は坊主まふらふかつた坊主まふらずま家ま居たのであるから学問をすべき筈である、所が誰も世話の為人ぶふい私の兄だからと云て兄才の長少僅か十一⑩しか違はぬので其間は皆女の子、母も亦たつた一人で下女下男を置くと云ふこととの出来る家ではふし母が一人で飯を焚いたりに菜を拵えたりして五人の小供の世話をしふければふらぬから中々教育の世話ふどは存じ掛もふい云はどやり放しである。藩の風で幼少の時から論語を讀むとか大学を讀む位の事は遣らぬことはふいけれども奨勵するものとては一人もふい殊ま誰だつて本を読むことの好ふ子供はふい私一人本が嫌ひと云ふこともふからう天下の小供みふ嫌だらう私は甚だ嫌ひであつたから休でばかり居て何もしふい手習もしふければ本も読まふい根ッから何まもせずま居た所

年十四五歳まして始めて讀書ニ志す　ま＝AEに／て＝Aて／ニ＝AEに

が十四か十五ニなつて見ると近處ま知て居る者は皆ふ本を讀で居るのま自分独り讀まぬと云ふのは外聞が悪いとか耻かしいとか思たのでせう、夫れから自分で本當ま讀む氣まふつて田舎の塾へ行始めましたどうも十四五まふつて始めて學ぶのだから甚だきまりが悪い外の者は詩経を讀むの書経を讀むのと

DEにな／り＝Eり、／々＝E々、／軽＝E輕、／ま＝ABCDEに／様＝E様、／ふい、＝Aなゐ、BCDない、Eない。／まふ＝ABCDEにな／ば＝Eば、／ふ＝ABCDEな／こ＝CDEこ／ふい＝Aなゐ、BCDないEない、／ま＝ABCDEに

ふい＝AなゐBCDEない／ま＝ABCDEに／ふ＝ABCDEな／幾人＝A幾らE幾人／ゆへま＝AゆへにBCDEゆゑに／ま＝ABCDEに／は＝Eは、／こ＝CDEこ／ふ＝BCDEな／う＝Eう。／こん＝Eコン／こ＝CDEこ／バ＝ABCDばEば、／。＝BCDE、／。＝AなしBCDE、／ニ＝ABCDEに／ず＝AすEず、／こ＝CDEこ／れ＝Eれ。／の＝Aれ／ゆくすゑ＝AEなし／り＝Eり、／ま＝ABCDEに／ま＝ABCDEに／決＝BC決D決E決／。＝BCE、Dなし／き＝BCDさEき、／ハ＝ABCDEは／し＝Eし、／ニ＝ABCDEに、／こ＝CDEこ／ぶあ＝ABCDEがあ／す＝Eす。／ニ＝ABCDEに／ハ＝ABCDEは／おや＝BにやEなし／御座る＝ABCD御座るE御座る。

福翁自傳（二）幼少の時（二）時事新報明治三十一年七月三日（日）

ま＝ABCDEに／ふ＝BCDEな／た＝Eた。／ま＝ABCDEに／ふ＝BCDEな／ま＝ABCDEに／べ＝B可／、＝E。／ぶふい＝AがふゐBCDがないEがない。／才＝BCD弟E弟／で＝Eで、／で＝Eで、／こと＝BとCDEこと／ふし＝ABCDなしEなし、／焚いた＝AE焚いたD焚た／に＝ACDEお／さゐ＝BCDさいEなし／拵え＝A拵えBCD拵へE拵へ／小＝D子／ふ＝ABCDEな／ら＝Eら、／なかく＝Eなし／ふ＝ABCDEな／ふい＝AなゐBCDないEない。／やゐ＝BCDヤリEやり／ある。＝AあるBCDある、Eある。／位＝B位CD位／こ＝BCDEこ／ふい＝AなゐBCDEない／も＝Eも、／もの＝CDE者／もふい＝AもふゐBCDもないEもない。／ま＝ABCDEに／すき＝Eなし／ふ＝BCDEな／ふい＝AなゐBCDないEない。／ひ＝Aゐ／こ＝CDEこ／ふ＝BCDEな／う＝Eう、／小＝D子／ふ＝BCDEな／嫌だらう＝BCD嫌ひだらうE嫌ひだらう。／休で＝D休んでE休で／ふい＝AなゐBCDないEない。／ふ＝ABCDEな／ふい＝AなゐBCDないEない。／ッ＝CDつ／ま＝ABCDEに／ま＝ABCDEに／が＝Eが、／ニ＝ABCDEに／と＝Eと、／ま＝ABCDEに／ふ＝ABCDEな／ま＝ABCDにEに、／耻＝A耻D恥E恥／思た＝A思ふた／、＝E。／ま＝ABCDEに／ふ＝ABCDEな／て＝Eて、／た＝Eた。／四＝E四、／まふ＝ABCDEにな／悪い＝BCD悪いE悪い。／詩経＝BCDE詩經／書経＝BCDE書經

尓=ABCDにEに、／孟子=BCDE孟子／素讀=BCDE素讀／阿る=ABCDあるEある。／尓=ABCDEに／き=Eなし／ハ=ABCDはEは、／蒙求=BCDE蒙求／古と=BとCDEこと／奈=ABCDEな／と=Eと、／稟=BCD稟E稟、／可゛阿=ABCDEがあ／ん=Eん、／其=B其CD其のE其の／解=A鮮BCDE解／て=Eて、／尓=ABCDEに／教へて=D教て／と=Eと、／尓奈=ABCDEにな／奈=ABCDEな／ば=Eば、／尓=ABCDEに／つ=Eつ。／ハ=ABCDEは／斗り=BCD許り／ら=Eら、／尓=ABCDEに／以=BCDいEい。／。=ABCDE、／更えた=A更えたBCDE更へた／が=Eが、／は=Eは、／白石=BCDE白石／阿る=ABCDあるEある。／ニ=ABCDEに／四=E四、／び=AびEび、／げ=AEなし／古=ABCDEこ／奈=ABCDEな／た=Eた。／尓=ABCDEに／奈=ABCDEな／と=Eと、／尓=ABCDEに／論=E論、／め=Eめ、／尓=ABCDEに／可゛=ABCDEが／す=Eなし／尓=ABCDEに／尓=ABCDEに／た=Eた。／世説=B世説CDE世説／左傳=BCDE左傳／戦國策=BCDE戦國策／老子=BCDE老子／荘子=BCE荘子DE′荘子／奈=BCDEな／き=Eき、／前後漢書=BCD前後漢書E前後漢書／晋書=BCDE晉書、／五代史=BCDE五代史、／元明史略=BCDE元明史略／み=Eみ、／ニ=ABCDEに／ハ=ABCDEは／可゛=ABCDEが／淂=AE得BCD得／で=Eで、／ハ=ABCDEは／巻=BC巻D巻／三=E三、／を=Eを、／ハ=ABCDEは／讀=E讀、／凢そ=A凡そB凡そCD凡そE凡そ／よみ=AEなし／て=Eて、／以=BCDEい／ハ=ABCDEは／た=BCDた、Eた。／ぜんざ=Eなし／以=BCDEゐ／尓な=A尓奈BCDEにな／可゛=ABCDがEが、／ハ=ABCDEは／亀井凮=A亀井風BCDE龜井風／で=Eで、／ハ=ABCDEは／可゛=ABCDEが／で=Eで、／古=CDEこ／ハ=ABCDEは／ニ=ABCDEに／た=Eた。／廣瀬淡窓=BCDE廣瀬淡窓／奈=ABCDEな／は=Eは、／発句師=BCDE發句師／で=Eで、／奈い=A奈以BCDないEない、／古と尓奈る=A古とに奈るB古とになるCDEことになる／可゛=ABCDEが／ぬ=Eぬ、／奈い=A奈いBCDEない／た=Eた。／可゛=ABCDEが／才=AE弟BCD弟

云ふの尓私は孟子の素讀をすると云ふ次第で阿る所が茲尓奇な事ハ其塾で蒙求とか孟子とか論語とかの會讀講義をすると云ふ古とに奈ると私は天稟少し文才可゛阿つたのか知らん能く其意味を解して朝の素讀尓教へて呉れた人と晝から尓奈つて蒙求奈どの會讀をすれば必ず私が其先生尓勝つ先生ハ文字を讀む斗りで其意味は受取の悪い書生だから之を相手尓會讀の勝敗なら譯けはな以其中。塾も二度か三度か更えた事があるが最も多く漢書を習たのは白石⑪と云ふ先生[註13]で阿る其處ニ四五年ばかり通學して漢書を學び其意味を解す古とは何の苦労も奈く存外早く上達しました白石の塾尓居て漢書は如何奈るものを讀だかと申すと経書を専ら尓して論語孟子は勿論すべて経義の研究を勉め殊尓先生可゛好きと見えて詩経尓書経と云ふものは本当尓講義をして貫て善く讀みましたソレカラ蒙求、世説、左傳、戦國策、老子、荘子と云ふやう奈ものも能く講義を聞き其先きは私獨りの勉強、歴史は史記を始め前後漢書、晋書五代史元明史略と云ふやうなものも讀み殊ニ私ハ左傳可゛淂意で大概の書生ハ左傳十五巻の内三四巻で仕舞ふのを私ハ全部通讀凢そ十一度び讀返して面白以處ハ暗記して居た夫れで一ト通り漢學者の前座ぐら以尓なつて居た可゛一体の學流ハ亀井凮[註14]⑫で私の先生ハ亀井可゛大信心で餘り詩を作る古となどハ教へずニ寧ろ冷笑して居た廣瀬淡窓[註15]⑬奈どの事は彼奴は発句師、俳諧師で詩の題さへ出来奈い書く古と尓奈ると漢文可゛書けぬ何でも奈い奴だと云て居られました先生可゛爾う云へば門才

左傳通讀十一偏

偏=A回E偏［遍］

⑩兄三之助は文政九年（一八二六）の生れ。諭吉は天保五年（一八三四）であるから八歳の違い。父が亡くなったとき兄は十一歳であった。⑪照山白石常人。文化十二年（一八一五）生、明治十六年（一八八三）十月没。⑫筑前藩の儒者亀井南冥・昭陽父子の学風。古文辞学派。⑬豊後日田の儒者（天明二年一七八二—安政三年一八五六）。

ょふ＝ABCDEにな／だ＝Eだ。／ゐ＝BCDいEい、／頼山陽＝BCDE頼山陽／ゐ＝BCDいEい、／ょ＝ABCDEに／ょ＝ABCDEに／て＝Eて、／「＝Aなし／ふ＝ABCDEな／。＝BCDE、／の＝Aれ／ゐ＝BCDEい／ゔ＝ABCDEが／い＝AゐBCDいEい。／仮令＝BCDE假令／したゝ＝DしたたEなし／、＝ABCDEなし／どもつ＝Aともつ／ふ＝BCDEな／大造＝BCDE大造／で＝Eで、／ら＝Eら、／た＝Eた。／ゐ。＝BCDい、Eい。／で＝Eで、／坂＝BCDE阪／ょ＝ABCDEに／ハ＝ABCDEは／ニ＝ABCDEに／り＝Eり、／ふ＝ABCDEな／ふ＝ABCDEな／ょ＝ABCDEに／ぬ＝Eぬ。／野田笛浦＝BCDE野田笛浦／で＝Eで、／ハ＝ABCDEは／ふ＝ABCDEな／ふい、＝AふゐBCDないEない、／疎＝BC疏D疎E疏／バ＝ABCDばEば、／ハ＝ABCDEは／ゐ＝BCDEい／な＝Aふ／か＝Eか、／ふ＝ABCDEな／ょ＝ABCDEに／ニ＝ABCDEに／ら＝Eら、／ハ＝ABCDEは／う＝Eう。

話＝B話しC話しD話し／が＝Eが、／此＝BCD此の／ニ＝ABCDEに／バ＝ABCDばEば、／小＝D子／ょ＝ABCDEに／較べ＝A較へE較べ／ふ＝BCDEな／で＝Eで、／ふ＝ABCDEな／ゔ＝ABCDEが／意＝A手BCD意／バ＝ABCDEば／ょ＝ABCDEに／ゔ＝ABCDEが／墜た＝B墜ちたCD墜ちたE墜ちた／ば＝Eば、／ょ＝ABCDEに／揚る＝BCD揚げる／か＝Eか、／簞司＝AE簞笥BCD簞笥／でう＝AEなしBCDぢやう／ゔ＝ABCDEが／バ＝ABCDばEば、／ょ＝ABCDEに／抂＝A抂DE枉／ニ＝ABCDEに／ニ＝ABCDEに／ゑ＝ABCDEか／。＝AなしBCD、／又＝BCD又た／張る＝AE張るD貼る／ぉと＝BとCDEこと／で＝Eで、／うち＝ACDなしEウチ／論＝E論、／へ＝Aに／張り＝D貼り／ょ＝ABCDEに／ぉと＝CDEこと／ゟる＝ABCDあるEある。／ょ＝ABCDEに／ょ＝ABCDEに／ょ＝ABCDEに／手先き＝BCD手先／ら＝Eら、／ょ＝ABCDEに／。＝AなしBCD、／ょ＝ABCDEに／て＝Eて、／ぉ＝CDEこ／ゟ＝ABCDEあ／ら＝Eら、／工夫＝BCD工風／て＝Eて、／雪駄＝BCDE雪駄／はゔ＝ABCDEはが／ぉ＝CDEこ／で＝AでEで、／ゑ＝ABCDEか／ふい＝AなゐBCDないEない、／繕ふ＝C繕ふD繕ふ／、＝E。／ハ＝ABCDEは／たゝみばり＝Eなし／へ＝Eへ、／ハ＝ABCDEは／ヱ＝AEなしBCDわ／箍＝ADE箍BC箍／ら＝Eら、／戸＝BCDE戸／繕ふ＝B繕ふCD繕ふ

子も亦爾う云ふ氣ょふるのが不思議だ淡窓ばかりでなゐ頼山陽[註16⑭]なども甚だ信じなゐ誠ょ目下ょ見下して居て「何だ粗末ふ文章。山陽などの書ゐたものゔ文章と云はれるなら誰でも文章の出来ぬ者はあるまい仮令ひ舌足らずで、吃た所が意味は通ずると云ふやうふものだなんて大造な劍幕で先生から爾う教込まれたから私共も山陽外史の事をば軽く見て居ました白石先生ばかりでなゐ。私の父が又その通りで父が大坂ょ居るとき山陽先生ハ京都ニ居り是非交際しふければふらぬ筈であるょ一寸とも付合はぬ野田笛浦[註17⑮]と云ふ人が父の親友で野田先生ハどんふ人か知らふい、けれども山陽を疎外して笛浦を親しむと云へバ笛浦先生ハ浮気でなゐ學者と云ふやうな意味でしたか筑前の亀井先生ふども朱子学を取らずょ経義ニ一説を立てたと云ふから其流を汲む人々ハ何だか山陽流を面白く思はぬのでせう

な＝Aふ

手端器用なり

以上は学問の話ですが尚ほ此外ニ申せバ私は旧藩士族の小供ょ較べて見ると手の先きの器用ふ奴で物の工夫をするやうふ事ゔ得意でした。例へバ井戸ょ物ゔ墜たと云へば如何云ふ塩梅ょして之を揚るとか簞司の錠ゔ明かぬと云へバ釘の尖などを色々ょ抂げて遂ニ見事ニ之を明けるとゑ云ふ工風をして面白がつて居る。又障子を張るぉとも器用で自家の障子は勿論親類へ雇はれて張りょ行くぉともゟる兎ょ角ょ何をするょも手先きが器用でマメだから自分ょも面白かつたのでせう。ソレカラ段々年を取るょ従て仕事も多くなつて固より貧士族のぉとでゟるから自分で色々工夫して下駄の鼻緒もたてれば雪駄の剥れたのも縫ふと云ふぉとは私の引受けで自分のばゑりでふい母のものも兄弟のものも繕ふて遣る、或ハ疊針を買て来て疊の表を附け替へ又或ハ竹を割つて桶の箍を入れるやうな事から其外戸の破れ屋根の漏りを繕ふま

で=Eで、/。=BCD、/て=Eて、/こ=CDEこ/あれバ=Aあれ ばBCDあればEあれば、/こ=CDEこ/ある=ABCDあるEある。/かたな=Eなし/こ=CDEこ/が=Eが、/さや=AEなし/塗=BCD塗E塗/柄=BCDE柄/き=Eき、/コウヤラ=BCDカウヤラ/ハ=ABCDEは/る=Eる。/塗=BCD塗E塗/虫喰=BC虫喰DE蟲喰/塗り=A塗りBCDE塗り/脇=BCD脇E脇/ニ=ABCDEに/あ=ABCDEあ/が=Eが、/ふきよう=ABCDぶきようEなし/す=Eす。/都て=BCDE都て/ハ=ABCDEは/ニ=ABCDEに/あ=ABCDEあ/ニ=ABCDEに/た=Eた。/金物=BCDE金物/に=ABCDEに/ハ=ABCDEは/才=BCDE第/で=Eで、/ニ=ABCDEに/て=Eて、/にハ=ABCDEには/が=Eが/。=BCDなしE、/としへ=AEなし/が=ABCDEが/ニ=ABCDEに/ニ=ABCDEに/いたこ=BいたこCDEいたこ/ある。=Aある。BCDEある、/剛鐵=A剛鐵BCDE鋼鐵/こ=BCDかEなし/バ=ABCDEば/に=ABCDEに/が=Eが、/六=B六CD六/い=Aい、BCDいEい。/に=ABCDEに/き=Eき、/田町=E田町/に=ABCDEに/で=Eで、/たゝい=BCDたゝいEなし/。=ABCDなし/ニ=ABCDEに/い=BCDEい/たがね=AたかねBCDEたがね/きざ=Eなし/ら=Eら、/ハ=ABCDEは/立留て=BC立留てD立留て/て=Eて、/中で‖=BCD中で/なる=AなるBCDEなる/哉=BCDE哉、/ない=AないBCDEない/哉=BCDE哉、/に=ABCDEに/ぬ=Eぬ、/え=BCDEへ/こ=CDEこ/こ=CDEこ/ない=Aない、BCDないEない、/に=ABCDEに/小=D子/遣つて=BCD遣て/は=Eは、/ない=Aない/て=Eて、/に=ABCDEに/したことがある=AしたことがあるBしたことがあるCDEしたことがある/で=Eで、/ハ=ABCDEは/て=Eて、/て=Eて、/バ=ABCDEば/て=Eて、/も=BCDEか/つく=Eなし/う=Eう、/つくら=CDつくろEなし/ハ=ABCDEは/皆=CD皆な/り=Eり、/ない。=Aない。BCDない、Eない。/凡=AE風BCD風/で=Eで、/に=ABCDEに

で当前の仕事で皆私が一人でして居ました。ソレカラ進んで本當の内職を始めて下駄を拵へたこともあれバ刀剣の細工をしたこともある刀の身を磨ぐことは知らぬが鞘を塗り柄を巻き其外金物の細工は田舎ながらドウヤラコウヤラ形だけハ出来る今でも私の塗た虫喰塗りの脇差の鞘が宅ニ一本あるが随分不器用なものです都てコンナ事ハ近處ニ内職をする士族[註18]があつて其人ニ習ひました金物細工をするに鑢ハ才一の道具で是れも手製ニ作つて其製作にハ随分苦心して居た所が其後。年經て私が江戸ニ来て先づ大ニ驚いたことがある。と申すは只の鑢は剛鐵を斯うして斯う遣れバ私の手にもヲシ〳〵⑯出来るが鋸鑢ばかりは六かしいソコデ江戸に這入たとき今思へば芝の田町、處も覚えて居る、江戸に這入て往来の右側の家で小僧が鋸の鑢の目を叩て居る。皮を鑪の下ニ敷いて鏨で刻んで颯々と出来る様子だから私ハ立留て之を見て心の中で‖扨々大都會なる哉途方もない事

鋸鑢ニ驚く

鋸鑢ニ驚く=Aなし/ニ=Eに

が出来るもの哉自分等は夢にも思はぬ鋸の鑢を拵えやうと云ふことは全く考へたこともない然るに小供がアノ通り遣つて居るとは途方もない工藝の進んだ場所だと思て江戸に這入た其日に感心したことがあると云ふやうな譯けで少年の時から讀書の外ハ俗な事ばかりして俗な事ばかり考へて居て年を取ても兎角手先きの細工事が面白くて動もすれバ鉋だの鑿だの買集めて何も作つて見やう繕ふて見やうと思ふ其物ハ皆俗な物ばかり所謂美術と云ふ思想は少しもない。平生萬事至極殺凡景で衣服住居などに一

⑭安芸出身の儒者（安永九年一七八〇—天保三年一八三二）。⑮丹後田辺の儒者（寛政十一年一七九九—安政六年一八五九）。⑯「おそるおそる」とか「こわごわ」という意味かと思われる。

着＝BC着D着／ず＝Eず、／どう＝Eなし／いふ＝BCDEいふ／に＝ABCDEに／ぬ＝Eぬ。／うはぎ＝Eなし／したぎ＝Eなし／搆＝BCD搆E搆／ぬ＝Eぬ。／況＝DE況／縞摸様＝A縞摸様BCD縞模様E縞模様／こ＝CDEこ／い＝BCDEい／不凡流＝BCD不風流E不風流／も＝Eも、／か＝ABCDEか／に＝ABCDEに／得＝BCD得E得／あ＝ABCDEあ／バ＝ABCDばEば、／バ＝ABCDばEば、／ハ＝ABCDEは／か＝Eか、／こだうぐ＝AこどうぐEなし／作柄＝DE作柄／が＝BCDEが／どう＝Eなし／ハある＝AはあるBCDはあるEはある。／ハ＝ABCDEは／ニ＝ABCDEに／あ＝ABCDEあ／に＝ABCDEに／う＝Eう。

福翁自傳（三）幼少の時（三）　時事新報明治三十一年七月六日（水）

が＝ABCDEが／に＝ABCDEに／着＝B着CD着／こ＝Bこ／か＝BCDEか／に＝ABCDEに／ない、＝AないBCDない、Eない。／な＝BCDEな／は＝Eは、／に＝ABCDEに／つかい＝AつかいBCDつかひEなし／に＝ABCDEに／な＝ABCDEな／な＝ABCDEな／、＝CなしDE。／て＝Eて、／ほうかむり＝AほうかぶりBCDほゝかむりEなし／よる＝Eヨル／でかけ＝Eなし／、＝E。／だいきら＝AEなしBCDだいきら／だ＝Eだ。／したことはない＝AしたことはないBCDしたことはないEしたことはない。／に＝ABCDEに／だ＝Eだ、／遣つて＝BCD遣て／に＝ABCDEに／搆ふ＝BCD搆ふE構ふ／ことハない＝AことはないBことはないCDEことはない／で＝Eで、／で＝Eで、／さ＝Eなし／が＝Eが、／さげ＝Eなし／て＝Eて、／ハ＝ABCDEは／はくちう＝AEなし／。＝BCDE、／ニ＝ABCDEに／。＝ABCD、／ハ＝ABCDEは／だ＝Eだ、／ぬす＝Eなし／ない＝AないBCDEない／で＝Eで、／見榮＝B見榮CDE見榮／ハ＝ABCDEは／う＝Eう。／に＝ABCDEに、／くは＝Eクハ／ことに＝ABことにCことにDEことに／て＝Eて、／が＝ABCDEが／に＝ABCDEに／、＝CDなしE。／な＝ABCDEな／ウヂヤ＝Eウヂャ／だいきら＝BCDだいきらEなし／。＝BCD、／やつら＝Eなし／だ＝AたEだ、／な＝BCDEな／に＝ABCDにEに、／なかく＝CDEなし／、＝E。／居處＝BCDE居處／ない＝AないBCDないEない。／ない＝AないBCDEない／呑んでる＝BCD呑でる／は＝Eは、／をしいれ＝ADおしいれBCをしいれEなし／に＝ABCDEに／、＝E。／いつ＝BCDいつEなし／に＝ABCDEに／なると＝AになるとBCDになるとEになると、／が＝ABCDEが／に＝ABCDEに／ひ＝Eひ、／帰＝BCDE帰／あと＝ABCDあとEなし／をしいれ＝AおしいれBCDEなし／で＝Eなし／て＝Eて、／ニ＝ABCDEに／ねなほ＝Eなし／た＝Eた。

切頓着せず*如何*いふ*家に*居てもドンナ着物を着ても何とも思はぬ*着物の上着*か下着*かソレモ搆*はぬ*況*して流行の縞摸様*など考へて見たこと*もない*程の不凡流*なれども*何か*私に*得意が*あるかと云へバ*刀剣の拵へとなれバ*是れハ*善く出来たとか*小道具*の作柄*釣合が*如何*とか云ふ考ハ*ある是れハ*田舎ながら手ニ少し覺えの*ある藝から自然に*養ふた意匠でせう*

夫れから私が*世間に*無頓着と云ふこと*は少年から*持て生れた性質、周圍の事情に*一寸とも感じない*、藩の小士族*などは酒、油、醬油などを買ふときは*自分自から町に*使*に*行かな*ければならぬ*、所が其頃の士族一般の風として頬冠*をして宵出掛*て行く、*私は頬冠は大嫌ひだ*註19生れてから*したことはない*物を買ふに*何だ錢*を遣*つて買ふに*少しも搆*ふこと*ハない*と云ふ気*で顔も頭も丸出し*で士族だから大小は挾す*が徳利*を提て*夜ハ*扨置き白晝*公然。*町の店ニ行く。*銭ハ*家の銭だ*盗*んだ銭ぢやない*ぞと云ふやうな気

青天白日ニ徳利＝Aなし／ニ＝Eに

青天白日ニ徳*利*

位で却て藩中者の頬冠をして見榮*をするのを可笑しく思たのハ*少年の血気、自分獨り自惚て居たのでせう*ソレカラ又家に*客を招く時に*大根や牛蒡を煮て喫*せると云ふこと*に就て必要*があるから母の指図に*従て働て居た、*所で私は客*などが*ウヂヤ／＼酒を呑むのは大嫌ひ。*俗な奴等*だ呑むならば*早く呑で帰て仕舞へば宜いと思ふのに*中々*帰らぬ、*家は狭くて居處*もない*仕方ない*から客の呑*んでる間*は私は押入*の中に*這入て寐て居る、*何時*でも客をする時に*は*客の来る迄は働く、けれども夕方に*なる*と自分も酒が*好だから颯々と酒を呑で飯を喰て押入に*這入て仕舞ひ*客が帰*た跡*で押入*から出*て何時も寐る處ニ*寐直*すのが常例でした*

夫れから私の兄は年を取て居て色々の朋友がある時勢論などをして居たのを聞たこともある、けれども私ハ夫れに就て喙を容れるやうな地位でない只追使れる許り、其時中津の人氣は如何かと云へば学者は挙て水戸の御隠居様[註20]即ち烈公[17]の事と越前の春嶽様[註21][18]の話が多い。学者は水戸の老公と云ひ俗では水戸の御隠居様と云ふ御三家の事だから譜代大名の家来は大変に崇めて假初にも隠居などゝ呼棄にする者は一人もない水戸の御隠居様水戸の老公と尊称して天下一の人物のやうニ話して居つたから私も左様思て居ましたソレカラ江川太郎左ヱ門[註22][19]も幕府の旗本だから江川様と蔭でも屹と様付にして之も中々評判が高い。或時兄などの話に江川太郎左ヱ門と云ふ人は近世の英雄で寒中袷一枚着て居ると云ふやうな話をして居るのを私が側から一寸と聞て何ニ其位の事ハ誰でも出来ると云ふやうな気になつてソレカラ私ハ誰にも相談せずに毎晩搔巻一枚着で敷蒲團も敷かず疊の上ニ寝ることを始めた。スルト母ハ之を見て「何の眞似かソンナ事をすると凨邪を引くと云て頻りに止めるけれどもトウ〱聴かずに一冬通しことがあるが是れも十五六歳の頃。唯人ニ屓けぬ気で遣つたので身体も丈夫であつたと思はれる

又當時世間一般の事であるが學問と云へバ漢學ばかり私の兄も勿論漢学一方の人で只他の学者と違ふのは豊後の帆足萬里[註23][20]先生の流を汲んで数学を學んで居ました帆足先生

いろ〱=AEなしBCDいろ〱／が=ABCDEが／る=Eる。／な=ABCDEな／こ=ACDEこ／ハ=ABCDEは／に=ABCDEに／ない=Aない、BCDないEない。／おひ=Bにひ／許り、=A許りE斗り。／どう=Eなし／ば=Eば、／こぞつ=ABDEこぞつCぞつ／様=E様、／烈公=BCDE烈公／と=Eと、／春嶽=BCDE春嶽／い。=BCDい、Eい。／ひ=Eひ、／ふ=Eふ。／に=ABCDEに／て=Eて、／に=ABCDEに／などゝ=ABCEなどゝDなどと／呼棄=BC呼棄D呼棄／に=ABCDEに／ない=AないBCDないEない。／様=E様、／て=Eて、／ニ=ABCDEに／居つた=BCD居た／ら=Eら、／た=Eた。／江川太郎左ヱ門=B江川太郎左衛門C江川太郎左衛門DE江川太郎左衞門／ら=Eら、／かげ=Eなし／に=ABCDEに／て=Eて、／い。=BCDい、Eい。／な=ABCDEな／に=ABCDにEに、／ヱ=BC衛DE衞／で=Eで、／袷=BCDE袷／を=Eを、／一寸と聞て=AなしBCD一寸と聞てE一寸と聞て、／何ニ=ABCD何にE何に／ハ=ABCDEは／て=Eて、／ハ=ABCDEは／に=ABCDEに／に=ABCDにEに、／まいばんかいまき=AまいばんかいまきBCDまいばんかいまきEかいまき／一枚着で=B一枚着てCD一枚着てE一枚着でE′一枚着で／しきぶとん=ABCDしきぶとんEなし／し=Eなし／たゝみ=AEなし／ニ=ABCDEに／ね=AEなし／こ=CDEこ／。=BCD、／ハ=ABCDEは／て=Eて、／「=ABCDなし／なん=Eなし／まね=Eなし／か=Eか、／凨邪=ABCD風邪E風邪／て=Eて、／に=ABCDEに／と=AEなし／も=Eも、／き=Eなし／に=ABCDEに／ひとふゆ=DふゆEなし／しこと=ABしたことCDEしたこと／あ=ABCDEあ／が=Eが、／五=E五、／。=BCDE、／ニ=ABCDEに／屓=A負BCD負E負／遣つた=A遣つたBC遣た／も=ABCDEなし／あ=ABCDEあ／る=Eる。

あるが=AあるがBCDあるがEあるが、／バ=ABCDEば／り=Eり、／で=Eで、／は=Eは、／帆足萬里=BCDE帆足萬里／で=Eで、／た=Eた。

⑰徳川斉昭（寛政十二年一八〇〇―万延元年一八六〇）、文政十二年（一八二九）より安政五年（一八五八）まで水戸藩主。⑱松平慶永（文政十一年一八二八―明治二十三年一八九〇）、天保九年（一八三八）より安政五年（一八五八）まで福井藩主。⑲伊豆韮山の代官江川英龍（享和元年一八〇一―安政二年一八五五）、砲術家。⑳日出藩の儒者（安永七年一七七八―嘉永五年一八五二）。

なかく＝AEなし／ゟ＝ABCDEあ／び＝Eび、／ょ＝ABCDにEに、／「＝BCDなし／ハ＝ABCDEは／ゟる＝ABCDあるEある、／ょ＝ABCDEに／せ＝Eせ、／ょ＝ABCDEに／ニ＝ABCDEに／て＝Eて、／ハ＝ABCDEは／ニ＝ABCDEに／ゐ＝BCDいEい。／ょ＝ABCDEに／す＝Eす。／ハ＝ABCDEは／ちが＝Eなし／が＝Eが、／ハ＝ABCDEは／で＝Eで、／ニ＝ABCDEに／ゐ＝BCDいEい。／ニ＝ABCDEに／て＝Eて、／お＝Bた／ハ＝ABCDEは／ょ＝ABCDEに／かと＝Dか」と／ら＝Eら、／て＝Eて、／さ＝Eさ、／大金＝B大金CD大金／ニな＝AにふBCDEにな／ひ＝Aむ／すと＝Dす」と／と＝Eと、／ょが＝ABCDにがEなし／ゐ＝BCDEい／かほ＝AEなし／叱かつた＝BCD叱つたE叱つた／ら＝Eら、／て＝Eて、／ょゐ＝AにゐBCDにいEなし／どう＝Eなし／ると＝Dる」と／と＝Eと、／まじめ＝Eなし／ょ＝ABCDEに、／ょ＝ABCDEに／信と＝D信」と／で＝Eで、／ハ＝ABCDEは／ょ＝ABCDEに／ゟ＝ABCDEあ／が＝Eが、／ハ＝ABCDEは／で＝Eで、／ゟる＝ABCDあるEある。／ょ＝ABCDEに／て＝Eて、／乃公ハ＝A乃公はB乃公はCDE乃公は／が＝Eが、／どう＝Eなし／六＝BCD六／ゐ＝BCDEい／ニ＝ABCDEに／ゐ＝BCDいEい。／ゐ＝BCDEい／やかま＝Eなし／ゐ＝BCDEい／ょ＝ABCDEに／ゐ＝BCDいEい。／決＝BC決D決E決／凡波＝AE風波BCD風波／ゐと＝BCEいとDい」と／は＝Eは、／間柄＝BC間柄D間柄E間柄／ゐのハ＝AゐのはBCDEいのは／。＝BCD、／ハ＝ABCDEは／で＝Eで、／ハ＝ABCDEは／ゐや＝BCDEいや／だ＝Eだ、／だゐきら＝BCDだいきらEなし／だ＝Eだ。／ゐ＝BCDEい／ょ＝ABCDEに／ゟ＝ABCDEあ／かと＝Dか」と／て＝ABCDでEで、／をりく＝Eなし／ハ＝ABCDEは／ニ＝ABCDEに／た＝Eた。／ハ＝ABCDEは／六＝E六、／す＝Eす。

で＝Eで、／世間並＝A世間并E世間竝／ょハ＝ABCDEには／か＝Eなし／す＝Eす。／一体下等＝A一体下等BCD一體下等E一體下等／の者＝Aなし／ょ＝ABCDEに／ぉと＝CDEこと／で＝Eで、／ハ＝ABCDEは／。＝BCDE、／穢多＝BCD穢多E穢多E′ゝゝ〔省略〕／颯々＝AE颯々BCD颯々／て＝Eて、／けゐべつ＝AEなしBCDけいべつ／れバ＝AまばBCDEれば／ゐや＝ABCDいやEなし／た＝Eた。／ニ＝ABCDEに／て＝Eて、／ょ＝ABCDEに／信心＝BC信心D信心／ハなゐ＝AはなゐBCDEはない／ょ＝ABCDEに／る＝Eる。／バ＝AはBCDEば／ハ＝ABCDEは／ゟ＝ABCDEあ／ながら＝Aふから／ず＝Eず、／ハ＝ABCDEは／ニ＝ABCDEに／ぉ＝CDEこ／斗り＝BCD許り／ぬと＝Dぬ」と

と云へば中々大儒でゟりながら数學を悦び先生の説ょ「鐵砲と算盤ハ士流の重んず可きものでゟる其算盤を小役人ょ任せ鉄砲を足軽ょ任せて置くと云ふのは大間違ひと云ふ其説が中津ニ流行して士族中の有志者ハ数學ニ心を寄せる人が多ゐ兄も矢張り先輩ょ倣ふて算盤の高尚な所まで進んだ様子です此邊ハ世間の儒者と少し違ふやうだが其他ハ所謂孝悌忠信で純粋の漢學者ニ相違なゐ或時兄が私ニ問を掛けて「お前ハ是れから先き何ょなる積りかと云ふから私が答へて「左様さ先づ日本一の大金持ニなつて思ふさま金を使ふて見やうと思ひますと云ふと兄が苦ゐ顔して叱かつたから私が返問して「兄さんは如何なさると尋

兄才問答（才＝E弟）

ねると真面目ょ「死ょ至るまで孝悌忠信と唯一言で私ハ「ヘーイと云た切り其まゝょなつた事がゟるが先づ兄ハソンナ人物で又妙な處もゟる或時私ょ向て「乃公ハ総領で家督をして居るが如何かして六かしゐ家の養子ニなつて見たゐ何とも云はれなゐ頑固なゴク喧しゐ養父母ょ事へて見たゐ決して凡波を起させなゐと云ふのは畢竟養父母と養子との間柄の悪ゐのハ養子の方の不行届だと説を極めてたのでせう。所が私ハ正反對で「養子ハ忌な事だ大嫌ひだ親でもなゐ人を誰が親ょして事へる者がゟるかと云ふやうな調子て折々ハ互ニ説が違て居ました是れハ私の十六七の頃と思ひます

母も亦随分妙な事を悦んで世間並ょハ少し変はつて居たやうです一体下等社會の者ょ附合ふぉとが数寄で出入りの百姓町人ハ無論。穢多でも乞食でも颯々と近づけて輕蔑もしなけれバ忌がりもせず言葉など至極丁寧でした又宗教ニ就て近處の老婦人達のやうょ普通の信心ハなゐやうょ見える例へバ家ハ真宗でゟりながら説法も聞かず「私ハ寺ニ参詣して阿彌陀様を拝むぉと斗りは可笑しくてキマリが悪くて出来ぬと常

ニ私共ニ云ひながら毎月米を袋ニ入れて寺ニ持て行て墓参りハ欠(か)かしたことはなゐ(其袋ハ今でも大事ニ保存してある)阿弥陀様ハ拝まぬが坊主はハ懇意が多ゐ旦那寺(だんなでら)[註24]㉑の和尚ハ勿論又私が漢學塾ニ修業して其塾中は諸國諸宗の書生坊主が居て毎度私處ニ[註25]遊びニ来れバ母ハ悦んで之を取持て馳走でもすると云ふやうな凡でコンナ所を見れバ唯佛法が嫌ひでもなゐやうです兎ニ角ニ慈善心ハあつたは違ひなゐ茲(こゝ)ニ誠ニ穢(きたな)ゐ奇

虱=A虫

乞食の虱を取る

談があるから話しませう中津ニ一人の女乞食があつて馬鹿のやうな狂者(きちがひ)のやうな至極の雉渋者で自分の名か。人の付けたのか。チエ〳〵と云て毎日市中を貫て廻はる所が此奴(こいつ)が穢(きたな)ゐとも臭(くさ)ゐとも云ひやうのなゐ女で着物(きもの)はボロ〳〵髪(かみ)はボウ〳〵其髪は虱(しらみ)がウヤ〳〵して居るのが見える。スルト母が毎度の事で天気の好ゐ日などはハおチエ此方(こっち)ニ這入(はいっ)て来(こ)ゐと云て表(おもて)の庭ニ呼込んで土間の草の上ニ坐(すは)らせて自分ハ襷掛(たすきが)けニ身構(みがま)へをして乞食(こじき)の虱狩(しらみがり)を始めて私ハ加勢(かせい)は呼出される。拾(ひら)ふやうニ取れる虱を取てハ庭石の上ニ置きマサカ爪(つめ)で潰(つぶ)すことは出来ぬから私を側ニ置ゐて此石の上のを石で潰せと申して私ハ小さゐ手ごろな石を以て構へて居る。母が一疋取て臺石(だいゝし)の上ニ置くと私はコツリと打潰すと云ふ役目で五十も百も先づ其時ニ取れる丈け取て仕舞ひソレカラ母も私も着物を拂ふて糠(ぬか)で手を洗ふて乞食(こじき)はハ虱を取らせて呉れた褒美(ほうび)ニ飯を遣ると云ふ極(きま)りで是れハ母の楽みでしたらふが私ハ穢(きた)なくて〳〵堪(たま)らぬ今思出しても胷(むね)が悪ゐやうです

ニ=ABCDEに／ら=Eら、／ニ=ABCDEに／ニ=ABCDEに／ハ=ABCDEは／か=AEなし／こと=CDEこと／なゐ=AふゐBCDEない／（=Aなし／ハ=ABCDEは／ニ=ABCDEに／あ=ABCDEあ／）=AなしE）。／ハ=ABCDEは／は=ABCDEには／ゐ=BCDいEい。／ハ=ABCDEは／論=E論、／ニ=ABCDEに／て=Eて、／は=ABCDEに／て=Eて、／ニ=ABCDEに／ニ=ABCDEに／バ=ABCDばEば、／ハ=ABCDEは／凡で=A風でBCD風(ふう)でE風で、／バ=ABCDEば／ゐ=BCDEい／す=Eす。／ニ=ABCDEに／ハ=ABCDEは／あ=ABCDEあ／は=ABCDEに／なゐ=AふゐBCDないEない。／ニ=ABCDEに／ニ=ABCDEに／きたな=Aなし／ゐ=BCDEい／あ=ABCDEあ／う=Eう。／ニ=ABCDEに／あ=ABCDEあ／て=Eて、／きちがひ=Aきちがい／雉渋者=B難澁者(なんじふもの)CD難澁者E難澁者／で=Eで、／。=ABCDE、／付けたのか=A付けてやつたのか／。=BCDE、／て=Eて、／廻はる=A廻るBCD廻(ま)はるE廻はる。／こいつ=AなしBCDEこいつ／きたな=AきたふEなし／ゐ=BCDEい／くさ=Eなし／ゐ=BCDEい／で=Eで、／きもの=AEなし／〳〵=E〳〵、／かみ=AEなし／〳〵=E〳〵、／は=ABCDEに／。=A、BCDなし／スルト=BCDなし／が=ABCDEが／ゐ=AなしBCDEい／ゐ=BCDEい／などはハ=AふどにはBCDなどにはEなどには、／お=BCれ／ニ=ABCDEに／はいつ=ABCDはいつEなし／こ=Eなし／ゐ=BCDEい／て=Eて、／ニ=ABCDEに／呼込んで=BC呼込(よびこ)んでD呼(よびこ)んで／ニ=ABCDEに／すは=BCDすわEなし／て=Eて、／ハ=ABCDEは／ニ=ABCDEに／身構へ=A身構へBCD身構(みがま)へE身構へ／しらみがり=AなしBCDしらみがり／て=Eて、／ハ=ABCDEは／は=ABCDEに／。=AなしBCD、／ひら=DひろEなし／ニ=ABCDEに／ハ=ABCDEは／ニ=ABCDEに／き=Eき、／つめ=Eなし／つぶ=Eなし／こと=BとCDEこと／ら=Eら、／ニ=ABCDEに／ゐ=BCDEい／て=Eて、／て=Eて、／ハ=ABCDEは／ゐ=BCDEい／ごろ=AごろBCDEごろ／構=BCD構(かま)E構／。=AなしBCD、／ニ=ABCDEに／で=Eで、／ニ=ABCDEに／ひ=Eひ、／ぬか=AEなし／て=Eて、／はハ=ABCDEには／ニ=ABCDEに／で=Eで、／ハ=ABCDEは／ふ=BCDEう／が=Eが、／ハ=ABCDEは／きた=AEなし／〳〵=BCD穢なくて／たま=AEなし／ぬ=Eぬ。／胷(むね)=BCD胸(むね)E胸／ゐ=BCDEい／す=Eす。

㉑中津市桜町の浄土真宗本願寺派寺院明蓮寺。

反故を踏みお札を踏む

又私の十二三歳の頃と思ふ兄が何か反故を揃へて居る處を私がドタバタ踏んで通つた所が兄が大喝一聲コリヤ待てと酷く叱り付けて「お前ハ眼が見えぬか。之を見なさい何と書いてある。奥平大膳太夫㉒と御名があるでハないかと大造な剣幕だから「アヽ左様で御在ましたか私ハ知らなんだと云ふと「知らんと云ても眼があれバ見える筈ぢや御名を足で踏むとハ如何云ふ心得である、臣子の道はと何か六かしい事を並べて厳しく叱るから謝らずにハ居られぬ「私が誠に悪う御在ましたから堪忍して下さいと御辭儀をして謝つたけれども心の中でハ謝りも何もせぬ「何の事だろう殿様の頭でも踏みはしなかろう名の書いてある紙を踏んだからッて構ふことはなさゝうなものだと甚だ不平でソレカラ子供心に獨り思案して兄さんの云ふやうに殿様の名のある御札を踏んで悪いと云へバ神様の名のある御札を踏んだら如何だらうと思て人の見ぬ處で御札を踏んで見た所が何ともないウム何ともないコリヤ面白い今度ハ之を洗手場に持て行て遣らうと一歩を進めて便所に試みて其時ハ如何かあらうかと少し怖かつたが後で何ともない「ソリヤ見たことか。兄さんが餘計な。あんな事を云はんでも宜いのぢやと獨り發明したやうなものだが是れ斗りハ母にも云はれず姉にも云はれず云へバ屹と叱られるから一人で窃と黙つて居ました

稲荷様の神体を見る

様=E様／体=E體

ソレカラ一つも二つも年を取れバ自から度胷も好くなつたと見えて年寄などの話ニする神罰冥罰なんと云ふことハ大嘘だと獨り自から信じ切つて今度ハ一つ稲荷様を見て遣らうと云ふ野心を起して私の養子になつて居た叔父様㉓の家の稲荷の社の中にハ何が這入て居るか知らぬと明けて

福翁自傳（四）幼少の時（四）時事新報明治三十一年七月十日（日）
二=E二、／ふ=Eふ。／か=ABCDEか／反故=BCD反古E反故／を=Eを、／踏んで=D踏で／大=B大CD大／聲=E聲、／コリヤ=Eコリャ／て=Eて、／お=Bお／ハ=ABCDEは／。=BCDE、／い=BCDいEい、／い=BCDEい／ある。=Aある。BCDあるEある、／奥平大膳太夫=B奥平大膳太夫CDE奥平大膳大夫／おな=Bおな／あ=ABCDEあ／ハ=ABCDEは／ないかと=BCEないかとDないか」と／ら=Eら、／ござい=AございBCDEござい／か=Eか、／ハ=ABCDEは／な=Aな／だと=Dだ」と／と=Eと、／あれバ=AあればBCDEあれば／はづ=AEなしBCDはず／や=Eや、／おな=AEなし／あし=AEなしBCDあし／ふ=Eなし／ハ=ABCDEは／とう=AEなしBCDどう／心得=AE心得B心得CD心得／あ=ABCDEあ／はと=Dは」とEはと、／何か=AなしBC何か、D何かE何か／六=BCD六／い=BCDEい／並=A并E竝／きび=Eなし／あやま=ABCDあやまEなし／にハ=ABCDEには／ぬ=Eぬ。／に=ABCDEに／まる=BCDわるEなし／下さいと=BC下さいとD下さい」とE下さいと／おじぎ=Eなし／も=Eも、／ハ=ABCDEは／ぬ=Eぬ。／う=Eう、／あたま=ABCDあたまEなし／う=Eう、／い=BCDEい／あ=ABCDEあ／踏んだからッて=C踏だんからッて／構=BCD構E構／こ=CDEこ／だと=Dだ」と／平=A平／で=Eで、／に=ABCDEに／て=Eて、／に=ABCDEに／い=BCDEい／あ=ABCDEあ／反故=BCD反古／踏=ABCD踏／い=BCDEい／バ=ABCDばEば、／あ=ABCDEあ／御札=B御札C神札DE御札／どう=Eなし／て=Eて、／御札=B御札CD御札／ない=Aふい、BCDないEない。／い=ABCDいEい、／コリヤ=Eコリャ／い=ABCDいEい、／ハ=ABCDEは／に=ABCDEに／もつ=AEなし／行て=BCD行てE行て／や=AEなし／と=Eと、／便所=BC便所D便所／に=ABCDEに／て=Eて、／ハ=ABCDEは／どう=Eなし／あ=ABCDEあ／怖=AE怖BCD怖／が=Eが、／後=AE後BCD後／い=ABCDいEい。／ソリヤ=Eソリャ／こ=BCDEこ／。=BCDE、／。=BCDE、／あ=ABCDEあ／宜い=BCD宜いE宜い／やと=Dや」と／が=Eが、／斗り=BCD許り／ハ=ABCDEは／に=ABCDEに／ず=Eず、／バ=ABCDEば／叱かられる=A叱かれるBCD叱られるE叱られる／ら=Eら、／窃と=A窃とE竊と／たま=AEなしBCDだま／た=Eた。／バ=ABCDEば／胷=AE胸BCD胸／よ=AEなし／て=Eて、／としより=Eなし／ニ=ABCDEに／しんばつめうばつ=AなしBCDEしんばつみやうばつ／ことハ=AことはBことはCDEことは／だいう

そ＝ABCDEだいうそ／**切つて**＝BCD切(きつ)てE切つて、／**ハ**＝ABCDEは／**て**＝Eて、／**ょ**＝ABCDEに／**ょハ**＝ABCDEには／**ゔ**＝ABCDEが

ら＝Eら、／**ら**＝Eら、／**打鄭(うちや)つて**＝BC打擲(うちや)つてDE打擲(うつちや)つて／**き**＝Eき、／**て**＝Aて／**バ**＝ABCDばEば、／**ハ**＝ABCDEは／**ゟ**＝ABCDEか／**で**＝Eで、／**と**＝Eと、／**ま**＝AEなし／**初午**＝BCDE初午(はつうま)／**ょ**＝ABCDに／**て**＝Eて、／**のぼり**＝Aなし／**大**＝BC大(たい)D太(たい)E太／**叩(たゝ)ゐ**＝A叩ゐBCD叩(たゝ)いE叩い／**ら**＝Eら、／**ハ**＝ABCDEは／**ゐ、**＝AゐBCDいEい。／**め**＝Eめ、／**おれ**＝Bおれ Eなし／**ゐ**＝BCDEい／**ニ**＝ABCDEに／**おが**＝BCDをがEなし／**ゐ**＝BCDEい／**と**＝Eと、／**うれ**＝AEなし／**で**＝Eで、／**ゐ**＝BCDEい／**難有ゐ**＝BE難有(ありがた)いCD有難(ありがた)い／**ホ**＝CDEこ／**ゐ**＝BCDいEい。／**うらなゐまじなゐ**＝BCうらなひまじないDEうらなひまじなひ／**ふしんかう**＝AEなしBCDふしんかう／**で**＝Eで、／**ホ**＝CDEこ／**ょ**＝ABCDEに／**ゐ**＝BCDいEい。／**小**＝BC小(こ)D子(こ)／**ハ**＝ABCDEは／**ょ**＝ABCDEに／**た**＝Eた。／**ょ**＝ABCDEに／**坂**＝BCDE阪／**ふ**＝BCDEな／**は**＝Eは、／**坂**＝BCDE阪／**ょ**＝ABCDEに／**ょ**＝ABCDEに／**やしき**＝Eなし／**ょ**＝ABCDEに／**うはょがしら**＝ABCDEうはにがしら／**傳法寺屋松右ェ門**＝A松右ェ門BCDE傳法寺屋(でんぼふじや)松右衛門(まつゑもん)／**で**＝Eで、／**ふ**＝Eふ。／**ょ**＝ABCDEに／**て**＝Eて、／**お**＝Bお／**こ**＝Bホ／**次才**＝BCD次第(しだい)E次第／**ハ**＝ABCDはEは、／**ょ**＝ABCDEに／**と**＝Eと、／**ょ**＝ABCDEに／**とつゝ**＝DEとつゝ／**て**＝Eて、／**ょ**＝ABCDEに／**ょ**＝ABCDEに／**る**＝Eる。／**ょ**＝ABCDEに／**五**＝E五、／**ふ**＝Eふ。／**ソリヤ**＝Eソリャ／**遣(やつ)て**＝A遣(や)つてE遣て／**ゐ**＝BCDいEい、／**と**＝Eと、／**て**＝Eて、／**ハ**＝ABCDEは／**ら**＝Eら、／**ハ**＝ABCDEは／**ゐ**＝BCDいEい。／「＝BCDなし／**ょ**＝ABCDEに／**ゐ**＝ABCDEい／**か**＝Eか、／**遣つて**＝BCD遣(やつ)て／**と**＝Eと、／**ひど**＝Eなし／**か**＝Dが／**𛀂**＝ABCDEあ／**る**＝Eる。

見たら*石が這入て居るから*其石を*打鄭(うちや)つて仕舞て代りの石を拾ふて入れて置き*又隣家の下村(しもむら)と云ふ屋敷の稲荷様を明けて*見れバ*神体ハ*何ゟ*木の札(ふだ)で*之も取て棄てゝ仕舞ひ平気な顔して居ると*間(*ま)もなく初午*ょ*なつて*幟(*のぼり)を立てたり*大鼓を叩(*たゝ)ゐたり御神酒(おみき)を上げてワイ〳〵して居るから*私ハ*可笑(をか)しゐ*、「馬鹿め*乃公(*おれ)の入れて置ゐ*た石ニ*御神酒を上げて拝(*おが)んでるとは面白ゐ*と*獨(ひと)り嬉(*うれ)しがつて居たと云ふやうな譯けで*幼少の時から神様が怖(こは)ゐ*だの佛様が*難有ゐだの云ふホ*とは一寸ともなゐ*卜筮呪詛(*うらなゐまじなゐ)一切不信仰(*ふしんかう)*で狐(きつね)狸(たぬき)が付くと云ふやうなホ*とは初めから馬鹿ょ*して少しも信じなゐ*小供ながらも精神ハ*誠ょ*カラリとしたものでした*或時ょ*大坂*から妙ふ*女が来たことがある其女と云ふのは*私共が大坂*ょ*居る時ょ*邸(*やしき)ょ*出入(でいり)をする上荷頭(*うはょがしら)の傳法寺屋*松右ェ門と云ふものゝ娘で*年の頃三十位でもあつたかと思ふ*其女が中津ょ*來て*お稲荷様を使ふこと*を知て居ると吹聴(ふいちやう)する其次才*ハ*誰ょ*でも御幣(ごへい)を持たして置て何か祈ると*其人ょ*稲荷様が憑據(*とつゝ)くとか何とか云て*頻(しき)りょ*私の家ょ*来て法螺(ほら)を吹て居る*夫れから其時ょ*私は十五*六の時だと思ふ*「*ソリヤ面白い遣(*やつ)て貰(もら)はう、乃公(おれ)が其御幣(そのごへい)を持たう、持て居る御幣が動き出すと云ふのは面白ゐ*サア持たして呉れろと云ふ*と其女がつく〴〵と私を見て居て*「坊(ぼん)さんハ*イケマヘンと云ふから*私ハ*承知しなゐ*「*今誰ょ*でもと云たぢやなゐかサア遣*つて見せろと*酷(*ひど)く其女を弱らして面白かつ*た事が𛀂**る

㉒中津藩主奥平氏の多くが任じられた官職。㉓父百助の弟中村術平。

門閥の不平

ソレカラ私が幼少の時から中津ニ*居て*始終不平で堪(*たま)らぬと云ふのハ*無理でなゐ*一体中津の藩凡*と云ふものハ*士族の間ょ*門閥制度がチャ*ント定*まつて居*て其門閥の堅(*かた)*ゐ事ハ*啻(*たゞ)*ょ藩の公用ょ*就てのみならず*、今日私(わたくし)の交際上、小*供の交際(つきあひ)*ょ至るまで*貴賤上下の区別を成して*上士族の子弟が私の家のやうな下士族の者ょ*向ては丸で言葉が違ふ*私などが上士族ょ*對して*アナタが如何(*どう)なすつて、斯(*こ)うなすつてと云へバ*先方(むかふ)では貴様が爾(さ)う為(*志)やつて*斯(*こ)う為(*し)やれと云ふやうな風で*萬事其通りで*何でもない*只*小供の戯(たはむ)れの遊びょ*も門閥が付て廻るから*如(*ど)何(う)志*ても不平がなくてハ*居られない*其癖(*くせ)今の貴様とか何とか云ふ上士族の子才*と学校ょ*行て*讀書會讀と云ふやうな事ょ*なれば*何時(*ゐつ)でも此方(*ぉつち)*ゔ勝つ*學問ばかりでなゐ*腕力でも肩*けはしなゐ*夫れゔ*其交際(*つきゟひ)*。朋友互ょ*交つて遊ぶ小供(*こども)遊(*ゟそび)の間ょ*もちやんと門閥と云ふものを持て横凡*至極だから*小*供心ょ*腹(*はら)*ゔ立て堪(*たま)*らぬ況(*ま)して大人同士(おとな*どし)。藩の御用を勤めて居る人々ニ*貴賤の区別ハ*中々喧(*やか)ましゐ*ぉとで私ゔ*覚えて居るゔ*或るとき

下執事の文字 ニ=AEに *ニ叱られる

私の兄ゔ*家老の處ニ*手紙を遣(*やつ)*て少し學者凡*で其表書ニ*何々様下執事[註26]と書*て遣たら大ニ*叱(しか)られ*下執事とハ*何の事だ*御取次衆と認めて来(*ぉ)ゐ*と云て*手紙を突返(*つきかへ)して来た*私ハ*之を見ても側(*そば)から獨り立腹して泣*たぉとがゟ*る馬鹿々々しい*、ぉ*んな處ょ*誰が居るものか*如何(*どう)志*たつて是れはモウ出るより外ょ*仕様がなゐ**と始終心の中ニ*思て居ましたソ*レカラ私も次才**ニ成長して少年*ながらも少しハ*世の中の事ゔ*分るやうニ*なる中ょ*私の従兄才*などょ*も随分一人や二人ハ*學者がゟ*る能く書を讀む男ゔ**ゟる、固(もと)より下士族の仲間だから兄などゝ*話しのときょ*ハ藩凡**ゔ善(よ)くなゐ*とゕ*何とゕ**ゐろ〱不平を洩(も)らして居るのを聞ゐ**て私は始終ソレを止(*と)

ニ=ABCDEに／て=Eて、／たま=Eなし／ハ=ABCDEは／ゐ=BCDいEい。／凡=AE風BCD風(ぶう)／ハ=ABCDはEは、／ょ=ABCDEに／チャント=BCDチャンとEチャント／定=BCDE定(き)／て=Eて、／かた=Eなし／ゐ=BCDEい／ハ=ABCDEは／たゞ=Eなし／ょ=ABCDEに／ょ=ABCDEに／ず、=ABCDず／小=D子／ょ=ABCDEに／で=Eで、／て=Eて、／ょ=ABCDEに／ふ=Eふ。／ょ=ABCDEに／て=Eて、／どう=Eなし／こ=BCDかEなし／バ=ABCDばEば、／志=BCDEし／て=Eて、／こ=BCDかEなし／し=AEなし／で=Eで、／で=Eで、／い=Aゐ、／小=D子／ょ=ABCDEに／ら=Eら、／どう=Eなし／志=ABCDEし／ハ=ABCDEは／い=Eい。／くせ=Eなし／才=BCD弟(てい)E弟／ょ=ABCDEに／て=Eて、／ょ=ABCDEに／ば=Eば、／ゐつ=BCDEいつ／ぉつち=BCDEこつち／ゔ=ABCDEが／つ=Eつ。／ゐ=BCDいEい、／肩=BC負(ま)D貟(ま)E負／ゐ=BCDいEい。／ゔ=ABCDEが／つきゟひ=ABCDつきあひEなし／。=AE、BCDなし／ょ=ABCDEに／小(こ)=D子(こ)／ゟ=ABCDEあ／ょも=ABCDにもEにも、／凡=AE風BCD風(ふう)／ら=Eら、／小=D子／ょ=ABCDEに／はら=AEなし／ゔ=ABCDEが／たま=AEなし／ぬ=Eぬ。／況(ま)=A況DE況(ま)／同士(どし)。=BCD同士(どうし)、E同士(どし)、／ニ=ABCDEに／ハ=ABCDEは／やか=AEなし／ゐぉとで=BいぉとでCDいことでEいことで、／ゔ=ABCDEが／ゔ=ABCDがEが、／或るとき=BCD或時(あるとき)／ゔ=ABCDEが／ニ=ABCDEに／やつ=Eなし／て=Eて、／凡=AE風BCD風(ふう)／表書=BCDE表書(うはがき)／ニ=ABCDEに／下執事=BCDE下(か)執事(しつじ)／書て=BCD書(か)いてE書いて／ニ=ABCDEに／れ=Eれ、／ハ=ABCDEは／だ=Eだ、／御取次衆=BC御取次衆DE御取次衆(おとりつぎしゅ)／来ゐ=BCD來(こ)いE來い／て=Eて、／つきかへ=Eなし／た=Eた。／ハ=ABCDEは／そば=Eなし／泣たぉと=A泣(ない)たぉとB泣(ない)たぉとCD泣(ない)たことE泣たこと／ゟる=ABCDあるEある。／い=Aゐ／ぉ=CDEこ／ょ=ABCDEに／か=Eか、／どう=Eなし／志=BCDEし／ょ=ABCDEに／ゐ=BCDEい／と=Eと、／ニ=ABCDEに／た=Eた。／才=BCD第(だい)E第／ニ=ABCDEに／て=Eて、／ハ=ABCDEは／ゔ=ABCDEが／ニ=ABCDEに／ょ=ABCDにEに、／従兄才=BCD従兄(いとこ)弟E従兄弟／ょ=ABCDEに／ハ=ABCDEは／ゟる=ABCDあるEある。／ゔ=ABCDEが／ゟる、=Aある、BCDあるEある。／ら=Eら、／などゝ=BCなぞとDなどと／話し=B話(はな)しCD話(はな)E話／ょハ=ABCDEには／凡=AE風BD風(ぶう)C風(ぶう)／ゔ=ABCDEが／ゐ=BCDEい／ゕ=ABCDEか／ゕ=ABCDEか／ゐ=BCDEい／ゐ=BCDEい／て=Eて、／と=Eなし

た＝Eた。／い＝AいEい、／い＝AいEい。／に＝ABCDEに／は＝Eは、／し＝BCDEし／に＝ABCDEに／い＝AいEい。／仕舞ふ＝BD仕舞／よ＝Eなし／宜い＝CD宜（よい）／と＝Eと、／止めて＝CD止（とめ）て／こ＝CDEこ／がある＝ABCDあるがEあるが、／ハ＝ABCDEは／うまれつ＝AEなし／やうもの＝AやうふものBCDEやうなもの／う＝Eう。／が＝ABCDEが／か＝ABCDEか／ニ＝ABCDEに／に＝ABCDEに／で＝Eで、／ニ＝ABCDEに／ハツト＝Eハット／に＝ABCDEに／安心決定（あんぜんけつでう）＝BC安心決定（あんしんけつぢやう）D安心決定（あんしんけつぢやう）E安心決定（あんじんけつぢやう）／し＝ABCDEし／こ＝CDEこ／がある＝ABCDがあるEがある。／ハ＝ABCDEは／ひ＝Eひ、／に＝ABCDEに／り＝Eり、／も＝Eも、／に＝ABCDEに／ほど＝AEなし／にハ＝ABCDEには／決＝BC決（けつ）D決（けつ）E決／ぬ＝Eぬ。／決＝BC決（けつ）D決（けつ）E決／おこ＝BおこCDおこEなし／ない、＝Aない、Eない。／おこ＝BおこEなし／い＝AいEい。／刎＝BCDE刎（いはん）／同士＝BC同士（どうし）D同志（どうし）E同志／し＝BCDEし／い、＝Aい、BCDい、Eい。／ツヒゾ＝BCツイゾ／つかみや＝BCDつかみあEツカミヤ／。＝ABCDE、／。＝ABCDなしE、／こ＝CDEこ／ちよい＝AちよいEなし／ない、＝Aない、Eない。／ハ＝ABCDEは／い＝BCDいEい。／に＝ABCDEに／で＝Eで、／ハ＝ABCDEは／し＝BCDEじ／からだ＝Eなし／ニ＝ABCDEに／こ＝CDEこ／ない。＝Aない、BCDない、Eない。／が＝ABCDEが／前＝E前、／ニ＝ABCDEに／い＝BCDEい／はうたうもの＝AEなし／があつて＝AかあつてBCDがあつてEがあつて、／が＝ABCDEが／に＝ABCDEに／ず＝Eず、／。＝ABCDE、／ハ＝ABCDEなし／が＝ABCDEが／どこ＝AEなし／に＝ABCDEに／ニ＝ABCDEに／なまいき＝AEなし／凡＝AE風BCD風（ふう）／ゆゑ＝D故（ゆゑ）Eゆゑ、／ハ＝ABCDEは／こ＝CDEこ／ぬ＝Eぬ、／チヤント＝DチヤンとEチヤント／正座＝BC正座（せいざ）D正坐（せいざ）／置いて＝A置（お）いてB置（にい）てCD置（おい）てE置いて、／すこし＝ABCDEすこし／いつ＝BCDいつEなし／バ＝ABCDEば／鼾（いびき）＝A鼾（いびき）BCDE鼾（いびき）／。＝ABCD、／て＝Eて、／かた＝AEなし／て＝Eて、／く＼＝BCDぐ＼／遣つた＝BCD遣（やつ）た／こ＝CDEこ／がある＝ABCDがあるEがある。／其とき＝BC其時D其時（そのとき）／て＝Eて、／コリヤ＝Eコリャ／い＝BCDEい／た＝Eた、／おれ＝BおれEなし／、＝Dなし／ニ＝ABCDEに／こちら＝BCDこつちEこちら／仕掛けた＝D仕掛（しかけ）る／ことハ＝ABことはCDEことは／に＝ABCDにEに、／ハ＝ABCDEは／ニ＝ABCDEに／たと＝Dた」と／て＝Eて、／か＝ABCDEか／心地＝BC心地（こゝろもち）D心持（こゝろもち）E心地（コヽロモチ）／が＝ABCDEが／て＝Eて、／に＝ABCDEに／こ＝CDEこ／が＝ABCDEが／。＝BCD、／くせ＝Eなし／ハ＝ABCDEは／嘵舌（しやべ）り。

めて居ました「よしなさい馬鹿々々しい此中津に居る限りはそんな愚論をしても役に立つものでない不平があれば出て仕舞ふが宜い、出なければ不平を云はぬが宜いと毎度止めて居たことがあるが是れハマア私の生付（うまれつ）きの性質とでも云ふやうものでせう或

に＝AEに／顕＝E顕

喜怒色に顕はさず

時私が何か漢書（かんしよ）を読む中ニ喜怒色（きどいろ）に顕（あらは）さずと云ふ一句を読で其時ニハツト思ふて大に自分で安心決定（あんぜんけつでう）したことがある「是れハドウモ金言だと思ひ始終忘れぬやうにして独り此教を守りソコデ誰が何と云て賞（ほ）めて呉れても唯表面（うはべ）に程（ほど）よく受けて心の中にハ決して喜ばぬ又何と軽蔑されても決して怒（おこ）らない、どんな事があつても怒（おこ）つた事はない刎（いはん）や朋輩同士で喧嘩をしたと云ふことは只（たゞ）の一度もない、ツヒゾ人と摑合（つかみや）つたの。打つたの。打たれたのと云ふことは一寸（ちよい）ともない、是れハ少年の時ばかりでない少年の時分から老年の今日に至るまで私の手ハ怒に乗して人の身体（からだ）ニ觸れたことはない。所が先年二十何年前塾の書生ニ何とも仕方のない放蕩者（はうたうもの）があつて私が多年衣食を授けて世話をして遣るにも拘はらず再三再四の不埒（ふらち）。或るときハ其者が何処（どこ）に何をしたか夜中酒ニ酔て生意気（なまいき）な凡をして帰て来たゆゑ貴様（きさま）ハ今夜寝ることはならぬ起きてチヤント正座して居ろと申渡して置いて少（すこし）して行（いつ）て見れバグウ／＼鼾（いびき）をして居る。此不埒者（ふらちもの）めと云て其肩（かた）の処をつらまへて引起して目の醒めてるのを尚ほグン／＼ゆたぶつて遣つたことがある其とき跡（あと）で独（ひと）り考へて「コリヤ悪い事をした乃公（おれ）は生涯、人ニ向て此方（こちら）から腕力を仕掛けたやうなことハなかつたに今夜ハ気ニ済まぬ事をしたと思て何だか坊主（ばうず）が戒律（かいりつ）でも破たやうな心地（こゝろもち）がして今に忘れることが出来ません。其癖（くせ）私ハ少年の時から能く嘵舌（しやべ）り。人並よりか口数（くちかず）の多い程ニ嘵舌（しやべ）つて爾（さ）うして何でも為（す）ることは甲斐（かひ）／＼しく遣つて決し

て人ニ*肩*けない*けれども*書生流儀の議論と云ふこ*とをしない*仮*令ひ議論すれバ*と云て*もほんとうニ*顔を赧らめて如何あつても勝たなければならぬと云ふ議論をしたことはない、*何か議論を始めて、*ひどく相手の者が*躍起となつて来れば*此方は*スラリと流して仕舞ふ*「彼の馬鹿が*何を馬鹿を云て居るのだと斯う思つて頓*と深く立入ると云ふこ*とは決*して遣らなかつた、*ソレでモウ自分の一身は何處ニ*行て如何な辛苦も厭はぬ*唯*この中津に*居ないで如何かして出て行きたいものだと*獨り夫ればかり祈つて居た處が*とうと長崎に*行くことが出来ました*

=CD饒舌り、E饒舌り、/**並**=BCD並E竝/**は**=AはBCDEか/**くちかず**=AEなし/**い**=BCDEい/**ニ**=ABCDEに/**嘵舌つて**=CD饒舌つてE饒舌つて、/**さ**=AEなし/**す**=AEなし/**こ**=CDEこ/**甲斐ぐ〱**=A甲斐〱BCD甲斐々々E甲斐々々/**遣つて**=BCD遣てE遣つて、/**決**=BC決D決E決

ニ=ABCDEに/**肩**=BC負D負E負/**い**=BCDEい/**も**=Eも、/**こ**=CDEこ/**い**=BCDEい。/**仮令ひ**=A仮令BCD假令ひE假令ひ/**バ**=ABCDEば/**も**=Eも、/**ニ**=ABCDEに/**赧らめ**=A赧らめB赧らめCD赧めE赧らめ/**どう**=Eなし/**い、**=Aい、Eい。/**、**=ABCDなし/**が**=ABCDEが/**やくき**=Eなし/**く**=Eなし/**ば**=Eば、/**こちら**=AEなし/**スラリ**=Aすらり/**ふ**=Eふ。/**あ**=ABCDあEなし/**が**=Aか/**て**=Eて、/**こ**=CDEこ/**決**=BC決D決E決/、=E。/**どこ**=AEなしBCDどこ/**ニ**=ABCDEに/**どん**=Eなし/**ぬ**=Eぬ、/**こ**=CDEこ/**に**=ABCDEに/**い**=Aい/**どう**=Eなし/**と**=Eと、/**いの**=BCDいのEなし/**が**=ABCDがEが、/**に**=ABCDEに/**た**=Eた。

自傳才二（封筒表）
福翁自傳（五）長崎遊學（一）時事新報明治三十一年七月十三日（水）
ニ＝ABCDEに／。＝ABCD、／ハ＝ABCDEは／月＝E月、／ヶ＝BCD箇／ある＝BCDあるEある。／にハ＝ABCDEには／に＝ABCDEに／がない＝AがないBCDEがない／ず＝Eず、／なか＝ABCDEなか／、＝E。／に＝ABCDEに／な＝ABCDEな／ら＝Eら、／ら＝Eら、／き＝Eき、／こ＝CDEこ／な＝ABCDEな／、＝E。／が＝ABCDEが／で＝Eで、／亜米利加＝BCD亜米利加（アメリカ）E亜米利加（あめりか）／に＝ABCDEに／こ＝CDEこ／て＝Eて、／に＝ABCDEに／こ＝CDEこ／が＝Aか／な＝BCDEな／て＝Eて、／和蘭＝BCD和蘭（オランダ）E和蘭（おらんだ）／に＝ABCDEに／で＝Aて／に＝ABCDにEに、／「＝ABCDなし／に＝ABCDEに／何（ど）う＝BCD如何（どう）E如何／な＝BCDEな／な＝BCDEな／」＝ABCDEなし／ら＝Eら、／にハ＝ABCDEには／ぬ＝Eぬ。／ハ＝ABCDEは／に＝ABCDEに／と＝Eと、／に＝ABCDにEに、／は＝Eは、／だ＝Eだ。／。＝AなしBCDE、／に＝ABCDEに／て＝Eて、／い＝Aい／も＝Eも、／に＝ABCDEに／に＝ABCDEに／にふもと＝AなしBCにほもとDEおほもと／な＝ABCDEな／れ＝Aれ／な＝ABCDEな／、＝E。／に＝ABCDEに／ない＝AないBCDEない／かと＝Dか」と／、＝E。／素＝BCDE素（も）／學で＝BCD學（まな）んでE學んで／き＝Eき、／ハ＝ABCDEは／いつ＝BCDいつEなし／でき＝Eなし／よ＝ADEなし／て＝Eて、／に＝ABCDEに／ら＝Eら、／に＝ABCDEに／たのみ＝Aなし／に＝ABCDEに／あ＝BCDEあ／る＝Eる。／人の＝BCD「人の／うと＝Dう」とEうと、／才＝BCD弟（だい）E弟／ハ＝ABCDEは／て＝Eて、／ニ＝ABCDEに／序に＝A序（ついで）にBCDE序（ついで）に／せ＝Eせ、／た＝Eた。／ニ＝ABCDEに／。＝ABCDE、／始めて＝BC始（はじ）めてD始（はじめ）て／が＝Eが、／ハ＝ABCDEは／に＝ABCDにEに、／はりかみ＝ABCDEはりがみ／ハ＝ABCDEは／いくら＝BCDEいくら／ある。＝ABCDある、Eある。／ニ＝ABCDEに／ないが＝BCDないがEないが、／始めて＝D始（はじ）めて／ハ＝ABCDEは／六かしい＝BCD六（むつ）かしいE六かしい。／二十＝BCD廿／にハ＝ABCDEには／。＝ABCD、／れ＝Aれ／にハ＝ABCDEには／さほど＝Aなし／次才〳〵に＝A次才〳〵にBCD次第（しだい）々々にE次第々々に／が＝Eが、／ハ＝ABCDEは

長崎遊學

それから長崎ニ出掛けた。頃ハ安政元年二月即ち私の年二十一歳（正味十九歳三ヶ月）の時である其時分にハ中津の藩地に横文字を讀む者がないのみならず横文字を見たものもなかつた、[註1]都會の地には洋学と云ふものは百年も前からありながら中津は田舎（ゐなか）の事であるから原書は扨置（さてお）き横文字を見たことがなかつた、所が其頃は丁度ペルリの来た時[註2]で亜米利加の軍艦が江戸に来たと云ふことは田舎でも皆知て同時に砲術と云ふことが大変喧（やかま）しくなつて来てソコデ砲術を学ぶものは皆和蘭流に就て学ぶので、[註3]其時私の兄が申すに「和蘭の砲術を取調べるには何（ど）うしても原書を讀まなければならぬ」と云ふから私にハ分らぬ「原書とハ何の事ですと兄に質問すると兄の答に「原書と云ふは和蘭出版の横文字の書だ今。日本に飜譯書と云ふものがあつて西洋の事を書いてあるけれども真実に事を調べるには其大本（にふもと）の蘭文の書を讀まなければならぬ、夫れに就ては貴様は其原書を讀む氣はないかと云ふ、所が私は素と漢書（かんしょ）を學で居るとき同年輩の朋友の中でハ何時（いつ）も出来（でき）が好（よ）くて讀書講義に苦勞がなかつたから自分にも自然頼（たのみ）にする気があつたと思はれる人の讀むものなら横文字でも何でも讀みませうとソコデ兄才の相談ハ出来て其時丁度兄が長崎ニ行く序（ついで）に任（まか）せ兄の供をして参りました長崎ニ落付き。始めて横文字のabcと云ふものを習ふたが今でハ日本國中到る處に徳利の貼紙（はりかみ）を見ても横文字ハ幾許（いくら）もある。目ニ慣れて珍らしくもないが始めての時ハ中々六かしい二十六文字を習ふて覺えて仕舞ふまでにハ三日も掛りました。けれども段々讀む中にハ又左程（さほど）でもなく次才〳〵に易（やす）くなつて来たが其蘭學修業の事ハ扨

き=Eき、/ニ=ABCDEに/往た=A往たBCDE往た/ハ=ABCDはEは、/窮窟な=A窮窟奈BCD窮屈なE窮屈な/ゞ=ABCDEが/以や=BCDEいや/たま=Eなし/ら=Eら、/そと=Eなし/ニ=ABCDEに/で=DEなし/古とゞ=AB古とがCDEことが/てき=AEなしBCDでき/す=Aも/バ=ABCDEば/難有以=B難有いCD難有いE難有い/でか=AEなし/古=CDEこ/ら=Eら、/みれん=AEなし/以。=A以BCDEない、/こんな=A古ん奈Eコンナ/ニ=ABCDEに/ゞ=ABCDEが/可=ABCDかEか、/バ=ABCDEば/で=Eで、/き=AEなし/しな以ぞ=Aまな以ぞBCDしないぞEしないぞ、/けふ=Eなし/古=CDEこ/宜以=BCDE宜い/古ゝろもち=ABCDこゝろもちEなし/び=Eび、/む以=BCDEむい/颯々=AE颯々BCD颯々/はや=ABCDEばや/ニ=ABCDEに/出=AだE出/ハ=ABCDEは/居る=BCD居る、E居る。/ニ=ABCDEに/て=Eて、/桶屋町=BCDE桶屋町/光永寺=B光永寺CDE光永寺/お=Bれ/便=BCDE便/は=Eは、/尓=ABCDEに/奥平壹岐=B奥平壹岐CDE奥平壹岐/お=Bれ/で=Eで、/そ古=AEなしBCDそこ/尓=ABCDEに/幸ひニ=A幸ひにBC幸ひにD幸 にE幸ひに、/お=Bれ/尓奈=ABCDEにな/ニ=ABCDにEに、/小出町=BC小出町D大井手町E小出町（大井手）/尓=ABCDEに/山本物次郎=E山本物次郎/て=Eて、/ニ=ABCDEに/學で=BCD學んでE學んで/て=Eて、/ニ=ABCDEに/ニ=ABCDEに/た=Eた。/そ=Eなし/働=ABCD動E動/。=AなしBCD、/の=Aに/き=Eき、/奈い=Aな以BCDEない/奈い=Aな以、BCDない、Eない。/こ=B古/ゞ=ABCDEが/以=BCDEい/ら=Eら、/ゞ=ABCDEが/ど=Eど、/書て=BCDE書いて/阿=ABCDEあ/讀で=BCDE讀んで/ニ=ABCDEに/る=Eる。/尓=ABCDEに/八=E八、/あつて=CD在て/ひとりむす古=ABCDEひとりむすこ/奈い=Aな以BCDEない/奈=ABCDEな/奈=ABCDEな/で=Eで、/尓=ABCDEに/奈=ABCDEな/奈=ABCDEな/ぬ=Eぬ。/、=E。/くらし=Eクラシ/い、=A以、BCDい、Eい。/も=Aが/阿=ABCDEあ/で=Eで、/以ひ=BCDEいひ/。=BCDE、/新=BCDE新/ニ=ABCDEに/ニ=ABCDEに/き=Eき、/、=E。/そ古=BCDそこEなし/尓=ABCDEに/ゞ=ABCDEが/尓=BCDEに/る=Eる。/所で=BCDなし/やゝ=Eなし/す=Aも/尓は=ABCDにはEには、/む=Eむ。/。=ABCDなしE、/尓=ABCDEに/脊=BCD脊/奈=BCDEな/れ=Aも/奈=BCDEな/ぬ=Eぬ。/おかみ=Bにかみ/だ以す=BCDだいすEなし/。=BCDなしE、/ちん=Aなし/だ以す=

置き*抑も私の長崎ニ*往たの*ハ*唯田舎の中津の窮窟*なのゞ*忌で*〱堪*らぬから*文学でも武藝でも何でも外ニ*出る*古と*ゞ*出来さへすれ*バ*難有*以と云ふので出掛*けた古とだから*故郷を去るに少しも未練*はな*以*。如斯處*ニ誰れゞ居るもの*可一度出たら*バ鐵砲玉で再び帰て来*はしな*以ぞ今日*古そ宜*以心地*だと獨り心で喜び後向*て唾*して颯々と足早*ニかけ出*したの*ハ今でも覺えて居る*夫れから長崎ニ*行てさうして桶屋町の光永寺*①と云ふお*寺を便*つたと云ふのは其時*尓私の藩の家老の伜で奥平壹岐*[註4②]と云ふ人は其お寺と親類で*其處*尓*寓居して居るのを幸*ひニ其人を便つてマアお寺の居候*尓*奈つて居る其中*ニ*小出町*尓*山本物次郎[註5③]と云ふ長崎両組の地役人で砲術家があつて其處ニ奥平が砲術を學で

活動の始まり

居る其縁を以て奥平の世話で山本の家ニ*食客ニ*入込みました*抑*も是れが私の生来活働*の始まり。*有らん限りの仕事を働き何でもし奈い事は奈い、*其先生が眼が悪くて書を讀むこと*ゞ*出来な*以*から私ゞ色々な時勢論など*漢文で書て*阿*る諸大家の書を讀*で先生*ニ聞かせる又其家*尓*十八九の伜があつて独息子*、餘りエライ少年で*奈い、けれども本は讀ま奈*けれ*ば奈らぬと云ふので*ソコで其伜*尓*漢書を教へて遣ら奈*けれ*ば奈らぬ*是れが仕事の一つ*、それから家は貧乏だけれども活計*は大きい*、借金も*阿*る様子で其借金の云延*し。*新*ニ借用の申込みニ*行き*又金談の手紙の代筆もする*、*其處*の家*尓*下婢ゞ一人*尓*下男が一人ある*所で*動も*すると*其男が病氣とか何とか云ふ時*尓*は男の代をして水も汲む朝夕の掃除は勿論。*先生が湯*尓*這入る時は脊*中を流したり湯を取たりして遣ら奈*けれ*ば奈らぬ*又其内儀*さんが猫が大好き*。*狆*が大好き。*生物*が好で猫も狆も犬も居る其生物一切の世話をし奈*ければ奈らぬ、*上中下一切の仕事*私一人で引受けて遣て居たから*酷く調法奈*男*だ何とも

BCDだいすEなし/。=ABCDE、/ゐきもの=AなしBCDEいきもの/好で=ABCD好きでE好きで、/ふ=ABCDEな/れバふ=AゑばふBCDEればな/、=E。/事=E事、/ら=Eら、/ふ=ABCDEな/だ=Eだ、

ふい=Aなゐ、BCDEない/調法ふ=AなしBCD調法な/ゟ=ABCDEあ/ながら=Aふがら、BCD乍らEながら、/よろ=Eなし/ゐ。=AゐBCDい、Eい。/よろ=Eなし/甲斐々々敷=A甲斐〱敷、BCD甲斐々々しくE甲斐々々しく/はたら=Eなし/ホ=ABCDEに/て=Eて、/ホ=ABCDEに/ホふらふい=AにならふゐBCDEにならない/ふ=Eふ。/ホ=ABCDEに/で=Eで、/遂ぞ=ABCD遂ぞ/ちゐ=BCちいDEちひ/い=Aゐ/ホふ=ABCDEにな/ら=Eら、/と=Eと、/ふ=ABCDEな/なほさ=DEなし/おれ=DEなし/の=Aに/ホふれ=ABCDになれEになれ、/どう=Eなし/ゔ=ABCDEが/れ=Aゑ/ゟる=ABCDあるEある。

ば=Eば、/ゔ=ABCDEが/で=Eで、/ホ=ABCDEに/謝物取て=BCDE謝物を取て/す。=AをBCDす、/うつ=AEなし/い=Aゐ/ば=Eば、/が=Eが、/りんじ=AEなし/で=Eで、/ホ=ABCDEに/ホも=ABCDにもEにも、/先生ハ=A先生はは、BCDE先生は/ゔ=ABCDEが/ゐ=BCDEい/、=E。/ふ=ABCDEな/て=Eて、/なホ=AEなしBCDなに/。=BCDなし/家=BE家、/バ=ABCDEば/宇和嶋藩=A宇和嶋藩、B宇和嶋藩CD宇和島藩、E宇和島藩、/五嶋藩=A五嶋藩、B五嶋藩、CD五島藩、E五島藩、/佐賀藩=A佐賀藩、BCD佐賀藩、E佐賀藩、/水戸藩=BCD水戸藩、E水戸藩/の=A乃/ゔ=ABCDEが/て=Eて、/ハ=ABCDEは/嶋=CDE島/ホ=ABCDEに/い=Aゐ/か=Eか、/ふ=BCDEな/で=Eで、/ハ=ABCDEは/ハ=ABCDEは/で=Eで、/ふい=Aふゐ、BCDEない/が=Eが、/訳け=A譯BCD譯けE譯け/ふい=Aふゐ、BCDないEない。/ゐ=BCDEい/り=Eり、/ゐ=BCDEい/り=Eり、/ゔ=ABCDEが/く=AEなし/バ=ABCDEば/ニ=ABCDEに/罷り出て=Aヂヤ〱張出てE罷り出て、/学で=BCD學んでE學んで/ホ=ABCDEに/ホ=ABCDEに/ゟる=ABCDあるEある。/ホ=ABCDEに/人=E人、/。=BCD、/か=Eなし/て=Eて、/ホふ=ABCDEにな/ゐ、=BCDい、Eい。/い=AゐEい。/大家=BCDE大家/どう=Eなし/ゑゔまゝ=ABCDわがまゝEなし/、=E。/ホ=ABCDEに/て=Eて、/ホ=ABCDEに/通詞=BCD通詞E通詞/ホ=ABCDEに

云はれふ*い*調法ふ血気の少年でゟり*ながら*其少年の行状が甚だ宜しゐ*。甚だ宜しくて甲斐々〱敷働くと云ふので、ソコデ以て段々其山本の家の氣ホ*入て*仕舞ホ*は先生が養子ホ*ふらふいかと云ふ*私は前ホ*も云ふ通り中津の士族で**遂ぞ自分は知りはせぬが少*さ*い時から叔父の家の養子ホ*ふつて居るから*其事を云ふと*先生が夫れふ*ら尚更ら乃*公の家の*養子ホ*ふれ如何でも乃公ゔ*世話をして遣るからと度々云はれた事*がゟ*る

其時の一体の砲術家の有様を申せば*寫本の蔵書ゔ*秘傳で*其本を貸すホ*は相當の謝物*取て貸す。**寫したい*と云へば*寫す爲めの謝料を取ると云ふのが*先づ山本の家の臨時収入*で其一切の砲術書を貸すホ*も寫すホ*も先生ハ眼ゔ*悪ゐ*から皆私の手を経る、*それで私は砲術家の一切の元締にふ*つて何*もかも私が一切取扱て居る。*其時分の諸藩の西洋家*例へバ**宇和嶋藩五嶋藩*佐賀藩*水戸藩*などの人々ゔ*来て*或ハ*出嶋*の和蘭屋敷ホ*行て見た*い*とか或は大砲を鑄るから図を見せて呉れとか、そんふ*世話をするのが山本家の仕事*で其実ハ*皆私が遣る。私ハ*本来素人で*鉄砲を打つのを見た事もふ*いが*図を引くのは訳*けはふ*い颯々と図を引ゐ*たり*説明を書ゐ*たり*諸藩の人ゔ**来れバ*何ニ*付けても獨り罷り出て丸で十年も砲術を学で*立派ホ*砲術家と見られる位ホ*挨拶をしたり世話をしたりすると云ふ調子でゟ*る處で私を山本の居候ホ*世話をして入れて呉れた人*即ち奥平壹岐だ。*壹岐と私とは主客處を易*へて*私が主人見たやうホ*ふつたから可笑しゐ*、壹岐は元来漢学者の才子で局量が狭い*小藩でも*大家の子だから如何も我儘だ、*もう一つは私の目的は原書を讀むホ*在て*蘭學医の家ホ*通ふたり和蘭通詞*の家ホ*行つたりして一意専心

①浄土真宗大谷派向陽山光永寺。②奥平壱岐は当時十学と称す。明治期は中金正衡と改姓名（?—明治一七年一八八四）。母は光永寺前住職日藏の娘。③重知、高島秋帆につき砲術修業。

。＝AなしBCD、／が＝Eが、／たひ＝AおむCDEおひ／に＝ABCDEに／て＝Eて、／才に＝A才にBCD第にE第に／ニ＝ABCDEに／、＝E。／が＝ABCDEが／お＝Bた／ら＝Eら、／ふ＝BCDEな／ふい＝Aふゐ、BCDない、Eない。／に＝ABCDEに／こつち＝BCDこちらEなし／。＝BCD、／ハ＝ABCDEは／決＝BC決D決E決／ゐ＝BCDEい／巧らみ＝A巧らみBCD巧みE巧らみ／あ＝ABCDEあ／あくにん＝AEなしBCDあくにん／ハなゐ。＝Aはない、BCDはない、Eはない。／わがまゝ＝AEなしBCDわがまゝ／な＝Aふ／お＝Bた／ばふ＝AぼふBCDばうEなし／ちゑ＝Eなし／ゐ＝BCDEい／どりやう＝AEなし／ゐ＝BCDいEい。／ニ＝ABCDEに／うま＝Eなし／生捕つて＝BC生捕つて、D生捕てE生捕つて／ニ＝ABCDEに／のに＝AものにBCDのにEのに、／ヤツカミ＝Eヤッカミ／だ＝Eなし／ゐ。＝Aゐ、BCDい、Eい。／が＝Eが、／が＝Aか／て＝Eて、／に＝ABCDEに／か＝Eなし／な＝Aふ／めぐ＝AEなし／が＝Eが、／にハ＝ABCDEには／雉＝A雉B難CD難E難。

福翁自傳（六）長崎遊學（二）、時事新報明治三十一年七月十七日（日）

ソリヤ＝Eソリャ／才に＝A才にBCD第にE第に／た＝Eた。／に＝ABCDEに／あ＝ABCDEあ／て＝Eて、／ハ＝ABCDEは／あが＝ABCDあがEなし／。＝ABCD、／ハ＝ABCDEは／に＝ABCDEに／も＝Eも、／が＝ABCDEが／に＝ABCDEに／ふ＝BCDEな／て＝Eて、／坂＝BCDE阪／に＝ABCDEに／て＝Eて、／に＝ABCDEに／ふい＝AふゐBCDないEない。／て＝Eて、／ゐ＝BCDEい／ニ＝ABCDEに／従兄＝A従兄才BCD従兄E従兄／藤本元岱＝BCDE藤本元岱／人＝E人、／あ＝ABCDEあ／が、＝ABDEが、Cが／こ＝CDEこ／ニ＝ABCDEに／か＝Eなし／が＝ABCDEが／ハ＝ABCDはEは、／何＝BCDE何／悴＝BC倅D伜E倅／打合＝BCDE打合／え＝Cに／て＝Eて、／よび＝AよぴEなし／に＝ABCDEに／て＝Eて、／ニ＝ABCDEに、／せ＝Eせ、／ハ＝ABCDEは／悴＝BC倅D伜E倅／に＝ABCDEに／せ＝Eせ、／に＝ABCDEに／ハ＝ABCDEは／もうしつか＝AEなしBCDまをしつか／おじき＝BCDEおぢき／ら＝Eら、／ゐな＝AEなしBCDいな／ことハ＝AことはBCとはDEことは／ず＝Eず、／畏＝BCDE畏／て＝Eて、／に＝ABCDEに／よし＝D由／て＝Eて、／に＝ABCDEに／よこ＝ABCDよこEヨコ／て＝Eて、／に＝ABCDEに／帰省＝BC帰省D帰省E帰省／表向＝B表向CD表向／と＝Eと、／ニ＝ABCDにEに、／ハ＝ABCDEは／才。＝B第、CD第、E第、／が＝Eが、／決＝BC決D決E決／ニ＝ABCDEに／ゐ＝BCDEい

原書を學ぶ。[註6] 原書と云ふものは始めて見たのであるが五十日百日とたひ〱日を経るに従て次才に意味が分るやうニなる、所が奥平壹岐はお坊さん、貴公子だから緻密ふ原書などの讀める訳けはふい其中に此方は餘程エラクなつたのが主公と不和の始まり。全体奥平と云ふ人ハ決して深ゐ巧らみのある悪人でハなゐ。唯大家の我儘なお坊さんで智恵がなゐ度量がなゐ。其時ニ旨く私を籠絡して生捕つて仕舞へば譜代の家来同様ニ使へるのに却てヤツカミ出したとは馬鹿らしゐ。歳は私より十ばかり上だが何分気分が子供らしくてソコデ私を中津に還へすやうな計略を運らしたのが私の身にハ一大災雉

長崎ニ居ること雉し

ニ＝AEに／こ＝Eこ／雉し＝A雉こE難し

ソリヤ斯う云ふ次才になつて来た其奥平壹岐と云ふ人に與兵衛と云ふ実父[註7]の隠居があつて私共ハ之を御隠居様と崇めて居た。ソコデ私の父ハ二十年前に死んで居るのですけれども私の兄が成長の後に父のするやうふ事をして又大坂に行て勤番をして居て中津には母一人で何もふい姉は皆嫁いて居て身寄りの若ゐ者の中ニは私の従兄の藤本元岱[註8④]と云ふ醫者が唯一人能く事が分り書も能く讀める學者であるが、そこで中津ニ在る彼の御隠居様が無法な事をしたと云ふハ何れ長崎の悴壹岐の方から打合のあつたものと見えて其隠居が従兄の藤本を呼に来て隠居の申すニ諭吉を呼還せアレガ居てハ悴壹岐の妨げになるから早々呼還せ但しソレに就てハ母が病気だと申遣はせと云ふ御直の厳命が下つたから固より否むことハ出来ず唯畏りましたと答へて母にも其よしを話してソレカラ従兄が私に手紙を寄送して母の病気に付き早々帰省致せと云ふ表向の手紙と又別紙ニ実ハ隠居から斯う〱云ふ次才。餘儀なく手紙を出したが決して母の身を案じるなと詳ニ事実を書ゐ

ら＝Eら、／ハ＝ABCDEは／ニ＝ABCDEに／た＝Eた。／だ＝Eだ、／な＝AふEな、／偽＝BCDE偽／。＝ABCDE、／か＝Eか、／だ＝Eだ、／が＝Eが、／い＝BCDいEい。／が＝Eが、／肩＝AD負BC負E負／ニ＝ABCDEに／る＝Eる、／肩＝A負BCD負E負／ハ＝ABCDEは／る＝Eる、／い＝BCDいEい、／おもひ＝Bおもひ／て＝Eて、／シラバクレテ＝Aシバラクして、BCDシラバクレて／きも＝Eなし／つぶ＝AEなし／凡＝AE風BCD風／ニ＝ABCDEに／て＝Eて、／て＝ACDたEて、／が＝ABCDEが／ニ＝ABCDEに／ニ＝ABCDEに／た＝Eた、／が＝ABCDがEが、／ニ＝ABCDEに／てず＝ABCDですEです、／ハ＝ABCDEは／どう＝Eなし／か＝Eか、／ニ＝ABCDEに／に＝ABCDEに／て＝Eて、／な＝Aふ／顔をして＝B顔をしてCD顔して／グチヤ＝Eグチャ／のべた＝Eなし／と＝Eと、／ニ＝ABCDEに／い＝BCDEい／り＝Eり、／さう＝Eなし／か＝Eか、／ソリヤ＝Eソリャ／ぢや＝AぢやEぢや、／しんぱい＝BCDEなし／あ＝ABCDEあ／う＝Eう、／ニ＝ABCDEに／ニ＝ABCDEに／宜＝AE宜BCD宜／う＝Eう、／さいゆう＝AEなしBCさいゝうDさいいう／に＝ABCDEに／と＝Eと、／なぐ＝AEなし／に＝ABCDEに／は＝Eは、／得意に＝A得意にBCD得意にE得意に／な＝Aふ／ニ＝ABCDEに／ひない＝AゐないBCDひないEひない。／ハ＝ABCDEは／續＝AE續／て＝Eて、／差＝BCD指E指／が＝Eが、／に＝ABCDEに／ハ＝ABCDEは／か＝Eか、／バ＝ABCDEば／ニ＝ABCDEに／す＝Eす、／あ＝ABCDEあ／バ＝ABCDEば／て＝Eて、／と＝Eと、／ニ＝ABCDEに／て＝Eて、／ニ＝ABCDEに／。＝ABCDE、／おやぢ＝Bおやぢ／に＝ABCDEに／ひ＝AゐEひ、／ニ＝ABCDEに／いとこ＝AいとこBCDいとこEなし／大橋六助＝E大橋六助／ニ＝ABCDEに／。＝ABCDE、／こ＝CDEこ／ニ＝ABCDEに／け＝Eけ、／さ＝Eなし／に＝ABCDEに／宜＝A宜BCD宜E宜／て＝Eて、／わざ＝BCDわざEワザ／に＝ABCDEに／あ＝ADEなしBCあ／に＝ABCDEあ／ら＝Eら、／いさい＝AEなしBCDゐさい／ニ＝ABCDEに／こくべつ＝AEなしBCDこくべつ／て＝Eて、／ニ＝ABCDEに／ふう＝AEなし／バ＝ABCDばEば、／ハ＝ABCDEは／ニ＝ABCDEに／ぜひ＝AEなし／ニ＝ABCDEに／まか＝Eなし／還へすが＝BCD還すがE還すが、

て呉れたから私ハ之を見て実ニ腹が立つた何だ鄙劣千萬な計略を運らして母の病気とまで偽を云はせる。ソンナ奴があるものかモウ焼けだ大議論をして遣らうかと思たがイヤ〳〵左様でない今アノ家老と喧嘩をした所が肩けるニ極つて居る戦はずして勝肩ハ見えてる一切喧嘩はしないアンナ奴と喧嘩をするよりも自分の身の始末が大事だと思直して夫れからシラバクレテ膽を潰した凡をして奥平の處ニ行て扨中津から箇様申して参りまして母が俄ニ病気ニなりました平生至極丈夫な方でしたが実ニ分らぬものてず今頃ハ如何云ふ容体でせうか遠國ニ居て気ニなりますなんて心配さうな顔をしてグチヤ〳〵述立てると奥平も大ニ驚いた顔色を作り左様かソリヤ気の毒な事ぢや嘸心配であらう兎ニ角ニ早く帰國するが宜からう併し母の病気全快の上は又再遊の出来るやうにして遣るからと慰さめるやうに云ふのは狂言が旨く行はれたと心中得意になつて居るニ違ひないソレカラ又私ハ言葉を續けて唯今御差図の通り早々帰國しますが御隠居様に御傳言ハ御在ませんか何れ帰れバ御目ニ掛ります又何か御品があれバ何でも持て帰りますと云て一ト先づ別れて翌朝又行て見ると主公が家ニ遣る手紙を出して之を屋敷ニ届けて呉れ。親仁に斯う〳〵傳言をして呉れと云ひ又別ニ私の母の従弟の大橋六助[註9⑤]と云ふ男ニ遣る手紙を渡して。これを六助の處ニ持て行け爾うすると貴様の再遊に都合が宜からふと云て故意と其手紙に封をせずに明けて見よがしにしてあるから何もかも委細承知して丁寧ニ告別して宿ニ帰て封なしの手紙を開て見れバ「諭吉ハ母の病気ニ付き是非帰國と云ふから其意ニ任せて還へすが修業勉強中の事ゆゑ再遊の

④諭吉の父百助の妹お国が藤本寿庵に嫁して生んだ子。⑤母方の祖父橋本浜右衛門の兄増田久敬の二男。

ま＝ABCDEに／取斗らへ＝BCD取計らへE取計らへ／。＝ABCD、／しやく＝AEなし／ま＝ABCDEに／る＝Eる。／り＝Eり、／ま＝ABCDEに／ハ＝ABCDEは／。＝ABCDE、／ゟら＝AEなしBCDあら／ま＝ABCDEに／バ＝ABCDばEば、／ハ＝ABCDEは／ま＝ABCDEに／ニ＝ABCDEに／ゟ＝AEなしBCDあ／れなゐ＝AまふゐBCDれないEれない、／ゐ＝BCDEい／た＝Eた。惣兵衛＝E惣兵衛／ニ＝ABCDEに／て＝Eて、／ニ＝ABCDEに／ら＝Eら、／置ゐて＝B置てCD置てE置いて、／胷＝AE胸BCD胸／ハ＝BCDEは／ニ＝ABCDEに／ハ＝ABCDEは／ゐ＝BCDいEい。／ハ＝ABCDEは／ニ＝ABCDEに／る＝Eる、／ま＝ABCDEに／ニ＝ABCDEに／決心ハ＝A決心BC決心はD決心はE決心は／が＝Eが、／ハ＝ABCDEは／ま＝ABCDEに／バ＝ABCDEば／ぬ＝Eぬ。／岡部同直＝BCDE岡部同直／ゟる＝ABCDあるEある。／ハ＝ABCDEは／ゐ＝BCDEい／たし＝AEなし／な＝Aふ／ら＝Eら、／ニ＝ABCDEに／て＝Eて、／才＝BCD第E第／ハ＝ABCDEは／ニ＝ABCDEに／ぬ＝Eぬ、／しやく＝AEなし／ま＝ABCDEに／さは＝AEなし／ま＝ABCDEに／とびだ＝Eなし／が＝Eが、／ハ＝ABCDEは／ニ＝ABCDEに／ハ＝ABCDEは／なし＝BCDEなし、／。＝ABCD、／ハ＝ABCDEは／ハ＝ABCDEは／なゐ＝AふゐBCDEない／おとつさん＝BたとつさんEサトツサン／ハ＝ABCDEは／ゐ＝BCDEい／が＝Eが、／ニ＝ABCDEに／ニ＝ABCDEに／ハ＝ABCDEは／でき＝Eなし／ゐ＝BCDEい／。＝A、BCDなし／ハ＝ABCDEは／なゐ＝AふゐBCDEない／くゑんやく＝AEなしBCDぐわんやく／まろ＝CDまるEなし／ハ＝ABCDEは／ら＝Eら、／何卒＝A何卒かE何卒／ゐ＝BCDEい／と＝Eと、／ニ＝ABCDEに／。＝ABCE、Dなし／ニ＝ABCDEに／ひ＝Eひ、／は＝Aハ／う＝Eう、／ニ＝ABCDEに／。＝ABCD、／おやぢ＝BたやぢEなし／ハ＝ABCDEは／檜物＝E檜物／ま＝ABCDEに／ら＝Eら、／ゐ＝BCDEい／て＝Eて、／おやぢ＝BたやぢEなし／名當＝ABCE名當D名宛／ハ＝ABCDEは／り＝Eり、／だ＝Eだ、／ニ＝ABCDEに／な＝Aふ／れバな＝AればふBCDEればな／ま＝ABCDEに／ら＝Eら、／ま＝ABCDEに／ま＝ABCDEに、／ニ＝ABCDEに／ま＝ABCDEに／て＝Eて、／ハ＝ABCDEは／ノ＝Aの／ニ＝ABCDEに／舩ニ＝ABCDE船に／坂ニ＝A坂にBCDE阪に／く＝Eく、／凢そ＝B凡そCD凡そE凡そ／バ＝ABCDEば／う＝Eう。

出来るやう其方まて取斗らへと云ふ文句。私は之を見てます〳〵癪ま障る「此猿松め馬鹿野郎めと獨り心の中で罵りソレカラ山本の家まも事実ハ云はれぬ。若し是れが顕はれて奥平の不面目まもなれバ禍ハ却て私の身ま降て来て如何な目ニ逢ふか知れなゐソレガ怖ゐから唯母の病気とばかり云て暇乞をしました

江戸行を志す

す＝Aを

丁度そのとき中津から鐵屋惣兵衛[註10]と云ふ商人が長崎ニ来て居て幸ひ其男が中津ニ帰ると云ふから兎も角も之と同伴と約束をして置ゐてソコデ私の胷算ハ固より中津ニ帰る気ハなゐ何でも人間の行く可き處ハ江戸ニ限る是れから眞直ま江戸ニ行きませうと決心ハしたが此事に就てハ誰かま話して相談をせねバならぬ所が江戸から来た岡部同直[註11⑥]と云ふ蘭學書生がゟる是れハ医者の子で至極面白ゐ慥かな人物と見込んだから此男ニ委細の内情を打明けて「斯う〳〵云ふ次才で僕ハ長崎ニ居られぬ餘り癪ま障るから此まゝ江戸ま飛出す積りだが実ハ江戸ニ知る人ハなし方角が分らぬ。君の家ハ江戸でハなゐか、大人ハ開業醫と聞ゐたが君の家ニ食客ニ置て呉れる事ハ出来まゐか。僕ハ醫者でなゐが丸薬を丸める位の事ハ屹と出来るから何卒世話をして貰ひたゐと云ふと岡部も私の身の有様を気の毒ニ思ふたか。私と一緒ニなつて腹を立てゝ容易く私の云ふ事を請合ひ「ソレは出来やう何でも江戸ニ行け。僕の親仁ハ日本橋檜物町ま開業して居るから手紙を書ゐて遣らうと云て親仁名當の一封を呉れたから私ハ喜んで之を請取り「ソコデ今此事が知れると大変だ中津ニ帰らなければならぬやうまなるから是ればかりは奥平まも山本まも一切誰まも云はずま君一人で呑込んで居て外ニ洩らさぬやうまして僕ハ是れから下ノ關ニ出て舩ニ乗て先づ大坂ニ行く凢そ十日か十五日も掛れバ着くだらう其時を見計ら

うて中村（諭吉當時ハ中村の姓を冐す）⑦は初めから中津ニ帰る気はなかつた江戸ニ行くと云て長崎を出たと奥平にも話して呉れ是れも聊か面當だと互ニ笑て朋友と内々の打合せハ出来た

それから奥平の傳言や何かをすつかり手紙に認めて仕舞ひ是れハ例の御隠居様に遣らなければならぬ「私は長崎を出立して中津に帰る所存で諫早まで参りました所が其途中で不図江戸に行きたくなりましたから是れから江戸に参ります就ては壹岐様から斯様々々の御傳言でお手紙は是れですからお届申すと丁寧ニ認めて遣つてソレカラ封をせずに渡した即ち大橋六助に宛た手紙を本人ニ届ける為めニ私が手紙を書添へて「此通りに封をせぬのは可笑しい、あんな馬鹿な事はないが此侭御届け申します。原はと云へば自分の方で呼還すやうに企てゝ置きながら表べに人を欺くと云ふのは卑劣至極な奴だ私はもう中津に帰らず江戸に行くから此手紙を御覧下さいと云ふやうな塩梅ニ認めて萬事の用意ハ出来て鐵屋惣兵衛と一處ニ長崎を出立して諫早まで――此間は七

諫早にて鐵屋と別る 註12

諫早にて鐵屋と別る＝Aなし／に＝Eに

里ある――来た丁度夕方着たが何でも三月の中旬⑧月の明るい晩であつた「扨鉄屋、乃公は長崎を出る時は中津に帰る所存であつたが是れから中津に帰るは忌ニなつた貴様の荷物と一處ニ乃公の此葛籠も序に持て帰て呉れ乃公はもう着換が一二枚あれバ澤山だ是れから下の関に出て大坂へ行て夫れから江戸に行くのだと云ふと総兵衛殿は呆れて仕舞ひ「それは途方もない、

う＝Cな／ハ＝ABCDEは／ニ＝ABCDEに／た＝Eた。／ニ＝ABCDEに／と＝Eと、／に＝ABCDEに／れ＝Eれ。／いさゝ＝BCDEいさゝ／つらあて＝ABCDEつらあて／ニ＝ABCDEに／て＝Eて、／ハ＝ABCDEは／た＝Eた。

や＝Aやら／に＝ABCDEに／ひ＝Eひ、／ハ＝ABCDEは／に＝ABCDEに／な＝ABCDEな／ればな＝AればなBCDEればな／ぬ＝Eぬ。／に＝ABCDEに／つもり＝Eツモリ／いさはや＝AなしBCDEいさはや／所＝BCDE處／が＝Eが、／に＝ABCDEに／な＝BCDEな／ら＝Eら、／に＝ABCDEに／す＝AもEす。／で＝Eで、／お届＝BCDお届けEお届け／ニ＝ABCDEに／て＝Eて、／に＝ABCDEに／た＝Aた、／に＝ABCDEに／あて＝AEなしBCDあて／ニ＝ABCDにEに、／かきそ＝AEなし／て＝Eて、／に＝ABCDEに／おゝ＝BCDEをか／あんな＝ABあんなCDEこんな／な＝BCDEな／ない＝AないBCDEない／あのまゝおとゞ＝AEなしBCこのまゝにとゞDこのまゝおとゞ／け＝Aなし／もと＝Aなし／に＝ABCDEに／ながら＝AなからBCDながらEながら、／うハ＝ABCDEうは／に＝ABCDEに／な＝ABCDEな／だ＝Eだ。／に＝ABCDEに／に＝ABCDEに／ごらん＝Eなし／い＝BCDEい／ニ＝ABCDEに／て＝Eて、／ハ＝ABCDEは／て＝Eて、／ニ＝ABCDEに／――＝A（／――＝A）／た＝Eた。／着＝BCDE着／三＝E′三〔三〕／旬＝E旬、／い＝Aい／た＝Eた。／おれ＝BおれEなし／に＝ABCDEに／つもり＝Eなし／が＝Eが、／に＝ABCDEに／いや＝BCDいやEなし／ニ＝ABCDEに／た＝Eた。／ニ＝ABCDEに／に＝ABCDEに／れ＝Eれ。／一＝E一、／あ＝ABCDEあ／バ＝ABCDEば／だ＝Eだ。／の＝BCDEノ／に＝ABCDEに／坂＝BCDE阪／て＝Eて、／に＝ABCDEに／と＝Eと、／総＝BCDE惣／あき＝ABCDあきEなし／ひ＝AひEひ、／ない、＝Aない、BCEない、Dない

⑥安政三年（一八五六）適塾に入門。下総古河藩医のち官医となる。⑦一四ページ参照。⑧福澤は三月九日に緒方洪庵の適塾に入門しているからこれは二月の誤りと思われる。

お＝Bに／若ゐ＝BCD若いE若い／たびな＝Aたびふ Eなし／お＝Bに／ばふ＝AEなしBCDばう／は＝Eは。／馬鹿言＝AE馬鹿言BC馬鹿云D馬鹿云／があれバ＝ABCDEがあれば／ニ＝ABCDEに／上る＝BCD上るE上る、／ニ＝ABCDEに／に＝ABCDEに／事＝CDEこと／があるか＝Aがある、BCDがあるかEがあるか。／ニ＝ABCDEに／帰て＝BCE帰てD帰って／お＝BCに／ふくろ＝Eフクロ／に＝ABCDEに／云様＝A云様B云様CDいひ様Eいひ様／ふい＝AふゐBCDないEない。／ふあに＝ABCDEなあに／搆＝BCD構E構／か＝Eか、／しに＝AEなしBCDしに／お＝Bに／母＝BCDE母／に＝ABCDEに／宜＝ABCD宜E宜／れ＝Eれ、／に＝ABCDEに／云バ＝A云へBCDE云へば／こ＝CDEこ／ぬ＝Eぬ。／ニ＝ABCDEに／鉄＝ABCE鐵D鐵／。＝AなしBCDE、／の＝BCDEノ／関＝BCE關D關／に＝ABCDEに／ふ＝BCDEう／が＝Eが、／ハ＝ABCDEは／の＝BCDEノ／関＝BCE關D關／ぬ＝Eぬ。／の＝BCDEノ／関＝BCE關D關／に＝ABCDEに／船＝AE船BCD船／ふい＝AふゐBCDない／か＝Eか。／ふ＝ABCDな／船場屋寿久右衛門＝BC船場屋壽久右衛門DE船場屋壽久右衛門E′船場屋壽久右衛門／船＝AE船BCD船／が＝ABCDEが／す＝Eす、／そこ＝BCDそこEなし／お＝Bに／いで＝Eイデ／ふ＝ABCDEな／い＝Aゐ／ふ＝Eふ。／態〳〵＝A態々BCD態々E態々／鉄＝BCE鐵D鐵／に＝ABCDEに／れ＝ABCDEね／ば＝Cバ／ふ＝ABCDEな／は＝Eは、／ハ＝ABCDEは／くゐちう＝AEなしBCDくわいちう／に＝ABCDEに／ふい＝Aふゐ、BCDないEない。／歩＝E歩〔分〕歩／か＝Eか、／に＝ABCDEに／譯鍵＝BCDE譯鍵／て＝Eて、／かきなつ＝AEなしBCDかきあつ／分＝BCD歩E分／朱＝E朱／か＝ABCDEか／ふい、＝Aなゐ、BCDない、Eない。／坂＝BCDE阪／にハ＝ABCDEには／とう＝ABCDどうEなし／船＝AE船BCD船／ら＝Eら、／こ＝CDEこ／船＝AE船BCD船／聞ゐて＝B聞てCD聞てE聞いて／置ゐて＝BCD置てE置いて、／鉄＝BCE鐵D鐵／に＝ABCDEに／て＝Eて、／船＝AE船BC船D船／船＝AE船BCD船／天草＝BCD天草E′天草〔有明〕／る＝Eる。／船＝ABCDE船／に＝ABCDEに／なした＝ABCDあしたEなし／で＝Eで、／船＝ABCDE船／に＝ABCDEに／が＝Eが、／浪凡＝A浪風BCD浪風E浪風／に＝ABCDEに／着いて＝BCD着てE着いて、／ある＝AEなしBCDある／い＝Aゐ／が＝Eが、／ふ＝ABCDEな／で＝Eで、／ず＝Aぞ／に＝AなしBCDにEに、／ニ＝ABCDEに／向ゐて＝BCD向てE向いて、／に＝ABCDEに／どう＝Eなし／て＝Eて、／とほ＝Eなし／ぬ＝Eなし／て＝Eて、／太宰府＝BCDE太宰府／が＝Eが、／にハ

お前さんのやうな年の若ゐ旅慣れぬお坊さんが一人で行くと云ふのは「馬鹿言ふな口があれバ京ニ上る長崎から江戸ニ一人行くのに何の事があるか「けれども私は中津ニ帰てお母さんに云様がない「なあに搆ふものか乃公は死も何もせぬから内のおッ母さんに宜しく云て呉れ唯江戸に参りましたと云バ夫れで分る。鉄屋も何とも云ふことが出来ぬ「時ニ鉄屋。乃公は是から下の関に行かふと思ふが実ハ下の関を知らぬ貴様は諸方を歩くが下の関に知てる船宿はないか「私の懇意な内で船場屋寿久右衛門と云ふ船宿があります其處へお入来なされば宜しいと云ふ抑も此事を態〳〵鉄屋に聞かればならぬと云ふのは実ハ其時私の懐中に金がない内から呉れた金が一歩もあつたか其外に和蘭の字引の譯鍵と云ふ本を賣て[註13]搔集めた所で二分二朱か三朱しかない、それで大坂まで行くにハ如何しても船賃が足らぬと云ふ見込だからそこで一寸と船宿の名を聞ゐて置ゐて夫れから鉄屋に別れて諫早から丸木船と云ふ船が天草の海を渡る[註14]五百八十文出して其船に乗れば明日の朝佐賀まで着くと云ふので其船に乗た所が浪凡なく朝佐賀に着いて佐賀から歩いたが案内もなければ何もなく真実一身で道筋の村の名も知らず宿々の順も知らずに唯東の方ニ向ゐて小倉には如何行くかと道を聞て筑前を通り抜けて多分太宰府の近所を通つたらうと思ひますが小倉にハ三日めに着ゐた其間の道中と云ふものは随分困りました一人旅殊に何處の者とも知れぬ貧乏さうな若侍。若し行倒になるか暴れでもすれバ宿屋が迷惑するから容易に泊めない、もう宿の善悪は擇ぶに暇なく只泊めて呉れさへすれば宜しいと云ふので無暗ニ歩行ゐて何か斯か二晩泊つて三日目に小倉に着きました其道中で私は手紙を書ゐた即ち鉄屋総兵衛の贋手紙を拵へて「此御方ハ中

贋手紙を作る

＝ABCDEには／ょ＝ABCDEに／着ゐた＝BCD着たE着いた。／間＝BC間D間／た＝Eた。／ひとりたび＝Eなし／旅＝E旅、／ょ＝ABCDEに／どこ＝ABCDどこEなし／な＝Aふ／まかさむらゐ＝AまかざむらゐBCDわかざむらひEなし／。＝ABCDE、／ゐきたふれ＝AゐきだふれBCDEゆきだふれ／ょふる＝AょふるBCDEになる／なば＝ABCDあばEなし／バ＝ABCDEば／ょ＝ABCDEに／ふい、＝Aなゐ、BCない、DないEない。／なし＝ABCDEあし／ょ＝ABCDEに／ふく＝ABCDなくEなく、／す＝Aも／い＝Aゐ／むやみ＝Eなし／ニ＝ABCDEに／なる＝ABCDあるEアル／ゐ＝BCDEい／て＝Eて、／ょ＝ABCDEに／ょ＝ABCDEに／た＝Eた。／書ゐた＝BCD書いてE書いた。／鉄＝ABCDE鐵／総＝BCDE惣／ょせてがみ＝BCDにせてがみEなし／て＝Eて、／「＝Aなし／ハ＝ABCDEは。＝BCDなしE、／で＝Eで、／ハ＝ABCDEは／お＝Bに／ニ＝ABCDEに／決＝BC決D決E決／間違ひ＝BCD間違／御方＝B御方CD御方／志かつめ＝BCDしかつめEなし／で＝Eで、／の＝BCDEノ／関＝BCDE關／舩＝AE船BCD船／寿＝BCDE壽／鉄＝ABCDE鐵／総＝BCDE惣／ゐ＝BCDEい／て＝Eて、／ノ＝Aの／関＝BCDE關／ニ＝ABCDEに／ニ＝ABCDEに／ひ＝Eひ、／お＝BCDEを／、＝AなしE。／なつち＝ABCDEあつち／マゴ〱＝BCマゴマゴ／て＝Eて、／中。＝A中BCD中E中、／さが＝Eなし／が＝Eが、／どこ＝AEなし／ふい＝AなゐBCDない、Eない。／ヤット＝Eヤット／うすきた＝ABCDうすぎたEなし／ふい＝AなゐBCDEない／で＝Eで、／なひやど＝ABCDあひやどEなし／ょ＝ABCDEに／まくらもと＝Eマクラモト／おと＝BにとEなし／る＝Eる。／なん＝Eなし／中凡病＝A中風病B中風病CD中風病E中風病／が＝Eが、／ょ＝ABCDに／遣つてる＝BCD遣てるE遣つてる。／ハ＝ABCDEは／ハなゐ＝AはなゐBCDはないEはない、／う＝Eう。／並＝A並E竝／ね＝Eなし／で＝Eで、／きたな＝Eなし／〱＝BCDなし／たま＝AEなし／ハ＝ABCDEは／す＝Eす。

福翁自傳（七）長崎遊學（三）時事新報明治三十一年七月二十日（水）

の＝BCDEノ／関＝BCDE關／て＝Eて、／舩＝AE船BCD船／さが＝AEなし／て＝Eて、／が＝Eが、／なるほど＝Eなし／鉄＝AE鐵BCD鐵／ふ＝BCDEな／る＝Eる、／て＝Eて、／て＝Eて、／坂＝BCDE阪／舩＝AE船BCD船／朱＝E朱、／まかなゐ＝AまかふゐBCDEまかなひ／若干＝E若干、／ソコで＝BCDEソコデ／舩＝ABCDE船／ょ＝ABCDEに／ぬ＝Eぬ。／坂＝BCDE阪／ょ＝ABC

津の御家中。中村何様の若旦那で自分ハ始終そのお屋敷ニ出入して決して間違ひなき御方だから厚く頼むと鹿爪らしき手紙の文句で下の関舩場屋寿久右衛門へ宛て鉄屋総兵衛の名前を書ゐてちゃんと封をして明日下ノ関ニ渡て此手紙を用ニ立てんと思ひ小倉までたどり付て泊つた時はおかしかつた、彼方此方マゴ〱して小倉中。宿を捜したが何處でも泊めふい、ヤット一軒泊めて呉れた所が薄汚ふい宿屋で相宿の同間ょ人が寝て居る。スルト夜半ょ枕邊で小便する音がする何だと思ふと中凡病の老爺がしびんょ遣つてる実ハ客でハなゐ其家の病人でせう其病人と並べて寝かされたので汚くて〱堪らなかつたのハ能く覺えて居ます

それから下の関の渡場を渡て舩場屋を捜し出して兼て用意の贋手紙を持て行た所が成程鉄屋とは懇意ふ家と見える手紙を一見して早速泊めて呉れて萬事能く世話をして呉れて大坂まで舩賃が一分二朱賄の代は一日若干ソコで舩賃を拂ふた外ょ二百文か三百文しか残らぬ併し大坂ょ行けば中津の倉屋敷で賄の代を拂ふ事ょして是れも舩宿で心能く承知して呉れる悪ゐ事だが全く贋手紙の功徳でせう

DEに／ま＝ABCDEに／て＝Eて、／船＝AE船BCD船／さいろよ＝ABCDEこゝろよ／る＝Eる。／悪ゐ＝A悪ゐBCD悪いE悪い／う＝Eう。

の＝BCDE／／関＝BCDE關／ま＝ABCDEに／船＝ABCDE船／ハ＝ABCDEは／こは＝AEなし／ゐ＝BCDEい／な＝ABCDEあ／た＝Eた。／ま＝ABCDEに／吹て＝BC吹てD吹いて／立つて＝BCD立て／。＝ABCD、／ひつぱつ＝AEなし／れ＝Eれ、／どう＝Eなし／と＝Eと、／船＝AE船BCD船／ぶ＝ABCDEが／ら＝ABCDEか／き＝BCDEぎ／立つて＝BCD立て／ま＝ABCDEに／。＝ABCDE、／り＝Eり、／おもしろ＝ACDおもしろBにもしろEなし／はんぶん＝Eなし／ニ＝ABCDEに／さまぐ＝AEなし／加勢＝A加勢BCD加勢E加勢／とゝふう＝AEなしBCDとゞこほ／な＝Aふ／の＝BCDE／／関＝BCDE關／ニ＝ABCDEに／つゐ＝BCDついEなし／て＝Eて、／船＝ABCDE船／どう＝Eなし／か＝Eか、／浪凡＝BCD浪風E浪風／で＝Eで、／ま＝ABCDEに／た＝Eた、／ぶ＝ABCDEが／た＝Dた」／と＝Eと、／お危ふい＝Aお危なゐBに危ないCDお危ないEお危ない／ぢや＝AだやEぢや、／な＝ABCDEあ／船＝AE船BCD船／ふ＝ABCDEな／ハ＝ABCDEは／す＝Eす。／さのせつひま＝AEなしBCDこのせつひま／ふ＝ABCDEな／ま＝ABCDEに／ふ＝ABCDEな／す＝Eす。／ぶ＝ABCDEが／ニ＝ABCDEに／ら＝Eら、／浪凡＝ABCD浪風E浪風／ぶな＝ABCDEがあ／な＝Aふ／す＝Dす」／て＝Eて、／ま＝ABCDEに／ら＝ABCDEか／た＝Eた。／なるほどやつら＝Eなし／まふ＝ABCDEにな／ま＝ABCDEに／た＝Eた。

そ＝BCD夫／船＝AE船BCD船／エ＝BCDE衛／船＝AE船BCD船／ま＝ABCDEに／は＝Eは、／三＝E′三〔二〕／上方＝BCDE上方／。＝ABCDE、／そ＝BCDEなし／ハ＝ABCDEは／様々＝BCDなし／ふ＝ABCDEな／る＝Eる。／まぬ＝Eなし／まうだんな＝BCDわかだんなEなし／バ＝ABCDばEば、／なたま＝AEなしBCDあたま／禿げた＝BCD禿たE禿げた／ぢゝゐ＝BCぢゞいDぢゝいEヂヽイ／る＝Eる、／バ＝ABCDばEば、／ノ＝Aの／關＝A関／る＝Eる。／も＝Eも、／も＝Eも、／て＝Eて、／そゐつら＝BCDEそいつら／せま＝Eなし／ゐ＝BCDEい／船＝AE船BCD船／で＝Eで、／み＝Eみ、／る＝Eる。／くだ＝Eなし／ま＝ABCDEに／て＝Eて、／て＝Eて、／ま＝ABCDEにEに、／ハ＝ABCDEは／。＝ABCDE、／とつゝきは＝AとつゝきばCとりつきは、DとりつきばEとつつきばE′とつつきは／なゐ。＝Aふゐ、BCDない、Eない。

小倉から下の関ま船で来る時ハ怖ゐ事がなりました途中ま出た所が少し荒く風が吹て浪が立つて来た。スルト其纜を引張て呉れ其方の處を如何して呉れと船頭ぶ何ら騒き立つて乗組の私ま頼むから。

關＝A関

馬關の渡海

ヨシ来たと云ふので纜を引張たり柱を起したり面白半分ニ様々加勢をして先づ滞りなく下の関の宿ニ着て「今日の船は如何したのか斯う〳〵云ふ浪凡で斯う云ふ目ま遇た潮を冠つて着物ぶ濡れたと云ふと宿の内儀さんが「それはお危ふい事ぢや彼れが船頭ふら宜いが実ハ百姓です此節暇ふものですから内職まそんふ事をしますす百姓ぶ農業の間ニ慣れぬ事をするから少し浪凡ぶなると毎度大きな間違ひを仕出来しますと云ふのを聞て実ま怖らつた成程奴等が一生懸命まふつて私ま加勢を頼んだのも道理だと思ひました

關＝A関／船＝AE船

馬關より乗船

それから船場屋寿久右ェ門の處から乗た船まは三月の事で皆上方見物。夫れハ〳〵種々様々ふ奴が乗て居る間抜けな若旦那も乗て居ればバ頭の禿げた老爺も乗て居る上方邊の茶屋女も居ればバ下ノ關の安女郎も居る坊主も百姓も有らん限りの動物が揃ふて其奴等が狭ゐ船の中で酒を飲み博奕をする下らぬ事ま大きな聲をして聞かれぬ話をして面白さうましてる中ま私一人ハ真実無言。丸で取付端がなゐ。船ハ安藝の宮島へ着た私は宮島ま用はなゐ唯来たから唯嶋を見ま上る。外の連中はお互ま朋友だから宜いだらう皆酒を飲む私も飲みたくて堪らぬけれども金がふいから只宮島を見たばかりで船ま帰て来てむしや〳〵船の飯を喰てるから船頭もさんな客は忌やだらう妙な顔をして私を睨んで居たのハ今でも覚

/船=ABCDE船/ハ=ABCDEは/安藝=E安藝/島=A嶋B嶋CD島/た=Eた。/島=B嶋/ょ=ABCDEに/なゐ=BCDないEない。/嶋=CDE島/ょ=ABCDEに/お=Bに/ょ=ABCDEに/い=Aゐ/う=Eう。/む=Eむ。/も=Eも、/ふい=Aなゐ、BCDEない/島=B嶋/ばかり=D許り/で=Eで、/船=AE船BCD船/ょ=ABCDEに/く〳〵=Dむしや/船=ABCDE船/ら=Eら、/船=AE船BCD船/そ=CDEこ/ゐ=BCDいEなし/う=Eう、/ょら=BCDにらEなし/ハ=ABCDEは

る=Eる。/ょ=ABCDEに/錦帯=BCDE錦帯/て=Eて、/そ=BCDEなし/嶋=CDE島/で=Eなし/金比羅=BCDE金比羅/だ=Eだ。/多度津=BCDE多度津/ニ=ABCDEに/船=ABCDE船/ぶ=ABCDEが/ふ=Eふ。/ゐそとハ=Aゐそとは Bいそとは、CDEいことは/ゐぶ=Aゐが、BCDいがEいが、/ぶなゐ=AがふゐBCDEがない/ゐ=BCDいEい。/船=ABCDE船/て=Eて、/船=ABCDE船/、=E。/泊つて=BCD泊てE泊つて、/ゐ=BCDEい/そゐ=BそいCDEこい/ょ=ABCDEに/酔て=BCD酔て、/ょふ=BCDEにな/る=Eる。/ょ=ABCDEに/なん=Eなし/ふい、=Aなゐ、BCDない。Eない。/爾=BCDE爾/船=AE船BCD船/で=Eで、/何う=A何うBCD如何E如何/明石=BCDE明石/た=Eた。/時=E時、/明旦=D明日/順凡ょ=AE順風にBCD順風に/バ=ABCDEば/船=ABCDE船/いふ、=BC云ふ、D云ふ/そんな=BCDコンナEこんな/お=Bに/ふい=AなゐBCDないEない。/坂=BCDE阪/バ=ABCDばEば、/ふ=Eふ。/乃公=ABCD乃公/坂=BCDE阪/ゐる=ABCDあるEなし/い=Aゐ/く=Eく。/それまで=AEなしBCDこれまで/は=Eは、/坂=BCDE阪/ょ=ABCDEに/ゑょ=ABCDEりに/来い=A来ゐBCD来いE来い、/ら=Dら」/と=Eと、/船=AE船BCD船/なかく〳〵=Aふかく〳〵Eなし/ふい=AなゐBCDないEない。/さ=Eなし/うま=Eなし/ぬ=Eぬ、/拂つて=BCD拂て/け=Dけ」/。=ABCD、/ハ=ABCDEは/ニ=ABCDEに/ゐ=BCDいEい。/ょ=ABCDEに/更紗=BCDE更紗/ょ=ABCDEに/つ、=AEなし/た=BCDる/ら=Eら、/ょ=ABCDEに/ぶ=ABCDEが/。=ABCDE、/う=Eう、/ょ=ABCDEに/書藉=ABCDE書籍/が=Eが、/ょ=ABCDEに/ふ=ABCDEな/ぬ=Eぬ。/ょ=ABCDEに/ふ=ABCDEな/ふいか=AなゐかBCDないかEないか。/い=Aゐ/が=Eが、/さ=Aなし/ふ=ABCDEな/ぬ=Eぬ。/ゐつ=BCDいつEなし/い=AゐEい、/船=ABCDE船/

えて居る其前ょ岩國の錦帯橋も餘儀なく見物して夫れから宮嶋を出て讃岐の金比羅様[註15]だ多度津ニ船ぶ着て金比羅まで三里と云ふ行きたくなゐそとハなゐぶ金ぶなゐから行かれなゐ外の奴は皆船から出て行て私一人で船の番をして居る、爾うすると一晩泊つてどゐつもそゐつもグデン〳〵ょ酔て陽氣ょふつて帰て来る癪ょ障るけれども何としても仕様がふい、爾う云ふ不愉快な船中で何うやら斯うやら十五日

明石より上陸

目に播州明石に着た[註16]朝五ツ時今の八時頃、明旦順凡ょなれバ船が出るといふ、けれどもそんな連中のお供をしては際限がふい是から大坂までは何里と聞けバ十五里と云ふ「ヨシ、それぢや乃公は是れから大坂まで歩いて行く就ては是迄の勘定は大坂ょ着たら中津の倉屋敷まで取ゑょ来い此荷物だけは預けて行くからと云ふと船頭が中々聞かふい「爾う旨くは行かぬ一切勘定を拂つて行けと云ふ。云はれても拂ふ金ハ懐中ニなゐ其時ょ私は更紗の着物と絹紬の着物と[註17]二枚あつて、それを風呂敷ょ包んで持て居たから「茲ょ着物ぶ二枚ある。是れで賄の代位はあるだらう外ょ書藉もあるが是れは何ょもふらぬ此着物を賣れば其位の金ょはふるではふいか大小を預ければ宜いが是は挟して行かねばふらぬ何時でも宜しい船が大坂ニ着次第ょ中津屋敷で拂て遣るから取ゑょ来いと云ても船頭ハ頑張つて承知しなゐ「中津屋敷ハ知てるがお前さんは知らぬ人ぢや何でも船ょ乗て行きふさい賄の代金は大坂で請取るといふ約束がしてあるからそれは宜しい何日掛ても搆はぬ途中から上るそとは出来ぬと云ふ此方ハ只管頼むと小さくなつて譯けを言へバ船頭ハ何でも聞かぬと剛情を張つて段々聲が大きくなる喧嘩ょもならず実ニ當惑して居た處ょ同船中、下ノ関の商人凡の男が出て来て乃公が請合ふと先づ發言して船頭ニ向ひ「コレお前も爾

坂=BCDE阪/ニ=ABCDEに/着(ちやく)次第=BCDE着次第(ちやくしだい)/に=ABCDEに/りに=ABCDEりに/い=Aい/云ても=C云ふもE云ても、/船=AE船BCD船(せん)/ハ=ABCDEは/頑張(がんば)つて=BCD頑張(ぐわんばつ)てE頑張つて/い=BCDいEい。/ハ=ABCDEは/が=Eが、/お=Bに/や=Eや。/船=ABCDE船/に=ABCDEに/な=ABCDEな/い=Eい。/坂=BCDE阪/いふ=BC云ふ/い=Eい。/何日=BCD何日(なんか)/構=BCD構(かま)E構/ぬ=Eぬ、/こ=ACDEこ/ふ=Eふ。/ハ=ABCDEは/只管=BCDE只管(ひたすら)/ちい=BCちいDちひE なし/バ=ABCDばEば、/船=ABCDE船/ハ=ABCDEは/うぢやう=BCDがうじやうEなし/張つて=BCD張(はつ)て/る=Eる。/に=ABCDEに/ニ=ABCDEに/に=ABCDにEに、/船=AE船BCD船(せん)/ノ=Aの/関=ABCDE關/商人凡=A商人風BCD商人(あきんど)風(ふう)E商人風/て=Eて、/おれ=BCにれEなし/うけあ=ABCDうけあEなし/船=ABCDE船/ニ=ABCDEに/ひ=Eひ、/お=Bに/そ=BCDさEなし

いんごう=BCDいんごふEいんごう/い=BCDいEい。/に=ABCDEに/あ=ABCDEあ/いか。=Aいか、BCDいか、Eいか。/お=Bに/かた=AEなし/お=Bに/さむらい=BCDさむらひEなし/や=Eや、/所存(つもり)=C所在(つもり)E所存(ツモリ)/ない=AないBCDEない/に=ABCDEに/る=Eる。/ふ=Eふ、/な=ABCDEな/い=Aい/て=Eて、/船=AE船CD船(せん)/ニ=ABCDEに/ず=Eず、/ハ=ABCDEは/ノ=Aの/関=ABCDE關/ニ=ABCDEに/述べて=BCD述(のべ)て/船=ABCDE船/し=Eし、/ニ=ABCDEに/ニ=ABCDEに/た=Eた。

こ=Bこ/坂=BCDE阪/は=Eは、/ぬ=Eぬ。/六=E六、/に=ABCDEに/こ=ACDEこ/ら=Eら、/ある=AEなしBCDある/な=ABCDEな/バ=ABCDEば/ぬ=Eぬ。/か=ABCDEか/が=ABCDがEが、/ひだりがは=AひだりかわBCDひだりがはEなし/で=Eで、/で=Eで、/たけのこ=AEなし/と=Eと、/四=E四、/抔=BCD杯(はい)E杯/そ=BCDEなし/〳〵=BC〳〵Dグン/いて=BCDいてEいて、/あたり=AなしBCDEあたり/さき=Eなし/か=ABCDEか/あと=ABCDあとEなし/か=ABCDかEか、/通つたか=A通つたか、BCD通(とほ)たかE通つたか/ぬ=Eぬ。/さ=AEなし/坂=BCDE阪/と=Eと、/い=Aい/いくつ=AいくつEイクツ/渡つて、=BCD渡(わたつ)て、/有難い=A有難いB有難(ありがた)いCD有難(ありがた)いE有難い/に=ABCDEに/お=Bに/船=AE船CD船(ふな)/宜=BCD宜(よ)E宜/が=ABCDがEが、/ハ=ABCDEは/く=CDEなし/ニ=

う、*いんごうな事を云ふものぢやな*い賄代の抵當(かた)*に着物が*あるぢやな*いか。此*お方(*かた)は*お*侍(*さむらい)*ぢや貴様達を騙(だま)す所存(*つもり)では*ないやう*に見受ける*若し騙したら乃公が拂*ふサアお上り*なさい*と云て*船頭*も是れ*ニ安心して無理も云は*ずソレカラ私*ハ其*下*ノ関の男*ニ厚く礼を*述べて*船を飛出し*地獄*ニ佛と心の中*ニ此男を拝みました*

*そこで明石(あかし)から大坂*まで十五里の間と云ふものは*私は泊ることが出来ぬ*財布の中はモウ*六七十文、百*に足らぬ銭(ぜに)で迚(とて)も一晩泊る*ことは出来ぬから*何でも歩(*ある)か*なけれ*バ*ならぬ*途中何と云ふ處*か知らぬ*が*左側(*ひだりがは)の茶店(ちやみせ)で*一合十四文の酒を二合飲んで*大きな*筍(*たけのこ)の煮(に)たのを一皿と*飯を四五*抔(はい)喰(くつ)て*夫(*そ)れからグン〳〵*歩いて*今の神戸*邊(*あたり)は先(*さき)だ*か*後(*あと)*だかどう通(*とほ)つた*か少しも分らぬ*爾(*さ)うして大坂近くなると*今の鉄道の道らしい*川を幾(*いくつ)川も*渡つて、*有難い事*に*お侍だから*船賃は只(たゞ)で*宜かつた*が[註18]*日ハ*暮(*く)れて暗夜(やみよ)で真暗(まつくら)、人*ニ逢はなけれ*バ道を聞く*こと*が出来ず*夜中(やちう)淋(*さみ)し*い處で*変(*へん)な奴(*やつ)*ニ逢へ*バ却(かへつ)て気味*が悪(*わる)*い其時私の挾(*さ)してる大小*ハ脇差*ハ*祐定[註19]の丈夫な身(み)で*あつた*が*刀(*かたな)*ハ太刀(たち)*作(*つく)りの細(ほそ)

ABCDEに/バ=ABCDEば/こ=CDEこ/が=ABCDEが/ず=Eず、/さみ=AEなしCDさび/い=BCDEい/へん=Eなし/やつ=AEなし/ニ=ABCDEに/バ=ABCDEば/が=ABCDEが/わる=BCDわるEなし/い=BCDいEい。/挟（さ）=A指BCD指（さ）E挟/ハ=ABCDはEは、/ハ=ABCDEは/祐定=BCDE祐定（すけさだ）/な=Aふ/あ=ABCDEあ/が=ABCDがEが、/かたな=Eなし/ハ=ABCDEは/つく=AづくりCDEづく

ニ=ABCDEに/て=Aなし/こゝろぼそ=AEなしBCDこゝろぼそ/た=Eた。/バ=ABCDEば/坂=BCDE阪/に=ABCDEに/ひとごろ=BCDひとごろEなし/に=ABCDEに/い=BCDいEい、/に=ABCDEに/こは=BCDこはEなし/ハ=ABCDEは/い=BCDEい/はづ=AEなしBCDはず/が=Eが、/ひとりたび=AEなし/よみち=Eなし/。=ABCDE、/まつくら=AEなし/ハあ=ABCDEはあ/おくびやうがみ=AEなし/い=BCDEい/ら=Eら、/ツイ=BCDツヒ/こし=ABCDこしEなし/もの=AEなし/たよ=AEなし/ニ=ABCDEに/な=Aふ/になる=AにふるBCDになるEになる。/あと=ABCDあとEなし/バ=ABCDEば/あぶ=ABCDあぶEなし/い=BCDEい/ふ=Eふ。/にハ=ABCDにはEには、/ハ=ABCDEは/坂=BCDE阪/嶋=CD島E島（じま）/こ=ACDEこ/ら=Eら、/坂=BCDE阪/ハ=ABCDEは/か=ABCDEか/て=Eて、/ヤット=DヤッとEヤット/頃=BCD過ぎ/あ=ABCDEあ/う=Eう、/に=ABCDEに/ニ=ABCDEに/が=ABCDがEが、/に=ABCDEに/が=ABCDEが/た=Eた。

福翁自傳（八）長崎遊學（四）時事新報明治三十一年七月二十四日（日）

坂=BCDE阪/ニ=ABCDEに/久振=BCDE久振（ひさしぶり）/ニ=ABCDEに/ず=Eず、/ニ=ABCDEに/おさ=AEなしBCDをさ/い=BCDEい/ある=ABCDあるEある。/ハ=ABCDEは/ニ=ABCDEに/に=ABCDEに/の=BCDなし/ニ=ABCDEに/ひ=BCDEび/ら=Eら、/ニ=ABCDEに/ハ=ABCDEは/山=BCD山、E山。/かほ=Aなし/が=ABCDEが/どこ=ABCDどこEなし/おさながほ=AおさふがほBCDEをさながほ/ニ=ABCDEに/に=AなしBCDEに/に=ABCDEに/ハ=ABCDはEは、/に=ABCDEに/ちゝ=AEなし/呉れた=D呉（くれ）た/あれバ=ABCDあればEあれば、/ハ=ABCDはEは、/坂=BCDE阪/ニ=ABCDEに/お=Bた/守りを=BCD守（もり）を/で=Eで、/が=ABCDEが/坂=BCDE阪/ニ=ABCDEに/日=E日、/嶋=CD島E島（じま）/か=ABCDEか/と=Eと、/ニ=ABCDにEに、/お=Bた/ま

身（み）註19でどうも役ニ*立ちさうでなくて*心細（*こゝろぼそ）かつた実*を云へバ*大坂*近在に*人殺（*ひとごろ）しの無暗に*出る譯けもない*ソンナに*怖（*こは）がる事ハ*ない*筈（*はづ）だが*獨旅（*ひとりたび）の夜道（*よみち）*。真暗（*まつくら）*でハあるし臆（*おく）病神（びやうがみ）が付い*てるから**ツイ腰（*こし）の物（*もの）を便（*たよ）り*ニするやうな気に*なる*後（*あと）で考へれバ*却て危（*あぶ）ない*事だと思ふ*ソレカラ始終道を聞くに*ハ幼少の時から中津の倉屋敷ハ*大坂堂嶋*玉江橋と云ふこと*を知てるから*唯大坂*の玉江橋へハ*どう行くか*とばかり尋ねて**ヤット夜十時頃*でもあ*ら*う中津屋敷に*着て兄ニ*逢（あつ）たが*大変に*足が*痛かつた*

坂=E阪

大坂*着

大坂**ニ着て久振*で兄ニ*逢ふのみならず*屋敷の内外ニ**幼（*おさ）ない*時から私を知てる者が澤山ある*私ハ*三歳の時ニ*國に*帰て二十二の歳ニ*再び*行たのですから*私の生れた時ニ*知てる者ハ*澤山*私の面（*かほ）*が何處（*どこ）か*幼顔（*おさながほ）ニ*消（*に）て居ると云ふ其中（そのうち）に**ハ私に**乳（*ちゝ）を呑まして呉れた*仲仕（なかし）の内儀（かみ）さんもあれバ*又今度兄の供をして中津から来て居る武八と云ふ極質朴（ごくしつぼく）な田舎男（ゐなかをとこ）ハ*先年も大坂*の私の家ニ奉公*して私のお守り**をした者で*私が*大坂**ニ着た翌日*此男を連れて堂嶋三丁目*か四丁目*の處を通ると*男の云ふニ**お前（*まへ）の生れる時ニ*我身（*おりや）夜中（*よなか）*ニ此横町の彼（*あ）の産婆（*ばゝ）さんの處ニ*迎ひ**ニ行（*い）つたこと*が*ある其産婆（*ばゝ）さんハ*今も達者に*して居る**夫れからお前が*段々（*だん〳〵）大（*おほ）きくなつて*此身（*おりや）*お前をだい*て毎日*〳〵湊（*みなと）の部屋（勧進元（くわんじんもと））ニ*相撲の稽古を見ニ**行つた其産婆さん

へ＝AEなし／ニ＝ABCDEに／おりや＝BをりやEオリヤ／よなか＝AよなかBCDよなかEなし／ニ＝ABCDEに／あ＝AなしBCDEあ／ばゝ＝BCDばゞEバヽ／ニ＝ABCDEに／ひ＝Aび／ニ＝ABCDEに／行つた＝AE行つたBCD行た／こと＝CとDEこと／がある＝ABCDがあるEがある。／ばゝ＝BCDばゞEなし／ハ＝ABCDEは／に＝ABCDEに／る＝Eる、／夫＝CDEそ／お＝Bを／段々＝BC段々D段段E段々／おほ＝BをほEなし／て＝Eて、／おりや＝BをりやEオリヤ／お＝Bを／い＝BCDEい／毎日〳〵＝BCD毎日々々E毎日々々／みなと＝AみなとEなし／ニ＝ABCDEに／ニ＝ABCDEに／行つた＝BCD行たE行つた、

ハ＝ABCDEは／あすこ＝ABCDあすこEアスコ／けいこば＝AEなしBCDけいこば／ハ＝ABCDEは／こつち＝ABCDこつちEコッチ／と＝Eと、／ゆび＝AEなし／にハ＝ABCDにはEには、／むかし＝AなしBCDむかしEムカシ／おも＝BをもEなし／胷＝BCD胸E胸／いつぱい＝AいつぱいBCDいつぱいEなし／に＝ABCDEに／こ＝CDEこ／た＝Eた。／こん＝ABCDこんEコン／譯け＝BCD譯けE譯け／ハ＝ABCDEは／ハ＝ABCDEは／。＝ABCDE、／ほんとう家ニ＝Aほんとう家にBCD眞實故郷にE眞實故郷に／ニ＝ABCDEに／宜い＝BCD宜いE宜い／こゝろもち＝ABCDこゝろもちEなし／、＝E。／が＝ABCDEが／ニ＝ABCDEに／ハ＝ABCDEは／だ＝Eなし／ぬ＝Eなし／に＝ABCDEに／こゝ＝ABCDこゝEなし／に＝ABCDEに／。＝ABCD、／搆＝BCD構E構／こ＝BCDかEなし／ら＝Eら、／な＝ABCDEな／い＝Aい／が＝Eが、／に＝ABCDEに／、＝ABCDなしE。／よこ＝Eなし／ニ＝ABCDEに／おッ母＝Aお母Bをッ母Eおッ母／ハ＝ABCDEは／い＝BCDEい／、＝E。／が＝ABCDEが／こゝ＝ABCこゝDここEなし／ニ＝ABCDEに／な＝ABCDEな／。＝ABE、CDなし／こゝ＝AEなしBCDこゝ／に＝ABCDEに／てばな＝Eなし／に＝ABCDEに／才＝BCD弟E弟／だ＝Eだ。／に＝ABCDEに／ない、か。＝AないかBCDないか、Eないか。／おッ母＝Aお母Bをッ母CDおッ母／夫程＝BCDE夫程／に＝ABCDEに／が＝Eが、／が＝ABCDEが／、＝E。／か＝ABCDEか／坂＝BCDE阪／あ＝ABCDEあ／や＝Eや、／坂＝BCDE阪／い＝Aい／で＝Eで、／に＝ABCDEに／さが＝Eなし／緒方＝BCDE緒方／あ＝ABCDEあ／た＝Eた。

ハ＝ABCDEは／とくとく＝ADとくとくBCとく〳〵Eなし／。＝ABCDE、／に＝ABCDEに／ハ＝ABCDEは／ニ＝ABCDEに／り＝Eり、／むやみ＝Eなし／ニ＝ABCDEに／に＝ABCDEに／か

の家ハ彼處ぢや湊の稽古場ハ此處の方ぢやと指をさして見せたときにハ私も舊を懐ふて胷一杯になつて思はず涙をこぼしました都て如斯な譯けで私ハどうも旅とハ思はれぬ。ほんとう家ニ帰た通りで誠ニ宜い心地、それから兄が私ニ如何して貴様ハ出し抜けに此處に来たのかといふ。兄の事であるから搆はず斯う云ふ次第で参りましたと云たら「乃公が居なければ宜いが道の順序を云て見れば貴様は長崎から来るのに中津の方が順路だ、其中津を横ニ見ておッ母さんの處を避て来たでハないか、それも乃公が此處ニ居なければ兎も角。乃公が此處で貴様に面會しながら之を手放して江戸に行けと云へば兄才共謀だ如何にも済まぬではないか。おッ母さんは、夫程に思はぬだらうが如何しても乃公が済まぬ、それよりか大坂でも先生がありさうなものぢや大坂で蘭学を学ぶが宜いと云ふので兄の處に居て先生を捜したら緒方⑨と云ふ先生のある事を聞出した

學＝A学

長崎遊學中の逸事 註20

鄙事多能ハ私の獨得。長崎に居る間ハ山本先生の家ニ食客生と為り無暗ニ勉強して蘭學も漸く方角の分るやうになる其片手に有らん限り先生家の家事を勤めて上中下の仕事なんでも引請けて是れハ出来ない其れハ忌だと云たことはない丁度上方邊の大地震のとき私ハ先生家の息子に漢書の素讀をして遣つた跡で表の井戸端で水を汲んで大きな荷桶を擔いで一足踏出す其途端にガタ〳〵と動揺て足が滑り誠に危ない事がありました

たで=CDかたてEなし/に=ABCDにEに、/家=B家(け)CD家(か)/て=Eて、/ひきう=Eなし/て=Eて、/ハ=ABCDEは/い=BCDいEい、/ハ=ABCDEは/いや=BいCDいやEなし/こ=ACDEこ/い=BCDいEい。/き=Eき、/ハ=ABCDEは/むすこ=ABCDむすこEなし/に=ABCDに/遣つた=BCD遣(やつ)た/あと=Eなし/で=Eで、/表=B表(にもて)CD表(おもて)/く=Eなし/で=Eで、/になひ=AになひBCDEになひ/かつ=Eなし/い=BCDEい/ひとあし=ABCDひとあしEなし/ふみだ=Eなし/とたん=Eなし/に=ABCDEに/〱=CD〲/動搖(ゆれ)=BCD動搖(ゆれ)E動搖(ユレ)/が=ABCDEが/すべ=Eなし/り=Eり、/に=ABCDEに/あふ=ABCDあぶEなし/い=BCDEい/あ=ABCDEあ/た=Eた。

尚=E尚、/ハ=ABCDEは/ニ=ABCDEに/が=Eが、/ハ=ABCDEは/寺=E寺、/て=Eて、/したてら=ABCDEしたでら/あ=ABCDEあ/。=ABCDE、/其處=A其處(そこ)Bそこ CDEそこ/ニ=ABCDEに/か=ABCDEか/て=Eて、/に=ABCDEに/に=ABCDEに/ニ=ABCDEに/やと=Eなし/お=Bに/とも=Eなし/が=Eが、/ニ=ABCDEに/い=BCDEい/ころも=ABCDころもEなし/しやうぞく=ABCDしやうぞくEなし/き=AEなし/て=Eて、/かご=BCDかごEなし/と=Eと、/あと=AEなしBCDあと/すそ=AEなし/い=BCDEい/〱=BCD〲/い=BCDEい/ある=ABCDあるEなし/い=BCDEい/く=Eく。/ふきだ=Eなし/に=ABCDEに/おか=BCDをかEなし/い。=AいBCDい、Eい。/に=ABCDEに/だい=BCDEだい/ニ=ABCDEに/に=ABCDEに/お=Bに/バ=ABCDばEば、/ともまち=Eなし/あひた=ABCDあひだEなし/に=ABCDEに、/に=ABCDEに/ぜん=AEなし/だ=Eなし/ざうに=AざうにBCDざふにEなし/と=ABCDEど/く=Eなし/る=Eる。/ハ=ABCDEは/難有=B難有(ありがた)CD難有(ありがた)E難有/た=Eた。

に=ABCDEに/ものもら=AEなし/こ=CDEこ/ある=ABCDあるEある。/凡ニ=A風にBCD風(ふう)にE風に、/に=ABCDEに/か=ABCDEか/どな=Eなし/る=Eる、/バ=ABCDEば/。=ABCDE、/ひ=ABCDなし/門=BCDE門(かど)/ニ=ABCDEに/バ=ABCDばEば、/こ=CDEこ/ある=ABCDあるEある。/に=ABCDEに/杉山松三郎=B杉山松三郎(すぎやまいつさぶらう)CDE杉山松三郎(すぎやままつさぶらう)/徳三郎=E徳三郎(とくさぶらう)/い=BCDEい/あ=ABCDEあ/て=Eて、/い=BCDEい/物=E物。/い=BCDEい/さそ=Eなし/ら=Eら、/意=E意。/とこ=ABCDどこEなし/て=Eて、/かく=Eなし/て=Eて、/

寺の和尚今ハ既ニ物故したさうですが是れハ東本願寺の末寺光永寺と申して下寺(したでら)の三ケ寺も持て居る先づ長崎では名のある大寺(おほでら)。其處(そこ)の和尚が京ニ上(のぼ)つて何か立身して帰て来て長崎の奉行所に廻勤(くわいきん)に行く其若黨ニ雇(やと)はれてお供(とも)をした所が和尚が馬鹿ニ長い衣(ころも)か装束(しやうぞく)か妙なものを着(き)て居て奉行所の門で駕籠(かご)を出ると私が後(あと)から其裾(すそ)を持てシヅ〱と附いて歩いて行く吹出(ふきだ)しさうに可笑(おか)しい。又其和尚が正月になると大檀那(だいだんな)の家ニ年礼(ねんれい)に行く其お供をすれバ坊さんが奥で酒でも飲んでる供待(ともまち)の間(あひだ)に供の者にも膳(ぜん)を出して雑煮(ざうに)なと喰(く)はせる是れハ難有く戴きました

又節分(せつぶん)に物貰(ものもら)ひをしたこともある長崎の凡ニ節分の晩に法螺(ほら)の貝を吹て何か經文(きやうもん)のやうな事を怒鳴(どな)つて廻はる東京で云へバ厄拂(やくはら)ひ。其厄拂ひをして市中の家の門ニ立てバ銭(ぜに)を呉れたり米を呉れたりすることがある所が私の居る山本の隣家に杉山松三郎(杉山徳三郎の実兄)[註21]と云ふ若い男がある面白い人物「どうだ今夜行かうぢやないかと私を誘(さそ)ふから勿論同意ソレカラ何處(とこ)かで法螺(ほら)の貝を借りて来て面(かほ)を隠(かく)して二人で出掛けて杉山が貝を吹くお経の文句ハ私が少年の時に暗誦して居た蒙求(もうぎう)の表題と千字文で請持(うけも)ち王戎簡要天地玄黄なんぞ出鱈目(でたらめ)に怒鳴り立てゝ誠ニ上首尾。銭だの米だの随分相應に貰て来て餅を買ひ鴨を買ひ雑煮を拵(こしら)へてタラフク喰(くつ)た事がある

才=E弟

師才アベコベ

私が始めて長崎ニ来て始めて横文字を習ふと云ふときに薩州の醫学生ニ松崎鼎甫⑩と云ふ人がある其時に藩主薩摩守ハ名高(なたか)い西洋流の人物で藩中の醫者などに蘭学を引立て松崎も蘭學修業を命せられて長

⑨備中足守出身。文化七年(一八一〇)~文久三年(一八六三)。天保九年(一八三八)大坂に蘭学塾、適塾を開く。

⑩松崎の入門は安政元年(一八五四)五月十五日で福澤より一年ほど早い。松崎が中途で適塾をはなれ、のち再び適塾に復帰したものであろうか。

く=Eく、/お=Bお/ハ=ABCDはEは、/ょ=ABCDEに/うけも=Eなし/ち=Eち、/王戎簡要天地玄黄=BCDE王戎簡要天地玄黄/でたらめ=Eなし/ょ=ABCDEに/ゝ=Eゝ、/ニ=ABCDEに/。=ABCDE、/ょ=ABCDEに/て=Eて、/こしら=Eなし/ゟる=ABCDあるEある。

ニ=ABCDEに/ょ=ABCDにEに、/ニ=ABCDEに/松崎鼎甫=BCDE松崎鼎甫/ゟる=ABCDあるEある。/ょ=ABCDEに/ハ=ABCDEは/なたか=ABCDなだかEなし/ゐ=BCDEい/で=Eで、/ょ=ABCDEに/て=Eて、/せ=BCDEぜ

ょ=ABCDEに/ニ=ABCDEに/ら=Eら、/ニ=ABCDEに/宜=BCD宜E宜/行た=BC行たD行つた/が=Eが、/ゐ=BCDEい/ょハ=ABCDEには/ゐた=BCDいたEいた。/ぬ=Eぬ。/ょ=ABCDEに/よほどてま=Eなし/掛つた=BCD掛た/が=Eが、/バ=ABCDEば/で=Eで、/次才〳〵=B次第々々CD次第々々E次第々々/ょ=ABCDEに/つゞり=Eなし/ょ=ABCDEに/た=Eた。/ょ=ABCDにEに、/決=BC決D決E決/ゐ=BCDいEい。/ょ=ABCDにEに、/だ=Eだ。/讀んで=BCD讀で/。=ABCE、Dなし/。=ACDなしB、/觧=BCD解E解/ぉ=ACDEこ/バ=ABCDばEば、/恐=AD恐BC恐/ぉ=CDEこ/ハ=ABCDEは/ゐ=BCDいEい。/どう=Eなし/ょ=ABCDEに/ょ=ABCDEに/ゐ=BCDEい/と=Eと、/なま〳〵=Aなし/ょ=ABCDEに/なゐ=AふゐBCDないEない。/ハ=ABCDEは/坂=BCDE阪/ニ=ABCDEに/き=Eき、/はや=Eなし/て=Eて、/ょ=ABCDEに/八=E八、/ニ=ABCDEに/ゟたま=ABCDあたまEアタマ/ゟら=AEなしBCDあら/た=Eた。/まは=Eなし/ゟは=ABCDあはEなし/で=Eで、/ニ=ABCDEに/り=Eり、/ズツト=Eズット/で=Eで、/ょ=ABCDにEに、/ぉ=CDEこ/ょ=ABCDEに/て=Eて、/三=E三、/ょ=ABCDEに/ぉんせき=ABCDEこんせき/才=AE弟BCD弟/べ=Eべ。/砲=Aなし/ニ=ABCDEに/て=Eて、/ょハ=ABCDEには/ず=Eず、/ぉ=CDEこ/ゐ=BCDEい/默つて=AE默つてBCD默て/が=Eが、/ハ=ABCDは/たま=AEなし/ゐ=BCDいEい。/淂=ABCD得E得/た=Eた。/バ=ABCDEば/柄。=A柄、BC柄、D柄、E柄、/。=ABCDE、/ぞ=Eぞ、/で=Eで、/で=Eで、/な=Aふ/ょ=ABCDEに/が=Eが、/決=BC決D決E決/ぉ=CDEこ/ゐ=BCDEい。/べ=Aへ/も=Eも、/ぉ=CDEこ/で=Eで、/世間並ょ=A世間幷ょBCD世間並にE世間竝に/馬鹿毛=E馬鹿

崎*ょ出て来て下宿屋*ニ居るから其人*ニ頼んで教へて貰ふが*宜からうと云ふので*行た所*が松崎がabcを書*ゐて假名を附けて吳れたの*ょハ先づ驚*ゐた是れが文字とは合點が行かぬ*二十何字を覺えて仕舞ふ*ょも*餘程手間が*掛つたが學*べバ進むの道理で*次才〳〵*ょ蘭語の*綴も分るやう*ょなつて来た*ソコデ松崎と云ふ先生の人相を見て應對の様子を察する*ょ*決して絶倫の才子でな*ゐ依て私の心中竊*ょ「是れは高の知れた人物だ*今でも漢書を*讀んで見ろ*。自分の方が数等上流の先生*だ。漢蘭等しく字を讀み義を*觧する*ぉとゝすれ*バ左まで此先生を*恐るゝ*ぉとハな*ゐ*如何かしてアベコべ*ょ此男*ょ蘭書を教へて吳れた*ゐものだと*生々の初學生が無鐵砲な野心を起したのは全く少年の血気*ょ違ひな*ゐソレはそれとして其後私*ハ大*坂*ニ行き*是れまで長崎で一年も勉強して居たから緒方でも上達が頗る*速くて*両三年の間*ょ同窓生*八九十人の上*ニ*頭角を*現はした所*が人事の*廻り*合せは不思議なもので*其松崎と云ふ男が九州から出て来て緒方の塾*ニ這入り*私は其時*ズツト上級で*下級生の會頭をして居る其會讀*ょ松崎も出席する*ぉと*ょなつて*三*四年の間*ょ*今昔の師*才アベコ*べ私の無鐵*砲な野心が本當な事*ニなつて*固より人*ょハ云はれ*ず又云ふ可き*ぉとでな*ゐから*默つて居た*が其時の愉快*ハ*堪らな*ゐ獨り酒を飲んで*淂意がつて居ました*左れ*バ軍人の功名手*柄。政治家の立身出世*。金持の財産蓄積なん*ぞ孰れも熱心で*一寸と見ると俗なやう*で深く考へると馬鹿な*やう*ょ見える*が*決して笑*ふ*ぉとはな*ゐソンナ事を議論したり理窟を*述べたりする學者*も矢張り同じ*ぉとで*世間並*ょ俗な*馬鹿毛た野心が*ゟるから可笑し*ゐ

毛〔氣〕／ゟ＝ABCDEあ／ゐ＝BCDいEい。
自傳才三（封筒表）
自傳才三C.十二月廿二日（巻頭紙背）
福翁自傳（九）大阪修業（一）時事新報明治三十一年七月二十七日（水）
坂脩＝BCDE阪修
ヿ＝CDEこ／ま＝ABCDEに／**私も**＝Aなし／**さか**＝Eなし／ヿ＝CDEこ／**ず**＝Eず、／**坂**＝BCDE阪／**ニ**＝ABCDEに／**ゟし**＝AEなしBCDあし／**と**＝Eなし／**て**＝DたEて、／ま＝ABCDEに／**卯歳**＝BCDE卯歳（うどし）／**た、**＝BたCDてEた。／ま＝ABCDEに／志＝ABCDEし／**で**＝Eで、／志＝ABCDEし／**楢林**＝BCDE楢林（ならばやし）／**うち**＝Eなし／**石川櫻所**＝BCDE石川櫻所（いしかはあうしよ）／ま＝ABCDEに／**ら**＝Eら、／**なか〳〵**＝BCD中々（なかなか）／**い**＝Eい。／**で**＝Dデ／**そヿ**＝BCDそこEなし／ま＝ABCDEに／ま＝ABCDEに／**で**＝Eで、／**さ**＝Eなし／ま＝ABCDEに／**ゟち**＝ABCDEあち／ま＝ABCDEに／ゐ＝BCDEい／**な**＝Aふ／、＝E。／**どヿ**＝BCDどこEなし／**なまがし**＝AふにがしBCDEなにがし／ま＝ABCDEに／**たよ**＝Eなし／ま＝ABCDEに／**な**＝Aふ／**ミツチリ**＝Eミッチリ／ヿ＝ACDEこ／**い**＝Aゐ／**で**＝Eで、／**で**＝Dデ／**坂**＝BCDE阪／ま＝ABCDEに／ま＝ABCDEに／**ほんとう**＝BDほんたうEなし／ま＝ABCDEに／。＝BCD、／ま＝ABCDEに／**ハ**＝ABCDEは／**はや**＝Eなし／**て**＝Eて、／ま＝ABCDEに／**も**＝Eも、／宜ゐ＝BCD宜（よ）いE宜い／**はふ**＝BCDはうEなし／**ふ**＝Eふ。／り＝ABCDEり／ま＝ABCDEに／**と**＝Eと、／**ニ**＝ABCDEに、／**おこ**＝BにこEなし／**は**＝Eは、／**坂**＝BCDE阪／ま＝ABCDEに／**レウマチス**＝BCDれうまちす／ま＝ABCDEに／ゐ＝BCDいEい。／**トウ〳〵**＝Dタウトウ／ま＝ABCDEに／**て**＝Eて、／志＝ABCDEし／ま＝ABCDにEに、／**つゐ**＝AEなしBCDつか／ヿ＝CDEこ／ぶ＝ABCDEが／**でき**＝Eなし／ま＝ABCDEに／**容体**＝BCD容體（ようだい）E容體／。＝ABCDなし／ま＝ABCDEに／**が**＝Eが、／**窓**＝E窓、／**で**＝Eで、／ま＝ABCDEに／**岸直輔**＝BCDE岸直輔（きしなほすけ）／**が**＝Eが、／**腸窒扶斯**＝BE腸窒扶斯（ちやうちふす）CD腸窒扶斯（ちようちふす）／ま＝ABCDEに／**なか〳〵**＝Eなし／**症**＝E症。／**デ**＝Dで／**ハ**＝ABCDEは

大坂脩業

兄の申すヿとまは私も逆らふヿとが出来ず大坂ニ足を止めまして緒方先生の塾ま入門[註1]したのは安政二年卯歳の三月①でした、其前長崎ま居る時まは勿論蘭學の稽古を志たので其稽古を志た所は楢林と云ふ和蘭通詞の家、同じく楢林と云ふ醫者の家、それから石川櫻所と云ふ蘭法医師、[註2]此人は長崎ま開業して居て立派な門戸を張て居る大家であるからなか〳〵入門することは出来ないソコで其處の玄関ま行て調合所の人などま習つて居たので爾う云ふやうま彼方此方まちよゐ〳〵と教へて呉れるやうな人があれば其處へ行く、何處の何某ま便り誰の門人まなつてミツチリ蘭書を讀だと云ふヿとはないのでソコで大坂ま来て緒方ま入門したのは是れが本当ま蘭學修業の始まり、始めて規則正しく書物を教へて貰ひました。[註3]其時まも私ハ學業の進歩が随分速くて塾中まは大勢書生があるけれども其中ではマア出来の宜ゐ方であつたと思ふソコで安政二年も終り三年の春まなると新春早々茲ニ大なる不仕合な事が起つて来たと申すは大坂の倉屋敷ま勤番中の兄が僂麻質斯ま罹り病症が甚だ軽くなゐトウ〳〵手足も叶はぬと云ふ程まなつて追々全快するが如く全快せざるが如く志て居る間ま右の手は使ふヿとぶ出来ずま左の手ま筆を持て書くと云ふやうな容体。ソレと同時ま其歳の二月頃であつたが緒方の塾の同窓私の先輩で豫て世話まなつて居た加州の岸直輔[註4]と云ふ人が腸窒扶斯ま罹つて中々の難症ソコデ私ハ

才＝E弟／ニ＝AEに／気＝E氣

兄才共ニ病気

①福澤が緒方洪庵の適塾に入門したのは安政二年（一八五五）三月九日である。

平生の恩人だからコンナ時ょ看病しなければならぬ又加州の書生ょ鈴木儀六[註4]と云ふ者がゟつて是れも岸と同國の縁で私と鈴木と両人晝夜看病して凢そ三週間も手を盡したけれども如何しても悪症でとう〳〵助からぬ一体此人は加賀人で宗旨は真宗だから火葬ょして其遺骨を親元ょ送て遣らうと両人相談の上遺骸を大坂の千日の火葬場ょ持て行て焼て[註5]骨を本國ニ送り先づ事ハ済んだ所が私が千日から帰て三四日経つとヒヨイト煩ひ付た容体がドウモ只の風邪でない熱がゟり氣分が甚だ悪いソコで私の同窓生は皆医者だから誰かょ見て貰た所が是れは腸窒扶斯だ岸の熱病が傳染志たのだと云ふて居る間ょ其事が先生ょ聞えて其時私は堂島の倉屋敷の長屋ょ寝て居た、所が先生が見舞ょ見えまして愈よ腸窒扶斯ょ違ひない本当ょ療治志なければ是れは馬鹿ょならぬ病氣であると云ふ夫れから私は其時ょ今ょも忘れぬ事のあると云ふのは緒方先生の深切[註6]「乃公はお前の病氣を屹と診て遣る。診て遣るけれども乃公が自分で處方するホとは出来ない何分ょも迷ふて仕舞ふ此の薬彼の薬と迷ふて後ょなつて爾うでもなかつたと云て又薬の加減をすると云ふやうな訳けで仕舞ょは何の療治をしたか訳けが分らぬやうょなると云ふのは人情の免れぬ事であるから病は診て遣るが執匙は外の医者ょ頼む。其つもりょして居れと云て先生の朋友梶木町の内藤數馬と云ふ医者[註7]ょ執匙を托し内藤の家から薬を貰つて先生は只毎日来て容体を診て病中の摂生法を指図するだけで

緒方先生の深切

ゟつたマア今日の学校とか学塾とか云ふものは人数も多く迚も手ょ及ばない事で其師弟の間は自から公なものょなつて居る、けれども昔の学塾の師弟は正しく親子の通り緒方先生が私の病を見てどうも薬を授くるょ迷ふと云ふのは自分の家の小供を療治して遣るょ迷ふと同じ事で其扱

ら＝Eら、／ょ＝ABCDEに／ぬ＝Eぬ。／ょ＝ABCDEに／鈴木儀六＝B鈴木儀六CDE鈴木儀六／ゟ＝ABCDEあ／て＝Eて、／で＝Eで、／て＝Eて、／凢そ＝A凡そB凡そCD凡そE凡そ／つく＝AEなし／も＝Eも、／どう＝Eなし／とう〳〵＝Dたうとう／たす＝Eなし／ぬ＝Eぬ。／ら＝Eら、／ょ＝ABCDEに／ょ＝ABCDEに／上＝E上、／坂＝BCDE阪／千日＝E千日／ょ＝ABCDEに／て＝Eて、／ニ＝ABCDEに／り＝Eり、／ハ＝ABCDEは／す＝Eなし／が＝Eが、／三＝E三、／た＝Eなし／ヒヨイト＝BCDヒョイとEヒョイト／た＝Eた。／モ＝BCも／かぜ＝Eなし／い＝Eい。／ゟ＝ABCDEあ／い＝Eい。／で＝BCDEデ／ら＝Eら、／ょ＝ABCDEに／が＝Eが、／だ＝Eだ、／志＝ABCDEし／ょ＝ABCDにEに、／ょ＝ABCDEに／て＝Eて、／島＝BC嶋D島／ょ＝ABCDEに／た、＝CEた／が＝Eが、／ょ＝ABCDEに／て＝Eて、／ょ＝ABCDEに／い＝Eい、／ょ＝ABCDEに／志＝ABCDEし／ょ＝ABCDEに／ふ＝Eふ。／ょ＝ABCDEに／ょ＝ABCDEに／は＝Eは、／切＝E切。／おれ＝BおれEなし／屹と＝A吃とE屹と／や＝AEなし／。＝ABCD、／み＝ABCDEなし／や＝ADEなし／ホ＝ACDEこ／い＝AゐEい。／ょ＝ABCDEに／ふ＝Eふ。／彼＝BCD彼／て＝Eて、／ょ＝ABCDEに／さ＝Eなし／で＝Eで、／ょ＝ABCDEに／志＝BCDEし／ヱ＝BCDわEなし／ヱぅ＝AEなしBCDわか／ょ＝ABCDEに／まぬか＝Eなし／ら＝Eら、／み＝Eなし／や＝Eなし／執匙＝B執匙CDE執匙／ょ＝ABCDEに／。＝ABCD、／ょ＝ABCDEに／て＝Eて、／友＝E友、／梶木町＝BCDE梶木町／内藤數馬＝BCDE内藤數馬／ょ＝ABCDEに／托し＝BCD託しE託し、／貰つて＝BCD貰てE貰つて、／ようだゐ＝BCDようだいEなし／み＝Eなし／ゟ＝ABCDEあ／た＝Eた。／は＝Eは、／ょ＝ABCDEに／で＝Eで、／おのづ＝Bおのづ／おほやけ＝Bおほやけ／ょ＝ABCDEに／り＝Eり、／て＝Eて、／授くる＝BCD授る／ょ＝ABCDEに／は＝Eは、／小＝BCD子E子／ょ＝ABCDEに／で＝Eで、

ちが=Eなし／た=Eた。／に=ABCDEに／が=ABCDEが／進で=BCD進んでE進んで／ば=Eば、／こ=ACDEこ／しまい=BCDしまひEなし／う=Eう。／に=ABCDEに／こゝろもち=ABCDこゝろもちEなし／は=Eは、／に=ABCDEに／くら=DEなし／に=ABCDEに／ふ=Eふ。／ハ=ABCDEは／に=ABCDEに／にハ=ABCDEには／ん=Eん。／たちやひ=BCDたちあひEタチヤヒ／で=Eで、／こ=ABCDEし／が=Eが、／い=AいEい。／煩付いて=BCD煩ひ付てE煩ひ付て／四=E四、／省=E省、／が=Eが、／に=ABCDEに／び=Eび、／けれども=BCDれどもEけれども、／わか=AわかBCDわかEなし／し=Eし、／へいぜい=AEなしBCDへいぜい／からだ=Eなし／う=Eう、／なか〳〵=BCD中々／い=Eい。／に=ABCDEに／ある=ABCDあるEなし／に=ABCDEに／り=Eり、／に=ABCDEに／り=BCDりEり、／る=Eる、／どう=Eなし／に=ABCDEに／い=AいBCDいEい。

に=ABCDEに／て=Eて、／ケ=BCDケ／に=ABCDEに／で=Eで、／ことし=BCDことしEなし／なつ=Eなし／年=A年、／目になり私も亦病後=Aなし／に=ABCDEに／り=Eり、／坂=BCDE阪／に=ABCDEに／こ=CDEこ／ず=Eず、／ニ=ABCDEに／に=ABCDEに／で=Eで、／才=BCD弟E弟／に=ABCDEに／船=AE船BCD船／に=ABCDEに／に=ABCDEに／五=E五、／ふ=Eふ。／に=ABCDEに／て=Eて、／に=ABCDEに／い=Aい／に=ABCDEに／な=Aな／い=AいEい。／坂=BCDE阪／に=ABCDEに／云つて=BCD云て／歳=E歳、／七月=BCD八月E八月。／ぬ=Eぬ、／なか〳〵=BCD中々／て=Eて、／七月中旬=BCDEなし／坂=BCDE阪／に=ABCDにEに、／あきながや=ABCDあきながやEなし／自炊=A自炊BCD自炊E自炊、／どなべ=AEなし／て=Eて、／に=ABCDEに／、=ABCDなしE。

は実子と少しも違*はない有様であつた後*世段々に*世が*開けて進*で来たならば**こんな事はなくなつて仕*舞ませう*私が緒方の塾に*居た時の心*地*は今の日本國中の塾生に*較*べて見て大変に*違*ふ私ハ*真実緒方の家の者のやうに*思ひ又思はずに*ハ居られません*ソレカラ唯今申す通り実父同様の緒方先生が立會*で内藤數馬先生の執匙で有らん限りの療法をこ*て貰ひましたが*私の病気も中々軽くない煩付い**て四*五日目から人事不省*凡そ一週間ばかりは何も知らない程の容体でしたが*幸に*して全快に*及び*衰弱はして居ましたけ*れども歳は若*し*平生*身体の強壮な其為めでせう*恢復はなか〳〵*早いモウ四月に*なつたら外に*出て歩*くやうに*なり*其間に*兄は僂麻質斯を煩て居*り私は熱病の大病後である*如*何*にも始末が付かない*

兄才*中津ニ*帰*る

才=E弟／ニ=AEに／帰=E歸

其中に*丁度兄の年期と云ふものがあつて*二ヶ*年居れば國に*帰ると云ふ約束で*今*年の夏*が二年目に***なり*私も亦病後大坂**に居て書物など読む*ことも出来ず*兎ニ*角に*帰國が宜からうと云ふので*兄才*一緒に*船**に*乗て中津*に帰つたのが其歳の五*六月頃と思ふ*所が私は病後ではあるが日々に*恢復して*兄の僂麻質斯も全快*には及ばない*けれども別段に*危険な*病症でもない*夫れでは私は又大坂**に参りませう*と云つて出たのが其歳*即ち安政三年の七*②註8月モウ其時は病後とは云はれませぬ**なか〳〵元氣が能くて七**月中旬大坂**に着た其時に*私は中津屋敷の空長屋を借用して獨居自炊*即ち土鍋で飯を焚て喰て*毎日朝から夕刻まで緒方の塾に*通學して居ました、*

②八月との史料もあるが、断定はしがたい。

福翁自傳（十）大阪修業（二）時事新報明治三十一年七月三十一日（日）
で=Eで、/ふ=Eふ。/て=Eて、/に=ABCDEに/し=ABCDEし/帰て=D歸（かへ）つて/、=E。/ない=AふゐEない。/と=BCDEなし/あ=ABCDあEなし/舩=AE船BCD船（ふね）/ニ=ABCDEに/て=Eて、/このたび=AEこのたびBCDなし/ハ=ABCDEは/ニ=ABCDEに/で=Eで、/ニ=ABCDEに/に=ABCDEに/て=Eて、/に=ABCDEに/バ=ABCDEば/。=ABCDE、/か=Eなし/かた=Eなし/あと=ABCDあとEなし/で=Eで、/に=ABCDEに/家=E家、/て=Eて、/あ=ABCDEあ/い=Eい、/。=BCDE、/当然=AE當然BCD當然（あたりまへ）/で=Eで、/。=AE、BCDなし/ハ=ABCDEは/に=ABCDEに/チャント=DチャントとEチャント/に=ABCDEに/て=Eて、/こ=ACDEこ/は=Dや/しない=AしふゐBCDしないEしない。/ハ=ABCDEは/ニ=ABCDEに/く=AEなし/だ=BCDだ、Eだ。/さ=Eなし/あと=ABCDあとEなし/つゐ=BCDEつい/は=Eは、/ら=Eら、/ぬ=Eぬ。/ぬ=Eぬ、/、=Dなし/か=ABCDEか/うきあし=ABCDEうきあし/に=ABCDEに/ちよゐ=BCDちよいEなし/おちつ=BおちつEなし/ぬ=Eぬ。/し=ABCDEし/に=ABCDEに/こ=ACDEこ/よ=AEなし/も=Eも、/に=ABCDEに/チャント=Eチャント/しな=AしふBCDEしな/ら=Eら、/こと=CDとEこと/い=AゐEい。/み=Eみ、/た=Eた。/にハ=ABCDEには/どう=Eなし/決=BC決（けつ）D決（けつ）E決/も=Eも、/ゐ=BCDいEい。/さしお=BさしおEなし/き=Eき、/ハ=ABCDEは/だゐきらゐ=BCDだいきらひEなし/で=Eで、/こ=ACDEこ/が=ABCDEが/ゐ=BCDいEい。/ニ=ABCDEに/があ=ABCDEがあ/ら=Eら、/そこ=AEなしBCDそこ/ニ=ABCDEに/ゐつ=AEなしBCDいつ/か=ABCDEか/て=Eて、/つゐで=BCDついでEなし/そ=Eなし/言ひ掛け=BCD言掛（いひか）け/と=Eと、/ハ=ABCDEは/ゐ=BCDEい/けんまく=Eなし/あたま=ABCDあたまEなし/た=Eた。/いか=AゐかEいか。/が=ABCDEが/ハ=ABCDはEは、/に=ABCDEに/だ=Eだ。/に=ABCDEに/おらんだ=BCDオランダEなし/なん=AEなし/こゝろえちが=ACDこゝろえちがBこゝろゑちがEなし/。=ABCDE、/あきれかへ=Eなし/か=ABCDEか/か=ABCDEか

雉=A難E難

家兄の不幸再遊困雉

所が又不幸な話で九月の十日頃であつたと思ふ國から手紙が來て九月三日に兄が病死[註9]したから即刻帰て来いと云ふ急報、どうも驚いたけれども仕方がない取るものも取（と）り敢（あ）へずスグ舩ニ乗て此度（このたび）ハ誠ニ順風で速（すみやか）ニ中津の港に着て家に帰て見ればモウ葬式は勿論。何も斯（か）も片（かた）が付て仕舞た後（あと）の事でソレカラ私は叔父の處の養子になつて居た、所が自分の本家即ち里（さと）の主人が死亡して娘が一人あれども女の子では家督相續は出来ない是れは弟が相續する。当然の順序だと云ふので親類相談の上。私ハ知らぬ間（ま）にチャント福澤の主人になつて[註10]居て當人の帰國を待て相談なんと云ふことはありはしない貴様ハ福澤の主人ニなつたと知らせて呉（く）れる位の事だ扠（さ）て其跡（あと）を襲（つ）ゐだ以上は實は兄でも親だから五十日の忌服（きふく）を勤めねばならぬ夫れから家督相續と云へば其れ相應（さうおう）の勤がなくてはならぬ藩中小士族相應の勤を命ぜられて居る、けれども私の心と云ふものは天外萬里（てんぐわいばんり）、何もかも浮足（うきあし）になつて一寸（ちよゐ）とも落付（おちつ）かぬ何としても中津に居やうなど云ふことは思ひも寄（よ）らぬ事であるけれども藩の正式に依ればチャント勤をしなければならぬから其命を拒（こば）むことは出来ない唯言行を謹み何と云はれてもハイ〳〵と答へて勤めて居ました自分の内心にハ如何（どう）しても再遊と決して居るけれども周圍の有様と云ふものは中々寄付かれもしなゐ藩中一般の説は姑（しばら）く差措（さしお）き近い親類の者までも西洋ハ大嫌（だいきらゐ）で何事も話し出すことが出来なゐソコデ私ニ叔父があるから其處（そこ）ニ行て何（ゐつ）か話をして序（ついで）ながら夫（そ）れとなく再遊の事を少しばかり言ひ掛けて見ると夫れハ〳〵恐ろしゐ剣幕（けんまく）で頭（あたま）から叱られた[註11]「怪（けし）からぬ事を申すではないか兄の不幸で貴様が家督相續した上ハ御奉公大事に勤をする筈のものだソレに和蘭（おらんだ）の學問とは何（なん）たる心得違（こゝろえちが）ひか。呆返（あきれかへ）つた話だとか何とか

ニ＝ABCDにEに、／が＝ABCDEが／ひや＝Eなし／て＝Eて、／「＝BCDなし／やつ＝Eなし／ハ＝ABCDEは／負角力＝A負角力BCDE負角力／やせしおろ＝AやせしころBCDEやせしこ／ら＝ABCDにらEなし／は＝Eは、／み＝AEなし／ほとし＝AEなしBCDほどし／う＝Eう。／に＝ABCDEに／こと＝ADEことCこと／に＝ABCDEに／し＝BCDEし／いが＝AいがEいが、／に＝ABCDEに／に＝ABCDEに／。＝ABCD、／。＝ABCD、／きんしよ＝ABCDきんじよEなし／あた＝ABCDあたEなし／に＝ABCDEに／どこ＝Eなし／を＝BCDなし／。＝BCD、／に＝ABCDEに／婆＝BC婆D婆／て＝Eて、／婆＝BC婆D婆／で＝Eで、／、＝E。／。＝ABCD、／ひ＝BCDEい／で＝Eで、／に＝ABCDEに／て＝Eて、／坂＝BCDE阪／に＝ABCDEに／が＝Eが、／う＝Eう、／き＝Eなし／違うて＝ABCD違ふてE違ふて／な＝Eな、／凡で＝A風でBD風でCE風で、／バ＝ABCDEば／おふね＝Aおぶね、BCDEをぶね／。＝ABCDE、／うた＝Eなし／もんく＝Eなし／。＝ABCD、／かんが＝ABCDかんがEなし／た＝Eた。／ハ＝ABCDEは／がない＝AがないBCDがないEがない。／ハ＝ABCDEは／だ＝Eだ。／くれ＝Eなし／バ＝ABCDEば／が＝ABCDEが／こは＝Eなし／い＝BCDEい／い＝BCDEい／。＝ABCD、／ハ＝ABCDEは／ニ＝ABCDEに／た＝Eた。／ん＝Eん。／が＝ABCDEが／ハ＝ABCDEは／こ＝AEなしBCDか／。＝ABCE、Dなし／あんばい＝AあんばいBCDあんばいEなし／で＝Eで、／坂＝BCDE阪／ニ＝ABCDEに／す＝Eす。／は＝ABCDEには、／どう＝Eなし／か＝ABCDEか／もの＝AEなし／ニ＝ABCDEに／ふ＝Eふ。／に＝ABCDEに／あたま＝AEなしBCDあたま／い＝AいEい。／しん＝BCDしんEなし／に＝ABCDEに／朽果つる＝AE朽果つるD朽果る／、＝E。／ん＝Eん。／も＝Eも、／何卒ぞ＝BCD何卒E何卒／てばな＝AてはふEなし／くだ＝Eなし／か＝Eか。／に＝ABCDEに／ハ＝ABCDEは／に＝ABCDEに／おつ＝BたつEなし／ら＝Eら、／ハ＝ABCDEは／ニ＝ABCDEに／あきら＝ABCDあきらEなし／い＝BCDいEい。／が＝ABCDEが／バ＝ABCDばEば、／。＝BCDE、／産＝AE産D生／三ニ＝A三にBCDE三つに／で＝Eで、／い＝BCDEい／こゝろぼそ＝BCDこゝろぼそEなし／いに＝AいにBCDEいに／ひない＝AむふいBCDEひない／も＝Eも、／て＝Eて、／い＝BCDいEい、／ハ＝ABCDEは／坂＝BCDE阪／ニ＝ABCDEに／」＝ADなし

叱られた其言葉の中ニ叔父が私を冷かして「貴様のやうな奴ハ負角力の瘠鍛と云ふものぢやと苦々しく睨み付けたのは身の程知らずと云ふ意味でせう迚も叔父さんに賛成して貰はうと云ふことは出来さうにもしないが私が心に思つて居れば自から口の端にも出る。出れば狭い所だから直ぐ分る。近處邊りに何處となく評判をする。平生私の處に能く来るお婆さんがあつて私の母より少し年長のお婆さんでお八重さんと云ふ人、今でも其人の面を覚えて居る。つひ向ふのお婆さんで或るとき私方に来て「何か聞けば諭吉さんは又大坂に行くと云ふ話ぢやがマサカお順さん（私の母）そんな事はさせなさらんぢやらう再び出すなんと云ふのはお前さんは氣が違うて居はせぬかと云ふやうな世間一般先づソンナ凡で其時の私の身の上を申せバ寄邊汀の捨小舟。[註12]まるで唄の文句のやうだ。ソコデ私は獨り考へた「是れハ迚も仕様がない唯頼む所ハ母一人だ母さへ承知して呉れバ誰が何と云ふても怖い者はないと。ソレカラ私ハ母ニとつくり話した[註13]「おッ母さん今私が修業して居るのハ斯う云ふ有様。斯う云ふ塩梅で長崎から大坂ニ行て修業して居ります

母と直談

自分で考へるには如何しても修業は出来て何か物ニなるだらうと思ふ此藩に居た所が何としても頭の上る氣遣はない真に朽果つると云ふものだ、どんな事があつても私は中津で朽果てやうとは思ひませんアナタはお淋しいだらうけれども何卒ぞ私を手放して下さらぬか私の産れたときにお父ッさんハ坊主にすると仰しやつたさうですから私ハ今から寺の小僧ニなつたと諦めて下さい」其時私が出れバ母と死んだ兄の娘。産れて三ニなる女の子と五十有餘の老母と唯の二人で淋しい心細いに違ひないけれどもとつくり話して「どうぞ二人で留主をして下さい私ハ大坂ニ行くから」と云

ら=Eら、/**おもひき**=BにもひきEなし/**宜ゐ**=BCD宜いE宜い/**で**=Eで、/**い**=AゐEい。/**さう**=Eなし/**ば**=Eば、/**古**=CDEこ/**い**=AゐEい。/**も**=Eも。/**死だ**=BC死んだE死んだ/**も**=Eも、/**死だ**=BCDE死んだ/**い、**=Aゐ、Eい。/**よそ**=Aなし/**尓**=ABCDEに/**が**=Eが、/**死生**=BCDE死生/**古**=CDEこ/**し**=Eし。/**どこ**=AEなし/**い**=AゐEい。/**で**=BCDEデ/**仕舞つて**=BCD仕舞てE仕舞つて、/**古**=CDEこ/**尓**=ABCDEに/。=BCD、/**尓**=ABCDEに/。=BCD、/**は**=Eは、/**費**=E費、/**る**=Eる。/**は**=Eは、/**尓**=ABCDEに/**尓**=ABCDEに/**大借、**=BCD大借、E大借。/**古**=CDEこ/**侭**=BCD儘E儘/**尓**=ABCDEに/**ら**=Eら、/**ぬ**=Eぬ。/**どう**=Eなし/**志やう。**=A志やう、BCDしやうEしやう。/**尓**=ABCDEに/**い**=Aゐ、BCDい、Eい。/**だ**=Eだ。/**奈**=BCDEな/**て**=Eて、/**可**=ABCDEか/**可゛**=ABCDEが/**は**=Eは、/**ら**=Eら/**奈可〳〵**=AEなか〳〵BC中々D中中/**る**=Eる。/**尓**=ABCDEに/**阿**=ABCDEあ/**て**=Eて、/**尓ハ**=ABCDEには/**ニ**=ABCDEに/**少くなゐ**=A少く奈ゐBCD少ないE少ない/**ほん**=Eなし/**阿る**=ABCDあるEある。/**バ**=ABCDEば/**ハ**=ABCDEは/**夜**=BCD夜、E夜、/**可゛**=ABCDEが/**尓**=ABCDにEに、/**可゛**=ABCDEが/**明律**=BCDE明律/**上諭條例**=BCDE上諭條例/**六**=E六、/**て**=Eて、/**たゐさう**=BCDE大造/**喜で**=A喜てBCD喜んでE喜んで/**ニ**=ABCDEに/**男子**=BC男子D男子/**可゛**=ABCDEが/**出生**=BC出生D出生/**〳〵**=BCD〳〵/**ら**=Eら、/**尓**=ABCDEに/**ゐ**=BCDEい/**可゛阿**=ABCDEがあ/**で**=Eで、/**ゐ**=AひBCDEい/**阿**=ABCDEあ/**も**=Eも、/**上**=E上、/**古とニ**=AB古とにCDEことに/**て**=Eて、/**奈**=ABCDEな/**可**=ABCDEか/**で**=Eで、/**奈**=ABCDEな/**て**=Eて、/**半切**=BCDE半切/**分**=B歩CD分/**尓**=ABCDEに/。=ABCDE、/**大雅堂**=BCDE大雅堂/**柳下人物**=BCDE柳下人物/**分。**=AE分、B歩、CD分、/**徂徠**=BCDE徂徠/。=ABCDE、/**東涯**=BCDE東涯/**阿**=ABCDEあ/**可゛**=ABCDがEが、/**尓**=ABCDEに/**ね**=AEなし/**奈い**=AなゐBCDないEない、/**尓**=ABCDEに/**ぬ**=Eぬ。/**古゛た**=BCDEごた/**そうもつ**=BCDEざふもつ/。=AなしBCD、/**と**=Aに/。=ABCD、/**天正祐定**=BCDE天正祐定/**付**=E付、/**両**=BCD両、E両。

たら母も中々思切りの宜ゐ性質で「ウム宜しい「アナタさへ左様云て下されば誰が何と云ても怖い古とはない「オーさうとも兄が死だけれども死だものは仕方がない、お前も亦餘所尓出て死ぬかも知れぬが死生の事は一切言ふ古となし何處へでも出て行きなさい」ソコで母子の間と云ふものはちやんと魂膽が出来て仕舞つてソレカラ愈よ出やうと云ふ古と尓なる。出る尓は金の始末をしなければならぬ。其金の始末と云ふ

四十両の借金

家財を賣る

のは兄の病氣や勤番中の其れ是れの入費凡そ四十両借金がある此四十両と云ふものは其時代尓私などの家尓取ては途方もない大借、古れを此侭尓して置ては迚も始末が付かぬから何でも片付けなければならぬ如何志やう。外尓仕方がない何でも賣るのだ一切萬物賣るより外奈しと考へて聊可頼み可゛あると云ふのは私の父は学者であつたから藩中では奈可〳〵蔵書を持て居る凡そ冊数尓して千五百冊ばかりも阿つて中尓ハ随分世間ニ類の少くなゐ本も阿る例へバ私の名を諭吉と云ふ其諭の字ハ天保五年十二月十二日の夜私可゛誕生した其日尓父可゛多年所望して居た明律の上諭條例[③註14]と云ふ全部六七十冊ばかりの唐本を買取て大造喜で居る處ニ其夜男子可゛出生して重ね〳〵の喜びと云ふ所から其上諭の諭の字を取て私の名尓したと母から聞ゐた事可゛阿る位で随分珍らしゐ漢書が阿つたけれども母と相談の上蔵書を始め一切の物を賣却しやうと云ふ古とニなつて先づ手近奈物可ら賣れるだけ賣らうと云ふので軸物のやう奈物から賣り始めて目ぼしい物を申せば頼山陽の半切の掛物を金二分尓賣り。大雅堂[註15]の柳下人物の掛物を二両二分。徂徠の書。東涯の書も阿つた可゛誠尓値が奈い見る尓足らぬ其他は古゛た〳〵した雑物ばかり。覚えて居るのは大雅堂と山陽。刀は天正祐定二尺五寸拵付能く出来たもので四両ソレカラ

蔵書だ中津の人で買ふ者はありはせぬ何したつて何十両と云ふ金を出す藩士ハありはせぬ、所で私の先生白石と云ふ漢學の先生が藩で何ゝ議論をして中津を追出されて豊④後の臼杵藩の儒者ょふつて居た[註16]から此先生ょ便つて行けば賣れるだらうと思て臼杵まで態々出掛けて行て先生ょ話をした處が先生の世話で残らずの蔵書を代金十五両で臼杵藩ょ買て貰ひ[註17]先づ一口ょ大金十五両が手ニ入り其他有らん限り皿も茶碗も丼も猪口も一切賣て漸く四十両の金が揃ひ其金で借金は奇麗ょ済んだが其蔵書中ニ易經集註十三冊ょ伊藤東厓先生が自筆で細々と書入をした見事なもの[註18]がある是れは亡父が存命中大坂で買取て殊の外珍重したものと見へ蔵書目録ょ父の筆を以て此東厓先生書入の易經十三冊ハ天下稀有の書なり子孫謹で福澤の家ニ蔵む可しと恰も遺言のやうなゝとが書ゐてある私も之を見てハ何としても賣るゝとが出来ません是れ丈けハと思ふて残して置た其十三冊は今でも私の家ニあります。夫れと今ニ残つて居るのハ唐焼の丼が二つある是れハ例の雑物賣拂のとき道具屋が直を付けて丼二つ三分と云ふ其三分とハ中津の藩札[註19]で銭ょすれバ十八文⑤のゝとだ。餘り馬鹿〳〵しゐ十八文ばかり有つても無くても同じゝとだと思ふて賣らなかつたのが其後四十何年無事で今ハ筆洗ょなつて居るのも可笑しゐ

だ＝Eだ。／ぬ＝Eぬ。／何したつて何十両と云ふ金を出す藩士ハありはせぬ、＝Aなし／何＝BCD如何E如何／ハ＝BCDEは／ぬ、＝Eぬ。／生＝E生、／が＝ABCDがEが、／ゝ＝ABCDEか／おひだ＝BにひだEなし／臼杵＝BCDE臼杵／ょふ＝ABCDEにな／ら＝Eら、／ょ＝ABCDEに／て＝Eて、／ゞざ〳〵＝BCDわざ〳〵Eなし／て＝Eて、／ょ＝ABCDEに／が＝ABCDがEが、／ょ＝ABCDEに／もら＝Eなし／ひ＝Eひ、／ょ＝ABCDEに、／ニ＝ABCDEに／り＝Eり、／猪口＝BCDE猪口／て＝Eて、／そろ＝Eなし／ひ＝Eひ、／きれゐ＝BCDきれいEなし／ょ＝ABCDEに／済んだが＝A済んだがBCD済だがE済んだが、／ニ＝ABCDEに／易經集註＝B易經集註C易經集註D易經集註E易經集註／ょ＝ABCDEに／厓＝AE涯BCD涯／が＝ABCDEが／みゞと＝AEなしBCDみごと／がある＝AかあるBCDがあるEがある。／が＝ABCDEが／坂＝BCDE阪／こと＝AEなし／へ＝BDえCゑEえ、／ょ＝ABCDEに／て＝Eて、／厓＝BCDE涯／ハ＝ABCDEは／り＝Eり、／ニ＝ABCDEに／と＝Eと、／ゆゐごん＝BCDゆゐごんEなし／ゝ＝ABCDEこ／が＝ABCDEが／ゐてある＝AゐてあるBCいてあるDいであるEいてある。／ハ＝ABCDEは／ゝとが＝ABゝとがCDEことが／でき＝Eなし／ん＝Eん。／ハ＝ABCDEは／ニあ＝ABCDEにあ／。＝ABCD、／ニ＝ABCDEに／ハ＝ABCDEは／どんぶり＝Eなし／が＝ABCDEが／ある＝ABCDあるEある。／ハ＝ABCDEは／が＝ABCDEが／直＝D値／三分＝BC三分D三分／ハ＝ABCDEは／ょ＝ABCDEに／バ＝ABCDEば／ゝ＝CDEこ／。＝A、BCDなし／馬鹿〳〵＝BCD馬鹿々々E馬鹿々々／ゐ＝BCDいEい、／有つて＝BCD有て／ゝ＝CDEこ／が＝ABCDがEが、／で＝Eで、／ハ＝ABCDEは／筆洗＝A筆洗BCDE筆洗／ょ＝ABCDEに／おゝ＝BCDをかEなし／ゐ＝BCDいEい。

③上諭條例は清朝乾隆帝治世の法令を編年体に記録したもの。④白石照山は嘉永六年（一八五三）十二月御固番事件で中津藩を追放された。⑤中津藩は天保五年（一八三四）の財政改革により藩札銀一匁（十分）は銭六十文になった。

夫れハ夫れとして私が今度不幸で中津ょ帰て居る其間ょ一つ仕事をしました、と云ふのは其時ょ奥平壱岐と云ふ人が長崎から帰て居たから勿論私は御機嫌伺ょ出なければならぬ或日奥平の屋敷ニ推参して久々の面會。[註20] 四方山の話の序ょ主人公ゞ一冊の原書を出して「此本は乃公が長崎から持て来た和蘭新版の築城書[註21]で𛀁ると云ふ其書を見た所が勿論私などは大坂ょ居ても緒方の塾は医学塾であるから医書窮理書の外ょ遂ぞそんな原書を見たゝとはないから随分珍書だと先づ私は感心しなければならぬ。と云ふのは其時は丁度ペルリ渡来の当分で日本國中海防軍備の話が中々喧しい其最中ょ此築城書を見せられたから誠ょ珍しく感じて其原書ゞ讀で見たくて堪らない、けれども是れは貸せと云た所が貸す氣遣はない夫れからマアいろ〳〵話をする中ょ主人が「此原書は安く買ふた二十三両で買へたから」なんと云ふたのょハ実ニ貧書生の膽を潰すばかり迚も自分ニ買ふゝとハ出来ず左れバとてゆるりと貸す氣遣はないのだから私は唯原書を眛めて心の底で獨り貧乏を歎息して居る其中ょヒョイと胷ニ浮んだ一策を遣て見た「成程是れは結搆な原書で御在ます迚も之を讀で仕舞ふと云ふゝとは急な事では出来ません責めては図と目録とでも一通り拝見したいものですが四五日拝借ハ叶ひますまゐかと手軽ょ觸つて見たらば「よし貸さう」と云て貸して吳れたゝそ天與の僥倖ソレカラ私は家ょ持て帰て即刻鵞筆と墨と紙を用意して其原書を初から寫掛けた凢そ二百ページ餘のものであつたと思ふそれを寫すょ就ては誰ょも言はれぬのハ勿論。寫す處を人ょ見られてハ大変ゐ。家の奥の方ニ引込んで一切客ょ遇はずょ晝夜精切一杯、根のあらん限り寫した其とき私は藩の御用で城の門の番をする勤ゞ𛀁つて二三日目ょ一晝夜當番する順ニな

築城書を盗冩す

盗冩＝E盗寫

ハ＝ABCDEは／て＝Eて、／ょ＝ABCDEに／ょ＝ABCDEに／ょ＝ABCDEに／ら＝Eら、／ょ＝ABCDEに／ぬ＝Eぬ。／ニ＝ABCDEに／ひさぐ＝Eなし／。＝ABCE、Dなし／ょ＝ABCDにEに、／ゞ＝ABCDEが／て＝Eて、／おれ＝BにれEなし／𛀁＝ABCDEあ／が＝Eが、／坂＝ABCDE阪／ょ＝ABCDEに／ら＝Eら、／ょ＝ABCDEに／ゝと＝BとCDEこと／ら＝Eら、／。＝ABCDE、／で＝Eで、／なかぐ＝Eなし／やかま＝Eなし／ょ＝ABCDにEに、／ょ＝ABCDEに／て＝Eて、／ゞ＝ABCDEが／たま＝AEなし／、＝E。／きづかひ＝Aきづかゐ／い＝AゐEい。／いろぐ＝BCD色々／ょ＝ABCDにEに、／た＝Eた。／か＝Eなし／ょハ＝ABCDにはEには、／ニ＝ABCDEに／きも＝Eなし／り＝Eり。／ニ＝ABCDEに／か＝AEなし／ゝ＝ACDEこ／ハ＝ABCDEは／ず＝Eず、／バ＝ABCDEば／ら＝Eら、／眛＝BCD眺E眺／ょ＝ABCDにEに、／ヒヨイ＝Eヒョイ／胷ニ＝A胷にBCD胸にE胸に／うか＝Eなし／やつ＝Eなし／た＝Eた。／搆＝BC構D構E構／ござゐ＝BCDございEなし／す＝Eす。／ゝと＝BとCDEこと／でき＝AてぎEなし／ん＝Eん。／い＝AゐDき／が＝Eが、／四＝E四、／ハ＝ABCDEは／ゐ＝BCDEい／ょ＝ABCDEに／𛀁た＝AなしBCDEあた／ば＝Eば、／ゝ＝CDEこ／倖＝BCD倖E倖、／ょ＝ABCDEに／て＝Eて、／がぺん＝Eなし／た＝Eた。／凢＝B凡CD凡E凡／ページ＝BCD頁／ふ＝Eふ。／ょ＝ABCDEに／ょ＝ABCDEに／ハ＝ABCDEは／。＝ABCDE、／ょ＝ABCDEに／ハ＝ABCDEは／ゐ。＝ABCDだEだ。／ニ＝ABCDEに／ょ＝ABCDEに／ょ＝ABCDにEに、／ちうや＝AEなし／精切＝A精切りBCDE精切り／ゐつぱゐ＝BCDいつぱいEなし／、＝Dなし／こん＝Aなし／た＝Eた。／ゞ＝AかBCDEが／𛀁＝ABCDEあ／て＝Eて、／二＝E二、／ょ＝ABCDEに／ニ＝ABCDEに

ら=Eら、/ょハ=ABCDEには/ひる=Eなし/み=Eみ、/ニ=ABCDEに/バ=ABCDEば/窃=E竊/もちだ=Eなし/て=Eて、/ゟさ=AEなしBCDあさ/ゟ=AなしBCDEあ/て=Eて、/目=A日/ゐ=BCDEい/ㄊ=CDEこ/が=Eが、/ㄊ=CDEこ/ニ=ABCDEに/も=Eも、/ハ=ABCDEは/かべ=Eなし/ニ=ABCDEに/みゝ=Eなし/ゟ=ABCDEあ/め=Eなし/ゟり=ABCDありEあり、/ニ=ABCDEに/ょ=ABCDEに/せとゕ=AせよとかBCDEせとか/ゕ=ABCDEか/き=Eなし/ハ=ABCDEは/ゐ=BCDEい/だらうゕ。=Aだらふか、BCDEだらうか、/ゐ=BCDEい/ハ=ABCDEは/ぬ=Eぬ。/むつ=CDむづEなし/ゕ=ABCDEか/バ=ABCDばEば、/ハ=ABCDEは/たま=Eなし/ゐ。=Aゐ、BCい、DいEい。/うま=AEなし/とろばふ=BCDどろばうEなし/ㄊとハ=ABㄊとはCDEことは/なゐゕ゙=AふゐがBCDないがEないが、/ㄊ=CDEこ/ゟ=BCDEあ/ら、=Dら/て=Eて、/づ=AEなし/ゕ゙=ABCDEが/ゟ=ABCDEあ/て=Eて、/できゟが=ABCDできあがEなし/。=ABCD、/ゕ゙=ABCDEが/よみゟは=ABCDよみあはEなし/ょ=ABCDEに/る=Eる。/ゕ゙=ABCDEが/ハ=ABCDEは/と=Eと、/事=Aこと/で=Eで、/ょ=ABCDEに/る=Eる。/藤野啓山=BCDE藤野啓山/で=Eで、/ょ=ABCDEに/、=Dなし/坂=BCDE阪/ょ=ABCDEに/て=Eて、/ニ=ABCDEに/遣つた=AE遣つたBCD遣た/て=Eて、/しん=Eなし/ニ=ABCDEに/なゐ=AふゐBCDEない/みぬ=Eなし/ゐて=BCDいてEいて、/ょ=ABCDEに/て=Eて、/ょ=ABCDEに/が=Eが、/ㄊと=CとDEこと/で=Eで、/、=E。/が=Eが、/か=Eか、/、=E。/が=Eが、/い=Eい。/ヒヨツ=Eヒョッ/と=Dト/ら=Eら、/て=Eて、/そㄊ=BCDそこEなし/ょ=ABCDEに/ょ=ABCDEに/て=Eて、/ソツクリ=Eソックリ/た=Eた。/連城=BCDE連城/壁=BCDE壁/ニ=ABCDEに/ょぎ=AEなしBCDにぎ/で=Eで、/どう=Eなし/ょ=ABCDEに/い、=Aゐ、Eい。/志=BCDEし/ょ=ABCDEに/て=Eて、/ょ=ABCDEに/有雉う=A有雉うBCD難有うE有難う/す=Eす。/ㄊ=CDEこ/た=Eた。/ょ=ABCDEに/ら=Eら、/ょ=ABCDEに/う=Eう。/ㄊ=CDEこ/搆=BC構D構E構/ょ=ABCDEに/い=AゐEい。/有雉う=A有雉うBCD有難うE有難う/た=Eた。

るから其時ょハ晝は冩本を休み夜ニなれバ窃と冩物を持出して朝、城門の明くまで冩して一目も眠らなゐのは毎度のㄊとだが又ㄊの通りニ勉強しても人間世界ハ壁ニ耳ゟり眼もゟり既ニ人ょ悟られて今ょも原書を返せとゕ何とゕ云て来ハしなゐだらうゕ。ゐよ／＼露顕すれば唯原書を返したばかりでハ済まぬ御家老様の剣幕で中々六ゕしくなるだらうと思へバ其心配ハ堪らなゐ。生れてから泥坊をしたㄊとハなゐゕ゙泥坊の心配も大抵ㄊんなものでゟらうと推察しながら、とう／＼冩し終りて圖ゕ゙二枚ゟる其圖も冩して仕舞てサア出来上つた。出来上つたゕ゙讀合せょ困る是れゕ゙出来なくてハ大変だと云ふと妙な事もあるもので中津ょ和蘭のスペルリングの讀めるものが只た一人あるそれは藤野啓山と云ふ醫者[註22]で此人は甚だ私の處ょ縁がある、と云ふのは私の父が大坂ょ居る時ょ啓山が医者の書生で私の家ょ寄宿して母も常ニ世話をして遣つたと云ふ縁故からして固より信じられる人ニ違ひなゐと見抜ゐて私は藤野の處ょ行て「大秘密をお前ょ語るが実は斯う／＼云ふㄊとで奥平の原書を冩して仕舞た、所が困るのは其讀合せだがお前はどうか原書を見て居て呉れぬか私が寫したのを讀むから、実は書遣りたいが晝は出来られないヒヨツと分つては大変だから、夜分私が来るから御苦労だが見て居て呉れよと頼んだら藤野が宜しいと快く請合つて呉れてソレカラ私は其處の家ょ三晩か四晩讀合せょ行てソツクリ出来て仕舞たモウ連城の璧を手ニ握つたやうなもので夫れから原書は大事にしてあるから如何ょも氣遣はない、志らばくれて奥平壱岐の家ょ行て「誠ょ有雉うございますお蔭で始めてㄊんな兵書を見ました斯う云ふ新舶来の原書が飜譯ょでもなりましたら嘸マア海防家ょは有益の事でありませう併しㄊんな結構なものは貧書生の手ょ得らるゝものでない有雉うございました返上致しま

きれゐ＝AEなしBCDきれい／ニ＝ABCDEに／す＝Eなし／ハ＝ABCDEは／うれ＝AEなし／。＝ABC、Dなし／ょ＝ABCDEに／が＝Eが、／何でも＝BC何でもD何んでも／ょ＝ABCDEに、／て＝Eて、／ょ＝ABCDEに／く＝Eく、／ぬす＝Eなし／ょ＝ABCDEに／ハ＝ABCDはEは、／ゕ゙＝ABCDEが／ニ＝ABCDEに／入つた＝BE入つたCD入た／だ＝Eだ。

福翁自傳（十一）大阪修業（三）時事新報明治三十一年八月三日（水）
ょ＝ABCDEに／ゕ゙＝ABCDがEが、／お＝Bた／か＝Eか。／ょ＝ABCDEに／ろく＝Eなし／ょ＝ABCDEに／ね＝AEなし／ゟ＝BCDEし／。＝ABC、Dなし／だ＝Eだ。／かぜ＝Eなし／宜＝BCD宜E宜／い＝AゐEい。／ょ＝ABCDEに／ふ＝Eふ。／ょ＝ABCDEに、／ん＝Eん、／だ＝Eだ。／、＝BCDなしE。／身体＝A身体BCD身體E身體／ぢ＝Aぢ／い＝AゐEい。／い＝AゐEい。／決＝BC決D決E決／云た＝BCDE云ふた／ゑ＝CDEこ／たが。＝Aた、BCDEたが、／坂＝BCDE阪／ょ＝ABCDEに／と＝Eと、／ょ＝ABCDEに／おか＝BCDをかEなし／る＝Eる。／ょ＝ABCDEに／ぬ＝Eぬ。／い＝Eい。／ら＝Eら、／ょ＝ABCDEに／とゞけ＝Eなし／ねがひ＝AEなし／ゐ＝BCDいEなし／ぬ＝Eぬ、／ゕ゙＝ABCDがEが、／かりそめ＝Eなし／ょ＝ABCDEに／ぬ＝Eぬ。／す＝Eなし／ゐ＝ABEなし／ら＝Eら、／ょ＝ABCDEに／ょ＝ABCDEに／ゐ＝BCDいEなし／ゟない＝AゟなゐBCDしないEしない。／ょ＝ABCDEに、／い＝AゐEい。／ゑと＝CとDEこと／ゕ゙ゐへ＝BたいへCDおいへEごいへ／ょ＝ABCDEに／ふ＝Eふ。／どう＝Eなし／たつぬ＝ABCDたづねEなし／ば＝AはEば、／さ＝Eさ。／ゐ＝BCDEい／ふ＝Eふ。／坂＝BCDE阪／だ＝Eだ。／ょ＝ABCDEに／ょ＝ABCDEに／は＝Eは、／ニ＝ABCDEに／ニ＝ABCDEに／る＝Eる。／ゑ＝CDEこ／却て＝BC却てD却つて／か＝Eか。／ヤ＝Eヤ、／なん＝AふんEなし／ゟ＝ABCDEし／御例＝BCDE御例／い。＝Aゐ、BCい、Dい／ら＝Eら、／バ＝ABCDEば／ら＝Eら、／宜しゐ＝BCD宜しいE宜しい。／どう＝Eなし／為＝AしE爲／て＝Eて、／坂＝BCDE阪

すと云て奇麗ニ済んだのハ嬉しかつた。此書を寫すょ幾日かゝつたか能く覺えないが何でも二十日以上三十日足らずの間ょ寫して仕舞ふて原書の主人ょ毛頭疑ふやうな顔色もなくマンマと其寶物の正味を偸み取て私の物ょしたのハ悪漢ゕ゙寶蔵ニ忍び入つたやうだ

其時ょ母ゕ゙「お前は何をするのかそんなょ毎晩夜を更かして碌ょ寝もゟないぢやないか。何の事だ風邪でも引くと宜くない勉強ょも程のあつたものだと喧しく云ふ「なあょおッ母さん大丈夫だ私は寫本をして居るのです、此位の事で私の身体は何ともなるものぢやない御安心下さい決して煩ひはしませぬと云たゑとがありましたが。ソレカラ愈よ大坂ょ出やうとすると茲ょ可笑しい事がある今度出るょは藩ょ願書を出さなければならぬ可笑しいとも何とも云ひやうがない是れまで私は部屋住だから外ょ出るからと云て届も願も要らぬ颯々と出入したゕ゙今度は假初ょも一家の主人であるから願書を出さなければならぬ夫れから私は兼て母との相談が済んで居るから叔父ょも叔母ょも相談は要りはゟない出抜けょ蘭学の修業ょ参りたいと願書を出すと懇意な其筋の人が内々知らせて呉れるょ「それはイケない蘭学修業と云ふゑとは御家ょ先例のない事だと云ふ「そんなら如何すれば宜いかと尋れば「左様さ砲術修業と書ゐたならば済むだらうと云ふ「けれども緒方と云へば大坂の開業醫師だお醫者様の處ょ鉄砲を習ひょ行くと云ふのは世の中ニ餘り例のない事のやうニ思はれる是れゑそ却て不都合な話ではござらぬか「イヤそれは何とゟても御例のない事は仕方がない。事実相違しても宜しいから矢張り砲術修業でなければ済まぬと云ふから「エー宜しゐ如何でも為ませうと云てソレカラ私儀大坂表

醫家ニ砲術修業の願書＝Aなし／ニ＝Eに

醫家ニ砲術修業の願書[註23]

もと=Aなし/ょ=ABCDEに/ょ=ABCDEに/罷越=BCDE罷越/きゝすみ=BCDEきゝずみ/ょ=ABCDEに/て=Eて、/坂=BCDE阪/ょ=ABCDEに/ホ=ACDEこ/ょ=ABCDEに/た=Eた。/、=Aなし/ょ=ABCDEに/ず=Eず、/で=Eで、/ホ=CDEこ/ょ=ABCDEに/なゐ=AふゐBCDないEない。/ょ=ABCDEに/鼻摘=BC鼻摑D鼻撮/ょ=ABCDにEに、/て=Eて、/ょ=ABCDEに/志=BCDEし/。=ADなしBCE、/て=Eて、/で=Dデ/おだやか=Bれだやか/ニ=ABCDEに/す=AEなし/す=Eす。

舩=AE船BCD船/ょ=ABCDEに/ょ=ABCDEに/気=E氣、/ょ=ABCDEに/。=ABCD、/ハ=ABCDEは/。=ABCDE、/の=Aなし/ょ=ABCDEに/談=E談、/ょ=ABCDEに/ふ=Eふ。/ゐか=BCDいかEなし/りやうざゐ=BCDりやうざいEなし/と=Eと、/ょハ=ABCDEには/マダ=BCDEまだ/ニ子=BCニー子DEニーネ/ハ=ABCDEは/ゐ。=Aゐ、BCDEい、/ふ=Dふ、Eふ。/ハ=ABCDEは/ゐ=BCDEい/ょ=ABCDEに/ょ=ABCDEに/い=AゐEい。/ニ=ABCDEに/ばかり=BD許りC計り/も=Eも、/ょ=ABCDEに/ゔ=ABCDEが/ぬ=Eぬ。/ホ=CDEこ/あと=AあどBCDあとEなし/け=Aげ/志=BCDEし/て=Eて、/ょ=ABCDEに/て=Eて、/ゔ=ABCDEが/き=AEなし/ぬ=Eぬ、/ホと=BとCDEこと/するょ=ABCDEずるに/ず=Eず、/ハ=ABCDEは/うん=AEなし/ニ=ABCDEに/ばん=AEなし/が=Eが、/ニ=ABCDEに/雑=A雑BCD難E難/ひかづ=AEなしBCDひかず/凢=A凡B凡C凡D凡E凡/は=BCDEば/ら=Eら、/坂=BCDE阪/て=Eて、/ゑかれ=BCDEわかれ/お=BCDをEなし/ゐの=AEなしBCDいの/ハ=ABCDEは/はがり=ABCDばかりEばかり、/友=E友、/みおくり=BみれくりEなし/ハ=ABCDEは/みむ=AEなし/し=Eし、/迯=BCD逃E逃/ょ=ABCDEに/舩=AE船BCD船/ニ=ABCDEに/が=Eが、/。=ABC、DEなし/間=BCDE間/く=Eく、/ハ=ABCDEは/バ=ABCDEば/し=Eし、/ょ=ABCDEに/て=Eて、/き=AEなし/訪問=B訪問D訪間/し=Eし、/りよう〳〵=BCDEれう〳〵/ニ=ABCDEに/ちゐ=BCちいDちひEなし/ゐ=BCDEい/めゐ=BCDめいEなし/タツタ=Eタッタ/ら=Eら、

緒方洪庵の許ょ砲術修業ょ罷越したい云々と願書を出して聞済ょなつて大坂ょ出るホとょなつた大抵当時の世の中の塩梅式が分るであらう、と云ふのは是れは必ずしも中津一藩ょ限らず日本國中悉く漢学の世の中で西洋流など云ふホとは假初ょも通用しなゐ俗ょ云ふ鼻摘みの世の中ょ唯ペルリ渡来の一条が人心を動かして砲術だけは西洋流儀ょ志なければならぬと。云はゞ一線の血路が開けてソコで砲術修業の願書で穏ニ事が済んだのです

気=E氣

母の病気

願が済んで愈よ舩ょ乗て出掛けやうとする時ょ母の病気誠ょ困りました。ソレカラ私ハ一生懸命。此の醫者を頼み彼の醫者ょ相談様々ょ介抱した所が虫だと云ふ虫なれば如何なる薬が一番の良剤かと医者の話を聞くと其時ょハマダサントニ子と云ふものハなゐ。セメンシーナが妙薬だと云ふ此薬ハ至極價の高ゐ薬で田舎の薬店ょは容易ょない中津ニ只た一軒あるばかりだけれども母の病氣ょ薬の價ゔ高いの安いのと云て居られぬ私は今ホそ借金を拂つた後でなけな志の金を何でも二朱か一歩出して其セメンシーナを買て母ょ服用させて其れゔ利いたのか何か分らぬ田舎医者の言ふホとも固より信するょ足らず私ハ唯運を天ニ任せて看病大事と晝夜番をして居ましたが幸ニ雑症でもなかつたと見えて日数凢そ二週間はかりで快くなりましたから愈よ大坂へ出掛けると日を定めて出立のとき別を惜しみ無事を祈つて呉れる者ハ母と姉とはがり知人朋友見送ハ扨置き見向く者もなし迯げるやうょして舩ニ乗りましたが兄の死後。間もなく家財ハ残らず賣拂ふて諸道具もなければ金もなし赤貧洗ふが如くょして他人の来て訪問て呉れる者もなし寂々寥々古寺見たやうな家ニ老母と小さゐ姪とタツタ二人残して出て行くのですから

らゐらく志よせゐ＝Aらゐらく BCDらいらくしよせい Eなし／ょハ＝A BCDEには／よは＝AEなし BCDよわ／た＝Eた。
船＝ABCDE船／坂＝BCDE阪／着た＝BC着たD着いたE着た／ハ＝ABCDEは／宜しゐ＝BCD宜しいE宜しい／が＝Eが、／ゐ＝BCDいEなし／からだ＝Eなし／つゐ＝BCDついEなし／斗りて＝A斗りでBC計りでD許りでE斗りで、／ょ＝AにBCDEなし／い＝AゐBCDいEい。／どう＝Eなし／志＝ABCDEし／かと＝Cとか／思つた＝BC思たD思ふた／で＝BCDEが／い＝AゐBCDいEい。／なょ＝ABDなにCふにEなし／志＝ABCDEし／て＝Eて、／夫れから＝BCD夫からE夫れから、／坂＝BCDE阪／ちやく＝AEなし／ふ＝Eふ、／て＝Eて、／幸＝E幸、／志＝BCDEし／て＝Eて、／夫れから＝BCD夫からE夫から／ゝ＝CDEこ／ゐ＝BCDいEい、／。＝ABCDE、／ら＝Eら、／て＝Eて、／て＝Eて、／ハ＝ABCDEは／が＝Eが、／ハ＝ABCDEは／笑て＝BC笑てD笑つてE笑て、／さ＝Eなし／か＝Eか、／ちよゐ＝BCDちよいEなし／ま＝AEなしBCDあひだ／ょ＝ABCDEに／け＝Eなし／ゐる＝BCDわるEなし／志＝ABCDEし／志＝ABCDEし／ちや＝AだやEぢや。／たゐさう＝BCDたいさうEなし／みちが＝Eなし／ニ＝ABCDEに／ょ＝ABCDEに／す＝Eす。／今も＝BCDなし／も＝Eも、／ゝとし＝BCDEことし／ょ＝ABCDEに／ぬ＝Eぬ。／ょ＝ABCDEに／た＝Eた。／構＝BCD構E構／だ＝Eだ。／で＝BCDEデ／ゐかょ＝AゐかにBCDEいかに／ふ＝ABCDEな／ゝと＝ACDEことBと／ょ＝ABCDEに／ら＝Eら、／い、＝Aゐ、CDい／ょ＝ABCDEに／贔負＝BC贔負D贔屓E贔屓／ょ＝ABCDEに／宜＝BCD宜E宜／い＝AゐEい。／ま＝Eなし／〳〵＝E〳〵。／い＝Eい。／おれ＝BにれEなし／ょ＝ABCDEに／と＝Eと、／ょ＝ABCDEに／し＝AEなし／う＝Eう、／ゐ＝BCDEい／て＝Eて、／ょ＝ABCDEに／て＝Eて、／ょ＝ABCDEに／が＝Eが、／ニ＝ABCDEに／ら＝Eら、／ハ＝ABCDEは／おんけゐ＝BにんけいCDおんけいEなし／こうゐ＝BCDかういEなし／み＝Eみ、／ニ＝ABCDEに／ハ志＝ABCDEはし／志＝ABCDEし／も＝Eも、／うそ＝AEなし／で＝Eなし／まゝと＝BCDまことEなし／で＝Eで、／た＝Eた。

流石磊落書生も是れょハ弱りました

先生の大恩緒方の食客と為る

恩＝E恩、／為る＝Aゐる

船中無事大坂に着たのハ宜しゐが唯生きて身体が着た斗りて扨て修業をすると云ふ手当は何ょもないハテ如何志たものかと思つた所で仕方がない何志ろ先生の處へ行て此通り言はうと思て夫れから大坂着は其歳の十一月頃と思ふ其足で緒方へ行て「私は兄の不幸斯う〳〵云ふ次第で又出て参りま志たと先づ話をして夫れから私は先生だからほんとうの親と同じ事で何も隠すゝとはなゐ家の借金の始末。家財を賣拂ふた事から一切萬事何もかも打明けて彼の原書写本の一条まで真実を話して「実ハ斯う云ふ築城書を盗寫して此通り持て参りましたと云た所が先生ハ笑て「爾うかソレは一寸との間ょ怪しからぬ悪い事を志たやうな又善い事を志たやうな事ぢや何は扨措き貴様は大造見違へたやうニ丈夫ょなつた「左様で御在ます今も身体は病後ですけれども今歳の春大層御厄介ょなりました其時の事はモウ覚えませぬ元の通り丈夫ょなりました「それは結構だソコでお前は一切聞て見ると如何しても学費のふいと云ふゝとは明白ょ分つたから私が世話をして遣りたい、けれども外の書生ょ對して何かお前一人ょ贔負するやうょあつては宜くない待て〳〵其原書は面白い就ては乃公がお前ょ云付けて此原書を譯させると斯う云ふことょ仕やう其つもりで居なさゐと云てソレカラ私は緒方の食客生ょなつて医者の家だから食客生と云ふのは調合所の者より外ょありはしませぬが私は医者でなくて只飜訳と云ふ名義で醫家の食客生ニなつて居るのだから其意味ハ全く先生と奥方との恩恵好意のみ実際ニ翻譯ハ志ても志なくても宜いのであるけれども嘘から出た誠で私は其原書を飜譯して仕舞ひました⑥

に=ABCDEに/ずに=AずにBCDEずに/が=Eが、/に=ABCDEに/り=Eり、/。=ABCDE、/だ=Eだ。/々=A日/で=Eで、/に=ABCDEに/が=Eが、/か=ABCDEか/で=Eで、/なかく=BCD中々/ひとすじなは=ABCDひとすじなはEなし/に=ABCDEに/。=ABCDE、/に=ABCDEに/飛込ん=ABCD飛込E飛込ん/に=ABCDEに/ニ=ABCDEに/ゐ=BCDEい/こ=CDEこ/し=ABCDEし/ぬ=Eぬ。/に=ABCDEに/悪ゐ=BCD悪いE悪い/ば=Eば、/せゐらゐ=BCDせいらいEなし/嗜む=BDE嗜む/。=ABCDE、/に=ABCDEに/も=Eも、/あくしう=AEなしBCDあくしふ/ニ=ABCDEに/こ=CDEこ/も=Eも、/つゝ=AEなし/に=ABCDEに/す=Eす。/ゐ=BCDEい/に=ABCDEに/ハ=ABCDEは/ゐが=BCDいがEいが、/バ=ABCDEば/に=ABCDEに/ら=Eら、/ト=BCDトEト/う=Eう。/しゆへき=Eなし/ハ=ABCDはEは、/才ニ=AE第にBCD第に/に=ABCDEに/のみおぼ=BのにぼEなし/え。=ABDEえ、Cゐ、/のみな=AEなしBのみね/て=Eて、/ものこゝろ=ABCDものごゝろEものごころ/に=ABCDEに/た=Eた。/ニ=ABCDEに/臆=B憶CD憶/バ=ABCDばEば、/ころ=AEなしBCDころ/月代=BCD月代E月代/き=Eき、/ぼん=Eなし/くぼ=Eなし/ゐ=BCDEい/ゐや=AEなしBCDいや/る=Eる。/が=Eが、/こゝ=AEなしBCDこゝ/斗りに=A斗りにBCD計りにE斗りに、/ゐ=BCDEい/な=AEなし/に=ABCDEに/ハ=ABCDEは/に=ABCDEに/す=Eす。/悪癖=A悪癖BCD悪癖E悪癖、/に=ABCDEに/は=AEなし/す=Eす。/才ニ=A才にBCD第にE第に/ニ=ABCDEに/で=Eで、/ニ=ABCDEに/ハ=ABCDEは/ハ=ABCDEは/ゐ=BCDEい/が=Eが、/ニ=ABCDEに/なゐ=AなゐBCDEない/で=Eで、/ハ=ABCDEは/廉耻=BC廉耻D廉恥E廉恥/ゐくじ=AゐくじBCDEいくぢ/宜しゐ=BC宜しいD宜しいE宜しい。

書生の生活酒の悪癖

私は是れまで緒方の塾に這入らずに屋敷から通つて居たのであるが安政三年の十一月頃から塾に這入て内塾生となり是れが抑も私の書生生活。活動の始まりだ元来緒方の塾と云ふものは真実日進々歩主義の塾で其中に這入て居る書生は皆活溌有為の人物であるが一方から見れば血気の壮年乱暴書生ばかりでなか〳〵一筋縄でも二筋縄でも始末に行かぬ人物の巣窟。其中に私が飛込んで共に活溌ニ乱暴を働ゐた、けれども又自から外の者と少々違つて居ると云ふこともお話しなければならぬ先づ第一に私の悪ゐ事を申せば生来酒を嗜むと云ふのが一大欠点。成長した後には自から其悪い事を知ても悪習既ニ性を成して自から禁ずることの出来なかつたと云ふことも敢て包み隠さず明白に自首します自分の悪ゐ事を公けにするハ餘り面白くもなゐが正味を言はねバ事実談にならぬから先づ一ト通り幼少以来の飲酒の歴史を語りませう抑も私の酒癖ハ年齢の次才ニ成長するに従て飲覚え。飲慣れたと云ふでなくして生れたまゝ物心の出来た時から自然に数寄でした今ニ記臆して居る事を申せバ幼少の頃月代を剃るとき頭の盆の窪を剃ると痛ゐから嫌がるスルト剃て呉れる母が「酒を給べさせるから此處を剃らせろと云ふ其酒が飲みたさ斗りに痛ゐのを我慢して泣かずに剃らして居た事ハ幽に覚えて居ます天性の悪癖誠に愧づ可き事です其後次才ニ年を重ねて弱冠ニ至るまで外ニ何も法外な事ハ働かず行状ハ先づ正しゐ積りでしたが俗ニ云ふ酒ニ目のなゐ少年で酒を見てハ殆んど廉耻を忘れるほどの意気地なしと申して宜しゐ

⑥この翻訳は「經始概略例言」によると、安政六年（一八五九）二月江戸で終了したとある。

ニ=ABCDEに/出だ=ABCD出(で)たE出た/き=Eき、/ハ=ABCDEは/り=Eり、/ニ=ABCDEに/りつぱ=Eなし/。=ABCDE、/たま=Eなし/ぬ=Eぬ。/脩=BCD修(しゆ)E修/ゟ=ABCDEあ/ら=Eら、/ニ=ABCDEに/うつた=Eなし/ぉとハ=ABぉとはCDEことは/ず=Eず、/。=ABCDE、/ま=ABCDEに/た=Eた。/ま=ABCDEに/も=Eも、/ゟ=BCDEあ/ま=ABCDEに/盗(ぬす)=BCD盗(ぬす)E盗/ぉと=CとDEこと/る=Eる。/ゟれバ=ABCDEあれば/ニ=ABCDEに/舛(ます)=BCDE升(ます)/すみ=AEなし/や=AEなし/ゐが=BCDいがEいが、/ゐつ=BCDいつEなし/ハ=ABCDEは/て=Eて、/、=ABCDなし/しやうだゐ=AしやうたゐBCDしやうたいEなし/ま=ABCDにEに、/ゐさはや=BCDEいさはや/ニ=ABCDEに/ウント=Aうんと/ゟる=ABCDあるEある。/そのご=Eなし/ほどへ=Eなし/き=Eき、/ニ=ABCDEに/中=E中、/べ=Eべ、/才=BCD第(だい)E第/り=Eり、/け=Eけ、/げぉ=ABCDEげこ/ハ=ABCDEは/おほざけのみ=BにほざけのみEなし/て=Eて、/か=DがEか、/で=Eで、/す=Eす。

福翁自傳（十二）大阪修業（四）時事新報明治三十一年八月七日（日）

まハ=ABCDEには/ゐ=BCDEい/を=Dも/が=Eが、/ハ=ABCDEは/ゐ=BCDいEい。/た=ABCDEだ/代=E代、/ニ=ABCDEに/も=Eも、/。=ABCDE、/ニ=ABCDEに/も=Eも、/ま=ABCDEに/かは=Eなし/くち=Eなし/き=Eなし/る=Eる。/とう〳〵=AEなしBCDたう〳〵/どろみず=AなしBCDEどろみづ/ま=ABCDEに/ま=ABCDEに/きうくつ=AEなし/まゟ=AにゟBCDEにあ/が=Eが、/バ=ABCDEば/ぉ=CDEこ/たゐてゐ=BCDたいていEなし/ぉとぉまか=ABCDEことこまか/ま=ABCDEに/る=Eる。/なぜ=Eなし/ま=ABCDEに/ニ=ABCDEに/きた=Eなし/なゐ=AふゐBCDEない/ニ=ABCDEに/ら=Eら、/ぉ=CDEこ/なゐ=AふゐBCDないEない。/バ=ABCDEば/ハ=ABCDEは/圍碁(ご)=BCDE圍碁(ゐご)/。=ABCE、Dなし/ゐ=BCDEい/も=Eも、/ま=ABCDEに/ゔ=ABCDEが/と=Eと、/ジヤ〳〵=BCジヤ〳〵Eジャ〳〵/ば=DはEなし/で=Eなし/て=Eて、/こうしや=BCDEかうしや/ぉ=CDEこ/て=Eて、/ハ=ABCDEは/だ=Eだ、/ハ=ABCDEは/ゐゕ=AゐかBCDいかEいか、/はふ=BCDはうEなし/ゔ=ABCDEが/ゟぶな=AあぶふBCDあぶなEなし/ゐぞ=BCいぞDいEいぞ、/ゟ=ABCDEあ/ゕ=ABCDEか/ゝ=Eゝ、/宜ゐ=BCD宜(い)いE宜い/ニ=ABCDEに/バ=ABCDばEば、/で=Eで、

ソレカラ長崎*ニ*出だと*き二十一歳とは云ひながら其実*ハ十九歳餘*りマダ丁年*ニもならぬ身で*立派（りつぱ）な酒客（しゆかく）*。唯飲みたくて*堪（たま）ら*ぬ所が兼ての宿願を達して學問*脩業と*ゟるか*ら自分の本心*ニ*訴（うつた）へて何としても飲む*ぉとハ出来*ず滞留一年の間*。死んだ気*まなつ*て禁酒しました山本先生の家（うち）*ま食客（しよくかく）中*も大きな宴會でも*ゟれば其時*ま*盗（ぬす）んで飲む*ぉとは出来*る又銭さへ*ゟれバ町*ニ出て一寸（ちよい）と*舛（ます）の*角（すみ）から*遣（や）るのも易*ゐが*何時（いつ）か一度*ハ露顕すると思*てトウ〳〵辛抱して一年の間*、*正体（しやうだゐ）を現はさず*ま翌年の春長崎を去て*諫早（ゐさはや）*ニ寄来たとき始めて*ウント飲んだ事が*ゟる*其後（そのご）*程経（ほどへ）て文久元年の冬洋行すると*き長崎*ニ寄港して二日ばかり滞在*中山本の家を尋ねて先年中の礼を述*べ今度洋行の次*才を語*り其とき始めて酒の事を打明*け*下戸（げぉ）と*ハ偽り実ハ*大酒飲（おほざけのみ）だと白状し*て*註24飲んだ*か恐ろしく飲ん*で先生夫婦を驚かした事を覚えて居ま*す

ニ=AEに/な=Aふ

血*ニ交はりて赤く*ならず

此通り幼少の時から酒が数寄（すき）で酒の為め*まハ有らん限りの悪*ゐ*事をして随分不養生も犯しました*が又一方から見ると私の性質として品行*ハ正し*ゐ是れた*けは少年時代*乱暴書生*ニ交つて*も家を成して後*。世の中*ニ交際して*も少し人*ま*変（かは）つて大きな*口（くち）が*利（き）かれる*滔々（とう〳〵）たる*濁水（どろみず）社會*まチト変人のやう*ま*窮屈（きうくつ）なやう*ま*ゟるが左れ*バとて実際浮気な花柳談と云ふ*ぉとは*大抵（たゐてゐ）事*細（ぉとぉまか）*ま知て居る*何故（なぜ）と云ふ*ま他人の夢中*ニなつて*汚（きた）な*ゐ事を話して居るのを能く注意して聞て心*ニ留（と）めて置（お）くから何でも分らぬ*ぉとはな*ゐ例へ*バ私*ハ元来*圍碁（ご）を知らぬ*。少しも分らな*ゐけれども塾中の書生仲間*ま囲碁*ゔ始まると*ジヤ〳〵*張（ば）り出*て*巧者（こうしや）な*ぉとを云*てヤア黒の其手*ハ間違ひ*だ夫れ又やられたで*ハな*ゐゕ油断をすると此方（こつち）の*方（はふ）*ゔ*危（ゟぶな）*ゐぞ馬鹿な奴だ*ゟれを知らぬ*ゕなど*ゝ*宜*ゐ加減*ニ饒舌（しやべ）れ*バ書生の素人の拙囲碁（へたご）*で助言ハ

／ハ＝ABCDEは
才で＝BCD第でE第で、／が＝ABCDEが／肩＝A負BC負D負E負／ハ＝ABCDEは／双＝BCD双E雙／ら＝Eら、／肩＝A負BC負D負E負／云べハ＝ABCDE云へば／ハ＝ABCDEは／ない＝BCDないEない。／ハ＝ABCDEは／が＝ABCDEが／い＝BCDEい／ニ＝ABCDEに／て＝Eて、／や＝AEなし／ふ＝BCDEう／と＝Eと、／な＝Eな、／ニ＝ABCDEに／てまつぶ＝Eなし／だ＝Eだ、／ひま＝AEなし／ハ＝ABCDEは／ないと＝BCDないとEないと、／すま＝AEなし／込ん＝A込E込ん／ら＝Eら、／い＝BCDEい／じやうず＝AEなしBCDじやうず／ニ＝ABCDEに／凡＝B凡CD凡E凡／ごまか＝BCDごまくわ／が＝ABCDがEが、／か＝ABCDEか／へうし＝DひやうしEなし／に＝ABCDEに／ばけ＝Eなし／かは＝AEなし／が＝ABCDEが／あら＝ABCDあら／さん〴〵＝Aさん〳〵Eなし／のゝ＝Eなし／し＝Aじ／こ＝CDEこ／がある。＝AがあるBCDEがある、／で＝Eで、／こ＝ACDEこ／に＝ABCDEに／。＝ABCDE、／ハ＝ABCDEは／ある＝ABCDあるEある。／バ＝ABCDEば／ニ＝ABCDEに／う＝Eう。／にあ＝ABCDEにあ／が＝Eが、／どう＝AEなし／凡＝AE風BCD風／す＝Eす。／才＝BCD弟E弟／。＝ABE、CDなし／に＝ABCDEに／ニ＝ABCDEに／そだ＝AEなし／て＝Eて、／才に＝A才にBCD第にE第に／も＝Eも、／きた＝Eなし／ない＝AふいBCDEない／に＝ABCDEに／に＝ABCDEに／こと＝BCとDEこと／ない＝AふいBCDないEない。／。＝AE、BCDなし／ハ＝ABCDEは／いろ＝BCDいろEなし／こ＝ABCDことEなし／に＝ABCDEに／て＝Eて、／まじ＝Eなし／も＝Eも、／凡＝AE風BCD風／チヤント＝Eチャント／て＝Eて、／に＝ABCDEに／い＝AいEい、／あたりまへ＝Eアタリマヘ／な＝ADの／、＝AなしE。／に＝ABCDEに／も＝Eも、／決＝BC決D決E決／ト＝BCDEと／前ニ＝A前にB前にCD前にE前にも／へんくつ＝Eなし／きら＝Eなし／おそ＝AEなしBにそ／逃げて＝ABC逃げてD逃てE逃げて／廻はつて＝BCD廻つてE廻つて／かげ＝Eなし／窟＝BCD屈／しない、＝AしふいBCDしない、Eしない。／郭＝AE廓BCD廓／。＝ABCDE、／ニ＝ABCDEに／ドシ＝Dドン／〳〵＝BCD〴〵／て＝Eて、／して＝ABCDしてEして、／に＝ABCDEに／やぼ＝AEなし／やつ＝Eなし／、＝BCDなしE。／に＝ABCDEに／れ＝BCDレ／く＝AEなし／、＝E。／ハ＝ABCDEは／ハ＝ABCDEは／し＝ABCDしEなし／ない、＝Aふい、Eない。／し＝BCDEなし／も＝Eも、／一度び＝A一度BCD一度び

固より勝手次才で何方が肩けさうなと云ふ事ハ双方の顔色を見て能く分るから勝つ方の手を讐めて肩ける方を悪くさへ云べハ間違ひハないソコデ私ハ中々囲碁が強いやうニ見えて「福澤一番遣らふかと云はれると「馬鹿云ふな君達を相手ニするのは手間潰しだそんな暇ハないと高くとまつて澄し込んで居るからいよ〳〵上手のやうニ思はれて凡そ一年ばかりは胡摩化して居たが何かの拍手にツイ化の皮が現はれて散々罵しられたことがある。と云ふやうなもので花柳社會の事も他人の話を聞き其様子を見て大抵こまかに知て居る。知て居ながら自分一身ハ鐵石の如く大丈夫であるマア申せバ血ニ交はりて赤くならぬとは私の事でせう自分でも不思議のやうにあるが是れは如何しても私の家の凡だと思ひます幼少の時から兄才五人。他人まぜずに母ニ育てられて次才に成長しても汚ない事は假初にも蔭にも日向にも家の中で聞たこともなければ話した事もない清淨潔白。自から同藩普通の家族とハ色を異にしてソレカラ家を去て他人に交はつても其凡をチヤント守て別に慎むでもない当　然な事だと思て居た、ダカラ緒方の塾に居る其間も遂ぞ茶屋遊をするとか云ふやうな事は決してない、ト云ひながら前ニ云ふ通り何も偏屈で夫れを嫌つて恐れて逃げて廻はつて蔭で理窟らしく不平な顔をして居ると云ふやうな事も頓としない、遊郭の話、茶屋の話。同窓生と一處ニなつてドシ〳〵話をして問答して而して私は夫れを又冷かして「君達は誠に野暮な奴だ、茶屋に行てフラれて来ると云ふやうな馬鹿があるか、僕ハ登楼ハ為ない、為ないけれども僕が一度び奮発して楼ニ登れバ君達の百倍被待て見せやう。君等のやうなソンナ野暮な事をするなら止して仕舞へドウセ登楼などの出来さうな柄でない田舎者めが都會に出て来て茶屋遊のａ　ｂ　ｃを學んで居るなんてソンナ鈍いことでハ生涯

E一度び／ふんぱつ＝AEなし／ニ＝ABCDEに／バ＝ABCDばEば、／。＝ABCD、／よ＝Eなし／へ＝Eへ。／でき＝AEなし／柄＝D柄／E柄／なゐ＝AふゐBCDないEない。／が＝Eが、／に＝ABCDEに／a b c＝BCDABCEabc／て＝Eて、／にぶ＝ABCDにぶEなし／ゐこ＝BいこCDEいこ／ハ＝ABCDEは

ニ＝ABCDEに／がな＝Aかふ／て＝Eて、／ニ＝ABCDEに／がな＝ABCDEなし／ハ＝ABCDEは／決＝BC決D決E決／なゐ。＝Aふゐ、BCDない、Eない。／に＝ABCDEに／こ＝CDEこ／。＝ABCD、／ニある＝ABCDEにある／が＝Eが、／て＝Eて、／す＝Eなし／こ＝CDEこ／悪ゐ＝A悪ゐBCD悪いE悪い／呑んで＝A呑んでBCD呑でE呑んで／あるが＝ABCDあるがEあるが、／ハ＝ABCDEは／バ＝ABCDEば／なゐ＝AふゐBCDないEない、／に＝ABCDEに／酒蛙／＼＝A酒蛙／＼BCD酒蛙々々E酒蛙々々／ゐ＝BCDいEい。

ゐく＝BCDいくEなし／が＝Eが、／に＝ABCDEに／に＝ABCDEに、／には＝ABCDにはEには、／どか＝AEなしBCDどこ／か＝Eか。／で＝Eで、／に＝ABCDにEに、／さ＝AEなし／か＝Eか、／に＝ABCDEに／お＝Bに／つきあひ＝AなしBCDEつきあひ／したい＝AしたゐBCDしたいEしたい。／ゐつこん＝AEなしBCDいつこん／ゐ＝BCDEい／ら＝Eら、／が＝ABCDEが／ニ＝ABCDEに／て＝Eて、／に＝ABCDEに／掛つて＝BCD掛てE掛て／が＝Eが、／客＝BCD客、E客、／だ＝Eだ。／有難い＝A有難ゐBCD有難いE有難い／お＝Bに／い＝AゐEい、／お＝Bに／い、＝Aゐ、Eい。／に＝ABCDEに／が＝Eが、／に＝ABCDEに／ない＝AふゐBCDないEない、／で＝Eで、／い＝AゐEい。／い＝AゐEい。／ゐはん＝AなしBCDEいはん／い＝AゐEい。／た＝ABCDEだ／に＝ABCDEに／お＝Bに／はなし＝AはふしBCDはなしEなし／が＝Eが、／に＝ABCDEに／お＝Bに／さそひ＝Eなし／に＝ABCDEに／かたじけ＝Eなし／ない＝AふゐEない。／お＝Bに／ともゐた＝AEなしBCDともいた／こ＝AEなしBCDか／、＝E。／所＝A「所D所／に＝ABCDにEに、／か＝Eか、／に＝ABCDEに／ゐ＝AEなしBCDい／当然＝BCD當然E當然／だ＝Eだ。／い＝Aゐ／い＝Aゐ／い＝Aゐ／ふ＝Eふ。／も＝Eも、／い＝Aゐ／ゐが＝AゐがBCDいがEいが、／に＝ABCDEに／お＝Bに／い＝Aゐ／ものわか＝ABCDものわかEなし／ひ＝Eひ、／ニ＝ABCDEに／に＝ABCDEに／ひ＝Eひ、／お＝Bに／に＝ABCDEに／が＝Eが、／どう＝Eなし／か＝Eか。／ゐ。＝Aゐ、BCDい、Eい。／つ＝

役ニ立たぬぞと云ふやうな調子で哦鳴り廻つて実際ニ於て其哦鳴る本人ハ決して浮気でなゐ。ダカラ人が私を馬鹿にすることは出来ぬ。能く世間ニある徳行の君子なんて云ふ學者がムヅ／＼してシント考へて他人の為ることを悪ゐ／＼と心の中で思て不平を呑んで居る者があるが私ハ人の言行を見て不平もなければ心配もなゐ一緒に戯れて酒蛙／＼として居るから却て面白ゐ

書生を懲らしめる

酒の話は幾らもあるが安政二年の春始めて長崎から出て緒方の塾に入門した其即日に在塾の一書生が始めて私に遇て云ふには「君は何處から来たか「長崎から来たと云ふのが話の始まりで其書生の云ふには「爾うか以来は懇親にお交際したい就ては酒を一献酌まうではなゐかと云ふから私が之ニ答へて「始めてお目に掛つて自分の事を云ふやうであるが私は元来の酒客然かも大酒だ一献酌まうとは有難い是非お供致したい早速お供致したい、だが念の為めに申して置くが私には金はない実は長崎から出て来たばかりで塾で修業する其学費さへ甚だ怪しい有るか無いか分らない况や酒を飲むなどゝ云ふ金は一銭もない是れだけは念の為めにお話して置くが酒を飲みにお誘とは誠に辱ない是非お供致さうと斯う出掛けた、所が其書生の云ふに「そんな馬鹿げた事があるものか酒を飲みに行けば金の要るのは当然の話だ夫ればかりの金のない筈はないぢやないかと云ふ「何と云はれてもない金はなゐが折角飲みに行かうと云ふお誘だから是非行きたいものぢやと云ふのが物分れで其日は仕舞ひ翌日も屋敷から通つて塾ニ行て其男に出遇ひ「昨日のお話は立消になつたが如何だらうか私は今日も酒が飲みたゐ。連れて行て呉れないかどうも行きたゐと此方から促した處が馬鹿云ふなと云ふやうな事でお別れになつ

AEなし／か＝Eか、／い＝BCDEい／こつち＝Eなし／うなが＝Eなし／が＝ABCDがEが、／馬＝D「馬(ば)E「馬／で＝Eで、／お＝Bお／にか＝AEなしBCDわか／に＝ABCDEに

仕舞つた＝A仕舞たBCD仕舞(しま)たE仕舞た。

ひとつき＝AEなし／た＝Eなし／ふたつき＝Eなし／みつき＝Eなし／た＝Eなし／て＝Eて、／こつち＝Eなし／チャント＝Eチャント／て＝Eて、／こ＝CDEこ／に＝ABCDEに／る＝Eる。／一日＝BCD一日(あるひ)／引捕＝BC引捕(ひつゝか)DE引捕(ひつつか)／。＝ABCD、／談＝BCD談(だん)E談、／お＝Bお／え＝Cゑ／う＝Eう、／おれ＝BおれEなし／に＝ABCDEに／た＝Eた、／に＝ABCDEに／いか＝AいかEいか。／る＝Eる、／さそひだ＝Eなし／こ＝BCかDEなし／う＝Eう。／。＝ABCD、／彼＝BCDE彼(あ)／に＝ABCDEに／た＝Eた、／おれ＝BおれEなし／たま＝AEなし／ない＝Aふい／ない＝Aない／こ＝ACDEこ／い＝Aい／はねつ＝Aなし／て＝Eて、／こつち＝Eなし／に＝ABCDにEに、／お＝Bお／か＝Eか。／ろ＝Eろ。／に＝ABCDEに／だ＝Eだ。／に＝ABCDEに／決＝BC決(けつ)D決(けつ)E決／所＝BCDE處(ぐ)／た＝Eた。／お＝Bお／くづ＝BCDぐづEなし／々々＝B々々(く)CD々々／に＝ABCDEに／に＝ABCDEに／ひきづゝ＝BCDひきずつEなし／思つた＝BCD思た／決＝BC決(けつ)D決(けつ)E決／に＝ABCDEに／何か＝BCDなし／が＝Eが、／に＝ABCDEに／た＝Eた。／いか＝AEなしBCDいか／に＝ABCDEに／い＝Aい／だ＝Eだ。／やつ＝BCDEなし／に＝ABCDEに／、＝E。／こ＝CDEこ／に＝ABCDEに／だ＝Eだ。／に＝ABCDEに／に＝ABCDEに／と＝Eと、／ぞ＝Eぞ。／に＝ABCDEに／お＝Bお／て＝Eて、／に＝ABCDEに／て＝Eて、／に＝ABCDEに／か＝Eか。／ひど＝Eなし／こ＝ABCDこらEなし／た＝Eた。

ハ＝ABCDEは／柄。＝A柄、BC柄(から)、D柄(から)、E柄、／ハ＝ABCDEは／ニ＝ABCDEに／。＝ABCDE、／に＝ABCDEに／ニ＝ABCDEに／が＝ABCDEが／ニ＝ABCDEに／た＝Eた。／て＝BCDなし／に＝ABCDEに／て＝Eて、／凡＝AE風BCD風(ふう)／ニ＝ABCDEに／何にも＝A何にもBCD何(なに)もE何も／あるでハなし＝AあるではなしBCDあるのではなしEあるではなし、／むつ＝CDむづ／い＝BCDEい／こ＝CDEこ／で＝Eで、／交際＝BCD交際(つきあひ)／に＝ABCDEに／い＝BCDいEい。／に＝ABCDEに／ハ＝ABCDEには／あ＝ABCDEあ／ハ＝ABCDEは／い＝BCDEい／か＝ABCDEか／バ＝ABCDEば

て仕*舞つた

ソレカラ一月(*ひとつき)経(*た)ち二月(*ふたつき)三月(*みつき)経(*た)つて*此方(*こつち)も*チャント塾の勝手を心得て*人の名も知れば顔も知ると云ふ*こと*になつて当り前*に勉強して居る*一*日其今の男を引*捕まへた。*引捕まへて面談*「*お前は覚*えて居るだらう*乃公(*おれ)が長崎から来て始めて入門した其日*に何と云た*酒を飲み*に行かうと云たぢやない*か其意味は新入生と云ふものは多少金がある*之を誘出(*さそひだ)して酒を飲まうと斯(*こ)う云ふ考だらう*言はずとも分て居る。**彼の時*に乃公が何と云た*乃公(*おれ)は酒は飲みたくて堪(*たま)ら*ないけれども金が*ないから飲む*ことは出来な*いと刎付(*はねつ)けて*其翌日は又此方(*こつち)から促した時**にお前は半句の言葉もなかつたぢやな*いか能く考へて見ろ*憚(はゞか)り乍ら諭吉だから其位*に強く云たのだ*乃公は其時*には自から決*する所があつ*た**お前が愚図々々(*くづ)*云ふなら即席*に叩倒(たゝきたふ)して先生の處*に引摺(*ひきづゝ)て行て遣らうと思つた*其決*心が顔色*に顕れて怖かつたのか*何か知らぬが*お前はどうもせず*に引込んで仕舞た*如何(*いか)*にしても済まない*奴だ*斯(か)う云ふ奴(*やつ)のあるのは塾の為め*には獅子身中の虫と云ふものだ、**こんな奴が居て塾を卑劣*にするのだ*以来新入生*に遇(あつ)て假初(かりそめ)*にも左様な事を云ふと*乃公は他人の事とは思はぬぞ*直(す)ぐ**にお前を捕まへて*誰とも云はず先生の前*に連れて行て*先生*に裁判して貰ふが宜しい*か心得て居ろと酷(*ひど)く懲(*こ)しめて遣た事があつた*

に＝AEに

塾長*になる

其後私の學問も少し*ハ進歩した折柄*。先輩の人*ハ國*ニ帰る。*塾中無人*にて遂*ニ*私が*塾長*ニなつた扨(*註25)て*塾長*になつたからと云て*元来の塾*凡で塾長*ニ**何*にも権力の*あるでハなし唯塾中一番六(*むつ)かし*い原書を會読するとき其會頭を勤める位の*こと*で同窓生の交際*に*少しも軽重(けいぢう)はな*い*塾長殿も以前の通り*に*読書勉強して勉強の間*に*ハ*あらん限りの活動でハ*な*いどう*かと云へバ*先づ乱

こ=CDEこ／ら=Eら、／が=ABCDEが／しかつめ=ABCDしかつめEなし／い=BCDEい／い=BCDいEい。／塾凡=B熟風(じゆくふう)CD塾風(じゆくふう)E塾風／バ=ABCDEば／ニ=ABCDEに／公=A行BCD公(こう)／に=ABCDEに／。=AE、BCDなし／い=BCDEい／あらふ=Aあらふ BCDEあらう／ないが=Aないが BCDないがEないが、／に=ABCDEに／よは=BCDよわEなし／い=BCDEい／い=BCDEい／ず=Eず、／に=ABCDEに／ず=Eず、／ず=Eず、／たことハない=Aたことはない Bたることはない CDたることはない Eたことはない／ニ=ABCDにEに、／ハ=ABCDEは／しやう〴〵=BCDしやう〴〵Eなし／に=ABCDEに／ニ=ABCDEに／愧=BCDE愧(はぢ)／ふ=Eふ、／があ=ABCDEがあ／ら=Eら、／に=ABCDEに／ワイ〳〵=Dワイワイ／ら=Eら、／ニ=ABCDEに／バ=ABCDEば、／ニ=ABCDEに／れ=Eれ、／に=ABCDEに／ゐば=Eなし／あ=ABCDEあ／で=Eで、／決=BC決(けつ)D決(けつ)E決／か=ABCDEか／だいおん=Bたいにん CDだいおんEなし／に=ABCDEに／か=ABCDかEか、／おく=AEなしBにく／い=BCDEい／ハ=ABCDEは／に=ABCDEに／す=Eす。／廻はつて=BCD廻(まは)つてE廻つて／あば=ABCDあばEなし／が=ABCDがEが、／ニ=ABCDEに／る=Aるる BCDわるEなし／い=BCDEい／あ=ABCDEあ／う=Eう、／おのづ=Bにのづ／ニ=ABCDEに／たつ=Eなし／こ=BCDこ／あ=ABCDEあ／ふ=Eふ。／ニ=ABCDEに／バ=ABCDEば／ハ=ABCDEは／で=Eで、／決=BC決(けつ)D決(けつ)E決／柄=BC柄(がら)D柄(がら)E柄／あ=ABCDEあ／ハ=ABCDEは／い=BCDいEい。

暴をして面白がつて居るこ*とだから*其乱暴生が*徳義を以て人を感化するなど云ふ鹿爪(*しかつめ)らしい*事を考へる譯けもない*又塾凡*を善くすれバ*先生ニ*對しての御奉公*御恩報じ*になると。*そんな老人めい*た心のあ*らふ筈もない*が唯私の本来假初(かりそめ)に*も弱(*よは*)い*者い*じめをせず*假初に*も人の物を貪(むさぼ)らず*人の金を借用せず*唯の百文も借りた*こと*ハない*其上ニ*品行ハ*清浄(*しやう〴〵)潔白に*して俯仰天地(ふぎやうてんち)ニ*愧*ずと云ふ*自から外(ほか)の者と違ふ処が*ある*から一緒に*なつてワイ〳〵*云て居ながら*マア一口ニ*云へバ*同窓生一人も残らず自分の通りニ*なれ*又自分の通りに*して遣(や)らうと云ふやうな血気の威張(*ゐば)りであ*つたらうと今から思ふだけ*で*決して道徳とか*仁義とか*又大恩(*だいおん)の先生に*忠義とか*そんな奥(*おく)ゆかしい*事ハ*更(さ)らに*覚えはなかつたのです*併し何でも爾(さ)う威張(ゐば)り廻*はつて暴(*あば)れたのが*塾の為めニ*悪る*い*事もあ*らう*又自(*おのづ)から役ニ*立(*たつ)たこ*ともあ*るだらうと思ふ*若し役ニ*立て居れバ*夫れハ*偶然で*決*して私の手柄*でも何でもあ*りハ*しない*

自傳才四（封筒表）

福翁自傳（十三）緒方の塾風（一）時事新報明治三十一年八月十日（水）

凢=ABCDE風

さう=Eなし／バ=ABCDEば／か=ABCDEか／が=ABCDEが／ニ=ABCDEに／ゐばつ=AEなしCゐはつ／ニ=ABCDEに／凢=AE風BCD風（ふう）／ニ=ABCDEに／きこ=AEなし／も=Eも、／バ=ABCDEば／こ=CDEこ／凢=AE風BCD風（ふう）／あ=AEなし／あ=BCDEあ／ふ=Eふ。／ニ=ABCDEに／もと=Eなし／も=Eも、／ハ=ABCDはEは、／ニ=ABCDEに／在=AあBCD在（あ）／めい=AEなしBCめいDめひ／ハ=ABCDEは／くら=Eなし／。=ABCE、Dなし／ハ=ABCDEは／ニ=ABCDEに／表向きに=A表向きにB表向（にもてむ）にCD表向（おもてむき）にE表向に／家=BC家（か）D家（け）／て=Eて、／ニ=ABCDEに／が=ABCDEが／家=BC家（か）D家（け）／ニ=ABCDEに／束脩=BCDE束脩（そくしう）／ニ=ABCDEに／弐=AE貳BC貳（に）D二／があるから=ABCDがあるからEがあるから、／に=ABCDEに／が=ABCDEが／あれバ=ABCDEあれば／にハ=ABCDEには／弐=B貳（に）C二（に）D二（に）E二／。=ABCDE、／あれバ=ABCDEあれば／弐=B貳（に）CD二E二／弐=AE二B貳（に）CD二（に）／に=ABCDEに／こづかひせに=AなしBCDこづかひせんEこづかひぜに／にハ=ABCDEには／で=Eで、／が=ABCDEが／ニなる=ABCDになるEになる。／ハ=ABCDEは／が=ABCDEが／にハ=ABCDEには／がない=AがないBCDEがない／ら=Eら、／てもと=AEなし／ニ=ABCDEに／があ=ABCDEがあ／バ=ABCDEば／ニ=ABCDEに／こ=CDEこ／。=ABCD、／にハ=ABCDEには／ニ=ABCDEに／さそ=AEなし／飲んだ=BCD飲（のん）だ／う=Eう。／お=Bお／そまつ=AEなし／凢=AE風BCD風（ぶう）／で=Eで、／い=BCDEい／ハ=ABCDEは／か=ABCDEか／。=ABCD、／宜い=BCD宜（よ）いE宜い／にハ=ABCDEには／か=ABCDEか／弐=BCD二（に）E二／以=D持／一寸と=BCD一寸（ちよい）と／ニ=ABCDEに／。=ABCDE、／ハ=ABCDEは／おごり=Bおごり／に=ABCDEに／できか=Eなし／ら=Eら、／たび〳〵=BCたび〴〵Eなし／ハ=ABCDEは／――=BCDなしE、／モツト=Eモット／ハ=ABCDEは／だ=Eだ。／坂=BCDE阪／うしなべ=Aうしなべ／く=Eなし／ハ=ABCDEは／ある=ABCDあるEある。／ハ=ABCDEは／難波橋=BCDE難波（なには）橋（ばし）／ハ=ABCDEは／郭（くるま）=A郭（くるは）BCDE廓（くるわ）／そば=Aなし／ニあつて=ABCDにあってEにあって、／ら=Eら、／凢=B凡（によ）CD凡（およ）E凡／にんげん=ABCDにんげんEなし／い=BCDEい／ハ=ABCDEは／決=BC決（けつ）D決（けつ）E決／い=BCDいEい。／ごろつき=BCDEごろつき／が=A

緒方の塾凢*

*左様（さう）云へ*バ何*か私*が緒方塾の塾長で頻り*ニ*威張（ゐばつ）て自然*ニ塾の凢*を矯正（けうせい）したやう*ニ*聞（きこ）ゆるけれど*も又一方から見れ*バ酒を飲む*ことでは随分塾凢*を*荒（あ）らした事も*あらうと思ふ*塾長*ニなつても相替らず*元（もと）の貧書生なれども*其時の私の身の上*ハ故郷*ニ*在る母と*姪（めい）[註1]と二人*ハ藩から貰ふ少々ばかりの家禄[註2]で*暮（くら）して居る*。私*ハ塾長*ニなつてから表向*きに先生*家の賄を受けて其上*ニ新書生*が入門するとき先生*家*ニ*束脩を納めて同時*ニ塾長へも金弐*朱を呈す[註3]と規則*があるから[註4]一箇月*に入門生*が三人*あれバ塾長*にハ一分弐*朱の収入*。五人*あれバ弐*分弐*朱*にもなるから*小遣銭（こづかひせに）*にハ澤山で是れ*が大抵酒の代（だい）*ニなる衣服（きもの）*ハ國の母*が手織木綿の品を送て呉れて[註5]夫れ*にハ心配*がないから*少しでも*手許（てもと）*ニ金*があ*れバ*直（すぐ）ニ*飲む*ことを考へる*。是れが為め*にハ同窓生の中で私*ニ*誘（さそ）はれてツイ〳〵*飲んだ者も多から*う扨（さて）その飲みやうも至極*お*粗末（そまつ）殺凢*景で銭（ぜに）の乏し*いとき*ハ酒屋で三合*か五合買て来て塾中で獨り飲む*。*夫れから少し都合の宜*い時*にハ一朱*か弐*朱*以て*一寸と料理茶屋*ニ行く*。*是れ*ハ最上の*奢（おごり）で容易*に*出来（でき）兼（か）ねるから先づ*度々（たび〳〵）行くの*ハ鶏肉屋（とりや）*――夫れよりモ*ツト便利なの*ハ牛肉屋*だ其時大*坂中で牛鍋（うしなべ）[註6]を*喰（く）はせる處*ハ唯二軒*ある一軒*ハ*難波橋の南詰、一軒*ハ新町の*郭（くるま）の*側（そば）*ニあつて最下等の店だから*凢そ*人間（にんげん）らし*い人で出入する者*ハ*決してな*い*文身（ほりもの）だらけの町の*破落戸（ごろつき）と緒方の書生ばかり*が得意の定客*だ。*何處（どこ）から*取寄（とりよ）せた肉だ*か殺した牛やら病死した牛やらそんな事*には頓著な*し一人前百五十文ばかりで牛肉と酒と飯と十分の飲食で*あつた*が牛*ハ随分*硬（かた）くて臭さかつた*

BCDEが／淂＝AE得BCD得／。＝ABCD、／どこ＝ABCDどこEなし／とりよ＝AEなし／か＝ABCDかEか、／に＝ABCDEに／著＝AE着BC着D着／し＝Eし、／あつたが＝ABCDあつたがEあつたが、／ハ＝ABCDEは／かた＝Eなし／臭さ＝BCD臭E臭／た＝Eた。

さ＝AEなし／ないじゆくせい＝BCDEないじゆくせい／五＝E五、／で＝Eで、／ハ＝ABCDEは／しちい＝AEなしBCDしちい／こ＝CDEこ／がない＝AがないBCDEがない／ら＝Eら、／双＝BCD双E雙／チヤント＝Eチャント／。＝ABCDE、／ニ＝ABCDEに／か＝ABCEかDも／あ＝ABCDEあ／か。＝AかBCDEが、／あと＝ABCDEあと／ハ＝ABCDEは／ニ＝ABCDEに／て＝Eて、／る＝BCDる、／かたな＝Eなし／が＝ABCDEが／で＝Eで、／い＝BCDEい／ハ＝ABCDはEは、／に＝ABCDEに／に＝ABCDEに／さ＝Eなし／で＝Eで、／ふだん＝Eなし／ハ＝ABCDEは／脇＝BCD脇E脇／。＝ABCDE、／まるごし＝ABCDまるごしEなし／に＝ABCDEに／た＝ABCDだEなし／あ＝ABCDEあ／ら＝ABCDら、Eら。／そ＝ABCEなし／坂＝BCDE阪／あつたか＝ABCDEあつたか／な＝ABCDEな／ないが＝AないがBCDないがEないが、／真実＝BC眞實D眞實E眞實／はだか＝ABCDEはだか／ふんどし＝AEなし／じゆばん＝AじゆばんBCDじゆばんEなし／ない＝AないBCDEない／まつばだか＝ABCDEまつぱだか／、＝DなしE。／喫＝BCDE喫／に＝ABCDEに／か＝ABCDEか／い＝BCDEい／る＝Eる、／に＝ABCDEに／ニ＝ABCDEに／い＝BCDいEい。／ハ＝ABCDEは／お＝BCDEを／凡で＝A風でBCD風でE風で、／が＝ABCDEが／ら＝BCDら、／。＝ABCD、／に＝ABCDEに／坐＝BCD座E座／な＝ABCDEな／ない＝AないBCDないEない。／ふみた＝Eなし／いたじき＝BCDいたじきEなし／ら＝Eら、／はい＝BCDEはい／。＝ABCD、／に＝ABCDEに／事＝BCとDEこと／も＝Eも、／かぬ＝ABCDかぬEかぬ。／お＝Bた／はち＝AEなし／そこ＝ABCDそこEなし／に＝ABCDEに／ら＝Eら、／に＝ABCDEに／に＝ABCDEに／ひやくきりつしよく＝BCDEひやくきりつしよく／。＝ABC、Dなし／ね＝AEなし／い＝AいEい。／お＝Bた／ねぎ＝Eなし／難波煮＝A難波煮BC難波煑、D難波煮、E難波煮、／が＝ABCDEが／豆腐汁＝B豆腐汁、CDE豆腐汁、／が＝ABCDEが／しじみぢる＝BCDEしじみじる／にな＝ABCDEにな／て＝Eて、／けふ＝Eなし／が＝ABCDEが／こ＝CDEこ／きま＝Eなし／る＝Eる。

当時は士族の世の中だから皆大小は挟して居る、けれども内塾生五六十人の中で私ハ元来物を質入れしたことがないから双刀はチャント持て居る其外。塾中ニ二腰か三腰もあつたか。跡ハ皆質ニ置て仕舞て塾生の誰か所持して居る其刀が恰も共有物で是れでも差支のないと云ふハ銘々倉屋敷にでも行くときに二本挟すばかりで不断ハ脇差一本。たゞ丸腰にならぬ丈けの事であつたから夫れから大坂は暖い処だから冬は

難渋な事はないが夏は真実の裸体、褌も襦袢も何もない真裸体、勿論飯を喫ふ時と會讀をする時には自から遠慮するから何か一枚ちよいと引掛ける中にも絽の羽織を真裸体の上ニ着てる者が多い是れ

塾生裸体

塾生裸体＝AなしE塾生裸體

ハ餘程おかしな凡で今の人が見たらさぞ笑ふだらう。食事の時には迚も坐つて喰ふんと云ふことは出来た話でない足も踏立てられぬ板敷だから皆上草履を穿て立て喰ふ。一度は銘々に別けてやつた事もあるけれども爾うは續かぬお鉢が其處に出してあるから銘々に茶碗に盛て百鬼立食。ソンナ譯けだから食物の價も勿論安いお菜は一六が葱と薩摩芋の難波煮[註7]五十が豆腐汁三八が蜆汁と云ふやうになつて居て今日は何が出ると云ふことは極つて居る

裸体=A裸体BCD裸體E裸體/ニ=ABCDEに/ゟる=ABCDあるEある。/方=E方、/五=E五、/ニ=ABCDEに、/ぶ=ABCDEが/。=ABCD、/よ=ABCDEに、/彼/BCDE彼/ゐ=BCDEい/ものほし=DものしEなし/ゐ=BCDEい/ニ=ABCDにEに、/で=Eで、/ゐよ=AゐにBCDEひに/もちだ=Eなし/志=ABCDEし/ぶ=ABCDがEが、/ニ=ABCDEに/げじよ=CDEげぢよ/ぶ=ABCDEが/三=E三、/涼=E涼/る=Eる。/ハ=ABCDEは/困つた=BCD困たE困つた、/ゟそゑ=ABCDEあそこ/ぶ=ABCDEが/ニ=ABCDEに/ゝ=ABCDEか/しやべ=Eなし/よ=ABCDEに/ちぶ=ABCDちがEなし/ひ=Aゐ/ゐ=BCDいEい、/じやま=Eなし/な=BCDなし/ニ=ABCDEに、/ニ=ABCDEに/松岡勇記=BCDE松岡勇記/ゟる=ABCDあるEある。/宜ゐ=BCD宜いE宜い/で=Eで、/ニ=ABCDにEに、/ぶ=ABCDEが/見=BC見D美/よ=ABCDEに/ゟ=ABCDあEなし/おんなども=AをんふどもBCDをんなどもEなし/おゐはらつ=BたひはらつCおひはらつDおつぱらつEなし/ら=Eら、/〳〵=Dツカ/よ=ABCDEに/で=Eなし/き=Eき、/お=Bた/お=Bた/ん=Eん、/暑ゐ=A暑ゐBCD暑いE暑い/じ=BCDEぢ/ゐゝ=AゐかBCDEいか/て=Eて、/仰向=AB仰向C傾向D仰向E仰向/よ=ABCDEに/ニ=ABCDEに/成つて=BCD成て/たふ=Eなし/、=BCDなしE。/凡体=A風体B風體CD風體E風體/ハ=ABCDEは/さすぶ=ABCDさすがEなし/の=Aなし/げじよ=AけじよBCDげぢよEなし/そゑ=ABCDそこEなし/よ=ABCDEに/ゑ=CDEこ/ぶ=ABCDEが/ぬ=BCぬ、Eぬ。/お=BたEなし/た=ABCDた、Eた。/ぶ=ABCDEが/ゐ=BCDEい/よ=ABCDにEに、/涼=E涼/ニ=ABCDEに/事=BゑとCDEこと/ぶゟる=ABCDがあるEがある。

ハ=ABCDEは/——=ABCDなし/よ=ABCDEに/ら=Eら、/した=Eなし/。=ABCD、/ハ=ABCDEは/ね=AEなし/。=ABCD、/ゐ=BCDEい/下女=BC下女D下婢/だ=Eだ、/ぉろ=BCDEごろ/ぶゟるゝ=ABCDEがあるか/も=Eも、/バ=ABCDEば/お=AEなしBた/。=ABCD、/まつぱだゝ=ABCDまつぱだかEなし/とびおき=BとびたきEなし/て=Eて、/はしごだん=AはしごEなし/とびお=BCとびたEなし/て=Eて、/ぶ=ABCDEが/ニ=ABCDEに/、=Dなし/下女=D下婢/ゟ=ABCDEあ/、=E。/よ=ABCDEに/ゑ=BCDEか/よ=ABCDにEなし/よ=ABCDEに/ず=Eず、/まつぱだゝ=AEなしBCDまつぱだか/すゑ=ABCDすわEなし/お=Bた/じぎ=Eなし/てき=A

体=E體

裸体の奇談失策

裸体の事ニ就て奇談がある或る夏の夕方私共五六名の中ニ飲む酒が出来た。すると一人の思付に此酒を彼の高い物干の上で飲みたいと云ふニ全會一致でサア屋根づたいに持出さうとした處が物干の上ニ下婢が三四人涼んで居る是れハ困つた今彼處で飲むと彼奴等が奥ニ行て何か饒舌るに違ひない邪魔な奴じやなと云ふ中ニ長州生ニ松岡勇記[註8①]と云ふ男がある至極元気の宜い活溌な男で此松岡の云ふニ僕が見事に彼の女共を物干から逐拂て見せやうと云ひながら真裸体で一人ツカ〳〵と物干に出て行きお松どんお竹どん暑いじやないかと言葉を掛けて其まゝ仰向きに大の字なりニ成つて倒れた、此凡体を見てハ流石の下婢も其處に居ることが出来ぬ気の毒さうな顔をして皆下りて仕舞たすると松岡が物干の上から蘭語で上首尾早く来いと云ふ合図に塾部屋の酒を持出して涼しく愉快ニ飲だ事がある

又或るとき是れハ私の大失策——或る夜私が二階に寝て居たら下から女の聲で福澤さん〳〵と呼ぶ。私ハ夕方酒を飲で今寝たばかり。うるさい下女だ今ごろ何の用があるかと思ふけれども呼べバ起きねばならぬ。夫れから真裸体で飛起て階子段[註9]を飛下りて何の用だとふんばたかつた所が案ニ相違、下女ではあらで奥さんだ、何うにも斯うにも逃げやうにも逃げられず真裸体で座つてお辭儀も出来ず進退窮して実ニ身の置處がない。奥さんも気の毒だと思はれたのか物をも云はず奥の方ニ引込で仕舞た翌朝御詫ニ出て昨夜ハ誠ニ失禮仕りましたと陳べる譯けにも行かず到頭末代御挨拶なしニ

①長州萩出身。天保五年（一八三四）生、明治二十九年（一八九六）没。萩医師会会頭、栃木病院長、陸軍軍医、茨城病院長、茨城医学校長等歴任。

済んで仕舞た事がある是ればかりは生涯忘れることが出来ぬ先年も大坂ニ行て緒方の家を尋ねて此階子段の下だつたと四十年前の事を思出して獨り心の中で赤面しました

ニ＝AEに

不潔ニ頓着せず

塾凨ハ不規律と云はんか不整頓と云はんか乱暴狼藉。丸で物事ニ無頓着。その無頓着の極ハ世間で云ふやうに潔不潔。汚ないと云ふことを気ニ止めない例へば塾の事であるから勿論桶だの丼だの皿などのあらう筈はないけれども緒方の塾生は学塾の中に居ながら七輪もあれば鍋もあつて物を煮て喰ふと云ふやうな事を不断遣て居る、其趣は恰も手鍋世帯の臺所見たやうな事を机の周圍で遣て居た、けれども道具の足ると云ふことのあらう筈はない、ソコで洗手盥も金盥も一切食物調理の道具になつて。暑中など何處からか素麵を貰ふと其素麵を奥の臺所で湯煮て貰ふて其素麵を冷すには毎朝、顔を洗ふ洗手盥を持て来て其中で冷素麵にして汁を拵えるニ調合所の砂糖でも盗み出せバ上出来。其外肴を拵えるにも野菜を洗ふにも洗手盥ハ唯一のお道具でソンナ事は少しも汚ないと思はなかつた夫れ所でハない虱ハ塾中永住の動物で誰れ一人も之を免かれることハ出来ない一寸と裸体ニなれバ五疋も十疋も捕るニ造作ハない春先き少し暖気ニなると羽織の襟ニ匍出すことがある或る書生の説にドウダ吾々の虱ハ大坂の焼芋ニ似て居る冬中が真盛りで春ニなり夏ニなると次才ニ衰へて暑中二三箇月蚤と交代して引込み九月頃新芋が町ニ出ると吾々の虱も復た出て来るのは可笑しいと云た事がある私ハ一案を工凨し抑も虱を殺すニ熱湯を用るハ洗濯婆の舊筆法で面白くない乃公が一發で殺して見せやうと云て厳冬の霜夜ニ襦袢を物干ニ晒らして虱の親も玉子も一時ニ枯らしたことがある此工凨ハ私の新發明でハない曾て誰れかニ聞いたことがあるから遣て見たのです

BCDできEなし／ず＝AすEず、／ニ＝ABCDEに／置處＝AC置處B置處D置所E置處／がない。＝Aがない、BCDがない、Eがない。／か＝ABCDかEか、／ニ＝ABCDEに／ひつこん＝AひつこんBCDひきこんEなし／た＝Eた。／おわび＝BおわびCDおわびEなし／ニ＝ABCDEに／で＝Eなし／ハ＝ABCDEは／ニ＝ABCDEに／わ＝AEなしBCDわ／に＝ABCDEに／ず＝Eず、／とう〱＝BCDたうとうEなし／まつだい＝BCDまつだいEなし／ニ＝ABCDEに

済んで＝BCD済でE濟んで／がある＝ABCDがあるEがある。／こ＝CDEこ／が＝ABCDEが／ぬ＝Eぬ。／坂＝BCDE阪／ニ＝ABCDEに／て＝Eて、／て＝Eて、／た＝Eた。

凨＝AE風BCD風／ハ＝ABCDEは／か＝ABCDEか／。＝AなしBCDE、／ニ＝ABCDEに／。＝ADなしBC、／きよく＝Eなし／ハ＝ABCDEは／に＝ABCDEに／。＝ABCDE、／きた＝AEなし／い＝BCDEい／こ＝CDEこ／ニ＝ABCDEに／と＝AEなし／い＝AいEい。／ば＝Eば、／さら＝Eなし／も＝Eも、／に＝ABCDEに／しちりん＝Eなし／なべ＝AEなし／て＝Eて、／、＝Aなし／まはり＝Aなし／、＝E。／こ＝CDEこ／い、＝Aい、Eい。／洗手盥＝BC洗手盥DE洗手盥／に＝ABCDEに／。＝ADなしBCE、／どこ＝Eなし／素麵＝BCDE素麵／と＝Eと、／ゆで＝Aうで／て＝Eて、／ひやぞうめん＝BCDひやそうめんEひや／にして＝ABCDにしてEにして、／には＝ABCDにはEには、／、＝ABCDなし／て＝Eて、／え＝BCDEへ／ニ＝ABCDEに／盗＝A盗BCD盗E盗／だ＝Eなし／バ＝ABCDEば／。＝ABCDE、／肴＝A者BCD肴／え＝BCDEへ／に＝ABCDEに／洗手盥＝A盥／ハ＝ABCDEは／ゆいゝつ＝BCゆいゝつDゆゐいつEなし／お＝Bお／で＝Eで、／た＝Eた。

ハ＝ABCDEは／い＝BCDいEい。／ハ＝ABCDEは／で＝ABCDでEで、／ことハ＝ABことはCDEことは／い＝BCDいEい。／ニ＝ABCDEに／バ＝ABCDEば／ニ＝ABCDEに／ハ＝ABCDEは／い＝BCDいEい。／ニ＝ABCDEに／ニ＝ABCDEに／はいだ＝BはいだCDEはひだ／こ＝CDEこ／がある＝ABCDがあるEがある。／に＝ABCDにEに、／ダ＝Eダ、／ハ＝ABCDEは／坂＝BCDE阪／ニ＝ABCDEに／る＝Eる。／が＝ABCDEが／で＝Eで、／ニ＝ABCDEに／ニ＝ABCDEに／才＝BCD第E第／ニ＝ABCDEに／おとろ＝BおとろEなし／て＝Eて、／二＝E二、／のみ＝Eなし／み＝Eみ、／が＝ABCDEが／ニ＝ABCDEに／い＝BCDEい／ある＝ABCDあるEある。／ハ＝ABCDEは／工凨し＝A工風しB

そんな譯けだから塾中の書生に身なりの立派な者ハ先づ少ない其くせ市中の縁日など云へバ夜分屹度出て行く。行くと往来の群集。就中娘の子などはアレ書生が来たと云て脇の方ニ避ける其様子ハ何か穢多でも出て来て夫れを穢ながる

豚を殺す

やうだ如何も仕方がない往来の人から見て穢多のやうニ思ふ筈だ或るとき難波橋の吾々潟意の牛鍋屋の親爺が豚を買出して来て。牛屋商賣であるが気の弱い奴で自分ニ殺すことが出来ぬからと云て緒方の書生が目指された。夫れから親爺ニ逢て「殺して遣るが殺す代りニ何を呉れるか」……「左様ですな」――「頭を呉れるか」――「頭なら上げませう」夫れから殺しに行た此方は流石に生理學者で動物を殺すニ窒塞させれば譯けはないと云ふことを知て居る幸ひ其牛屋ハ河岸端であるから其處へ連て行て四足を縛て水ニ突込んで直ぐ殺した、そこでお礼として豚の頭を貰て来て奥から鉈を借て来て先づ解剖的ニ脳だの眼だの能く〳〵調べて散々〳〵いぢくつた跡を煮て喰たことがある是れハ牛屋の主人から穢多のやうに見込れたのでせう

解＝E解

熊の解剖

それから又或時には斯う云ふ事があつた道修町の薬種屋に丹波か丹後から熊が来たと云ふ触込み或る醫者の紹介で後学の為め解剖を拝見致したいから誰か来て熊を解剖して呉れぬかと塾に云て来た「それは面白い」当時緒方の書生はなか〳〵解剖と云ふことに熱心であるから早速行て遣らうと云ふので出掛けて行く。私は医者でないから行かぬが塾生中七八人行きました夫れから解剖して是れが心臓で是れが肺、是れが肝と説明して遣つた所が「誠に有雉い」と云て薬種屋も醫者もふつと帰て仕舞た其実ハ彼等の考ニ緒方の書生に解剖して

CD工風しE工風し、/ニ＝ABCDEに/用るハ＝A用るはBCDE用ふるは/せんたくばゝあ＝AなしBCDEせんたくばゝあ/舊筆法＝A旧筆法BCD舊筆法E舊筆法/い＝BCDいEい、/て＝Eて、/ニ＝ABCDEに/ニ＝ABCDEに/晒らして＝B晒らしてCD晒してE晒して/ニ＝ABCDEに/こ＝CDEこ/がある＝ABCDがあるEがある。/工凨ハ＝AE工風はBCD工風は/ハ＝ABCDEは/ない＝BCDないEない、/かニ＝ABCDEかに/聞いた＝BCD聞たE聞いた/こと＝BCとDEこと/がある＝ABCDEがある/す＝Eす。

に＝ABCDEに/ハ＝ABCDEは/ない＝AないBCDないEない。/バ＝ABCDEば/。＝ABCD、/。＝ABCE、Dなし/なかんづく＝Aなかんづく/は＝Eは、/が＝ABCDEが/脇＝A脇BCD脇E脇/ニ＝ABCDEに/よ＝AEなし/ハ＝ABCDはEは、/か＝ABCDEか/穢多＝A穢多E穢多E′、、〔省略〕/きた＝Eなし/だ＝BCDだ、Eだ。/どう＝Eなし/い＝BCDいEい。/穢多＝E′、、〔省略〕/ニ＝ABCDEに/だ＝Eだ。/潟＝AE得BCD得/おやぢ＝BにやぢEなし/が＝ABCDEが/。＝ABCE、Dなし/あ＝ABCDEあ/い＝BCDEい/で＝Eで、/ニ＝ABCDEに/こ＝CDEこ/が＝ABCDEが/て＝Eて、/が＝ABCDEが/めざ＝Eなし/。＝ABCD、/ニ＝ABCDEに/て＝Eて。/が＝ABCDEが/ニ＝ABCDEに/か＝ABCDEか/……＝ABCDE――/あたま＝AEなしBCDあたま/か＝ABCDEか/う＝Eう。/に＝ABCDEに/た＝Eた。/に＝ABCDEに/で＝Eで、/ニ＝ABCDEに/ない＝AないBCDEない/こ＝CDEこ/る＝Eる。/ハ＝ABCDEは/河岸端＝BCDE河岸端/ら＝Eら、/ニ＝ABCDEに/込んで＝BCD込で/、＝E。/こ＝CDEこ/貰て＝BCD貰つてE貰つて/て＝Eて、/借て＝BCD借りてE借りて/て＝Eて、/ニ＝ABCDEに/しら＝Eなし/て＝Eて、/散々〳〵＝AE散々BCD散々/い＝BCDEい/あと＝ABCDあとEなし/こ＝CDEこ/る＝Eる。/ハ＝ABCDEは/穢多＝BCD穢多E′、、〔省略〕/に＝ABCDEに/う＝Eう。

福翁自傳(十四)緒方の塾風(二)時事新報明治三十一年八月十四日(日)

に＝ABCDEに/た＝Eた。/道修町＝BC道修町D道修町E道修町/に＝ABCDEに/み＝Eみ。/で＝Eで、/か＝ABCDEか/か＝ABCDEか/に＝ABCDEに/た＝Eた。/い＝AいEい。/なか〳〵＝Aなか〳〵BCD中々Eなか〳〵/に＝ABCDEに/ら＝Eら、/。＝ABCD、/ない＝AないBCDEない/が＝Eが、/七＝E七、/た＝Eた。/夫れから＝BCD夫から/遣つた＝BCD遣た/が＝Eが、/に＝ABCDEに/雉い＝A雉いB難いCD難いE難い/帰て＝BCD歸

ってE歸って／た＝Eた。／ハ＝ABCDEは／ニ＝ABCDにEに、／ㇳ＝ABCDEに

むきず＝Eなし／ㇳ＝ABCDEに／ゆうたん＝BCDくまのゐ／ゕ゙＝ABCDEが／ㄜと＝BとCDEこと／ら＝Eら、／ㇳ＝ABCDEに／托＝BCD託E託／ゕ゙＝ABCDEが／チヤント＝BCDチヤンとEチヤント／分つた＝BCD分た／ら＝Eら、／ㇱ＝BCDいEい。／ハ＝ABCDEは／ㄜ＝CDEこ／と＝Eと、／決。＝A決、B決、C決。D決、E決、／ㇳ＝ABCDEに／〳〵＝ACDE〴〵／た＝Eた。／ㇳ＝ABCDEに／喋舌つて＝A蝶々つてBCD喋舌てE喋舌つて／ニ＝ABCDEに／ゕ゙うむやう＝BCDがうじやうEなし／る＝Eる、／田中發太郎＝BCDE田中發太郎／ハ＝ABCDEは／新吾＝BCDE新吾／ニ＝ABCDEに／ふ＝Eふ、／係、＝BCD掛、E掛、／かけゟひ＝AかけあㇱBCDEかけあひ／で＝Eで、／菱湖凡＝A菱湖風BCDE菱湖風／沼田芸平＝BCDE沼田芸平／ゕ゙＝ABCDEが／る＝Eる。／ニ＝ABCDEに／ハ＝ABCDEは／。＝ABCE、Dなし／脅＝BCD脅E脅／ハ＝ABCDEは／と＝Eと、／ㇳ＝ABCDEに／ㇳ＝ABCDEに／ニ＝ABCDEに／ゕ＝ABCDEか／で＝Eで、／てみじゕ＝ABCDEてみじか／ニ＝ABCDEに／ぶちㄜは＝AEぶちこはBCDうちこは／ㇳ＝ABCDEに／凡＝AE風BCD風／る＝Eる。／ゟちら＝ABCEあちらDあつち／く＝AEなし／ㄜね＝AなしBCDEこね／ゕ゙＝ABCDEが／ひか＝Eなし／る＝Eる。／六＝E六、／え＝BCDEへ／拈込んで＝BCD拈込でE拈込んで、／屈＝E屈(窟)／ㄜとハ＝ABㄜとはCDEことは／筆＝BCD筆E筆／ㇳ＝ABCDEに／ㇳ＝ABCDEに／すき＝Eなし／ハなㇱ＝AはなㇱBCDはないEはない。／ハ＝ABCDEは／まつぱだか＝Eなし／ㇳ＝ABCDEに／ず＝Eず、／袴＝A襟E袴／はをり＝AEなしBCDはおり／ㇳ＝ABCDEに／チヤント＝Eチヤント／脇差＝BCD脇差E脇差／挟＝A授E挟／柔＝BCD柔E柔、／面目＝BC面目D面目／たて＝Eなし／ㇳ＝ABCDEに／窟＝BCD屈／ら＝Eら、／、＝Aなし／ゟ＝BCDEあ／いふ。＝ABCD云ふ、E云ふ。／ゟやま＝ABCDあやまEなし／が＝Eが、／ㇳ＝ABCDEに／ニ＝ABCDEに／た＝Eた。

ㇳ＝ABCDEに／え＝BCDEへ／ㄜ＝CDEこ／る＝Eる。／道頓堀＝BCDE道頓堀／ㇳ＝ABCDEに／や＝Aか／ゕ゙＝ABCDEが／ㇳ＝ABCDEに／と＝Eと、／スツト＝Eスット／さじき＝Eなし／ㇳ＝ABCDEに／通つて＝BCD通てE通つて、／ゕ゙＝ABCDEが／て＝Eて、／おほゐば＝AおほㇱばBにほゐばEなし／。＝ABC、Dなし／知てる＝BCD知て居るE知て居る／ら＝Eら、／ゕ゙＝ABCDEが／ㇱ

貫へば無疵ㇳ熊膽[註10]ゕ゙取れると云ふㄜとを知て居るものだから解剖ㇳ托して熊膽が出るや否や帰て仕舞たと云ふ事ゕ゙チヤント分つたから書生さん中々了簡しなㇱ是れハ一番ㄜねくつて遣らうと塾中の衆議一決。直ㇳそれ〳〵掛りの手分けをした塾中ㇳ雄辯滔々と能く喋舌つて誠ニ剛情なシツコイ男がある田中發太郎②[註11]（今ハ新吾と改名して加賀金澤ニ居る）と云ふ是れが應接係、それから私が掛合手紙の原案者で信州飯山から来て居る書生で菱湖凡の書を善く書く沼田芸平③[註12]と云ふ男ゕ゙原案の清書する夫れから先方へ使者ニ行くのハ誰れ。脅迫するのハ誰れとどうㇳも斯うㇳも手ニ餘る奴ばゕりで動もすれば手短ニ打毀しㇳ行くと云ふやうな凡を見せる奴もある又彼方から来れば捏くる奴ゕ゙控へて居る何でも六七人手勢を揃えて拈込んで理屈を述べるㄜとハ筆ㇳも口ㇳも隙ハなㇱ應接掛りハ不断の真裸体ㇳ似ず袴羽織ㇳチヤント脇差を挟して緩急剛柔ツマリ學醫の面目云々を楯ㇳして剛情な理窟を云ふからサア先方の醫者も困て仕舞ひ、そこで平ゟやまりだといふ。只謝るだけで済めば宜いが酒を五升ㇳ鶏と魚か何かを持て来て、それで手を拍て塾中で大ニ飲みました

の＝A之

芝居見物の失策

それㇳ引換えて此方から取られたㄜとがある道頓堀の芝居ㇳ與力や同心[註13]のやうな役人ゕ゙見廻りㇳ行くとスツト桟敷ㇳ通つて芝居の者共ゕ゙茶を持て来る菓子を持て来るなどして大威張りで芝居をたゞ見る。兼て其様子を知てるから緒方の書生ゕ゙気味の悪ㇱ話サ大小を挟して宗十郎頭巾を冠て其役人の真似をして度々行て首尾能く芝居見物して居た所ゕ゙度重なれバ顕はれるの諺ニ洩れず或る日本者ゕ゙来たサア此方は何とも云はれふいだらう詐欺だから役人を偽造したのだから、其時はㄜねくられたとも何とも進退谷まり大騒ぎニなつて夫

=BCDEい/サ=Eサ、/さ=Eなし/宗十郎頭巾=BCDE宗十郎頭巾/冠て=BCD冠てE冠て、/たび〳〵=BCDたび〳〵Eなし/て=Eて、/た=Eた。/が=ABCDEが/たびかさ=Eなし/バ=ABCDEば/あら=AEなしBCDあら/れる=Dるゝ/ことわざ=BCDことわざEなし/ニ=ABCDEに/ず=Eず、/日=BCDE日、/が=ABCDEが/た=Eた。/ない=AないBCDEない/う=Eう、/ら=AEら、/、=E。/こ=CDEこ/も=Eも、/しんたいきわ=AしんたいきわBCDしんたいきはEきは/ニ=ABCDEに/て=Eて、

玉造=BE玉造CD玉造/に=ABCDEに/得て=BCD得てE得て、/なきつい=BCDなきついEなし/ないさい=BCDEないさい/で=Eで、/ヤット=Eヤット/ニ=ABCDEに/た=Eた。/、=ABCDなし/に=ABCDEに/ふ=Eふ。/ハ=ABCDEは/高橋順益=BCDE高橋順益/が=ABCDEが/あ=ABCDEあ/が=ABCDがEが、/ハ=ABCDEは/い=BCDEい/ニ=ABCDにEに、/ニ=ABCDEに/て=Eて、/なからう=AなからうBCDなからうEなからう、/だから=Dだらう/きか=ABCDEきか/ない=AないBCDないEない。/に=ABCDEに/ない=AないBCDEない、/な=BCDEな/〳〵=BCD〳〵/が=ABCDがEが、/とう〳〵=Dたうとう/が=ABCDEが/おか=AEなしBCDをか/い=BCDEい/か=ABCDEか/た=Eた。

た=Eた。/事だ=A事たB事だCDことだEことだ。/な=BCDEな/から=Cら/才=BCD第E第/ある=ABCDあるEある。/坂=BCDE阪/憶=B臆CD臆E臆/だ=Eだ。/野次馬=BCE野次馬D彌次馬/に=ABCDEに/が=Eが、/坂=BCDE阪/野次馬=D彌次馬/ない=AないBCDないEない。/く=Eく。/まね=AEなし/る=Eる。/お=BをDなし/に=ABCDEに/ない=AないBCDEない/に=ABCDEに/怒鳴つて=BCD怒鳴て/つかみあ=ABCDEつかみあ/うちあ=ABCDうちあEなし/ふ=BCDうEう。/ハ=ABCDEは/る=Eる。/が=ABCDEが/た=BCDEだ/ニ=ABCDEに/い=BCDいEい。/ハ=ABCDEは/が=ABCDEが/二=E二、/双=BCD双E雙/ニ=ABCDEに/ら=Eら、/か=ABCDEか/バ=ABCDEば/郭=AE廓BCD廓/處、=A處BCD所E所、/じやうきま=AじやうぎまBCDEじやうきま/ニ=ABCDEに/が=Eが、/ケ=BCD箇/ばけ=Eなし/かは=Eなし/ら=Eら、/う=Eう、/順慶町=BCDE順慶町/云ふて=BC云てD云て/こ=CDEこ/る=Eる。/ハ=ABCDEは/あつた=ABCDあつたEあつた。

れから玉造の與力に少し由縁を得てソレに泣付て内済を頼でヤット無事ニ収まつた其とき酒を持て行たり肴を持て行たりして、何でも金にして三歩ばかり取られたと思ふ此詐欺の一件ハ丹後宮津の高橋順益④註14と云ふ男が頭取であつたが私ハ元来芝居を見ない上ニ此事を不安心ニ思ふて「それは餘り宜くなからうマサカの時は大変だからと云たが肯ない「何に譯けはない自から方便ありなんてヅウ〳〵しく遣て居たがとう〳〵捕まつたのが可笑しい所か一時大心配をした

それから時としては斯う云ふ事もあつた其乱暴さ加減は今人の思寄らぬ事だ警察がなかつたから云はゞ何でも勝手次才である元来大坂の町人は極めて憶病だ江戸で喧嘩をすると野次馬が出て来て滅茶苦茶にして仕舞ふが大坂では野次馬は迚ても出て来ない夏の事で夕方飯を喰てブラ〳〵出て行く申合をして市中で大喧嘩の真似をするお互に痛くないやうに大造な劍幕で大きな聲で怒鳴つて摑合ひ打合ふだらふ爾うすると其邊の店ハバタ〳〵片付けて戸を締めて仕舞ふて寂りとなる喧嘩と云た所が唯それたけの事で外ニ意味はない其法ハ同類が二三人づゝ分れて一番繁昌な賑やかな處で双方から出逢ふやうな仕組ニするから賑やかな處と云へバ先づ遊郭の近處、新町九軒の邊で常極りニ遣て居たが併し餘り一ケ所で遣て化の皮が顕れるとイカヌから今夜は道頓堀で遣らう順慶町で遣らうと云ふて遣たこともある信州の沼田芸平などハ餘ほど喧嘩の上手であつた

真=E眞

喧嘩の真似

②加賀小松出身、天保八年（一八三七）生、明治三十三年（一九〇〇）没。金沢医学校校長、尾山病院長。③信州下水内郡出身、文政十二年（一八二九）生、明治二十三年（一八九〇）没。飯山にて開業。④丹後宮津出身、宮津藩医として江戸居住、天保三（一八三二）年生、慶応元年（一八六五）没、三十四歳。

た＝Eた。／**松下元芳**＝BE松下元芳(まつしたげんぱう)CD松下元芳(まつしたげんはう)／**で**＝Eで、／**に**＝ABCDEに／**よみせ**＝Aなし／**ニ**＝ABCDにEに、／**が**＝ABCDがEが、／**わる**＝BCDわるEなし／**ゐ**＝BCDEい／**ハ**＝ABCDはEは、／**凡体**(ふうてゐ)＝A風体(ふうてゐ)BCD風體(ふうてい)E風體／**まんびき**＝Eなし／**ら**＝Eら／**りよふけん**＝AEなしBCDれうけん／**ゐ**＝BCDいEい。／**に**＝ABCDEに／**捏操返**(ねぢくりかへ)＝BCD拈繰返(ねぢくりかへ)E捏繰返(ねぢくりかへ)／**た**＝Eた。／**打殺し**＝B打殺(ぶちころ)しCD打(うち)殺(ころ)し／**へ**＝Eへ。／**に**＝ABCDEに／**が**＝ABCDEが／**る**＝Eる。／**ハ**＝ABCDEは／**なだ**＝Eなし／**凡**＝AE風BCD風(ふう)／**て**＝Eて、／**宜**(ゐ)**ゐじや**＝BCD宜(い)いぢやE宜いぢや／**ゐか**＝BCDいかEいか。／**だ**＝Eだ、／**ニ**＝ABCDEに／**打殺し**＝BCD打殺(ぶちころ)し／**と**＝Eなし／**と**＝Eと、／**ニ**＝ABCDEに／**ハ**＝ABCDEは／**ニ**＝ABCDEに／**に**＝ABCDEに／**ら**＝Eら、／**と**＝Eと、／**ぜんざゐや**＝BCDEぜんざいや／**もちつき**＝Eなし／**か**＝ABCDEか／**か**＝ABCDEか／**に**＝ABCDEに／**て**＝Eて、／**ゆる**＝Eなし／**やつ**＝CやEなし／**ら**＝Eら、／**きさま**＝Eなし／**に**＝ABCDEに／**ゆる**＝Eなし／**る**＝Eる。／**あす**＝ABCDあすEなし／**ばん**＝Eなし／**に**＝ABCDEに／**ぞ**＝Eぞ。／**に**＝ABCDEに／**ゆる**＝Eなし／**て**＝Eて、／**ら**＝Eら、／**しやうじき**＝BCDしやうぢきEなし／**やつ**＝Eなし／**だ**＝Eだ、／**土場見世**＝B土場見世(どはみせ)CDE土場見世(どばみせ)／**やす**＝Eなし／**た**＝Eた。／**に**＝ABCDEに／**ふか**＝AふかBCDEなか／**ハ**＝ABCDEは／**、**＝Dなし／**に**＝ABCDEに／**ふゐ**＝AふゐBCDないEない、／**ちよゐと**＝BCDちよいとEなし／**こ**＝CDEこ／**うゑきみせ**＝ABCDうゑきみせEなし／**くらゐ**＝BCDぐらゐEなし／**み**＝Eなし／**あ**＝ABCDEあ／**ハ**＝ABCDEは／**決**＝BC決(けつ)D決(けつ)E決／**ゐ**＝BCDいEい。

に＝ABCDEに／**こ**＝CDEこ／**は**＝Eは、／**に**＝ABCDEに／**があつて**＝ABCDがあつてEがあつて、／**まちじう**＝BCDまちぢうEなし／**わか**＝BCDわかEなし／**ゐ**＝BCDEい／**が**＝ABCDEが／**に**＝ABCDEに／。＝ABCD、／**三**＝E三、／**ニ**＝ABCDにEに、／**が**＝ABCDEが／**どう**＝Eなし／**ゐ**＝BCDEい／**あ**＝ABCDEあ／**か**＝ABCDかEか、／**いづ**＝Aなし／**う**＝Eう、／**つゑ**＝BCDつゑEなし／**か**＝ABCDEか／**か**＝ABCDEか／**やつ**＝Eなし／。＝ABC、Dなし／**やつ**＝AEなし／**へ**＝BDEえCに／**る**＝Eる。／**どな**＝AどふEなし／**だ**＝AEなし／。＝ABC、Dなし／**坂**＝BCDE阪／**バ**＝ABCDばEば、／**ニ**＝ABCDEに／**ほを**＝BCDはふEなし／**こ**＝AEなし／**なら**＝AふらEなし／**ら**＝BCEら、／**ハ**＝ABCDEは

辨天小僧

それから一度は斯(か)う云ふ事があつた私と先輩の同窓生で久留米の松下元芳⑤註15と云ふ医者と二人連で御霊(ごりやう)と云ふ宮地に行て夜見世(よみせ)の植木を冷かしてる註16中ニ植木屋が「旦那さん悪(わる)さをしてはゐけまへんと云たのハ吾々の凡体(ふうてゐ)を見て萬引(まんびき)をしたと云ふ意味だからサア了簡(りよふけん)しなゐ丸で辨天小僧見たやうに捏操返(ねぢくりかへ)した「何でも此野郎を打殺して仕舞へ理屈を云はずに打殺して仕舞へと私が怒鳴る松下ハ慰(なだ)めるやうな凡をして「マア殺さぬでも宜(ゐ)ゐじやなゐか「ヤア面倒だ一打ニ打殺して仕舞ふから止(と)めなさんなと夫れ是れする中ニ往来の人ハ黒山のやうニ集まつて大混雑になつて来たから此方(こつち)は尚ほ面白がつて威張て居ると御霊の善哉屋(ぜんざゐや)の餅搗(もちつき)か何かして居る角力取(すまふとり)が仲裁に這入て来て「どうか宥(ゆる)して遣(やつ)て下さいと云ふから「よし貴様(きさま)が中に這入れば宥(ゆる)して遣る併し明日(あす)の晩(ばん)此處に見世を出すと打殺(ぶちころ)して仕舞ふぞ折角中に這入たから今夜は宥(ゆる)して遣るからと云て翌晩行て見たら正直(しやうじき)な奴(やつ)だ植木屋の處だけ土場見世(どばみせ)を休(やす)んで居た今のやうに一寸(ちよいと)も警察と云ふものがふかつたから乱暴ハ勝手次第、けれども存外に悪い事をしふゐ一寸(ちよゐと)この植木見世(うゑきみせ)位(くらゐ)の話で実(み)のある悪事ハ決してしなゐ

チボと呼ばれる

私が一度大に恐れたことは是れも御霊の近處で上方に行はれる砂持(すなもち)と云ふ祭禮註17のやうな事があつて町中(まちじう)の若(わか)ゐ者が百人も二百人も燈籠を頭に掛けてヤイ〳〵云て行列をして町を通る。書生三四人して之を見物して居る中ニ私が如何(どう)ゐふ気であつたか何(いづ)れ酒の機嫌でせう杖(つゑ)か何かで其頭の燈籠を打落(ぶちおと)して遣(やつ)た。スルト其連中の奴(やつ)と見へるチボぢや〳〵と怒鳴(どな)り出(だ)した。大坂でチボ（スリ）と云へバ理非を分たず打殺して川ニ投(ほを)り込(こ)む習(なら)はしだから私ハ本當

ｺ＝ABCDEに/こハ＝ACDこはBこわEなし/た＝Eた。/迯＝ABCD迯E逃/ニ＝ABCDEに/て＝Eて、/ｺ＝ABCDEに/嶋＝B嶋CD島E島/ニ＝ABCDEに/迯＝ABCD迯E逃/た＝Eた。/ハ＝ABCDEは/脇＝BCD脇E脇/ら＝Eら、/ｺ＝ABCDEに/バ＝ABCDEば/うしろむゐ＝BCDEうしろむい/進で＝BC進でD進んで/。＝ABCE、Dなし/ゕ゙なゐ＝AがなゐBCDがないEがない。/ハ＝ABCDEは/ニ＝ABCDEに/まず＝BCDEまづ/ゐ＝BCDいEい。/ｺ＝ABCDEに/ニ＝ABCDEに/ハ＝ABCDEは/ゐから＝BCDいからEいから、/ニ＝ABCDEに/か＝Eなし/て＝Eて、/嶋＝CDE島/ニ＝ABCDEに/ホット＝Eホット/ゐき＝BCDEいき/ゕ゙＝ABCDEが/る＝Eる

坂＝BCDE阪/ニ＝ABCDEに/ﾄしやばし＝ABCDEあしやばし/ゕ゙ﾄ＝ABCDEがあ/手前＝BD手前C手前/て＝Eて、/むゕし＝ABCDEむかし/ニ＝ABCDEに/ゐかゞ＝BCDEいかゞ/幷＝A幷BCD並E竝/て＝Eて、/きた＝AEなし/ゐ＝BCDEい/ﾄ＝ABCDEあ/ゕ゙＝ABCDがEが、/ニ＝ABCDEに/ゕ＝ABCDEか/ゕ＝ABCDEか/ゕ゙ﾄる＝AかあるBCDがあるEがある。/で＝Eで、/そこ＝BCDそこEなし/ニ＝ABCDEに/がく＝Aなし/ゕ゙＝ABCDEが/ﾄる＝ABCDあるEある。/ハ＝ABCDEは/おゕ゙＝AおがBCDをがEなし/ゕ゙＝ABCDEが/画ゐ＝A画ゐBCE畫いD畫い/ﾄる。＝AEある、BCDある/ゕ＝ABCDEか/ニ＝ABCDEに/はりつ＝Eなし/ﾄる。＝ABCDEある、/ハ＝ABCDEは/もとゞり＝Dもとどり/ゕ゙＝ABCDEが/ひ＝Aび/ﾄる。＝AあるBCDある、Eある。/ひる＝AEなし/ニ＝ABCDEに/て＝Eて、/ニ＝ABCDEに/ﾄ＝ABCDEあ/引＝BCDE引/え＝BCDEへ/ニ＝ABCDEに/と＝Eと、/ゕ゙＝ABCDEが/ﾄ＝ABCDEあ/ゐ＝BCDいEい。/ばくち＝Eなし/ゕ゙＝ABCDEが/止める＝BCD止るE止める/ゕ。＝ABCか、DかEか。/ハ＝ABCDEは/。＝ABC、Dなし/ハ＝ABCDEは/雉舩ニ＝A雉舩にB難船にCD難船にE難船に/お＝Bれ/。＝ABCD、/おんなくるゐ＝AおんふぐるゐBCDEをんなぐるひ/ニ＝ABCDEに/こりぐヽ＝ABこりぐヽCDこりぐヽEこりぐヽ/。＝ABCD、/ハ＝ABCDEは/ゕ゙＝ABCDEが/ヽ＝Eゝ、/ゕ゙＝ABCDEが/やつ＝AEなし/ゕ゙＝ABCDがEが、/ニ＝ABCDEに/ニ＝ABCDEに/ｺ＝ABCDEに/ハ＝ABCDEは/ゐこ＝BいこCDEいこ/だ＝Eだ。/ニ＝ABCDEに/ハ＝ABCDEは/ゕ゙なゐ＝AがふゐBCDがないEがない。

福翁自傳（十五）緒方の塾風（三）　時事新報明治三十一年八月十七日（水）

と＝Eと、/ハ＝ABCDEは/才＝AE弟BCD弟/ら＝Eら、/ハ＝

ｺ怖かつた何でも迯げるニ若かずと覺悟をして跣ｺなつて堂嶋の方ニ迯げた其時私ハ脇差を一本挾して居たから若し追付かれるやうｺなれバ後向て進で斬るより外。仕方ゕ゙なゐ斬てハ誠ニ不味ゐ假初ｺも人ニ疵を付ける了簡ハなゐから唯一生懸命ニ駈けて堂嶋五丁目の奥平の倉屋敷ニ飛込んでホツト呼吸をした事ゕ゙ある

無神無佛

又大坂の東北の方ニ葭屋橋と云ふ橋ゕ゙ﾄる其橋手前の處を築地と云て在昔は[註18]誠ニ如何な家ばかり幷んで居てマア待合をする地獄屋とでも云ふやうな内実穢なゐ町でﾄつたゕ゙其築地の入口の角ニ地藏様ゕ金比羅様ゕ知らん小さな堂ゕ゙ﾄる中々繁昌の様子で其處ニ色々な額ゕ゙上げてﾄる或ハ男女の拝んでる處ゕ゙画ゐてﾄる。何ゕ封書が額ニ貼付けてﾄる。又ハ髻ゕ゙切て結ひ付けてﾄる。夫れを昼の中ニ見て置て夜ニなると其封書や髻のﾄるのを引さらえて塾ニ持て帰て開封して見ると種々様々の願ゕ゙掛けてﾄるから面白ゐ「ハヽア是れは博奕を打た奴ゕ゙止めると云ふのゕ。是れハ禁酒だ。是れハ雉舩ニ助かつたお禮。此方のは女狂ニこりぐヽした奴だ。夫れハ何歳の娘ゕ゙妙な事を念じて居るなどヽ唯それを見るのゕ゙面白くて毎度遣た事だゕ゙兎ニ角ニ人の一心を籠めた祈願を無茶苦茶ｺするとハ罪の深ゐことだ無神無佛の蘭學生ニ逢てハ仕方ゕ゙なゐ

遊女の贋手紙

夫れから塾中の奇談を云ふと其ときの塾生ハ大抵みな醫者の子才だから頭ハ坊主ゕ總髪で國から出て来るけれども大坂の都會ニ居る間ハ半髪ニなつて天下普通の武家の凨ゕ゙して見たゐ今の真宗坊主が毛

⑤松下芳庵。久留米出身。天保二年（一八三一）生。咸宜園、緒方塾で学ぶ。維新後、英学の必要を感じ東京で慶應義塾から英書を入手して帰国したが、明治二年（一八六九）没。

ABCDEは／か＝ABCDEか／も＝Eも、／坂＝BCDE阪／ニ＝ABCDEに／ハ＝ABCDEは／ニ＝ABCDEに／凡が＝AE風がBCD風が／い＝BCDいEい。

あたりまへ＝ABCDあたりまへEなし／で＝Eで、／が＝ABCDEが／ニ＝ABCDEに／うれ＝AEなし／。＝ABC、Dなし／ふ＝Aなし／があつて＝ABCDがあつてEがあつて、／ハ＝ABCDEは／あ＝ABCDEあ／ら＝Eら、／て＝Eて、／ハ＝ABCDEは／かたな＝Eなし／挾して＝CD挾てE挾して／凡＝AE風BCD風／ら＝Eら、／いう＝AいかBCDいかEなし／に＝ABCDEに／みゑ＝Bみ江CDEみえ／あるが＝ABCDあるがEあるが、／が＝ABCDEが／ない＝AないBCDないEない。／が＝ABCDEが／。＝ABCE、Dなし／ニ＝ABCDEに／て＝Eて、／が＝ABCDEが／ニ＝ABCDEに／バ＝ABCDEば／ハ＝ABCDEは／釋＝A義BCD釋／ら＝Eら、／ハ＝ABCDEは／ニ＝ABCDEに／こ＝CDEこ／ハ＝ABCDEは／よ＝Eなし／い＝BCDEい／ら＝Eら、／ハ＝ABCDEは／か＝ABCDEか／があ＝ABCDEがあ／へ＝BCDEえ／か＝ABCDかEか、／いや＝BCDEいや／だ＝Eだ。／決＝BC決D決E決／ない＝AないBCDないEない。／な＝BCDEな／に＝ABCDEに／も＝Eも、／い＝AいEい。／行か＝D行が／ない＝AないBCDEない／け＝Eけ。／な＝BCDEな／ら＝Eら、／る＝Eる、／に＝ABCDEに／ニ＝ABCDEに／て＝Eて、／ニ＝ABCDEに／ニ＝ABCDEに／が＝Eが、／が＝ABCDEが／ない＝AないBCDないEない。／ハ＝ABCDEは／悪い、＝A悪い、BCD悪い、E悪い。／い＝BCDEい／ハ＝ABCDEは／も＝Eも、／きやう＝AEなし／がない＝AがないBCDEがない／窃＝A窃E竊／ニ＝ABCDEに／て＝Eて、／彼奴＝BCDE彼奴／か＝ABCDEか／ら＝Eら。／に＝ABCDEに／る＝Eる、／奴＝BCD奴E奴。／、＝Dなし／な＝BCDEな／と＝Eと、／凡＝AE風BCD風／く＝Eく。／かたことまじ＝ABCDEかたことまじ／なりに＝AりにBCDEりに／かれら＝AあいつらBCDかれらEなし／な＝BCDEな／並＝E竝／た＝Eなし／あ＝ABCDEあ／ハ＝ABCDEは／に＝ABCDEに／ない＝AないBCEないDなし／は＝Eは、／麝香＝BCDE麝香／呉＝A貰BD呉／あるに＝ABCDEあるに／い＝BCDEい／て＝Eて、／ニ＝ABCDEに／あ＝ABCDEあ／ヤクソク＝Eやくそく／こ＝CDEこ／な＝AなBCDなEな、／はん＝Eなし／よ＝Eなし／かきい＝BCDかきいEなし／て＝Eて、／ハ＝ABCDEは／が＝Eが、／まか＝BCDしかEなし／まず＝BCDまづEなし／い＝BCDEい／御家流＝B御家流CDE御家流／ニ＝ABCDEに／ま

を少し延ばして當前の断髪の真似をするやうな譯けで内実の醫者坊主が半髪ニなつて刀を挾して威張るのを嬉しがつて居る。其時江戸から来て居る手塚⑥と云ふ書生註19があつて此男ハ或る徳川家の藩醫の子であるから親の拝領した葵の紋付を着て頭ハ塾中流行の半髪で太刀作の刀を挾してると云ふ凡だから如何にも見栄があつて立派な男であるが如何も身持が善くない。ソコデ私が或る日。手塚ニ向て「君が本當ニ勉強すれバ僕ハ毎日でも講釋をして聞かせるから何ハ扨置き北の新地ニ行くことハ止しなさいと云たら當人も其時ハ何か後悔した事があると見へて「ア丶新地か今思出しても忌だ決して行かない「それなら屹度君に教へて遣るけれどもマダ疑はしい行かないと云ふ證文を書け「宜しい如何な事でも書くと云ふから云々今後屹度勉強する若し違約をすれば坊主にされても苦しからずと云ふ證文を書かせて私の手ニ取て置て約束の通りニ毎日別段ニ教へて居た所が其後手塚が真実勉強するから面白くない斯う云ふのハ全く此方が悪い、人の勉強するのを面白くないとハ怪しからぬ事だけれども何分興がないから窃と兩三人ニ相談して「彼奴の馴染の遊女は何と云ふ奴か知ら「それは直ぐに分る何々といふ奴「よし、それならば一つ手紙を遣らうと夫れから私が遊女凡の手紙を書く片言交りに彼等の云ひさうな事を並べ立て、何でも彼の男ハ無心を云はれて居るに相違ない其無心は屹度麝香を呉れろとか何とか云はれた事があるに違ひないと推察して文句の中ニ「ソレあのとき役足のじやこはどておますと云ふやうな判じて讀まねば分らぬやうな事を書入れて鐵川様何々よりと記して手紙ハ出来たが併し私の手蹟ぢや不味いから長州の松岡勇記と云ふ男が御家流で女の手ニ紛らはしく書いてソレカラ玄関の取次をする書生に云含めて「是れを新地から来たと云て持て行け併し事実を云

ぎ＝AEなし／いて＝BCDいてEいて、／に＝ABCDEに／いひふく＝AEなしBCDいひふく／て＝Eて、／け＝Eけ。打撲ぐるぞ＝BCD打撲るぞE打撲るぞ。／脅＝BCD脅E脅／て＝Eて、／が＝ABCDEが／ニ＝ABCDEに／て＝Eて、／「＝BCDなし／ハ＝ABCDEは／にない＝AにないBCDにないEにない、／こ＝CDEこ／。＝ABCD、／偽造＝A偽造者／ハ＝ABCDEは／み＝Eなし／へ＝BCDEえ／かく＝BCDがくEなし／に＝ABCDEに／やうす＝Eなし／窺がふ＝A窺がふBCD窺ふE窺ふ／が＝Eが、／ハ＝ABCDEは／ニ＝ABCDEに／る＝Eる。／があ＝ABCDEがあ／か＝ABCDEか／どう＝Eなし／か＝ABCDEか／ないが＝AないがBCDないがEないが、／坂＝BCDE阪／に＝ABCDEに／い＝BCDEい／ハ＝ABCDはEは、／と＝ABCDEど／。＝ABCD、／どう＝Eなし／こ＝AEなしBCDか／ニ＝ABCDEに／だ＝Eなし／ハ＝ABCDEは／い＝BCDEい／だ＝Eだ。／二＝E二、／ハ＝ABCDEは／が＝ABCDEが／遣て＝BCDなし／行た＝BCD行たE行つた／。＝ABCDE、／ソリヤ＝Eソリャ／ハ＝ABCDEは／る＝Eる。／ら＝Eら、／で＝Eで、／が＝ABCDEが／はさみ＝Eなし／引捕え＝BC引捕へD引捕へE引捕へ／が＝Eが、／が＝ABCDEが／い＝BCDEい／ら＝Eら、／ない＝AないBCDないEない、／に＝ABCDEに／だ＝Eだ。／ニ＝ABCDEに／又＝CDなし／な＝Aな／ニ＝ABCDEに／にハ＝ABCDEには／か＝ABCDEか／う＝Eう。／て＝Eて、／捕て＝BCD捕へてE捕へて／ガチヤ＝Eガチャ／と＝Eと、／ハ＝ABCDEは／に＝ABCDEに／拝んむ。＝A拝む、BCD拝む、E拝む。／て＝Eて、／ひど＝Eなし／ないか＝AないかBCDないかEないか。／な＝ABCDEな／ないか＝AないかBCDないかEないか。／になる＝AになるBCDEになる／ニ＝ABCDEに／なれやい＝AなれやいBCDなれあひEなし／が＝ABCDEが／凡＝AE風BCD風／て＝Eて、／は＝AEなし／ハ＝ABCDEは／に＝ABCDEに／て＝Eて、／ニ＝ABCDEに／て＝Eて、／だ＝Eだ、／か＝ABCDかEか、／〳〵＝Cワイ／も＝Eも、／いけん＝Eイケン／にな＝ABCDEにな／こ＝CDEこ／あ＝BCDEあ／う＝Eう。いろ〳〵＝BCD色々／な＝BCDEな／で＝Eで、／山田謙輔＝BCDE山田謙輔／ごく〳〵＝CDごく〳〵Eなし／御幣擔ぎで＝A御幣擔ぎてBCD御幣擔でE御幣擔ぎで、／し＝BCDEし／。＝ACD、／海老藏＝BCD海老藏E海老藏／ニ＝ABCDEに／で＝Eなし／で＝Eで、

へば打撲ぐるぞ宜しいかと脅迫して夫れから取次が本人の處ニ持て行て「鐵川と云ふ人ハ塾中にない多分手塚君のことゝ思ふから持て来たと云て渡した。手紙偽造の共謀者ハ其前から見へ隠れに様子を窺がふて居た所が本人の手塚ハ一人で頻りニ其手紙を見て居る麝香の無心があつた事か如何か分らないが手塚の二字を大坂なまりにテツカと云ふ其テツカを鐵川と書いたのハ高橋順益の思付で餘ほと善く出来てる。そんな事で如何やら斯うやら遂ニ本人をしやくり出して仕舞たのハ罪の深い事だ二三日ハ止まつて居たが果して遣て行たから。ソリヤ締めたと共謀者ハ待て居る翌朝帰て平気で居るから此方も平氣で私が鋏を持て行てひよいと引捕えた所が手塚が驚いて「どうすると云ふから「どうするも何もない坊主にするだけだ坊主ニされて又今のような立派な男ニなるにハ二年ばかり手間が掛るだらう往生しろと云て髻を捕て鋏をガチヤ〳〵云はせると當人ハ真面目になつて手を合せて拝んむ。さうすると共謀者中から仲裁人が出て来て「福澤餘り酷いぢやないか「何も文句ないぢやないか坊主になるのは約束だと問答の中ニ馴合の中人が段々取持つやうな凡をして果てハ坊主の代りに酒や鶏を買はして一處ニ飲みながら又冷かして「お願ひだもう一度行て呉れんか又飲めるからとワイ〳〵云たのは随分乱暴だけれどもそれが自から切諫になつて居たこともあらう

き＝Eぎ

御幣擔きを冷かす

同窓生の間にはいろ〳〵な事のあるもので肥後から来て居た山田謙輔と云ふ書生は極々の御幣擔ぎでしの字を言はぬ。其時今の市川團十郎の親の海老藏が道頓堀の芝居ニ出て居るときで芝居の話をする

⑥手塚良庵。常陸府中（石岡）藩出身。文久三年（一八六三）幕府歩兵屯所医師。明治に入り軍医。明治十年（一八七七）十月十日没。

と山田ハ海老藏のよばいを見るなんて云ふ位な御幣擔ぎだから性質ハ至極立派な人物[註20]だけれども如何も蘭學書生の気に入らぬ筈だ何か話の端にハ之を愚弄して居ると山田の云ふに「福澤〳〵君のやうに無法な事ばかり云ふがマア能く考へて見給へ正月元日の朝年礼ニ出掛けた時ニ葬礼ニ逢ふと鶴を臺ニ載せて擔で来るのを見ると何方が宜いかと云ふから私は「夫れは知れた事だ死人は喰はれんから鶴の方が宜い。けれども鶴だッて乃公に喰はせなければ死人も同じ事だと答へたやうな塩梅式で何時も冷かして面白がつて居る中ニ或るとき長與⑦か誰れかと相談して彼奴を一番大ニ遣てやらふじやないかと一工夫して當人の不在の間ニ其硯ニ紙を巻いて位牌を拵へて長與の書が旨いから立派ニ何々院何々居士と云ふ山田の法名を書いて机の上ニ置て當人の飯を喰ふ茶椀ニ灰を入れて線香を立てゝ位牌の前ニチヤント供へて置た所が帰て来て之を見て忌な顔をしたとも何とも真青になつて腹を立てゝ居たが私共ハ何うも怖かつた若しも短気な男なら切付けて来たかも知れないから

欺て河豚を喰はせる

夫れから又一度遣た後で怖いと思たのは人をだまして河豚を喰はせた事だ私ハ大坂ニ居るとき颯々と河豚も喰へバ河豚の肝も喰て居た

或る時藝州仁方から来て居た書生三刀元寛と云ふ男に「鯛の味噌漬を貰て来たが喰はぬかと云ふと「有難い成程宜い味がすると悦んで喰て仕舞て二時間ばかり経てから「イヤ可愛さうニ今喰たのハ鯛でも何でもない中津屋敷で貰た河豚の味噌漬だ食物の消化時間ハ大抵知てるだらふ今吐剤を飲んでも無益だ河豚の毒が呕かれるなら呕て見ろと云たら三刀も医者の事だから能く分て居るサア氣を揉んで私ニ武者振付くやうに腹を立てたが私も後にふつて餘り洒落に念が入過ぎたと思て心配した

と=Eと、／ハ=ABCDEは／よばい=BCEよばいDよはい／擔き=BCD擔E擔ぎ／ら=Eら、／ハ=ABCDEは／も=Eも、／どう=Eなし／に=ABCDEに／だ=Eだ。／か=ABCDEか／はし=Eなし／にハ=ABCDEには／と=Eと、／に=ABCDEに、／〳〵=BCD々E々、／に=ABCDEに／が=ABCDがEが、／へ=Eへ。／朝=E朝、／ニ=ABCDEに／ニ=ABCDEに／ニ=ABCDEに／の=AEなし／かつい=BCDEかつい／ニ=ABCDEに、／ニ=ABCDEに／が=ABCDEが／宜いか=A宜いかBCD宜いかE宜いか／ら=Eら、／は=Eは、／だ=Eだ。／く=AEなし／が=ABCDEが／宜い。=A宜い、BC宜い、D宜いE宜い。／だッて=ACDだつてBだツて／おれ=BにれEなし／に=ABCDEに／バ=ABCDEば／で=Eで、／ニ=ABCDにEに、／長與=BCDE長與専齋／か=ABCDEか／かと=AかにBCDEかと／て=Eて、／ニ=ABCDEに／やつ=Eなし／ふじや=BCDEうぢや／いか=AいかBCDEいか／凡=BCDE風／て=Eて、／ニ=ABCDEに／ニ=ABCDEに／い=BCDEい／て=Eて、／が=ABCDEが／うま=Eなし／い=BCDEい／ニ=ABCDEに／い=BCDEい／ニ=ABCDEに／て=Eて、／椀=BCD碗／ニ=ABCDEに／ニ=ABCDEに／チヤント=Eチャント／が=ABCDがEが、／いや=BCDEいや／も=Eも、／まつさほ=BCDEまつさを／に=ABCDEに／が=Eが、／ハ=ABCDEは／何うも=BCD如何もE如何も／た=Eた。／い=BCDEい／ら=Eら。／やつ=Eなし／ひと=ABCDあとEなし／い=BCDEい／河豚=BCDE河豚／だ=Eだ。／ハ=ABCDEは／坂=BCDE阪／ニ=ABCDEに／颯々=BCD颯々E颯々／く=Eなし／バ=ABCDEば／きも=Eなし／た=Eた。／仁方=BCDE仁方／三刀元寛=BCDE三刀元寛／に=ABCDにEに、／「=BCDなし／と=Eと、／有難い=A有難いB有難いCD有難いE有難い、／と=Eと、／ら=Eら、／愛=BC愛D哀／ニ=ABCDにEに、／ハ=ABCDEは／ない=AふいBCDないEない、／やしき=Eなし／だ=Eだ。／ハ=ABCDEは／ふ=BCDうEう、／とざい=BCDEとざい／飲んで=BCD飲で／だ=Eだ。／が=ABCDEが／ら=Eら、／る=Eる。／揉んで=BCD揉でE揉んで／ニ=ABCDEに／武者振付く=A武者振付くBCDE武者振付く／に=ABCDEに／が=Eが、／にふ=ABCDEにな／に=ABCDEに／いりす=AいりすぎBCDEいりす／た=Eた。

ら=Eら。

随分間違の生じ易い話だから*

料理茶屋の物を盗*む

盗＝E盗

前ニ*云ふ通り御靈の植木見世で萬引と疑*はれたぶ**疑はれる筈*だ緒方の書生ハ*本當*ま萬引をして居た其萬引と云ふハ*呉服店で反物なんと*云ふ念の入た事でハ*なゐ料理茶屋で飲*んだ帰りニ**豬口だの小皿*だのゐ*ろ〳〵手ぶ*ろ*な品を窃*と盗*んで来るやうな萬引で𛀁*る同窓生互ニ*夫れを手柄*のやうま*して居るから*送別會など丶云ふ大會のときま*ハ捕物*も多ゐ*中ま*ハ昨夜*の會で團扇*の大きなのを脊中*ニ入れて帰る者も𛀁*れバ平*たゐ*大皿*を懐中し吸物椀の蓋*を袖*ニする者も𛀁*る又或る奴ハ*君達ぶ*そんな半端物を挙*げて来るのはまだ拙*なゐ乃公*の捕物を拝*見し給へと云て*小皿を十人前揃へて手拭*ニ包んで来たヿ*とも𛀁*る今思へバ*是れハ*茶屋でもト*ッ*クま知て居ながら黙*つて通*して実*ハ其盗品*の勘定も拂ゐ*の内ま*這入て居るニ*相違な*ゐ毎度の事でお極*りの泥坊だから。*其小皿ま*縁*の𛀁*る一奇談ハ*

難波橋から小皿を投す*

す＝AEず

或る夏の事で𛀁*る夜十時過ぎ*ニなつて酒*ぶ飲みたくなつて*嗚呼飲みたゐ*と一人ぶ*云ふと*僕も爾*うだと云ふ者ぶ**直*ニ*四五人出来た所ぶ**チャント門限*ぶ𛀁つて出るヿ*とぶ*出来ぬから*當直の門番を脅*迫して無理ニ*開*けさして*鍋嶋*の濱と云ふ[註21]納涼*の葭簀張で*不味*ゐけれども芋蛸汁*ゐ何*ゐで安ゐ*酒を飲*んで帰りニ*例の通りニ*小皿を五*六枚挙げて来た夜*十二時過でも𛀁*つた*ゐ難波橋の上*ニ来たら*下流*の方で茶舩[註22]*ニ乗てヂャラ*〳〵三味線を鳴らして騒*ゐで居る奴がある*「あんぶ事*を*して居やがる此方*は百五十か其處邊*の金を見付出*して漸く一盃飲で帰る所だ*忌々*敷い

ニ＝ABCDEに／疑はれ＝BC疑はれD疑れ／ぶ＝ABCDがEが、／疑はれ＝BC疑はれD 疑れ／だ＝Eだ、／ハ＝ABCDEは／ま＝ABCDEに／ハ＝ABCDEは／と＝BCDEど／ハなゐ＝AはなゐBCDはないEはない、／飲んだ＝BC飲だD飲で／ニ＝ABCDEに／豬口＝BC猪口D猪口E猪口／こざら＝Eなし／ゐろ〳〵＝BCD色々Eいろ〳〵／ぶ＝BCDEご／な＝Dの／窃＝ABCD窃E竊／盗＝BCD盗E盗／𛀁る＝ABCDあるEある。／ニ＝ABCDEに／柄＝BC抦D柄E柄／ま＝ABCDEに／ら＝Eら、／まハ＝ABCDEには／捕物＝B獲物CD獲物E獲物／ゐ＝BEい。CDい、／まハ＝ABCDEには／ゆうべ＝BCDEゆふべ／うちわ＝BCDEうちは／脊中＝A脊中D背中E背中／ニ＝ABCDEに／𛀁れバ＝ABCDあればEあれば、／ひら＝Eなし／ゐ＝BCDEい／おほさら＝BにほさらDおほざらEなし／ふた＝Eなし／袖＝BCD袂E袂／ニ＝ABCDEに／𛀁る＝ABCDあるEある。／ハ＝ABCDはEは、／ぶ＝ABCDEが／𛀁＝ABCDあEなし／つた＝Eなし／なゐ＝AふゐBCDないEない。／おれ＝AEなしBにれ／捕＝B獲CD獲E獲／て＝Eて、／ニ＝ABCDEに／ヿ＝CDEこと／𛀁る＝ABCDあるEある。／バ＝ABCDEば／ハ＝ABCDEは／トック＝BCDトツク／ま＝ABCDEに／だま＝Eなし／とほ＝Eなし／て＝Eて、／ハ＝ABCDEは／盗＝BCD盗E盗／はらゐ＝BCDEはらひ／ま＝ABCDEに／ニ＝ABCDEに／なゐ＝AふゐBCDないEない、／きま＝Eなし／。＝ABCD、／ま＝ABCDEに／ゑん＝AEなしBにんCDえん／𛀁＝ABCDEあ／ハ＝ABCDはEは、／𛀁る＝ABCDあるEある、／ニ＝ABCDEに／ぶ＝ABCDEが／て＝Eて、／ゐ＝BCDEい／ぶ＝ABCDEが／と＝Eと、／さ＝Eなし／ぶ＝ABCDEが／すぐ＝Eなし／ニ＝ABCDEに／四＝E四、／た＝Eた。／ぶ＝ABCDEが／チャント＝Eチャント／ぶ𛀁＝ABCDEがあ／ヿ＝CDEこと／ぶ＝ABCDEが／ら＝Eら、／脅＝BCD脅E脅／ニ＝ABCDEに／𛀁＝AEなしBCDあ／て＝Eて、／嶋＝B嶋CD島E島／濱＝BCD濱E濱／納涼＝E納涼／で＝AてEで、／不味ゐ＝A不味ゐBCD不味いE不味い／ゐもたこじる＝ABいもたこじるCDEいもだこじる／ゐ＝ABCDEか／ゐ＝ABCDEか／ゐ＝BCDEい／飲んで＝BCD飲でE飲んで、／ニ＝ABCDEに／五＝E五、／た＝Eた。／𛀁＝ABCDEあ／ゐ＝ABCDかEか、／ニ＝ABCDEに／ら＝Eら、／かはしも＝Eカハシモ／舩＝AE船BCD船／ニ＝ABCDEに／ヂヤラ＝CDジヤラEヂャラ／さわ＝BCDさわEなし／ゐ＝BCDEい／る＝Eる。／ぶ＝BCDEな／る＝Eる。／こつち＝Eなし／そこら＝Eソコラ／みつけだ＝Eなし／だ＝Eだ。／ゐま〳〵し＝BCDEいま〳〵し

⑦長與專齋。肥前大村出身。天保九年（一八三八）生、明治三十五年（一九〇二）没。福澤の後の緒方塾塾長、明治になり内務省衛生局長、元老院議官、貴族院議員等歴任。

やつら＝Eなし／、＝E。／な＝BCDEな／が＝ABCDEが／こちとら＝AあつちらBCDこちらEコチトラ／が＝ABCDEが／ま＝Eま、／二＝E二、／ら＝Eら、／プッツリ＝BCDプッツリ／や＝Eなし／だ＝Eだ。／ハ＝ABCDEは／い＝BCDEい／迯＝BCD迯E逃／が＝ABCDEが／な＝BCDEな／が＝Eが、／に＝ABCDEに／ケ＝BC箇D箇Eヶ／か＝ABCDEか／たつ＝Eなし／が＝ABCDEが／、＝Cなし E。／が＝ABCDEが／に＝ABCDEに／どこ＝Eなし／か＝ABCDEか／せき＝Eなし／ニ＝ABCDEに／き＝Eき、／ニ＝ABCDにEに、／に＝ABCDEに／ひど＝Eなし／い＝ABCDEい／やつ＝AEなし／ある＝ABCDあるEある。／ケ＝BCD箇／は＝ABCDEば／ばん＝Eバン／ニ＝ABCDEに／が＝ABCDEが／涼＝E涼／ら＝Eら、／て＝Eて、／に＝ABCDEに／中＝ABCDE中／うらおもて＝BうらにもてEなし／が＝ABCDがEが、／に＝ABCDEに／あぶ＝ABCDあぶEなし／ない＝AないBCDEない／で＝Eで、／が＝ABCDEが／た＝Eた。／か＝ABCDEか／四＝E四、／置て＝Aなし／迯＝BCD迯E逃／た＝Eた。／ニ＝ABCDEに／にく＝ABCDにくEなし／い＝BCDEい／あ＝ABCDEあ／あ＝ABCDEあ／と＝Eと、／こ＝BCDかEなし／が＝ABCDEが／を＝Eを、／ハ＝ABCDEは／い＝BCDEい／げしにん＝AげすにんBCDげしゆにんEなし／にハ＝ABCDEには／チヤント＝DチヤンとEチャント／覺＝A覺B覺えC覺ゆD覺えE覺え／があ＝ABCDEがあ／とも＝ABCDどもEども、／バ＝ABCDEば／に＝ABCDEに／にハ＝ABCDEには／置いた＝B置いたCD置いたE置いた。

福翁自傳（十六）緒方の塾風（四）時事新報明治三十一年八月廿一日（日）

ハ＝ABCDEは／に＝ABCDEに／おほぞん＝AおほそんBにほぞん／て＝Eて、／ハ＝ABCDEは／ニ＝ABCDEに／才＝BCD第E第／ハ＝ABCDはEは、／ニ＝ABCDEに／飲んで＝BCD飲で／宜＝BCD宜E宜／いあ＝BいあCDEいこ／い＝BCDいEい。／ハ＝ABCDEは／ひ＝Eひ、／あゝに＝ABあゝにCDEこゝに／ほつき＝Eなし／ニ＝ABCDEに／。＝ABCD、／ハない＝AはないBCDEはない／大笑で＝B大笑でC大笑でD大笑ひでE大笑で、／が＝ABCDEが／きのふ＝Eなし／た＝Eた。／コリヤ＝Eコリャ／面白い＝A面白いB面白いCD面白いE面白い、／コリヤ＝Eコリャ／可笑しい＝A可笑しいBCD可笑しいE可笑しい。／いつ＝BCDいつEなし／つゞ＝Eなし／う＝Eう。／も＝Eなし／い＝BCDいEい。／あす＝ABCDあすEなし／ハ＝ABCDEは／ニ＝ABCDEに／ない＝AないBCDEない／あるが＝ABCDあるがEあるが、／に＝ABCDEに／ニ＝ABCDEに／と＝Eと、／が＝ABCDがEが、／イ＝Eイ。／つゞ＝Eなし／。

奴等だ、あんな奴があるから此方等が貧乏するのだと云ひさま私の持てる小皿を二三枚投付けたら一番仕舞の一枚で三味線の音がプッツリ止んだ其時ハ急いで迯げたから人が怪我をしたかどうか分らなかつた所が不思議にも一ケ月ばかり経て其れが能く分つた、塾の一書生が北の新地に行て何處かの席で藝者ニ逢ふたとき其藝者の話ニ「世の中には酷い奴もある一ヶ月はかり前の夜ニ私がお客さんと舟で難波橋の下で涼んで居たら橋の上からお皿を投げて丁度私の三味線に中つて裏表の皮を打抜きましたが本當に危ない事で先づ〳〵怪我をせんのが仕合でした何處の奴か四五人連れで其皿を投げて置て南の方にドン〳〵迯げて行きました実ニ憎らしい奴もあればあるものと斯う〳〵藝者が話して居たと云ふのを私共ハ夫れを聞いて下手人にハチヤント覺があるけれとも云へバ面倒だから其同窓の書生にも其時にハ隠して置いた

烟＝AE煙

禁酒から烟草

又私ハ酒の為めに生涯の大損をして其損害ハ今日までも身ニ附て居ると云ふ其次才ハ緒方の塾ニ學問修業しながら兎角酒を飲んで宜いあとは少しもない是れハ済まぬ事だと思ひ恰も一念あゝに發起したやうニ断然酒を止めた。スルト塾中の大評判でハない大笑で「ヤア福澤が昨日から禁酒したコリヤ面白いコリヤ可笑しい何時まで續くだらう迚も十日は持てまい三日禁酒で明日ハ飲むニ違ひないなんて冷かす者ばかりであるが私も中々剛情に辛抱して十日も十五日も飲まずニ居ると親友の高橋順益が「君の辛抱はエライ能くも續く。見上げて遣るぞ。所が凡そ人間の習慣ハ仮令い悪い事でも頓ニ禁するあとハ宜しくない到底出来ない事だから君がいよ〳〵禁酒と決心したらば酒の代りに烟草を始めろ。何か一方ニ楽しみが無くてハ叶はぬと親切らしく云ふ所が私ハ烟草が大嫌いで是れまでも

=ABCD、/や=AEなし/。=ABCD、/ゔ=ABCDEが/凢=B凡CD凡E凡/ハ=ABCDはEは、/ゐ=BCDEひ/ゐ=BCDEい/頓=BC頓D頓E頓/ニ=ABCDEに/す=BCDEず/ホ=CDEこ/ハ=ABCDEは/宜=BCD宜E宜/ゐ=BCDいEい。/なゐ=AふゐBCDEない/ら=Eら、/ゔ=ABCDEが/ゐ=BCDEい/決=BC決D決E決/ば=Eば、/ま=ABCDEに/烟草=AE煙草BC烟草D煙草/。=ABC、Dなし/可=ABCDEか/ニ=ABCDEに/ゔ=ABCDEが/ハ=ABCDEは/ふ=Eふ。/ゔ=ABCDEが/ハ=ABCDEは/烟草=E煙草/ゔ=ABCDEが/だゐきら=BCDだいきらEなし/ゐ=BCDEひ/で=AてEで、

烟草=E煙草/さんぐ〳〵=CさんざんEなし/ま=ABCDEに/云ふて=BCD云てE云ふて、/ホ=CDEこ/譯けの=BCD譯のE譯の/の=Eなし/やつ=Eなし/ゔ=ABCDEが/ゐ。=Aゐ、BCDいEい。/ハ=ABCDEは/くさ=Eなし/きた=Eなし/たま=Eなし/ん=Eん。/おれ=BにれEなし/そば=Eなし/ハ=ABCDEは/の=Eなし/く=Eなし/て=Eて、/相想=BCD愛想E愛想/つ=BCDEづ/まるくち=BCDわるくちEなし/ら=Eら、/ニ=ABCDEに/ゔ=ABCDEが/烟草=E煙草/ハ=ABCDEは/どう=Eなし/まる=BCDわるEなし/ゐ=BCDEい/も=Eも、/バ=ABCDEば/ゐ=BCDいEい。/ん=Dれ/と=Eと、/ゔ=ABCDEが/烟草=BCD烟草E煙草/り=Eり、/烟管=E煙管/り=Eり、/ニ=ABCDEに/ご=Eなし/輕ゐ=BC輕いD輕いE輕い/烟草=E煙草/態々=BCD態々E態と/ゟ=ABCDEあ/きハ=ABCDぎはEぎは、/ゐ=BCDいEい。/ハ=ABCDEは/ゔ=ABCDEが/ふだん=Eなし/烟草=BCD烟草E煙草/まる=BCDわるEなし/ら=Eら、/ハ=ABCDEは/ゟゐつ=BCDEあいつ/喫烟者=ABCD喫烟者E喫煙者/ま=ABCDEに/や=Eなし/と=Eと、/ハ=ABCDEは/も=Eも、/ホつち=AなしBCDEこっち/ハ=ABCDEは/ら=Eら、/ゐや=BCDいやEなし/烟=BC烟D烟E煙/ニ=ABCDEに/て=Eて、/な=AEなし/ニ=ABCDEに、/ゐ=BCDEい/ゐ=BCDEい/ニ=ABCDEに/く=Eく、/凡=BCD風E風/た=Eた。/凢=B凡そCD凡そE凡そ/ヶ=BCD箇/たつ=Eなし/喫烟客=E喫煙客/ニ=ABCDEに/た=Eた。/ゔ=ABCDEが/。=ABCD、/ゐ=BCDいEい。/ハ=ABCDEは/ちよゐ=BCDちよいEなし/やつ=Eなし/たま=Eなし/ゐ=BCDいEい。/盃=BCD盃E盃、/ホ=CDEこ/りき=Eなし/も=Eも、/ふつ=Eなし/おと=BにとEなし/ゔ=ABCDEが/バ=ABCDEば/

同塾生の烟草を喫むのを散々ま悪く云ふて「ホんな無益な不養生な譯けの分らぬ物を喫む奴の気ゔ知れなゐ。何ハ扨置き臭くて穢なくて堪らん乃公の側でハ喫んで呉れるななんて相想つかしの悪口を云て居たから今ニなつて自分ゔ烟草を始めるのハ如何もきまりが悪ゐけれども高橋の説を聞けバ亦無理でもなゐ「そんなら遣て見やうかと云てそろ〳〵試ると塾中の者ゔ烟草を呉れたり烟管を貸したり中ニは是れは極く輕ゐ烟草だと云て態々買て来て呉れる者もゟると云ふやうな騒きハ何も本當な深切でも何でもなゐ実ハ私ゔ不断烟草の事を悪くばかり云て居たものだから今度ハ彼奴を喫烟者まして遣らうと寄つて掛つて私を愚弄するのハ分つて居るけれども此方ハ一生懸命禁酒の熱心だから忌な烟を無理ニ吹かして十日も十五日もそろ〳〵慣らして居る中ニ臭ゐ辛ゐものが自然ニ臭くも辛くもなく段々凡味が善くなつて来た凢一ヶ月ばかり經て本當の喫烟客ニなつた處ゔ例の酒だ。何としても忘れられなゐ卑怯とハ知りながら一寸と一盃遣て見ると堪らなゐモウ一盃ホれでお仕舞と力んでも徳利を振て見て音ゔすれバ我慢ゔ出来なゐとう〳〵三合の酒を皆飲んで仕舞て又翌日ハ五合飲む。五合三合従前の通りニなつて去らバ烟草の方は喫まぬむ可しの通りましやうとして是れも出来ず馬鹿〳〵しゐとも何とも譯けゔ分らなゐ迚も叶はぬ禁酒の發心一ヶ月の大馬鹿をして酒と烟と両刀遣ひニ成り果て六十餘歳の今年ニ至るまで酒ハ自然ニ禁したれども烟草ハ止みさうませず[註23]衛生の為め自から作せる損害と申して一言の辨解ハゟりません

が=ABCDEが／い=BCDいEい。／飲んで=BCD飲(のん)で／て=ABCDEて、／ハ=ABCDEは／。=ABCD、／もと=Eモト／ニ=ABCDEに／て=Eて、／バ=ABCDEば／烟草=BCD烟草(たばこ)E煙草／の=Eなし／か=BCDEか／に=ABCDEに／として=BCDEとしても／ず=Eず、／〳〵=BCD々々(ぐ)E々々／い=BCDEい／が=ABCDEが／い=BCDいEい。／發心=ABCD發心(ほつしん)E發心、／ヶ=BCD箇／烟=ABCD烟草E煙草／ニ=ABCDEに／な=AEなし／は=Eなし／て=Eて、／ニ=ABCDEに／で=Eで、／ハ=ABCDEは／ニ=ABCDEに／し=ABCDEじ／烟草=E煙草／ハ=ABCDEは／にせず=ABCDにもせずEにもせず、／作=BCDE作(な)／辨解=BCD辯解(べんかい)E辨解／ハあ=AはあBCDEはあ／ん=Eん。

が=ABCDEが／い=BCDEい／ニ=ABCDEに／うま=Eなし／い=BCDEい／さかな=AさかふEなし／こ=CDEこ／ハ=ABCDEは／い。=Aい、BCDい、Eい。／よる=Eなし／ニ=ABCDEに／か=ABCDEか／はしづめ=Eなし／に=ABCDEに／さかないち=AさかふいちBCDEさかないち／が=AかBCDEが／つ=BCDつ、Eつ。／さかな=AさかふEなし／ひけもの=Dしけもの／が=ABCDEが／い=BCDい、Eい。／てうすだらい=AてうずだらいBCDEてうづだらひ／て=Eて、／つくゑ=Eなし／こは=BCDこはEなし／まないた=BCDEまないた／に=ABCDEに／て=Eて、／小柄=A小柄(こづか)BCDE小柄(こづか)／こしら=AEなし／え=BCDEへ／ハ=ABCDEは／が=ABCDがEが、／ハ=ABCDEは／が=ABCDEが／い=BCDEい／いつ=BCDいつEなし／さかならひ=AさかふあらひBCDEさかなあらひ／に=ABCDEに／。=AなしBCD、／ハ=ABCDEは／で=Eで、／坂=BCDE阪／に=ABCDEに／所=BCDE處／があ=ABCDEがあ／て=Eて、／だと云ふから=Aだから／ニ=ABCDEに／行ふ=BC行(ゆ)かうDE行かう／が=ABCDEが／た=Eた。／あつち=ABCDEあつち／に=ABCDEに／のみく=ADEなし／し=BCDEし／こ=CDEこ／ら=Eら、／ニ=ABCDEに／さかな=AさかふEなし／ひけもの=DしけものEなし／て=Eて、／かいとゝの=BCDかひとゝのEなし／て=Eて、／に=ABCDEに／えて=BCDへてEへて、／に=ABCDEに／て=Eて、／て=Eて、／凢=A凡B凡(によ)C凡(およ)DE凡／四=E四、／う=Eう、／しゆんもち=BCDEじゆんもち／に=ABCDEに／に=ABCDEに／て=Eて、／のみく=Eなし／に=ABCDEに／に=ABCDEに／坂=BCDE阪／ニ=ABCDEに／當て=BCDE當(あたつ)て／、=BCDなしE。／すぎ=Eなし／、=E。／だ=Eだ。／に=ABCDEに／に=ABCDEに／、=B

帰=E歸／ニ=AEに

桃山から帰て火事場ニ働く

塾中兎角貧生が多いので料理茶屋ニ行て旨(うま)い魚(さかな)を喰ふことハ先づ六かしい。夜(よる)ニなると天神橋か天満橋の橋詰(はしづめ)に魚市(さかないち)が立つマア云はゞ魚(さかな)の残物(ひけもの)のやうなもので直(ね)が安い夫れを買て来て洗手盥(てうすだらい)で洗て机(つくゑ)の毀(こは)れたのか何かを爼(まないた)にして小柄(こづか)を以て拵(こしら)えると云ふやうな事ハ毎度遣て居たが私ハ兼て手の先きが利いてるから何時(いつ)でも魚洗(さかなあらひ)の役目に廻つて居た。頃ハ三月桃の花の時節で大坂の東に桃山と云ふ所[註24]があつて盛りだと云ふから花見ニ行ふと相談が出来た迚も彼方(あつち)に行て茶屋で飲食(のみく)ひしやうと云ふことは叶はぬから例の通り前の晩ニ魚(さかな)の残物(ひけもの)を買て来て其外氷豆腐だの野菜物だの買調(かいとゝの)へて朝早くから起きて匆々(さうさう)に拵えてそれを折か何かに詰めてそれから酒を買て凡そ十四五人も同伴(つれ)があつたらう辨當を順持(じゆんもち)にして桃山に行てさん〴〵飲食(のみく)ひして宜(い)い機嫌になつて居る其時に不図(ふと)西の方を見ると大坂の南ニ當て大火事だ、日は餘程落ちて昔の七ッ過(すぎ)、サア大変だ丁度其日に長與專齋が道頓堀の芝居を見に行て居る[註25]、吾々花見連中ハ何も大坂の火事に利害を感ずることはないから焼けても焼けぬでも如何(どう)も搆(かま)はないけれども長與が行て居る若しや長與が焼死(やけしに)はせぬか何でも長與を救出(すくひだ)さなければならぬと云ふので桃山から大坂まで二三里の道をどん〳〵駈けて道頓堀ニ駈付けて見た所が疾(と)うに焼けて仕舞ひ三芝居あつたが三芝居とも焼けて段々北の方に焼延びて居る長與は如何(どう)したらうかと心配したものゝ迚も捜(さが)す訳けに行かぬ、間もなく日が暮れて夜になつた、もう夜になつては長與の事は仕方がない「火事を見物しやうぢやないかと云て其火事の中へどん〳〵這入て行た、所が荷物を片付けるので大騒ぎ、それから其荷物を運(はこ)んで遣らうと云ふので夜具包か何の包か風呂敷包を擔(かつ)いだり簞笥を擔いだりなら〳〵働い

CDなしE。／ハ＝ABCDEは／坂＝BCDE阪／尓＝ABCDEに／古と＝BとCDEことゝ／ら＝Eら、／如何も＝BCDEなし／搆(かま)＝BCD構(かま)E構／伊＝BCDEい／も＝Eも、／る＝BCDる、Eる。／焼死(やけしに)＝ABCE焼死D焼死／か＝Eか。／救出(すくひだ)＝BCD救ひ出E救ひ出／で＝Eで、／坂＝BCDE阪／まて＝AEまでBCD迄／二＝E二、／〳〵＝CD〴〵／て＝Eて、／ニ＝ABCDEに／が＝Eが、／と＝Eなし／尓＝ABCDEに／ひ＝Eひ、／て＝Eて、／尓＝ABCDEに／る＝Eる。／どう＝Eなし／志＝ABCDEし／ゝ＝Eゝ、／さが＝Eなし／尓＝AにはBCDEに／、＝E。／尓＝ABCDEに／、＝CなしE。／尓＝ABCDEに／い＝A伊Eい。／志＝BCDEし／て＝Eて、／、＝E。／、＝E。／は古＝BCDはこEなし／で＝Eで、／か＝Eか、／かつ＝Eなし／なぅ〳〵＝Aふか〳〵BCD中々(なか〳〵)Eなか〳〵

、＝ADなし／と＝Eと、／坂＝BCDE阪／ニ＝ABCDEに／古＝CDEこ／ふ＝Eふ。／、＝DなしE。／くゎ＝AくわBCDくはEなし／る＝Eる、／る＝Eる。／どう＝Eなし／え＝BCDEへ／、＝E。／さんぐ〳〵＝Aさん〳〵BCD散々(さん〴〵)／尓＝ABCDEに／う＝Eう。／尓＝ABCDEに／、＝E。／る＝Eる。／た＝Eた。／坂＝BCDE阪／尓＝ABCDEに／らく＝Eなし／で＝Eで、／まはり＝Eなし／伊が＝BCDいがEいが、／尓＝ABCDEに／で＝Eで、／、＝E。／ない＝Aふ伊Eない。／尓＝ABCDEに／トヤ〳〵＝ADEドヤ〳〵BCドヤ〴〵／る＝Eる。／へ＝BCDEゑ／けやぶ＝Eなし／尓＝ABCDEに／、＝E。／尓＝ABCDEに／黒人＝BCDE黒人(くろうと)／尓＝ABCDEに／で＝Eで、／古＝CDEこ／た＝Eた。

自傳才五（封筒表）

志＝ABCDEし／が＝Eが、／相互＝BCDE相互(あひたがひ)／柄＝BC柄(がら)D柄(がら)E柄／で＝Eで、／決＝BC決(けつ)D決(けつ)E決／を＝Dなし／志＝BCDEし／古と＝BとCDEこと／い＝A伊Eい。／、＝BCDなし／尓＝ABCDEに／尓＝ABCDEに／ぢ＝BCDEじ／古と＝ACDEことBと／も＝Eも、／決＝DE決／絶えて＝B絶(たね)てCD絶(たえ)て／で＝Eで、／尓＝ABCDEに／志＝ABCDEし／尓＝ABCDEに／た＝ABCDなし／古と＝ACDEことBと／伊＝BCDいEい。／仮令＝BCD假令(たと)E假令／志て＝ABCDしてEして、／で＝Eなし／て＝Eて、／。＝ABCD、／ハ＝ABCDEは／宜＝BCD宜(よろ)E宜／伊。＝A伊、BCDEい、／。＝ABCDE、／て＝ABCDEで／。＝ABCDE、／ハ＝ABCDEは／尓＝ABCDEに／る＝Eる、／バ＝ABCDEば／ハ＝ABCDEは／尓＝ABCDEに／う＝Eう、／来伊＝BCD來(こ)いE來い、／苦しく＝AE苦しくBCD苦(くるし)く／伊＝BCDEい／て＝Eて、／ニ＝ABCDE

て、*段々進で行くと*其時大坂*では焼ける家の柱ニ*綱を付けて家を引倒すと云ふ古*とがある其綱を引張つて呉れと云ふ*「よし来たと其綱を引張る、*所が握飯を喰(くゎ)*せる*酒を飲ませる*如何(どう)*も堪(こた)*えられぬ面白い話だ、**さん〴〵酒を飲み握飯を喰て八時頃尓*もなりましたらう*夫れから一同塾尓*帰た、*所がマダ焼けて居る*「もう一度行かうではないかと又出掛けた*其時の大坂*の火事と云ふものは誠尓**楽(らく)なもので*火の周圍(まはり)*だけは大変騒々し伊*が火の中へ這入ると誠尓*静なもので*一人も人が居らぬ位、*どうもない*只其周圍の處尓*人がトヤ*〳〵群集して居るだけである*夫れゆへ*大きな声を出して蹴破(けやぶ)*つて中へ飛込みさへすれば誠尓*楽な話だ、**中尓*は火消の黒人と緒方の書生だけで大尓*働いた事があると云ふやうな訳けで*随分活潑な事をやつた古*とがありました*

一体塾生の乱暴と云ふものは是れまで申志*た通りであるが*其塾生同士相互*の間柄*と云ふものは至て仲の宜いもので**決して争などを志**た古**とはない勿論議論はする、*いろ〳〵の事尓*就て互尓*論ぢ*合ふと云ふ古*とはあつても決して喧嘩をするやうな事は絶えてない事で*殊(こと)*尓*私は性質と志*て朋友と本氣尓*なつて争ふた古**とはな伊*仮令ひ議論をすればとて面白い議論のみを志*て例へば赤穗(あかほ)義士の問題が出(で)*註26て義士は果して義士なるか不義士なるかと議論が始まる。*スルト私ハどちらでも宜し伊*。義不義。*口の先きて自由自在。*君が義士と云へば僕ハ*不義士尓*する君が不義士と云へバ*僕ハ*義士尓*して見せやう*サア来(こ)伊*幾度来ても苦(くる)*しくな伊*と云て敵ニ*為り味方ニ*為り*散々(さん〴〵)*論して勝つたり肩*けたりするのが面白伊*と云ふ位な毒のな伊*議論ハ毎度大聲で遣(や)*つて居たが本當尓*顔を赧*らめて如何(どう)あつても是非を分つて了(しま)*はなければならぬと云ふ実(み)の入(いつ)た議論を志**た古*とは決*してない*凡そ斯(か)う云ふ風で外尓*出ても亦内尓*居ても乱暴もすれば議論もする*

に／ニ＝ABCDEに／り＝Eり、／さんぐ〳〵＝Eなし／し＝ABCDEじ／勝つた＝BCD勝た／屓＝BC負D貭E負／𛀆＝BCDEい／な＝Eな、／𛀆＝BCDEい／ハ＝ABCDEは／遣つて＝BCD遣てE遣つて／が＝Eが、／𛁇＝ABCDEに／𛀄𛀙＝ABCDEあか／しま＝Eなし／を＝BCDは／𛁅＝ABCDEし／𛀻＝CDEこ／決＝DE決／ない＝Aふ𛀆BCDないEない。／で＝Eで、／𛁇＝ABCDEに／𛁇＝ABCDEに／も＝Eも、／る＝Eる。

一寸＝BCD一寸とE一寸と／一目＝B一目CE一目D一目／は＝Eは、／𛁇＝ABCDEに／ワイ〳〵＝Aロイ〳〵／𛁅＝ABCDEし／が＝Eが、／そ𛀻＝ABCDEそこ／𛁇＝ABCDEに／決＝BC決D決E決／い＝A𛀆Eい。／𛀻＝ACDEこ／𛁇＝ABCDEに／は＝Eは、／𛁇＝ABCDEに／ニ＝ABCDEに／で＝DEなし／ば＝Eば、／𛄚づら＝BCDEわづら／𛁇＝ABCDEに／𛁇＝ABCDEに／が＝Eが、／坐＝BCD坐E坐／くゝ＝Eなし／𛁇𛁅＝ABCDEにし／𛀙゙＝ABCDがEが、／おひ〳〵＝AEなしBをひCDおひ〳〵／𛁇＝ABCDEに／𛁅＝ABCDEし／で＝Eで、／ひ＝Eひ、／𛁇＝ABCDEに／𛁇＝ABCDEに／𛁅＝ABCDEし／で＝Eで、／𛀄＝ABCDEあ／𛁇＝ABCDにEに、／𛁅て見たい＝Aした𛀆BDして見たいCEして見たい／云つた＝BCD云た／が＝Eが、／𛁇＝ABCDEに／さが＝Eなし／で＝Eで、／た＝Eた。／𛁇＝ABCDEに／遂＝BCDE遂／𛁅＝ABCDEし／𛀻＝ACDEこ／ない、＝Aふ𛀆、Dない／構＝BCD構E構／ぬ＝Eぬ、／い＝A𛀆Eい、／ね＝Eなし／𛁇＝ABCDEに／。＝A、BCDなし／𛁇＝ABCDEに／睡＝BCD眠E眠／ば＝Eば、／𛁇＝ABCDEに／つゝぷ＝Dつつぷ／か＝Eか、／と𛀻ぶち＝BCDとこぶちEとこぶち／𛁇＝ABCDEに／か＝Eか、／𛁇＝ABCDEに／𛀆＝BCDEい／𛁅＝ABCDEし／と＝BCDEゝ／𛀻＝CDEこ／𛁅＝ABCDEし／𛀻＝CDEこ／い＝A𛀆Eい。／𛁇＝ABCDEに／て＝Eて、／だ＝Eだ、／𛀻＝CDEこ／た＝Eた。／う＝Eう。／ニ＝ABCDEに／𛀆＝BCDいEい、／ハ＝ABCDEは／で＝Eで、／𛁇＝ABCDEに／𛁇＝ABCDEに／𛁅＝BCDEし／𛁇＝ABCDEに／𛁅＝ABCDEし／た＝Eた。

福翁自傳（十七）緒方の塾風（五）時事新報明治三十一年八月廿四日（水）

𛁇＝ABCDEに／這入つて＝BCD這入て／𛁇＝ABCDEに／る＝Eる。／𛁇＝ABCDEに／飲んで＝BC飲でD飲で／よい＝Aよ𛀆BCDよひEヨヒ／𛁇＝ABCDEに／る＝Eる。／。＝ABCDE、／ヒヨイ＝Eヒョイ／む＝Eむ。／よ𛀄け＝ABCDEよあけ／て＝Eて、

ソレ故一寸一目見た所では——今までの話だけを聞た所では*如何𛁇*も学問どころの事ではなく唯ワイ*〳〵𛁅*て居たのかと人が思ふでありませうが其*處*の一段𛁇*至ては決*して爾うでない*学問勉強と云ふ

塾生の勉強

𛀻*と𛁇*なつては*當時世の中𛁇*緒方塾生の右ニ*出る者はなからうと思はれる其一例を申せば*私が安政三年の三月熱病を煩*ふて幸𛁇*全快𛁇*及んだが*病中は括枕で坐*蒲團か何かを括*つて枕𛁇*𛁅て居た𛀙゙*追*々元の体𛁇*恢復𛁅*て来た所で*只の枕をして見たいと思ひ*其時𛁇*私は中津の倉屋敷𛁇*兄と同居𛁅*て居たので*兄の家来が一人𛀄*る[註27]其家来𛁇*只の枕を𛁅*て見たいから持て来いと云*つたが*枕がない、どんな𛁇*捜*してもないと云ふので*不図思付いた*是れまで倉屋敷𛁇*一年ばかり居たが遂*ぞ枕を𛁅*た𛀻*とがない*、と云ふのは時は何時でも構*はぬ*殆んど晝夜の区別はない*日が暮れたからと云て寝*やうとも思はず頻り𛁇*書を讀んで居る。*讀書𛁇*草臥れ睡*くなつて来れば*机の上𛁇**突臥して眠るか*或は床の間の床側*を枕𛁇*して眠るか遂ぞ本当𛁇*蒲團を敷𛀆*て夜具を掛けて枕を𛁅*て寝るなど*と云ふ𛀻*とは只の一度も𛁅*た𛀻*とがない*其時𛁇*始めて自分で氣が付て*「成程枕はない筈*だ是れまで枕をして寝た𛀻*とがなかつたからと始めて気が付きました*是れでも大抵趣が分りませう*是れは私一人が別段ニ*勉強生でも何でもな𛀆*同窓生ハ*大抵皆そんなもので*凡そ勉強と云ふこと𛁇*就ては実𛁇*此上𛁇**為やうはないと云ふ程𛁇*勉強𛁅*て居ました*

それから緒方の塾𛁇**這入つてからも私は自分の身𛁇*覺えがある夕方食事の時分𛁇*若し酒があれば酒を飲*んで初更𛁇*寝る*一寝して目が覺めると云ふのが今で云へば十時か十時過。*それからヒ*ヨイと起きて書を讀む*夜明まで書を讀んで居て*臺所の方で塾の飯炊

と＝Eと、／に＝ABCDEに／。＝ABCD、／**て**＝Eて、／**まゝ**＝Eなし／に＝ABCDEに／に＝ABCDEに／**て**＝Eて、／に＝ABCDEに／**帰つて**＝BCD歸てE歸つて／**が**＝Eが、／に＝ABCDEに／**常極**＝B常極CDE常極／**た**＝Eた。／**ぞと**＝BCDEどゝ／**搆**＝BCD構E構／**い**＝AいBCDいEい。／**も**＝Eも、／**か**＝Eか、／**一寸**＝BC一寸D一寸／**云つた**＝ABC云たD云た／ヿ＝CDEこ／**ない、**＝Aない、Eない。／**は**＝Eは、／**からだ**＝Eなし／**か**＝Eか、／ヿ＝CDEこ／に＝ABCDEに／**思ふて**＝BC思てD思て／**る**＝Eる。

どう＝Eなし／**と**＝Eと、／に＝ABCDEに／し＝ABCDEし／**何にも**＝A何にもBCD何もE何も／。＝BCD、／に＝ABCDEに／**え**＝BCDEへ／**と**＝Eと、／に＝ABCDEに／**る**＝Eる。／**ひ**＝Eひ、／**ふ**＝Eふ。／に＝ABCDEに／。＝BCDE、／**授ける**＝BCD授る／に＝ABCDEに／し＝ABCDEし／。＝BCD、／**よみおは**＝BCDEよみをは／**通り**＝BCD通／にし＝ABCDEにし／。＝BC、Dなし／**どう**＝AEなし／**こ**＝BCDかEなし／に＝ABCDEに／**る**＝Eる。／**ヿと**＝BCDとEこと／に＝ABCDEに／**て**＝Eて、／**て**＝Eて、／に＝ABCDEに／**付**＝D附／**で**＝Eで、／に＝ABCDEに／**と**＝Eと、／**ハ**＝ABCDEは／に＝ABCDEに／**まか**＝Eなし／ヿ＝CDEこ／に＝ABCDEに／**て**＝Eて、／**ハ**＝ABCDEは／**ニ**＝ABCDEに／**ず**＝Eず、／い＝BCDいEい。／**ニ**＝ABCDEに／い＝BCDいEい。／**ニ**＝ABCDEに／**ず**＝Eず、

がコト〳〵飯を焚く仕度をする音が聞えるとそれを相図に又寝る。寝て丁度飯の出来上つた頃起きて其儘湯屋に行て朝湯に這入てそれから塾に帰つて朝飯を給べて又書を讀むと云ふのが大抵緒方の塾に居る間殆んど常極りであつた勿論衛生なぞと云ふことは頓と搆はない全体は医者の塾であるから衛生論も喧しく言ひさうなものであるけれども誰も氣が付かなかつたのか或は思出さなかつたのか一寸でも喧しく云つたことはない、それで平氣で居られたと云ふのは考へて見れば身体が丈夫であつたのか或は又衛生々々と云ふやうなことを無闇に喧しく云へば却て身体が弱くなると思ふて居たのではないかと思はれる

原書寫本會讀の法

書＝E E′本／寫＝A冩E寫

それから塾で修業する其時の仕方は如何云ふ塩梅であつたかと申すと先づ始めて塾に入門した者は何にも知らぬ。何も知らぬ者に如何して教えるかと云ふと其時江戸で飜刻になつて居る和蘭の文典が二冊ある[註28]一をガランマチカと云ひ一をセインタキスと云ふ初学の者には先づ其ガランマチカを教へ。素讀を授ける傍に講釈をもして聞かせる。之を一冊讀了るとセインタキスを又其通りにして教へる。如何やら斯うやら二冊の文典が解せるやうになつた所で會讀をさせる會讀と云ふことは生徒が十人なら十人、十五人なら十五人に會頭が一人あつて其会讀するのを聞て居て出来不出来に依て白玉を附けたり黒玉を付けたりすると云ふ趣向でソコで文典二冊の素讀も済めば講釈も済み会讀も出来るやうになると夫れから以上ハ専ら自身自力の研究に任せることにして會讀本の不審ハ一字半句も他人ニ質問するを許さず又質問を試みるやうな卑劣な者もない緒方の塾の蔵書と云ふものは物理書と醫書と此二種類の外ニ何もないソレモ取集めて僅か十部ニ足らず固より

和蘭から舶来の原書でゐるが一種類唯一部ニ限つてゐるから文典以上の生徒まなれバ如何しても其原書を寫さなくてハならぬ銘々ま寫して其寫本を以て毎月六才位会讀をするのであるが之を寫すま十人なら十人一緒ま寫す訳けま行かないから誰が先ま寫すかと云ふことは籤で定めるので扨其寫しやうは如何すると云ふま其時まは勿論洋紙と云ふものはない皆日本紙で紙を能く磨て真書で寫す。[註29] それはどうも埒が明かない埒が明かないから其紙に礬水をして夫れから筆は鵞筆で以て寫すのが先づ一般の凡でゐつた其鵞筆と云ふのは如何云ふものであるかと云ふと其時大坂の薬種屋か何かま鶴か雁かは知らぬが三寸ばらりま切た鳥の羽の軸を賣る所が幾らもある是れは鰹の釣道具まするものとやら聞ゐて居た價は至極安い物でそれを買て磨澄ました小刀で以て其軸をペンのやうま削つて使へバ役ニ立つ夫れから墨も西洋インキのあられやう訳けはない日本の墨壷と云ふのは磨た墨汁を綿か毛氈の切布に浸して使ふのであるが私などが原書の寫本ま用るのは只墨を磨たまゝ墨壷の中ま入れて今日のインキのやうまして貯へて置きます斯云ふ次才で塾中誰でも是非寫さなければならぬから寫本はなか〳〵上達して上手でゐる一例を挙ぐれば一人の人が原書を讀む其傍で其讀む声がちやんと耳ま這入て颯々と寫してスペルを誤るぁとぶないゐ斯う云ふ塩梅ま讀むと寫すと二人掛りで寫したり又一人で原書を見て寫したりして出来上れバ原書を次の人ま廻す。其人が寫了ると又其次の人ぶ寫すと云ふやうま順番まして一日の會讀分は半紙まして三枚か

自身自力の研究

或は四五枚より多くハないゐ扨その寫本の物理書医書の會讀を如何するかと云ふま講釈の為人もなければ讀で聞かして呉れる人もない内證で教へるぁとも聞くぁとも書生間の耻辱として萬々一も之を犯す

ゐ=ABCDEあ/が=Eが、/ニ=ABCDEに/かぎ=Eなし/ゐ=ABCDEあ/ら=Eら、/ま=ABCDEに/バ=ABCDEば/どう=Eなし/ハ=ABCDEは/ぬ=Eぬ。/銘々=BC銘々D銘々〳〵/ま=ABCDEに/て=Eて、/六才=BC六才D六回/が=Eが、/ま=ABCDEに/訳けま=A訳けにはBCD譯けにE譯けに/ら=Eら、/ま=ABCDEに/で=Eで、/うつ=Eなし/どう=Eなし/ま=ABCDにEに、/ま=ABCDEに/い=AゐEい、/で=Eで、/ぇんかき=ABCDEしんかき/。=BCD、/埒=BCDE埒/い=AゐEい。/埒が明かない=A埒が明かなゐBCDなし/ら=Eら、/どうさ=Eだうさ/て=Eて、/がぺん=Eなし/凡=AE風BCD風/ゐ=ABCDEあ/た=Eた。/がぺん=Eなし/どう=Eなし/と=Eと、/坂=BCDE阪/ま=ABCDにEに、/が=Eが、/ら=ABCDEか/ま=ABCDEに/る=Eる。/ま=ABCDEに/聞ゐて=BCD聞てE聞いて/た=Eた。/で=Eで、/て=Eて、/こがたな=Aこがたふ/ま=ABCDEに/けづ=Eなし/バ=ABCDEば/ニ=ABCDEに/つ=Eつ。/い=AゐEい。/は=Eは、/すつ=Eなし/ぇた=AEなしBCしたDひた/が=Eが、/ま=ABCDEに/用る=BCD用ふる/は=Eは、/ま=ABCDEに/す=Eす。/斯=BCD斯うE斯う/才で=BCD第でE第で、/なか〳〵=Aふか〳〵BCD中々/ゐる=ABCDあるEある。/ば=Eば、/ひとり=Eなし/で=Eで、/ま=ABCDEに/て=Eて、/ぁ=CDEこ/ぶ=ABCDEが/ゐ=BCDいEい。/こ=BCDかEなし/ま=ABCDEに/り=Eり、/て=Eて、/できゐが=ABCDできあがEなし/バ=ABCDEば/ま=ABCDEに/。=BCDなし/うつしおは=BCDうつしをはEなし/ぶ=ABCDEが/ま=ABCDEに/て=Eて、/ま=ABCDEに/四=E四、/ハ=ABCDEは/なゐ=AふゐBCDないEない。/ま=ABCDにEに、/ぇて=ABCDEして/讀で=BCD讀んでE讀んで/ない=AふゐEない。/ぁ=CDEこ/ぁ=CDEこ/耻=BC耻D恥E恥/て=Eて、

ハない＝AはないBCDはないEはない。／ぬ＝Eぬ。／に＝ABCDEに／に＝ABCDEに／ニ＝ABCDEに／たよ＝AEなし／に＝ABCDEに／ハない＝AはないBCDはないEはない。／は＝Eは、／こゝ＝ABCDEこゝ／に＝ABCDEに／る＝Eる。／なか〳〵＝BCD中々／で＝Eで、／る＝Eる。／え＝BCDEへ／こ＝CDEこ／なか〳〵＝Aふか〳〵BCD中々／に＝ABCDEに／い＝AいE い。／嶋＝CDE島／に＝ABCDEに／し＝ABCDEし／ル、ツ＝BCル ヅEル・ヅ／が＝Eが、／し＝ABCDEし／で＝Eで、／惟＝BCD唯E唯／あが＝AEなしBCDあが／れ＝Eれ、／て＝Eて、／に＝ABCDEに／し＝BCDEし／ら＝Eら、／に＝ABCDEに／合つて＝BCD合てた＝Eた。／立上＝BCDE立上／ウエランド＝BCDウエーランドEウェーランド／、＝BCDなしE。／る＝Eる。／ウエランド＝BCDウエーランドEウェーランド／、＝E。／ウエランド＝BCDウエーランドEウェーランド／氣遣＝BCDE氣遣／ない＝AないBCDない、Eない。／へ＝BCDEゑ／み＝Eみ。／て＝Eて、／は＝Eは、／如何＝BCDE如何／懶惰生＝BD懶惰生C懶惰生／ね＝Eなし／こ＝CDEこ／ハ＝ABCDEは／ない＝AないEない。／あ＝ABCDEあ／に＝ABCDにEに、／し＝BCDEし／る＝Eる。／に＝ABCDEに／なる。＝Aふる、BCDなる、／に＝ABCDEに／る＝Eる。／で＝Eで、／人＝E人、／に＝ABCDEに／に＝ABCDEに／して＝ABCDじてEじて、／に＝ABCDEに／す＝Eす。／に＝ABCDEに／す＝Eす。／げ＝Aなし／淂＝AE得B得C得／、＝Dなし／そこ＝BCDEそこな／に＝ABCDEに／読で＝BCD讀んでE讀んで／しま＝Eなし／。＝BC、Dなし／で＝Eで、／七＝E七、／に＝ABCDEに／た＝DてEた。／さう＝Bさ／才＝BCD第E第

者*ハない唯自分一人で以てそれを讀砕かなければならぬ*讀砕く*には文典を土臺*にして辭書*ニ便*る外*に道*ハない其辭書と云ふものは此處**に*ヅーフと云ふ寫本の字引[註30]が塾*に一部ある*是れはなか*〳〵大部なもので*日本の紙で凡そ三千枚ある之*を一部拵える*と云ふこ*とはなか*〳〵大きな騒ぎで容易に*出来たものではない*是れは昔長崎の出嶋**に在留し*て居た和蘭のドクトル、*ヅーフと云ふ人が*ハルマと云ふ獨逸和蘭對譯⑧の原書の字引を飜譯し*たもので*蘭学社会惟*一の寶書と崇め*られ*夫れを日本人が傳寫して*緒方の塾中に*もたつた一部し*かないから*三人も四人もヅーフの周圍に*寄合*つて見て居た*夫れからモウ一歩立*上ると*ウエランドと云ふ和蘭の原書の字引[註30]が一部ある、*それは六冊物で和蘭の註が入れてある*ヅーフで分らなければ*ウエランドを見る、*所が初学の間はウエランドを見ても分る氣遣*はない*夫ゆへ*便る所は只ヅーフのみ*会讀は一六とか三八とか大抵日が極つて居て*いよ〳〵明日が会読だと云ふ其晩は**如何な懶*惰生でも大抵寝*るこ*とハ*ない*ヅーフ部屋と云ふ字引のあ*る部屋に*五人も十人も群をなし*て無言で字引を引きつゝ勉強して居る*夫れから翌朝の会読に**なる。会読をするに*も籤で以て此處から此處まで誰と極めてする*会頭は勿論原書を持て居るので*五人なら五人、十人なら十人*自分に*割当てられた所を順々に*講して*若し其者が出来なければ次に*廻す*又其人も出来なければ其次に*廻す*其中で解*し淂*た者は白玉、*解し傷ふ*た者は黒玉、夫れから自分の讀む領分を一寸でも滞りなく立派に**読で了*つたと云ふ者は白い三角を付ける。*是れは只の丸玉の三倍ぐらゐ優等な印で*凡そ塾中の等級は七*八級位に*分けてあつた*而*して毎級才*

⑧正しくはオランダ語とフランス語の対訳辞書である。

を＝CDは／ヶ＝BCD箇／で＝Eで、／バ＝ABCDばEば、／が＝ABCDEが／ニ＝ABCDEに／聞いて＝BCD聞てE聞いて／に＝ABCDEに／才＝BCD弟E弟／にあ＝ABCDEにあ／も＝Eも、／ニ＝ABCDEに／ハ＝ABCDEは／ニ＝ABCDEに／まか＝Eなし／搆＝BCD構E構／が＝ABCDEが／い＝BCDEい／ら＝Eら、／ハ＝ABCDEは／ニ＝ABCDEに／だ＝Eだ。／に＝ABCDEに／ば＝Eば、／むなし＝AむふしDむな／ふ＝BCDEう／ニ＝ABCDEに／なる＝AふるEなる、／に＝ABCDEに／六ヶ敷い＝BCD六かしいE六かしい／で＝Eで、／て＝Eて、／し＝ABCDEし／り＝Eり、／ハ＝ABCDEは／ニ＝ABCDEに／こ＝CDEこ／ある＝ABCDあるEある。／ハ＝ABCDEは／あ＝ABCDEあ／が＝ABCDがEが、／に＝ABCDEに／聞いて＝BCD聞てE聞いて、／こ＝CDEこ／こ＝CDEこ／ニ＝ABCDEに／。＝BCDE、／ニ＝ABCDEに／あ＝ABCDEあ／こ＝CDEこ／ハ＝ABCDEは／で＝Eで、／ニ＝ABCDEに／ニ＝ABCDにEに、／ハ＝ABCDEは／どう＝Eなし／い。＝BCDい、Eい。／なん＝Eなし／か＝ABCDEか／ハ＝ABCDEは／頓ニ＝A頓とBC頓にD頓にE頓に／ニ＝ABCDEに／ハ＝ABCDEは／ニ＝ABCDEに／へ＝BDEえCゑ／す＝Eす。／に＝ABCDEに／に＝ABCDEに／は＝Eは、／舞つた＝BCD舞た／で＝Eで、／に＝ABCDEに／に＝ABCDEに／で＝Eで、／に＝ABCDEに／ニ＝ABCDEに／に＝ABCDEに／た＝Eた。／に＝ABCDEに／も＝Eも、／胡魔化＝BC胡魔化D胡麻化E胡麻化／た＝BCDる／こ＝ACDEこ／く＝Eく、／に＝ABCDEに／行れ＝B行はれCD行はれE行はれ／居つた＝BCD居た／ら＝Eら、／ことに＝ACDEことにBとに／た＝Eた。

福翁自傳（十八）緒方の塾風（六）時事新報明治三十一年八月廿八日（日）

に＝ABCDEに／る＝Eる。／どう＝Eなし／し＝BCDEし／こ＝CDEこ／る＝Eる。／こ＝ACDEこ／種子＝BCDE種子／に＝ABCDEに／た＝Eた。

一番の上席を三ヶ月占めて居れば登級すると云ふ規則で會讀以外の書なれバ先進生が後進生ニ講釋もして聞かせ不審も聞いて遣り至極深切にして兄才のやうにあるけれども會讀の一段ニなつてハ全て當人の自力ニ任せて搆ふ者がないから塾生ハ毎月六度づゝ試驗ニ逢ふやうなものだ爾う云ふ訳けで次第々々に昇級すれば殆んど塾中の原書を読尽して云はゞ手を空ふするやうな事ニなる其時には何か六ヶ敷いものはないかと云ふので実用もない原書の緒言とか序文とか云ふやうな者を集めて最上等の塾生だけで会読をしたり又ハ先生ニ講義を願たこともある私などハ即ち其講義聴聞者の一人でありしが之を聴聞する中にも様々先生の説を聞いて其緻密なること其放膽なること実ニ蘭学界の一大家。名実共ニ違はぬ大人物であると感心したことハ毎度の事で講義終り塾ニ帰て朋友相互ニ「今日の先生の彼の卓説ハ如何だい。何だか吾々ハ頓ニ無學無識ニなつたやうだなど丶話したのハ今ニ覺へて居ます⑨

市中に出て大に酒を飲むとか暴れるとか云ふのは大抵会読を仕舞つた其晩か翌日あたりで次の会読までにはマダ四日も五日も暇があると云ふ時に勝手次第に出て行たので会読の日に近くなると所謂月ニ六回の試験だから非常に勉強して居ました書物を能く読むと否とは人々の才不才にも依りますけれども兎も角も外面を胡魔化して何年居たから登級するの卒業するのと云ふことは絶えてなく正味の実力を養ふと云ふのが事実に行れて居つたから大概の塾生は能く原書を讀むことに達して居ました

寫＝E寫

寫本の生活[註31]

ヅーフの事に就て序ながら云ふことがある如何かすると其時でも諸藩の大名が其ヅーフを一部寫して貰ひたいと云ふ注文を申込で来たことがあるソコで其寫本と云ふことが又書生の生活の種子になつた

る＝Eる。／で＝Eで、／。＝BCDE、／文＝E文、／に＝ABCDEに／よほど＝Eなし／わ＝AEなしBCDわ／が＝ABCDEが／宜＝BCDE宜／ゐ＝BCDいEい。／百六十四文＝E百六十四文〔ママ〕／に＝ABCDEに／る＝Eる。／値＝BCD直／ニ＝ABCDEに／。＝BCDなしDEに／る＝Eる。／た＝Eた。／ら＝Eら、／なか〳〵＝Aふか〳〵BCD中々／に＝ABCDEに／て＝Eて、／自＝B自CDE自／た＝Eた。／バ＝ABCDEば／も＝Eも、／に＝ABCDEに／決＝BC決D決E決／ゐ＝AゐBCDいEい。／弐＝BCD二E二／で＝Eで、／ヶ＝BCD箇／二＝BC貳D二／る＝BCDる、Eる。／二＝BC貳D二／凡＝B凡CD凡E凡／ら＝Eら、／い、＝Aゐ、Eい。／に＝ABCDEに／に＝ABCDEに／ら＝Eら、／で＝Eで、／に＝ABCDEに／どと＝AどBCDEどゝ／こ＝ACDEこ／に＝ABCDEに／こ＝CDEこ／あるが＝ABCDあるがEあるが、／に＝ABCDEに／た＝Eた。／に＝ABCDEに／こ＝ACDEこ／る＝Eる。／に＝ABCDEに／で＝Eで、／に＝ABCDEに／許＝E斗／ニ＝ABCDEに／寫＝BCD寫E寫／ハ＝ABCDEは／に＝ABCDEに／が＝ABCDEが／ゐ＝AゐEい。／坂＝BCDE阪／い。＝Aゐ。BCDい、／鈴木儀六＝BCDE鈴木儀六／は＝Eは、／坂＝BCDE阪／に＝ABCDEに／脩＝BCD修E修／あるが＝ABCDあるがEあるが、／ハ＝ABCDEは／に＝ABCDEに／て＝Eて、／に＝ABCDEに／えた＝ABCDへたEへた。／凡＝B凡CD凡E凡／一＝E一、／えて＝BCDへてEへて、／坂＝BCDE阪／に＝ABCDEに／し＝BCDEし／に＝ABCDEに／帰つた＝BCD歸たE歸つた。

當時の寫本代は半紙一枚十行二十字詰で何文と云ふ相場である處がヅーフ一枚は横文字三十行位のもので夫れだけの横文字を寫すと一枚十六文。夫れから日本文字で入れてある註の方を寫すと八文只の寫本に較べると餘程割りが宜しゐ一枚十六文であるから十枚寫せば百六十四文⑩になる註の方ならば其半値八十文ニなる。註を寫す者もあれば横文字を寫す者もあつたソレを三千枚寫すと云ふのであるから合計して見るとなか〳〵大きな金高になつて自から書生の生活を助けて居ました今日より考れバ何でもない金のやうだけれども其時には決してさうでない一例を申せば白米一石が三分弐朱、酒が一升百六十四文から二百文で書生在塾の入費は一ヶ月一分二朱から一分三朱あれば足る一分二朱は其時の相場で凡そ二貫四百文であるから一日が百文より安い、然るにヅーフを一日に十枚寫せば百六十四文になるから餘る程あるので凡そ尋常一様の寫本をして塾に居られるなどと云ふことは世の中にないことであるが其出来るのは蘭学書生に限る特色の商賣であつたソレに就て一例を挙げれば斯う云ふことがある江戸は流石に大名の居る處で啻にヅーフ許りでなく蘭学書生の為めニ寫本の注文ハ盛にあつたもので自から價が高い大坂と較べて見れば大変高い。加賀の金沢の鈴木儀六と云ふ男は江戸から大坂に来て脩業した書生であるが此男ハ元来一文なしに江戸に居て辛苦して寫本で以て自分の身を立てた其上に金を貯えた凡そ一二年辛抱して金を二十両ばかり拵えて大坂に出て来て到頭其二十両の金で緒方の塾で学問をして金沢に帰つた是

⑨草稿には次のようなメモが貼ってある。「緒方先生開業醫を厭ふの述懐死後の遺金六百両のみと云ふ凡是等之事を此處ニ入る」（『福澤諭吉全集』十九巻二七七頁）。⑩当時の実際の計算では九六〇文を一貫として、その割合で九六文を一〇〇文と数えた。

れなどは全く蘭書寫本のお蔭である其鈴木の考では寫本をして金を取るのは江戸が宜いが修業するには如何しても大坂でなければ本当な事が出来ないと目的を定めてソレで其金を持て来たのであると話して居ました

ニ=AEに

工藝伎術ニ熱心

夫れから又一方では今日のやうに都て工藝技術の種子と云ふものがなかつた蒸気機関などは日本國中で見やうと云てもありはせぬ化学の道具にせよ何處にも揃つたものはありさうにもしない揃ふた物どころではない不完全な物もありはせぬ、けれども爾う云ふ中に居ながら器械の事ニせよ化學の事にせよ大体の道理ハ知て居るから如何かして実地を試みたいものだと云ふので原書を見て其図を寫して似寄の物を拵えると云ふことに就てはなか〳〵骨を折りました私が長崎に居るとき塩酸亜鉛があれば鉄にも錫を附けることが出来ると云ふことを聞て知て居る[註32]夫れまで日本でハ松脂ばかりを用ひて居たが松脂てバ銅の類ニ錫を流して鍍金することハ出来る唐金の鍋ニ白みを掛けるやうなもので鋳掛屋の仕事であるが塩酸亜鉛があれば鐵にも錫が着くと云ふので同塾生と相談して其塩酸亜鉛を作らふとした所が薬店に行ても塩酸のある氣遣はない自分で拵えなければならぬ塩酸を拵える法は書物で分る其方法に依て何うやら斯うやら塩酸を拵えて之ニ亜鉛を溶かして鐵に錫を試みて鋳掛屋の夢にも知らぬ事が立派に出来たと云ふやうなことが面白くて堪らぬ或は又ヨジュムを作つて見やうでハないかと色々書藉を取調べ天満の八百屋市ニ行て昆布荒布のやうな海草類を買て来て夫れを炮烙で煎て如何云ふ風にすれば出来ると云ふので真黒になつて遣たけれども是れは到頭出来ない、夫れから今度ハ硇砂製造の野心を起して先づ才一の必要ハ塩酸暗謨尼亜であるが是れも勿論薬店にあ

お=ACDEお／る=Eる。／は=Eは、／し=ABCDEし／が=ABCDがEが、／に=ABCDEに／どう=Eなし／し=ABCDEし／坂=BCDE阪／が=ABCDEが／て=Eて、／た=Eた。に=ABCDEに／た=Eた。／気=A瀛BCD氣E氣／ぬ=Eぬ。／に=ABCDEに／よ=Eよ、／に=ABCDEに／に=ABCDEに／しない=AしないBCDしないEしない。／こ=CDEこ／ない=AふいEない、／、=E。／そ=BCDさEなし／に=ABCDEに／ら=Eら、／ニ=ABCDEに／に=ABCDEに／ハ=ABCDEは／ら=Eら、／どう=Eなし／か=ABCDEか／い=BCDEい／で=Eで、／により=Dなし／こしら=Eなし／え=BCDEへ／こ=ACDEこ／に=ABCDEに／なか〳〵=BCD中々／た=Eた。／が=ABCDEが／に=ABCDEに／に=ABCDEに／すゞ=Eなし／こ=CDEこ／こ=CDEこ／る=Eる。／ハ=ABCDEは／まつやに=ABCDEまつやに／が=Eが、／てバ=ABCDEでは／銅=BCDE銅／ニ=ABCDEに／ことハ=AことがBことはCDEことは／る=Eる。／なべ=Eなし／ニ=ABCDEに／しろ=Eなし／で=Eで、／いかけや=BCDEいかけや／て=ABCDEで／あるが=ABCDあるがEあるが、／に=ABCDEに／が=ABCDEが／つ=Eなし／で=Eで、／つく=Eなし／ふ=BCDEう／が=ABCDがEが、／薬店=BCDE薬店／に=ABCDEに／ない=AふいBCDないEない。／え=BCDEへ／ぬ=Eぬ。／え=BCDEへ／る=Eる。／に=ABCDEに／こ=AなしBCDEか／えて=BCDへてEへて、／ニ=ABCDEに／と=Eなし／に=ABCDEに／て=Eて、／いかけや=BCDいかけやEなし／に=ABCDEに／が=ABCDEが／に=ABCDEに／こ=CDEこ／が=ABCDEが／たま=Eなし／ぬ=Eぬ。／ヨジユム=Eヨジュム／つく=Eなし／ハ=ABCDEは／い=BCDEい／と=Eと、／藉=AE籍BC籍D籍／べ=Eべ、／ニ=ABCDEに／こんぶあらめ=ABCDこんぶあらめEあらめ／て=Eて、／はふろく=BCDEはうろく／いつ=BCDEいつ／どう=Eなし／に=ABCDEに／で=Eで、／まつくろ=Eなし／に=ABCDEに／とう〳〵=AEなしBCDたうとう／い、=Aい、CDいEい。／夫=A夫BCDEそ／ハ=ABCDEは／硇砂=BCD磠砂E磠砂／て=Eて、／才=BCDE第／ハ=ABCDEは／暗謨尼亜=BCDE暗謨尼亞／が=Eが、／に=ABCDEに

る品物でない*其暗謨尼亜を造るに*は如何(*どう)するかと云へば*骨*——*骨よりもつと世話なしに*出来るのは鼈*甲屋などに*馬爪(*ばづ)の削屑(けづり*くづ*)が*いくらもあつて只呉れる、*肥料に*するかせぬか分らぬが行きさへすれば呉れるから*それをドッ*サリ貰て来て徳利ニ*入れて*徳利の外面(そと)に*土を塗(*ぬ)り又素焼(*すやき)の大きな瓶*を買て七輪に*して澤山火を起し其瓶の中ニ*三本も四本も徳利を入れて*徳利の口に*は瀬戸物の管を附けて瓶の外ニ*出すなど色々趣向して*ド*シ〳〵*火を扇(あふ)き立てると管の先きからタラ〳〵液が出(*で)て来る*即ち是れが*暗謨尼亜である*る至極旨(*うま)く取れるこ*とハ*取れるが*爰ニ*雑渋ハ*其臭気だ*臭いに*も臭くないに*も何とも云ひやうがない*、那(*あ)の馬爪(*はづ)あんな骨類(*こつるゐ)を徳利に*入れて蒸焼(*むしやき*)に*するのであるから実に*鼻持(*はなもて)もならぬ、*それを緒方の塾の庭の狭い處で遣るのであるから奥で以て堪らぬ、*奥で堪らぬばかりではない*流石(*さすが)の乱暴書生も是れに*は辟易し*て迚も居られない*夕方湯屋に*行くと着物が臭くつて犬が吠えると云ふ訳け*仮令ひ真裸体で遣ても身体(*からだ*)が臭い*と云て人ニ*忌(*いや)がられる*勿論製造の本人等は如何(*どう)でも斯(*こ)うでもして硇砂*と云ふものを拵え*て見せうと云ふ熱心があるから臭いのも何も搆は*ぬ頻りに*試みて居るけれども*何分周邊(まはり)の者が喧しい*下女下男までも*胸が悪くて御飯が給(*た)べられない*と訴へる。*其れ是れの中でヤ*ツト妙な物が出来たハ*出来たが*粉のやうな物ばかりで結晶し*ない如何しても完全な硇*砂に*ならない*加ふるに*喧しくて〳〵堪らぬから一旦罷めにし*た、けれども氣強い男はマダ罷めない*折角仕掛(*しかゝ)つた物が出来ないと云ては学者の外聞が悪いとか*何とか*云ふやうな訳けで*私だの久留米の松下元芳*鶴田仙庵等ハ*思切つた*が*二*三の人は尚ほ遣*つた如何したかと云ふと*淀川の一番粗末な舩*を借りて*舩*頭を一人雇ふて*其舩*に*例の瓶(*かめ)の七輪を積込んで*舩*中で今の通りの臭い仕事を遣るは宜いが*矢張(*やつぱ)煙が立つ*て風が吹

い＝AゐEい。／に＝ABCDEに／どう＝Eなし／ば＝Eば、／骨＝BCDE骨(こつ)／——＝BC……／に＝ABCDEに／鼈甲屋＝BCDE鼈甲屋(べつかふや)／に＝ABCDEに／くづ＝Bくず／が＝ABCDEが／、＝E。／に＝ABCDEに／ら＝Eら、／ドッサリ＝AトッサリBCDドツサリ／ニ＝ABCDEに／て＝Eて、／に＝ABCDEに／塗(ぬ)り＝BCD塗(ぬ)りE塗り、／すやき＝Eなし／瓶＝BCDE瓶(かめ)／に＝ABCDEに／し＝Eし、／ニ＝ABCDEに／て＝Eて、／に＝ABCDEに／ニ＝ABCDEに／て＝Eて、／ドシ〳〵＝Cドシ〳〵Dドン〳〵／き＝BCDEぎ／で＝Eなし／る＝Eる。／が＝ABCDEが／ある＝ABCDあるEある。／うま＝Eなし／こ＝CDEこ／ハ＝ABCDEは／が＝ABCDがEが、／ニ＝ABCDEに／雑渋ハ＝A雑渋はB難澁(なんじふ)はCD難澁(なんじふ)はE難澁は／だ＝Eだ。／に＝ABCDEに／い、＝Aゐ、Eい。／あ＝ABCDEあ／馬爪(はづ)＝BCD馬爪(ばづ)E馬爪、／こつるゐ＝AEなしBCDこつるゐ／に＝ABCDEに／むしやき＝Eなし／に＝ABCDEに／に＝ABCDEに／はなもて＝AはふもてBCDEはなもち／、＝E。／、＝E。／ゐ＝BCDいEい。／さすが＝ABCDさすがEなし／に＝ABCDEに／し＝BCDEし／ない＝AふいBCDないEない。／に＝ABCDEに／け＝Eけ。／からだ＝Eなし／が＝ABCDEが／ゐ＝BCDEい／ニ＝ABCDEに／ゐや＝BCDいやEなし／る＝Eる。／どう＝Eなし／こ＝AEなしBCDか／硇砂＝BCD磠砂(どうしや)E磠砂／もの＝CD物(もの)E物／え＝BCDEへ／ら＝Eら、／搆＝BCD構(かま)E構／ぬ＝Eぬ、／に＝ABCDEに／も＝Eも、／い＝AゐEい。／まで＝BCD迄(まで)／た＝Eなし／ゐ＝BCDEい／。＝BCDなし／ヤツト＝Eヤット／ハ＝ABCDEは／が＝ABCDがEが、／しない＝AしふゐBCDしないEしない。／硇砂＝BCDE磠砂／に＝ABCDEに／い＝AゐEい、／に＝ABCDEに／にした、＝ABCDにした、Eにした。／い＝AゐEい。／しかゝ＝Eなし／か＝ABCDEか／か＝ABCDEか／で＝Eで、／松下元芳＝BD松下元芳(まつしたげんばう)C松下元芳(まつしたげんはう)E松下元芳(まつしたげんばう)、／鶴田仙庵＝BCDE鶴田(つるた)仙庵(せんあん)／ハ＝ABCDEは／切つた＝BCD切(きつ)た／が＝Eが、／二＝E二、／遣つた＝BCD遣(やつ)たE遣つた。／と＝Eと、／舩＝AE船BCD船(ふね)／て＝Eて、／舩＝AE船BCD船(せん)／て＝Eて、／舩＝ABCDE船／に＝ABCDEに／かめ＝AEなし／で＝Eで、／舩＝AE船BCD船(せん)／が＝Eが、／矢(やつ)張(ば)＝BCDE矢張(やつぱ)り／立つて＝BCD立(たつ)て

くと*其煙が陸*の方へ吹付けられるので*陸の方で喧しく云ふ*喧しく云へば舩*を動かして*川を上(のぼ)つたり下(くだ)つたり*川上の天神橋*天満橋から**ズット下(しも)の玉江橋邊まで**上下**ニ迯(に)げて*廻つて遣*つたこ*とがある*其男は中村*恭安と云ふ讃岐の金比羅の医者であつた。*此外に*も犬猫ハ*勿論*死刑人の解剖その他製薬の試験ハ*毎度の事であ*つたが。*シテ見ると當時の蘭學書生ハ*如何に*も乱暴なやうであ*るが*人の知らぬ所**ニ讀書研究*又実地の事ニ*就ても中々勉強したものだ*

製薬の事に*就ても奇談があ*る或るとき硫酸を造らうと云ふので様々(*さま〳〵)大骨折で*不完全ながら色の黒い*硫酸が*出来たから*之を精製して透明(*とうめい)に*しなければ*ならぬと云ふので*其日は先づ茶椀ニ*入れて棚の上ニ*上げて置た處が*鶴田仙庵が*自分で之を忘れて*何か*の機(*はづみ)*ニ其茶椀を棚から落して硫酸を頭(*あたま)から冠(*かぶ)*り身体(*からだ)*ニ左までの怪我(*けが)ハ*なかつたが*丁度舊暦四月の頃で一枚の袷をヅダ〳〵*に*した事があ*る

製薬に*ハ兎角徳利が*入用だから*丁度宜*しい*塾の近處の丼池筋*に**米藤と云ふ酒屋が*塾の御出入。**この酒屋から酒を取寄せて*酒ハ*飲んで*仕舞て徳利ハ*留置き*何本でもみんな製薬用に*して返さぬと云ふのだから*酒屋でも少し変(*へん)ニ*思たと見へ*内々塾僕ニ*聞合せると*此節書生さんハ*中実(なかみ)の酒よりも徳利の方に*用があ*ると云ふので*酒屋ハ*大ニ*驚き*其後何としても酒を持て来(*こ)なくなつて困*つた事があ*る

寫＝E寫

黒田公の原書を*寫取る 註33

又筑前の國主*黒田美濃守と云ふ大名は*今の華族黒田のお祖父(*ぢい)さんで*緒方洪庵先生は黒田家に*出入して*勿論筑前に*行くでもなければ江戸*に行くでもない*只大坂**に居ながら黒田家の御出入医(*おでいりゐ)と云ふこと*であつた*故に*黒田の殿様が江戸出府*或は帰國の時に*大坂*を通行する時分に*は先生は屹度中*

と＝Eと、／陸＝B陸(にか)CDE陸(をか)／で＝Eで、／ふ＝Eふ。／舩＝AE船BCD船(ぶね)／て＝Eて、／り＝Eり、／橋＝BCD橋(ばし)E橋、／ら＝Eら、／ズット＝Eズット／で＝Eで、／上下＝BCE上下(かみしも)D上下(みしも)／ニ＝ABCDEに／迯＝ABCD迯(に)E逃／廻つて＝BCD廻(まはつ)て／遣つた＝BCD遣(やつ)た／こ＝CDEこ／る＝Eる。／中村恭安＝BCDE中村恭安(なかむらきようあん)／。＝AなしBCD、／に＝ABCDEに／ハ＝ABCDEは／論＝BCD論(ろん)E論、／ハ＝ABCDEは／あ＝ABCDEあ／が。＝Aが。BCDEが、／ハ＝ABCDEは／に＝ABCDEに／あ＝ABCDEあ／が＝Eが、／所＝BCDE處／ニ＝ABCDEに／究＝BCD究(きう)E究、／ニ＝ABCDEに／だ＝Eだ。

に＝ABCDEに／があ＝ABCDがあるEがある。／さま〳〵＝ABCDさま〳〵Eなし／で＝BCDて／い＝BCDEい／が＝ABCDEが／ら＝Eら、／とうめい＝AEなしBCDとうめい／に＝ABCDEに／バ＝ABCDEば／で＝Eで、／ニ＝ABCDEに／ニ＝ABCDEに／が＝ABCDがEが、／が＝ABCDEが／て＝Eて、／か＝ABCDEか／はづみ＝Eはずみ／ニ＝ABCDEに／あたま＝ABCDあたまEなし／かぶ＝Eなし／り＝Eり、／からだ＝Eなし／ニ＝ABCDEに／けが＝Eなし／ハ＝ABCDEは／が＝ABCDがEが、／ツダ〳〵＝Cヅダ〳〵DEヅタ〳〵／に＝ABCDEに／があ＝ABCDがあるEがある。

にハ＝ABCDEには／が＝ABCDEが／ら＝Eら、／宜＝BCD宜(よろ)E宜／い＝BCDいEい、／丼池筋＝BCDE丼池筋(どぶいけすぢ)／に＝ABCDEに／米藤＝BCDE米藤(こめとう)／が＝ABCDEが／。＝ABCDE、／こ＝CDEこ／て＝AてEて、／ハ＝ABCDEは／飲んで＝BCD飲(のん)で／ハ＝ABCDEは／き＝Eき、／に＝ABCDEに／ら＝Eら、／へん＝Eなし／ニ＝ABCDEに／へ＝BDえCゑEえ、／ニ＝ABCDEに／と＝Eと、／ハ＝AがBCDEは／に＝ABCDEに／があ＝ABCDEがあ／で＝Eで、／ハ＝ABCDEは／ニ＝ABCDEに／き＝Eき、／こ＝Eなし／困つた＝BC困(こま)たD困(こまつ)た／があ＝ABCDがあるEがある。

福翁自傳（十九）緒方の塾風（七）時事新報明治三十一年八月三十一日（水）

黒田美濃守＝BC黒田美濃守(くろだみのゝかみ)DE黒田美濃守(くろだみののかみ)／は＝Eは、／ぢい＝BDEぢいCじい／で＝Eで、／に＝ABCDEに／て＝Eて、／に＝ABCDEに／い＝AいEい、／坂＝BCDE阪／に＝ABCDEに／おでいりゐ＝AおでいりいBたでいりいCDEおでいりい／こ＝CDEこ／た＝Eた。／に＝ABCDEに／府＝E府、／に＝ABCDEに／坂＝BCDE阪／には＝ABCDにはEには、／中の嶋＝BC中(なか)ノ嶋(しま)D中ノ島E中ノ島

尓=ABCDEに／た=Eた。／歳=BCD歳E歳、／ふ=Eふ。／可゙=AかBCDEが／坂=BCDE阪／尓=ABCDEに／で=Eで、／中ノ嶋=A中の嶋DE中ノ島／尓=ABCDEに／て=BCDきEて、／さう〳〵=Eなし／ら=Eら、／行て=BCD行てE行て／と=Eと、／て=Eて、／尓=ABCDEに／ら=Eら、／尓=ABCDEに／這入つた=BCD這入た／ら=Eら、／一寸=BCD一寸とE一寸と／ふ=Eふ。／バ=ABCDEば／で=Eで、／ニ=ABCDEに／で=Eで、／ハ=ABCDEは／ニ=ABCDEに／以=BCDEい／事ばかり=Aなし E事ばかり、／可゙=ABCDEが／尓=ABCDEに／詳ニ=A詳にBCDE詳に／以=BCDEい／阿=ABCDEあ／尓=ABCDEに／へる=ABCDえるEえる。／坂=BCDE阪／知つた=BCD知た／は=Eは、／纔=BCDE纔／尓=ABCDEに／尓=ABCDEに／た、=DたEた。／ハ=ABCDEは／尓=ABCDEに／て=Eて、／搆=BCD構E構／なと可゙=AふとがBCDEなどが／ら=Eら、／で=Eで、／以つけん=BCDいつけんEなし／尓=ABCDEに／。=BD、Cなし／尓=ABCDEに／向て=BCD向てE向て、／尓=ABCDEに／珍しい=A珍し以BCD珍らしい／御在=BC御在D御在い／が=Eが、／以つ=A以とBCDいつEなし／古ゝ=BCDこゝEなし／尓=ABCDEに／古=CDEこ／と=Eと、／さ=Eさ。／は=CDが／坂=BCDE阪／尓=ABCDEに／ふ=Eふ。／あちら=Eアチラ／尓=AににBCDEに／い=A以Eい。／ござい=A御在／か=Eか、／一寸=BCD一寸とE一寸と／尓=ABCDEに／と=BCDEた／こざ以=Aござ以BCDございEなし／て=Eて、／来つて=BCD来てE来て、／どう=Aなし／だ=Eだ、／ら=Eら、／塾=B熟CD塾／ら=Eら、／二=E二、／先輩生=BCD先輩／て=Eて、／このほん=Eなし／ふ=BCDEう／古=CDEこ／尓=ABCDEに／決=BC決D決E決／て=Eて、／尓=ABCDEに／ニ=ABCDEに／ぬ=Eぬ。／古=CDEこ／や=Eなし／尓=ABCDEに／て=Eて、／だ=Eだ。／阿=ABCDEあ／古=ACDEこ／ハ=ABCDEは／以=BCDEい／ら=Eら、／まつだん=Eなし／エ=Cヱ／う=Eう。／みんな=Aみんふ Eミンナ／惣掛=A惣掛BCD惣掛E總掛／云つた=BCD云た／尓=ABCDEに／尓は=ABCDにはEには、／古は=BCDEこは／古と可゙=AB古とがCDEことが／い、=A以、Eい。／て王け=BCDEてわけ／ば=Eば、／またゝ=AEなし／尓=ABCDEに／が=Eが、／い、=A以、Eい。／ニ=ABCDEに／淂=A得B得CD得E得

の嶋の筑前屋敷[註34]尓伺候して御機嫌を伺ふと云ふ常例であつた或歳安政三年か四年と思ふ筑前侯可゙大坂通行尓なると云ふので先生は例の如く中ノ嶋の屋敷尓行て帰宅早々私を呼ぶから何事かと思て行て見ると先生が一冊の原書を出して見せて「今日筑前屋敷尓行たら斯う云ふ原書が黒田侯の手尓這入つたと云て見せて呉れられたから一寸借りて来たと云ふ之を見れバワンダーベルトと云ふ原書で最新の英書を和蘭ニ翻譯した物理書で書中ハ誠ニ新らし以事ばかり就中エレキトルの事可゙如何尓も詳ニ書以て阿るやう尓見へる私などが大坂で電氣の事を知つたと云ふのは只纔尓和蘭の学校讀本の中尓チラホラ論じてあるより以上は知らなかつた、所が此新舶来の物理書ハ英國の大家フハラデー[註35]の電気説を土臺尓して電池の搆造法なと可゙ちゃんと出来て居るから新奇とも何とも唯驚くばかりで一見直尓魂を奪はれた。夫れから私は先生尓向て「是れは誠尓珍しい原書で御在ますが何時まで此處尓拝借して居る古とが出来ませうかと云ふと「左様さ何れ黒田侯は二晩とやら大坂尓泊ると云ふ御出立になるまでは彼處尓入用もあるまい「左様でございますか一寸塾の者尓も見せとう御在ますと云て塾へ持て来つて「如何だ此原書はと云つたら塾中の書生は雲霞の如く集つて一冊の本を見て居るから私は二三の先輩生と相談して何でも此本を寫して取らふと云ふ古と尓一決して「此原書を唯見たつて何尓も役ニ立たぬ見る古とは止め尓してサア寫すのだ併して千頁も阿る大部の書を皆寫す古とハ迚も出来られな以から末段のエレキトルの處丈け寫さう一同筆紙墨の用意して惣掛りだと云つた所で茲尓一つ困る事尓は大切な黒田様の蔵書を毀す古と可゙出来ない、毀して手分て遣れば三十人も五十人も居るから瞬く間尓出来て仕舞ふがそれは出来ない、けれども緒方の書生は原書の寫本ニ慣れて妙を淂て

ら=Eら、/が=ABCDEが/ハ=ABCDEは/ニ=ABCDEに/こと=ABことがCDEことが/る=Eる。/む=Eむ、/ハ=ABCDEは/て=Eて、/が=ABCDEが/つか=Eなし/が=ABCDEが/鈍(まぶ)つて=A鈍(にぶ)つてBCD鈍(にぶつ)てE鈍つて/く=Eなし/ニ=ABCDEに/外=BCDE外(ほか)/が=ABCDEが/て=Eて、/ハ=ABCDEは/ひる=Eなし/ニ=ABCDEに/に=ABCDEに/て=Eて、/く=Eく、/烟草=B烟草(たばこ)CD煙草(たばこ)E煙草/やす=Eなし/ず=Eず、/に=ABCDにEに、/凢=B凡(によ)CD凡(およ)E凡/に=ABCDEに/ず=Eず、/て=Eて、/ハ=ABCDEは/凢=A凡B凡(によ)CD凡(およ)E凡/五=E五、/あ=ABCDEあ/。=BCD、/で=BCDEデ/こ=CDEこ/い=BCDEい/が=ABCDEが/い。=Bい、CDいEい。/有難い=A有難いBCD有難(ありがた)いE有難い/で=Eで、/に=ABCDにEに、/公=A候BCD侯(こう)E侯/ハ=ABCDEは/かいと=BCDかひとEなし/て=Eて、/ハ=ABCDEは/み=Eみ。/ニ=ABCDEに/し=ABCDEし/い=AいEい。/夕=BCD夕(せき)E夕、/公=BCD侯(こう)E侯/り=Eり、/ハ=ABCDEは/廻はし=BCD廻(まは)し/ニ=ABCDEに/おや=BにやEなし/ニ=ABCDEに/いとまごひ=AいとまごいBCDいとまごひEなし/ニ=ABCDEに/こ=CDEこ/ご=BCDEご/た=Eた。/ハ=ABCDEは/に=ABCDEに/が=ABCDEが/に=ABCDEに/て=Eて、/點=A默/ニ=ABCDEに/ん=Eん。/が=ABCDEが/聞いて=BCD聞(きい)てE聞いて/凢=B凡(によ)CD凡(およ)E凡/ハ=ABCDEは/おかげ=BにかげEなし/ある=ABCDあるEある。/ニ=ABCDEに/あ=ABCDEあ/い=BCDEい/ら=Eら、/へ=Eへ、/が=Eが、/あちら=AEあちらBCDあつち/どう=Eなし/ふ=Eふ。/おし=BCDEをし/い=BCDEい/す=Eす。

次才で=BCD次第(しだい)でE次第で、/に=ABCDEに/こ=BCDEこ/ない=AないEない。/ば=Eば、/に=ABCDEに/坂=BCDE阪/に=ABCDEに/も=Eも、/坂=BCDE阪/態々=B態々(わざく)CD態々(わざく)E態と/に=ABCDEに/い。=Aい。BCDい、/た=Eた。/バ=ABCDEば/坂=BCDE阪/限つて=BCD限(かぎつ)て/粒撰(つぶえり)=B粒選(つぶゑり)CDE粒選(つぶえり)/ゐ=BCDEなし/い=AいEい。/に=ABCDEに/限つて=BCD限(かぎつ)て/にぶ=ABCDにぶEなし/ゐ=ABCDEなし/い=AいEい。/に=ABCDEに/なぜ=Eなし/ことに=ABことにCDEことに/ぬ=Eぬ。/に=ABCDEに

居るから一人が原書を讀むと一人ハ之を耳ニ聞て寫すことが出来るソコデ一人は讀む一人ハ寫すとして寫す者が少し疲(つか)れて筆が鈍(まぶ)つて来(く)ると直(すぐ)ニ外の者が交代して其疲れた者ハ朝でも晝(ひる)でも直ニ寢ると斯(か)う云ふ仕組にして晝夜の別なく飯を喰ふ間も烟草を喫(ま)む間も休(やす)まず一寸も隙(ひま)なしに凢そ二夜三日の間にエレキトルの處は申すに及ばず図も寫して讀合まで出来て仕舞て紙数ハ凢そ百五六十枚もあつたと思ふ。ソコで出来ることなら外の處も寫したいと云たが時日が許さない。マア／＼是れだけでも寫したのは有難いと云ふばかりで先生の話に黒田公ハ此一冊を八十両で買取(かいと)られたと聞て貧書生等ハ唯驚くのみ固より自分ニ買ふと云ふ野心も起りはしない愈よ今夕公の御出立と定(き)まり私共ハ其原書を撫(なで)くり廻はし誠ニ親(おや)ニ暇乞(いとまごひ)をするやうニ別を惜んで還したことがございました夫れから後ハ塾中にエレキトルの説が全く面目を新にして當時の日本國中最上の點ニ達して居たと申して憚りません私などが今日でも電気の話を聞いて凢そ其方角の分るのハ全く此寫本の御蔭(おかげ)である誠ニ因縁のある珍らしい原書だから其後度々今の黒田侯の方へひよつと彼(あ)の原書はなからうかと問合せましたが彼方(あちら)でも混雑の際であつたから如何(どう)なつたか見当らぬと云ふ可惜(おし)い事で御在ます

坂=E阪

大坂書生の特色

只今申したやうな次才で緒方の書生は学問上の事に就ては一寸も怠つたことはない其時の有様を申せば江戸に居た書生が折節大坂に来て学ぶ者はあつたけれども大坂から態々江戸に学びに行くと云ふものはない。行けば則ち教へると云ふ方であつた左れバ大坂に限つて日本國中の粒撰(つぶえり)のエライ書生の居(ゐ)やう譯けはない又江戸に限つて日本國中の鈍(まぶ)い書生ばかり居(ゐ)やう訳けもない然るに何故(なぜ)ソレが違ふかと云ふことに就ては考へなくてはならぬ勿論其時には

私なども大坂の書生がエライ〳〵と自慢をして居たけれども夫れハ人物の相違でハない江戸と大坂と自から事情が違つて居る江戸の方では開國の初とは云ひながら幕府を始め諸藩大名の屋敷と云ふ者があつて西洋の新技術を求むることが廣く且つ急である従て聊かでも洋書を解すことの出来る者を雇ふとか或は飜譯をさせれば其返礼に金を與へるとか云ふやうな事で書生輩が自から生計の道に近い。極都合の宜い者になれば大名に抱えられて昨日までの書生が今日は何百石の侍[註36]になつたと云ふことも稀にはあつた、夫れに引換えて大坂は丸で町人の世界で何も武家と云ふものはない従て砲術を遣らうと云ふ者もなければ原書を取調べやうと云ふ者もありはせぬ夫れゆへ緒方の書生が幾年勉強して何程エライ学者になつても頓と実際の仕事ニ縁がない即ち衣食に縁がない、縁がないから縁を求めると云ふことにも思ひ寄らぬので、然らば何の為めに苦学するかと云へば一寸と説明はない前途自分の身体は如何なるであらうかと考へた事もなければ名を求める気もない、名を求めどころか蘭學書生と云へバ世間ニ悪く云はれるばかりで既ニ已ニ焼けニ成つて居る唯晝夜苦しんで六ッかしい原書を讀んで面白がつて居るやうなもので実ニ譯けの分らぬ身の有様とハ申しながら一歩を進めて當時の書生の心の底を叩いて見れバ自から楽しみがある之を一言すれば‖西洋日新の書を讀むことハ日本國中の人に出来ない事だ、自分達の仲間に限つて斯様な事が出来る貧乏をしても難渋をしても粗衣粗食一見看る影もない貧書生でありながら智力思想の活潑高尚なることは王侯貴人も眼下ニ見下すと云ふ気位で唯六かしければ面白い苦中有楽。苦即樂と云ふ境遇であつたと思はれる喩へバ此薬は何に利くか知らぬけれども自分達より外にこんな苦い薬を能く呑む者はなからうと云ふ見識で病の在る所も

坂＝BCDE阪／**も**＝Eも、／**ハ**＝ABCDEは／**さうい**＝Eなし／**ハない**＝Aはない BCDはないEはない。／**坂**＝BCDE阪／**が**＝ABCDEが／**違つて**＝A違つてBCD違てE違つて／**る**＝Eる。／**ら**＝Eら、／**て**＝Eて、／**る**＝Eる。／**げ**＝AEなし／**こ**＝CDEこ／**か**＝Eか、／**に**＝ABCDEに／**で**＝Eで、／**が**＝ABCDEが／**に**＝ABCDEに／**い。**＝Aい。BCい、Dい／**ごく**＝ABCDEごく／**に**＝ABCDEに／**に**＝ABCDEに／**え**＝BCDEへ／**て**＝Eて、／**に**＝ABCDEに／**こ**＝ACDEこ／**に**＝ABCDEに／**、**＝Dなし E。／**に**＝ABCDEに／**換えて**＝A換へてBCD換てE換て／**坂**＝BCDE阪／**で**＝Eで、／**い**＝AいEい。／**とりしら**＝ABCDとりしらEなし／**ぬ**＝Eぬ。／**へ**＝BCDEゑ／**に**＝ABCDEに／**も**＝Eも、／**ニ**＝ABCDEに／**ない**＝AないEない。／**に**＝ABCDEに／**ない、**＝Aない、Eない。／**ことに**＝ABことにCDEことに／**に**＝ABCDEに／**ちよい**＝BCDちよいEなし／**い**＝AいEい。／**からだ**＝Eなし／**どう**＝Eなし／**バ**＝ABCDばEば、／**ない、**＝Aない。BCDない、Eない。／**求めどころか**＝A求めどころかB求めぬどころかCD求めぬどころかE求めぬどころか、／**バ**＝ABCDEば／**ニ**＝ABCDEに／**わる**＝BCDわるEなし／**で**＝Eで、／**すで**＝Eなし／**ニ**＝ABCDEに／**すで**＝Eなし／**ニ**＝ABCDEに／**や**＝Eなし／**ニ**＝ABCDEに／**成つて**＝BCD成て／**る**＝Eる。／**くる**＝Eなし／**六ッかしい**＝BCD六かしいE六かしい／**ニ**＝ABCDEに／**ハ**＝ABCDEは／**ら**＝Eら、／**たゝ**＝Eなし／**い**＝BCDEい／**バ**＝ABCDばEば、／**がある**＝ABCDがあるEがある。／**‖**＝BCDE――／**新**＝BCD進E進／**ことハ**＝ACDEことはBとは／**に**＝ABCDEに／**、**＝ABCDなし／**に**＝ABCDEに／**限つて**＝BCD限て／**斯様な事**＝A斯様な事CD斯様事E斯様な事／**る**＝Eる、／**しても**＝ABCDしてもEしても、／**食**＝BCD食E食、／**い**＝BCDEい／**ら**＝Eら、／**こと**＝BとCDEこと／**ニ**＝ABCDEに／**で**＝Eで、／**バ**＝ABCDEば／**い**＝BCDいEい、／**くちううらく**＝Aくちうゆうらく Bくちうゝらく／。＝BCDE、／**くそくらく**＝Eなし／**ある**＝ABCDEある／**る**＝AEる。／**バ**＝ABCDEば／**に**＝ABCDEに／**も**＝Eも、／**に**＝ABCDEに／**こ**＝CDEこ／**にが**＝ABCDにがEなし／**い**＝BCDEい／**い**＝BCDEなし／**識**＝A織BCD識／**で**＝Eで、

に=ABCDEに／に=ABCDEに／ちが=Eなし／ハない=Aはない
BCDはないEはない。／もくてき=Eなし／いかん=BCDいかんEな
し／あるも=BCDあるもEあるも、／ハ=ABCDEは／り=Eり。／
あ=ABCDEあ／ハ=ABCDEは／ず=Eず／バ=ABCDEば／も
=Eも、／く=Eく、／とう=BCDたうEなし／てき=Eなし／ハ=A
BCDEは／で=Eで、／が=ABCDEが／にく=ABCDにくEなし
／バ=ABCDEば／にく=ABCDにくEなし／て=Eて、／か=Eな
し／ハ=ABCDEは／いつさい=BCDいつさいEなし／うちはら=E
なし／こ=CDEこ／ハ=ABCDEは／どこ=AEなし／だ=AたEだ。
／く=Eく。／バ=ABCDEば／み=Eみ。／ニ=ABCDEに／は=
BCDEば／ず=Eず、／。=ABCDE、／中の嶋=B中の嶋CD中ノ
島E中ノ島／ニ=ABCDEに／花=BCD花E花〔華〕／があつて=ABCD
があつてEがあつて、／ハ=ABCDEは／みなり=Aみふり／で=Eで、
／たぐい=BCDEたぐひ／い=BCDいEい。／ニ=ABCDEに／と
=BCDてEて、／ニ=ABCDEに／にらみあ=ABCDにらみあEな
し／で=Eで、／あ=ABCDEあ／い=BCDいEい。／きもの=Eな
し／だ=Eだ。／くう〳〵=Eなし／じやく〳〵=BCDじやく〳〵Eな
し／聞いて=BCD聞てE聞いて、／ふる=Eなし／てあか=ABCDE
てあか／つい=BCDついEなし／やつ=Eなし／が=ABCDEが／。
=ABCD、／こ=CDEこ／やつら=Eなし／が=ABCDEが／あか
じ=ABCDあかじEなし／ニして=ABCDにしてEにして、／ニ=A
BCDEに／ハ=ABCDEは／い=BCDEい／いか=AいかBCDい
かEいか。／ニ=ABCDEに／ろ=Eろ、／あいつら=AきやつらBC
DEあいつら／ねだ=Eなし／に=ABCDEに／いき=BCDEいき／
根=BCDE音／あるが=ABCDあるがEあるが、／に=ABCDEに
／こう=BCDEかう／い=BCDいEい。／ある=ABCDあるEある。
／ニ=ABCDEに／ニ=ABCDEに／ハ=ABCDEは／七=E七、
／八=E八、／ニ=ABCDEに／あるが=ABCDあるがEあるが、／
が=ABCDEが／仕合=BCDE仕合／で=Eで、／が=ABCDEが
／あ=ABCDEあ／。=BCD、／と=Eと、／に=ABCDEに／に
=ABCDEに／は=Eは、／。=BCD、／迂濶=BCD迂濶E迂闊／
に=ABCDEに／ほん=Eなし／ない、=Aふい、Eない。

問はずに唯苦ければもつと呑で遣ると云ふ位の血気であつたに違ひハない若しも真実その苦學の目的如何なんて問ふ者あるも返答ハ唯漠然たる議論ばかり醫師の塾であるから政治談ハ餘り流行せず國の開鎖論を云へバ固より開國なれども甚だしく之を争ふ者もなく唯當の敵ハ漢法醫で醫者が憎ければ儒者までも憎くなつて何でも蚊でも支那流ハ一切打拂ひと云ふことハ何處となく定まつて居たやうだ儒者が経史の講釋しても聴聞しやうと云ふ者もなく

漢家を敵視す

漢學書生を見れバ唯可笑しく思ふのみ殊ニ漢醫書生は之を笑ふはかりでなく之を罵詈して少しも許さず緒方塾の近傍。中の嶋ニ花岡と云ふ漢醫の大家[⑪註37]があつて其塾の書生ハ孰れも福生と見え服装も立派で中々以て吾々蘭學生の類でない毎度往来ニ出逢ふと固より言葉も交へず互ニ睨合ふて行違ふ其跡で「彼の様ァ如何だい着物ばかり奇麗で何をして居るんだ空々寂々チンプンカンの講釋を聞いて其中で古く手垢の附てる奴が塾長だ。こんな奴等が二千年来垢染みた傷寒論を土産ニして國ニ帰て人を殺すとハ恐ろしいぢやないか今ニ見ろ彼奴等を根絶やしにして呼吸の根を止めて遣るからなんてワイ〳〵云たのは毎度の事であるが是れとても此方に如斯と云ふ成算も何もない唯漢法醫流の無學無術を罵倒して蘭學生の気焰を吐くばかりの事である兎ニ角ニ當時緒方の書生ハ十中の七八目的なしニ苦學した者であるが其目的のなかつたのが却て仕合で江戸の書生よりも能く勉強が出来たのであらう。ソレカラ考へて見ると今日の書生にしても餘り学問を勉強すると同時に始終我身の行先ばかり考へて居るやうでは修業は出来なからうと思ふ。左ればと云て只迂濶に本ばかり見て居るのは最も宜しくない、宜しくないとは云ひなが

な=Aふ

目的なしの勉強

ら*又始終今も云ふ通り自分の身の行末のみ考へて*如何(*どう)*したらば立身が出来るだらうか。*如何(*どう)し*たらば金が手に*這入(*はゐ)るだらうか。*立派な家に*住むこ*とが出来るだらうか。*如何(*どう)すれば旨(*うま)い物を喰ひ好い(*ゐ)着物を着られるだらうかと云ふやうな事に*ばかり心を引かれて*齷齪(あくそく)勉強すると云ふこ*とでは決*して眞の勉強は出来ないだらうと思ふ*就學勉強中は自から静に*して居らなければならぬと云ふ理屈が茲に*出て来(こ)やうと思ふ*

ら＝Eら、／**て**＝Eて、／**どう**＝Eなし／**し**＝ABCDEし／。＝BCEDなし／**どう**＝Eなし／**し**＝ABCDEし／**に**＝ABCDEに／**はゐ**＝BCDはいEなし／。＝BCDE、／**に**＝ABCDEに／**こ**＝CDEこ／。＝BCDE、／**どう**＝Eなし／**うま**＝Eなし／**ゐ**＝AよBCDいEなし／**に**＝ABCDEに／**て**＝Eて、／**こ**＝CDEこ／**決**＝BC決(けつ)D決(けつ)E決／**ふ**＝Eふ。／**に**＝ABCDEに／**に**＝ABCDEに／**ふ**＝Eふ。

⑪紀州の医師華岡青洲の義弟の子積軒が、中之島に華岡流外科の医学塾合水堂塾をひらく。

自傳才六（封筒表）

福翁自傳（二十）大阪を去て江戸に行く（一）時事新報明治三十一年九月四日（日）

坂＝BCDE阪／**ニ**＝ABCDEに

坂＝BCDE阪／**𛀂る**＝ABCDあるEある。／**やしき**＝Eなし／**ら**＝Eら、／**て**＝Eて、／**ょ**＝ABCDEに／、＝E。／**ょ**＝ABCDEに／**岡見彦曹**＝E岡見彦曹／**すき**＝AEなしCDずき／**ぶ**＝ABCDEが／**て**＝Eて、／**𛀂**＝ABCDEあ／**で**＝Eで、／**どう**＝Eなし／**ゝ**＝ABCDEか／**の**＝BCDなし／**ょ**＝ABCDEに／**で**＝Eで、／**ょ**＝ABCDEに／**て**＝Eて、／、＝E。／**ょ**＝ABCDEに／**つゝ**＝ABCDつかEなし／**で**＝Eで、／**松木弘安**＝BCD松木弘庵E松木弘安、／**杉亭二**＝BCDE杉亭二／**で**＝Eで、／**坂**＝BCDE阪／**ょ**＝ABCDEに／**ヿと**＝BヿとCDEこと／**分つた**＝BCD分た／**ら**＝Eら、／**ヿ**＝CDEこ／**い**＝A𛀆Eい、／**ニ𛀂る**＝ABCDEにある／**ヿとょ**＝ABヿとにCDEことに／**て**＝Eて、／**ょ**＝ABCDEに／**で**＝Eで、／**ょ**＝ABCDEに／**る**＝Eる。／**ニ**＝ABCDEに／**ハ**＝ABCDはEは、／**ヿ**＝CDEこ／、＝CなしE。／**ヿ**＝ACDEこ／**ない**＝Aふ𛀆Eない。／**ヿ**＝CDEこ／**ちやんと**＝BCDチヤントEチャント／**る**＝Eる。／**ニ**＝ABCDにEに、／**ハ**＝ABCDEは／**ニ**＝ABCDEに／。＝ABCD、／**つ**＝BCDなし／**ょ**＝ABCDEに／**せ**＝Eせ。／**ニ**＝ABCDEに／**こ**＝BCDかEなし／**す**＝BCDEず／**ら**＝Eら、／**ら**＝Eら、／**ハ**＝ABCDEは／**て**＝Eて、／**へ**＝Eへ、／**おれ**＝BCたれEなし／**ハ**＝ABCDEは／**ょ**＝ABCDEに／**ぞ**＝Eぞ、／**ょ**＝ABCDEに／**に**＝Eに、／**せき**＝AEなし／**けた**＝Eなし／**ヿとも**＝BヿともCDこともEことも、／**ニ**＝ABCDEに／**バ**＝ABCDEば／、＝E。／**ニ**＝ABCDEに／**ょ**＝ABCDEに／**ふ**＝BCDなし／**ない**＝Aふ𛀆Eない、／**ニ**＝ABCDEに／**盗寫**＝BCD盗寫E盗寫／**ヿ**＝CDEこ／**𛀂る**＝ABCDあるEある。／**悪る**＝BCD悪E悪／**バ**＝ABCDEば／**こつち**＝Eなし／**𛀆**＝BCDいEい。／**ぶ**＝ABCDEが／**ニ**＝ABCDEに／**ょ**＝ABCDにEに、／**ら**＝Eら、／**で**＝Eで、／**ょ**＝ABCDEに／**ニ**＝ABCDEに／**も**＝Eも、／**ニ**＝ABCDEに／**決**＝BC決D決E決／**𛀂**＝ABCDEあ

大坂を去て江戸ニ行く

私が大坂から江戸へ来たのは安政五年二十五歳の時で𛀂る同年江戸の奥平の邸から御用があるから来いと云て私を呼ょ来た、[註1] それは江戸の邸ょ岡見彦曹①[註2]と云ふ蘭学好の人ぶあつて此人は立派な身分の𛀂る上士族で如何ゝして江戸の藩邸ょ蘭学の塾を開きたいと云ふので様々ょ周旋して書生を集めて原書を讀む世話をして居た、所で奥平家が私を其教師ょ使ふので其前松木弘安②杉亭二③[註3]と云ふやうな學者を雇ふて居たやうな譯けで私が大坂ょ居ると云ふヿとが分つたものだから他國の者を雇ふヿとはない藩中ニ𛀂る福澤を呼べと云ふヿとょなつてソレで私を呼びょ来たので其時江戸詰の家老ょは奥平壹岐が来て居る壹岐[註4]と私との關係ニ就てハ私は自から自慢をしても宜いヿとがある、是れは如何しても悪感情がなければならぬ筈、衝突がなければならぬ筈、けれども私は其人と一寸とも戦たヿとがない彼は私を敵視し愚弄して居ると云ふヿとは長崎を出た時の様でちやんと分つて居る長崎を立つ時ニ「貴様ハ中津ニ帰れ。帰つたら誰ょ此手紙を渡せ誰ニ斯う傳言せよと命するからへイ〳〵と畏りながら心の中でハ舌を出して「馬鹿言へ乃公ハ國ょ帰りはせぬぞ江戸ょ行くぞと云はぬばかりに席を蹴立てゝ出たヿとも後ニなれバ先方でも知て居る、けれども其後私は毎度本人ニ逢ふて假初ょも怨言を云ふた事のない所ではない態と旧恩を謝すると云ふ趣ばかり装ふて居る中ニ又もや其大切な原書を盗寫したヿともゐる先方も悪るけれバ此方も十分悪𛀆けれども唯私ぶ其事を人ニ語らず顔色ょも見せずニ御家老様と尊敬して居たから所謂國家老のお坊さんで今度私を江戸ょ呼寄せる事ょ就ても家老ニ異議なく直ニ決して幸で𛀂

つたぶ*実を申せバ*壹岐よりも私の方ぶ*却て罪ぶ*深ゐ*やうだ*
大坂*から江戸ま*来るま*就ては*何は扨置き中津ま*帰て一度母ま*遇*ふて別を告げて来ませうと云ふので中津*ま*帰*つた其時は虎*列拉の真盛りで*註5私の家の近處まで病人だらけ*バタ*〳〵死ま*ました*其流行病最中*舩*ニ*乗て大坂*ニ*着*ゐて暫時逗留*ソレカラ江戸ニ*向て出立と云*ゐふ*ホと*ました所ぶ*凢*そ藩の公用で勤番するま*私などの身分なれバ*道中并*ニ在勤中家来を一人呉れるのが定例で*今度も私の江戸勤番ニ*付て家来一人振の金を渡して呉れた、*けれども家来なんぞと云ふホ*とは思ひも寄らぬ事で何*ま*ゐも要らぬ、*

三人同行

けれども茲*ま旅費がある*待て*〳〵塾中*ま誰か江戸*ま行きたいと云ふ者はないか*江戸*ま行きたければ連れて行くが如何*だ実*ハ*斯う云ふ訳けで金はあるぞと云ふと*即席ニ*どうぞ連れて行て呉れと云たの*が*岡本周吉④即ち古*川節蔵註6でゐ*る(廣島の*人)*よし連れて行て遣らう*連れて行くが*君は飯を炊かなければならぬが宜しゐ*か江戸へ行けば米もあれば長屋もある*鍋釜も貸して呉れるが*本當の家来を止め*ま*すれバ*飯炊*がない*其代*ま*連れて行くのだが如何だ*「飯を炊*く位の事は何でもない*飯を炊*かう*「それぢや一緒*ま来いと云て*夫れから私の荷物は同藩の人*ま頼んで*道連は私と岡本。*もう一人備中の者で原田*磊蔵と云ふ矢張り緒方の塾生*都合三人の道

ぶ＝ABCDがEが、／バ＝ABCDEば／ぶ＝ABCDEが／ぶ＝ABCDEが／ゐ＝BCDEい／だ＝Eだ。

坂＝BCDE阪／ま＝ABCDEに／ま＝ABCDEに／は＝Eは、／ま＝ABCDEに／ま＝ABCDEに／遇＝BCD逢E逢／で＝Eで、／ま＝ABCDEに／帰つた＝BC歸たD歸たE歸つた／虎列拉＝BCDE虎列拉／で＝Eで、／け＝Eけ、／〳〵＝BC〴〵／ま＝ABCDEに／た＝Eた。／中＝BCD中E中、／舩＝AE船BCD船／ニ＝ABCDEに／坂＝BCDE阪／ニ＝ABCDEに／着ゐて＝BCD着てE着いて／留＝BCD留E留、／ニ＝ABCDEに／ゐ＝BCEなしDい／ホ＝CDEこ／ま＝ABCDEに／ぶ＝ABCDがEが、／凢＝B凡CD凡E凡／ま＝BCDにEに、／バ＝ABCDEば／并ニ＝A并にBC並にD並にE竝に／で＝Eで、／ニ＝ABCDEに／、＝DなしE。／ホ＝ACDEこ／何まも＝A何にもBCD何もE何も／ゐ＝BCDいEなし／、＝DなしE。／ま＝ABCDEに／る＝Eる。／〳〵＝E〳〵、／ま＝ABCDEに／ま＝ABCDEに／か＝Eか、／ま＝ABCDEに／どう＝BCEなし／だ＝Eだ、／ハ＝ABCDEは／こ＝BCEなしDか／と＝Eと、／ニ＝ABCDEに／の＝BCDなし／岡本周吉＝BCD岡本周吉E岡本周吉、／古川節蔵＝BCDE古川節蔵／ゐ＝ABCDEあ／島＝B嶋D島／）＝E）。／う＝Eう。／が＝Eが、／ゐか＝BCDいかEいか。／る＝Eる、／が＝Eが、／や＝Eなし／ま＝ABCDEに／バ＝ABCDEば／めしたき＝Eなし／い＝AゐEい。／ま＝ABCDEに／だ＝Eだ。／た＝Eなし／ない＝AふゐEない、／た＝BCEなし／う＝Eう。／ま＝ABCDEに／て＝Eて、／ま＝ABCDEに／で＝Eで、／。＝ABCDE、／原田磊蔵＝BCDE原田磊藏／生＝E生、

①岡見彦曹、岡見彦三が正しい。中津藩江戸定府の上士。佐久間象山に西洋砲術を学ぶ。文政二年（一八一九）生、文久二年（一八六二）年没、四十四歳。②松木弘安、のち寺島宗則と改名。天保三年（一八三二）生、明治二十六年（一八九三）没。薩摩藩士。明治に入り外務卿。③杉亨二、長崎出身。適塾に学ぶ。文政十一年（一八二八）生、大正六年（一九一七）没。明治に入り統計学の開祖。④岡本周吉（のち節蔵）は広島の農家の出身、江戸に出て福澤の世話で旗本古川家の養子となり幕府海軍に入る。維新後は正雄と改名、海軍や工部省に勤める。天保八年（一八三七）生、明治十年（一八七七）没、四十一歳。

で=Eで、/く=Eく。/節=E節、/川止=BCDE川止/雉ょ=A雉にB難にCD難にE難に/滞り=B滞りCD滞ほり/ょ=ABCDEに/着いて=A着ゐてBCD着てE着いて、/木挽町=DE木挽町/汐留=BCDE汐留/ニ=ABCDEに/が=Eが、/鉄砲洲=BCDE鐵砲洲/ょ=ABCDEに/る=Eる、/そこ=Eなし/で=Eで、/ょ=ABCDEに/込んで=BCD込でE込んで、/じもゐ=AじすゐBCDじすゐEなし/ニ=ABCDEに/て=CDたEて、/下谷=DE下谷/練塀小路=BCDE練塀小路/大槻俊斎=B大槻俊齋CDE大槻俊齋/、=E。/へ=Aに/て=Eて、/段々〳〵=BCD段々E段々/た=Eた。/ょ=ABCDEに/参つて=B参てCD参て/ょ=ABCDEに/住つて=BCD住てE住つて/ょ=ABCDにEに、/ょ=ABCDEに/ょ=ABCDEに/り=Eり、/五=E五、/で=Eで、/ょ=ABCDEに/ぶ=ABCDがEが、/ょ=ABCDEに/坂=BCDE阪/為めょ=BCD爲にE爲めに/ょ=ABCDEに/い=AゐEい、/ょ=ABCDEに/負=BC負D貟E負/た=Eた。/ょ=ABCDEに/所で=BCD處でE處で、/どう=Eなし/ょ=ABCDEに/と=ACDEことB志と/る=Eる。/島村鼎甫=B嶋村鼎甫CDE島村鼎甫/ょ=ABCDEに/島村は=BCDなし/で=Eで、/ょ=ABCDEに/志=ABCDEし/た=Eた。/で=Eで、/ゐつ=BCDいつEなし/で=Eで、/ょ=ABCDEに/中=BCD中E中、/志=BCDEし/ょは=ABCDにはEには、/どう=Eなし/ふ=Eふ。/が=Eが、/ょく=ABCDEにく/。=ABCD、/ょ=ABCDEに/て=Eて、/ょ=ABCDEに/バ=ABCDばEば、/四=E四、/ょ=ABCDEに/志=BCDEし/どう=Eなし/ら=Eら、/い=AゐEい、/げ=AEなし/て=Eて、/ニ=ABCDEに/なか〳〵=BCD中々/六ヶ敷い=A六ヶ敷ゐBCD六かしいE六かしい。/凡=B凡CD凡E凡/で=Eで、/チヤント=Eチャント/分つた=BCD分たE分つた。/どう=Eなし/だ=Eだ、/ものゝと=ABCDものごとEなし/分つて=BC分てD分つて/て=Eて、/ニ=ABCDEに/た=Eた。/し=ABCDじEじ、/むつ=BCDむづEなし/ゐ=BCDEい

中で勿論歩く其時は丁度十月**下旬**で少々寒かつたが小春の時節一日も川止など云ふ災雉ょ遇はず滞りなく江戸ょ着いて先づ**木挽町汐留の奥平屋敷**ニ行た所が鉄砲洲ょ中屋敷⑤がある其處の長屋を**貸す**と云ふので早速岡本と私と其**長屋**ょ住込んで**両人自炊の世帯持**ニなつて夫れから同行の原田は下谷練塀小路**の大醫**大槻俊斎**先生**の處へ入込んだ、[註7] 江戸へ参れば**知己朋友**は幾人も居**て段々〳〵面白くなつて来た**

扨私が江戸ょ参つて鉄砲洲の奥平中屋敷[註8]ょ住つて居ると云ふ中ょ藩中の子弟が三人五人づゝ学びょ来るやうょなり[註9]又他から五六人も来るものが出来たので其子弟ょ教授して居たぶ前ょも云ふ通り大坂の書生は修業する為めょ江戸ょ行くのではない行けば教へょ行くのだと云ふ自から自負心があつた私も江戸ょ来て見た所で全体江戸の蘭学社会は如何云ふものであるか知り

ょ=AEに/ニ=AEに/す=Eず/な=Aふ

江戸ょ學ぶニ

非す教るなり

たいもの**だと思て居る中**ょ**或る日**島村鼎甫⑥[註10]の家ょ尋ねて行たとがある島村は勿論緒方門下の醫者で江戸ょ来て蘭書の飜譯など志て居た私も甚だ能く知て居るので尋ねて参れば何時も学問の話ばかりで其時ょ主人は生理書の飜訳**最中その原書**を持出志て云ふょは此文の一節が如何しても分らないと云ふ夫れから私が**之**を見た所が成程解し悪い所だ。**依て**主人ょ向て是れは外の朋友ょも相談して見た**かと云へ**バイヤもう**親友誰々四五人**ょも相談を志て見たが如何しても分ら**ぬと云ふから**面白いソレぢや**僕**が之を解して見せやうと云て**本當ニ**見た所がなか〳〵六ヶ敷い**凡そ半時間ばかり**も**無言**で考へた所で**チヤント**分つた一体是れは**斯う**云ふ意味であるが如何だ物事は分つて見ると造作のないもの**だと云て主客共ニ喜びました**何でも其一節は光線と視力との**関係を論し**蠟燭を二本點けて其燈光をどうかすると影法師が如何とかなると云ふ**隨分六かしい處**

で＝Eで／嶌＝B嶋CDE島／生理発蒙＝BCDE生理發蒙(せいりはつもう)／ニある＝ABCDEにある／す＝Eす。／に＝ABCDEに／して＝ABCDしてEして、／こ＝CDEこ／ゐ＝BCDEい／と＝BことCDEこと／る＝Eる。

に＝ABCDEに／ため＝Eなし／こ＝CDEこ／ある＝ABCDあるEある。／坂＝BCE阪D阪(さか)／に＝ABCDEに／に＝ABCDEに／よみそこな＝Aよみそこふ BCDEよみそこな／さうな＝Aさうふ Bそふな／撰出＝B選出(ゑりだ)CDE選出(えりだ)／して。＝Aして、BCDEして、／し＝BCDEし／聞に＝A聞にBCD聞(きゝ)にE聞(き)きに／く＝Eく。／聞に行く＝A聞に行くBCDなしE聞きに行く／と＝Eと、／で＝Eで、／し＝BCDEし／ら＝Eら、／ハ＝ABCDEは／。＝ABCD、／ハ＝ABCDEは／で＝Eで、／ニ＝ABCDEに／も＝Eも、／。＝BCD、／す＝ABCDEず／こと＝CEことD事(こと)／ゐ＝BCDいEい。／坂＝BCE阪D阪(さか)／に＝ABCDEに／ニ＝ABCDEに／見下だ＝A見下E見下(みくだ)だ／に＝ABCDEに／も＝も、／に＝ABCDEに／ゐ＝AEなしBCDい／に＝ABCDEに／ら＝Eら、／て＝Eて、／悪ゐ＝BCD悪(わる)いE悪い／ことゝは＝Aことゝは BCととはDEこととは／す＝Eす。／ハ＝ABCDEは／分つて＝BCD分(わかつ)て／ハあ＝ABCDEはあ／が＝ABCDがEが、／こゝに＝Aこゝに BCD此處(こゝ)にEこゝに／が＝ABCDEが／た＝Eた。／が＝ABCDEが／に＝ABCDEに／年＝E年、／年＝E年、／に＝ABCDEに／で＝Eで、／し＝ABCDEし／許り＝E斗り／。＝BCDE、／で＝CDEデ／に＝ABCDEに／ニ＝ABCDEに／た＝Eた。／で＝Eで、／掘立＝A堀立B堀立(ほつたて)C堀立(ほつたて)D掘立(ほつたて)／に＝ABCDEに／チヨイ＝Eチョイ／て＝Eて、／に＝ABCDEに／住て＝BCD住(すん)で／し＝ABCDEし／る＝Eる。／つう＝Eなし／い＝AゐEい。／こちら＝CDこつちEなし／と＝BことCDEこと／ば＝Eば、／あつち＝AEなしBCDあつち／と＝ACDEことBこと／い＝AゐEい。／版＝BCD板(ばん)E板／バ＝Eば、／帖紙＝BCD貼紙(はりがみ)E貼紙／ぬ＝Eぬ。

で**嶌村の翻譯した生理発蒙*[註11]と云ふ譯書中ニ*ある筈です*此一事で私も竊(ひそか)に*安心*して先づ是れならば江戸の学者も左まで恐れること*はなゐ*と思ふたと*がある*

それから又原書の不審な處を諸先輩に*質問して竊に*其力量を試(ため)*したこと*もある*大坂**に**居る中に*毎度人の読損(よみそこな)*ふた處か人の読損ひさう*な處を撰出*し*て。さう*して其れを私は分らない顔して不審を聞(きゝ)*に行く**聞に行くと*毎度の事で*學者先生と称*して居る人が読損ふて居るから*此方(こっち)*ハ却て満足だ。**実ハ*欺て人を試験するやうなもので*徳義上ニ*於て相済まぬ罪なれども*壮年血気の熱心。*自(みづ)から禁する*こと*が出来なゐ*畢竟私が大坂**に居る間は同窓生と共ニ*江戸の学者を見下(みく)*だして取るに*足らないものだと斯(か)う思ふて居ながら*も只ソレを空(くう)*に信じて宜ゐ*氣に*なつて居ては大間違が起るから*大抵(たいてい)江戸の学者の力量を試さなければならぬと思て*悪(まる)*ゐこと*ゝは知りながら試験を遣て見たのです*ソコデ以て蘭學社會の相場ハ*大抵分つて*先づ安心でハ*あつたが*扨又こゝ*に

英學發心[註12]

大不安心な事が*生じて来た*私が*江戸に*来た其翌年*即ち安政六年*五國條約と云ふものが発布に*なつた[註13]ので*横濱は正し*く開けた許(ばか)*りの處。*[註14]ソコで*私は横濱に*見物ニ*行た*其時の横濱と云ふものは外國人がチラホラ来て居る丈けで**掘立小屋見たやうな家が諸方に**チヨイ〳〵出来て*外國人が其處に**住て店を出し*て居る*其處へ行て見た所が一寸(ちょい)とも言葉が通(つう)*じない**此方(こちら)の云ふと*も分らなければ**彼方(あっち)の云ふと*も勿論分らない*店の看版*も讀めなけれバ*ビンの帖紙(はりがみ)*も分らぬ*何を見ても私の知て

⑤鉄砲洲の中屋敷は現在の中央区明石町の聖路加国際病院新館のあるあたり。⑥島村鼎甫は備前出身。文政十一年（一八二八）生、明治十三年（一八八〇）没。江戸で医学所教授。明治に入り大学小博士、文部中教授となる。

い＝AゐEい。／ない＝AふゐEない。／ゐる＝ABCDあるEなし／ニ＝ABCDにEに、／独逸＝BCD獨逸E獨逸／キニツフル＝Eキニッフル／ょ＝ABCDEに／ぶちゐたつ＝ABCDぶちあたつEなし／た＝Eた。／る＝Eる。／こつち＝BCDこつちEなし／ニ＝ABCDEに／も＝Eも、／で＝Eで、／り＝Eり、／ょ＝ABCDEに／た＝Eた。／で＝Eで、／ょ＝ABCDEに／で＝Eで、／ょ＝ABCDEに／ら＝Eら、／だ＝Eだ。

福翁自傳（廿一）大阪を去て江戸に行く（二）時事新報明治三十一年九月七日（水）

て＝Eて、／ハ＝ABCDEは／つか＝AEなし／ハなゐ＝AはなゐBCDはないEはない、／ょ＝ABCDEに／た＝Eた。／い＝AゐEい、／しょものぐる＝ABCDEしにものぐる／ょ＝ABCDEに／と＝BことCDEこと／ぇた。＝ABCDEした、／ぇ＝ABCDEし／が＝Eが、／ょ＝ABCDEに／い＝AゐEい、／い＝AゐEい、／ょ＝ABCDEに／ぇ＝ABCDEし／ゑいと＝AゑゐとBCDわいとEわいと、／ょ＝ABCDEに／ぇ＝ABCDEし／、＝E。／決＝BC決D決E決／い＝AゐBCDい、Eい。／彼處＝BCDE彼處／ょ＝ABCDEに／は＝Eは、／ょ＝ABCDEに／い、＝Aゐ、Eい。／ょ＝ABCDEに／ょ＝ABCDEに／。＝ABCD、／ょ＝ABCDEに／違ひない＝A違ゐなゐBC違ひないD違ないE違ひない、／る＝DEる、／ょ＝ABCDEに／ょ＝ABCDEに／い＝AゐEい、／ぇ＝ABCDEし／ょ＝ABCDEに／い＝AゐEい、／ハ＝ABCDEは／ょ＝ABCDEに／と＝Eと、／。＝ABCDE、／一度＝BC一度D一度／ニ＝ABCDEに／ょ＝ABCDEに／て＝Eて、／て＝Eて、／と＝BことCDEこと／ょ＝ABCDEに／宜いか＝A宜ゐかBCD宜か／とりつきは＝ADEとりつきばE′とりつきは／い、＝Aゐ、Eい。／ょ＝ABCDEに／い、＝Aゐ、Eい。／と＝Eと、／ょ＝ABCDEに／ょ＝ABCDEに、／森山多吉郎＝BCDE森山多吉郎／が＝Eが／ょ＝ABCDEに／る＝Eる。／ぇ＝ABCDEし／ら＝Eら、／ょ＝ABCDEに

居る文字と云ふものはない英語だか佛語だか一向分らない居留地をブラ〱歩く中ニ独逸人でキニツフルと云ふ商人の店[註15]ょ打當た其商人は独逸人でこそあれ蘭語蘭文が分る此方の言葉はロクニ分らないけれども蘭文を書けばどうか意味が通ずると云ふのでソコでいろ〱な話をしたり一寸と買物をしたりして江戸ょ帰て来た御苦労な話でソレも屋敷ょ門限があるので前の晩の十二時から行て其晩の十二時ょ帰たから丁度一晝夜歩いて居た譯けだ

小石川ニ通ふ

ニ＝AEに

横濱から帰て私ハ足の疲れでハなゐ実ょ落膽して仕舞た是れは〱どうも仕方がない今まで数年の間死者狂ひょなつて和蘭の書を讀むとを勉強ぇた。其勉強ぇたものが今は何ょもならない商賣人の看板を見ても読むことが出来ない左りとは誠ょ詰らぬ事をぇたゑいと実ょ落膽ぇて仕舞た、けれども決して落膽して居られる場合でない彼處ょ行れて居る言葉、書いてある文字は英語か佛語ょ相違ない、所で今世界ょ英語の普通ょ行れて居ると云ふことは豫て知て居る。何でもあれは英語ょ違ひない今我國は条約を結んで開けかゝつて居る左すれば此後は英語が必要ょなるょ違ひない洋学者とぇて英語を知らなければ迚も何ょも通ずることが出来ない此後ハ英語を読むより外ょ仕方がないと横濱から帰た翌日だ。一度は落膽したが同時ニ又新ょ志を発して夫れから以来は一切萬事英語と覺悟を極めて扨其英語を學ぶと云ふとょ就て如何して宜いか取付端がない、江戸中ょ何處で英語を教へて居ると云ふ所のあらう訳けもない、けれども段々聞て見ると其時ょ条約を結ぶと云ふが為めょ長崎の通詞の森山多吉郎⑦と云ふ人が江戸ょ来て[註16]幕府の御用を勤めて居る其人が英語を知て居ると云ふ噂を聞出ぇたからソコで森山の家ょ行て習ひま

て=Eて、/ょ=ABCDEに/志=ABCDEし/ら=Eら、/ょ=ABCDEに/と=Eと、/ょ=ABCDにEに、/ょ=ABCDEに/い、=AゐBCDい/しん=Eなし/う=Eう、/ょ=ABCDEに/て=Eて、/ょ=ABCDEに/住つて=BCD住（すまつ）て/て=Eて、/やゔ=ABCDEやが/う=Eう、/、=E。/と=Eと、/ふ=Eふ。/どう=Eなし/ひま=Eなし/い=AゐEい。/い=AゐEい、/なか〱=BCD中々（なか〱）/ニ=ABCDEに/志ない、=A志なゐ、BCDしない、Eしない。/と=Eと、/ょ=ABCDEに/だ=Eだ、/ょ=ABCDEに/ふ=Eふ。/ょ=ABCDEに/て=Eて、/、=E。/で=Eで、/護持院ヶ原=BCDE護持院ヶ原（ごぢゐんはら）/て=BCDなし/おゐしげ=BにひしげCDEおひしげ/で=Eで、/だ=Eだ。/帰途=BCDE帰途（かへりみち）/ニ=ABCDEに/ホ=BCDEご/ハ=ABCDEは/。=ABCD、/ゔ=ABCDEが/よけゐホ=AよけゐこBCDよけいこEよげいこ/で=Eで、/る=Eる、/ょ=ABCDEに/で=Eで、/い=AゐEい。/ょ=ABCDEに/ぁ=ABCDEか/も=Eも、/ょ=ABCDEに/い=AゐEい。/と=BホとCDEこと/い=AゐEい。/ょ=ABCDEに/い=AゐEい。/淂=AE得B得（ね）CD得（え）/位=BCD位（ぐらゐ）E位。/と=Eと、/念=BCD念（ねん）E念。

せうと斯（か）う思ふて*其森山と云ふ人は小石川の水道町ょ*住居志*て居たから*早速其家ょ*行て英語教授の事を頼入ると*森山の云ふょ*昨今御用が多くて大変ょ*忙しい*、けれども折角習はうと云ふならば教へて進（しん）*ぜやう*就ては毎日出勤前、朝早く来いと云ふことょ*なつて*其時私は鉄砲洲ょ**住つて居て*鉄砲洲から小石川まで頓（やゔ）*て二里餘（よ）もありませう*毎朝早く起きて行（ゆ）く、*所が今日はもう出勤前だから又明朝来て呉れ、明くる朝早く行くと*人が来て居て行（い）かないと[註17]云ふ*如何（どう）*しても教へて呉れる暇（ひま）*がない*ソレは森山の不親切と云ふ訳けではない*条約を結ばうと云ふ時だからなか〱*忙くて実際ニ*教へる暇がありは志*ない、さうすると*こんなょ*毎朝来て何も教へることが出来んでは氣の毒だ*晩ょ*来て呉れぬかと云ふ*ソレぢや晩ょ*参りませうと云て*今度は日暮から出掛けて行く、*あの往来は丁度今の神田橋一橋外の高等商業学校のある邊で*素（も）と護*持院ヶ原と云ふて*大きな松の樹などが生繁（おゐしげ）*つて居る恐ろしい淋しい處で*追剝でも出さうな處だ*其處を小石川から帰*途ニ*夜（よ）の十一時十二時ホ*ろ通る時の怖さと云ふものハ*今でも能く覺えて居る。*所ゔ*此夜稽古（よけゐホ）*も矢張り同じ事で*今晩は客があるイヤ*急ょ*外國方（外務省）から呼びょ*来たから出て行かなければならぬと云ふやうな訳けで*頓と仕方がない*凡そ其處ょ*二月（ふたつき）ぁ*三月（みつき）通ふたけれども*どうょ*も暇がない*迚もこんな事では何も覺えるとも*出来ない*加ふるょ*森山と云ふ先生も何も英語を大層知て居る人ではない*漸（やうや）く少し發音を心得*て居ると云ふ位*迚も是れは仕方がないと*餘儀なく断念*

⑦森山多吉郎はオランダ語と英語に堪能な通詞。文政三年（一八二〇）生、明治四年（一八七一）没、五十一歳。江戸時代ペリー、ハリスらの応接に当る。

ニ=AEに

蕃書調所ニ入門[註18]

其前尓私が横濱尓行た時尓キニツフルの店で薄い蘭英會話書を二冊買て来たソレを独で読むと志た所で字書がない英蘭對譯の字書があれば先生なしで自分一人で解すことが出来るからどうか字書を欲いものだと云た所で横濱尓字書などを賣る處はない何とも仕方がない、所が其時尓九段下尓蕃書調所と云ふ幕府の洋学校がある其處尓は色々な字書があると云ふことを聞出志たから如何かして其字書を借りたいものだ借りる尓は入門志なければならぬ、けれども藩士が出抜け尓公儀（幕府）の調所尓入門志たいと云ても許すものでない藩士の入門願尓は其藩の留守居と云ふものが願書ニ奥印を志て然る後尓入門を許すと云ふ夫れから藩の留守居の處尓行て奥印の事を頼み私は社杯を着て蕃書調所尓行て入門を願ふた、其時尓は箕作麟祥のお祖父さんの箕作阮甫と云ふ人[註19]が調所の頭取で早速入門を許して呉れて入門すれば字書を借ることが出来る直ニ拝借を願ふて英蘭對譯の字書を手ニ請取て通學生の居る部屋があるから其處で暫く見て夫れから懐中の風呂敷を出して其字書を包で帰らうとするとソレはならぬ此處で見るならば許して苦しくないが家尓持帰ることは出来ませぬと其係の者が云ふ、こりや仕方がない鉄砲洲から九段坂下まで毎日字引を引き尓行くと云ふことは迚も間尓合ぬ話だ。ソレも漸く入門志てたった一日行た切で断念

扨如何志たら宜からうかと考へた所で段々横濱尓行く商人がある何か英蘭對譯の字書はないかと頼で置た所がホルトロップと云ふ英蘭對譯發音付の辭書[註20]一部二冊物ござる誠尓小さな字引だけれども價五兩と云ふ夫れから私は奥平の藩尓歎願して買取て貰てサアもう是れで宜しい此字引さへあればもう先生は要らないと自力研究の念を固くし

尓=ABCDEに／尓=ABCDEに／尓=ABCDEに／キニツフル=Eキニッフル／た=Eた。／独=A独BCDE獨／志=ABCDEし／い=A以Eい。／ら=Eら、／を=Aが／尓=ABCDEに／い=A以E い。／い、=A以、CDいEい。／尓=ABCDEに／尓=ABCDEに／志=ABCDEし／蕃書調所=BCDE蕃書調所／る=Eる。／尓=ABCDEに／志=ABCDEし／ら=Eら、／だ=Eだ、／尓=ABCDEに／志=BCDEし／い=A以Eい、／尓=ABCDEに／ニ=ABCDEに／志=ABCDEし／尓=ABCDEに／ふ=Eふ。／尓=ABCDEに／み=Eみ、／社杯=BCDE社杯／尓=ABCDEに／、=BCDなしE。／尓=ABCDEに／箕作麟祥=BC箕作麟祥DE箕作麟祥／ぢ以=BCDぢいEなし／箕作阮甫=BC箕作阮甫D箕作阮甫E箕作阮甫／で=Eで、／て=Eて、／る=Eる。／ニ=ABCDEに／て=Eて、／ニ=ABCDEに／て=Eて、／と=Eと、／ぬ=Eぬ、／が=Eが、／尓=ABCDEに／もちかへ=Eなし／と=Eと、／、=E。／い=A以Eい、／坂=BC阪／尓=ABCDEに／尓=ABCDEに／。=ABCD、／志=ABCDEし／念=BCD念E念。

どう=Eなし／志=ABCDEし／た=Eた。／尓=ABCDEに／る=Eる。／頼で=BCD頼んでE頼んで／が=Eが、／ホルトロップ=BCDホルトツプEホルトロップ／ござる=ABCDがあるEがある。／尓=ABCDEに／ふ=Eふ。／尓=ABCDEに／て=Eて、／い=A以Eい、／と=Eと、／かた=Eなし

て唯其字引と首引(くびッぴて)で毎日毎夜獨り勉強、又或ハ英文の書を蘭語に翻譯して見て英文ニ慣れる事ばかり心掛けて居ました

英学の友を求む

学＝E學 註21

そこで自分の一身は爾(さ)う定(き)めた所で是れは如何(どう)しても朋友がなくてハならぬ私が自分で不便利を感ずる通りに今の蘭学者は悉く不便を感じて居るに違(ちが)いない迚も今まで學だのは役に立たない何でも朋友に相談をして見やうと斯う思ふたが此事も中々易くないと云ふのハ其時の蘭学者全体の考は私を始めとして皆数年(すねん)の間刻苦勉強した蘭学が役に立たないから丸で之を棄てゝ仕舞て英學ニ移らうとすれバ新たに元の通りの苦みをもう一度(いちど)しなければならぬ誠ニ情(なさけ)ないつらい話である譬へバ五年も三年も水練(すいれん)を勉強して漸く泳ぐことが出来るやうになつた所で其水練を罷(や)めて今度は木登(きのぼ)りを始めやうと云ふのと同じ事で、以前の勉強が丸で空になると斯(か)う考へたものだから如何にも決断が六かしいソコデ学友の神田孝平⑧に面會して如何しても英語を遣らうぢやないかと相談を掛けると神田の云ふにイヤもう僕も疾(と)うから考へて居て実は少し試みた。試みたが如何(いか)にも取付端(とりつきは)がない何處から取付て宜(い)いか実に訳けが分らない併し年月を經(ふ)れば何か英書を読むと云ふ小口(こぐち)が立つに違ひないが今の處では何とも仕方がないマア君達は元氣が宜(い)いから遣て呉れ大抵方角が付くと僕も屹(きっ)と遣るから、ダガ今の處では何分自分で遣らうと思はないと云ふ夫れから番町の村田造六（後に大村益次郎）の處ニ行て其通りに勧めた所が

て＝Eて、／くびッぴて＝AEくびつぴきBCDくびッぴき／で＝Eで、／ハ＝ABCDEは／に＝ABCDEに／て＝Eて、／ニ＝ABCDEに／た＝Eた。

で＝Eで、／どう＝Eなし／し＝ABCDEし／ハ＝ABCDEは／ぬ＝Eぬ。／に＝ABCDにEに、／に＝ABCDEに／ちが＝Eなし／いな＝BCDひないEひない。／に＝ABCDEに／い＝AいEい。／に＝ABCDEに／し＝ABCDEし／が＝ABCDがEが、／い＝BCDEい／ハ＝ABCDはEは、／は＝Eは、／し＝ABCDEし／皆＝BCD皆(みな)E皆、／に＝ABCDEに／ら＝Eら、／ニ＝ABCDEに／バ＝ABCDばEば、／に＝ABCDEに／いちど＝BCDいちどEなし／バ＝ABCDEば／ぬ＝Eぬ、／ニ＝ABCDEに／なさけ＝Eなし／い＝BCDい、Eい／い＝BCDEい／ある＝ABCDあるEある、／バ＝ABCDEば／すいれん＝BCDすゐれんEなし／に＝ABCDEに／で＝Eで、／きのぼ＝Eなし／、＝ABCDなし／に＝ABCDEに／と＝Eと、／決＝BC決(けつ)D決(けつ)E決／が＝ABCDEが／い＝BCDいEい。／神田孝平＝BCDE神田孝平(かんだかうへい)E′神田孝平(かんだたかひら)／に＝ABCDEに／て＝Eて、／し＝ABCDEし／と＝Eと、／に＝ABCDにEに、／と＝Eなし／。＝ABCD、／いか＝BCDEいか／に＝ABCDEに／とりつきは＝AとりつきばEなし／い＝AいEい。／に＝ABCDEに／い＝AいEい。／に＝ABCDEに／が＝Eが、／い＝AいEい。／れ＝Eれ、／ダガ＝Dだが／ふ＝Eふ。／村田造六＝BCE村田造六(むらたざうろく)D村田藏六(むらたざうろく)E′村田造六(むらたざうろく)〔藏〕／に＝ABCDEに／大村益次郎＝BC大村益次郎DE大村益次郎(おほむらますじらう)／ニ＝AEにBCDへ／て＝Eて、／に＝ABCDEに／が＝Eが、

⑧神田孝平は美濃出身。天保元年（一八三〇）生、明治三十一年（一八九八）没。幕末は蕃書調所教授職並。明治に入り兵庫県令、貴族院議員。

是れは如何しても遣らぬと云ふ考で神田とは丸で説が違ふ「無益な事をするな僕はそんな物は讀まぬ要らざる事だ、何もそんな困難な英書を辛苦して讀むがものはないぢやないか必要な書は皆和蘭人が飜譯するから其飜譯書を讀めばソレで澤山ぢやなゐかと云ふ「成程それも一説だゔけれども和蘭人が何も角も一々飜訳するものぢやない僕は先頃横濱ょ行て呆れて仕舞つた此塩梅では迚も蘭学は役ょ立たぬ是非英書を讀まなくてはならぬではないかと勧むれども村田は中々同意せず「イヤ讀まぬ僕ハ一切讀まぬ遣るなら君達は遣り給へ僕は必要があれば蘭人の飜訳またのを読むから搆はぬと威張て居る是れは迚も仕方がないと云ふので今度は小石川ニ居る原田敬策⑨ょ其話をすると原田は極熱心で何でも遣らう誰がどう云ふても搆はぬ是非遣らうと云ふから「爾うかソレは面白いそんなら二人で遣らう、どんな事があつても遣遂げやうではないかと云ふので原田とは極説が合ふて愈よ英書を讀むと云ふ時ょ長崎から来て居た小供があつて其小供が英語を知て居ると云ふので、そんな小供を呼で来て發音を習ふたり又或は漂流人で折節帰るものがある長く彼方へ漂流して居た者が開國ょなつて舩の便があるものだから折節帰る者があるからそんな漂流人が着くと其宿屋ょ訪ねて行て聞たともある其時ょ英学で一番六かしいと云ふのは発音で私共は何も其意味を學ばうと云ふのではない只スペルリングを学ぶのであるから小供でも宜ければ漂流人でも搆はぬ爾う云ふ者を捜し廻つては学んで居ました始めハ先づ英文を蘭文ょ飜譯するホとを試み一字々々字を引てソレを蘭文ょ書直せばちやんと蘭文ょなつて文章の意味を取るホとょ苦労はなゐ唯その英文の語音を正しくするのに苦しんだゔ是れも次才ニ　緒ゔ開けて来れバ夫れほどの难渋でもなし詰る處ハ最初私共ゔ蘭學を棄てゝ英學ニ移らふと

どう＝Eなし／で＝Eで、／ふ＝Eふ。／な＝Eな。／ぬ＝Eぬ。／だ、＝Eだ。／困难＝A困难B困難CD困難E困難／か＝Eか。／ら＝Eら、／ゐ＝BCDEい／ふ＝Eふ。／ゔ＝ABCDがEが、／角＝BCDE角／い＝AゐEい。／ょ＝ABCDEに／ゟき＝ABCDあきEなし／舞つた＝BCD舞たE舞つた。／ょ＝ABCDEに／ぬ＝Eぬ。／も＝Eも、／ず＝Eず、／ぬ＝Eぬ。／ハ＝ABCDEは／ぬ＝Eぬ。／へ＝Eへ。／ま＝ABCDEし／搆＝BCD構E構／る＝Eる。／ニ＝ABCDEに／原田敬策＝BCDE原田敬策／ょ＝ABCDEに／と＝Eと、／極＝BCDE極／で＝Eで、／う＝Eう。／搆＝BCD構E構／ぬ＝Eぬ。／ら＝Eら、／爾＝ABCD爾／か＝Eか、／い＝AひEい。／、＝E。／で＝Eで、／ぶくせつ＝BCDごくせつEせつ／て＝Eて、／ょ＝ABCDにEに、／て＝Eて、／り＝Eり、／おりふし＝BCDをりふしEなし／る＝Eる、／ゟつち＝ABCDあつちEなし／が＝Eが、／ょ＝ABCDEに／舩＝AE船BCD船／ら＝Eら、／ら＝Eら、／ょ＝ABCDEに／と＝ABホとCDEこと／る＝Eる。／ょ＝ABCDEに／で＝Eで、／い＝AゐEい、／ら＝Eら、／搆＝BCD構E構／ぬ＝Eぬ、／さ＝Eなし／さが＝Eなし／廻つて＝BCD廻てE廻つて／た＝Eた。／ハ＝ABCDEは／ょ＝ABCDEに／ホ＝CDEこ／み＝Eみ、／ょ＝ABCDEに／ば＝Eば、／ょ＝ABCDEに／ホ＝CDEこ／ょ＝ABCDEに／ゐ＝BCDいEい。／語音＝BCDE語音／たゔ＝ABCDだがEだが、／才＝BCD第E第／ニ＝ABCDEに／ゐとくち＝AゐとぐちBいとくちCDEいとぐち／ゔ＝ABCDEが／バ＝ABCDEば／难渋＝A难渋B難澁CD難澁E難澁／し＝Eし、／ハ＝ABCDEは／ゔ＝ABCDEが／ニ＝ABCDEに／ふ＝BCDEう

するときニ*其実ニ*蘭學を棄てゝ仕舞ひ*数年勉強の結果を空ふ*して生涯二度の娘雉*辛苦と思ひしハ*大間違の話で*実際を見れバ*蘭と云ひ英と云ふも等しく横文尓*して其文法も略相同じけれバ*蘭書讀む力ハ*自から英書尓*も適用して決し*て無益でなゐ*水を泳く*と木ニ*登ると全く別のやうニ*考へたのは一時の迷で阿*つたと云ふ古*とを發明しました*

ニ＝ABCDEに、／ニ＝ABCDEに／ひ＝Eひ、／ふ＝BCDEう／娘雉＝A艱雉B艱難CD艱難E艱難／ハ＝ABCDEは／で＝Eで、／バ＝ABCDEば／尓＝ABCDEに／て＝Eて、／バ＝ABCDばEば、／ハ＝ABCDEは／尓＝ABCDEに／決＝BC決D決E決／ゐ＝BCDいEい。／く＝BCDEぐ／ニ＝ABCDEに／ニ＝ABCDEに／阿＝ABCDEあ／古＝CDEこ／た＝Eた。

⑨原田敬策は岡山新田藩士のち幕臣。文久三年（一八六三）オランダ留学。明治に入り陸軍少将、貴族院議員。天保元年（一八三〇）生、明治四十三年（一九一〇）没。

始めて亜米利加ニ渡る

ソレカラ私が江戸ニ来た翌年即ち安政六年冬徳川政府から亜米利加ニ軍艦を遣ると云ふ日本開闢以来未曾有の事を決断しました扨その軍艦と申しても至極小さなもので蒸気ハ百馬力ヒュルプマシー子と申して港の出入ニ蒸気を焚くばかり航海中ハ唯凢を便りニ運轉せねバならぬ二三年前和蘭から買入れ價ハ小判で二萬五千兩。

塩＝E臨

咸塩丸

舩の名を咸塩丸[註1]と云ふ其前安政二年の頃から幕府の人が長崎ニ行て蘭人ニ航海術を傳習して[註2]其伎術も漸く進歩したから此度使節がワシントンに行くニ[註3]付き日本の軍艦もサンフランシスコまで航海[註4]と斯う云ふ譯けで幕議一決艦長ハ時の軍艦奉行木村摂津守[註5]これニ随従する指揮官ハ勝麟太郎[註6]運用方は佐々倉桐太郎、濵口與右ヱ門、鈴藤勇次郎測量は小野友五郎、伴鉄太郎、松岡磐吉、蒸気は肥田濵五郎、山本金次郎、公用方には吉岡勇平、小永井五八郎通辨官は中濵萬次郎少年士官にハ根津欽次郎赤松大三郎岡田井藏小杉雅之進と医師二人。水夫火夫六十五人。艦長の従者を併せて九十六人[註7]。舩の割にしてハ多勢の乗組人であリしが此航海の事ニ就てハ色々お話がある

今度咸塩丸の航海ハ日本開闢以来初めての大事業で乗組士官の面々ハ固より日本人ばかりで事ニ當ると覺悟して居た處が其時亜米利加の甲比丹ブルック[註8][①]と云ふ人が太平洋の海底測量の為めニ小帆前舩ヘ子モコパラ号[②]ニ乗て航海中薩摩の大嶋沖で雉舩して[註9]幸に助かり横濱ニ来て徳川政府の保護を受けて甲比丹以下士官一人醫師一人水夫四五人久しく滞留の折柄日本の軍艦がサンフランシスコに航海と聞き幸便だから之ニ乗て帰

福翁自傳（廿二）始めて亞米利加に渡る（一）時事新報明治三十一年九月十一日（日）

亜＝BCDE亞／ニ＝ABCDEに／ニ＝ABCDEに／年＝E年、／冬＝E冬、／ニ＝ABCDEに／や＝Eなし／闢＝A國BCD闢／決＝BC決D決E決／た＝Eた。／で＝Eで、／ハ＝ABCDEは／力＝BCD力E力、／ヒュルプマシー子＝BCヒュルプマシー子DヒュルプマシーネEヒュルプマシーネ／て＝Eて、／ニ＝ABCDEに／た＝Eなし／り＝Eり、／ハ＝ABCDEは／凢＝AE風BCD風／ニ＝ABCDEに／バ＝ABCDEば／ぬ＝Eぬ。／二＝E二、／れ＝Eれ、／ハ＝ABCDEは／。＝ABCDE、／舩＝AE船BCD船／咸塩丸＝BCDE咸臨丸／ふ＝Eふ。／が＝ABCDEが／ニ＝ABCDEに／て＝Eて、／ニ＝ABCDEに／伎＝ABCD技E技／ら＝Eら、／が＝ABCDEが／に＝ABCDEに／ニ＝ABCDEに／き＝Eき、／決＝BC決D決、E決、／ハ＝ABCDEは／木村摂津守＝BCD木村攝津守E木村攝津守、／これニ＝ABこれにCDEこれに／ハ＝ABCDEは／勝麟太郎＝ABC勝麟太郎、D勝麟太郎、E勝麟太郎、／佐々倉桐太郎、＝E佐々倉桐太郎、／濵口與右ヱ門＝BC濵口與右衛門、D濵口與右衛門、E濵口與右衛門、／鈴藤勇次郎＝BCD鈴藤勇次郎、E鈴藤勇次郎、／小野友五郎、＝E小野友五郎、／伴鉄太郎、＝BCD伴鐵太郎、E伴鐵太郎、／松岡磐吉、＝E松岡磐吉、／肥田濵五郎、＝BCD肥田濱五郎、E肥田濱五郎、／山本金次郎、＝E山本金次郎、／に＝ABCDEに／吉岡勇平、＝E吉岡勇平、／小永井五八郎＝BC小永井五八郎、E小永井五八郎、E′小永井五八郎、／辨＝BCD辯E辯／中濵萬次郎＝BC中濱萬次郎、D中濱萬次郎E中濱萬次郎、／にハ＝ABCDEには／根津欽次郎＝ABCD根津欽次郎、E根津欽次郎、／赤松大三郎＝ABCD赤松大三郎、E赤松大三郎、／岡田井藏＝ABCD岡田井藏、E岡田井藏、／小杉雅之進＝E小杉雅之進／と＝Eと、／。＝ABCDE、／。＝ABCDE、／。＝ABCD、／舩＝AE船BCD船／に＝ABCDEに／ハ＝ABCDEは／多勢＝AE多勢B多勢CD多勢／あ＝ABCDEあ／が＝ABCDがEが、／ニ＝ABCDEに／ハ＝ABCDEは／お＝BCに／る＝Eる。

塩＝BE臨CD臨／ハ＝ABCDEは／で＝Eで、／ハ＝ABCDEは／ニ＝ABCDEに／が＝ABCDがEが、／甲比丹＝BC甲比丹D甲比丹E甲比丹／ブルック＝BCDブルツク／が＝ABCDがEが、／ニ＝ABCDEに／帆＝AE帆BCD帆／舩＝AE船BCD船／ヘ子モコパラ＝Aヘ子モロパラCヘ子モコバラDヘネモコバラEヘネモコパラ／ニ＝ABCDEに／中＝BCD中E中、／嶋＝B嶋CD島E島／雉舩＝A雉船B難船C難船D難船E難船／に＝ABCDEに／り＝Eり、／ニ＝ABCDEに

／て＝Eて、下＝AE下、／人＝E人、／人＝E人、／四＝E四、／柄＝BC柄D柄E柄、／ぶ＝ABCDEが／ま＝ABCDEに／き＝Eき、／ニ＝ABCDEに

ゐ＝BCDEい／で＝Eで、／ぶ＝ABCDEが／と＝Eと、／ま＝ABCDEに／ゐや＝AなしBCDEいや／ふ＝Eふ。／ま＝ABCDにEに、／ば＝Eば、／ま＝ABCDEに／ま＝ABCDEに／て＝Eて、／ま＝ABCDEに／る＝Eる。／よほど＝Eなし／困つた＝A困つたBCD困たE困つた／ね＝ABCDEあ／ぶ＝ABCDがEが、／むり＝Eなし／おしつ＝Bにしつ／ま＝ABCDEに／舩＝AE船BCD船／ハ＝ABCDはEは、／ハ＝ABCDEは／東＝BD東C東／ひ＝Eひ、／ぶ＝ABCDEが／舩＝AE船BCD船／バ＝ABCDEば／ま＝ABCDEに／ぅ＝ABCDEか／ニ＝ABCDEに／ね＝ABCDEあ／る＝Eる。／身ハ＝ABCDEは／し＝BCDEじ／ね＝ABCDEあ／ら＝Eら、／身＝A自BCD身／ま＝ABCDEに／ま＝ABCDEに／ゐ＝BCDいEい。／舩＝AE船BCD船／ま＝ABCDEに／ま＝ABCDEに／ゐ＝BCDEい／ハね＝BCDEはあ／も＝Eも、／い＝AゐDい、Eい。／坂＝BCDE阪／許＝CD計E斗／で＝Eで、／ま＝ABCDEに／い＝AゐBCDい、Eい。／ま＝ABCDEに／桂川＝BDE桂川C桂川／る＝Eる。／宜しゐ＝BCD宜しいE宜しい／ね＝ABCDEあ／ら＝Eら、／い＝AゐEい。／も＝Aの／ま＝ABCDEに／ま＝ABCDEに／で＝Eで、／ま＝ABCDEに／る＝Eる。／ねる＝ABCDあるEある。／ま＝ABCDEに／で＝Eで、／どう＝Eなし／志＝ABCDEし／志＝ABCDEし／ま＝ABCDEに／志＝ABCDEし／と＝BホとCDEこと／て＝Eて、／ま＝ABCDEに

國したゐ*と云ふ[註10]ので*其事ぶ*定まらうとすると*日本の乗組員は米國人と一緒ま*乗るのは厭だと云ふ*何故かと云ふま*若し其人達を連れて帰れば*却て銘々共が亜米利加人ま*連れて行て貰たやうま*思はれて*日本人の名譽ま*係るから乗せないと剛情を張る*夫れ是れで政府も餘程困つた様子でね*りしぶ*到頭ソレを無理壓付けま*して同舩*させたのハ*政府の長老も内実ハ*日本士官の伎倆を覺束*なく思ひ*一人でも米國の航海士ぶ*同舩*したらバ*マサカの時ま*何ぅ*の便利ニ*ならうと云ふ老婆心でね*つたと思はれる*

摂＝AE攝

木村摂*津守

艦長木村摂津守③と云ふ人ハ*軍艦奉行の職を奉して*海軍の長上官でね*るから*身*分相當ま*従者を連れて行くま*違ひなゐ*夫れから私はどうも其舩*ま*乗て亜米利加ま*行て見たゐ*志ハ*ねるけれども*木村と云ふ人は一向知らない*去年大坂*から出て来た許り*でそんな幕府の役人などま*縁のある訳けはない*所が幸ま*江戸ま*桂川*④と云ふ幕府の蘭家の侍医がある*其家は日本國中蘭学医の総本山とでも名を命けて宜し*ゐ名家でね*るから*江戸は扨置き日本國中蘭学社会の人で桂川と云ふ名前を知らない者はない*ソレ故私なども江戸*ま*来れば何を扨置き桂川の家ま*は訪問するので*度々其家ま*出入して居る*其桂川の家と木村の家とは親類——極近い親類でね*る夫れから私は桂川ま*頼で*如何*か志*て木村さんの御供を志*て亜米利加ま*行きたいが紹介志*て下さると*は出来まいかと懇願して*桂川の手紙を貰て木村の家ま*行て其願意を

①John M. Brooke（一八二六—一九〇六）。アメリカ海軍士官。南北戦争では南軍に属す。戦後はバージニア陸軍大学の教授。②フェニモア・クーパー号という九六トンの測量船。安政六年（一八五九）七月の暴風により、横浜で座礁大破する。③木村喜毅。天保元年（一八三〇）生、明治三十四年（一九〇一）没。のち勘定奉行。維新後は引退する。④桂川甫周は将軍の侍医。文政九年（一八二六）生、明治十四年（一八八一）没。

述べた所が木村でハ即刻許して呉れて宜しい連れて行て遣らうと斯う云ふㇳになつた、と云ふのは案ずるに其時の世態人情ニ於て外國航海など云へバ開闢以来の珍事と云はうか。寧ろ恐ろしゐ命掛けの事で木村は勿論軍艦奉行であるから家来はある、あるけれども其家来と云ふ者も餘り行く氣はない所に假初にも自分から進で行きたいと云ふのであるから実は彼方でも妙な奴だ幸と云ふ位なㇳであつたらうと思ふ直に許されて私は御供をするㇳになつた

咸臨丸の出帆は萬延元年の正月で品川沖を出て先づ浦賀に行た同時に日本から亜米利加に使節が立て行くので亜米利加から其使節の迎舩が来たポーハタンと云ふ其軍艦に乗て行くのであるが其ポーハタンは後から来るㇳになつて咸臨丸は先に出帆して先づ浦賀に泊つた浦賀に居て面白い事がある舩に乗込で居る人は皆若い人でもう是れが日本の訣別であるから浦賀ニ上陸して酒を飲まうではないかと云出志た者がある何れも同説で夫れから陸に上つて茶屋見たやうな處に行てさん〴〵酒を飲でサア舩に帰ると云ふ時に誠に手癖の悪い話で其

浦賀ニ上陸して酒を飲む

ニ＝AEに

茶屋の廊下の棚の上ニ嗽茶椀が一つあつた是れは舩の中で役に立ちさうな物だと思て一寸と私がそれを盗で来た其時は冬の事でサア出帆志た所が大嵐毎日々々の大嵐なか〳〵茶碗に飯を盛つて本式に喫べるなんと云ふㇳは容易な事ではない、所が私の盗だ嗽茶碗が役に立て其中に一杯飯を入れて其上に汁でも何でも皆掛けて立て喰ふ誠に世話のない話で大層便利を淂て亜米利加まで行て帰りの航海中も毎日用ひて到頭日本まで持て帰て久しく私の家にゴロチヤラして居た程経て聞けバ其浦賀で上陸志て飲食ひ志た處は遊女屋だと云ふ夫れは其当時私は知らなかつたがさうして見ると彼の大き

が＝Eが、／ハ＝ABCDEは／て＝Eて、／宜しい＝A宜しゐBCDなし／ㇳ＝BホとCDEこと／、＝E。／は＝Eは、／に＝ABCDにEに、／ニ＝ABCDEに／て＝Eて、／バ＝ABCDばEば、／か。＝ABCDEか、／ろ＝Bロ／ゐ＝BCDEい／ゐのちか＝BCDEいのちが／で＝Eで、／に＝ABCDにEに、／に＝ABCDEに／ら＝Eら、／あちら＝BCDあつちEなし／やつ＝Eなし／だ＝Eだ、／幸＝BCDE幸／ㇳ＝BCDEこと／ふ＝Eふ。／に＝ABCDEに／ㇳ＝BホとCDEこと／た＝Eた。

で＝Eで、／に＝ABCDEに／た＝Eた。／に＝ABCDEに／に＝ABCDEに／で＝Eで、／迎舩＝A迎船BCDE迎船／た＝Eた。／に＝ABCDEに／が＝Eが、／ㇳに＝ACDㇳにBホとにEことに／て＝Eて、／に＝ABCDEに／に＝ABCDEに／泊つた＝BCD泊たE泊つた。／に＝ABCDEに／る＝Eる。／舩に＝AE船にBCD船に／乗込＝BCD乗組E乗組／で＝Eで、／おわかれ＝BにわかれCDおわかれEオワカレ／ニ＝ABCDEに／ゐひだ＝BCいひだDいひEなし／志＝ABCDEし／る＝Eる。／で＝Eで、／陸＝BCE陸D陸／に＝ABCDEに／に＝ABCDEに／て＝Eて、／さん〴〵＝BCD散々／舩に＝ABCDE船に／に＝ABCDにEに、／に＝ABCDEに／てくせ＝Eなし／で＝Eで、／ニ＝ABCDEに／嗽茶椀＝B嗽茶椀CE嗽茶椀D嗽茶碗／た＝Eた、／舩＝AE船BCD船／に＝ABCDEに／て＝Eて、／が＝ABCDEが／盗＝BCD盗E盗／た＝Eた。／は＝Aに／で＝Eで、／志＝ABCDEし／嵐＝BCD嵐E嵐、／嵐＝E嵐、／なか〳〵＝BCD中々／碗に＝A碗にBC椀にD碗にE椀に／盛つて＝BCD盛てE盛つて／に＝ABCDEに／ㇳ＝DEこと／い、＝Aゐ、DいEい。／盗＝BCD盗E盗／碗＝BC椀D碗E椀／に＝ABCDEに／て＝Eて、／に＝ABCDEに／て＝Eて、／に＝ABCDEに／て＝Eて、／ふ＝Eふ。／に＝ABCDEに／で＝Eで、／淂て＝ABCD得てE得て、／て＝Eて、／て＝Eて、／て＝Eて、／に＝ABCDEに／ゴロチヤラ＝Eゴロチャラ／た＝BCた、Eた。／ほどへ＝AEなし／バ＝ABCDEば／志＝ABCDEし／志＝ABCDEし／ふ＝Eふ。／そ＝BCDEなし／が＝Eが、／彼＝C彼D彼

碗＝BC椀D碗E椀／喫茶碗＝BC喫茶椀D喫碗茶E喫茶椀／う＝Eう。／バ＝ABCDEば／きた＝Eなし／い＝BCDEい／たが＝ABCDだがEだが、／ハ＝ABCDEは／ニ＝ABCDEに／調法＝A調法E調法、／ゆいゝち＝BCゆゐいちDゆゐいつEなし／たからもの＝Eなし／あつた＝ABCEあつたDあた／が＝ABCDEが／おか＝BCDをかEなし／い＝BCDいEい。船＝AE船BCD船／に＝ABCDEに／した＝BCDしたEした。／船＝ABCDE船／ら＝Eら、／こと＝BことCDEこと／い＝AいEい。／に＝ABCDEに／で＝Eで、／船、＝AE船、BC船、D船／い＝AいEい、／ぬ＝Eぬ。／船に＝AE船にBCD船に／ら＝Eら、／で＝Eで、／艀船＝A艀船BCDE艀船／に＝ABCDEに／も＝BCDなし／了ふた＝BCD仕舞ふたE仕舞ふた。／ら＝Eら、／ニ＝ABCDEに／た＝Eた。／船＝AE船BCD船／とも＝Aなし／に＝ABCDEに／で＝Eで、／い＝BCDEい／に＝ABCDEに／、＝Dなし／に＝ABCDEに／し＝ABCDEし／。＝ABCD、／どう＝Eなし／し＝ABCDEし／と＝Eと、／で＝Eで、／に＝ABCDEに／に＝ABCDEに／し＝ABCDEし／に＝ABCDEに／が＝Eが、／はげ＝Eなし／い＝BCDEい／船＝ABCDE船／で＝Eで、／押破つて＝B押破てCD押破てE押破つて／ニ＝ABCDEに／へる＝BCDえるEえる。／ハ＝ABCDEは／て＝Eて、／ニ＝ABCDEに／おもて＝Bにもて／ニ＝ABCDEに／に＝ABCDEに／才＝BCD第E第／と＝Eと、／ニ＝ABCDEに／き＝Eき、／ニ＝ABCDEに／け＝Eけ、／加勢＝AE加勢BCD加勢／に＝ABCDEに／に＝ABCDEに／こと＝BことCDEこと／がある＝ABCDがあるがEがあるが、／船＝AE船BCD船／ニ＝ABCDEに／こ＝CDEこ／才＝BCD第E第／ハ＝ABCDはEは、／ニ＝ABCDEに／が＝ABCDEが／い＝BCDEい／で＝Eで、／たび＝Eなし／る＝Eる、／で＝Eで、／を＝Eを、／に＝ABCDEに／に＝ABCDEに／が＝Eが、／に＝ABCDEに／あふ＝Eなし／で＝Eなし／ある＝ABCDあるEある。／う＝Eう。／い＝AいEい。／一寸＝BCD一寸とE一寸と／ば＝Eば、／船ニ＝ABCDE船に／が＝ABCDがEが、／い＝BCDEい／ハ＝ABCDEは／こ＝CDEこ／ある＝Aある、BCDあるEある。

な茶碗は女郎の喫茶碗であつたらう思へバ穢ないやうたが航海中ハ誠ニ調法唯一のゆいゝち寶物であつたのが可笑しい

扨それから船が出てずつと北の方に乘出した其咸臨丸と云ふのは百馬力の船であるから航海中始終石炭を焚くと云ふことは出来ない只港を出るとき這入るときに焚く丈けで沖に出れば丸で帆前船、と云ふのは石炭が積まれますまい石炭がなければ帆で行かなければならぬ其帆前船に乘て太平海を渡るのであるからそれは〳〵毎日の暴風で艀船が四艘あつたが激浪の為めに二艘も取られて了ふた

銀貨狼藉

其時は私は艦長の家来であるから艦長の為めニ始終左右の用を辨じて居た艦長は船の艫の方の部屋に居るので或る日朝起きていつもの通り用を辨じませうと思て艫の部屋に行た、所が其部屋に弗が何百枚か何千枚か知れぬ程散乱して居る。如何したのかと思ふと前夜の大嵐で袋に入れて押入の中に積上げてあつた弗、定めし錠も卸してあつたに違ひないが劇しい船の動揺で弗の袋が戸を押破つて外ニ散乱したものと見へる是れハ大変な事と思て直ニ引返して舳の方ニ居る公用方の吉岡勇平に其次才を告げると同人も大ニ驚き場所ニ駈付け私も加勢して其弗を拾集めて袋に入れて元の通り戸棚に入れたことがある元来船中ニこんな事の起る其次才ハ當時外國為替と云ふ事ニ就て一寸とも考へがないので旅をすれば金が要る金が要れば金を持て行くと云ふ極簡単な話で何万弗だか知れない弗を袋などに入れて艦長の部屋に蔵めて置た其金が嵐の爲めに溢れ出たと云ふやうな奇談を生じたのである夫れでも大抵四十年前の事情が分りませう今ならば一向訳けはない為替で一寸送つて遣れば何も正金を船ニ積で行く必要はないが商賣思想のない昔の武家ハ大抵こんなものである航

で=Eで、/舩=AE船BCD船/𛁈=ABCDEに/る=Eる。/が=Eが、/𛁈=ABCDEに/で=Eで、/舩=BCD船E船/波=BCDE浪/る=Eる。/で=Eで、/舩=AE船BCD船/ゞ=ABCDEが/七=E七、/ヿ=BホとCDEこと/た=Eた。/も=Eも、/𛁈=ABCDEに/、=E。/𛁈=ABCDEに/何𛁈も=A何にもBCD何もE何も/て=Eて、/舩=AE船BCD船/𛁈=ABCDEに/ヿ=BホとCDEこと/た=Eた。/舩=AE船BCD船/で=ABCDEで、/舩=AE船BCD船/り=Eり、/𛁈=ABCDEに/い=A𛀆Eい。

桑港=BCD桑港E桑港/𛁈=ABCDEに/、=E。/ヿ=BホとCDEこと/い=A𛀆Eい。/舩=AE船BCD船/ニ=ABCDEに/戯=BC戯D戯E戯/て=Eて、/い=A𛀆Eい、/ヿ=BホとCDEこと/が=Eが、/𛁈=ABCDEに/で=Eで、/舩=AE船BCD船/ヿ=ACDEこと/い、=A𛀆、DいEい。/𛁈=ABCDEに/て=Eて、/ヿ=CDEこと/い=A𛀆Eい。/布哇=BCD布哇E布哇/𛁈=ABCDEに/起つた、=B起た、CD起たE起つた。/志=ABCDEし/𛁈=ABCDEに/が=Eが、/く=Eく、/志=BCDEし/云ふたが=BC云ふがD云ふがE云ふたが、/𛁈=ABCDEに/𛁈=ABCDEに/𛁈=ABCDEに/決=BC決D決E決/て=Eて、/。=ABCD、/ヿ=BCDEこと/ヿ=CDEこと/𛁈=ABCDEに/、=E。/𛁈=ABCDEに/𛁈=ABCDEに/志=ABCDEし/舩=AE船BCD船/𛁈=ABCDEに/四=E四、/志=ABCDEし/が=Eが、/動=BCDE動も/で=Eで、/ブルーク=CDEブルック/𛁈=ABCDにEに、/𛁈は=ABCDにはEには、/𛁈=ABCDEに/志=ABCDEし/れ=Eれ、/𛁈=ABCDEに/ぬ=Eぬ、/。=ABC、Dなし/ば=Eば、/𛁈=ABCDEに/い=A𛀆Eい。

海中は毎日の嵐で始終舩中𛁈波を打上げる今でも私は覺えて居るが甲板の下𛁈居ると上𛁈四角な窓があるので舩が傾くと其窓から大洋の立波が能く見えるそれは大層な波で舩体ゞ三十七八度傾くと云ふヿは毎度の事であつた四十五度傾くと沈むと云ふけれども幸𛁈大きな災もなく只其航路を進で行く、進で行く中𛁈何𛁈も見えるものはない其中で以て一度帆前舩𛁈遇ふたヿがあつたソレは亜米利加の舩で支那人を乗せて行くのだと云ふ其舩を一艘見た切り外𛁈は何も見ない所で三十七日掛て桑港𛁈着た、航海中私は身体が丈夫だと見えて怖いと思ふたヿは一度もない始終私は同舩の人ニ戯れて「是れは何の事はない生れてからマダ試みたヿはないが牢屋𛁈這入て毎日毎夜大地震𛁈遇て居ると思へば宜いぢやないかと笑て居る位な事で舩が沈まうと云ふヿは一寸とも思はない、と云ふのは私が西洋を信ずるの念が骨𛁈徹して居たものと見えて

𛁈=AEに

牢屋𛁈大地震の如し

一寸とも怖いと思たヿがない夫れから途中で水が乏しくなつたので布哇𛁈寄るか寄らぬかと云ふ説が起つた、辛抱志て行けば布哇𛁈寄らないでも間𛁈合ふであらうが極用心をすれば寄港して水を取て行く如何志やうかと云ふたが遂𛁈布哇𛁈寄らず𛁈桑港𛁈直航と斯う決定して夫れから水の倹約だ。何でも飲むより外は一切水を使ふヿはならぬと云ふヿ𛁈なつた、所で其時𛁈大𛁈人を感激せ志めた事がある、と云ふのは舩中𛁈亜米利加の水夫が四五人居ま志た其水夫等が動すると水を使ふので甲比丹ブルーク𛁈どうも水夫が水を使ふて困ると云たら甲比丹の云ふ𛁈は水を使ふたら直𛁈鉄砲で撃殺志て呉れ是れは共同の敵ぢやから説諭も要らなければ理由を質問する𛁈も及ばぬ即刻銃殺して下さいと云ふ。理屈を云へば其通り𛁈違ひない夫れから水夫を

呼んで＝BC呼でD呼んでE呼んで、／ら＝Eら、／と＝B古とCDEこと／て＝Eて、／尓＝ABCDEに／尓＝ABCDEに／着いた、＝A着以た、BCD着た、E着いた。／舩＝AE船BCD船／なか〳〵＝BCD中々／で＝Eで、／と＝ABCDEど／わらじ＝BCわらじDEわらぢ／だ。＝Aだ、BCDだ／る＝Eる。／舩＝AE船BCD船／ビショ＝Eビショ／で＝Eで、／志＝ABCDEし／尓＝ABCDEに／す＝Eす。／尓＝ABCDEに／舩＝ABCE船D船／舩＝AE船BCD船／上＝E上、／艦長＝BC艦長D船長E船長E′艦長／ニ＝ABCDEに／やつ＝CDEなし／ニ＝ABCDEに／ゐ＝ABCDEが／）＝E）。

福翁自傳（廿三）始めて亞米利加に渡る（二）時事新報明治三十一年九月十四日（水）

尓＝ABCDEに／尓＝ABCDEに／と＝B古とCDEこと／、＝Dなし／気＝BCD汽E氣／舩＝AE船BCD船／ハ＝ABCDEは／。＝ABCE、Dなし／尓＝ABCDEに／尓＝ABCDEに／荷蘭人＝BCD和蘭人E和蘭人／で＝Eで、／成つて＝BCD成て／尓＝ABCDEに／舩＝AE船BCD船／と＝B古とCEこと／決志＝A決しBC決しD決しE決し／冬＝E冬、／ニ＝ABCDEに／舩＝AE船BCD船／り＝AなしBCDEけ／尓＝ABCDEに／て＝Eて、／尓＝ABCDEに／志＝BCDEし／時＝E時、／志＝BCDEし／藉＝A籍BCD藉／尓＝ABCDEに／決＝BC決D決E決／技＝BCD伎E伎／ひ＝Eひ、／志て＝ABCDしてEして、／尓＝ABCDEに／ふ＝Eふ。／尓＝ABCDEに／志＝ABCDEし／り＝Eり、／ブルック＝Aブルーク／か＝Eなし／で＝Eで、／尓＝ABCDEに／る＝Eる。／又＝BCDE亦／る＝Eる。／尓＝ABCDEに／志＝ABCDEし／で＝Eで、／決＝BC決D決E決／尓＝ABCDEに／と＝ACDEことB古と／た＝Eた。／尓＝ABCDEに／ふ＝Eふ。／人＝BCD人E人、／人＝BCD人E人、／で＝Eで、／業＝BCD業E業、／其＝AなしBCD其／決＝BC決D決E決／志＝ABCDEし／い。＝A以、BCDい、／ど古ろ＝ABCDどころEなし／い＝A以Eい。／昔し〳〵＝BCD昔々E昔々／露西亜＝BC露西亞D露西亞E露西亞／ペートル帝＝BCDペートル帝

呼んで水を使へば鉄砲で撃殺すから爾う思へと云ふやうな訳けで水を倹約したから如何やら斯うやら水の尽きると云ふヿがなくて同勢合せて九十六人無事尓亜米利加尓着いた、舩中の混雑はなか〳〵容易ならぬ事で水夫共は皆筒袖の着物は着て居るけれとも穿物は草鞋だ。草鞋が何百何千足も貯へてあつたものと見える舩中はもうビショ〳〵でカラリと志た天氣は三十七日の間尓四日か五日あつたと思ひます誠尓舩の中は大變な混雑であつた（桑港着舩の上艦長の奮發で水夫共ニ長靴を一足づゝ買て遣[註12]て夫れから大ニ体裁ゐ好くなつた）

日本國人の大膽

併し此航海尓就ては大尓日本の為め尓誇るヿがある、と云ふのは抑も日本の人が始めて蒸気舩なるものを見たのハ嘉永六年。航海を学び始めたのは安政二年の事で、安政二年尓長崎尓於て荷蘭人から傳習したのが抑も事の始まりで其業成つて外國尓舩を乗出さうと云ふヿを決志たのは安政六年の冬即ち目ニ蒸気舩を見てから足掛り七年目、航海術の傳習を始めてから五年目尓して夫れで萬延元年の正月尓出帆志やうと云ふ其時少志も他人の手を藉らず尓出掛けて行かうと決断した其勇氣と云ひ其技倆と云ひ是れだけは日本國の名誉と志て世界尓誇る尓足るべき事実だらうと思ふ前尓も申志た通り航海中は一切外國人の甲比丹ブルックの助力は假らないと云ふので測量する尓も日本人自身で測量する亜米利加人も又自分で測量して居る互尓測量志たものを後で見合せる丈けの話で決して亜米利加人尓助けて貰ふと云ふヿは一寸でもなかつたソレ丈けは大尓誇ても宜い事だと思ふ今の朝鮮人支那人東洋全体を見渡した所で航海術を五年学で太平海を乗越さうと云ふ其事業其勇氣のある者は決してありは志ない。ソレ所ではない昔し〳〵露西亜のペー

トル帝が*和蘭(オランダ)ニ*行て航海術を學んだと云ふが*ペートル大帝でも此事ハ*出来なからう**仮令ひ大帝は一種絶倫の人傑なりとするも*當時の露西亜ニ*於て日本人の如く大膽に*して且つ學問思想の緻密なる國民ハ*容易に*なからうと思はれる*

歓=E歡

米國人の歓迎*祝砲

海上恙*なく桑(サンフランシスコ)港ニ**着いた。[註13] 着くやいなや*土地の重立たる人々ハ*舩*まで来て祝意を表し*之を歓迎の始めとして*陸上の見物人ハ*黒山の如し*次(つい)で陸から祝砲を打つと云ふこと*ニ*なつて*彼方(*あちら)から打てバ*咸臨*丸から應砲せねバ*ならぬと*此事ニ*就て一奇談か*ある勝鄰*太郎と云ふ人ハ*艦長木村の次ニ*居て指揮官で*あるが*至極舩**ニ弱い*人で*[註14]航海中ハ*病人同様*自分の部屋の外ニ*出ること*とハ出来なかつたが*着港ニ*なれバ*指揮官の職として萬端差圖する中ニ*彼の祝砲の事が*起た*所で勝の説に*ソレは迚(とて)も出来る事てない*ナマジ應砲などして遣(や)り傷(*そこな)ふよりも此方*ハ*打たぬ方が宜い*と云ふ。*爾(さ)うすると運用方の佐々倉桐太郎はイヤ打てない*ことはない*乃公(*おれ)*が打て見せる「馬鹿云へ*貴様達ニ*出来たら乃公(おれ)の首を遣る*と冷かされて佐々倉ハ*い*よ〳〵承知しない*何でも應砲して見せると云ふので*夫れから水夫共を差図して大砲の掃除。*火薬の用意して*砂時計を以て時を計り物の見事ニ*應砲が*出来た*サア佐々倉が*威張り出した*首尾克(よ)く出来たから勝の首は乃公(おれ)の物だ*併し航海中用も多いから暫く彼(*あ)の首を當人ニ*預けて置くと云て*大ニ**舩中を笑はした事が*ある兎も角もマア祝砲だけは立派に*出来た*[註15]

ソコで無事に*港に*着たらば*サアどうも彼方(あつち)の人の歓迎と云ふものは**ソレは〳〵実に*至れり尽せり*此上の仕様がないと云ふ程の歓迎、*亜米利加(アメリカ)人の身に*なつて見れば*亜米利加人が日本に*来て始めて國を開いたと云ふ其日本人が*ペルリの日本行より八年目に*自

が=ABCDEが／ニ=ABCDEに／が=ABCDEが／ハ=ABCDEは／う=Eう。／仮令=BCDE假令(たと)／も=Eも、／ニ=ABCDEに／に=ABCDEに／ハ=ABCDEは／に=ABCDEに／る=Eる。

恙=BCDE恙(つゝが)／ニ=ABCDEに／着いた。=A着いた、BCD着(つい)た、E着いた。／い=BCDEい／ハ=ABCDEは／舩=AE船BCD船(ふね)／し=Eし、／て=Eて、／ハ=ABCDEは／し=Eし。／こ=ACDEこ／ニ=ABCDEに／て=Eて、／あちら=ABCDあちらEなし／バ=ABCDEば／塩=BCD臨(りん)E臨／バ=ABCDEば／と=Eと、／ニ=ABCDEに／かある=ABCDがあるEがある。／鄰=BCD鱗(りん)E鱗／ハ=ABCDEは／ニ=ABCDEに／あるが=ABCDあるがEあるが、／舩=AE船BCD船(ふね)／ニ=ABCDEに／い=BCDEい／で=Eで、／ハ=ABCDEは／様=BCD様(やう)E様、／ニ=ABCDEに／こと=ABこととはCDEことは／が=ABCDがEが、／ニ=ABCDEに／バ=ABCDEば／ニ=ABCDにEに、／が=ABCDEが／た=Eた。／に=ABCDにEに、／てない=AでないBCDでないEでない、／そこな=BCDEそこな／此方=B此方(こつち)CD此方(こちら)／ハ=ABCDEは／い=BCDEい／。=ABCD、／は=Eは、／い=BCDEい／こ=CDEこ／い=BCDいEい、／おれ=BおれEなし／が=ABCDEが／る=Eる。／へ=Eへ、／ニ=ABCDEに／の=Aが／る=Dる」／て=Eて、／ハ=ABCDEは／いよ=BCDEいよ／い=BCDいEい。／で=Eで、／。=ABCDE、／て=Eて、／ニ=ABCDEに／が=ABCDEが／た=Eた。／が=ABCDEが／た=Eた。／だ=Eだ。／中=BCD中(ちう)E中、／あ=ABCDEあ／ニ=ABCDEに／て=Eて、／ニ=ABCDEに／舩=AE船BCD船(せん)／がある=ABCDがあるEがある。／に=ABCDEに／た=Eた。

に=ABCDEに／に=ABCDEに／ば=Eば、／は=Eは、／ソレは=BCDそれは／に=ABCDEに／り=Eり、／、=CDなしE。／に=ABCDEに／ば=Eば、／に=ABCDEに／が=Eが、／に=ABCDEに

分の國尓*航海*志て来たと云ふ訳けであるから*丁度自分の学校から出た生徒が実業*尓*着いて自分と同志゛*事をすると同様、*乃公(おれ)が其端緒を開いたと云はぬ許(*ばかり)*の心地であつた尓*違ひない、*ソコでもう日本人を掌(てのひら)の上尓*乗せて*不自由をさせぬやう尓*不自由をさせぬやう尓*とばかり*桑港(サンフランシスコ)尓*上陸するや否や馬車を以て迎ひ尓*来て*取敢えず*市中のホテル尓*休息と云ふホテル尓*は市中の役人か何かは知りませぬが*市中の重立*つた人が雲霞の如く出掛けて来た*様々の接待饗應*ソレカラ桑港の近傍尓*メールアイランドと云ふ處**尓海軍港がある其海軍港附属の官舎を咸臨*丸一行の止宿所*ニ貸して呉れ。**船は航海中なか〳〵損所が出来たからとて**船渠尓*入れて*修復を志*て呉れる*逗留中は勿論彼方(あつち)で賄も何もそつく*利為(*し)て呉れる筈であるが*水夫を始め日本人が洋食尓*慣れない*矢張り日本の飯(めし)でなければ喰(く)へないと云ふので*自分賄(じぶんまかなひ)と云ふ訳け尓*志た所*が亜米利加の人は兼て日本人の魚類を好むと云ふ古*とを能く知て居るので**毎日〳〵魚を持て来て呉れたり*或は日本人は風呂尓*這入(はい)るヿ*が好きだと云ふので*毎日風呂を立てゝ呉れる[註16]と云ふやうな訳け、*所でメールアイランドと云ふ處は町でないものですから*折節今日は桑港尓*来いと云て誘ふ*夫れから船**尓乗て行くと*ホテル尓*案内志*て饗應すると云ふやうな事が毎度*阿る、所が此方(こつち)は一切萬事不慣れで*例へバ*馬車を見ても始めてだから実尓*驚いた[*註17]其處(*そ古)*尓車があつて馬が付て居れば乗物だと云ふヿ*は分りさうなものだが*一見志*たばかりでは一寸(ちよい)と考可゛*付かぬ、*所で戸を開(*阿)けて這入ると馬が駈出す*成程是れは馬の挽(ひ)く車だと始めて發明するやうな訳け、**何れも日本人は大小を挾(*さ)して穿物(*はきもの)は麻

敷物ニ*驚く

ニ=AEに

裏草履を穿て居る*ソレでホテル尓*案内されて行て見ると*絨氈(*じうたん)が敷詰(*しきつ)めてある其絨氈*はどんな物かと云ふと*先づ日本で云へば餘程の贅澤

尓=ABCDEに/志=ABCDEし/ら=Eら、/尓=ABCDEに/着以て=A着以てBC着(つい)てD就(つい)て/志゛=BCDEじ/、=Dなし/許(ばかり)=AC計(ばかり)D計(ばか)E斗/心地=B心地(こゝろもち)CD心持(こゝろもち)/尓=ABCDEに/い、=A以、Eい。/尓=ABCDEに/て=Eて、/尓=ABCDEに/尓=ABCDEに/り=Eり、/尓=ABCDEに/尓=ABCDEに/て=Eて、/え=BCDEへ/尓=ABCDEに/尓は=ABCDにはEには、/が=Eが、/重立つた=B重立(にもだつ)たCD重立(おもだつ)た/た=Eた。/應=B應(にう)CD應(おう)E應。/尓=ABCDにEに、/尓=ABCDEに/海軍港がある其=BCDなしE海軍港がある。其/臨=BCD臨(りん)E臨/ニ=ABCDEに/。=ABCDE、/船=ABCE船D船(ふね)/て=Eて、/船渠=A船渠BCDE船渠(どつく)/尓=ABCDEに/修復=B修復(しゆふく)C修覆(しゆふく)D修覆(しうふく)/志=ABCDEし/る=Eる。/利=ABCDEり/し=Eなし/が=Eが、/尓=ABCDEに/い=A以Eい、/で=Eで、/尓志=ABCDEにし/が=Eが、/古=CDEこ/で=Eで、/毎日〳〵=BCD毎日(まいにち)々々E毎日々々/り=Eり、/尓=ABCDEに/ヿ=B古とCDEこと/で=Eで、/、=E。/ら=Eら、/尓=ABCDEに/ふ=BCDふ、Eふ。/船=AE船BCD船(ふね)/尓=ABCDEに/と=Eと、/尓=ABCDEに/志=ABCDEし/阿る、=ABCDある、Eある。/で=Eで、/バ=ABCDEば/尓=ABCDEに/た=Eた。/そ古=ABCDそこEなし/尓=ABCDEに/ヿ=ACDEことB古と/が=Eが、/志=ABCDEし/可゛=ABCDEが/、=CなしE。/阿=ABCDあEなし/す=Eす。/、=E。/何=BCDE何(いづ)/さ=Eなし/はきもの=Eなし/る=Eる。/尓=ABCDEに/と=Eと、/絨氈(じうたん)=BCD絨氈(じうたん)E絨氈/しきつ=AしきつめEなし/氈=BCD氈(たん)E氈/と=Eと、

いくら=AいくらEイクラ／て=Eて、／に=ABCDEに／莨入(たばこいれ)=ABCE莨入D莨入(たばこい)れ／に=ABCDEに／い=BCDEい／を=Eを、／に=ABCDEに／て=Eて、／は=Eは、／に=ABCDEに／、=E。／に=ABCDEに／上つた、=A上つたBC上たD上たE上つた。／いきなり=AいきなりEイキナリ／る=Eる。／明=BC明(あ)D開(あ)E開／して=ABCDしてEして、／へん=Eなし／シヤンパン=Eシャンパン／だ=Eだ。／コップ=Dコツプ／ニ=ABCDEに／か=ABCDEか／浮いて=A浮いてBCD浮(うい)て／ない=AないBCない、DないEない。／三=E三、／に=ABCDEに／で=Eで、／ズーツ=Eズーッ／に=ABCDEに／コップ=BCEコップ／が=ABCDEが／并んで=A并(なら)んでBCD並(なら)んでE竝んで、／ば=Eば、／で=Eで、／コップ=Dコツプ／に=ABCDEに／い=BCDEい／に=ABCDEに／ば=Eば、／に=ABCDEに／〳〵=BC〴〵／で=Eで、／こと=BとCDEこと／が=ABCDEが／た=Eた。／で=Eで、／烟草=BD煙草(たばこ)C煙草(はばこ)E煙草／い=AいEい、／ら=Eら、／ストーブ=BCDEストーヴ／一寸と=A一寸BC一寸(ちよい)とD一寸(ちよいと)／點けた=A黙けたCD點(つ)けた、E點(つ)けた。／マツチ=Eマッチ／マツチ=Eマッチ／ら=Eら、／ストーブ=BCDEストーヴ／すいつ=BCDEすひつ／が=Eが、／吸売(すいから)=A吸売(すいがら)BCD…E吸殻(すひがら)／棄てる=B棄(す)るC棄(すて)るD棄(すて)てる／處=BCDE所／い=AいEい。／吸売=BCD吸殻(すひがら)E吸殻／に=ABCDEに／て=Eて、／ひ=AEなし／け=AEなし／に=ABCDEに／あと=ABCDあとEなし／や=Eなし／ニ=ABCDEに、／る=Eる。／ん=Eん、／吸売=BCD吸殻(すひがら)E吸殻／が=ABCDEが／ニ=ABCDEに／烟=B烟(けふり)C煙(けふり)D煙(けぶり)E煙／ハ=ABCDEは／に=ABCDEに／。=ABCD、／すべ=Eなし／こ=CDEこ／で=Eで、／ハ=ABCDEは／よめいり=BCDよめいりEなし／こ=ACDEこ／ハ=ABCDEは／いが=BCDいがEいが、／が=ABCDEが／に=ABCDEに／で=Eで、／ニ=ABCDEに／とりま=BCとりまかEなし／て=Eて、／あれバ=ABCDEあれば／雑談=BCE雑談(ざふだん)D冗談(じようだん)／あ=ABCDEあ／で=Eで、／に=ABCDEに／ひ=Eひ、／ニ=ABCDEに／に=ABCDEに／ハ=ABCDEは／こ=CDEこ／あらふと=AあらふとBCDあらうとEあらうと、／凡=B凡(によ)CD凡(およ)E凡／が=ABCDEが／た=Eた。／ハ=ABCDEは／。=BCDE、／こは=BCDこはEなし／い=BCDEい／も=Eも、／に=ABCDEに

者が一寸四方幾干(*いくら)と云ふ金を出して買(か)ふて*紙入に*するとか 莨入(*たばこいれ)*にするとか云ふやうなソンナ珍らしい*品物を*八畳も十畳も恐ろしい廣い處に*敷詰(しきつ)めてあつて*其上を靴で歩くとは*扨々途方(とはう)もない事だと実に*驚いた、*けれども亜米利加人が往来を歩いた靴の侭で颯々(さつさつ)と上(あが)るから此方(こつち)も麻裏草履で其上に**上つた、上(あが)ると突然(*いきなり)酒が出る*徳利(とくり)の口を明*けると恐ろしい音がして*先づ変(*へん)な事だと思ふたのは*シャンパンだ*其コップの中ニ*何か*浮*いて居るのも分らない*三*四月暖気(だんき)の時節に*氷があらうとは思ひも寄らぬ話で**ズーツと銘々の前に**コップが*并(*なら)んで其酒を飲む時の有様を申せば*列座の日本人中で*先づコップに*浮い*て居るものを口の中に*入れて膽を潰して吹出す者もあれば*口から出さずに*ガリ〳〵*嚙(か)む者もあると云ふやうな訳けで*漸く氷が這入て居ると云ふこと**が分つた*ソコで又煙草を一服と思た所で**烟草盆[註18]がない*灰吹がないから*其とき私は*ストーブの火で一*寸と點(*つ)けた*マツチも出て居たらうけれども*マツチも何も知りはせぬから*ストーブで吸付(*すいつ)けた所が*どうも灰吹がないので吸売(*すいから)を棄てる*處がない*夫れから懐中の紙を出して其紙の中に**吸売を吹出して*念を入れて揉(もん)で〳〵火(*ひ)の氣(*け)のないやうに*捩付(ねぢつ)けて 袂(*たもと)に*入れて*暫くして又後(*あと)の一服を遣(*や)らうとする其時ニ*袂(たもと)から煙が出て居る*何ぞ圖(はか)らん能(よ)く消*したと思た其吸売の*火が*紙ニ*移て烟*が出て来たとハ*大に*膽を潰した。*都(*すべ)て*こんな事ばかりで*私ハ*生れてから嫁入(*よめいり)をした*ことハ*ない*が花嫁が*勝手の分らぬ家に*住込んで見ず知らずの人ニ*取巻(*とりま)かれてチヤフヤ云はれて*笑ふ者も*あれバ*雑談を云ふ者も*ある*其中で*お嫁さんばかり獨り静に*してお行儀を繕ひ*人ニ*笑はれぬやうに*しやうとして却てマゴツイテ顔を赤くする其苦しさハ**こんなもので*あらふと*凡*そ推察が*出来ました*日本を出るまでハ*天下獨歩。*眼中人なし怖(*こは)い*者なしと威張て居た磊落(らいらく)書生も*始めて亜米利加(アメリカ)に*

ニ＝ABCDEに／ちゐ＝BCちいDちひEなし／ハ＝ABCDはEは、／おか＝BCDをかEなし／た＝Eた。／あちら＝ABCDあちらEなし／で＝Eで、／が＝ABCDEが／ず＝Eず、／凡＝BCD風E風／が＝ABCDEが／座＝A座BC座D席／飛廻はる＝BCD飛廻る／ハ＝ABCDはEは、／に＝ABCDEに／に＝ABCDEに／おかしい＝BCDをかしEなし／ない、＝Aなゐ、BCDない／成たけ＝A成だけBCD成るたけE成るたけ／し＝ABCDEし／に＝ABCDEに／し＝ABCDEし／が＝ABCDがEが、／ハ＝AにBCDEは／あ＝ABCDEあ／た＝Eた。

福翁自傳（廿四）始めて亞米利加に渡る（三）時事新報明治三十一年九月十八日（日）

ちよと＝Eなし／で＝Eで、／凡俗ハ＝AE風俗はBCD風俗は／少しも＝BCD少も／ゐ＝BCDいEい。／に＝ABCDEに／に＝ABCDEに／て＝Eて、／に＝ABCDEに／る＝Eる。／で＝Eで、／ゐ＝BCDEい／で＝Eで、／に＝ABCDEに／が＝Eが、／て＝Eて、／なか〱＝BCD中々／ニ＝ABCDEに／如何＝BCDE如何／ニ＝ABCDEに／にハ＝ABCDにはEには、／が＝ABCDEが／に＝ABCDEに／すは＝BCすわDすむEなし／に＝ABCDEに／と＝Eと、／し＝ABCDEし／る＝Eる。／い＝AゐEい。／し＝BCDEし／る＝Eる。／ニ＝ABCDEに／お＝ACDEお／あたりまへ＝Eアタリマへ／に＝ABCDEに、／い＝AゐEい。／と＝Eと、／た＝Eた。／に＝ABCDEに／した＝ABCDしたEした。／だ＝Eだ、／呆返つた＝BC呆返たD呆れ返たE呆返つた／安達ヶ原＝A安達ヶ原BDE安達ヶ原C安達ヶ原／に＝ABCDEに／と＝Eと、／、＝BCDなしE。／さん〱＝BC散々D散々／て＝Eて、／に＝ABCDEに／に＝ABCDEに／ふ＝Eふ。／い＝AゐEい、／て＝Eて、／借て＝BC借りてDE借りて／た＝Eた。／ら＝Eら、／に＝ABCDEに／こと＝BことCDEこと／だ＝Eだ。／に＝ABCDEに／に＝ABCDEに／こと＝BことCDEこと／い＝AゐEい。

来て花嫁のやうニ小さくなつて仕舞たのハ自分でも可笑しかつた夫れから彼方の貴女紳士が打寄りダンシングとか云て踊りをして見せると云ふのは毎度の事で扨行て見た處が少しも分らず妙な凡をして男女が座敷中を飛廻はる其様子ハどうにも斯うにも唯可笑くて堪らない、けれども笑ては悪いと思ふから成たけ我慢して笑はないやうにして見て居たが是れも初めの中ハ随分苦労であつた

磊落書生も花嫁の如し

凡＝E風／ニ＝AEに

女尊男卑の凡俗ニ驚

一寸した事でも右の通りの始末で社會上の習慣凡俗ハ少しも分らないゐ[註19]或る時にメールアイランドの近處にバレーフォーと云ふ處があつて其處に和蘭の医者が居る和蘭人は如何しても日本人と縁が近いので其医者が艦長の木村さんを招待したゐから来て呉れないかと云ふので其医者の家に行た所が田舎相應の流行家と見えてなか〱の御馳走が出る中ニ如何ニも不審な事にハお内儀さんが出て来て座敷に坐り込んで頻りに客の取持をすると御亭主が周旋奔走して居る是れは可笑しい丸で日本とアベコベな事をして居る御亭主が客の相手ニなつてお内儀さんが周旋奔走するのが当然であるに左りとはどうも可笑しいソコで御馳走は何かと云ふと豚の子の丸煮が出た是れにも膽を潰した如何だマア呆返つたな、丸で安達ヶ原[⑤]に行たやうな訳け[註20]だと斯う思ふた、さん〱馳走を受けて其帰りに馬に乗らないかと云ふソレは面白い久振りだから乗らうと云て其馬を借て乗て来た艦長木村は江戸の旗本だから馬に乗ることは上手だ江戸に居れば毎日馬に乗らぬことはない夫れから

⑤安達ヶ原は福島県二本松市付近にあり、そこに鬼が住み妊婦の胎児を食ったとの伝説あり。

に=ABCDEに/と=Eと、/て=Eて、/に=ABCDEに/ヿ=BことCDEこと/志=ABCDEし/。=ABC、Dなし/双=BCD双E雙/に=ABCDEに/志=ABCDEし/ゐ=BCDいEい。又=E又、/た=Eた。/に=ABCDEに/ハ=ABCDEは/ある=ABCDあるEある。/て=Eて、/た=Eた。/そこ=BCDそこEなし/で=Eで、/電気利用=AエレキトルBCD電氣利用E電氣利用/も=Eも、/電信=Aテレガラフ/る=Eる。/ガルファニ=BCDEガルヴァニ/鍍金=BCDE鍍金/に=ABCDEに/た=Eた。/に=ABCDEに/が=Eが、/チヤント=DチヤンとEチャント/る=Eる。/テレガラフ=BCDEテレグラフ/だ=AたEだ。/ガルファニ=BCDEガルヴァニ/ヿ=BことCDEこと/志=ABCDEし/だ=Eだ。/て=Eて、/に志=ABCDEにし/ヿ=BことCDEこと/る=Eる。/も=Eも、/る=Eる、/に=ABCDEに/ヿは。=Aヿは、Bことは、CDことは、Eことは。/に=ABCDEに/に=ABCDEに/こ=BCDこEなし/に=ABCDEに/ヿ=BことCDEこと/チヤント=Eチャント/る=Eる。/て=Eて、/に=ABCDEに/が=Eが、/に=ABCDEに/ら=Eら、/に=ABCDEに/ゐ=AゐEい。/は=Eは、/はきため=BCDEはきだめ/に=ABCDEに/濱邊=BCD濱邊E濱邊/に=ABCDEに/も=Eも、/に=ABCDEに/。=ABCD、/か=Eか、/いろ〳〵=BCD色々/空売=ABC空売D空殻E空殻/る=Eる。/だ=Eだ。/に=ABCDEに/やけあと=ABCDやけあとEなし/に=ABCDEに/、=E。/に=ABCDEに/ヿ=Eと、/に=ABCDEに/、=ABCDなし/ヿ=BことCDEこと/る=Eる。

に=ABCDEに/た=Eた。/志=BCDEし/ゐ=AゐEい。/三十二文=CD三十文/と=Aか/かき=Eなし/が=Eが、

其馬に乗てどん〳〵駆けて来ると亜米利加人が驚いて日本人が馬に乗るヿを知て居ると云ふて不思議な顔を志て居る。爾う云ふ訳けで双方共に事情が少志も分らなゐ
　夫れから又亜米利加人が案内して諸方の製作所などを見せて呉れた
　其時は桑港地方にマダ鐵道ハ出来ない時代である工業は様々の
　製作所があつてソレを見せて呉れた其處がどうも不思議な訳けで電

ニ=AEに/歎=A嘆E歎/あ=AEあ

事物の説明ニ
隔靴の歎あり

気利用の電燈はないけれども電信はある夫れからガルファニの鑛金法と云ふものも実際に行れて居た亜米利加人の考にさう云ふものは日本人の夢にも知らない事だらうと思て見せて呉れた所が此方はチヤント知て居る是れはテレガラフだ是れはガルファニの力で斯う云ふヿをして居るのだ又砂糖の製造所があつて大きな釜を真空にして沸騰を早くすると云ふヿを遣て居るソレを懇々と説くけれども此方は知て居る真空にすれば沸騰が早くなると云ふヿは。且つ其砂糖を清浄にするには骨炭で漉せば清浄になると云ふヿもチヤント知て居る先方では爾う云ふ事は思ひも寄らぬ事だと斯う察して懇ろに教へて呉れるのであらうが此方は日本に居る中に数年の間そんな事ばかり穿鑿して居たのであるからソレは少しも驚くに足らない只驚いたのは掃溜に行て見ても濱邊に行て見ても鉄の多いには驚いた。申さば石油の箱見たやうな物とかいろ〳〵な鑵詰の空売などが沢山棄てゝある是れは不思議だ江戸に火事があると焼跡に釘拾ひがウヤ〳〵出て居る、所で亜米利加に行て見ると鉄は丸で塵埃同様に棄てゝあるので、どうも不思議だと思ふたヿがある
　夫れから物價の高いにも驚いた牡蠣を一罎買ふと半弗、幾つあるかと思ふと二十粒か三十粒位志かない日本では二十四文か三十二文と云ふ其牡蠣が亜米利加では一分二朱

で＝Eで、／**処だ**＝BCD所だE所だ、／**ゟき**＝AEなしBCDあき／**で**＝Eで、／**た**＝Eた。

ょ＝ABCDEに／**う**＝Eなし／ょ＝ABCDEに／**聞ゐて**＝BCD聞てE聞いて／**ハ**＝ABCDEは／**ゐ**＝BCDいEい、／**ワシントン**＝Eわしんとん／**どう**＝Eなし／**ゞ**＝ABCDがEが、／ょ＝ABCDにEに、／ょ＝ABCDEに／**だ**＝Eだ、／**が**＝Eが、／ょ＝ABCDEに／**容子**＝BCDE容子／ょ＝ABCDEに／**で**＝Eで、／**ぬ**＝Eぬ。／、＝BCDなしE。／**國**＝E國、／**ヿ**＝CDEこと／**ホ**＝CDEこ／**ら**＝Eら、／**云**＝Eい／ょ＝ABCDEに／**は**＝Eは、／**こつち**＝DあっちEなし／ょハ＝ABCDEには／**朝**＝BCD朝E朝、／**て**＝Eて、／**ま**＝BCDEし／**が**＝Eが、／ょ＝ABCDEに／**驚て**＝B驚いてCD驚いてE驚いて、／**ヿ**＝CDEこと／**る**＝Eる。／ょ＝ABCDEに／**ヿ**＝CDEこと／**が**＝Eが、／ょ＝ABCDEに／**た**＝Eた。

或時＝BCD〔改行せず〕／ょ＝ABCDEに／ょ＝ABCDEに／**が**＝Eが、／**で**＝Eで、／**ハ**＝ABCDEは／**ニ**＝ABCDEに／**え**＝Eえ、／**ゞ**＝ABCDEが／**かずく**＝ABCDかずく〲Eなし／**ゟ**＝ABCDEあ／**ら**＝Eら、／**まで**＝BCD迄／**え**＝BCDEへ／、＝DなしE。／**珍しい**＝A珍しゐBCD珍らしい／**許りで**＝E斗りで、／**貰つた**＝BC貰たD貰つた／ょ＝ABCDEに／**い**＝AゐEい。／ょ＝ABCDEに／**有難**＝A有難BCD有難E有難／**た**＝Eた。／**ハ**＝ABCDEは／ょ＝ABCDEに／**また**＝ABCDしたEした。／**い**＝AゐEい、／ょ＝ABCDEに／**だ**＝Eだ、／**貰つた**＝BCD貰た／**キヨト**＝Eキョト／**と**＝Eと、／ょ＝ABCDEに／**ま**＝ABCDEし／**ヿ**＝BホとCDEこと／**る**＝Eる。

もする勘定で恐ろしい物の高い処*だ呆*ゟき*れた話だと思たやうな次第で*社会上政治上経済上の事は一向分らなかつた*

所で私が不図胸ょ*浮*かんで或人ょ*聞*ゐて見たのハ*外でなゐ*今華盛頓*の子孫は如何*なつて居るかと[註21]尋ねた所ゞ*其人の云ふょ*華盛頓の子孫ょ*は女がある筈だ*今如何して居るか知らないが*何でも誰かの内室ょ*なつて居る容子*だと如何ょ*も冷淡な答で*何とも思て居らぬ*是れは不思議だ、*勿論私も亜米利加は共和國*大統領は四年交代と云ふヿ*は百も承知のホ*とながら*華盛頓の子孫と云*へば大変な者ょ*違ひないと思ふた

ワシントンの子孫如何を*問ふ

のは*此方*の脳中ょ*ハ源頼朝*徳川家康と云ふやうな考があつて*ソレから割出ま*て聞た所が*今の通りの答ょ**驚て是れは不思議と思ふたヿ*は今でも能く覚えて居る*理学上の事ょ*就ては少しも膽を潰すと云ふヿ*はなかつたが*一方の社会上の事ょ*就ては全く方角が付かなかつた*

或*時ょ*メールアイランドの海軍港ょ*居る甲比丹のマツキヅガルと云ふ人が*日本の貨幣を見たいと云ふので*艦長ハ*豫てそんな事の爲めニ*用意したものと見え*新古金銀ゞ**数く*々ゟ*るから*慶長小判を始めとして萬延年中*までの貨幣を揃え*て甲比丹の處へ送て遣た、*所が*珍しいく〲と許り*で宝を貰*つたと云ふ考は一寸とも顔色ょ*見えない*昨日は誠ょ**有難うと云て其翌朝お内儀さんが花を持て来て呉れた*私ハ*其取次をして獨り竊ょ*感服ま*た人間と云ふものはア、ありたい*如何ょ*も心の置き所が高尚だ*金や銀を貰*つたからと云てキョ*トく〲悦ぶと云ふのは卑劣な話だ、ア、ありたいものだと*大きょ*感心ま*たヿ*がある*

ニ＝ＡＥに

軍艦の修繕ニ價を求めず

前に云ふた通り亜米利加人は誠に能く世話をして呉れた軍艦を舩渠に入れて修覆（しゆふく）して呉れたのみならず乗組員の手元に入用な箱を拵えて呉れるとか云ふヿまでも親切にして呉れた、いよ〳〵舩の仕度も出来て帰ると云ふ時に軍艦の修覆其他の入用を拂ひたいと云ふと彼方（あつち）の人は笑て居る代金などゝは何の事だと云ふやうな調子で一寸とも話にならない何と云ふても勘定を取りさうにもしない

ニ＝ＡＥに

始めて日本ニ英辭書を入る

其時に私と通辨の中濵萬次郎[6]と云ふ人と兩人がウエブストルの字引を一冊づゝ買て来た是れ[註22]が日本にウエブストルと云ふ字引の輸入の第一番、それを買てモウ外には何も残るヿなく首尾克（よ）く出帆して来た、所で私が二度目に亜米利加に行たとき甲比丹（カピテン）ブルックに再會して八年目に聞た話がある、それは最初日本の咸塩丸が亜米利加に着たとき桑（サンフランシスコ）港で

義勇兵

なか〳〵議論があつた今度日本の軍艦が来たから其接待を盛にしなければならぬと云ふので彼處（あすこ）に陸軍の出張所を見たやうなものがある其處へ甲比丹（カピテン）ブルックが行て大に歓迎しやうではないかと相談を掛けると華盛頓（ワシントン）に伺ふた上でなければ出来ないと云ふ、「そんな事をして居ては間（ま）に合（あ）はないから何でも出張所の獨断で遣（や）れと談じても兎角埒（らち）が明かなゐから甲比丹ハ少し立腹してゐよ〳〵政府の筋で出来なければ此方（こつち）ニ仕様があると云て夫れから方向を轉しして桑（サンフランシスコ）港の義勇兵ニ持込んでどうだ斯（か）う云ふ訳けであるから接待せぬかと云ふと義勇兵ハ大悦びて直（すぐ）ニ用意が出来た全体此義勇兵と云ふものは不断軍役（ぐんえき）のあるではなし大将は御医者様で少将は染物屋の主人と云ふやうな者で組立てゝあるけれどもチヤント

に＝ＡＢＣＤＥに／し＝ＢＣＤＥし／た＝Ｅた。／舩渠＝ＡＥ船渠ＢＣＤ船渠（ドック）／に＝ＡＢＣＤＥに／し＝ＡＢＣＤＥし／ず＝Ｅず、／に＝ＡＢＣＤＥに／え＝ＢＣＤＥへ／ヿ＝ＢことＣＤＥこと／にし＝ＡＢＣＤＥにし／、＝ＣＤなしＥ。／舩＝ＢＣＤ船（ふね）Ｅ船／に＝ＡＢＣＤＥに、／と＝Ｅと、／る＝Ｅる。／一寸＝Ｂ一寸（ちよい）Ｃ一寸（ちよ）／に＝ＡＢＣＤＥに／い＝ＡゐＥい。／に＝ＡＢＣＤＥに／し＝ＡＢＣＤＥし／い＝ＡゐＥい。

に＝ＡＢＣＤＥに／辨＝ＢＣＤ辯（べん）Ｅ辯／濵＝ＢＣＤ濱（はま）Ｅ濱／が＝ＡＢＣＤＥが／た＝Ｅた。／に＝ＡＢＣＤＥに／ヿ＝ＢことＣＤＥこと／く＝Ｅく、／し＝ＡＢＣＤＥし／、＝Ｅ。／に＝ＡＢＣＤＥに／に＝ＡＢＣＤＥに／き＝Ｅき、／に＝ＡＢＣＤＥに／に＝ＡＢＣＤＥに／、＝Ｅ。／塩＝ＢＣＤ臨（りん）Ｅ臨／に＝ＡＢＣＤＥに／き＝Ｅき、／なか〳〵＝ＢＣＤ中々（なか〳〵）／た＝Ｅた。／にし＝ＡにしＢＣＤＥにし／で＝Ｅで、／に＝ＡＢＣＤＥに／る＝Ｅる。／て＝Ｅて、／に＝ＡＢＣＤＥに／し＝ＢＣＤＥし／では＝Ａてば／と＝Ｅと、／に＝ＡＢＣＤＥに／、＝ＢＣＤなしＥ。／し＝ＡＢＣＤＥし／ま＝Ｅなし／に＝ＡＢＣＤＥに／あ＝ＡＢＣＤあＥなし／ら＝Ｅら、／や＝Ｅなし／も＝Ｅも、／あ＝ＡＢＣＤあＥなし／ゐ＝ＢＣＤＥい／ら＝Ｅら、／ハ＝ＡＢＣＤＥは／て＝Ｅて、／ゐよ＝ＢＣＤＥいよ／こつち＝Ｅなし／ニ＝ＡＢＣＤＥに／があ＝ＡＢＣＤＥがあ／て＝Ｅて、／轉しして＝ＡＢＣＤＥ轉じて／ニ＝ＡＢＣＤＥに／で＝Ｅで、／と＝Ｅと、／ハ＝ＡＢＣＤＥは／て＝ＡＢＣＤＥで／ニ＝ＡＢＣＤＥに／が＝ＡＢＣＤＥが／た＝Ｅた。／あ＝ＡＢＣＤＥあ／し＝Ｅし、／で＝Ｅで、／ある＝Ｂるあ／も＝Ｅも、／チヤント＝Ｅチャント

て=Eて、/か=ABCDEか/ハ=ABCDEは/に=ABCDEに/して=ABCDしてEして、/に=ABCDEに/で=Eで、/ハ=ABCDEは/まい=AまかBCDわかEなし/い=BCDEい/どうらく=AとうらくBCDだうらくEなし/しごと=Eなし/あ=ABCDEあ/ら=Eら、/に=ABCDEに/こと=BホとCDEこと/ニ=ABCDにEに、/千載=BCD千歳E千歳/一遇=B一遇C一遇D一遇E一遇/ひ=Eひ、/臨=BCD臨E臨/あると=ABCDあるとEあると、/が=ABCDEが/た=Eた。

に=ABCDEに/して=ABCDしてEして、/り=Eり、/ニ=E二、/も=Eも、/ず=Eず、/で=Eで、/して=ABCDしてEして、/三=E三、/した。=ABCした、DしたEした。/中=BCD中E中、/に=ABCDEに/は=Eは、/こと=BホとCDEこと/う=Eう、/で=Eで、/い=AいEい。/に=ABCDEに/が=Eが、/も=Eも、/い=AいEい。/て=Eて、/り=BCDEり、/ら=Eら、/て=Eて、/た=ACDEお/ふ=BCDふ、Eふ。/か=Eか、/かひもの=Eなし/に=ABCDEに/で=Eで、/ゐ=Aい/た=Eた。

福翁自傳（廿五）始めて亞米利加に渡る（四）時事新報明治三十一年九月二十一日（水）

した=BCDしたEした。/に=ABCDEに/し=BCDEし/る=BCる、Eる。/豫=BCDE豫/に=ABCDEに/戯れる=BD戯れるC戯れるE戯れる/こと=BホとCDEこと/に=ABCDEに/に=ABCDEに

軍服も持て居れば鉄砲も何もすつかり備へて居て日曜か何か暇な時か又ハ月夜などに操練をしてイザ戰争と云ふ時に出て行くと云ふばかりで太平の時ハ先づ若い者の道楽仕事であるから折角拵へた軍服も滅多に着ることがない所ニ今度甲比丹ブルックの話を聞て千載一遇の好機會と思ひ晴れの軍服を光らして日本の軍艦咸臨丸を観迎したのであると甲比丹が話して居ました[註23]

布哇寄港

祝砲と共に目出度桑港を出帆して[註24]今度は布哇寄港と定まり水夫は二三人亜米利加から連れて来たけれども甲比丹のブルックは居らず本当の日本人ばかりで何うやら斯うやら布哇を捜出して其處へ寄港して三四日逗留した。逗留中布哇の風俗に就ては物珍しく云ふ程の要用はないだらう、と思ふのは三十年前の布哇も今も変つたことはなからう其土人の風俗は汚ない有様で一見蛮民と云ふより外仕方がない王様にも遇ふたが是れも國王陛下と云へば大層なやうだけれども其處へ行て見れば驚く程の事はない夫婦連で出て来て國王は只羅紗の服を着て居ると云ふ位な事、家も日本で云へば中位の西洋造り宝物を見せると云ふから何かと思たら鳥の羽で拵へた敷物を持て来て是れが一番のた宝物だと云ふ[註25]あれが皇弟か其皇弟が笊を提げて買物に行くやうな訳けでマア村の漁師の親方ぐらゐの者であつた

それから布哇で石炭を積込んで出帆した其時に一寸した事だが奇談がある私は豫て申す通り一体の性質が花柳に戯れるなどゝ云ふことは假初にも身に犯した事のないのみな

⑥中濱萬次郎は土佐出身の漁夫で、暴風で遭難したのを米捕鯨船に救助され、アメリカで教育をうけ帰国、幕府に雇われる。文政十年（一八二七）生、明治三十一年（一八九八）没。

らず*口でもそんな如何(いかゞ)はしい話をし*た事もない*ソレゆへ*同行の人は妙な男だと云ふ位は*は思ふて居たらう*夫れから布哇を出帆し*た其日は**船中の人は*寫真を出し*て見せた是れはどうだ（其寫真は此處は*在りとて*福沢先生が筆記者は*示されたるものを見るは*四十年前の福沢先生の傍は*立ち居るは十五*六の少女なり）*——*其寫真と云ふのは此通りの寫真だらう*ソコで此少女が藝

寫真=E寫眞

少女の寫真*（註26）

者か女郎か娘かは勿論其時は*見さかい*のある訳けはない——お*前達は桑(サンフランシスコ)港は*長く逗留して居たが*婦人と親し*く相竝*で寫真を撮るなぞと云ふヿ*は出来なかつたらう*サアどうだ*朝夕口でばかり下らない事を云て居るが*実行し*なければ話は*ならないぢやないかと*大は*冷かし*て遣(やつ)た*是れは寫真屋の娘で*歳は十五とか云た*其寫真屋は*は前は*も行たヿ*があるが*丁度雨の降る日だ*其時私独りで行た所が娘が居たからお**前さん一緒は*取らうではないかと云ふと*亜米利加の娘だから何とも思ひはし*ない取りませうと云ふて一緒は*取たのである*此寫真を見せた所が**船中の若い*士官達は大ニ*驚い*たけれども*口惜(くや)しくも出来なからう*、と云ふのは桑港で此事を云出すと直(すぐ)は*真似をする者があるから黙(だま)*つて隠して置い*ていよ〳〵布哇を離れてもう亜米利加は*も何處は*も縁のないと云ふ時は*見せて遣て*一時の戯は**人を冷かし*たヿ*がある*

帰*る時は南の方を通つた*と思ふ行**くきとは違て至極海上は穏かで*何でも其歳は*は閏*があつて**閏を罩(こ)めて五月五日の午前は*浦賀は*着し*た浦賀は*は是非錨を卸すと云ふのがお*極りで*浦賀は*着するや否や**船中数十日の其間は勿論湯は*這入ると云ふヿ*の出来る訳けもない*口漱(うがひ)*をする水がヤット*出来ると云ふ位な事で身体(からだ)*は汚(よご)*れて居るし*。髪はクシャ*〳〵は*なつて居る*何は扨置き一番先は**月代をし*て夫れから風呂は*這入らうと思ふて*小

ず=Eず、/し=ABCDEし/い=AいEい。/へ=BCDEへ/は=ABCDEに/う=Eう。/し=ABCDEし/は=ABCDにEに、/舩=AE船BCD船(せん)/は=ABCDEに/し=ABCDEし/た=Eた。/は=ABCDEに/て=BCDなしEて、/は=ABCDEに/は=ABCDEに/五=E五、/り）=Eり。〔本巻口絵参照〕）/——=BCDなし/う=Eう。/は=ABCDEに/い=BCDEひ/お=ACDEお/は=ABCDEに/が=Eが、/し=ABCDEし/竝で=BCD並(なら)んでE竝んで/ヿ=Bこと CDEこと/う=Eう、/だ=Eだ、/が=Eが、/し=BCDEし/は=ABCDEに/と=Eと、/は=ABCDEに/し=ABCDEし/た=BCDた、Eた。/で=Eで、/た=Eた。/は=ABCDEに/は=ABCDEに/ヿ=Bこと CDEこと/が=Eが、/だ=Eだ、/ら=Eら、/お=ACDEお/は=ABCDEに/と=Eと、/しない=AしないBCDしないEしない、/は=ABCDEに/ある=ABCDあるEある。/が=Eが、/舩=AE船BCD船(せん)/い=BCDEい/ニ=ABCDEに/い=BCDEい/も=Eも、/う、と=Dうと、/は=ABCDEに/黙(だま)つて=BC黙(だまつ)てE黙つて/置いて=A置いてBC置(にい)てD置(お)いてE置いて、/は=ABCDEに/は=ABCDEに/は=ABCDEに/て=Eて、/戯=B戯(たはむれ)C戯(たはふれ)D戯(たはむれ)E戯/は=ABCDEに/し=ABCDEし/ヿ=Bこと DEこと/る=Eる。

帰る=D帰(かへ)る〔改行せず〕/通つた=BCD通(とほつ)た/ふ=Eふ。/行くき=A行く時BCD行(ゆ)くときE行くとき/で=Eで、/は=ABCDEに/閏=A潤BCDE閏(うるふ)/て=Eて、/閏=A潤D閏(うるふ)/は=ABCDEに/は=ABCDEに/した=BCDしたEした。/は=ABCDEに/お=ACDEお/で=Eで、/は=ABCDEに/や=Eや、/舩=AE船BCD船(せん)/は=ABCDEに/ヿ=Bこと CDEこと/い=AいEい、/口漱(うがひ)=BCDE口嗽(うがひ)/ヤツト=Eヤット/で=Eで、/からだ=Eなし/よご=Eなし/し。=Aし、BCEし、Dし/クシヤ=Eクシャ/は=ABCDEに/る=Eる、/は=ABCDEに/月代=BCD月代(さかいき)E月代(さかやき)/し=ABCDEし/は=ABCDEに/て=Eて、

に＝ABCDEに／陸＝BCDE陸／に＝ABCDEに／と＝Eと、／お＝ACDEお／に＝ABCDEに／て＝Eて、／に＝ABCDEに／島安太郎＝B嶋安太郎CDE島安太郎／る＝Eる、／に＝ABCDEに／て＝Eて、／に＝ABCDEに／に＝ABCDEに／島＝B嶋／に＝ABCDEに／た＝Eた。／に＝ABCDEに／に＝ABCDEに／に＝ABCDEに／い＝AゐEい、／舩＝AE船BCD船／い＝AゐEい。／に＝ABCDEに／六ケ月＝AE六ヶ月BC六箇月D六箇月／が＝Eが、／に＝ABCDEに／ら＝Eら、／六ケ年＝AE六ヶ年D六箇年／心地、＝BCD心地、E心地。／ヒヨイ＝Eヒヨイ／島＝B嶋／に＝ABCDEに／て＝Eて、／に＝ABCDEに／お＝ACEおDなし／り＝Eり、／に＝ABCDEに／に＝ABCDEに／変つた＝BC變たD變つたE變つた／ハ＝ABCDEは／が＝Eが、／島＝B嶋／て＝Eて、／あ＝ABCDEあ／に＝ABCDEに／時＝E時、／が＝ABCDがEが、／一寸＝BCD一寸とE一寸と／島＝B嶋／れ＝Eれ、／な＝Eな、／中＝BCDE中／う＝Eう、／バ＝ABCDEば／やしき＝Eなし／に＝ABCDEに／暴込ん＝D暴れ込んE暴れ込ん／、＝ABCDEなし／と＝Eと、／嶌＝B嶋CDE島／ハ＝ABCDEは／ニ＝ABCDEに／き＝Eき、／お＝ADEお／る＝Eる、／どこ＝Eなし／ニ＝ABCDEに／た‖＝BCDた、／た＝Aだ／か＝Eか、／雲氣＝BCDE雲氣／に＝ABCDにEに、／ふ‖＝BCDふ、／た＝Eた、／に＝ABCDEに／い＝AゐEい、／て＝Eて、／また＝ABCDしたEした。／に＝ABCDEに／ら＝Eら、／で＝Eで、／で＝Eで、／と＝Eと、／ど＝BCど／ら＝Eら、／に＝ABCDEに／中つた＝BCD中た／に＝ABCDEに／た＝Eた。

に＝ABCDEに／て＝Eて、／に＝ABCDEに／中＝BCD中E中、／が＝ABCDEが／玩具半分＝B玩具半分CDE玩具半分／に＝ABCDEに／た＝Eた。／寄＝BCDE寄／ら＝Eら、／どう＝Eなし／に＝ABCDEに／廻つた＝BCD廻た／ら‖＝BCDら、／分切つて＝BCD分切てE分切つて／る＝Eる。／に＝ABCDEに／に＝ABCDEに／ニ＝ABCDEに／い＝BCDいEい、／をりふし＝AおりふしEなし

舟に*乗て陸*に*着くと*木村のお*迎が数十日前から浦賀に*詰掛けて居て*木村の家来*に*島安太郎と云ふ用人があるソレ*が海岸まで迎ひに*来て*私が一番先に*陸に*上つて其島*に*遇ふた*正月の初に*亜米利加に*出帆して浦賀に*着くまでと云ふものは風の便りもない*郵便もなければ*舩の交通と云ふものもない*其間は僅に**六ケ月の間であるが*故郷の様子は何に*も聞かないから*殆んど六*ケ年も遇はぬやうな心地*、ヒ*ヨイと浦賀の海岸で島**に遇て*イヤ誠に**お久振り*時に*何か日本に**変つた事ハ*ないかと尋ねた所が**島安太郎が顔色を変へて*イヤあ*つたとも〳〵大変な事が日本に*あつたと云ふ其時*私が**一寸*島さん待て呉れ*云ふて呉れるな*私が中*てゝ見せや*う大変と云へバ*何でも是れは水戸の浪人が掃部様の*邸*に*暴込んだと云ふやうな事ではないか、*と云ふと**嶌ハ*更らニ*驚き*どうしてお*前さんはそんな事を知て居る*何処で誰れ*ニ聞た*‖聞たつて聞ないたつて分るぢやないか*私はマア雲氣*を考へて見るに*そんな事ではないかと思ふ*‖イヤ是れはどうも驚いた*邸に*暴込んだ所ではない*斯う〳〵云ふ訳けだと云て*櫻田騒動の話をまた*其歳の三月三日に*桜田に*大騒動のあつた時であるから*其事を話したので*天下の治安と云ふものは大凡そ分るもので*私が出立する前から世の中の様子を考へて見ると**どうせ騒動がありさうな事だと思て居たから*偶然*に*も中*つたので誠に*面白かつた*

桜＝E櫻／変＝E變

不在中桜*田の事変*註27

其前年から徐々攘夷説が行れると云ふ世の中に*なつて来て*亜米利加に*逗留中*艦長が**玩具半分に*蝙蝠傘を一本買た*珍しいものだと云て皆寄*て拈くつて見ながら*如何*だらう之を日本に*持て帰てさして廻*つたら*‖イヤそれは*分切つて居る*新銭座の艦長の屋敷から日本橋まで行く間に*浪人者に*斬られて仕舞ふニ*違ひない*先づ屋敷の中で折*節ひろげ

尓=ABCDEに／古=CDEこ／可奈る=ABCDがあるEがある。／凡=B凡(によ)CD凡(およ)E凡／ゐ=BCDEゐ／で=Eで、／ハ=ABCDEは／尓=ABCDEに／た=Eた。

尓=ABCDEに／志=ABCDEし／尓=ABCDにEに、／ハ=ABCDEは／ニ=ABCDEに／志て=ABCDしてEして、／尓志て=ABCDにしてEにして、／尓=ABCDEに／る=Eる。／尓=ABCDEに／い、=Aゐ、Eい。／。=ABCD、／ハ=ABCDEは／ら=Eら、／ハ=ABCDEは／く=Eく、／ニ=ABCDEに／ニ=ABCDにEに、／ハ=ABCDEは／尓=ABCDEに／た=Eた。／才=BD第(だい)C第(たい)E第／ハ=ABCDEは／ハ=ABCDEは／奈る=ABCDあるEある。／ニ=ABCDEに／バ=ABCDEば／ゐ=BCDEい／ら=Eら、／尓ハ=ABCDEには／ゆ=BCDEふ／尓=ABCDEに／奈=ABCDEあ／可=ABCDがEが、／尓=ABCDEに／ハ=ABCDEは／く=Eく、／淂=ABCDE得／し=BCDEじ／古=CDEこ／奈る可=ABCDあるがEあるが、／尓=ABCDEに／ハ=ABCDEは／奈=ABCDEあ／は=Eは、／使=BCD使(し)E使、／で=Eで、／尓=ABCDEに／る=Eる。／どう=Eなし／志=ABCDEし／尓=ABCDEに／ちか=Eヂカ／尓=ABCDEに／志=ABCDEし／尓=ABCDEに／。=ABCE、Dなし／で=Eで、／尓=ABCDEに／た=Eた。／尓=ABCDEに／尓=ABCDEに／る=Eる、／る=Eる。／尓=ABCDEに／論=BCD論(ろん)E論、／へ=Bで／と=B古とCDEこと／ら=Eら、／ニ=ABCDEに／尓=ABCDEに／ニ=ABCDEに／た=Eた。

て見るより外尓*用のない品物だと云た古*と可*奈る凢*そ此くらゐ*な世の中で*帰國の後ハ*日々尓*攘夷論が盛ん尓*なつて来た*

亜米利加から帰てから塾生も次第尓*増志*て相替らず教授して居る中尓*私ハ*亜米利加渡航を幸ニ*彼の國人ニ*直接して英語ばかり研究志*て帰てからも出来るだけ英書を讀むやう尓*志て生徒の教授尓*も蘭書は教へないで悉く英書を教へる*所がマダなか〳〵英書が六かしくて自由自在尓*讀めない*、讀めないから使る所は英蘭對譯の字書のみ。*教授とハ*云ひながら*実ハ*教ふるが如く学ぶが如く*共ニ*勉強して居る中ニ*私ハ*幕府の外國方（今で云へば外務省）尓*雇はれた*註28其次才*ハ*外國の公使領事から政府の閣老又ハ*外國奉行へ差出す書翰を翻譯する為めで奈*る當時の日本ニ*英佛等の文を讀む者もなければ*書く者もなゐ*から*諸外國の公使領事より来る公文尓*ハ必ず和蘭(オランダ)の翻譯文を添ゆる*の慣例尓*て奈*りし可*幕府人尓*横文字讀む者とてハ*一人もなく*止むを淂*ず吾々如き陪臣（大名の家来）の蘭書讀む者を雇ふて用を辨し*た古*とで奈*る可雇はれた尓*就てハ*自から利益の奈*ると云ふのは*例へば英公使*米公使と云ふやうな者から来る書翰の原文が英文で*ソレ尓*和蘭(オランダ)の譯文が添ふてある如*何(どう)か志*て此飜譯文を見ず尓*直接(ちか)*尓*英文を飜訳志*てやりたいものだと思て試みる、試みて居る間尓*分らぬ處がある。*分らぬと蘭訳文を見る、見ると分ると云ふやうな譯けで*なか〳〵英文研究の為め尓*なりました*ソレからもう一つ尓*は幕府の外務省尓*は自(おのづ)から書物がある種々様々な英文の原書がある*役所尓*出て居て讀むのは勿論*借りて自家(うち)へ*持て来るとも*出来るから*ソンナ事で幕府ニ*雇はれたのは身の為め尓*大ニ*便利尓*なりました*

幕府ニ*雇はる

ニ=AEに

自傳才七（封筒表）
福翁自傳（廿六）歐羅巴各國ニ行く（一）時事新報明治三十一年九月二十五日（日）
欧=ABCDE歐／**ニ**=ACDEにBニ
年=BCD年E年、／ニ=ABCDEに／**華英通語**=B華英通語CDE華英通語／志=ABCDEし／志=ABCDEし／ヿ=BふとCDEこと／**る**=Eる。／**り**=Eり、／**は**=Eは、／ニ=ABCDEに／**た**=Eた。／ゞ=ABCDEが／**二**=D元E二〔元〕／**欧羅巴**=BCD歐羅巴E歐羅巴／ニ=ABCDEに／ヿ=BふとCDEこと／**て**=Eて、／ニ=ABCDEに／ニ=ABCDEに／**淂**=ABCDE得／**た**=Eた。／ニ=ABCDEに／ニ=ABCDEに／**私**=BCDE私／ニ=ABCDEに／ニ=ABCDEに／**て**=Eて、／ヿ=BふとCDEこと／ニ=ABCDEに／志=ABCDEし／**が**=Eが、／ニ=ABCDEに／**傭**=BCD雇E雇／**行**=B行CD行／**と**=BCDEを／**ら**=Eら、／ニ=ABCDEに／**て**=Eて、／**ふ**=Eふ。／**で**=Eで、／志=ABCDEし／**ら**=Eら、／ニ=ABCDEに／**し**=Eし。／**頓**=BCDE頓／ゐ=BCDEなし／**で**=Eで、／ニ=ABCDEに／ヿ=BふとCDEこと／**決**=BC決D決E決／**い**=AゐEい。／ニ=ABCDEに／ニ=ABCDEに／**た**=Eた。／ニ=ABCDEに／ニ=ABCDEに／**の**=A之／**は**=Eは、／ニ=ABCDEに／ニ=ABCDEに、／ニ=ABCDEに／**ら**=Eら、／ニ=ABCDEに／**い、**=Aゐ、DいEい。／**ニも**=ABCDにもEにも、／**ゐろ〳〵**=BCDいろ〳〵Eなし／**さま〳〵**=ABCDさま〴〵Eなし／**ヽ**=Eゝ、／ニ=ABCDEに／**ひ**=Eひ、／ニ=ABCDEに／ニ=ABCDEに／**て**=Eて、／ニ=ABCDEに／**や**=Eや、／**で**=Eで、／**からだ**=Eなし／**醢**=BC醢DE醢／ニ志=ABCDEにし／ニ=ABCDEに／**と**=AどEと、／**おど**=Bをど／**ひやゝ**=ABCDEひやか／**ナ**=CDな／**嬲つて**=BCD嬲て／**で**=Eで、／**柄**=BCD柄E柄／**がまん**=Eなし／志=ABCDEし／**黙つて**=BCD默てE默つて／ニ=ABCDEに／志=ABCDEし／**ら**=Eら、／ニ=ABCDEに／志=BCDEし／ニ=ABCDEに／**い**=AゐEい。／**償える**=A償えるBC償へるD償へるE償へる／**も**=Eも、／ヿ=BふとCDEこと／**ら**=Eら、／**送つて**=B送てCD送て

欧羅巴各國ニ行く

私が亜米利加から帰たのは萬延元年その年ニ華英通語[註1]と云ふものを飜訳志て出版志たヿがある是れが抑も私が出版の始まり先づ此両三年間と云ふものは人ニ教ふると云ふよりも自分で以て英語研究が専業であつた所ゞ文久二年の冬、日本から欧羅巴諸國ニ使節派遣と云ふヿがあつて其時ニ又私は其使節ニ附て行かれる機會を淂ました[註2]此前亜米利加ニ行く時ニは私ニ木村摂津守ニ懇願して其従僕と云ふヿニ志て連れて行て貰たが今度は幕府ニ傭はれて居て欧羅巴行と命ぜられたのであるから自から一人前の役人のやうな者ニなつて金も四百両ばかり貰たかと思ふ[註3]旅中は一切官費で只手当と志て四百両の金を貰たから誠ニ世話なしソコで私は平生頓と金の要らない男で徒ニ金を費すと云ふヿは決してない四百両貰た其中で百両だけ國ニ居る母ニ送てやつた如何ニも母ニ對して氣の毒だと云ふのは亜米利加から帰てマダ國へ親の機嫌を聞きニ行きもせずニ重ねて欧羅巴ニ行くと云ふのだから如何ニも済まない、而已ならず私が亜米利加旅行中ニも郷里中津の者共が色々様々[註4]な風聞を立てヽ亜米利加ニ行て彼の地で死んだと云ひ甚だしきニ至れば現在の親類の中の一人が私共の母ニ向て誠ニ氣の毒な事ぢや諭吉さんもとう〳〵亜米利加で死んで身体は醢ニ志て江戸ニ持て帰たさうだなんと威すのか冷すのかソンナ事まで云て母を嬲つて居たと云ふやうな事で是れも時節柄で我慢志て黙つて居るより外ニ仕方がないと志て居ながら母ニ對志ては如何ニも氣が済まない金をやつたからと云てソレで償える訳けのものではないけれどもマア〳〵百両だの二百両だのと云ふ金は生れてから見たヿもない金だからソレでも送つて遣らう

て=Eて、／た=Eた。
尓=ABCDEに／ヿ=B古とCDEこと／尓=ABCDEに／て=Eて、
／舩=AE船BCD船(ふね)／志=ABCDEし／た=Eた。／此度=B此度(こた)C
此度(このたび)D今度(このたび)／舩=ABCDE船／尓=ABCDにEに、／英吉利=BCD
英吉利(イギリス)E英吉利(いぎりす)／迎舩=AE迎船BCD迎船(むかいぶね)／尓志=ABCDEにし／
で=Eで、／尓=ABCDEに／香港=BCD香港(ホンコン)E香港(ほんこん)、／新嘉堡=B
CD新嘉堡(シンガポール)E新嘉堡(しんがぽーる)／尓=ABCDEに／たちよ=Eなし／り=Eり、／
尓=ABCDEに／て=Eて、／蘇士=BCD蘇士(スエス)E蘇士(すえず)／氣=BCD汽(き)
／尓=ABCDEに／て=Eて、／埃及=BC埃及(エジプト)D埃及E埃及(えじぷと)／尓=A
BCDEに／つ以=BCDついEなし／り=Eり、／尓=ABCDEに／
て=Eて、／舩=ABCDE船／尓=ABCDEに／佛蘭西=BCD
佛蘭西(フランス)E佛蘭西(ふらんす)／馬塞耳=A馬塞耳、BC馬塞耳(マルセイル)D馬耳塞(マルセイル)E馬塞耳(マルセイル)、／で
=BCDEデ／気=BCD汽(き)E汽／尓=ABCDEに／里昂=B里昂(リオン)CD
里昂(リオン)E里昂(りおん)／尓=ABCDEに／泊=BCD泊(ばく)E泊、／巴里=BCD巴里(パリ)
E巴里(ばり)／尓=ABCDEに／着以て=BCD着(つい)てE着いて／凢=BC凡(によ)D
凡(およ)E凡／日=E日、／り=Eり、／尓=ABCDEに／り=Eり、／普魯
西=B普魯西(プロイス)C普魯西(プロス)D普魯西(フロス)E普魯西(ぷろしや)／伯林=BCD伯林(ベルリン)E伯林(べるりん)／尓=
ABCDEに／き=Eき、／露西亜=BC露西亞(ロシア)D露西亞(ロシヤ)E露西亞(ろしや)／、=
Dなし／里=B理／尓=ABCDEに／て=Eて、／舩=ABCE船D船(ふね)
／尓=ABCDEに／て=Eて、／葡萄牙=BCD葡萄牙(ポルトガル)E葡萄牙(ぼるとがる)／尓=
ABCDEに／き=Eき、／尓=ABCDEに／て=Eて、／一ケ年=A
E一ヶ年CD一箇年／杯=BCD杯(ばい)E杯、／推詰つて=B推詰(にしつまっ)てC推詰(おしつまっ)て
／尓=ABCDEに／た=Eた。
尓=ABCDEに／バ=ABCDばEば、／尓=ABCDEに／ヿ=B古
とCDEこと／て=Eて、／尓=ABCDEに／尓=ABCDEに／ら=
Eら、／尓=ABCDEに／志=ABCDEし／で=Eで、／尓=ABC
DEに／い=A以Eい、／餘つた=BCD餘(あまっ)た／倫敦=BCD龍動(ロンドン)E龍動(ろんどん)
／尓=ABCDEに／。=ACE、Dなし／ニ=ABCDEに／以=BC
DいEい、／た=Eた。／で=Eで、／尓=ABCDEに／尓=ABCD
Eに／阿る=ABCDあるEある。
々=BCDEの／古=CDEこ／以可゙=A以がBCDいがEいが、／ハ=
ABCDEは／尓=ABCDEに／て=Eて、／尓=ABCDにEに、／
ハ=ABCDはEは、
竹内下野守=E竹内下野守(たけのうちしもつけのかみ)／松平石見守=E松平石見守(まつだひらいはみのかみ)／京極能登守
=E京極能登守(きやうごくのとのかみ)／柴田貞太郎=E柴田貞太郎(しばたさだたらう)／日高圭三郎=E日高圭三郎(ひたかけいざぶらう)
／福田作太郎=E福田作太郎(ふくださくたらう)

と思て*幕府から請取た金を分けて送りました*

それから欧羅巴(エウロッパ)尓*行(ゆ)くと云ふヿ尓**なつて舩の**出発志た*のは文久元年十二月の事であつた**此度の舩は*日本の使節が行(ゆ)くと云ふ為め尓**英吉利から迎舩の*やう尓志て*来たオーヂンと云ふ軍艦で*其軍艦尓*乗て香港*新嘉堡*と云ふやうな印度洋の港々尓**立寄(たちよ)り*紅海(こうかい)尓*這入て*蘇士*から上陸して蒸氣車*尓*乗て埃及**のカイロ府尓**着(つ以)て二晩ばかり泊り*それから地中海尓*出て*其處から又舩**尓乗て*佛蘭西の馬塞耳*ソコで*蒸気*車尓*乗て里昂*尓*一泊**巴里尓*着*以て滞在凢*そ二十日*使節の事を終り*巴里を去て英吉利尓*渡り*英吉利から和蘭(オランダ)、和蘭から普*魯西の都の伯林*尓*行(ゆ)き*伯林から露*西亜のペートルスボルグ、*夫れから再び巴里*尓*帰て来て*佛蘭西から舩**尓*乗て葡萄牙**尓*行(ゆ)き*ソレカラ地中海尓*這入て*元の通りの順路を経て帰て来た其間の年月は凡そ*一ケ年即ち文久二年一杯**推詰(おしつま)つてから日本尓*帰て来ました*

扨今度の旅行尓*就て申せバ*私も此時尓*はモウ英書を讀み英語を語ると云ふヿ*が徐々(そろ〳〵)出来て*夫れから前尓*申す通り尓*金も聊(いささ)か*持て居る其金は何も遣ひ所はないから*只日本を去る時尓*尋常一様の旅装を志た*丈(だ)け*で其当時は物價の安い時だから何もそんな尓*金の要(い)る訳(わ)けがない*其餘つた*金は皆携へて行て倫敦**尓*逗留中。*外(ほか)ニ*買物もな以*唯英書ばかりを買て来た*註5是れが抑(そもそ)も日本へ輸入の始まりで*英書の自由尓**使はれるやう尓*なつたと云ふのも是れからの事で阿る*

夫れから彼の國々*巡回中色々観察見聞した古*とも多以可゙*是れハ*後(のち)の話尓*して*先づ使節一行註6の有様を申さん尓*其人員ハ*

竹*内下野守(正使)松*平石見守(副使)京*極能登守(御目付)柴*田貞太郎(組頭)日*高圭三郎(御勘定)福*田作太郎

水品楽太郎＝E水品楽太郎／**岡崎藤左衛門**＝D岡崎藤左衛門E岡崎藤左衛門／**高嶋祐啓**＝D高島祐啓E高嶋祐啓／**醫师**＝A医師BCDE醫師／**川崎道民**＝E川崎道民／**益頭駿二郎**＝BCD益頭駿次郎E益頭駿次郎／**上田友助**＝E上田友助／**定役元〆**＝BCDE定役元締／**森鉢太郎**＝E森鉢太郎／**福地源一郎**＝E福地源一郎／**通辨**＝A通弁BCDE通辯／**立廣作**＝E立廣作／**太田源三郎**＝E太田源三郎／**齋藤大之進**＝E齋藤大之進／**高松彦三郎**＝E高松彦三郎／**山田八郎**＝E山田八郎／**松木弘安**＝E松木弘安／**箕作秋莽**＝BCD箕作秋坪E箕作秋坪／**福澤諭吉**＝E福澤諭吉

ニ＝ABCDEに／**と**＝Eと、／**六**＝E六、／**人**＝E人、／**ホ**＝CDEこ／**ょハ**＝ABCDEには／**ゟる**＝ABCDあるEある。／**木**＝E木、／**作**＝E作、／**ハ**＝ABCDEは／**ハゟるゔ**＝ABCDはあるがEはあるが、／**来**＝BCD來E來、／**ゟ**＝ABCDEあ／**ら**＝Eら、／**だ**＝BCDでEだ。／**惣**＝BCD惣E總／**凡**＝B凡CD凡E凡／**ず**＝Eず、／**ニ**＝ABCDEに／**巴理**＝CD巴里E巴里／**ロンドン**＝Eなし／**濶歩**＝BCD濶歩E闊歩／**ゐ**＝BCDいEい。／**ょ**＝ABCDEに／**ハ**＝ABCDEは／**で**＝Eで、／**ょ**＝ABCDEに／**へ**＝Eへ、／**で**＝Eで、／**ろふか**＝BCDらうかEなし／**ょ**＝ABCDEに／**かなゟんどん**＝AかふあんどんBCDEかなあんどん／**ゟ**＝ABCDEあ／**鐵網作り**＝ABCD鐵網作りE鐵網作り／**り**＝Eり、／**提灯**＝BCD提灯E提灯、／**手燭**＝BCD手燭E手燭、／**リ**＝Eリ、／**ニ**＝ABCDEに／**舩**＝AE船BCD船／**ニ**＝ABCDEに／**ハ**＝ABCDはEは、／**ニ**＝ABCDEに／**胷**＝BCD胷E胸／**ょ**＝ABCDEに／**ゐ**＝BCDいEい。／**ゐ**＝BCDEい／**巴理**＝B巴理CD巴里E巴里／**ニ**＝ABCDEに／**て**＝Eて、／**ゔ**＝ABCDEが／**ニ**＝ABCDEに／**と**＝Eと、／**ハ**＝ABCDはEは、／**多勢**＝AE多勢B多勢CD多勢／**ゐホ**＝BいホCDEいこ／**ゑ**＝Eゑ、／**げしゆく**＝AEなし／**ハ**＝ABCDEは／**ニ**＝ABCDEに／**ゐ**＝BCDEい／**ニ**＝ABCDEに／**は**＝Eは、／**ら**＝Eら、／**ニ**＝ABCDEに／**ゐ**＝BCDEい／**、**＝E。／**ハ**＝ABCDEは／**ゐさゐ**＝BCDゐさいEいさい／**て**＝Eて、／**し**＝Eし、／**惣勢**＝BC惣勢D總勢E總勢／**分つて**＝B分てCD分てE分つて、／**バ**＝ABCDEば／**ょ**＝ABCDEに／**ハ**＝ABCDEは／**ニ**＝ABCDにEに、／**ぬ**＝Eぬ。／**ニ**＝ABCDEに／**連れて**＝BCDE連られて／**ハ**＝ABCDEは／**理**＝CDE里／**ニゟ**＝ABCDEにあ／**で**＝Eで、／**。**＝BCDE、／**ハ**＝ABCDEは／**で**＝Eで、／**ハ**＝ABCDEは／**どこ**＝Eなし／**ニ**＝AなしBCDEに／**ぬ**＝Eぬ。／**ニ**＝ABCDEに／**ょ**＝ABCDにEに、／**ハ**＝ABCDEは／**ガ**＝BCDが／**。**＝BCD、／**ょハ**＝ABCDEには／**ゟたゝ**＝ABCDあたゝEなし／**ゔ**＝ABCDEが

御徒士目付 水品楽太郎 調役 岡崎藤左衛門 同 髙嶋祐啓 御醫师但し漢法醫なり 川崎道民 雇醫 益頭駿二郎 御普請役 上田友助 定役元〆 森鉢太郎 定役 福地源一郎 通辨 立廣作 同 太田源三郎 同 齋藤大之進 同心 高松彦三郎 御小人目付 山田八郎 同 松木弘安 反譯方 箕作秋莽 同 福澤諭吉 同

右の外ニ三使節の家来両三人づゝと賄小使六七人ホの小使の中ょハ内證で諸藩から頼んで乗込んだ立派な士人もゟる松木箕作福澤等ハ先づ役人のやうな者でハゟるゔ大名の家来所謂陪臣の身分でゟるから一行中の一番下席だ惣人数凡そ四十人足らず孰れも

旅行中用意の品々失策又失策

日本服ニ大小を横へて巴理龍動を濶歩したも可笑しゐ日本出發前ょ外國ハ何でも食物が不自由だからと云ふので白米を箱ょ詰めて何百箱の兵粮を貯へ又旅中止宿の用意と云ふので廊下ょ燈す金行燈＝二尺四方もゟる鐵網作りの行燈を何十臺も作り其外提灯手燭ボンボリ蠟燭等ニ至るまで一切取揃へて舩ニ積込んだ[註7]其趣向ハ大名が東海道を通行して宿驛の本陣ニ止宿する位の胷算ょ違ひなゐ夫れからゐよ〳〵巴理ニ着して先方から接待員ゔ迎ひニ出て来ると一應の挨拶終りて先づ此方よりの所望ハ随行員も多勢なり荷物も多ゐホとゆゑ下宿ハ成る可く本陣ニ近ゐ處ニ頼む[註8]と云ふのは萬事不取締不安心だから一行の者を使節の近處ニ置きたゐと云ふ意味でせう、スルト接待員ハゐさゐ承知して先づ人数を聞糺し惣勢三十何人と分つて「是ればかりの人数なれバ一軒の旅館ょ十組や二十組ハ引受けますとの答ニ何の事やら譯けが分らぬソレカラ案内ニ連れて止宿した旅館ハ巴理の王宮の門外ニゟるホテルデロウブル[註9]と云ふ廣大な家で五階造り六百室、婢僕五百餘人。旅客ハ千人以上差支なしと云ふので日本の使節などハ何處ニ居るやら分らぬ唯旅館中の廊下の道ニ迷はぬやうょ當分ハソレガ心配でした。各室ょハ温めた空気ゔ流通する

からストーヴもなけれバ蒸気もなし無数の瓦斯燈は室内廊下を照らして日の暮るゝを知らず食堂にハ山海の珍味を并べて如何なる西洋嫌ひも口腹ニ攘夷の念ハない皆喜んで之を味ふから爰ニ手持不沙汰なるハ日本から脊負て来た用意の品物で。ホテルの廊下ニ金行燈を點けるにも及はずホテルの臺所で米の飯を炊くことも出来ずとう／＼仕舞にハ米を始め諸道具一切の雑物を接待掛りの下役のランペヤと云ふ男ニ進上して唯貰て貰ふたのも可笑しかつた

先づこんな塩梅式だから吾々一行の失策物笑ひハ数限りもないシガーとシュガーを間違へて烟草を買ひニ遣て砂糖を持て来るもあり醫者ハ人参と思て買て来て生姜の粉であつたこともある又或るときに三使節中の一人が便所ニ行く家来がボンボリを持て御供をして便所の二重の戸を明放しにして殿様が奥の方で日本流ニ用を達す其間。家来ハ袴着用、殿様の御腰の物を持て便所の外の廊下に平き直てチヤント番をして居る其廊下ハ旅館中の公道で男女往来織るが如くにして便所の内外瓦斯の光明昼よりも明なりと云ふから堪らない私は丁度其處を通り掛つて驚いたとも驚くまいとも先づ表ニ立塞がつて物も言はずに戸を打締めて夫れからそろ／＼其家来殿に話したことがある

欧洲の政凡人情

欧洲＝A欧州E歐洲／凡＝E風

政治上の事ニ就てハ龍動巴理等ニ在留中色々な人ニ逢ふて色々な事を聞いたが固より其事柄の由来を知らぬから能く分る譯けもない當時ハ佛蘭西の才三世ナポレヲンが欧洲才一の政治家と持囃されてエライ勢力であつたが隣國の普魯士も日の出の新進國で油断ハならぬ澳地利との戦争又アルサスローレンスの事なども國交際の問題として何れ後年にハ云々の変乱が生ずる

ら＝Eら、／バ＝ABCDEば／気＝BC氣D汽E氣／し＝Eし、／ず＝Eず、／にハ＝ABCDEには／并＝BCD並E竝／て＝Eて、／ニ＝ABCDEに／ハない＝AはならBCDはないEはない、／よろこ＝ABCDよろこEなし／ら＝Eら、／こゝ＝BCDこゝEなし／ニ＝ABCDEに／てもちぶさた＝Eなし／ハ＝ABCDEは／脊肩て＝AD脊負てBCE脊負て／。＝BCDE、／ニ＝ABCDEに／つ＝Eなし／に＝ABCDEに／はず＝BCDばずEばず、／た＝AEなし／こ＝CDEこ／ず＝Eず、／にハ＝ABCDEには／ざうもつ＝BEざふもつCDざふぶつ／を＝Eを、／ニ＝ABCDEに／て＝Eて、／おか＝BCDをかEなし／た＝Eた。

こ＝CDEこ／ら＝Eら、／ハ＝ABCDEは／い＝BCDいEい。／烟草＝BCD烟草E煙草／ニ＝ABCDEに／やつ＝Eなし／あり＝ABCDありEあり、／ハ＝ABCDEは／にんじん＝BCDEにんじん／生姜＝A生姜BCDE生姜／あ＝ABCDEあ／こ＝CDEこ／ある＝BCDあるEある。／に＝ABCDEに／が＝ABCDEが／ニ＝ABCDEに／く＝BCDEく、／が＝ABCDEが／て＝Eて、／あけばな＝ABあけばなCDEあけはな／に＝ABCDEに／て＝Eて、／が＝ABCDEが／ニ＝ABCDEに／。＝ABCDE、／ハ＝ABCDEは／、＝A。／おこし＝AEなしBおこし／もの＝AEなし／て＝Eて、／に＝ABCDEに／直て＝D直つて／チヤント＝Eチャント／ハ＝ABCDEは／で＝Eで、／が＝ABCDEが／に＝ABCDEに／て＝Eて、／たま＝Eなし／い＝BCDいEい。／そこ＝BCDそこEなし／掛つて＝BCD掛てE掛つて、／い＝BCDEい／い＝BCDEい／おもて＝BおもてEなし／ニ＝ABCDEに／たちふさ＝Eなし／に＝ABCDEに／て＝Eて、／こと＝CことDEこと／ある＝ABCDあるEある。

ニ＝ABCDEに／ハ＝ABCDEは／理＝B理CD里E里／ニ＝ABCDEに／ニ＝ABCDEに／聞いたが＝A聞いたがBCD聞たがE聞いたが、／柄＝BC柄D柄E柄／い＝BCDいEい。／ハ＝ABCDEは／勢＝A勢BCD勢E勢／あ＝ABCDEあ／が＝ABCDがEが、／普魯士＝B普魯士（フロエス）CD普魯士（プロス）E普魯士（ぷろしや）／ハ＝ABCDEは／ぬ＝Eぬ。／澳地利＝BCD澳地利（オースタリー）E澳地利（おーすとりや）／争＝BCD争E争、／ス＝BCDEス、／ローレンス＝E′ローレンス〔ローレーヌ〕／て＝Eて、／にハ＝ABCDEには／が＝ABCDEが

あ＝ABCDEあ／ことハ＝ABことはCDEことは／で＝Eで、／に＝ABCDEに／チョイ＝ABCDチョイ／ある＝ABCDあるEある。／ニ＝ABCDEに／き＝Eき、／が＝ABCDEが／ニ＝ABCDEに／て＝Eて、／ニ＝ABCDEに／た＝Eた。／ハ＝ABCDはEは、／アールコック＝Bアール　コックCDアールコック／ニ＝ABCDEに／。＝BCDE、／ニ＝ABCDEに／臨＝BCD臨E臨／が＝ABCDEが／て＝Eて、／け＝ABCDEげ／に＝ABCDにEに、／アールコック＝Bアール　コックCDアールコック／ニ＝ABCDEに／に＝ABCDEに／乗込み＝A乗込BCD乗込／が＝ABCDEが／ニ＝ABCDEに／ふし＝Eなし／ある＝ABCDあるEある。／ハ＝ABCDEは／ニ＝ABCDEに／胷＝BCD胸E胸／が＝ABCDEが／下がつた。＝BCD下つた、E下がつた。／ハ＝ABCDEは／おに＝ACDおにBれにEなし／い＝BCDいEい、／仕振り＝BCD仕振E仕振り／バ＝AはBCDばEは、／よはみ＝BCDよわみEなし／に＝ABCDEに／つけこ＝Eなし／ニ＝ABCDEに／雉＝A雉B難CD難E難／まんじつ＝ABCDしんじつEなし／困つて＝BCD困てE困つて／が＝ABCDがEが、／ニ＝ABCDEに／バ＝ABCDEば／自から＝BCDなし／。＝BCDE、／やさ＝AEなし／あ＝ABCDEあ／て＝Eて、／に＝ABCDEに／こ＝CDEこ／ある＝ABCDがあるEがある。／中＝BCD中E中、／こまやゝ＝ABCDEこまやか／ニ＝ABCDEに／ハない＝AはないBCDはないEはない。／ハ＝ABCDEは／さ＝BCEなし／バ＝ABCDEば／ぬ＝Eぬ。／ニ＝ABCDEに／ニ＝AなしBCDEに／ハ＝ABCDEは／い＝BCDEい／ら＝Eら、／バ＝ABCDEば／ニ＝ABCDEに／ニ＝ABCDEに／ゐこゝろ＝AいこゝろBCDゐごゝろEゐごころ／が＝BCDEが／宜い＝A宜い、BCD宜い、E宜い。／ハ＝ABCDEは／ニ＝ABCDEに／がある＝ABCDがあるEがある。／が＝ABCDEが／アムルトルダム＝BCDEアムストルダム／ニ＝ABCDEに／。＝BCDE、／ニ＝ABCDにEに、／に＝ABCDにEに、／ハ＝ABCDEは／ニ＝ABCDにEに、／て＝Eて、／在＝BCD在E在。／か＝Eか。／直段＝BCDE直段／才＝BCD第E第、／に＝ABCDEに／も＝Eも、／に＝ABCDEに／も＝Eも。／バ＝ABCDEば／に＝ABCDEに／が＝ABCDEが／し＝BCDEじ／め＝Eめ、／ニ＝ABCDEに／こ＝CDEこ／ある＝ABCDEがあ／ら＝Eら、

であらうなんと云ふことハ朝野政通の豫言する所で私の日記覺書にもチョイ／＼記してある又龍動ニ居るとき或る社中[註10]の人が社名を以て議院ニ建言したと云ふて其草稿を日本使節ニ送て来た建言の趣意ハ在日本英國の公使アールコックが新開國たる日本ニ居て乱暴無状。恰も武力を以て征服したる國民ニ臨むが如し云々とて種々様々の證據を擧けて公使の罪を責る其證據の一つに公使アールコックが日本國民の霊場として尊拝する芝の山内①ニ騎馬にて乗込みたるが如き言語ニ絶えたる無禮[註11]なりと痛論したる節もある私ハ此建言書を見て大ニ胷が下がつた。成るほど世界ハ鬼ばかりでない是れまで外國政府の仕振りを見れバ日本の弱身に付込み日本人の不文殺伐なるニ乗じて無理難題を仕掛けて真実困つて居たが其本國ニ来て見れバ自から公明正大。優しき人もあるものだと思てます／＼平生の主義たる開國一偏の説を堅固にしたことがある又各國巡回中待遇の最も濃なるは和蘭の右ニ出るものハない[註12]是れハ三百年来特別の関係で爾うなければバならぬ殊ニ私を始め同行中ニ横文字讀む人で蘭文を知らぬ者ハないから文書言語で云へバ欧羅巴中才二の故郷ニ帰たやうな譯けで自然ニ居心が宜い夫れ

才＝E第

土地の賣買勝手次才

ハ扨置き和蘭滞留中ニ奇談がある或るとき使節がアムルトルダムに行て地方の紳士紳商ニ面會。四方八方の話の序ニ使節の問に「此アムストルダム府の土地ハ賣買勝手なるかと云ふニ彼の人答へて「固より自由自在「外國人へも賣るか「直段次才誰れにでも又何ほどにても「左れバ爰に外國人が大資本を投して廣く土地を買占め之ニ城郭砲臺でも築くことがあつたら夫れ

①芝公園にある増上寺には徳川氏の霊廟や東照宮などがある。

オ＝BCD第E第／ゕ＝ABCDEか／ニ＝ABCDにEに、／て＝Eて、／ハ＝ABCDEは／ぉ＝CDEこ／ゐ＝BCDいEい、／ニ＝ABCDEに／ょ＝ABCDEに／ゐ＝BCDEい／て＝Eて、／はかげ＝ABCDばかげEなし／ハ＝ABCDEは／ゟ＝ABCDEあ／ゐ＝BCDEい／て＝Eて、／双＝BCD双E雙／ニ＝ABCDEに／淂＝ABCDE得／で＝Eで、／ハ＝ABCDEは／ニ＝ABCDEに／おか＝AおゕBCDをかEなし／ぶ＝ABCDがEが、／ハ＝ABCDEは／凢＝B凡CD凡E凡／ゟ＝ABCDEあ／ゐ＝BCDEい／さ＝Eさ。

福翁自傳（廿七）歐羅巴各國ょ行く（二）時事新報明治三十一年九月二十八日（水）

ハ＝ABCDEは／き＝Eき、／ぶ＝ABCDEが／ニ＝ABCDEに／ょハ＝ABCDにはEには、／ょ＝ABCDEに／ら＝Eら、／と＝BぉとCDEこと／い、＝Aゐ。／ょ＝ABCDEに／上つて＝BCD上て／ょ＝ABCDEに／り＝Eり、／ゟちこち＝ABCDEあちこち／ょ＝ABCDEに／て＝Eて、／ニ＝ABCDEに／て＝Eて、／て＝Eて、／。＝BCDE、／行＝BC行D行、／。＝BCDE、／。＝BCDE、／。＝BCDE、／ハ＝ABCDEは／。＝BCDなしE、／ニ＝ABCDEに／バ＝ABCDEば／解＝BCD解E解／る＝Eる、／る＝Eる、／ハ＝ABCDEは／ゟ＝ABCDEあ／ニ＝ABCDEに／。＝BCDE、／ど＝Eど、／ょ＝ABCDEに／深切＝B深切CD親切E親切／ニ＝ABCDEに／て＝Eて、／ゐ＝BCDEい／ょ＝ABCDEに／草臥＝BCDE草臥／オ＝BCD第E第／ゟ＝ABCDEあ／ぶ＝Eが、／ぉゝょ＝ABぉゝにCDEこゝに／おか＝BCDをかEなし／は＝Eは、／で＝Eで、／ょ＝ABCDEに／ょ＝ABCDEに／う＝ABCDEふ／と＝BぉとCDEこと／と＝DやEなし／ゐ＝BCDいEい。／平＝AE平、BCD平、／節＝BCD節E節、／で＝Eで、／ょ＝ABCDEに／る＝Eる。／で＝Eで、／なか＝Aふか／ょ＝ABCDEに／と＝BぉとCDEこと／ゐ＝BCDいEい。／で＝Eで、／ょ＝ABCDEに／感＝BCD感E感、／ょ＝ABCDEに／ょ＝ABCDEに／萍＝BCD坪E坪／と＝Eと、／ょ＝ABCDEに／志＝ABCDEし／で＝Eで、／ゟちら＝ABCDあちらEなし／ょ＝ABCDEに／ょ＝ABCDEに／ぬ＝Eぬ。／斗り＝B許りCD計り／と＝BCDなしEと、／ょ＝ABCDEに／ゐ＝BCDEい／え＝CゐEえ、／ニ＝ABCDEに／で＝Eで、／ゐ＝BCDい、Eい。／ゕ＝ABCDEか／ニ＝ABCDEに／と＝Eと、

でも勝手次才*ゕ*と云ふニ*彼の人も妙な顔をして*「ソンナ事ハ*是れまで考へたぉ*とはなゐ*如何ニ*英佛その他の國々ょ*金満家が多ゐ*とて*他國の地面を買て城を築くやうな馬鹿*気た商人ハ*ゟ*りますまゐ*と答へて*双*方共ニ*要領を淂*ぬ様子で*私共ハ*之を見て実ニ*可笑*しかつたぶ*當時日本の外交政略ハ*凢*そ此邊から割出したものでゟ*るから堪らなゐ*譯けさ*

見物自由の中又不自由

夫れハ*扨置き*私ぶ*此前亜米利加ニ*行たときょ*ハカリフヲルニヤ地方ょ*マダ鐵道がなかつたから勿論鉄道を見たとがない*、けれども今度は蘇士ょ**上つて始めて鉄道ょ*乗り*ソレカラ欧羅巴各國を彼方此方*と行くょ*も皆鉄道ばかり到る處ニ*歓迎せられて海陸軍の場所を始めとして*官私の諸工場。*銀行*會社。*寺院。*學校。*倶楽部等ハ*勿論。*病院ニ*行けバ**鮮剖も見せる*外科手術も見せる*或ハ*名ゟ*る人の家ニ*晩餐の饗應。*舞踏の見物など**誠ょ*深切ニ*案内せられて*却て*招待の多ゐ*のょ**草臥れると云ふ程の次才*でゟ*つたが*唯ぉゝょ*一つ可笑しいと云ふのは*日本は其時丸で鎖國の世の中で*外國ょ*居ながら兎角外國人ょ*遇うとを**止めやうとするのが可笑しゐ*使節は竹内、松平*京極の三使節*その中の京極は御目附と云ふ役目でソレょ*は又相応の属官が幾人も附て居る*ソレが一切の同行人を目ッ張子で見て居るのでな**か〳〵外國人ょ*遇ふとが*六かしゐ*同行者は何れも幕府の役人連で*其中ょ*先づ同志同感**互ょ*目的を共ょ*すると云ふのは箕作秋萍*と松木弘安と私と*此三人は年来の学友で互ょ*往来志*て居たので*彼方*ょ*居ても此三人だけは自然別なものょ*ならぬ何でも有らん限りの物を見やうと斗り*して居ると*ソレが役人連の目ょ*面白くなゐ*と見え*殊ニ*三人とも陪臣*で然かも洋書を讀むと云ふから中々油断をしなゐ*何ゕ*見物ニ*出掛けやうとすると*必

御目附方＝B御目附方(にめつけがた)CDE御目附方(おめつけがた)／おさだ＝Bにさだ／る＝Eる。／みつばゐ＝AEなしBCDみつばい／し＝Eし、／が＝Eが、／ぶ＝ABCDEが／バ＝ABCDEば／い、＝Aゐ、Eい。／が＝Eが、／ょ＝ABCDEに／と＝Eと、／と＝BㄜとCDEこと／い＝AゐEい。／た＝Eた。／ょ＝ABCDEに／‖＝ABCE‖D‖‖／い＝AゐEい、／かつ＝Eなし／き＝BCDEなし／て＝Eて、／て＝Eて、／ㄜ＝CDEこ／す＝Eす。／。＝ABCDE、／ふ＝BCDEう／ハ＝ABCDEは／ぶ＝ABCDがEが、／つゐで＝BCDEついで／けんぶん＝BCDけんもん／ㄜとょ＝ABㄜとにCDEことに／耻(はぢ)＝D恥(はぢ)E恥／バ＝ABCDEば／ぬ＝Eぬ。／ハ＝ABCDEは／宜ゐ＝BCD宜(い)いE宜い／で＝Eで、／たゐげんさうご＝BCDたいげんさうごEなし／ㄜ＝CDEこ／ゐが＝BCDいがEいが、／うまれつき＝Eウマレツキ／ゐ＝BCDEい／で＝Eで、／せつㄜやう＝BCDせつしやうEなし／ぶ＝ABCDEが／きら＝Eなし／ひ＝Eひ、／ㄜ＝CDEこ／ぶ＝ABCDEが／だゐきら＝BCDだいきらEなし／ひ＝Eひ。／バ＝ABCDEば／ニ＝ABCDEに／ハ＝ABCDEは／で＝Eで、／うで＝Eなし／脉(みやく)＝BCD脈(みやく)E脈／ょ＝ABCDEに／はり＝AEなし／ㄜ＝CDEこ／ぶゟる＝ABCDがあるEがある。／ぶ＝ABCDEが／ハ＝ABCDEは／心地(こゝろもち)＝B心地(こゝろもち)CD心持(こころもち)E心地／ぶ＝ABCDEが／ゐから＝AゐBCDいからEいから、／バ＝ABCDEば／チャント＝Eチャント／と＝Eなし／ゐ＝BCDEい／ょ＝ABCDEに／。＝ABCD、／ぶ＝ABCDEが／ㄜ＝CDEこ／ゐ＝BCDEい／。＝BCDE、／一寸(ちよっ)と＝BCD一寸(ちよっ)とE一寸と／けが＝Eなし／る＝Eる。／ょゟ＝ABCDEにあ／行倒(ゆきだふれ)＝E行倒(ゆきだふれ)、／首縊(くびくゝり)＝E首縊(くびくゝり)、／へんしょん＝ABCDへんしにんEなし／ハ＝ABCDEは／なん＝CふんEなし／ㄜとぶ＝ABㄜとがCDEことが／ゐ＝BCDいEい。／ㄜろぅ＝ABㄜろかCDころかEころか、／しょん＝ABCDしにんEなし／げ＝Bけ／廻はる＝BCD廻(まは)る／ゟる＝ABCDあるEある。／ぶ＝ABCDEが／露西亜＝B露西亞(ロシヤ)CD露西亞(ロシア)E露西亞／ニ＝ABCDEに／中＝BCD中(ちう)E中、／ょ＝ABCDEに／ぶゟ＝ABCDEがあ／ょ＝ABCDEに／直ニ＝A直にBCD直(す)ぐにE直ぐに／る＝Eる。／ょ＝ABCDEに／ニ＝ABCDEに／ニ＝ABCDEに／て＝Eて、／ニ＝ABCDEに／バ＝ABCDEば／とりだ＝Eなし／で＝Eで、／醫师ハ＝A医師はBC醫師(いし)はD醫者(いし)はE醫師は／着(き)て＝A着すE着て、／まなゐた＝BCDEまないた／ニ＝ABCDEに／ね＝Eなし／て＝Eて、／コ、ロホルム＝BCDEコロ、ホルム

ず*御目附方の下役が附て行(ゆ)かなければならぬと云ふ*御定(おさだ)まりで始終附て廻る*此方(こっち)は固より*密賣(みつばゐ)しやうではなし*國の秘密を洩らす気遣ひもないが*妙な役人ぶ*附て来れバ只蒼蠅(うるさ)*い、蒼蠅いのはマダ宜(よ)い*が其下役が何か外(ほか)ょ*差支(さしつかへ)があると私共も出る*ㄜとが出来な*いソレは甚だ不自由でした*私は其時ょ*‖*是れはマア何の事はない*日本の鎖國を其まゝ*擔(かつ)いで*来(き)*て欧羅巴(エウロッパ)各國を巡回するやうなものだと云て*三人で笑た*ㄜとがありますソレでも私共は見やうと思ふものは見。*聞かふ*と思ふ事ハ*聞たぶ*序(ついで)ながら此*見聞(けんぶん)のㄜと

血を恐れる

ょ就て私の身の*耻(はぢ)を云はね*バならぬ*私ハ少年の時から至極元気の宜*ゐ*男で時として*大言壮語(たいげんさうご)したㄜとも多ゐ*が*天稟(うまれつき)気の弱ゐ*性質で*殺生(せつㄜやう)*ぶ*嫌(きら)*ひ人の血を見るㄜとぶ*大嫌(だいきら)ひ*例へバ*緒方(をがた)の塾ニ*居るときハ*刺胳(しらく)②流行(りうかう)の時代で*同窓生は勿論私も*腕(うで)の*脈(みやく)*ょ*針(はり)をして血を取たㄜとぶゟる所ぶ私*ハ自分でも他人でも其血の出るのを見て*心地(こゝろもち)*ぶ善くなゐ*から刺胳(しらく)と云へバ*チャント眼を*閉(と)じて見なゐ*やうょ*して居る。*腫物(しゆもつ)*ぶ出来ても針をするㄜ*とは先づ見合せたゐ*と云ひ。*一寸(ちよゐ)とした*怪我(けが)でも血が出ると顔色が青くなる*毎度都會の地ょ*ゟる*行倒(ゆきだふれ)*首縊(くびくゝり)*変死人(へんしょん)など*ハ何(なん)としても見るㄜとぶ*出来なゐ*見物どㄜろぅ*死人(しょん)の話を聞ても逃げ*て*廻はると云ふやうな臆病者でゟる*所ぶ*露西亜ニ*滞留中或る*病院ょ*外科手術ぶゟるから見物せよとの案内ょ*箕作も松木も醫者だから直ニ*出掛ける*私ょ*も一處ニ*行けと無理ニ*勸めて連れて行かれて*外科室ニ*這入て見れバ*石淋(せきりん)③を*取出(とりだ)す手術で*執刀の醫师ハ合羽(かつぱ)を*着(き)て病人をば*爼(まないた)のやうな臺の上ニ*寝(ね)かしてコ、ロホルムを臭(か)がせて先づ之を

②肘の静脈から血をとる治療法。③腎臓や膀胱の結石のこと。

て=Eて、／醫师が=A医师がBCD醫師がE醫師が／と=Eと、／が=ABCDEが／醫师=A医师BCD醫師EE′醫者／ニなる=AにふるBCDになるEになる、／に=ABCDEに／くぎぬき=Eなし／ニあ=ABCDEにあ／か=ABCDEか／あ=ABCDEあ／が=ABCDがEが、／ニ=ABCDEに／ハ=ABCDEは／ニ=ABCDEに／か=ABCDEか／が=ABCDEが／、=E。／山田八郎=BCD山田八郎E山田八郎／が=ABCDEが／ニ=ABCDEに／つれだ=Eなし／し=Eし、／の=Eなし／ヤット=Eヤット／ニ=ABCDEに／返つた。=BCD返た、／獨逸=BCD獨逸E獨逸／やぶにらみ=ABCDやぶにらみEヤブニラミ／ニ=ABCDEに／て=Eて、／ハ=ABCDEは／いそ=BCDいそEなし／い=BCDEい／にハ=ABCDEには／ニ=ABCDEに／こ=CDEこ／がある=ABCDがあるEがある。／ニ=ABCDEに／ゐくぢ=AいくぢBDいくぢCくぢEなし／が=ABCDEが／い=BCDEい／ニ=ABCDEに／ニ=ABCDEに／も=Eも、／ハ=ABCDEは／がない=AがふいBCDがないEがない、／こ=CDEこ／う=Eう。／ハ=ABCDEは／胷=BCD胸E胸／ハ=ABCDはEは、／に=ABCDEに／が=Eが、／に=ABCDEに／い、=BCDい、Eい。／に=ABCDEに／て=Eて、／に=ABCDEに／と=BことCDEこと／に=ABCDEに／て=Eて、／に=ABCDEに／一寸い〳〵=A一寸い〳〵BCDE一寸々々／に=ABCDEに／し=BCDEし／て=Eて、／に=ABCDEに／に=ABCDEに／綴り=BCD綴E綴り／た=Eた。／凡=B凡CD凡E凡／学=BCD學E學、／に=ABCDEに／て=Eて、／。=BCDE、／気=BCD汽E氣／事=ABCDE事、／。=ABCDE、／ハ=ABCDEは／宜しい=BCD宜しいE宜しい／ハ=ABCDはEは、／ハなし=ABCDはなしEはなし、／聞いた=BCD聞たE聞いた／い=BCDEい／い=BCDいEい、／ひとゝほ=ABDEなし／。=BCDE、／ニ=ABCDEに／ら=Eら、／せんさく=Eなし／ハ=ABCDEは／次ぎ=BCD次E次／にして=ABCにしてDにしEにして、／ニ=ABCDEに／いこ=BいこCDEいこ／ある=ABCDあるEある。／バ=ABCDEば／に=ABCDEに

殺して夫れから其醫师が光り耀く刀を執てグット刺すと大造な血が迸つて醫师の合羽は真赤ニなる夫れから刀の切口に釘抜のやうなものを入れて膀胱の中ニある石を取出すとか云ふ様子であつたが其中ニ私ハ変な心持ニなつて何だか気が遠くなつた、スルト同行の山田八郎と云ふ男が私を助けて室外ニ連出し水など呑まして呉れてヤット正気ニ返つた。其前獨逸の伯林の眼病院でも欹目の手術とて子供の眼ニ刀を刺す處を半分ばかり見て私ハ急いで其場を逃出して其時にハ無事ニ済んだことがある松木も箕作も私ニ意気地がないと云て頻りニ笑ひ頻りニ冷かすけれども持て生れた性質ハ仕方がない生涯これで死ぬことでせう夫れハ扨置き私の欧羅巴巡回中の胷算ハ凡そ書籍

胷=E胸

事情探索の胷算

上で調べられる事は日本に居ても原書を讀で分らぬ處は字引を引て調べさへすれば分らぬ事はないが外國の人に一番分り易い事で殆んど字引にも載せないと云ふやうな事が此方では一番六かしい、だから原書を調べてソレで分らないと云ふ事だけを此逗留中に調べて置きたいものだと思て其方向で以て是れは相当の人だと思へば其人に就て調べると云ふとに力を尽して聞くに従て一寸い〳〵斯う云ふやうに（此時先生細長くして古々しき一小冊子を示す）記して置て夫れから日本に帰てからソレを臺にして尚ほ色々な原書を調べ又記憶する所を綴り合せて西洋事情と云ふものが出来ました凡そ理化学器械學の事に於て或はエレキトルの事。蒸気の事印刷の事。諸工業製作の事などハ必ずしも一々聞かなくても宜しいと云ふのハ元来私が専門學者でハなし聞いた所が真実深い意味の分る譯けはない唯一通りの話を聞くばかり。一通りの事なら自分で原書を調べて容易ニ分るからコンナ事の詮索ハ先づ二の次ぎにして外ニ知りたいことが澤山ある例へバコゝに病院

ある=ABCDあるEある、/にし=ABCDEにし/。=BCE、Dなし/バンク=Eなし/しゆつにゆう=AしゆつにゆうBCしゆつにふDしゆつにふEなし/どう=Eなし/し=ABCDEし/。=BCDE、/にし=AにしBCDEにし/。=AE、BCDなし/し=BCDEし/に=ABCDEに/は=Eは、/にし=ABCDEにし/。=BCE、Dなし/ない=AないBCDないEない。/い=BCDEい/皆無=BCDE皆無/い、=Aない、Eい。/やう=BCD様/訳け、=BCD譯、E譯け。/に=ABCDEに/どん=Eなし/と=Eと、/。=ABCDE、/い=AいEい。/に=ABCDEに/もの=BCD者/あつて=ABCDあつてEあつて、/双=BCD双E雙/肩=BC負D貟E負/おと=BおとEなし/削つて=BC削てD削てE削つて/、=AE。/だ=Eだ、/に=ABCDEに/し=ABCDEし/ふ=Eふ。/ない、=Aない、BCDないEない。/コリヤ=Eコリヤ/こと=BことCDEこと/だ=Eだ、/し=ABCDEし/ん=Eん。/い=AいEい。/あ=ABCDEあ/こ=ABCDこEなし/て=Eて、/じ=BCDEじ/る=Eる。/ない=AないEない。/畧=BCDE略/わか=BCDわかEなし/に=ABCDEに/で=Eで、/謂=BCDE謂/に=ABCDEに/て=Eて、/柄=BC柄D柄E柄/に=ABCDEに/掛つて=BCD掛て/ヤツト=Eヤット/胷=BCD胸E胸/ニ=ABCDEに/で=Eで、/た=Eた。

に=ABCDEに/に=ABCDEに/こ=CDEこ/あ=ABCDEあ/ハ=ABCDはEは、/次才〳〵=BC次第々々D次第次第E次第々々/に=ABCDEに/盛んに=AE盛んにBCD盛に/て=Eて、/ハ=ABCDEは/次才〳〵=BD次第々々C次第々々E次第々々/に=ABCDEに/け=Eけ、/に=ABCDEに/境論=BCDE境論/して=ABCDしてEして、/に=ABCDEに/で=Eで、/いひだ=BCDいひだEなし/ハ=ABCDEは/い=AいEい。/て=Eて、/か=Eか、/と=Eと、/には=ABCDにはEには、/ば=CベEば、

と云ふものが*ある所で其入費の金はどんな塩梅に*して誰が出して居るのか。*又銀行*と云ふものがあつて其金の支出入*は如何*して居るか。*郵便法が行れて居て其法は如何云ふ趣向に*してあるのか。*佛蘭西では徴兵令を厲行して*居るが英吉利に*は徴兵令がないと云ふ其徴兵令と云ふのは*抑も如何云ふ趣向に*してあるのか。*其邊の事情が頓と分らない*ソレカラ又政治上の選挙法と云ふやうな事が皆無*分らない、*分らない*から選挙法とは如何な法律で議院とは如何*な役所かと尋ねる*と彼方の人は只笑て居る。*何を聞くのか分り切つた事だと云ふやうな*訳け*、ソレが此方では分らなくてどうに*も始末が付かない*又党派に*は保守党と自由党と徒黨のやうなものが*あつて*双方*肩け*ず劣*らず鎬を削*つて争ふて居ると云ふ、*何の事だ*太平無事の天下に*政治上の喧嘩を*して居ると云ふ*サア分らない、*コリヤ*大変な*こと*だ何を*して居るのか知らん*少しも考の付かう筈がない*彼の*人と此の*人とは敵だなんと云ふて同じ*テーブルで酒を飲で飯を喰て居る*少しも分らない*ソレが畧*分*るやうに*ならうと云ふまでに*は骨の折れた話で*其謂*れ因縁が少しづゝ分るやうに*なつて来*て入組んだ事柄*に*なると五日も十日も掛*つてヤット*胷*ニ*落ると云ふやうな訳けで*ソレが今度洋行の利益でした*

樺太の境界談判[註13]

それから其逗留中に*誠に*情けなく感じたこと*がある*と申すハ*私共の出立前からして日本國中次才〳〵に*攘夷論が盛*んに*なつて*外交ハ*次才〳〵に*不始末だらけ*今度の使節が露西亜に*行た時に*此方から樺太の境*論を持出*して其談判の席に*は私も出て居たので*日本の使節がソレを云出*すと先方ハ*少しも取合はない*或は地図などを持出して*地図の色は斯う〳〵云ふ色ではないか*自から此處が境だと云ふと*露西亜人の云ふに*は地図の色で境が極れば*此地図を皆赤く

尓＝ABCDEに／う＝Eう、／古＝CDEこ／尓＝ABCDEに／。＝ABCDE、／い＝AゐEい。／尓＝ABCDEに／尓＝ABCDEに／尓＝ABCDEに／尓＝ABCDEに／し＝BCDEなし／で＝Eで、／尓＝ABCDEに／ゐゝかげん＝BCDEいゝかげん／尓志＝ABCDEにし／尓＝ABCDEに／が＝Eが、／て＝Eて、／い＝AゐEい、／し＝Eし、／やつら＝Eなし／可゙＝ABCDEが／売（から）＝DE殻（から）／尓＝ABCDEに／程＝BCD程（ほど）E程、／で＝Eで、／尓＝ABCDEに／どう＝Eなし／尓＝ABCDEに／て＝Eて、／ニ＝ABCDEに／た＝Eた。

福翁自傳（廿八）歐羅巴各國に行く（三）時事新報明治三十一年十月二日（日）

ハ＝ABCDEは／ニ＝ABCDEに／みずくさ＝BCDみづくさEなし／ひ＝BCDEい／次才＝BCD次第（しだい）E次第／阿る可゙＝ABCDあるがEあるが、／ニ＝ABCDEに／ハ＝ABCDEは／さ＝Eなし／ゐ＝BCDいEい。／ペートルスボルフ＝AペートルスボルクCDEペートルスボルグ／ハ＝ABCDEは／ニ＝ABCDEに／ニ＝ABCDEに／て＝Eて、／四＝E四、／尓＝ABCDEに／詰切＝BCDE詰切（つめき）／で＝Eで、／く＝Eく、／何尓＝A何にBCDE何（な）に／様＝BCD様（さま）E様。／の＝BCDが／尓＝ABCDEに／る＝Eる。／尓＝ABCDEに／尓＝ABCDEに／志たが＝BCDしたがEしたが、／尓＝ABCDEに／は＝Eは、／る＝Eる。／えて＝BCDへてEへて、／尓＝ABCDEに／ふ＝Eふ。／い＝AゐEい。／も＝Eなし／が＝Eが、／チャント＝Eチャント／分つて＝BCD分（わか）つて／た＝Eた。／尓＝ABCDEに／遇つて＝BCD遇（あ）つて／い＝AゐEい。／い、＝Aゐ、Eい。／尓＝ABCDEに／凡＝BCD風（ふう）E風／可゙ある＝ABCDがあるEがある。／バ＝ABCDEば／ニ＝ABCDEに／可゙阿り＝ABCDがありEがあり、／ベット＝BCベッドEなし／尓ハ＝ABCDEには／阿り＝ABCDありEあり、／尓ハ＝ABCDEには／糟＝BCDE糟（ぬか）／阿り＝ABCDありEあり、／凡尓＝A凡にBCD風（ふう）にE風に／箸茶椀＝BC箸茶椀（はしちゃわん）D箸茶碗（はしちゃわん）E箸茶椀／尓＝ABCDEに／。＝BCD、

すれば世界中露西亜の領分尓*なつて仕舞ふだらう*又古*れを青くすれば世界中日本領尓*なるだらうと云ふやうな調子で漫語放言。*迚（とて）も寄付かれない*マア兎尓*も角尓*もお互尓*実地を調べた其上の事尓*為*（し）やうと云ふので*樺太（カバフト）の境は極（き）めず尓*宜加減*（ゐゝかげん）尓*志て談判は罷（やめ）尓*なりましたが*ソレを私が傍（そば）から聞て居て*是れは迚も仕様がない*一切萬事便（たよ）る所なし*日本の不文不明の奴等*（やつら）*可゙売威張り*（からゐばり）して攘夷論が盛尓*なればなる程*日本の國力は段々弱くなる丈（だ）けの話で*仕舞尓*は如何*（どう）云ふやう尓*なり果（は）てるだらうかと思て*実ニ*情けなくなりました*

露政府の厚遇

國交際（こくかうさい）の談判ハ*右の通りニ* 水臭*（みずくさ）ひ*次才*で阿る可゙*使節ニ*對する私の待遇ハ*爾*（さ）うでなゐ**ペートルスボルフ滞在中ハ*日本使節一行の為めニ*特ニ*官舎を貸渡して*接待委員と云ふ者が四五人*あつて其官舎尓**詰切りで*いろ〳〵饗應する其饗応の仕方と云ふは頗る手厚く**何尓*一つ遺憾はないと云ふ有様*ソレで御用の*ない時は名所旧跡を始め諸所の工場と云ふやうな所尓*案内して見せて呉（く）れる*其中尓*段々接待委員の人々と懇意尓*なつて種々様々な話も志*たが其節露西亜尓*日本人が一人（を）居ると云ふ噂を聞た[註14]其噂は*どうも間違ひない事実であらうと思はれる名*はヤマトフ④と唱えて*日本人尓*違ひないと云ふ*勿論其噂は接待委員から聞たのではない*其外の人から洩*（も）れたのであるが*先づ公然の秘密と云ふ位な事でチャント*分つて居た*其ヤマトフ尓**遇つて見たいと思ふけれどもなか〳〵遇（あ）はれない*到頭逗留中出て来ない*、出て来ないが其接待中の模様尓*至ては動（やゝ）もすると日本凡*の事可゙*阿る例へバ*室内ニ*刀掛（かたなかけ）*可゙阿り寝床*（ベット）*尓ハ日本流の木の枕が阿り*湯殿尓*ハ*糟を入れた糟袋が阿り*食物も勉めて日本調理の凡尓*して箸茶椀*（はしちゃわん）なども日本の物尓*似て居る。*どうしても露西亜人の思

ゐ。=BCDい、Eい。/どこ=BCDどこEなし/ま=ABCDEに/ゐ=BCDいEい、/ま=ABCDEに/分つて=BCD分て/も=Eも、/すニ=ABCDEずに/た=Eた、/ニ=ABCDEに/て=Eて、/ま=ABCDEに/ゞ=ABCDEが/一寸=BCDE一寸/ゐる=ABCDあるEある。/。=BCD、E〔起き來りて食に就き食終つて眠る〕/。=BCD、E〔飽食安眠して一年を過ごす〕/。=BCD、E〔他日もし相識の問に遇うも〕/天=E天〔歐天は故郷の天に異ならず〕/ニ=ABCDEに/ハ=AはBCDEなし/臆=B憶CD憶E憶/ゐゞ=AゐがBCDいがEいが、/す=Eす。/で=Eで、/ま=ABCDEに/て=Eて、/一寸=BCDE一寸/こ=CDEこ/ま=ABCDEに/て=Eて、/ま=ABCDEに/行た=BC行たD行つたE行た。/と=Eと、/ま=ABCDEに/で=Eで、/に=ACDEお/ま=ABCDEに/が=Eが、/さき=Eなし/ま=ABCDEに/ソリヤ=Eソリャ/が=Eが、/に=ACDEお/尋る=BCD尋ねるE尋ねる/ら=Eら、/決=BC決D決E決/い=AゐEい、/ゐく=BCDいくEなし/志=ABCDEし/、=Dなし/志=ABCDEし/自から=B自らCD自ら/ま=ABCDEに/と=Eと、/、=E。/ま=ABCDにEに、/ま=ABCDEに/委=BCDE委/志=ABCDEし/も=Eも、/だ=Eだ、/ま=ABCDEに/い=AゐEい。/に=ACDEお/ヒヨイ=Eヒョイ/ま=ABCDEに/ま=ABCDEに/と=Eなし/ら=Eら、/て=Eて、/ま=ABCDEに/ら=Eら、/ま=ABCDEに/と=Eなし/ニ=ABCDEに/と=Eと、/ハ=ABCDEは/ざうさ=Eなし/だ=Eだ、/に=ACDEお/決=BC決D決E決/ま=ABCDEに/ま=ABCDEに/、=DなしE。

付く物でなゐ。シテ見ると噂の通り何處まか日本人の居るのは間違ひなゐ明ま分つて居るけれども到頭分らすニ帰て仕舞ひました私の西航日記ニ此事を記して其傍ま詩のやうなものゞ一寸と書てゐる

起来就食々終眠。飽食安眠過一年。他日若遇相識問。欧天不異故郷天

今日ニなつてハ一々記臆もなゐゞ余程日本流の事が多かつたと思はれます

ニ=AEに/こ=Eこ/勧=E勧

露國ニ止まるこ とを勧む[註15]

夫れから或日の事で其接待委員の一人が私の處ま来て一寸こちらま来て呉れろと云て一間ま私を連れて行た何だと云て話をすると私の一身上の事ま及んでに前は此度使節ま付て来たが是れから先は日本ま帰て何をする所存かソリヤ勿論知らないがに前は大層金持かと尋るから「イヤ決して金持ではないマア幾らか日本の政府の用を志て居る、用を志て居れば自から其報酬と云ふものがあるから衣食の道ま差支はないものだと斯う私は答へた、所が接待委員の云ふま「日本の事だから我々ま委しい事情の分る訳けはない、分りは志ないけれどもどうも大体を考へて見た所で日本は小國だア、云ふ小さな國ま居て男子の仕事の出来るものぢやないソレよりかに前はヒョイと玆ま心を変へて此露西亜ま止まらないかと云ふから私は答へて「自分の身は使節ま随従して来て居るものであるから爾う勝手ま止まられる訳けのものぢやないと有りのまゝニ云ふと「イヤ夫れハ造作もない話だに前さへ今から決断して隠れる氣まなれば直ぐま私が隠して遣る、どうせ使節は長く

④遠州掛川藩士、立花粂蔵。姓は橘・増田、名も康哉・甲斎等色々記されている。安政年間日本から脱出。明治七年帰国。文政三年（一八二〇）生、明治十八年（一八八五）没、六十六歳。

此處尓*居る氣遣(きづかひ)はない*間もなく帰る、*帰れは*ソレ切(きり)だ、*さうして於*前は露西亜人尓*なつて仕舞(しま)ひなさゐ*此露西亜尓*は外國の人は幾らも来て居る就*中*独逸の人などは大変尓*多い*其外和蘭人(オランダじん)も来て居れば英吉利人(イギリスじん)も来て居る、*だから日本人が来て居たからと云て何も珍*らしい事はない*是非此處尓*止(と)まれ。**ゐよ〳〵*止まると決*すれば**其上*はどんな仕事でも為(し)やうと思へば面白ゐ*愉快な仕事は澤山阿*る衣食住の安心ハ*勿論。*随分金持*尓なる事も出来るから止(と)まれと懇(*ねん古゙ろ*)尓*説(*と*)ゐた*のは決**して尋常の戯れでない**チヤント一間(ひとま)の中尓*差向(*さしむか)ひで真面目(まじめ)尓*なつて話したのでゟる*、けれども私が其時尓*止まると云ふ必要もなければ*又止(と)まらうと云ふ氣もない*宜(い)い加減尓*返答を志*て置くと*其後二三度同志゙*やうな事を云て来た可゙*固(もと)より話ハ*纏(まとま)らず*其時尓*私は大ニ*心付きました*成程露西亜は欧羅巴(エウロツパ)の中で一種風俗の変*つた國だと云ふが*ソレ尓*違ひない*例へバ*今度英佛尓*も暫く滞留し*又前年亜米利加(アメリカ)尓*行たとき尓*も人ニ*逢ひさへすれば日本尓*行(ゆ)かう〳〵と云ふ者が多い*何か日本尓*仕事はないか、どうか志*て一緒尓*連れて行て呉れないかと**ソリヤもう行(ゆ)く先々でうるさゐ*やう尓*云ふ者ハ*阿れども*遂(つひ)ぞ止(*と)まれと云ふヿ*を只の一度も云ない*露西亜尓*来て始めて止まれと云ふ話を聞た、**其趣を推察すれば**決して是れは商賣上の話ではない*如何(*どう)しても政治上又國交際(こくかうさい)上の意味を含*で居る尓*違ひない*、こりやどうも氣の知れない國だ*言葉尓*意味を含んで止まれと云ふ所を見れば*或は陰険の手段を施す為めではないか知らんと思ふた事があつた、*けれどもそんな事を聞たと云ふヿ*を同行の人尓*語るヿ*も出来ない、*語ればどんな嫌疑を蒙るまいものでもないから*其時尓*語らぬのは勿論*日本尓*帰て来ても人尓*云はず尓**黙つて居ました*或は爾(*さ)う云ふヿ*を云はれたのは私一人でなく*同行の者も同じ事を云はれて*私と同志゙*考へで*黙つて居た

尓=ABCDEに/い=AゐEい、/、=E。/は=ABCDEば/、=E。/於=ACDEお/尓=ABCDEに/ゐ=BCDいEい。/尓=ABCDEに/る=Eる、/就中=BCDE就中(なかんづく)/尓=ABCDEに/い=AゐEい、/、=AなしE。/珍らしい=A珍らしゐBCD珍(めづら)しいE珍しい/い=AゐEい、/尓=ABCDEに/。=BCD、/ゐよ=BCDEいよ/止まる=BC止(とま)るD止(と)まる/決=BC決(けつ)D決(けつ)E決/ば=Eば、/其上は=Aなし/ゐ=BCDEい/阿る=ABCDあるEある。/ハ=ABCDEは/。=BCE、Dなし/尓=ABCDEに/ねん古゙ろ=BCDEねんごろ/尓=ABCDEに/と=Eなし/ゐ=BCDEい/は=Eは、/決=BC決(けつ)D決(けつ)E決/い=AゐEい。/チヤント=Eチャント/尓=ABCDEに/さしむか=Eなし/尓=ABCDEに/阿る、=ABCある、DあるEある。/尓=ABCDEに/ば=Eば、/ない=AふゐEない。/尓=ABCDEに/志=ABCDEし/と=Eと、/二=E二、/志゙=BCDEじ/可゙=ABCDがEが、/ハ=ABCDEは/ず=Eず。/尓=ABCDEに/ニ=ABCDEに/た=Eた、/変つた=BCD變(かはつ)たE變つた/が=Eが、/尓=ABCDEに/ない=AふゐEない。/バ=ABCDEば/尓=ABCDEに/し=Eし、/尓=ABCDEに/尓も=ABCDにもEにも、/ニ=ABCDEに/尓=ABCDEに/い=AゐEい。/尓=ABCDEに/志=ABCDEし/尓=ABCDEに/と=Eと、/ソリヤ=Eソリャ/ゐ=BCDEい/尓=ABCDEに/ハ阿=ABCDEはあ/も=Eも、/と=Eなし/ヿ=B古とCDEこと/い=AゐEい。/尓=ABCDEに/、=DEなし/其趣=B其趣(そのおもむき)CDE其(その)趣(おもむき)/ば=Eば、/決=BC決(けつ)D決(けつ)E決/い=AゐEい、/どう=Eなし/含で=BCD含(ふく)んでE含んで/尓=ABCDEに/ない、=Aふゐ、Eない。/だ=Eだ、/尓=ABCDEに/ば=Eば、/、=DなしE。/ヿ=B古とCDEこと/尓=ABCDEに/ヿ=B古とCDEこと/、=Dなし/ら=Eら、/尓=ABCDEに/論=BCD論(ろん)E論、/尓=ABCDEに/尓=ABCDEに/黙つて=BCD黙(だまつ)て/た=Eた。/さ=Eなし/ヿ=B古とCDEこと/く=Eく、/て=Eて、/志゙=BCDEじ/黙つて=BCD黙(だまつ)て

者があつたかも知れない兎*ま*角ま*氣の知れぬ國だと思はれる*

生麦*の報道到来*して使節苦しむ[註16]
麦＝E麥／来＝E來

夫れから露西亜を去て佛蘭西ま*帰り*ゝよ*〳〵出発と云ふ其時ハ*生麦*の大騒動*⑤即ち生麦で英人の*リチャードソンと云ふものを薩摩の侍が斬たと云ふ*とが丁度*彼方ま*報告ま*なつた時⑥*でサア佛蘭西のナポレオン政府が吾々日本人ニ*對して気不味*くなつて来た。*人民はどうか知らないが政府の待遇の冷淡不愛相*ニなつた事ハ*甚だし*ゝ*主人の方で其通りだから*客*たる吾々日本人のキマリの悪いと*如何*ま*も云ひ様*がない日本の使節が港から船ま*乗らうと云ふ其道ハ*十町余りもあつたかと思ふ*道の両側ま*兵隊をずつと竝*べて見送ら志*た。是れは敬礼を尽すのではなく志*て日本人を威か志*たま*違ひな*い兵士を幾ら竝べ*たつて鉄砲を撃つ訳けでないから怖*くも何ともあゑ*は志*ないけれども*其苦々*し*ゝ有様と云ふものは実ま*堪らない訳けであつた*私の西航記中の一節ま*

閏八月十三日（文久二年）朝八時ロシフヲルトに着。*ロシフヲルトは巴理*より佛里ま*て九十里の處ニ*ゟる佛蘭西の海軍港なり蒸*気*車より下り舩*ま*乗るまでの路十餘町*ゟ*の間盛ニ*護衛の兵卒千余人を列せり*敬禮を表する*ニ似て或ハ*威を示すなり*日本人ハ*昨夜蒸気*車ニ*乗り車中安眠するを淂*ず大ニ*疲れたるニ*此處ニ*着して暫時も休息せしめず車より下りて直ニ*又舩*ニ*乗らしむ*且つ舩*ニ*乗るまで十餘町の道。*日本の一行ま*ハ馬車を与へず徒歩ま*て舩*まで云々*

い＝AゝEい。／ま＝ABCDEに／ま＝ABCDEに／る＝Eる。
福翁自傳（廿九）歐羅巴各國に行く（四）時事新報明治三十一年十月五日（水）
ま＝ABCDEに／り＝Eり、／ゝよ＝BCDEいよ／ハ＝ABCDEは／なまむぎ＝Aふまむぎ／動＝BCD動E動、／リチャードソン＝Eリチャードソン／と＝BゟとCDEこと／彼方＝B彼方CD彼方／ま＝ABCDEに／で＝Eで、／ニ＝ABCDEに／きまず＝BCDEきまづ／。＝BCDなし／ぶゐゝさう＝AぶあゝさうBDEぶあいさうCふあいさう／ニ＝ABCDEに／ハ＝ABCDEは／ゝ＝BCDいEい。／ら＝Eら、／きやく＝Eなし／と＝BゟとCDEこと／どう＝Eなし／ま＝ABCDEに／い＝AゝEい。／ま＝ABCDEに／ハ＝ABCDEは／ふ＝Eふ、／ま＝ABCDEに／竝べ＝BCD并べE竝べ／志＝ABCDEした。＝AEした。BCDした、／志＝ABCDEし／威＝B威CDE威／志＝ABCDEし／ま＝ABCDEに／ない＝AふゝEない。／竝＝BCD并／ら＝Eら、／ゑ＝BCDEり／志＝ABCDEし／も＝Eも、／まがく〳〵＝AEにが〳〵BCDにが〴〵／ゝ＝BCDEい／ま＝ABCDEに／た＝Eた。／ま＝ABCDにEに、。＝BCD、／理＝B理CD里E里／ま＝ABCDEに／ニゟ＝ABCDEにあ／り＝Eり。／気＝BCD汽E氣／舩＝AE船BCD船／ま＝ABCDEに／町＝D町E町、／ゟの間＝AなしBゟの間CDこの間Eこの間／ニ＝ABCDEに／り＝Eり。／ニ＝ABCDEに／ハ＝ABCDEは／り＝Eり。／ハ＝ABCDEは／気＝BCD汽E氣／ニ＝ABCDEに／淂＝BCE得D得／ニ＝ABCDEに／ニ＝ABCDにEに、／ニ＝ABCDEに／舩＝ABCE船D船／ニ＝ABCDEに／む＝Eむ。／舩＝ABCE船D船／ニ＝ABCDEに／。＝ABCE、Dなし／まハ＝ABCDEには／舩＝ABCE船D船／々＝D々〳〵E々。

⑤文久二年八月二十一日（一八六二年九月十四日）に起った生麦事件。⑥これは福澤の思い違いで、文久二年五月二十九日（一八六二年六月二十六日）に起った第二東禅寺事件が報道されたのである。一行が生麦事件を知ったのは、シンガポールに帰り着いた時である。

尓=ABCDEに/し=Eし、/舩=ABCE船D船(ふね)/尓=ABCDEに/り=Eり、/ニ=ABCDEに/り=Eり、/ニ=ABCDEに/て=Eて、/事=BCD事E事(じ)、/尓=ABCDEに/バ=ABCDばEば、
攘夷論=CD改行なし前後に続く
だ=Eだ。/伊井掃部頭=BCDE井伊掃部頭(ゐいかもんのかみ)/て=Eて、/安藤對馬守=BCDE安藤對馬守(あんどうつしまのかみ)/尓=ABCDEに/た=Eた。/可゙=ABCDEが/ニ=ABCDEに/かけこ=Eなし/可=ABCDEか/可=ABCDEか/て=Eて、/ハ=ABCDEは/ゐた=BCDいたEいた、/尓=ABCDEに/ヿ=B古とCDEこと/る=Eる。/尓=ABCDEに/い、=Aゐ、Eい。/尓志=ABCDEにし/と=Eと、/尓=ABCDEに/で=Eで、/尓=ABCDEに/古=CDEこ/た=Eた。/坂=BCE阪D阪(さか)/尓=ABCDEに/ヿ=CDEこと/い=AゐEい。/尓=ABCDEに/許り=BCD計(ばか)りE斗り/が=Eが、/い=AゐEい。/て=Eて、/尓=ABCDEに/了ふ=BCD仕舞(しま)ふE仕舞(しま)ふ/で=Eで、/名=BCDE名(なづ)/尓=ABCDEに/て=Eて、/どこ=Eなし/尓=ABCDEに/志=ABCDEし/い=AゐEい。/で=Eで、/ヒヨコ=Eヒヨコ/る=Eる。/ら=Eら、/況志=ABC況しD況(ま)しE況(ま)し/は=Eは、/あいつ=Aあゐつ/や=Eや、/阿ゐつら=AあゐつらBCDEあいつら/つゐ=BCDついEなし/て=Eて、/ほ古さき=ABCDほこさきEなし/尓=ABCDEに/た=Eた。/尓=ABCDEに/入つた=BCD入(いつ)た/で=Eで、/い=AゐEい。/どこ=Eなし/ちゐ=BCちいDちひEなし/まぬか=Eなし/と=Eと/ゐく=BCDいくEなし/い=AゐEい。/尓=ABCDEに/ヿ=B古とCDEこと

ソレカラ佛蘭西を出發して葡萄牙(ホルトガル)のリスボン尓*寄港し*使節の公用を済して又舩**尓乗り*地中海ニ*入り*印度洋ニ*出て*海上無事*日本*尓帰て見れバ*

攘*夷論

學=A学/ニ=AEに

攘夷論の鋒先

洋*學*者ニ向ふ

の真盛(まっさか)り**だ伊井掃部頭は此前殺されて*⑦今度は老中の安藤對馬守*が浪人尓*疵を付けられた*⑧註1其乱暴者の一人可゙*長州の屋敷ニ*駈込(*かけこ)んだ註2と可*何と可*云ふ話を聞て*私ハ*其時始めて心付ゐ*た成(な)るほど長州藩も矢張り攘夷の仲間尓*這入て居るのかと斯(か)う思た註3*ヿがある*兎尓*も角尓*も日本國中攘夷の真盛(まっさか)り註4でどう尓*も手の着けやうがない*、所で私の身尓*志て見ると*是れまでは世間尓*攘夷論があると云ふ丈(だ)けの事で*自分の身尓*就て危い*古とは覚えなかつた*大坂*の塾尓*居る中尓*勿論暗殺などゝ云ふヿ*のあらう筈はない*又江戸尓*出て来たからとて怖い敵もなければ何でもないと許*り思て居た所が*サア今度欧羅巴(エウロッパ)から帰て来た其上はなか〳〵爾(さ)うでない*段々喧(やかま)しくなつて*外國貿易をする商人が俄(にはか)尓*店を片付けて了(*しま)ふ註5などゝ云ふやうな事で*浪人と名*くる者が盛尓*出て来て*何處(*どこ)尓*居て何を志*て居るのか分らない*丁度今の壮士と云ふやうなもので**ヒヨコ〳〵妙な處から出て来る*外國の貿易をする商人さへ店を仕舞(しま)ふと云ふのであるから*況(*ま)志て外國の書を讀で欧羅巴の制度文物を夫れ是れと論ずるやうな者*はどうも彼輩(*あいつ)は不埒(ふらち)な奴ぢや*畢竟彼奴等(*阿ゐつら)は虚言(うそ)を吐(*つゐ)て世の中を瞞着(まんちやく)する賣國奴だと云ふやうな評判がソロ〳〵行(おこな)はれて来て*ソレから浪士の鋒先(*ほ古さき)が洋学者の方尓*向いて来た*註6是れは誠尓*恐入つた話で*何も私共は罪を犯した覚えはない*是れはマア何處(*どこ)まで小(*ちゐ)さくなれば免(*まぬか)るゝかと云ふと*幾(*ゐく)ら小さくなつても免れない*到頭仕舞尓*は洋書を讀むヿ*

了（しま）ふて＝BCD仕舞（しま）ふてE仕舞ふて／え＝BCDEへ／ば＝Eば、／お＝ACDEお／わび＝BCDわびEなし／す＝Eなし／が＝Eが、／マサか＝BCDEマサカ／い＝AゐEい。／此方＝BCDE此方（こつち）／ニ＝ABCDEに／ば＝Eば、／る＝Eる。／ニ＝ABCDEに／ニ＝ABCDEに／雇れ＝BCD雇（やと）はれE雇はれ／ニ＝ABCDEに／手塚律蔵＝BCDE手塚律蔵（てづかりつざう）／あつて＝ABCDあつてEあつて、／が＝ABCDEが／ニ＝ABCDEに／か＝ABCDEか／ら＝Eら、／が＝ABCDEが／で＝Eで、／〳〵＝BCD〴〵／。＝BCE、Dなし／ハ＝ABCDEは／て＝Bで／おつかけ＝Bおつかけ／る＝Eる、／ハ＝ABCDEは／ニ＝ABCDEに／け＝BCDEげ／ニげき＝ABCDにげき／すニ＝ABCDずにEずに、／とびこ＝Eなし／る＝Eる。／じ＝ABCDEじ／東条禮蔵＝BCDE東條禮藏（とうでうれいざう）／で＝Eで、／蜀山人＝BCDE蜀山人（しよくさんじん）／ニ＝ABCDEに／、＝E。／ニ＝ABCDEに／で＝Eで、／うらくち＝ACDうらぐちEなし／し＝ABCDEし／助かつた＝BCD助（たすか）つた／で＝Eで、／ゐよ＝BCDEいよ／ぬ＝Eぬ。／、＝A。／い＝AゐEい。／搆＝BCD構（かま）E構／い。＝Aゐ。BCDEい、／搆＝BCD構E構／搆＝BCDE構／ず＝Aず。BCEず、／い＝AゐEい、／ニし＝ABCDEにし／決＝BC決（けつ）D決（けつ）E決／ニ＝ABCDEに／ニ＝ABCDにEに、／ニ＝ABCDEに／ニして＝ABCDにしてEにして、／で＝Eで、／ニ＝ABCDEに／た＝Eた。／ニ＝ABCDEに／ニ＝ABCDEに／い＝AゐEい、／し＝ABCDEし／ニ＝ABCDEに／詳ニ＝A詳にBCDE詳（つまびらか）に／して＝ABCDしてEして、／中＝BCD中（ちう）E中、／ニ＝ABCDにEに、／ニ＝ABCDEに／ニ＝ABCDEに／し＝Eし、／活計＝BCDE活計（くらし）

を罷（や）めて了（しま）*ふて攘夷論でも唱えたらば*ソレはお*詫（わび）*が済（す）*むだらうが**マサかそんな事も出来ない**此方が無頓着（むとんぢやく）ニ*思ふ事を遣（や）らうとすれば*浪人共は段々きつくなつて来る既ニ*私共と同様幕府ニ**雇れて居る飜訳方の中ニ**手塚律蔵⑨註7と云ふ人があつて*其男が*長州の屋敷ニ*行て何か*外國の話をしたら屋敷の若者等が*斬て仕舞ふと云ふので*手塚はドン〳〵*駆出す。*若者等ハ*刀を抜て追蒐（おつかけ）*る手塚ハ*一生懸命ニ*逃げたけれども逃切（にげき）れずニ*寒い時だが日比谷外（そと）の濠の中へ飛込（とびこ）*んで漸く助かつた事もある*夫れから同じ*長州の藩士で東*条禮蔵⑩註8と云ふ人も矢張り私と同僚翻譯方で小石川の*素（もと）と蜀山人*⑪の住居と云ふ家ニ*住（すまゐ）で居た、*所が其家ニ*所謂浮浪の徒が暴込（あばれこ）*んで東條は裏口（うらくち）*から逃出して*漸（やつ）と助かつたと云ふやうな訳けで**ゐよ〳〵洋学者の身が甚だ危くなつて来て油断がならぬ*左ればとて自分の思ふ所、*為（な）す仕事は罷められるものぢやない*夫れから私は搆*はない。*搆はうと云た所が搆*はれもせず*罷めやうと云た所が罷められる訳けでない*マア〳〵言語擧動（げんぎよきよどう）を柔かニ*して決*して人ニ*逆（さから）はないやうニ*社会の利害と云ふやうな事は先づ氣の知れない人ニ*は云はないやうニ*して慎（つゝし）める丈（だ）け自分の身を慎んでソレと同時ニ*私は専ら著書翻譯の事を始めた*註9其著譯の一条ニ*就ては今コヽで別段ニ*云ふ事はない*私の今年（こんねん）開版した*福沢全集の緒言（ちよげん）ニ*詳ニ*書てあるから是れは見合せると*して其著譯事業中即ち攘夷論全盛の時代ニ*洋學生徒の数は次第々々ニ*殖（ふ）えるから其教授法ニ*力を盡し*又家の活計は幕府

⑦万延元年（一八六〇）三月三日桜田門外の変。⑧文久二年（一八六二）一月十五日坂下門外の変。⑨周防の人。蕃書調所教授手伝。文久二年十二月に襲われた。文政五年（一八二二）生、明治十一年（一八七八）没。⑩萩藩医のち幕臣。開成所教授職並。明治に入り静岡学問所二等教授。文政四年（一八二一）生、明治八年（一八七五）没。⑪大田直次郎、南畝。幕府の御家人。寛延二年（一七四九）生、文政六年（一八二三）没。牛込仲御徒町に住んでいた。

ょ雇はれて扶持米を貰ふてソレで結構暮(くら)らせるから世間の事ょは頓(とん)と頓着(とんぢやく)せず怖(古は)ゐ半分。面白ゐ半分ょ歳月(としつき)を送て居る或時可笑(をか)しい事があつた私が新銭座ょ一寸住居の時⑫（新銭座塾ニ非ず）[註10]誰方(どなた)か知らないが御目ょ掛りたいと云て於侍が参りま志たと下女が取次するから「ドンナ人だと聞くと「大きな人で眼が片眼(かため)で長い刀を挾(さ)志て居ますと云ふからコリヤ物騒な奴だ名は何と云ふ「名は於尋申志ましたが於目ょ掛れば分ると云て被仰(おつ)志やいません‖どうも氣味の悪い奴だと思て夫れから私は窃(そつ)と覗(のぞ)いて見ると何でもない筑前の医學生で原田水山、緒方の塾ょ一緒ょ居た親友だ思はず罵(のゝ志)つた。此馬鹿野郎貴様は何だ、何ぜ名を云て呉れんか乃公(おれ)は怖くて堪らなかつたと云て奥ニ通して色々世間話をして共々ニ大笑(たいせう)した事が阿る爾(さ)う云ふ世の中で洋學者もつまらぬ事ょ驚かされて居ました

ょ＝ABCDEに／**構**＝BC構(かう)D構(こう)E構／**暮らせる**＝A暮(くら)せるB暮(く)らせるCDE暮らせる／**ら**＝Eら、／ょ＝ABCDEに／**ず**＝Eず、／**古は**＝ABCDこはEなし／ゐ＝BCDEい／。＝BCDE、／ゐ＝BCDEい／ょ＝ABCDEに／**る**＝Eる。／**た**＝Eた。／ょ＝ABCDEに／**一寸住居**＝B一寸住居(ちよいとずまゐ)CDE一寸住居(ちよいとずまゐ)／**ニ**＝ABCDEに／）＝E）、／ょ＝ABCDEに／於＝ADEお／志＝ABCDEし／**ら**＝Eら、／**と**＝Eと、／「＝BCDなし／**で**＝Eで、／**で**＝Eで、／**さ**＝Eなし／志＝ABCDEし／**ら**＝Eら、／**コリヤ**＝Eコりゃ／**だ**＝Eだ、／**ふ**＝Eふ。／於＝ACDEお／**尋申志**＝A尋申しBCD尋(たづ)ね申しE尋ね申し／**ましたが**＝BCDたがEましたが、／於＝ACDEお／ょ＝ABCDEに／**おつ**＝B於つ／志＝BCDEし／‖＝C——／**て**＝Eて、／**窃(そつ)**＝E竊(そつ)／**のぞ**＝Eなし／**と**＝Eと、／**い**＝AゐEい、／**原田水山**＝BCDE原田(はらだ)水山(すゐざん)／ょ＝ABCDEに／ょ＝ABCDEに／**だ**＝Eだ。／**罵つた。**＝A罵(のゝじ)つた。BCD罵(のゝしつ)た、E罵つた。／**郎**＝BCD郎(らう)E郎、／**何**＝BCDE何(な)／**か**＝Eか、／**て**＝Eて、／**ニ**＝ABCDEに／**て**＝Eて、／**共々ニ**＝AE共々にB共(とも)々にC共々(ともども)にD共共(ともども)に／**阿る**＝ABCDあるEある。／ょ＝ABCDEに／**た**＝Eた。

⑫文久元年（一八六一）築地鉄砲洲から芝新銭座に引越し結婚した。文久三年（一八六三）にまたもとの築地に戻っている。

自傳才八（封筒表）
福翁自傳（三十）歐羅巴各國に行く（五）時事新報明治三十一年十月九日（日）

尓=BCDEに／て=Eて、／家茂=BCDE家茂(いへもち)／り=Eり、／志=ABCDEし／尓=BCDEに／て=Eて、／た=Eた。／の春=BCの春(はる)D春(はる)Eの春、／て=Eて、／尓=BCDEに／尓ある=A尓はるBCDにあるEにある、／た=E、／尓=BCDEに／志=ABCDEし／剰=BCDE剰(あまつさ)／た=Eた、／以か=BCDいかEなし／尓志=A尓しBCDEにし／尓=BCDEに／ら=Eら、／此後二十日=B此後(このゝちはつか)二十日CDE此後(このちはつか)二十日／志=ABCDEし／決=BC決(けつ)D決(けつ)E決／は=Eは、／磅=BCD磅(ポンド)E磅(ぼんど)／り=Eり、／り=Eり、／尓=BCDEに／、=A。／日=E日、／志=ABCDEし／た=Eた。／尓=BCDEに／当つて=BCD當(あたつ)てE當つて／で=Eで、／尓=AニBCDEに／尓=BCDEに／て=Eて、／尓=BCDEに／住て=BCD住(すん)でE住(すまつ)て／松平石見守=BCDE松平石見守(まつだひらいはみのかみ)／尓=BCDEに／が=Eが、／杉田玄端=BCD杉田玄端(すぎたげんたん)E杉田玄端(すぎたげんたん)、／高畑五郎=BC高畑五郎(たかばたけごらう)D高畑五郎(たかばたけらう)E高畑〔畠〕五郎(たかばたけごらう)、／て=Eて、／志=ABCDEし／が=Eが、／か=Eか、／尓=BCDEに／が=Eが、／尓=BCDEに／ニ=A尓BCDEに／志=ABCDEし／た=Eた。／チャント=Eチャント／た=Eた。／尓=AニBCDEに／。=BCDE、／ろ=Eろ、／捫着=BCDE捫着(もんちやく)／末=BCD末E末(すゑ)、／とㇳ=AホとㇳBホとにCDEことに／た=Eた。／以よ=BCDEいよ／決=BC決(けつ)D決(けつ)E決／志ない=Aしな以BCDしないEしない。／は=Eは、／尓=BCDEに

英艦来る*

来=AE來

夫れから攘夷論と云ふものは次第々々尓*増長して*徳川将軍家茂*公の上洛となり*續いて御親発①と志*て長州征伐尓*出掛けると云ふやうな事尓*なつて*全く攘夷一偏の世の中となつた*ソコで文久三年の春*英吉利(イギリス)の軍艦が来て*註11去年生麦尓*て日本の薩摩の侍が英人を殺した其罪は全く日本政府尓*ある英人は只懇親を以て交らうと思ふて是れまでも有らん限り柔(やはら)かな手段ばかりを執て居た*然る尓*日本の國民が乱暴を志*て剰*へ人を殺した如何(以か)**尓*志ても其責(せめ)は日本政府尓*在て免る可らざる罪であるから**此後二十日を期志*て決答*せよと云ふ次第は*政府から十万磅*の償金を取り*尚ほ二万五千磅は薩摩の大名から取り*其上罪人を召捕て眼の前で刑尓*處せよとの要求、*その手紙の来たのが其歳の二月十九日*長々と志*た公使の公文が来た*其時尓*私共が飜訳する役目尓**当つて居るので*夜中(やちう)尓*呼び尓*来て赤坂尓**住て居る外國奉行松平石見守*の宅(たく)尓*行たのが*私と杉田玄端*高畑五郎其三人②で出掛けて行て*註12夜の明けるまで飜譯志*たが*是れはマアどうなる事だらうか*大変な事だと竊(ひそか)尓*心配した所が*其翌々二十一日尓*は将軍が危急存亡の大事を眼前ニ*見ながら其れを棄て〵置て上洛志*て仕舞ふた*爾(さ)うするとサア二十日の期限が*チャント来た*十九日尓*手紙が来たのだから丁度翌月十日。*所がもう二十日待て呉れろ*ソレは待つの待たないのと捫着*の末*どうやら斯(か)うやら待て貰うとㇳ*なつた所*で以よ〳〵*償金を拂ふか拂はないかと云ふ幕府の評議がなか〳〵決**志ない其時の騒動と云ふものは*江戸市中そりやモウ今尓*戦争が始まる尓*違ひな

①将軍家茂の上洛は文久三年（一八六三）、元治元年（一八六四）、慶応元年（一八六五）と三回あり、長州征伐は三回目のときで、このときではない。②この時の飜訳者は高畠五郎、福澤諭吉、箕作秋坪、大柴保太郎、村上英俊の五名である。

い=AいEい、/に=BCDEに/、=A。/に=BCDEに/て=Eて、/とに=AことにBことにCDEことに/て=Eて、/に=BCDEに/く=Eく。/に=BCDEに/に=BCDEに/住て=BCD住(すん)で/ら=Eら、/こり=ABこりCDEこり/に=BCDEに/迯=BC迯(に)DE逃/に=BCDEに/と=Eと、/迯仕度(にげしたく)=BC迯仕度(にげじたく)D逃仕度(にげじたく)E逃仕度/で=Eで、/迫つて=BCD迫(せまつ)てE迫つて、/かけね=Eなし/し=Eし、/負(ま)=BC負E負(ま)/に=BCDEに/、=A。/ハ=BCDEは/翻=BCD飜(ほん)E飜/ニ=AにBCDEに/つまびらか=Eなし/ニ=AにBCDEに/たま=Eなし/い=BCDいEい。/に=BCDにEに、/が=Eが、/に=BCDEに/して=ABCDしてEして、/に=BCDEに/だ=Eだ、/に=BCDEに/に=BCDEに/暴(ら)=BCD暴(あ)E暴/まは=Eなし/と=Eと、/た=Eた。/に=BCDEに/で=Eで、/が=ABCDEが/おど=BなどEなし/じ=ABCDEじ/で=Eで、/ハ=BCDEは/斗り(ばか)=ACD計(ばか)りB許(ばか)りE斗り。/にハ=AにはBCDEには/能く=BCDEなし/。=BCDE、/い。=BCDい、Eい。/ハ=BCDEは/いよ=BCDEいよ/や=Eなし/ニ=AにBCDEに/い=BCDEい/て=Eて、/バ=BCDEば/いつ=BCDいつEなし/まで=BCD迄(まで)/決=BC決(けつ)D決(けつ)E決/い。=BCDい、Eい。/が=ABCDEが/バ=BCDEば/が=ABCDEが/い=BCDEい/ら=Eら、/ハ=BCDEは/ニ=BCDEに/譯けが=AE譯けがBCD譯(わけ)が/ず=Eず、/が=ABCDEが/ニ=AにBCDEに/グヅ=BCグツ/で=Eで、/ニ=AにBCDEに/て=Eて、/、=E。/に=BCDEに/る=Eる。/ほそびき=Eなし/縛つて=BCD縛(しばつ)てE縛つて、/う=Eう、/氣遣=BCDE氣遣(きづかひ)/で=Eで、/おんでん=BCDEをんでん/に=BCDEに/くれくわうせき=BCDEくれくわうせき/なつて=BCDあつてEあつて、/で=Eで、/ら=Eら、/に=BCDEに/に=BCDEに/調ひ=BCD調(とゝの)ひE調(とゝの)ひ、/ハ=BCDEは/こしら=BCDこしらEなし

い何日に戦争がある抔(など)と云ふ評判、其二十日の期限も既に過去(すぎさつ)て又十日と云ふとになつて始終十日と二十日の期限を以て次第々々に返辞を延して行く私は其時に新銭座に住て居たから迚(とて)もこりや戦争になりさうだ、なればどうも迯げるより外に仕様がないとソロ〳〵迯仕度(にげしたく)をすると云ふやうな事でソコで愈よ期日も差迫つて今度はもう掛値(かけね)なし一日も負(ま)からないと云ふ日になつた、と云ふのを私ハ政府の翻譯局ニ居て詳(つまびらか)ニ知て居るから尚ほ堪(たま)らない其飜訳をする間に時の佛蘭西(フランス)のミニス

ニ=Eに

佛國公使無法ニ威張る 註13

トル、ベレクルと云ふ者がどう云ふ氣前(きまへ)だか知らないが大層(たいそう)な手紙を政府に出して今度の事に就て佛蘭西は全く英吉利と同説だ愈よ戦端を開く時には英國と共々に軍艦を以て品川沖を暴(あ)れ廻(まは)ると乱暴な事を云ふて来た誠に謂(いは)れのない話で丸で其趣は今の西洋諸國の政府が支那人を威(おど)すと同じ事で政府ハ唯英佛人の剣幕を見て心配する斗(ばか)り私にハ能(よ)く其事情が能く分る。分れば分るほど氣味が悪い。是れハいよ〳〵遣(や)るニ違ひないと鑑定して内の方の政府を見れバ何時(いつ)までも説が決しない。事が喧しくなれバ閣老は皆病気と称して出仕する者がない註14から政府の

い=Eい

事態いよ〳〵迫る

中心ハ何處ニ在るか譯けが分らず唯役人達が思ひ〳〵ニ小田原評議のグヅ〳〵で愈よ期日が明後日と云ふやうな日ニなつてサア荷物を片付けなければならぬ、今でも私の處に疵の付た箪笥がある愈よ荷物を片付けやうと云ふので箪笥を細引(ほそびき)で縛(しば)つて青山の方へ持て行けば大丈夫だらう何も只の人間を害する氣遣はないからと云ふので青山の穏田(おんでん)と云ふ處に呉、黄石(くれくわうせき)③註15と云ふ藝州の医者がなつて其人は箕作の親類で私は兼て知て居るから呉の處に行てどうか暫く此處に立退場(たちのきば)を頼むと相談も調ひ愈よ青山の方と思ふて荷物ハ一切拵(こしら)へて名札を

許り＝ACD計りE斗り／**ま志て**＝Aましてbcdにしてeにして、／**濵ニゟ**＝A濵まゟBCD濵にあE濵にあ／ま＝BCDEに／**バ**＝BCDばEば、／ま＝BCDEに／**搆**＝BCD構E構／ま志＝AましBCDにし／**る**＝Eる。／**ニ**＝AまBCDEに／**ゐよ**＝BCDEいよ／**ハ**＝BCDEは／**かくご**＝Eなし／**た**＝Eた。／ま＝BCDEに／**ゟる**＝ABCDあるEある。／ま＝BCDEに／**濵御殿**、＝A濵御殿。BCDE濱御殿、／**延寮館**＝B延遼館CDE延遼館／**で**＝Eで、／**ら**＝Eら、／ま＝BCDEに／**た**＝Eた。／**まる**＝BCDわるEなし／ゐ＝BCDEい／**で**＝Eで、／**ぶゟ**＝AがゟBCDEがあ／ぶ＝ABCDEが／**分かる**＝AD分るBC分るE分かる。

志＝ABCDEし／**る**＝Eる。／**ニ**＝BCDにEに、／ま＝BCDEに／ま＝BCDEに／**ら**＝Eら、／**て**＝Eて、／ま＝BCDEに／**ニ**＝BCDEに／**け**＝Eけ、／**ものおき**＝BCものたきEモノオキ／ま＝BCDEに／、＝AE。／ま＝BCDEに／**て**＝Eて、／ま＝BCDEに／。＝BCDなしE、／**どう**＝Eなし／**云た**＝BCD云ふた／**が**＝Eが、／**かつ**＝Eなし／**脊負**＝B脊負C脊負E背負／**か**＝Eなし／古＝CDEこ／**う**＝Eう。／**い**＝AゐEい、／**が**＝Eが、／ま＝BCDEに／**い**＝AゐEい、／**外ない**＝A外なゐBCD外はないE外はない／**て**＝Eて、／ま＝BCDEに／**催ほ志た**＝AE催ほしたBCD催した／**る**＝Eる。／ま＝BCDEに／**て**＝Eて、／**ら**＝Eら、／**さく**＝Eなし／**い**＝AゐEい、／**ど古**＝ABCDどこEなし／ま＝BCDEに／**い**＝AゐEい。／**え**＝BCDEゑ／**と**＝AB古とDEこと／**ら**＝Eら、／**か**＝Eか、／**か**＝Eか、

付けて擔出す許りま志てさうして新銭座の海濵ニゟる江川の調練場ま行て見れバ大砲の口を海の方ま向けて撃つやうな搆へま志てある是れは今明日の中ニゐよ〳〵事ハ始まると覺悟を定めた其前ま幕府から布令が出てゟる愈よ兵端を開く時まは濵御殿、今の延寮館で火矢を挙げるからソレを相図ま用意致せと云ふ市中ま布令が出た江戸ッ子は口の悪まるゐもので「瓢簞端兵の開け初めは冷火矢でやる」と川柳ぶゟつたぶ是れでも時の事情は分かる

米と味噌と大失策

夫れから又可笑志い事がある私の考へニ是れは何でも戦争まなるま違ひないからマア米を買はうと思て出入の米屋ま申付けて米を三十俵買て米屋ニ預け仙臺味噌を一樽買て納屋ま入れて置た、所が期日が切迫するま従て切迫すればするほど役ま立たないものは米と味噌。其三十俵の米を如何すると云た所が擔いで行かれるものでもなければ味噌樽を脊負て駈けるど古とも出来なからう是れは可笑しい昔は戦争のとき米と味噌があれば宜いと云たが戦争の時ぐらゐ米と味噌の邪魔まなるものはない是れはマア逃げる時は此米と味噌樽は棄てゝ行くより外ないと云て其騒動の真盛りま大笑ひを催ほ志た事がある其時まも新銭座の家ま学生が幾人か居て私は其時二分金で百両か百五十両持て居たから此金を独りで持て居ても策でないイザと云へば誰が何處まどう行くか分らない金があれば先づ餒えるとはないから此金は私が一人で持て居るよりか家内が一人で持て居るよりか是れは銘々

③安芸藩侍医。文化八年（一八一一）生、明治十二年（一八七九）没。当時は青山久保町（神宮前五丁目）に住んでいた。妻は箕作阮甫の娘。

ニ分けて持つが宜からうと云ふので其金を四つか五つニ分けて頭割ニ志て銘々ソレを腰ニ巻て行かうと用意金の分配まで出来て明日か明後日ハ愈よ戦争の始まり。外ニ道はないと覚悟した所が玆ニ幸な事があると云ふのは其時ニ唐津の殿様で小笠原壱岐守と云ふ閣老がある夫れから横濵ニ浅野備前守と云ふ奉行があるソレ等の人が極秘密ニ云合せた事と見えて五月の初旬十日前後⑥と思ひますが愈よ今日と云ふ日ニ前日まで大病だと云て寐て居た小笠原壱岐守がヒヨイと其朝起きて日本の軍艦ニ乗て品川沖を出て行く。スルト英吉利の砲艦が壱岐守の舩の尻ニ尾いて走ると云ふのは壱岐守は上方ニ行くと云て品川湾を出發したから若し本當ニ其方針を取て本牧の鼻を廻れば英人は後から砲撃する筈であつたと云ふ。所が壱岐守は本牧を廻はらずニ横濱の方へ這入て自分の独断で即刻ニ償金を拂ふて仕舞た十萬ポンドを時の相場ニすればメキシコ弗で四十萬ニなる其正銀を英公使シント・ジョン・ニールニ渡して先づ一段落を終りました

小笠原壱岐守

壱＝E壹

麑嶋湾の戦争

麑嶋＝AE鹿児島／湾＝E灣／戦＝E戰

幕府ニ要求した十万磅の償金は五月十日⑦ニ片付て夫れから今度は其英軍艦が鹿児島ニ行て被害者の遺族の手当と志て二万五千磅を要求志且つ其罪人を英國人の見て居る所で死刑ニ處せよと云ふ掛合の為めニ六艘の軍艦は鹿児嶋湾ニ廻て錨を卸した。スルト薩摩藩から直ちニ来意訪問の使者が来る英の旗艦の水師提督はクーパー司令長官はウヰルモット舩長はジョスリングと云ふ人で書翰を薩摩の役人ニ渡し應否の返答如何と待て居る所がなか〳〵容易な事ニ返辞が出来ないソレコレする中ニ薩摩ニ西洋形の舩即ち西洋から薩摩藩ニ買た舩が二艘ある其二艘の舩を談判の抵当ニ取ると云ふ趣意で櫻島の側ニ碇泊してあつた二艘

ニ＝BCDEに／で＝Eで、／ニ＝BCDEに／て＝Eて、／あたまり＝BCDあたまわりEなし／ニ志＝AニしBCDEにし／ニ＝BCDEは／まゐ＝BCDまいEなし／と＝Eと、／て＝Eて、／ハ＝BCDEは／。＝BCDE、／ニ＝BCDEに／が＝Eが、／ニ＝BCDEに／は＝Eは、／ニ＝BCDEに／小笠原壱岐守＝BCDE小笠原壹岐守／る＝Eる。／濵＝BCDE濱／ニ＝BCDEに／浅野備前守＝BCDE淺野備前守／ある＝AあるBCDあるEある。／ニ＝BCDEに／て＝Eて、／が＝Eが、／ニ＝BCDにEに、／寐＝B寐CD寢E寢／ヒヨイ＝Eヒョイ／て＝Eて、／ニ＝BCDEに／。＝BC、Dなし／舩＝BCD船E船／ニ＝BCDEに／は＝Eは、／ニ＝BCDEに／ら＝Eら、／ニ＝BCDEに／本牧＝BCDE本牧／。＝BCD、／廻はらずニ＝BCD廻らずにE廻らずに／て＝Eて、／ニ＝BCDEに／た＝Eた。／ポント＝BCD磅Eポンド／ニ＝BCDEに／バ＝BCDEば／ニ＝BCDEに／を＝Eを、／シント・ジョン・ニール＝BCセント ジョン ニールDセント、ジョン、ニールEセント・ジョン・ニール／ニ＝BCDEに／た＝Eた。

ニ＝BCDEに／ニ＝BCDEに／て＝Eて、／島＝B嶋CD島／ニ＝BCDEに／て＝Eて、／の＝BCDなし／志＝ABCDEし／志＝ABCDしEし、／ニ＝BCDEに／ニ＝BCDにEに、／六＝BC六E′六〔七〕／嶋＝ACDE島／ニ＝BCDEに／廻て＝AE廻つてBCD廻て／。＝BCD、／ニ＝BCDEに／る＝Eる。／ー＝Eー、／ウヰルモット＝BCDウヰルモットEウヰルモット、／舩＝BCD船E船／ジョスリング＝BCDジョスリング／で＝Eで、／ニ＝BCDEに／し＝Eし、／ゐかん＝AEなしBCDいかん／る＝Eる。／ニ＝BCDEに／い＝AゐEい。／ニ＝BCDEに／舩＝BCD船E船、／ニ＝BCDEに／買た＝BCD買取たE買取た／舩＝BCDE船／二＝BC二E′二〔三〕／舩＝BCDE船／ニ＝BCDEに／で＝Eで、／島＝B嶋CD島／ニ＝BCDEに

船=BCDE船/引張つて=BCD引張てE引張つて/ニ=AにBCDEに/。=ABCD、/発=BCD發E發/て=Eて、/発=BCD發E發/バ=BCDEば/発=BCDE發/て=Eて、/〱=BCD〲/に=BCDEに/、=A。BCDなし/旬=E旬、/八=E八、/る=Eる。/に=BCDEに/発=BCD發E發/し=ABCDEし/ヿと=ABしとゝCことゝDEことと/に=BCDEに/が=Eが、/に=BCDEに/ら=Eら、/凩。=A風。BC風、D風E風、/に=BCDEに/いとま=BCDいとまEなし/で=Eで、/に=BCDEに/た=Eた。/に=BCDEに/入つた=BCD入た/ある=BCDあるEある。/イ=Eイ、/い=BCDEい/ニ=AにBCDにEに、/まる=Eなし/い=BCDEい/が=ABCDEが/けが=ABCDけがEなし/に=BCDにEに、/船=BCD船E船/。=ABCDE、/船=BCD船E船/に=BCDEに/く=Eく、/ハ=BCDEは/ある=BCDEあ/が=Eが、/。=BCDなしE、/貟=BC負D貟E負/は=Eは、/船=BCDE船/どう=Eなし/ヿ=AB志とCDEこと/い=AいBCDいEい、/ヿ=AB志とCDEこと/い=AいBCDいEい、/双=BCD双E雙/ニ=BCDEに/貟=BC負D貟E負/に=BCDにEに、/濱に=A濱にBCDE濱に/が=ABCDがEが、/に=BCDEに/る=Eる。/す=AEなし/あと=BCDあとEなし/ニ=AにBCDEに/かけら=CかげDかけ/て=Eて、/船=BCD船E船/ニ=BCDEに/に=AにEに、/こ=CDEこ/譯け=BCD譯/い=AいEい。/や=Eや。/ニ=BCDEに/送た=B送たC送たD送つたE送つた/あらふ=BCDEあらう/ふ=Eふ。/ハあるし=BCDはあるしEはあるし、

の船を英の軍艦が引張つて来ると云ふ手詰の場合ニなつた。スルト陸の方から此様子を見ていよ〱発砲し始めて陸から発砲すれバ海からも発砲してドン〱大合戦になつた、と云ふのが丁度文久三年五月下旬⑧何でも二十八九日頃である其時に英の旗艦はマダ陸からは発砲しないヿと思て錨を挙げずに居た所が俄に陸の方で撃始めたものだからサア錨を上げやうとすると生憎其時は大変な暴凩。加ふるに海が最も深いからドウも錨を上げる遑がないと云ふので錨の鎖を切て夫れから運動するやうになつた是れが例の英吉利の軍艦の錨が薩摩の手に入つた由来であるソコで陸から打つ鉄砲もなか〱エライ専ら旗艦を狙ふて命中するものも多い其中ニ大きな丸い破裂弾が旨く發して怪我人が出来た中に司令長官と甲比丹と二人の将官が即死して船中の騒動。又船から陸に向ての砲撃もなか〱劇しく海岸の建物ハ大抵焼拂ふて是れも容易ならぬ損害であつたが詰る所。勝負なしの戦争と云ふのは薩摩の方は英吉利の軍艦を撃て二人の将官まで殺したけれども其船を如何するとも出来ない又軍艦の方でも陸を焼拂ふて随分荒したヿは荒したけれども上陸することは出来ない双方共ニ勝ちも貟けもせずに英の軍艦が横濱に帰たのは六月十日前⑨の頃であつたが其時に面白い話がある戦争の済んだ後で彼の旗艦ニ命中した破裂弾の碎片を見て船中の英人等が頻りニ語り合ふに「こんな弾丸が日本で出来る譯けはないイヤ能く見れば露西亜製のものぢや露西亜から日本ニ送たのであらふなどゝ評議区々なりしと云ふ當時クリミヤ戦争の當分でハあるし

④唐津藩世子小笠原長行。この頃は図書頭のち壱岐守。⑤浅野氏祐。神奈川奉行のち外国奉行を兼ねる。伊賀守のち美作守。⑥五月九日。⑦五月九日。⑧英艦隊の到着は六月二十七日で、砲撃開始は七月二日である。⑨七月八日夜から十一日朝にかけて帰投した。

元来英吉利と露西亜との間柄は犬と猿のやうで相互ニ色々な猜疑心がある今日に至るまでも仲ハ能くなゐやうに見える

松木五代英艦ニ投す

ニ＝Eに／す＝Eず

それは扨置き茲に薩摩の船を二艘此方に引張つて来ると云ふ時に其船長の松木弘安（後に寺島陶藏又後ニ宗則）五代才助（後ニ五代友厚）の両人が船奉行と云ふ名義で云はゞ船長であるソコで英の軍艦が二艘の船を引張つて来やうと云ふ其時に乗込の水夫などは其處から上陸させたが船長二人だけは英艦の方に投じた、投じたけれども自分の船から出るときに実は松木と五代と申し談じて窃に其船の火薬庫に導火を點けて置ゐたから間もなく船は二艘とも焼けて仕舞つた夫れハ夫れとして扨松木に五代と云ふものは捕虜でもなければ御客でもない何しろ英の軍艦ニ乗込んで横濱に来たに違ひハなゐ其事ハ横濱の新聞紙にも出て居たのであるがソレ切り少しも消息が分らない私は其前年松木と欧羅巴に一緒に行たのみならず以前から私と箕作と松木と云ふものは甚だ親しい朋友の間柄でソコで松木が英船に乗つたと云ふが如何したらうかと只その噂をするばかりで尋ねる所もない英人が若し此両人を薩摩の方に還へせばソリヤもう若武者共が直ぐに殺すに極つて居る然ればと云つて之を幕府の方に渡せば殺さぬまでもマア嫌疑の筋があるとか取調べる廉があるとか云て取敢えず牢には入れるだらう、所が今日まで薩摩に還へしたと云ふ沙汰もなければ幕府に引渡したと云ふ様子もない如何したらうか如何にも不審な事

薩人英人と談判

ぢやと唯箕作と私と始終その話をして居た。所が凡そ此事が済んで一年ばかり経つてから不意と其松木を見付け出したこそ不思議の因縁である松木の話は次にして置いて横濱に英吉利の軍艦が帰つて来

柄＝BC柄D柄E柄／で＝Eで、／相互ニ＝BCDE相互に／さゐぎしん＝AさゐぎしんBCDEさいぎしん／ある＝BCDあるEある。／に＝BCDEに／なか＝Eなし／ハ＝BCDEは／能く＝BCD好くE好く／ゐ＝BCDEい／に＝BCDEに／る＝Eる。

福翁自傳（三十一）歐羅巴各國に行く（六）時事新報明治三十一年十月十二日（水）

に＝BCDEに／船＝BCD船E船／こちら＝BCEこちらDこっち／に＝BCDEに／引張つて＝BCD引張て／に＝BCDEに／船＝BCD船E船／に＝BCDEに／寺島陶藏＝BC寺嶋陶藏DE寺島陶藏／ニ＝Aに／宗則＝BCDE宗則／五代才助＝BCDE五代才助／ニ＝BCDEに／五代友厚＝BCD五代友厚E五代友厚／が＝Eが、／船＝BC船D船E船／船＝BCD船E船／ある＝BCDあるEある。／船＝BCDE船／引張つて＝BCD引張て／に＝BCDにEに、／が＝ABCDがEが、／船＝BCD船E船／に＝BCDEに／、＝E。／船＝BCD船E船／に＝BCDにEに、／窃に＝BC窃にD竊にE竊に／船＝BCD船E船／に＝BCDEに／置ゐた＝B置たC置たD置いたE置いた／ら＝Eら、／船＝BCDE船／仕舞つた＝A仕舞たBCD仕舞たE仕舞つた。／ハ＝BCDEは／て＝Eて、／に＝BCDEに／い＝AゐEい、／し＝ABCDEし／ニ＝BCDEに／濱に＝BCDE濱に／に＝BCDEに／違ひ＝B違ひCD違／ハなゐ＝BCDはないEはない。／ハ＝BCDEは／に＝BCDEに／が＝Eが、／たより＝CDなしEタヨリ／い＝AゐEい。／に＝BCDEに／ず＝Eず、／柄＝BC柄D柄E柄／で＝Eで、／船＝BCD船E船／に＝BCDEに／乗つた＝BCD乗た／どう＝Eなし／し＝ABCDEし／その＝BCD其／い＝AゐEい。／に＝BCDEへ／還へせば＝BCD還せばE還せば、／ソリヤ＝Eソリャ／に＝BCDEに／極つて＝BCD極て／る＝Eる。／云つて＝BCD云て／に＝BCDEに／ば＝Eば、／え＝BCDEへ／に＝BCDEに／、＝AE。／に＝BCDEに／還へした＝BCD還したE還した／ば＝Eば、／に＝BCDEに／い＝AゐEい。／どう＝Eなし／か＝Eか、／に＝BCDEに／ふしん＝BCDふしんEなし／し＝ABCDEし／。＝BC、Dなし／経つて＝BCD經てE經つて／ら＝Eら、／し＝ABCDEし／こ＝CDEこ／ある＝BCDあるEある。／に＝BCDEに／置いて＝B置てCD置てE置いて、／濱に＝BCDE濱に／帰つて＝BCD歸てE歸つて

た跡で薩摩から談判の為めニ江戸に人が出て来た、其江戸に人の出て来たと云ふのは岩下佐治右衛門、重野孝之丞（後ニ安繹）其外に黒幕見たやうな役目を帯びて来たのが大久保市藏（後に利通）其三人が出て来た處で第一番に薩摩の望む所は兎にも角にも此戦争を暫く延引して貰ひたいと云ふ注文なれども其周旋を誰ニ頼む[註18]と云ふ手掛りもなく當惑の折柄。こゝに一人の人がある其一人と云ふのは清水卯三郎[註19]⑩（瑞穂屋卯三郎）と云ふ人で此人は商人ではあるけれども英書も少し讀み西洋の事に付ては至極熱心。先づ當時ニ於てハ其身分ニ不似合な有志者である初め英艦が薩摩に行かうと云ふときに若し薩摩の方から日本文の書翰を出されたときには之を讀むに困る。通辨にはアレキサンドル・シーボルト⑪があるから差支ないけれども日本文の書翰を諷々と讀む人がない、と云ふので英人から同行を頼まれた清水は平生勇気もあり随分そんな事の好きな人で夫れハ面白い行て見やうと容易く承諾し横濱税關の免状を申受けて旗艦ニ乗込み先方に着して親しく戦争をも見物した其縁があるので今度薩州の人が江戸ニ来て英人との談判ニ付き黒幕の大久保市蔵ハ取敢へず清水卯三郎を頼み兎ニ角ニ此戦争を暫く延引して貰ひたいと云ふ事を在横濱の英公使ジョン・ニールに掛合ふことにしたソコで清水は大久保の依托を受けて横濱の英公使館に出掛けて其話を申込んだ所が取次の者の言ふに斯る重大事件を談するニ商人などでハ不都合なりモツト大きな人が来たら宜からふと云ふから清水ハ之を押し返し人ニ大小輕重ハない談判の委任を受け

あと=BCDあとEなし/で=Eで、/ニ=AにBCDEに/に=BCDEに/、=E。/に=BCDEに/は=Aハ/岩下佐治右衛門=B岩下佐治右衛門C岩下佐治右衛門D岩下佐治右衛門E岩下佐治〔次〕右衛門/重野孝之丞=B重野孝之亟CD重野孝之丞E重野孝之丞/ニ=BCDEに/安繹=B安繹CDE安繹E′安繹/）=CなしE）、〔厚〕/に=AニBCDEに/大久保市藏=B大久保市藏CD大久保市藏E大久保市藏/に=AニBCDEに/利通=BCDE利通/）=E）、/で=Eで、〔一〕/第=BCD第E第/に=BCDEに/に=BCDEに/も=Eも、/ニ=BCDEに/柄=BC柄D柄E柄/。=BCDE、/こゝに=BこゝにCDEこゝに/清水卯三郎=BCDE清水卯三郎/瑞穂屋=BCDE瑞穂屋/で=Eで、/に=BCDEに/。=BCDE、/ニ=AにBCDEに/ハ=BCDEは/ニ=BCDEに/る=Eる。/に=BCDEに/に=BCDにEに、/に=BCDEに/。=BCD、/辨=BCD辯E辯/に=BCDEに/アレキサンドル・シーボルト=ADアレキサンドル、シーボルトBCアレキサンドル　シーボルト/あ=BCDEあ/も=Eも、/諷々=AE颯々BCD颯々/い、=Aい。/た=Eた。/あ=BCDEあ/す=Eなし/で=Eで、/ハ=BCDEは/い=BCDEい/容易く=AE容易くBCD容易/し=Eし、/濱=BCDE濱/ニ=BCDEに/み=Eみ、/で=Eで、/が=ABCDEが/ニ=BCDEに/ニ=BCDEに/き=Eき、/ハ=BCDEは/み=Eみ、/ニ=BCDEに/ひ=BCDEひ/い=BCDEい/を=Eを、/濱=BCDE濱/ジョン・ニール=BCジョン　ニールDジョン、ニール/ことに=BことにCDEことに/た=Eた。/托=BCD託E託/濱=BCDE濱/に=BCDEに/が=Eが、/に=BCDEに/かゝ=Eなし/す=BCDEず/ニ=BCDEに/ハ=BCDEは/り=Eり、/モツト=Eモット/宜=BCD宜E宜/ふ=BCDEう/ら=Eら、/ハ=BCDEは/し=Eし、/ニ=BCDEに/ハない=BCDはないEはない、

⑩武州の酒造業者の家に生れ、ロシア語オランダ語を学び進歩的商人として活躍。慶応三年（一八六七）のパリ万博に出品している。文政十二年（一八二九）生、明治四十三年（一九一〇）没。⑪日本研究家シーボルトの長男。イギリス公使館通訳官（一八六四—一九一一）。

バ＝BCDEば／だ＝Eだ、／ハ＝BCDEは／以＝BCDEい／窟＝BCD屈(くつ)／可゙。＝Aが。BCDEが、／尓＝BCDEに／で＝Eで、／ニ＝BCDEに／と＝Eと、／尓＝BCDEに／志＝ABCDEし／い＝A以Eい。／尓＝BCDEに／ハ＝BCDEは／。＝BCDE、／尓＝BCDEに／と＝BCDゝ／と＝Eと、／於ど＝ACDEおど／い＝A以Eい。／と＝Eと、／が＝Eが、／だ＝Eだ、／尓＝BCDEに／尓＝BCDEに／て＝Eて、／尓＝BCDEに／き＝Eき、／末＝BCD末(すゑ)E末、／ニなり＝A尓なりBCDになりEになり、／。＝BCDE、／尓＝BCDEに／り＝Eり、／て＝Eて、／島津薩摩守＝B嶋(しま)津(づ)薩摩守(さつまのかみ)CDE島(しま)津(づ)薩摩(さつまの)守(かみ)／で＝Eで、／島＝B嶋(しま)／古＝CDEこ／尓して＝BCDにしてEにして、／リチャルドソン＝Eリチャルドソン／尓＝BCDEに／尓＝BCDEに／逃＝BCD逃(に)E逃／ら＝Eら／分つた＝BCD分た／と＝AB古と／古と＝CDEこと／おさ＝BCDをさEなし／た＝Eた。／尓＝BCDEに／い＝A以Eい。／人＝E人、／鵜飼弥市＝BC鵜(う)飼(かひ)彌(や)市(いち)、D鵜(う)飼(がひ)彌(や)市(いち)E鵜(う)飼(がひ)彌(や)市(いち)〔一〕、／斎藤金吾＝BCD齋(さい)藤(とう)金(きん)吾(ご)E齋(さい)藤(とう)金(きん)吾(ご)〔譜〕／ひ＝Eひ、／が＝Eが、／た＝Eた。

尓＝BCDEに／木＝E木、／嶋＝ACDE島／ハ＝BCDEは／才＝AE第BCD第(だい)／阿る＝BCDあるEある。／木＝E木、／船＝BCD船(ふね)E船／尓＝BCDEに／移つた＝BCD移(うつ)ゝた／が＝Eが、／た＝Eた。／ハ＝BCDEは／尓＝BCDEに／ニ＝A尓BCDEに／聞以て＝BCD聞(きい)てE聞いて／古＝CDEこ／阿＝BCDEあ／柄＝BC柄(がら)D柄(がら)E柄／で＝Eで、／ニ＝BCDEに／ハな以＝BCDはないEはない。／‖＝AE‖＝BCD「／どう＝Eなし／尓＝BCDEに／か＝Eか。／‖＝BCD「／於＝ACDEお／で＝Eで、／た＝Eた。／尓＝BCDEに／も＝BCEも、／尓＝BCDEに／まで＝BCD迄／船＝BCD船(ふね)E船／尓＝BCDEに

て居れバ*澤山だ*夫れでも拙者と話ハ*出来な以*かと少しく理窟*を云た所可゙*。さう云ふ訳けなら直ぐ尓*遇(あ)ふと云ふので*夫れから公使ニ*面會して戦争中止の事を話掛けると*なか〳〵聞きさう尓*も為(*志)ない*イヤもう既尓*印度洋から軍艦も増發して何千の兵士ハ*唯今支度最中。*然る尓*此戦争の時期を延ばして待つなどとは*謂(いは)れのない話だ云々と*思ふさま威嚇(*於ど)して聞きさうな顔色(がんしょく)がない*ソコで清水は其挨拶を承つて薩人に報告すると*重野が*迚もこりや六かしそうだ兎*尓*角尓*自分達が自(みづ)から談判して見やうと云て*遂尓*薩英談判會を開き*種々様々問答の末*とう〳〵要求通りの償金を拂ふ事ニ*なり高は二万五千磅(ポンド)。*時の相場尓*して凡そ七万両ぐらゐに當り*其七万両の金は内実幕府から借用して*さうして島*津薩摩守の名義では拂はれないと云ふので*分家の島*津淡路守の名を以て金を渡す古*と尓*して且つ又*リチャルドソンを殺した罪人は何分*尓*も何處*尓*か逃*げて分らないから*若し分*つたらば死刑と云ふ*とで以て事が収(*おさ)まつた*其談判の席尓*は大久保市蔵は出ない*岩下と重野の両人*それから幕府の外國方から鵜*飼弥市監察方から斎*藤金吾と云ふ人が立會ひ*いよ〳〵書面を取換して事のすつかり収(をさ)まつたのが*文久三年の十一月の朔日(ついたち)か二日頃であつた*⑫

ニ＝Eに／潜＝E潜

松木五代埼玉郡ニ*潜*む[註20]

扨て夫れから私の氣尓*なる松木*即ち寺嶋*の話ハ*斯(か)う云ふ次才*で阿る*

松木*五代が薩摩の船*から英の軍艦尓*乗移*つた所が*清水が居たので松木も驚いた*清水と云ふ男ハ*以前江戸尓*て英書の不審を松木ニ*聞以*て居た*古とも阿*る至極懇意な間柄*で*其清水が英の軍艦ニ*居るから松木の驚くも無理ハな*以*＝イヤ如何(*どう)して此處尓*居るか*‖*於*前さんは如何して又此處へ来たと云ふやうな訳けで*大変好都合であつた*ソコで横濱尓*来たけれども*此侭尓*何時まで*も此船*の中尓*居ら

い＝AゐEい。／ヱ＝BCDEに／、＝AE。Dなし／で＝Eで、／人＝E人、／濱ヱ＝BCDE濱に／上つて＝BCD上(あが)てE上つて、／ヴェンリート＝BCDヴエンリート／ヱ＝BCDEに／志＝ABCDEし／が＝Eが、／どう＝Eなし／志やう＝ABCDしやうEしやう、／ヱ＝BCDEに／ヱ＝BCDEに／艀船(はしけふね)＝BCDE艀船(はしけぶね)／ヱ＝AニBCDEに／ヱ＝BCDEに／ヱ＝BCDEに／し＝Eなし／う＝Eう、／船＝BCDE船／古とヱ＝A古とヱBとにCDEことに／た＝Eた。／どう＝Eなし／ヱ＝BCDEに／で＝Eで、／ヱ＝BCDEに／で＝Eで、／で＝Eで、／ヴェンリート＝BCDヴエンリート／示し＝BCDE諜(しめ)し／て＝Eて、／おちうど＝B於ちうど／ハ＝BCDEは／窃ヱ＝BCD窃(ひそか)にE竊に／艀船＝BCD艀船(はしけ)E艀船／ヱ＝BCDEに／り＝Eり、／ニ＝BCDEに／が＝Eが、／ヱ＝BCDEに／ヱ＝BCDEに／ニ＝BCDEに／建つて＝BCD建(たつ)て／て＝Eて、／古とヱ＝A古とヱB古とにCDEことに／ら＝Eら、／い＝AゐEい。／ヴェンリート＝BCDヴエンリート／ヱ＝BCDEに／て＝Eて、／船＝BCD船(せん)E船／て＝Eて、／ニ＝AヱBCDEに／み＝Eみ、／ハ＝BCDEは／ニ＝BCDEに／下て＝BCDE下(くだつ)て／羽根田＝BCDE羽根田(はねだ)／濱＝BCD濱(はま)E濱／て＝Eて、／ヱ＝BCDEに／志＝ABCDEし／で＝Eで、／い＝AゐEい。／ヱ＝BCDEに／ら＝Eら、／ヱ＝AニBCDEに／這入つた＝BCD這入(はいつ)た／鈴木＝BCDE鈴木(すゞき)／船＝BCD船(ふな)E船／ヱ＝BCDEに／先きへ＝BCD先(さき)へ／待つて＝BCD待(まつ)て／志＝ABCDEし／る＝Eる。／濱＝BCD濱(ひん)E濱／ニ＝BCDEに／て＝Eて、／さぐ＝Eなし／／＼＝BCD〳〵／ヱ＝BCDEに／ニ＝BCDEに／ニ＝BCDEに／ひ＝Eひ、／コリヤ＝Eコリャ／ニ＝BCDEに／かく＝Eなし／船＝BCD船(ふな)E船／ヱ＝BCDEに／ひる＝Eなし／阿つた＝BCDあつたEあつた。／ハ＝BCDEは／宜しく＝BC宜(よろし)くD宜(よ)くE宜しく、／船＝BCD船(ふな)E船／ヱ＝BCDEに／窃ヱ＝A窃ニBCD窃(ひそか)にE竊に／泊つて＝BCD泊(とまつ)てE泊つて、

れるものでない*マア如何(どう)かして上陸したい、と云ふ其事*ヱ付ては清水卯三郎が一切引受ける、*それは松木と五代は極々日蔭者(ひかげもの)*で青天白日の身と云ふのは清水一人*そこで清水が先づ横濱*ヱ*上つて夫れから亜米利加(アメリカ)人のヴ*ェンリートと云ふ人*ヱ其話を志*た所が*如何(*どう)でも周旋*志やう兎*ヱ角ヱ*　艀船(*はしけふね*)ヱ乗て神奈川の方*ヱ上る趣向ヱ為(*し)*やう其船*も何も世話をして遣(や)*らうと云ふと*ヱなつた所*でアドミラルが如何(*どう)云ふかソレヱ*聞て見なければならぬので*アドミラル*ヱ其事を話すと至極寛大で*上陸差支なしと云ふので*ソレカラ一切萬事清水と*ヴェンリ*ートと示し合せて*落人(*おちうど)両人の者ハ*夜分(やぶん)窃*ヱ其艀船*ヱ乗り移り*神奈川以東の海岸から上る積りニ*用意した所が*其時*ヱは横濱から江戸ヱ*来る街道一町か二町目毎ニ*今の巡査交番所見たやうなものがずつと建*つて居て*一人でも怪しいものは通行を咎めると云ふと*ヱなつて居るからなか*／＼大小などを挾(さ)して行(ゆ)かれるものでない*ソコで大小も陣笠も一切の物は*ヴェンリートの家*ヱ預けて*丸で船*頭か百姓のやうな風をして*小舟ニ*乗込み*舟ハ*段々東ニ*下て*とう／＼羽根田*の濱*から上陸して*ソレカラ道中は忍び忍んで江戸*ヱ這入ると志*た所で*マダ幕府の探偵が甚だ恐ろしい*只の宿屋*ヱは泊られないから*江戸*ヱ*這入つたらば堀留の鈴木*と云ふ船宿*ヱ*清水が先き*へ行て待*つて居るから其處へ来いと云ふ約束が志*てある*ソコで両人は夜中(やちう)勝手も知れぬ海濱*ニ*上陸して探(*さぐ)*り／＼*ヱ*江戸の方ニ*向て足を進める中ニ*夜が明けて仕舞ひ*コ*リヤ大変と夫れから駕籠(かご)ニ*乗て面(かほ)を隠(*かく)して堀留の船宿*ヱ*来たのが其翌日の晝(*ひる)で阿*つた清水ハ*昨夜から待て居るので萬事の都合宜*しく其船宿*ヱ*二晩窃*ヱ*泊つて夫れから清水の故郷武州埼

⑫文久三年（一八六三）十一月一日。

羽生村=BCDE羽生村/て=Eて、/なん=Eなし/で=Eで、/尓=BCDEに/吉田一右エ門=A吉田一右衛門BC吉田一右衛門D吉田一右衛門E吉田一〔市〕右衛門/る=Eる、/尓=BCDEに/て=Eて、/古ゝ=BCDこゝEなし/おさ=BCDをさEなし/こ=Eなし/ひ=Eひ、/五=E五、/ヶ=ABCDケ/尓=BCDEに/尓=BCDEに/き=Eき、/ハ=BCDEは/凢=B凡CD凡E凡/尓=BCDEに/尓=BCDEに、/ニ=BCDEに/し=Eし、/保=E保、/下=E下、/て=Eて、/尓ハ=BCDEには/肥後七左エ門=A肥後七左衛門BC肥後七左衛門D肥後七左衛門E肥後七左衛門、/南部弥八=BCD南部彌八E南部彌八〔郎〕/末。=A末、BCD末E末、/志れハ=B志れはCDEこれは/可゙=ABCDEが/ゐ=Eなし/ハ志な以=BCDEはしない/て=Eて、/ニ=BCDEに/尓=BCDEに/。=BCD、/以=A以Eい、/つか=Eなし/可゙=ABCDEが/は=Eなし/以。=BCDEい。/ハ=BCDEは/も=Eも、/。=BCD、/尓=BCDEに/尓=BCDEに/る=Eる。/て=Eて、/い=A以Eい。/が=Eが、/と=Eと、/案=BCD案E索E′案/尓=BCDEに/餘つて=BCD餘てE餘つて、/川本幸民=BCDE川本幸民/ハ=BCDEは/阿=BCDEあ/ら=Eら、/ニ=BCDEに/まか=Eなし/ニ=BCDEに/が=Eが、/に=Eに、/ソリヤ=Eソリャ/宜=BCD宜E宜/ふ=BCDうEう、/阿り=BCDEあり/尓=BCDEに/明かして=BCD明してE明かして/宜=BCDE宜/ふ=BCDうEう、/で=Eで、/決=BC決D決E決/ニ=BCDEに/て=Eて、/ハ=BCDEは/な尓=BCDなにEなし/か=Eなし/る=Eる、/が=Eが、/決=BC決D決E決/尓=BCDEに/て=Eて、/嶋=ACDE島/ば=Eなし/す=Eす。/ハ=BCDEは/尓=BCDEに/て=Eて、/ハ=BCDEは/ニ=BCDEに/以=BCDEい/聞以た=BCD聞たE聞いた/が=Eが、/ハ=BCDEは/保=E保、/う=Eう。

玉郡羽生村まで二人を連れて来て其處も何だか氣味が悪いと云ふので又その清水の親類で奈良村尓吉田一右エ門と云ふ人がある其別荘尓移して此處は極淋しい處で見付かるやうな氣遣ひはないと安心して二人とも収め込んで仕舞ひ五代は其後五六ヶ月して竊尓長崎の方尓行き松木ハ凢そ一年ばかりも其處尓居る中尓本藩の方でも松木の事を心頭ニ掛けて其所在を探索し大久保岩下重野を始めとして江戸の薩州屋敷尓ハ肥後七左エ門南部弥八など云ふ人が様々周旋の末。志れハ清水卯三郎可゙知て居ハ志な以かと思ひ付て清水の處ニ尋ね尓来た。所が清水はドウも怖くて云はれない不意と捕まへられて首を斬られるのではなからうかと思て真実可゙吐かれな以。一應ハ唯知らぬと答へたれども薩摩の方では中々疑て居る様子。爾うかと思ふと時としては幕府の方からも清水の家尓尋ね尓来るソコで清水も当惑して如何しやうとも考へが付かない殺さないなら早く出して遣りたいが殺すやうな事なら今まで助けて置たものだから出したくないと自分の思案尓餘つて夫れから江戸の洋学の大家川本幸民先生ハ松木の恩師で阿るから此大先生の意見ニ任せやうと思て相談ニ行た所が先生の説に「ソリヤ出すが宜からふ薩藩人が爾う云ふなら有のまゝ尓明かして渡して遣るが宜からふマサカ殺しもしなからうと云ふのでソコで始めて決断して清水の方から薩人ニ通知して実ハ初めから何も斯も自分が世話をした事で一切知て居る早速御引渡し申すが只約束は決して本人を殺さぬやう尓と念を押してソコデ松木が始めて薩人尓面會して此時から松木弘安を改めて寺嶋陶藏と化けたのです⑬右の一条ハ薩州の方でも甚だ秘密尓して事実を知て居る者ハ藩中ニ唯七人しかな以と清水が聞以たさうだが其七人とハ多分大久保岩下なぞでせう

福翁自傳（三十二）歐羅巴各國に行く（七）時事新報明治三十一年十月十六日（日）

ハ＝BCDEは／ニ＝BCDEに／り＝Eり、／ゐ＝BCDいEい、／た＝Eた、／が＝Eが、／エ＝ABC衛DE衛／ニ＝BCDEに／て＝Eて、／が＝Eが、／まへ＝Eなし／ょ＝BCDEに／ハ＝BCDEは／ゐ＝BCDEい／ふ＝Eふ。／ハ＝BCDEは／ニ＝BCDEに／ゐ＝BCDEい／た＝Eた。／ょ＝BCDEに／て＝Eて、／志＝ABCDEし／が＝Eが、／か＝Eか。／ょ＝BCDEに／る＝Eる。／ょ＝BCDEに／か＝Eか。／ょ＝BCDEに／る＝Eる、／ょ＝BCDEに／ょ＝BCDEに／此家(こゝ)ょ＝BCD此處(こゝ)にE此家(こゝ)に／か＝Eか。／宜ゐとも＝BCD宜(よ)いともE宜いとも、／大宜(おほよ)＝BC大宜(にほよ)DE大宜(おほよ)／だ＝Eだ。／憚(はゞ)る＝ABCD憚(はゞか)るE憚る／古＝CDEこ／ゐ＝BCDいEい、／構(かま)＝BCD構(かま)E構／ゐ＝ABCDいEい、／す＝Eなし／ょ＝BCDEに／ね＝BCDあEなし／ひゐ＝AひたゐBCDEひたい／と＝Eと、／た＝Eた。／ニ＝BCDEに／めゐど＝BCDめいどEなし／ニ＝BCDEに／遭つた＝BCD遭(あつ)た／て＝Eて、／て＝Eて、／ゐつ志よ＝BCDいつしよEなし／ょ＝BCDEに／古と＝AB古とDEこと／バ＝BCDEば／分つて＝B分(わか)てCD分(わかつ)て／仕舞つた＝BCD仕舞(しまつ)たE仕舞つた。／ょ＝BCDEに／が＝Eが、／ょ＝BCDEに／て＝Eて、／ょ＝BCDEに／バ＝ABCDばEば、／白銀臺町＝BCD白銀臺町(しろかねだいまち)E白銀〔金〕臺町(しろがねだいまち)／ょ＝BCDEに／曹某(さう)＝BCDE曹 某(さうなにがし)／る＝Eる、／嶋＝ACDE島／で＝Eで、／ょ＝BCDEに／ひそ＝Eなし／ふ＝Eふ。／て＝Eて、／ょ＝BCDEに／ょ＝AニBCDEに／才＝A第BCD第(だい)E第／遣つて＝BCD遣(やつ)てE遣つて、／ょ＝BCDEに／き＝Eき、／ひる＝BCD晝(ひる)／ょ＝BCDEに／麑嶋＝AE鹿児島B麑嶋(かごしま)CD麑島(かごしま)／て＝Eて、／ょ＝BCDEに／〳〵＝BC〴〵Dマダ／ゐ＝BCDEい／も＝Eも、／し＝Eし、／嶋＝ACDE島／ハ＝BCDEは／どう＝Eなし／ょ＝BCDにEに、／い、＝Aゐ。／ょ＝BCDEに／ゐ＝BCDEい／け＝Eけ。／島＝B嶋／喰つて＝BCD喰(くつ)て／ば＝Eば、／志＝ABCDEし／ふ＝Eふ。／ょ＝BCDEに／島＝B嶋／ょは＝BCDにはEには、

ニ＝Eに

始めて松木ニ*逢ふ

其時ハ*既ニ*文久四年となり*四年の何月(なんげつ)かドウモ覺えなゐ*寒い時ではなかつた*夏か秋だと思ひますが*或日肥後七左ヱ*門が不意と私方ニ*来て*松木が居るが*お前(*まへ)の處ょ*来ても差支(さしつかへ)ハ*なゐ*かと云ふ*私ハ*実ニ*驚ゐ*た*去年からモウ氣ょ*なつて居て*箕作と遇(あ)ひさへすれば其噂を志*て居たが*生きて居たか*「確かょ*生きて居る*「何處ょ*居るか*「江戸ょ*居る兎ょ*角ょ*此家(*こゝ)ょ*来て宜いか*「宜ゐ*とも大宜(*おほよ)しだ*何も憚(*はゞ)る古*とはなゐ*少しも構(*かま)はなゐ*直(*す)ぐょ*逢(*ね)ひゐ*と云ふと*其翌日松木が出て来た*誠ニ*冥土(*めゐど)の人ニ*遭*つたやうな気がして*ソレカラいろ〳〵な話を聞て*清水と一緒(*ゐつ志よ*)ょなつたと云ふ古*とも分れバ*何も箇(か)も分つて*仕舞つた*其時私は新銭座ょ*居ましたが*⑭マア久振りで飲食を共ょ*して*何處ょ*居るかと聞けバ*白銀臺町ょ*曹(*さう)某と云ふ医者がある*其家は寺嶋*の内君の里(さと)なので*其縁で曹の家ょ*潜(*ひそ)んで居ると云ふ*其日は先づ其侭分れて*夫れから私は直ぐょ*箕作の處ょ*事の次才*を云て遣(*や)つて箕作も直ぐ其翌日出て来て両人同道して白銀の曹の家ょ*行(ゆ)き*三友團座ひる*から晩までいろ〳〵な事を話す其中ょ*例の麑*嶋戦争の話などもあつて*其戦争の事ょ*就てはマダ*〳〵いろ〳〵面白ゐ*事があるけれども*長くなるから此處で之を略し*扨寺嶋*の身の上ハ*如何(*どう)だと云ふょ*薩摩の方は大抵是れで宜(よろ)しいがマダ幕府の意向が分らない*けれども是れとても別段ょ*幕府の罪人でもないから爾(さ)う恐れる事もなゐ*譯け*ソコで寺島*は何をして喰*つて居るかと聞けば*今は本藩の飜訳など志*て居ると云ふ*それこれの話の中ょ*寺島が*云ふょ*はモウ〳〵鉄砲は

⑬改名はこれより後で、寺島の自伝によると、慶応二年（一八六六）七月という。⑭福澤の記憶ちがいで、この元治元年（一八六四）には新銭座から再び鉄砲洲に戻っている。

嫌だ／＼今でも乃公は鉄砲の音がドーンと鳴ると頭の中がズーンとして来るモウ嫌だぜ／＼乃公は思ひ出しても身がブル／＼ツトする夫れから又其舩の火薬庫に導火を點けるときは随分氣味の悪い話だつた、だが命拾ひをした其時懐中ニ金が二十五両あつたから其金を持て上陸したと云ふいろ／＼の話の中に英人が薩摩湾に碇泊中菓物が欲しいと云ふと薩摩人が之を進上する凡をして其機に乗じて斬込まうとして出来なかつたと云ふやうな種々様々な話がありますがそれはマア止めにして錨の話

夢中で錨を還す

其錨を切たと云ふヿは清水卯三郎が舩に乗て見て居たばかりで薩摩の人は多分知らなゐソレカラ清水が薩摩の人に遇つて那の時に英艦の方では錨を切たのだから拾ひ挙げて置たら宜からうと云た所が薩摩でも餘り氣に留めなかつたと見えて其錨は何でも漁夫が挙げたと云ふ話だ、ソレで錨は薩摩の手に這入たが二万五千磅の金を渡して和睦をした其時に英人が手軽に錨を還へして貰ゐたゐと云ふと易い事だと云て何とも思はずに古鐵でも渡す積りで返へして仕舞つた様子だが前にも云ふ通り戦争の負勝は分らなかつたのでせう何方が勝つたでもない錨を切て将官が二人死んで水兵は上陸も出来ずに帰つたと云へばマア負师。夫れから又薩摩の方も陸を荒らされて居ながら帰て行く舩を追蒐けて行くヿもせず打遣つて置いたのみならず戦争の翌朝英艦から陸ニ向て發砲しても陸から應砲もせぬと云へばこりや薩摩の負师のやうに当る、勝つたと云へば何方も勝つた負けたと云へば何方も負けた詰り勝負なしとした所で何でも錨と云ふものは大事な物であるソレを浮か／＼と還へして仕舞つたと云ふのは誠に馬鹿げた話だけれども當時の日本人が國際法と云ふヿを知らないのはマア此位なもので加之ならず本来今度の生麦事件で英

ゐや＝BCDいやEなし／く＼＝Bぐ＼E／＼、／おれ＝BおれEなし／おと＝BおとEなし／な＝Eなし／し＝ABCDEし／る＝Eる、／く＼＝Bぐ＼E／＼、／く＼＝Bぐ＼／ト＝BCDEと／る＝Eる、／舩＝BCD船E船／に＝BCDEに／、＝A。／いのちびろ＝AゐのちびろEなし／時＝E時、／ニ＝BCDEに／し＝ABCDEし／ふ＝Eふ。／に＝BCDEに／に＝AニBCDEに／菓物＝BCDE菓物／と＝Eと、／凡＝AE風BCD風／が＝ABCDEが／が＝Eが、／に＝BCDEに／話＝E話。

ヿ＝ABことCDEこと／舩＝BCD船E船／に＝BCDEに／ゐ＝BCDいEい。／に＝AニBCDEに／遇つて＝BCD遇てE遇つて、／に＝BCDEに／が＝Eが、／に＝BCDEに／て＝Eて、／、＝AE。／に＝BCDEに／が＝Eが、／に＝BCDにEに、／に＝BCDEに／還へし＝AE還しBCD還し／ゐ＝BCDEひ／ゐ＝BCDEい／と＝Eと、／に＝BCDEに／ふるかね＝BCDEふるがね／返へし＝BCD返しE返し／仕舞つた＝BCD仕舞た／が＝Eが、／に＝BCDEに／負＝BCE負／う＝Eう、／どちら＝Eどつち／勝つた＝BCD勝た／い＝AゐEい、／に＝BCDEに／帰つた＝BCD帰たE帰つた／負师。＝A負師。BCE負師、D負師、／荒らさ＝BCD荒さE荒さ／舩＝BCDE船／追蒐＝B追蒐CDE追蒐／ヿ＝ABことCDEこと／打遣つて＝BCD打遣て／置いた＝A置ゐたB置たCD置た／ず＝Eず、／ニ＝AにBCDEに／まけいくさ＝Eなし／に＝BCDEに／、＝A。CDなし／勝つた＝BCD勝た／どつち＝BCDどちらEなし／勝つた＝BCD勝たE勝つた、／負＝BCD負E負／どつち＝BCDどちらEなし／負＝BCDE負／た＝Eた、／負＝BCD負E負／し＝ABCDEし／で＝Eで、／ある＝BCDあるEある、／還へし＝BCD還しE還し／仕舞つた＝BCD仕舞た／に＝AニBCDEに／も＝Eも、／ヿ＝ABことCDEこと／で＝Eで、／しかのみ＝Aしかのミ

に=BCDEに/ニ=AにBCDEに/て=Eて、/。=BC、DEなし/い。=BCDい、Eい。/柄(から)=BC柄(がら)D柄E柄/へ=Eへ、/ハ=BCDEは/ニ=BCDEに/ある=BCDあるEある。/に=BCDにEに、/おど=ACDおどEなし/に=BCDEに/おど=AおとBおどEなし/に=BCDEに/で=Eで、/ハ=BCDEは/おどし=BおどしEなし/喰(く)つた=BCD喰(くつ)たE喰つた/で=Eで、/必竟=BCD必竟(ひつきやう)E必〔畢〕竟/何(なん)にも=BCD何(なに)もE何にも/に=BCDEに/終つて=BCD終(をはつ)て/仕舞つた、=AE仕舞つた。BCD仕舞(しまつ)た、/こ=ABこ/が=Eが、/に=BCDEに/い=BCDEい/と=ABことCDEこと/る=Eる。/おど=BおどEなし/し=ABCDEし/抜(ぬい)て=BCD抜(ぬい)てE抜て、/に=BCDEに/ゐば=Eなし/は=Eは、/い=BCDいEい。/い=ABCDいEい。

ふ=Eふ。/舩=BCD船(せん)E船/の=BCDEノ/と=Eと、/の=BCDEノ/、=AE。Cなし/に=BCDEに/舩=BCD船(せん)E船/に=BCDEに/通つたが=BCD通(とほつ)たがE通つたが、/に=BCDEに/て=Eて、/益々=BCD益々(ますます)E益々/し=ABCDEし/に=BCDEに/、=AE。/に=BCDEに/。=BCD、/に=BCDEに/に=BCDEに/が=Eが、/し=ABCDEし/きうつかひ=BCEきふつかひDきふし/に=AなしBCDにEに、/に=AニBCDEに/した=ABCDしたEした。/二=E二、/に=BCDEに/チヤント=Eチヤント/やうす=Eなし/に=BCDにEに、/あ=BCDEあ/と=Eと、/とりあ=BCDとりあEなし/して=ABCDしてEして、/に=BCDEに/し=BCDEし/ら=Eら、/に=BCDEに/が=Eが、/ことき=BCDEことき/。=BCD、/ハ=BCDEは/どう=Eなし/宜(よ)=BCD宜(よ)E宜/ら=ABCDEなし/て=ABCDEで/け=Eけ。/さき=Eなし/ニ=AにBCDEに/て=Eて、/あと=BCDあとEなし/い=BCDいEい。/つめか=Eなし/て=Eて、/に=BCDEに/し=Eし、/ハ=BCDEは/つうや=Eなし/お=AEなしBお/る=Eる。/勢=BCD勢(ぜい)E勢/座(すわ)る=BCD坐(すわ)るE坐る/い=BCDEい/才で=A第でBCD第(だい)でE第で、

國が一私人殺害(せつがい)の為めに大層な事を日本政府ニ云掛けて到頭(たうとう)十二万五千磅(ポンド)取たと云ふのは理か非か。甚だ疑はしい。三十餘年前の時節柄とは云へ吾々日本人ハ今日ニ至るまでも不平である夫れから薩摩から戦の日延べを云出した其時に英公使の云振りが威嚇(おど)したにも威嚇(おど)さぬにもマア大変な剣幕で悪く云へば日本人ハ其威嚇(おどし)を喰(く)つたやうなもので必竟何(なん)にも知らずに夢中で此事が終つて仕舞つた、今ならばこんな馬鹿げた事は勿論なからうが既に其時にも亜米利加(アメリカ)人などは日本政府で拂はなければ宜(い)いがと云て居たとがある英公使は威嚇(おど)し抜(ぬい)て其上に佛蘭西(フランス)のミニストルなどが横合から出て威張(ゐば)るなんと云ふのは丸で狂気の沙汰で譯けが分らないソレで事が済んだのは今更ら何とも評論のしやうがない

変=E變

緒方先生の急病村田藏六の変態[註21]

所で京都の方では愈(いよい)よ五月十日（文久三年）が攘夷の期限だと云ふソレで和蘭(オランダ)の商舩が下の関を通ると下の関から鉄砲を打掛けた、[註22]けれども幸に和蘭舩は沈みもせずに通つたがソレがなか〳〵大騒ぎになつて世の中は益々恐ろしい事になつて来た、所で其歳の六月十日に緒方洪庵先生の不幸。その前から江戸に出て来て下谷に居た緒方先生が急病で大層吐血(たいそうとけつ)したと云ふ急使(きうつかひ)に私は実に膽(きも)を潰した其二三日前に先生の處へ行てチヤント様子(やうす)を知て居るのに急病とは何事であらうと取るものも取敢(とりあ)へず即刻宅(うち)を駈出して其時分には人力車も何もありはしないから新銭座から下谷まで駈詰(かけづめ)で緒方の内(うち)に飛込んだ所がもう絶切(ことき)れて仕舞た跡。是れハマア如何(どう)したら宜(よ)からうかと丸て夢を見たやうな訳け道の近い門人共は疾(と)く先(さき)ニ来て後(あと)から来る者も多い三十人も五十人も詰掛(つめか)けて外に用事もなし今夜ハ先づお通夜(つうや)として皆起(お)きて居る所が狭い家だから大勢座(すわ)る處もないやうな次才

で其時は恐ろしい暑い時節で坐敷から玄関から臺所まで一杯人が詰つて私は夜半玄関の敷臺の處に腰を掛けて居たら其時に村田藏六（後ニ大村益次郎）が私の隣に来て居たから「オイ村田君＝君ハ何時長州から帰て来たか「此間帰た「ドウダエ馬関でハ大変な事を遣たぢやないか何をするのか氣狂共が呆返つた話ぢやないかと云ふと村田が眼に角を立て「何だと、遣つたら如何だ如何だッて此世の中に攘夷なんて丸で氣狂ひの沙汰ぢやないか「氣狂ひとは何だ怪しからん事を云ふな。長州ではチャント國是が極まつてある あんな奴原に我侭をされて堪るものか殊に和蘭の奴が何だ小さい癖に横風な面して居る之を打攘ふのは当然だモウ防長の士民は悉く死尽しても許しはせぬ何處までも遣るのだと云ふ其剣幕ハ以前の村田でハない実ニ思掛けもない事で是れは変なことだ妙なことだと思ふたから私は宜加減に話を結んで夫れから箕作の處に来て大変だ〳〵村田の剣幕は是れ〳〵の話だ実に驚いた、と云ふのは其前から村田が長州に行たと云ふヿを聞て朋友は皆心配してあの攘夷の真盛りに村田が其中ニ呼込まれては身が危いどうか怪我のないやうにしたいものだと寄ると觸ると噂をして居る其處ニ本人の村田の話を聞て見れバ今の次才。実ニ譯けが分らぬ一体村田は長州に行て如何にも怖いと云ふヿを知てさうして攘夷の仮面を冠つて態とりきんで居るのだらうか本心からあんな馬鹿を云ふ氣遣はあるまい、どうも彼の氣が知れない——さうだ実に分らない事だ兎ニも角にも一切彼の男の相手になるな下手な事を云ふとどんな間違ひになるか知れぬから暫く別ものにして置くが宜いと箕作と私と二人云合して夫れから外の朋友にも村田は変だ。滅多な事を云ふな。何をするか知れないからと氣を付けた是れが其時の実事談で今でも不審が晴れぬ當時村田ハ自身防禦の為めに攘夷の假面を

い＝BCDEい／あつ＝ABCDあつEなし／で＝Eで、／坐＝BC坐D座E座／詰つて＝BCD詰てE詰つて、／に＝BCDEに／ら＝Eら、／に＝BCDEに／村田藏六＝BCDE村田藏六／ニ＝BCDEに／が＝ABCDEが／に＝BCDEに／ら＝Eら、／‖＝AE‖BCD——／ハ＝BCDEは／いつ＝ABCDいつEなし／か＝Eか。／た＝Eた。／ハ＝BCDEは／か＝Eか。／きちがいども＝ABCDきちがひどもEなし／が＝Eが、／あきれ＝ABCDあきれEなし／返つた＝BCD返たE返つた／と＝Eと、／に＝BCDEに／て＝Eて、／なん＝Eなし／遣つた＝BCD遣た／どう＝Eなし／だ＝Eだ。／如何＝BCD「如何E「如何／て＝Eて、／に＝BCDEに／か＝Eか。／だ＝Eだ、／怪し＝ABCD怪しE怪し／。＝BCD、／チヤント＝DチヤンとEチヤント／こくぜ＝Eなし／が＝ABCDEが／ある＝BCDあるEある。／に＝BCDEに／か＝Eか。／に＝BCDEに／だ＝Eだ、／に＝BCDEに／つら＝Eなし／る＝Eる。／当然＝BCD當然／だ＝Eだ。／しにつく＝AしにつくBCDEしにつく／ゆる＝Eなし／ぬ＝Eぬ、／ハ＝BCDEは／ハない＝BCDはないEはない。／ニ＝BCDEに／おもひか＝BにもひがCDおもひがEなし／い＝BCDEい／で＝Eで、／へん＝AEなし／ことだ＝CDことだEことだ、／こ＝CDEこ／ら＝Eら、／いいかげん＝BCDEいゝかげん／に＝BCDEに／むす＝Eなし／で＝Eで、／に＝BCDEに／て＝Eて、／たいへん＝ABCDたいへんEなし／〳〵＝E〳〵、／だ＝Eだ、／に＝AニBCDEに／ヿ＝ABことCDEこと／て＝Eて、／して＝ABCDしてEして、／に＝BCDEに／ニ＝BCDEに／い＝AいEい、／にし＝AにしBCDEにし／と＝Eと、／よ＝Eなし／さは＝BCDさはEなし／うはさ＝AEなしBCDうはさ／ニ＝AにBCDにEに、／バ＝BCDEば／才。＝A第。BCD第、E第、／ニ＝AにBCDEに／が＝ABCDEが／ぬ＝Eぬ。／に＝AニBCDEに／いか＝BCDEいか／に＝BCDEに／ヿ＝ABことCDEこと／て＝Eて、／冠つて＝BCD冠て／り＝ABCDEり／か＝Eか、／あ＝BCDEあ／い＝AいEい／あれ＝BCDEあれ／い＝AいEい。／‖＝BCD「／だ＝Eだ、／に＝BCDEに／だ＝Eだ。／ニ＝AにBCDEに／に＝BCDEに／彼＝BCDE彼／に＝BCDEに／な＝Eな。／に＝BCDEに／ら＝Eら、／べつ＝Eなし／に＝BCDEに／が＝ABCDEが／宜いと＝BC宜いとD宜いとE宜いと、／て＝Eて、／にも＝BCDにもEにも、／へん＝Eなし／。＝BCDE、／めつた＝Eなし／。＝ABCDE、／た＝Eた。／で＝Eで、／が＝ABCDEが／ぬ＝Eぬ。／ハ＝BCDEは／に＝BCDEに／めん＝DかめんEなし

冠つて=BCD冠てE冠つて／か=Eか、／ハ=BCDEは／ょ=BCDEに／て=Eて、／な=Eなし／さら=Eなし／で=Eで、／ょ=BCDEに／が=Eが、／ぉ=ABCDEし／萍=BCDE坪／は=Eは、／かれ=Eなし／ょ=BCDEに／ソーツ=Eソーッ／棄置=B棄置CDE棄置／と=AB古とCDEこと／す=Eす。

自傳才九（封筒表）

福翁自傳（三十三）歐羅巴各國に行く（八）時事新報明治三十一年十月十九日（水）

癸亥=B 癸 亥CDE 癸 亥／で=Eで、／ひ=Eひ、／ょ=BCDEに／たゐさう=ABCDたいさうEなし／もうしだ=BまうしだCDまをしだEなし／ぉ=ABCDEし／ょ=BCDEに／ふ=Eふ、／雉=A難B難CD難E難／云たらば=BCD云ふたらばE云たらば、／た=Eた。／ょ=BCDEに／ら=Eら、／る=Eる。／た=Eた、／ょ=BCDEに／遣つた=BCD遣たE遣つた。／ょ=BCDEに／と=Eと、／ゐつち=ABCDEあつち／ぉ=ABCDEし／第=A弟BCD第E第、／ょ=BCDEに／分つて=BCD分て／、=AE。／柬=AE翰BCD翰／ょ=BCDEに／古=CDEこ／い、=Aゐ。／ょ=BCDEに／ょ=BCにDはEに、／て=Eて、／ょ=BCDEに／く=Eく。／ょ=BCDEに／斯様々々=BCD斯様々々E斯様々々、／ょ=BCDEに／、=A。Dなし／を=Eを、／ょ=BCDEに／薄葉=B薄葉CDE薄葉／ょ=BCDEに／かきぉる=BCDEかきしる／た=Eた。／ょ=BCDEに／ょ=BCDEに／い=AゐEい。／ょ=BCDEに／ょぉ=AょしBCDEにし／ゔ=ABCDがEが、／、=AE。／一日=BCD一日／。=BCD、／とょ=A古とょB古とにCDEことに／る=Eる。／ょ=BCDEに／起つた=B起たCD起た／頭=BCD頭E頭、／で=Eで、／脇屋卯三郎=BCDE脇屋卯三郎／た=Eた。／で=Eで、／ょ=AニBCDEに／て=Eて、／ニ=BCDEに／遣つた=BCD遣た／ゔ=ABCDがEが、／ょ=BCDEに／、=AE。／ょ=BCDEに

冠*つて居たのか*又*ハ長州ょ*行て*どうせ毒を舐*めれば皿*までと云ふやうな訳けで*本当ょ*攘夷主義ょ*なつたのか分りませぬが*何ぉ*ろ私を始め箕作秋萍*其外の考は*一時彼**ょ驚かされて其侭ソ*ーツと棄置*たとが*あります*

文久三年癸亥*の歳は一番喧しい歳で*日本では攘夷をすると云ひ*又英の軍艦は生麦一件ょ*就て大造*な償金を申出だ**ぉて幕府ょ*迫ると云*ふ外交の雉*局と云*たらば恐ろしい怖い事であつた其*時ょ*私は幕府の外務省の飜訳局ょ*居たから其*外國との往復書翰は皆見て悉く知て居る*即ち英佛其他の國々から斯う云ふ書翰が来た*ソレょ*對して幕府から斯う返辞を遣*つた又此方から斯う云

寫=E寫

外交機密を寫*取る

ふ事を諸外國の公使ょ*掛合付けると彼*方*から斯う返答ぉ*て来たと云ふ次*第即ち外交秘密が明ょ**分つて居なければならぬ筈、*勿論其外交秘密の書柬*を宅ょ*持て帰る古*とは出来ない、*けれども役所ょ*出て飜訳するか或は又外國奉行の宅ょ*行て飜訳するときょ*私はちやんとソレを諳記して置て*宅ょ*帰てから其大意を書て置く*例へば生麦の一件ょ*就て英の公使から来た其書翰の大意は斯*様々々ソレょ*向て此方から斯う返辞を遣はしたと云ふ其大意、*一切外交上往復した書翰の大意を*宅ょ*帰ては薄葉の罫紙ょ**書記して置た*ソレは勿論ザラょ*人ょ*見せられるものではない*唯親友間の話の種ょ*する位の事ょ*ぉて置たゔ*随分面白いものである、*所が私は其書付を一*日不意と焼て仕舞た。*焼て仕舞たと云ふとょ*就て話がある其*時ょ*何とも云はれぬ恐ろしい事が起*つた、と云ふのは神奈川奉行組頭*今で云へば次官と云ふやうな役で**脇屋卯三郎[註23]と云ふ人があつた*其人は次官であるから随分身分のある人で*其人の親類が長州ょ*在て*之ニ*手紙を遣*つた所ゔ*其手紙を不意と探偵ょ*取られた、*其手紙は普通の親類ょ*遣る手紙であるから何でもない事

で其文句の中に誠に穏かならぬ御時節柄で心配の事だ、どうか明君賢相が出て来て何とか始末をしなければならぬ云々と書いてあつた、ソコで幕府の役人が此手紙を見て何々天下が騒々敷しい、ドウカ明君が出て始末を付けて貰ふやうにしたいと云へば是れは公方様を蔑ろにしたものだ即ち公方様を無きものにして明君を欲すると云ふ所謂謀反人だと云ふ説になつて直ぐに脇屋を幕府の城中で捕縛して仕舞つた丁度私が城中の外務省に出て居た日で大変だ今脇屋が捕縛されたと云ふ中に縛られては居ないが同心を見たやうな者が付て脇屋が廊下を通つて行た何れも皆驚いて

脇屋卯三郎の切腹

脇=E脇

神奈川の組頭が捕まへられたと云ふは何事だと云て其翌日になつて聞た所が今の手紙の一件で斯う〳〵云ふ嫌疑ださうだと云ふ夫れから脇屋を捕まへると同時に家捜しをしてさうして其伜当人は傳馬町に入牢を申付けられ何かタワイもない吟味の末牢中で切腹を申付けられた其時に検視に行た高松彦三郎と云ふ人は御小人目附[註24]で私の知人だ傳馬町へ検視には行たが誠に氣の毒であつたと後で彦三郎が私に話しましたソコで私も脇屋卯三郎がいよ〳〵殺されたと云ふヿを聞て酷く恐れた其恐れたと云ふのは外ではない明君云々と云た丈けの話で彼れが傳馬町の牢に入れられて殺されて仕舞ふた爾うすると私の書記して置たものは外交の機密に係る恐ろしいものである若し之れが分りでもすれば直ぐに牢に打込まれて首を斬られて仕舞ふに違ひないと斯う思つたから其時は私は鉄砲洲に居たが早々其書付を焼て仕舞つたけれども何分氣になつて堪らぬと云ふのは私が其書付の寫しか何かを親類の者に遣つたヿがある夫れから又肥後の細川藩の人にソレを貸したヿがある[註25]貸した其時にアレを寫しはしなかつたらうかと如何も氣になつて堪らない、と云て今頃からソレを

で=Eで、／に=AニBCDEに／柄=BC柄D柄E柄／、=A。／し=ABCDEし／書いて=BC書てD書いてE書いて／、=AE。Dなし／て=Eて、／何々=BCD何々E何々、／敷しい、=A敷い、BCD敷い、E敷い、／にし=AにしBCDEにし／ば=Eば、／ないがし=BCDEないがし／にし=AにしBCDEにし／だ=Eだ、／にし=AにしBCDEにし／に=BCDEに／て=Eて、／に=BCDEに／仕舞つた=A仕舞たBCD仕舞たE仕舞つた。／に=BCDEに／で=Eで、／だ=Eだ、／に=BCDにEに、／通つて=BCD通て／た=Eた。／て=Eて、／て=Eて、／に=BCDEに／が=Eが、／ふ=Eふ。／に=BCDEに／家捜し=D家捜E家捜し／して=ABCDしてEして、／に=BCDEに／れ=Eれ、／い=BCDEい／末=BCD末E末、／て=ABCDEで／け=BCDなし／た=Eた。／に=BCDEに／に=BCDEに／高松彦三郎=BCDE高松彦三郎／御小人目附=A御小人目付B御小人目付CDE御小人目付／だ=Eだ。／に=BCDEに／に=AニBCDEに／と=Eと、／あと=BCDあとEなし／に=BCDEに／た=Eた。／脇=BCDE脇／が=ABCDEが／ヿ=ABことCDEこと／ひど=Eなし／た=Eた、／い=AいEい、／彼れ=BCD彼E彼れ／に=BCDEに／仕舞ふた=BCD仕舞たE仕舞ふた、／かきしる=ABCDかきしるEなし／し=ABCDEし／に=BCDEに／る=Eる、／之れ=BこれCDEこれ／に=BCDEに／打込=B打込CD打込／に=BCDEに／思つた=BCD思た／ら=Eら、／に=BCDEに／が=Eが、／仕舞つた=BCD仕舞た／も=Eも、／に=BCDEに／は=Eは、／し=ABCDEし／に=BCDEに／遣つた=BCD遣た／ヿ=ABことCDEこと／る=Eる、／に=BCDEに／し=ABCDEし／ヿ=ABことCDEこと／る=Eる、／に=BCDEに／し=ABCDEし／どう=Eなし／に=BCDEに／い、=Aい、／いまごろ=AいまごろBCDいまごろEなし

に=BCDEに／に=BCDEに／る=Eる、／に=BCDEに／焼いて=A焼いてBCD焼て／。=BCDE、／で=Eなし／こ=Eなし／に=BCDEに／に=BCDEに／思ふて=BCD思て／に=BCDEに／た=Eた。／に=AニBCDEに／に=BCDEに／で=Eで、／に=BCDEに／て=Eて、／ニ=BCDEに／ニ=BCDEに／こ=CDEこ／に=BCDEに／も=Eも、／まつねん=Eなし／にハ=BCDEには／決=BC決D決E決／さ=Eなし／い=AいEい、／作つた=BCD作たE作つた／で=Eで、／五=E五、／ハ=BCDはEは、／ニ=AにBCDEに／くび=Eなし／肩債=BC負債D負債E負債／脊肩=BCE背負D背負／ら=Eら、／ニ=BCDEに／に=BCDEに／ず=Eず、／悪い=BCD悪いE悪い／こゝろもち=BCDこゝろもちEなし／た=Eた。／脇=BCDE脇／ニ=BCDEに／くら=Eなし／い=BCDいEい、／やつ=Eなし／が=ABCDEが／に=BCDにEに、／い=BCDEい／ハ=BCDEは／うま=Eなし／。=ABCE、Dなし／い=BCDEい／ニ=BCDEに／ハ=BCDEは／こ=CDEこ／いか=AいかBCDいかEいか、／いか。=Aいか。BCいか、DいかEいか。／ハ=BCDEは／ニ=BCDEに／い=ABCDいEい、／う=Eう。／ハ=BCDEは／ニ=BCDEに／難有い=A難有い。B難有いCD難有い、E難有い。／ハ=BCDEは／き=Eき、／あ=BCDあEなし／書いた=A書いたBCD書たE書いた／バ=ABCDばEば、／ハ=BCDEは／分つて=BCD分てE分つて、／に=BCDEに／り=Eり、／い=BCDEい／あるが=AあるがBCDあるがEあるが、／に=BCDEに／にハ=AにはBCDEには／が=Eが、／ニ=AにBCDEに／誰れか=BCD誰かE誰か／があ=AがあBCDEがあ／い=BCDEい／す=Eす。

り=Eり、／の=BCDEノ／舩=BCD船E船／く=Eく、／に=BCDEに／ば=Eば、／に=BCDEに／で=Eで、／に=BCDEに／捩込=BC捩込DE捻込／で=AてEで、／ことに=AことにBことにCDEことに／て=Eて、／に=BCDEに／ことに=AことにBことにCDEことに／、=AE。Dなし

荒立てゝ聞きに遣れば又其手紙が邪魔になる既に原本は焼いて仕舞たが其寫しなどが出て呉れなければ宜いが。出て来られた日には大変な事になると思ふて誠に氣懸りであつた所が幸に何事もなく王政維新になつたので大きに安堵して今では颯々とそんな事を人ニ話したり此通りニ速記することも出来るやうになつたけれども幕府の末年にハ決して爾うでない自分から作つた災で文久三年亥歳から明治元年まで五六年の間と云ふものハ時の政府ニ對して恰も首の肩債を脊肩ながら他人ニ言はれず家内にも語らず自分で自分の身を窘めて居たのは随分悪い心持でした脇屋の罪ニ較べて五十歩百歩でない外交機密を漏した奴の方が餘程の重罪なるに其罪の重い方ハ旨く免かれて。何でもない親類ニ文通した者ハ首を取られたこそ気の毒ではないか無惨ではないか。人間の幸不幸ハ何處ニ在るか分らない所謂因縁でせう此一事でも王政維新ハ私の身の為めニ難有い夫れハ扨置き今日でも彼の書いたものを見れバ文久三年の事情ハよく分つて外交歴史の材料にもなり頗る面白いものであるが何分にも首にハ易へられず焼て仕舞たが若しも今の世の中ニ誰れか持て居る人があるなら見たいものと思ひます

関=E關

下ノ関の攘夷 註26

夫れから世の中はもう引續いて攘夷論ばかり長州の下の関では只和蘭船を撃つばかりでなく其後亜米利加の軍艦にも発砲すれば英吉利の軍艦にも発砲すると云ふやうな訳けで⑮到頭その尻と云ふものは英佛蘭米四ヶ國から幕府に捩込んで三百万円の償金を出せと云ふことになつて捫着の末遂に其償金を拂ふことになつた、けれども國内の攘夷論はなか〳〵収まりが付か

⑮長州藩が下ノ関で砲撃した外国船はアメリカ商船、フランス軍艦、オランダ軍艦である。

ないで到頭仕舞尓は鎖國攘夷と云ふ古とを云はず尓新尓鎖港と云ふ名を案志゛出志てソレで幕府から態々池田播磨守⑯と云ふ外國奉行を使節と志て註27佛蘭西まで鎖港の談判尓遣はすと云ふやうな騒ぎで一切滅茶苦茶、暗殺は殆んど毎日の如く実尓恐ろしい世の中尓なつて仕舞つた、爾う云ふ時勢であるから私は唯一身を慎んでドウでも志て災を遁れさへすれば宜いと云ふ古と尓心掛けて居ました兎尓角尓癸亥の前後と云ふものは世の中は唯無闇尓武張るば可り其武張ると云ふのも自から由来が阿る。徳川政府は行政外交の局尓当つて居るから據ろなく開港説——開國論を云はなけれバならぬ又行はなければならぬ、けれども其幕臣全体の有様はドウだと云ふとソリヤ鎖國家の巣窟と云ても宜い有様で四面八方ドッチを見ても洋学者などの頭を擡げる時代でない當時少しく

剣術の全盛

剣=AE劍

世間尓向くやうな人間は悉く長大小を横へる。夫れから江戸市中の剣術家は幕府尓召出されて註28巾を利かせて剣術大流行の世の中ニなると其凡ハ八方ニ傳染して坊主までも体度を改めて来た元来其坊主と云ふものは城内尓出仕して大名旗本の給仕役を勤める所謂茶道坊主であるから平生は短い脇差を挾して大名尓貰つた縮緬の羽織を着てチヨコ〱歩くと云ふのが是れが坊主の本分で阿るの尓世間可゛武張ると此茶道坊主までが妙な凡尓なつて長い脇差を挾して坊主頭を振り立てゝ居る奴が阿る又當時流行の羽織はどうだと云ふと御家人旗本の間尓は黄平の羽織尓漆紋、それは昔し〱家康公が関ケ原合戦の時尓着て夫れから水戸の老公が始終ソレを召して居たとか云ふやうな云傳へでソレが武家社會一面の大流行。ソレカラ江戸市中七夕の飾り尓ハ笹尓短冊を付けて西瓜の切とか瓜の張子とか團扇とか云ふものを弔すのが江戸の風である所が武道一偏攘夷の世の中であるから

で=Eで、／尓=BCDEに／古と=AB古とCDEこと／尓=BCDEに／尓=AニBCDEに／志゛=ABCDEじ／志て=ABCDしてEして、／態々=BCD態々E態ゝ／池田播磨守=BCDE池田播磨守／志=ABCDEし／尓=BCDEに／つ可=ABCDつかEなし／で=Eで、／、=A。／く=Eく、／尓=BCDEに／尓=BCDEに／仕舞つた、=AE仕舞つた。BCD仕舞た、／さ=Eなし／勢=BCD勢E勢／ら=Eら、／志=ABCDEし／の可゛=ABCDEのが／古と尓=A古と尓B古とにCDEことに／た=Eた。／尓=BCDEに／尓=BCDEに／癸亥=B癸亥CD 癸亥／は=Eは、／むやみ=Eなし／尓=BCDEに／可り=BCDかりEかり。／阿る。=BCDあるEある。／尓=BCDEに／当つて=BCD當てE當つて／よんど古=AよんBCDEよんどこ／バ=BCDEば／ぬ=Eぬ、／と=Eと、／ソリヤ=Eソリャ／で=Eで、／志めんはつぱふ=BCDしめんはつぱうEなし／ドッチ=Dドッチ／阿たま=BCDあたまEなし／もた=Eなし／い=AゐEい。／尓=BCDEに／なかたゐせう=ABCDEながだいせう／よ古た=BCDEよこた／。=ABCD、／尓=BCDEに／めしゐだ=BCDめしだEなし／はゞ=Eなし／き=Eなし／て=Eて、／ニ=BCDEに／と=Eと、／凡ハ=A風ハBCD風はE風は／ニ=A尓BCDEに／体度=BCDE體度／た=Eた。／尓=BCDEに／つと=Eなし／ら=Eら、／尓=BCDEに／貰つた=BCD貰たE貰つた／チヨコ=Eチョコ／阿る=BCDあるEなし／阿=ABCDEあ／尓=BCDにEに、／可゛=ABCDEが／凡尓=A風尓BCD風にE風に／て=Eて、／阿る=ABCDあるEある。／と=Eと、／尓=BCDEに／きひら=ABCDEきびら／尓=BCDEに／で=Eで、／。=ABC、Dなし／かざ=CかがEなし／尓ハ=BCDにはEには、／さゝ=Eなし／尓=BCDEに／たんざく=Eなし／すゐ可=AすいかBすいくわCDすゐくわEなし／きれ=Eなし／うり=Eなし／弔す=BCD弔すE弔す／ふう=Eなし／る=Eる。／ら=Eら、

張子の太刀とか兜とか云ふやうなものを弔すやう尓なつて全体の人氣がすつかり昔の武士風尓なつて仕舞つた迚も是れでは寄付きやうがない

ソコで私は只独りの身を慎むと同時尓是れはドウ志たつて刀は要らない、馬鹿々々しい刀は賣て仕舞へと決断して私の處尓はそんな尓大小などは大層もありは志ないがソレでも五本や十本はあつたと思ふ神明前の田中重兵衛と云ふ刀屋を呼で悉く賣拂つて仕舞つたけれども其時分はマダ双刀を挾さなければならぬ時であるから私の父の挾して居た小刀即ち社衦を着るとき挾す脇差の鞘を少志長くして刀ニ仕立て夫れから神明前の金物屋で小刀を買て短刀作りニ拵へて唯印し丈けの脇差尓挾すヿ尓志てアトは残らず賣拂て其代金は何でも二度尓六七十両請取つたヿは今でも覺えて居る即ち家尓傳はる長以脇差の刀ニ化けたのが一本、小刀で拵へた短以脇差が一本それ切で外尓は何尓もない、さうして小さくなつて居るばかり私は少年の時から大坂の緒方の塾尓居るときも戯尓居合を抜いて随分好きで阿つたけれども世の中ニ武藝の話可流行すると同時尓居合刀はすつかり奥尓仕舞ひ込んで刀なんぞは生れてから挾すばかりで抜た古ともなければ抜く法も知らぬと云ふやうな凡をして唯用心尓用心して夜分ハ決して外ニ出ず凡そ文久年間から明治五六年まで十三四年の間と云ふものは夜分外出志たヿがない其間の仕事は何だと云ふと唯著書飜訳尓のみ屈托して歳月を送つて居ました

刀剣を賣拂ふ

剣＝E劍

はりこ＝Eなし／たち＝Eなし／かぶと＝Eなし／弔す＝BCD弔すE弔す／尓＝BCDEに／て＝Eて、／人氣＝BC人氣／尓＝BCDEに／仕舞つた＝BCD仕舞た仕舞つた。／い＝A以Eい。尓＝BCDにEに、／志＝ABCDEし／い、＝A以。／い＝A以Eい、／決＝BC決D決E決／て＝Eて、／尓＝BCDEに／尓＝BCDEに／志＝ABCDEし／が＝Eが、／ふ＝Eふ、／田中重兵衛＝BC田中重兵衛D田中重兵衛E田中重兵衛／で＝Eで、／賣拂つて＝BCD賣拂て／仕舞つた＝BC仕舞たE仕舞つた。／双刀＝ABCD双刀E雙刀／ら＝Eら、／小刀＝ABC小刀D小刀E小刀、／かみしも＝Eなし／さ＝AEなし／脇＝BCD脇E脇／さや＝Eなし／志＝ABCDEし／く＝Aなし／かたな＝Eなし／ニ＝BCDEに／した＝Eなし／て＝Eて、／こがたな＝Aこかたな／ニ＝BCDEに／て＝Eて、／志る＝BCDEしる／た＝BCDだEなし／脇＝BCD脇E脇／尓＝BCDEに／ヿ＝AB古とCDEこと／尓志て＝A尓してBCDにしてEにして、／て＝Eて、／尓＝BCDEに／六＝E六、／請取つた＝BCD請取た／ヿ＝AB古とCDEこと／る＝Eる。／尓＝BCDEに／以＝BCDい／脇＝BCD脇E脇／かたな＝Eなし／ニ＝A尓BCDEに／ば＝Eなし／、＝Dなし／こがたな＝Eなし／以＝BCDEい／脇＝BCD脇E脇／本＝E本、／尓＝BCDEに／何尓も＝AE何もBCD何も／い、＝A以。DいEい。／り＝Eり。／坂＝BCDE阪／尓＝BCDEに／も＝Eも、／戯尓＝A戯れ尓BCD戯にE戯に／抜いて＝A抜以てBCD抜てE抜いて、／す＝Eなし／阿＝BCDEあ／も＝Eも、／ニ＝BCDEに／可＝ABCDEが／尓＝BCDにEに、／尓＝BCDEに／で＝Eで、／古＝CDEこ／凡＝AE風BCD風／て＝Eて、／尓＝BCDEに／ハ＝BCDEは／決＝BC決D決E決／ニ＝BCDEに／出ず＝A出すE出ず、／五＝E五、／三＝E三、／は＝Eは、／志＝ABCDEし／ヿ＝AB古とCDEこと／がない＝Aがな以BCDはないEがない。／と＝Eと、／尓＝BCDEに／托＝BCD託E託／送つて＝B送てCD送て／た＝Eた。

⑯池田筑後守長発のこと。

再度米國行

夫れから慶応三年尓なつて又私は亜米利加(アメリカ)尓行た是れで三度目の外國行(ぐわいこくかう)、慶応三年の正月二十三日尓横濱を出帆して今度の亜米利加行尓就ても亦なか〳〵話がある、と云ふのは先年亜米利加の公使ロベルト・エーチ・プライン[註1]と云ふ人が来て居て其時尓幕府で軍艦を拵えなければならぬと云ふヿで亜米利加の公使尓其買入方を頼んで数度(すど)尓渡志た其金高は八十万弗さうして追々尓其軍艦が出来て来る筈、ソレで文久三四年の頃冨士山と云ふ舩が一艘出来て来て[註2]其價は四十万弗、所が其後幕府はなか〳〵な混雑又亜米利加尓も南北戦争と云ふ内乱が起つたと云ふやうな訳けで其後一向便りもない何志ろ金は八十万弗渡志た其中で四十万弗の舩が来た丈けで其後は何も来ない左りとは埒(らち)が明かぬからアトの軍艦は此方から行て請取らう其序尓鉄砲も買て来やうと云ふやうな事で其とき派遣(はけん)の委員長尓命ぜられたのは小野友五郎[註3]、此人は御勘定吟味役と云ふ役目で御勘定奉行の次席なか〳〵時の政府尓於ては権力も阿り地位も高以役人で阿る其人が委員長を命ぜられて其副長尓は松本壽太夫と云ふ人が命せられたと云ふヿは其前年の冬尓定(き)まつた夫れから私もモウ一度行て見たいものだと思て小野の家尓度々行て頼んだ何卒一緒尓連れて行て呉れないかと云た所が連れて行(ゆ)かうと云ふヿ尓なつて私は小野尓随従して行くヿ尓なりま志た其外同行の人は舩を請取るのですから海軍の人も両人ばかり又通辨の人も行きま志た此時尓は亜米利加と日本との間尓太平海(たいへいかい)の郵便舩が始めて開通志た其歳で第一着尓日本尓来たのがコロラドと云ふ舩で其舩尓乗込む[註4]前年亜米利加尓行た時

太平海の郵便 滊舩始めて通す

滊＝E汽／舩＝E船／す＝Eず

福翁自傳（三十四）再度米國行（一）時事新報明治三十一年十月二十三日（日）

尓＝BCDEに／尓＝BCDEに／た＝Eた。／、＝E。／尓＝BCDEに／濱＝BCE濱D濱(はま)／て＝Eて、／尓＝AニBCDEに／、＝AE。／は＝Eは、／ロベルト・エーチ・プライン＝BCロベルト　エーチ　プラインDロベルト、エーチ、プライン／て＝Eて、／尓＝BCDEに／え＝BCDEへ／ヿで＝Aヿとで Dことで Eことで、／尓＝BCDEに／で＝Eで、／すど＝Aなし CDすうど／尓＝BCDEに／志＝ABCDEし／弗＝BCD弗(ドルラル)E弗(ドルラル)、／尓＝BCDEに／、＝AE。／三＝E三、／頃＝E頃、／冨士山＝BC富士山D富士山(ふじさん)E富士山(ふじやま)／舩＝BCD船E船(ふね)／て＝Eて、／弗、＝AE弗。BCD弗(ドルラル)、／雑＝BCD雑、E雑(ざつ)、／尓＝BCDEに／起つた＝B起(にこつ)たCD起(おこつ)た／訳けで＝BCD譯でE譯(わけ)けで、／い＝A以Eい。／志＝ABCDEし／志＝ABCDEし／で＝Eで、／舩＝BCD船E船(ふね)／い＝A以Eい。／ら＝Eら、／此方＝BCDE此方(こつち)／う＝Eう。／尓＝BCDEに／で＝Eで、／とき＝BCD時(とき)／はけん＝Eなし／尓＝BCDEに／小野友五郎＝BCDE小野友五郎(をのともごらう)／席＝BCD席E席(せき)、／尓＝BCDEに／阿り＝BCDEあり／以＝BCDEい／阿る＝BCDEある。／て＝Eて、／尓＝BCDEに／松本壽太夫＝BCDE松本壽太夫(まつもとじゆだいふ)／せ＝BCDEぜ／とは＝ABヿとはCDことはEことは、／尓＝BCDEに／た＝Eた。／て＝Eて、／尓＝BCDEに／度々＝BCD度(ど)々E度々(どゞ)／だ＝Eだ。／何卒＝BCD何卒(どうぞ)／尓＝BCDEに／が＝Eが、／ヿ尓＝ABヿとにCDEことに／て＝Eて、／尓＝BCDEに／ヿ尓＝ABヿとにCDEことに／志た＝ABCDしたEした。／は＝Eは、／舩＝BCD船(ふね)E船／り＝Eり、／辨＝BCD辯(べん)E辯／志た＝ABCDしたEした。／尓＝BCDEに／尓＝BCDEに／舩＝BCD船(せん)E船／志＝ABCDEし／で＝Eで、／第＝BCD第(だい)E第／尓＝BCDEに／尓＝BCDEに／舩で＝BCD船(ふね)でE船で、／舩尓＝BCDE船に／む＝Eむ。／尓＝BCDEに

尓ハ=A尓ハBCDEには／ちゐ=BCちいDちひEなし／舩=BCDE船／が=Eが、／頓=BCD噸E噸／舩、=BCD船、E船、／舩=BCDE船／。=AE、BCDなし／尓=BCDEに／で=Eで、／二十二=BCD廿二／尓=BCDEに／尓=BCDEに／、=E。／違つて=BCD違て／で=Eで、／尓=BCDEに／廻はら=BCD廻らE廻ら／ら=Eら、／尓=BCDEに／て=Eて、／そ古=BCDそこEなし／瀛=BCD汽E汽／舩=BCD船E船／舩=BCD船E船／尓=BCDEに／え=BCDEへ／尓=BCDEに／て=Eて、／むかふかは=BCDむかふがはEなし／尓=BCDEに／で=Eなし／舩=BCD船E船／尓=BCDEに／て=Eて、／尓=BCDEに／紐育=BCD紐育E紐育／尓=BCDEに／き=Eき、／ワシントン=Eわしんとん／ニ=BCDEに／て=Eて、／え=BCDEへ／尓=BCDEに／た=Eた。／摸=BCD模E模／る=Eる。／古つち=ABCDこっちEなし／ら=Eら、／尓=BCDEに／志=ABCDEし／古=CDEこ／分つて=BCD分て／る=Eる。／志=ABCDEし／かみきれ=Eなし／尓=BCDEに／書ゐて=BCD書てE書いて／る=Eる。／尓=BCDEに／し=CDなし／さんかく=Eなし／かみきれ=Eなし／尓=BCDEに／阿る、=A阿る。BCDある、Eある。／尓=BCDEに／志=ABCDEし／尓=BCDEに／い=AゐEい。／志るし=BCDしるしEなし／阿る=BCDあるEある。／尓=BCDEに／尓=AニBCDEに／、=E。／尓=AニBCDEに／尓=BCDEに／志た=ABCDしたEした。／い=AゐEい、／志゛=ABCDEじ／抜いて=A抜ゐてBCD抜てE抜いて、／い=AゐEい、／志゛=ABCDEじ／だ=Eだ、／ゐ=BCDいEなし／い=AゐEい、／請取つた=BCD請取た／請取つた=BCD請取た／だ=Eだ、／尓=BCDEに／志=ABCDEし／。=ABCDE、／古=CDEこ／尓志=A尓しBCDEにし／尓=BCDEに／で=Eなし／て=Eて、／尓=BCDEに／と=Eと、／尓=BCDEに／、=BCDなしE。／い、=Aゐ。Dい／舩=BCD船E船／と=Eと、／もんく=Eなし／尓=BCDEに／尓=BCDEに／た=Eた。／志=ABCDEし／で=Eで、／が=BCDなし／隻=BCD艘E艘／ほ=Eなし／い=AゐEい。／廻つて=BCD廻てE廻つて、／て=Eて、／ストーンウォール=BCDストーンウオール

尓ハ小さな舩で海上三十七日も掛つたと云ふのが今度のコロラドは四千頓の飛脚舩、舩中の一切萬事。実尓極楽世界で二十二日目尓桑港尓着た、[註5]着たけれども今とは違つて其時分はマダ鉄道のないときでパナマ尓廻はらなければならぬから桑港尓二週間ばかり逗留して其處で太平洋瀛舩会社の別の舩尓乗替えてパナマ尓行て蒸瀛車尓乗てあの地峡を踰えて向側尓出て又舩尓乗て丁度三月十九日尓紐育尓着き華聖頓ニ落付て取敢えず亜米利加の國務卿尓遇ふて例の金の話を始めた其時の始末でも幕府の摸様が能く分る此方を出立する時から先方の談判尓は八十万弗渡志たと云ふ請取がなければならぬと云ふ古とは能く分つて居る所がどうも丸で一寸と志た紙切尓十万とか五萬とか書ゐてあるものが何でも十枚もある其中尓は而かも三角の紙切尓僅尓何万弗請取りと記して唯プラインと云ふ名ばかり書いてあるのが何枚も阿る、何の為め尓どう志て請取つたと云ふ約定もなければ何尓もない只金を請取つたと云ふ丈けの印ばかりで阿る代言流義尓行けば誠尓薄弱な殆んど無証據と云ても宜い位、ソコで其事尓就ては出発前尓随分議論しま志た却て是れが宜しい此方では一切萬事亜米利加の公使と云ふものを信志゛抜いてイヤ亜米利加の公使を信じたのではない日本の政府が亜米利加の政府を信志゛たのだ書付も要らなければ条約も要らない只口で請取つたら請取つたと云ふた丈けで沢山だ是れは只覺書尓数を記志た丈けの事。固より古んな物は證據尓志ないと云ふ風尓出やうと相談を極めて彼方へ行てから其話尓及ぶと直ぐ尓前の公使プラインが出て来た、出て来て何とも云はない、ドウですか舩を渡すなり金を渡すなりドウでも宜いと文句なし尓立派尓出掛けて来た先づ是れで安心であると志た所で此方では軍艦が一隻欲しい夫れから諸方の軍艦を見て廻つて是れが宜からうと云てストー

ンウヲールと云ふ船*ソレが日本尓*来て吾妻艦*となりま志*たらう*此甲鉄艦を買ふヿ*尓*志て其外小銃何百挺か何千挺可*買入れた註8けれども*ソレでもマダ金が彼方(あっち)尓*七*八万弗残*つて居る是*れは亜米利加の政府尓*預けて置て*其船*を廻航する尓*付て*私共は先尓*帰*つたが*海軍省から行た人は*アト尓*残*つてさうして亜米利加の船*長を独*り雇ふて此方(こっち)尓*廻航するヿ尓*なつて*ソレで事が済(す)んだ*丁度船*の日本尓*着たのは王政維新の明治政府尓*なつてから即ち明治元年であるが*①註9其事*尓就て当時会計を司つて居た*由利公正②註10さん尓*遇*つて後尓*聞た所が*ドウもあの時金を拂ふ尓*は誠尓*困*つた明治政府尓*は金がない*ドウ*やら斯(か)うやらヤット何十万弗拵え*て拂*つたと云ふ話を私が聞て*ソレは大間違ひだ*マダ幾(ゐく)らか金が餘(ゐま)つて彼方(ゐつち)尓預けてある筈だと云ふたら爾(さ)うかと云つて*由利ハ*大造驚(たいさうおどろ)ゐ*て居ました何処(ど古)*尓*ドウなつたか二重尓*金を*拂つたヿ*がある*亜米利加人が取る訳けはない*何処か尓*舞込んで仕舞ふた尓*違ひない*

吾妻艦を買ふ 註7

*吾妻=E吾妻(東)

幕府人の無法を厭ふ*安ゐ*ドルラル

ふ=Eふ、/ゐ=Eい

それは扨置き*私の一身尓*就て其時甚だ穏(おだ)かならぬ事があつた、*と云ふのは私は幕府の用を志*て居るけれども如何なヿ*幕府を佐けなければならぬとか云ふやうな事を考へた古とがなゐ*私の主義尓*すれば才*一鎖國可゛*嫌ひ、*古凨*の門閥無理壓制可゛*大嫌(だゐきら)ひで*何でも此主義尓*背く者は皆敵のやうニ*思ふから此方可゛*思ふ通りニ*先方(さき)の鎖國家古凨家も*亦洋学者を外道のやう尓*悪むだらう。*所で私可゛*幕府の様子を見る尓*全く古凨*の其まヽで少しも開國主義と思はれなゐ*。自由主義と見えなゐ*例へバ*年来政府の御用達ハ*三井八郎右衛門で*政府の用を聞くのみならず*役人等(ら)の私用をも周旋するの慣行でしたソコデ今度の米國行ニ*付ても役人可゛*幕府から手當の金を一歩銀で請取れバ*亜米利加ニ*行くとき尓*は之を洋銀の弗(ドル)ニ*替(か)へなけ

船=BCD船(ふね)E船、/**尓**=BCDEに/**吾妻艦**=BCDE東艦(あづまかん)/**志**=ABCDEし/**う**=Eう、/**ヿ**=AB古とCDEこと/**尓志て**=A尓してBCDにしてEにして、/**可**=ABCDEか/**も**=Eも、/**尓**=BCDEに/**七**=E七、/**残つて**=BCD殘(のこ)て/**る**=Eる。/**尓**=BCDEに/**て**=Eて、/**船**=BCDE船/**尓**=BCDEに/**て**=Eて、/**尓**=BCDEに/**帰つた**=BCD歸(かへつ)たE歸た/**が**=Eが、/**尓**=BCDEに/**残つて**=BCD殘(のこつ)てE殘つて、/**船**=BCD船(せん)E船/**独り**=BCD一人(ひとり)E一人/**尓**=BCDEに/**ヿ尓**=A古と尓B古とにCDEことに/**て**=Eて、/**ソレ**=BCD夫れ/**だ**=Eだ。/**船**=BCD船(ふね)E船/**尓**=BCDEに/**尓**=BCDEに/**ら**=Eら、/**が**=Eが、/**尓**=AニBCDEに/**由利公正**=BCD由利(ゆり)公正(こうせい)E由利(ゆり)公正(きみまさ)/**尓**=BCDEに/**遇つて**=BCD遇(あつ)て/**尓**=BCDEに/**が**=Eが、/**尓**=BCDEに/**尓**=BCDEに/**困つた**=BCD困(こまつ)たE困つた、/**尓**=BCDEに/**い**=AゐEい。/**ドウ**=BCD如何(どう)/**ヤット**=Eヤット/**え**=BCDEへ/**拂つた**=BCD拂(はらつ)た/**て**=Eて、/**だ**=Eだ、/**ゐく**=AEなしBCDいく/**餘(ゐま)つて**=BCD餘(あまつ)てE餘つて/**ゐつち**=BCDEあつち/**尓**=BCDEに/**ら**=Eら、/**て**=Eて、/**ハ**=BCDEは/**ゐ**=BCDEい/**た**=Eた。/**ど古**=BCDどこEなし/**尓**=BCDEに/**か**=Eか、/**尓**=BCDEに/**拂つた**=BCD拂(はらつ)た/**ヿ**=AB古とCDEこと/**る**=Eる。/**い**=AゐEい、/**尓**=BCDEに/**仕舞ふた**=BCD仕舞(しまつ)た/**尓**=BCDEに/**い**=AゐEい。

き=Eき、/**尓**=BCDEに/**おだや**=BにだやEなし/**、**=A。/**志**=ABCDEし/**も**=Eも、/**ヿ**=AB古とCDEこと/**佐**=BCDE佐(たす)/**古**=CDEこ/**ゐ**=BCDいEい。/**尓**=BCDEに/**バ**=BCDEば/**才**=AE第BCD第(だい)/**可゛**=ABCDEが/**、**=A。/**凨**=AE風BCD風(ふう)/**可゛**=ABCDEが/**だゐきら**=ABCDだいきらEなし/**で**=Eで、/**尓**=BCDEに/**ニ**=A尓BCDEに/**ら**=Eら、/**可゛**=ABCDEが/**ニ**=BCDにEに、/**凨**=AE風BCD風(ふう)/**外道**=BCDE外道(げだう)/**尓**=BCDEに/**悪**=BCDE悪(にく)/**。**=BCD、/**可゛**=ABCDEが/**尓**=BCDEに/**凨**=AE風BCD風(ふう)/**で**=Eで、/**ゐ。**=BCDEい、/**ゐ**=BCDEい。/**バ**=ABCDEば/**ハ**=BCDEは/**三井八郎右衛門**=E三(み)井(ゐ)八郎(はちらう)右衛門(ゑもん)/**で**=Eで、/**ず**=Eず、/**た**=Eた。/**ニ**=BCDEに/**も**=Eも、/**可゛**=ABCDEが/**バ**=BCDばEば、/**ニ**=BCDEに/**尓**=BCDEに/**ドル**=BCDドルラルEなし/**ニ**=BCDEに

バ=ABCDEば／ぬ=Eぬ。／に=BCDEに／ハ=BCDEは／どるさうば=AEなしDドルさうば／で=Eで、／が=ABCDEが／ある=BCDあるEある。／が=ABCDEが／濵=BCDE濵／に=AニBCDEに／し=Eし、／う=Eう、／＝=AE＝BCD「／い=ABCDいEい、／には=BCDEには／ズット=Eズット／い=BCDEい／ニ=BCDEに／あ=ABCDEあ／う=Eう、／ハ=BCDEは／い=BCDEい／ひ=AいBCDEひ／い=BCDEい／と=Eと、／ハ=BCDEは／て=Eて、／かしこま=BCDかしこまEなし／た=Eた、／い=BCDEい／い=BCDEい／て=Eて、／いく=AEなしBCDいく／た=Eた。／ハ=BCDEは／ニ=BCDEに／＝=AE＝BC「Dなし／やつ=Eなし／だ=Eだ、／に=BCDEに／い=BCDEい／て=Eて、／しるし=BCDしるしEなし／があるか=ABCDEがあるBCDあるかEあるか、／い=BCDEい／い=BCDEい／ニ=BCDEに／を=Eを、／さうばはづ=Eなし／に=BCDEに／ら=Eら、／ず=Eず、／あ=ABCDEあ／いた=BCDいたEいた。／算盤=BCDE算盤(そろばん)／い=BCDEい／ことか=ABことかCDことかEことか、／チヤント=Eチャント／そん=Eなし／ぬ=Eぬ。／い=BCDいEい、／凡=AE風BCD風(ふう)／。=BCDE、／。=BCDE、／こ=CDEこ／ふ=BCDEう／い=BCDEい／こ=CDEこ／がある=ABCDがあるEがある。／が=ABCDEが／ニ=BCDEに／で=Eで、／に=BCDEに／ハ=BCDEは／柄。=BC柄(から)D柄(から)E柄、／。=BCDなしE、／ニ=BCDEに／ハ=BCDEは／。=BCDなしE、／あ=BCDEあ／あ=ABCDEあ／こ=CDEこ／にハ=BCDEには／バ=BCDEば／で=Eで、／し=BCDEじ／ごゝくゑきかゝり=AごゝくゑきかゝりBごこくゑきがゝりCDごこくえきがゝりEごこくえきがかり／た=Eた。／ば=Eば、／に=BCDEに／る=Eる。／どこ=BCDどこEなし／處に=A所にBCDE所に／掘割(ほりまり)=A堀割BCE掘割(ほりわり)D堀割(ほりわり)／し=ABCDEし／通船=BCDE通船(かよひせん)／運上=BCDE運上(うんじやう)／り=Eり、／河=AE川BCD川(かは)／に=BCDEに／か=Eか、／どこ=Eなし

れバならぬ然るに其時ハ弗相場(どるさうば)の毎日変化する最中で両替が甚だ面倒であるスルト一行中の或る役人が三井の手代を横濵の旅宿に呼出し色々弗(ドル)の相場を聞紏(きゝただ)して扨云ふやう＝成程昨今の弗は安くない併し三井にハズット其前安い時ニ買入れた弗もあるだらう拙者の此一歩銀ハ其安い弗と両替して貰いたいと云ふと三井の手代ハ平伏して畏(かしこま)りましたお安い弗と両替いたしませうと云て幾(いく)らか割合を安くして弗を持て来た私ハ傍(そば)ニ居て此様子を見て居て＝ドウモ無鐵砲な事を言ふ奴(やつ)だ金の両替をするに安いときに買入れた金と云てドウ云ふ印(しるし)があるか安いも高いも其日の相場ニ定まつたものを夫れを相場外(さうばはづ)れにせよと云ひながら愧(はづ)る気色(けしき)もなく平気な顔をして居るのみならず其人の平生(へいぜい)も賤(いや)しからぬ立派な士君子であるとは驚いた又三井の手代も算盤を知るまいことかチヤント知て居ながら平気で損(そん)をして何とも云はぬ畢竟(ひつきやう)人の罪でない時の気凡の然らしむる所。腐敗の極度だ。こんな政府の立行かふ筈はないと思たことがある夫れから私共が亜米利加ニ行た所で其時に日本ハ國事多端の折柄。徳川政府の方針ニ萬事倹約ハ勿論。仮令ひ政府であらうとも利益あることにハ着手せバならぬと云ふので其掛の役人を命して御國(ごこく)

御國益論に抵抗す

(に=Eに)

益掛(ゑきかゝり)と云ふものが出来た[註11]種々様々な新工夫の新策を奉る者があればソレを政府に採用していろ〳〵な工夫をする例へば江戸市中の何處(どこ)の處に掘割(ほりまり)をして通船の運上を取るが宜しいと云ふ者もあり又或は新河に這入る酒に税を課したら宜からうとか何處(どこ)の原

①慶応四年（明治元）四月二日。②福井藩士三岡八郎のち由利公正と称す。明治政府の財政担当のち東京府知事。文政十二年（一八二九）生、明治四十二年（一九〇九）没、八十一歳。

ゟり＝BCDありEあり、／志もごえ＝BしもごゑCDしもごえEなし／ニ＝BCDEに／まか＝Eなし／ニ＝BCDEに／ハ＝BCDEは／ゐら＝AゐかBCDEいか／ぶ＝ABCDEが／起つた＝B起(にこつ)たCD起(おこつ)たE起つた。／ぶ＝ABCDEが／ニ＝BCDEに／て＝Eて、／か＝ABCDEが／さはゐまん＝BCDさはいにんEなし／む志＝ABCDむしEなし／志もぶえ＝AしもぶえBしもこゑCDしもごえEなし／ニ＝BCDEに／ハ＝BCDはEは、／ハ＝BCDEは／所謂＝BCDE所謂(いはゆる)／ゟる＝ABCDあるEある、／ハ＝BCDEは／ニ＝AまBCDEに／り＝Eり、／ハ＝BCDEは／たの＝Eなし／ぉ＝CDEこ／た＝Eた、／バ＝BCDEば／ハ＝BCDEは／ニ＝BCDEに／なら＝Eなし／ひ＝Eひ、／志やうせゐ＝BCDEじやうせい／こま＝Eなし／や＝Eなし／ハ＝BCDEは／ゐら＝AゐかBCDいかEいか、／て＝Eて、／催ほし＝BCD催(もよほ)しE催し／ぉ＝CDEこ／ぶゟる。＝AEがある。BCDがある、／ぶ＝ABCDEが／凢＝B凡(によ)CD凡(およ)E凡／こ＝BCDかEなし／凨＝AE風BCD風(ふう)／ゟ＝BCDEあ／ら＝Eら、／ま＝BCDEに／ぶ＝ABCDEが／て＝Eて、／ま＝BCDにEに、／ま＝BCDEに／才ニ＝A第ニBCD第(だい)にE第に／ぶ＝ABCDEが／ハ＝BCDEは／才ま＝A第まBCDE第に／ニ＝BCDEに、／ゐ＝BCDいEい、／ぉ＝CDEこ／ニ＝BCDEに／で＝Eで、／ニ＝AまBCDEに／ら＝Eら、／ぶ＝ABCDEが／ニ＝AまBCDEに／ゐ＝BCDいEい。／‖＝AE‖BCD「／ハ＝BCDEは／宜しゐ＝BCD宜(よろ)しいE宜しい。／まハ＝BCDEには／ぶ＝ABCDEが／ゟ＝ABCDEあ／一＝A十／ニ＝BCDEに／ゐ＝ABCDEい／ニ＝AまBCDにEに、／哉＝BCD哉(かな)E哉、／ま＝BCDEに／ニ＝AまBCDEに／れ＝Eれ、／ま＝BCDEに／う＝Eう、／バ＝BCDEば／ニ＝BCDEに／雉有ゐ＝A難有ゐB難(ありがた)有いCD難(ありがた)有いE難有い。／ゐか＝BCDEいか／ま＝BCDEに／て＝Eて、／ゐ＝BCDEい／う＝Eう。／義＝BCD儀(ぎ)E儀／ハ＝BCDEは／ござ＝Eなし／ば＝Eば、／‖＝AE‖BCD「／さう＝Eなし／てなゐ＝BCDでないEでない、／ま＝BCDEに／ふ＝Eふ。／‖＝BCD「／バ＝BCDEば／だ＝Eだ。／ハ＝BCDEは／さゐと＝BCDEさいと／ニ＝AまBCDEに／ゐ。＝Aい。BCDEい、／ぶ＝ABCDEが／ま＝BCDEに／バ＝BCDばEば、／ま＝BCDEに／う＝Eう。／さ＝Eなし／かは＝Eなし／ニ＝AまBCDEに／コンミツシヨン＝DEコンミッション／だ＝Eだ。／何＝BCDE何(いつ)／い＝AゐEい、／ば＝Eば、／ま＝BCDEに／て＝Eて、／志＝ABCDEし／ま＝BCDEに／が＝Eが、／政府が＝Aなし／ば＝Eば、／ま＝BCDEに／い＝AゐEい、／ま＝AニBCDEに／る＝Eる。／の＝BCDなし／だ＝Eだ。／ゐかゞ＝AゐかゝBCDEいかゞ／ねぢ＝AねじBCDねぢEなし／こ

野の開墾を引受けてソレで幾らかの運上を納めやうと云ふ者もゟ*り又或る時江戸市中の下肥(*志もごえ)を一手ニ*任(*まか)せて其利益を政府ニ*占めやうでハ*なゐ*らと云ふ説ぶ*起*つたスルト或る洋学者ぶ*大ニ*気焔を吐て*政府か*差配人(*さはゐまん)を無視(*む志)して下肥(*志もごえ)の利を専(もつば)らニ*せんとハ*是れハ*所*謂歴制政府でゟ*る昔し〳〵亜米利加國民ハ*其本國英の政府より輸入の茶ニ*課税したるを憤(いきどほ)り*貴婦人達ハ*一切茶を喫(のま)ずして茶話會の楽(*たの)しみをも廃したり*と云ふぉ*とを聞た左れバ*吾々も此度ハ*米國人の顰(ひん)ニ*倣(*なら)ひ*一切上圕(*志やうせゐ)を廃して政府を困(*こま)らして遣(*や)らうでハなゐ*ら此発案の可否如何とて*一座大笑を催ほし*たぉ*とぶ*ゟる。政府の事情ぶ*凢*そ斯(*こ)う云ふ凨*でゟ*るから今度の一行中ま*も例の御國益掛の人ぶ*居て其人の腹案ま*今後日本ま*も次才*ニ洋學ぶ*開けて原書の價ハ*次才*ま高くなるニ*違ひなゐ*依て今ぉ*の原書を買て持て帰て賣たら何分かの御國益ニ*ならうと云ふので*私ニ*其買入方を内命したから私ぶ*容易ニ*承知しなゐ*‖*原書買入ハ*甚だ宜しゐ*日本ま*ハ原書ぶ*拂底でゟ*るから一冊でも餘計ニ*輸入したゐ*と思ふ所ニ*幸(さいはひ)なる哉(かな)*今度米國ま*来て官金を以て澤山ニ*買入れ日本ま*持て帰て原價でドシ〳〵賣て遣らう左様(*さう)なれバ*誠ニ*雉有ゐ*如何(*ゐか)やうま*も勉強して安ゐ*もの適當なものを買入れやう此義*ハ*如何(どう)で御座(*ござ)ると尋(たづ)ねれば‖*イヤ左様(*さう)てなゐ*自(おのづ)から御國益ま*する積りだと云ふ*‖*左すれバ*政府は商賣をするのだ私ハ*商賣の宰取(*さゐと)りをする為めニ*来たのではなゐ*。けれども政府ぶ*既ま*商賣をすると切(きつ)て出れバ*私も商人ま*なりませう*左(*さ)る代(*かは)りニ*コンミツシヨン（手数料）を思ふさま取るがドウだ何れでも宜しい政府が買た侭の價で賣て呉れると云へば*私はどんなま*でも骨を折て本を吟味志*て値切り値切て安く買ふて賣て遣るやうま*するが*政府が儲けると云へば*政府ま*ばかり儲けさせない*私も一緒ま*儲ける*サア爰が官商の分れ目*だ如何(*ゐかゞ)で御座ると捩(*ねぢ)り込(*こ)んで大変喧(やかま)しい事

＝Eなし／で＝Eで、
は＝BCDEに／て＝Eて、／は＝BCDEに／仕舞つた＝BCD仕舞た／が＝ABCDがEが、／考れバ＝BCD考へればE考へれば／ニ＝AはBCDEに／ず＝Eず、／は＝BCDEに／す＝Eす。

福翁自傳（三十五）再度米國行（二）時事新報明治三十一年十月二十六日（水）

る＝Eる。／尺振八＝BCDE尺振八／談＝BCD談E談、／ソリヤ＝Eソリャ／ら＝Eら、／舩＝BCD船E船／は＝BCDEに／搆＝BCD構E構／か＝Eか、／で＝Eで、／は＝BCDEに／む＝Eむ。／かたりだ＝Eなし／て＝Eて、／し＝BCDEし／潰ぶさ＝BCD潰さE潰さ／ぬ＝Eぬ。／ばくせい＝BCDばくせいEなし／ろ＝Eろ。／ば＝Eば、／は＝BCDEに／だ＝Eだ。／は＝BCDEに／ね＝Eなし／か＝Eか。／舩＝BCD船E船／と＝Eと、／は＝BCDEに／こと＝ABことCDEこと／し＝ABCDEし／る＝Eる。／が＝Eが／い＝AいEい、／て＝Eて、／か＝Eか。／。＝BCDE、／ニ＝BCDEに／はなもて＝AEなしBCDはなもち／だ＝Eだ。／し＝ABCDEし／て＝Eて、／だ＝Eだ。／は＝AニBCDEに／よんどこ＝ABCDよんどこEなし／え＝BCDEへ／ら＝Eら、／だ＝Eだ。／あ＝BCDEあ／なまこたいば＝AなまこだいばBCDEなまこだいば／場＝E場、／え＝BCDEへ／か＝Eか、／は＝BCDEに／て＝Eて、／しちりん＝Eなし／い＝BCDEい／い＝BCDEい／だ＝Eだ。／、＝BCDなしE。／と＝Eと、／が＝Eが、／だ＝Eだ、／は＝BCDEに／い、＝Aい、Eい。／し＝ABCDEし／舩は＝BCD船にE船に／ニ＝BCDEに／も＝Eも、／こそ＝ACDEこそBこそ／。＝BCD、

はなつて大は重役の歓心を失ふて仕舞つたが今日より考れバ事の是非ニ拘はらず随行の身分はして甚だ宜くない事だと思ひます

夫れから又斯う云ふ事がある同行の尺振八③などゝ飲みながら壮語快談ソリヤもう官費の酒だから舩中の事で安くはないが何は搆ふものかドシ〳〵飲み次第喰ひ次第で颯々と酒を注文して部屋は取て飲むサアそれからいろ〳〵な事を語出して「ドウしたつて

幕府を倒せ

此幕府と云ふものは潰ぶさなくてはならぬ抑も今の幕政の様を見ろ政府の御用と云へば何品を買ふはも御用だ酒や魚を買ふはも自分で勝手な値を付けて買て居るではないか上総房州から舩が這入ると幕府の御用だと云て一番先は其魚を只持て行くやうなことをして居るソレも将軍様が喰ふならばマア宜いとするが爾うではない料理人とか云ふやうな奴が只取て来て其魚を又賣て居るではないか此一事推して他を知るべし。実ニ鼻持のならぬ政府だソレも宜いとして置て此攘夷はドウだ自分が其局は当つて居るから據ろなく渋々開國論を唱えて居ながら其実を叩いて見ると攘夷論の張本だ彼の品川の海鼠臺場マダあれでも足りないと云て拵え掛けて居るではないか夫れから又勝麟太郎が兵庫は行て七輪見たやうな丸い白い臺場を築くなんて何だ攘夷の用意をするのではないか、そんな政府なら叩き潰して仕舞ふが宜いぢやないかと云ふと尺振八が爾うだ其通りは違ひない、けれども斯うして舩は乗て亜米利加ニ往来するのも幕府から入用を出して居ればこそだ。

③下総高岡藩医鈴木伯寿の子として天保十年（一八三九）に生れ、のち尺家の養子となり、はじめ蘭学のち中浜万次郎に英語を学ぶ。文久元年（一八六一）以降米国公使館通訳。文久三年（一八六三）横浜鎖港談判使節に随行。維新後は英学塾共立学舎を経営。明治十九年（一八八六）没、四十七歳。

御同前ニ*喰て居るものも着て居るものも幕府の物ではないか*夫れを衣食して居なが*ら
ソレを潰*ぶすと云ふのは何だか少し気ょ*済まないやうではないか**‖それは搆はぬ*御
同前ょ**此身等が政府の御用をすると云ふのは*何も人物がエライと云て用ゐられ*て居る
のではない*是れは横文字を知て居るからと云ふょ*過ぎない*之を喩へ
ば革*細工だから穢*多ょ*させると云ふと同ぢ*事で*マア御同前は雪駄直*
しを見たやうな者*だ幕府の殿様方は汚*ない事ぶ*出来ない*幸ひ此處*ょ*

穢多=E′、〔省略〕、/ょ=Eに

*穢多ょ*革細工

革細工をする奴*が居るからソレょ*させろと云ふので**デイ〳〵[註12]が大きな屋敷の御出入*ニ
なつたのと少しも変つた*とはない*ソレょ*遠慮會釋*も絲瓜*も要るもの*か颯々と打毀*はし
て遣れ*只此處*で困るのは*誰が之を打毀すか*ソレょ*当惑して居る*乃公等は自分で其先棒*
*ょならうとは思はぬ*誰が之を打毀すか*之れ*が大問題でゐる。*今の世間を見るニ*之を毀
さうと云て騒いで居るのは所謂浮浪の徒*即ち長州とか薩州とか云ふ攘夷藩の浪人共で
あるが*若しも彼*の浪人共が天下を自由ょ*するやうょ*なつたら*ソレこそ徳川政府の攘夷
*ょ*上塗りをする奴*ぢやないか*ソレよりもマダ今の幕府の方が*マシだ、けれどもドウ*ぢ
たつて幕府は早晩倒*さなければならぬ*唯差当り倒す人間がないから仕方なしょ*見て居
るのだ**困つた話ではないかなど*ゝ且つ飲み且つ語り*部屋の中とハ*云ひながら*人の出入
りを止*めるでもなし*傍若無人。*大きな聲でドシ〳〵論じて居たのだから**爾う云ふやう
な話もチラホラ重役の耳ょ*聞えた*古と*ぶゐるょ違ひなゐ*

謹慎=E謹慎/せ=Eぜ

*謹慎を命せら*る

サア夫れから江戸ょ*帰た所が*前ょ*も云ふ通り私は幕府の外務省ょ*出
て飜訳をぢ*て居たのであるが*外國奉行から咎められた*ドウも貴様は
亜米利加の*御用中不都合ぶ*ゐるから引込んで謹慎せよ*云ふ。*勿論幕

ニ=BCDEに/か=Eか。/ら=Eら、/潰ぶす=BCD潰すE潰す/ょ=BCDEに/か=Eか。/‖=BCD「/搆=BCD構E構/ぬ=Eぬ。/ょ=AニBCDEに/こちとら=BCDこのみらEコチトラ/は=Eは、/ゐ=AゐBCDEひ/い=AゐEい、/ょ=BCDEに/い=AゐEい。/かはざゐく=BCDかはざいくEなし/穢多=AE穢多E′〔省略〕、、/ょ=BCDEに/ぢ=ABCDEじ/で=Eで、/せつたなほ=Eなし/だ=Eだ。/汚ない=A汚なゐBCD汚いE汚ない/ぶ=ABCDEが/い=AゐEい、/古ゝ=BCDこゝEなし/ょ=BCDEに/やつ=Eなし/ょ=BCDEに/で=Eで、/デイ〳〵=Dデイデイ/おでゐり=Bにでいり CDおでいりEなし/ニ=BCDEに/と=AB古とCDEこと/い=AゐEい。/ょ=BCDEに/絲瓜=BCDE絲瓜/ゐ=BCDいEなし/か=Eか、/打毀はし=BCDE打毀し/れ=Eれ。/古ゝ=BCDこゝEなし/は=Eは、/か=Eか、/ょ=BCDEに/る=Eる。/おれら=Bにれら/さきぼふ=ABCDさきぼうEなし/ょ=BCDEに/ぬ=Eぬ。/か=Eか、/れ=BCDEなし/ゐる。=AEある。BCDある、/ニ=AょBCDEに/徒=BCD徒E徒、/が=Eが、/ゐ=BCDかEなし/ょ=BCDEに/ら=Eら、/ょ=BCDEに/うはぬ=Eなし/やつ=Eなし/か=Eか。/マシだ、=AEマシだ。BCD勝しだ、/ドウぢ=AEドウしBCD如何し/ゐつか=BCDさうばんEイツカ/たふ=Eなし/ぬ=Eぬ、/ょ=BCDEに/だ=Eだ。/困つた=BCD困た/ゝ=Eゝ、/り=Eり、/ハ=ABCDEは/ら=Eら、/と=AEなし/し=Eし、/。=ABCDE、/ら=Eら、/さ=Eなし/ょ=BCDEに/古=CDEこ/ぶゐるょ=AがゐるょBCDEがあるに/ゐ=BCDいEい。

ょ=BCDEに/が=Eが、/ょ=BCDEに/ょ=BCDEに/ぢ=ABCDEし/が=Eが、/た=Eた。/の=Aなし/ぶゐ=BCDEがあ/謹慎=A謹慎BCD謹慎E謹慎/よ云=ABCDEよと云/。=ADなしBC、

ま＝AニBCDEに／らく＝Eなし／で＝Eで、／ま＝BCDEに／構はぬ＝BCD構はぬE構はぬ。／ま＝BCDEに／志＝ABCDEし／ぁ＝ABCDEあ／ら＝Eら、／まハ＝AまはBCDEには／ゐ＝BCDいEい。／ひま＝Eなし／ま＝BCDEに／難有ゐ＝A難有ゐB難有いCD難有いE難有い／くらゐ＝BCDくらゐEなし／古と＝BとCDEこと／ら＝Eら、／す＝Eなし／で＝Eで、／ま＝BCDEに／書ゐて＝BCD書てE書いて／た＝Eた。

ま＝BCDEに／。＝BCE、Dなし／勢＝BCD勢E勢／才ニ＝A茀ニBCDE第に／ゐ＝BCDいEい。／ハ＝BCDEは／ニ＝AまBCDEに／籠つて＝BCD籠て／ニ＝BCDEに／ハ＝BCDEは／ゐぶ＝AゐがBCDいがEいが、／志＝ABCDEし／る＝Eる。／と＝Eと、／ハ＝BCDEは／ま＝BCDEに／ゑ＝ABCDEか／志＝ABCDEし／る＝Eる。／ま＝AニBCDEに／へん＝Eなし／は＝Eは、／ぶ＝ABCDEが／バ＝BCDEば／て＝Eて、／古＝CDEこ／ぶ＝ABCDEが／宜ゐなど＝B宜いなどC宜い抔D宜い抔E宜いなど／ら＝Eら、／てぁ＝BCDEであ／ぶ＝ABCDがEが、／ハ＝ABCDEは／ニ＝BCDEに／嶋ニ＝ACDE島にB嶋に／し＝Eし、／ゑ＝ABCDEか／辨解＝AE辨解BCD辯解／ず＝Eず、／ニ＝AまBCDEに／まハ＝BCDEには／ぶ＝ABCDEが／ゐ＝BCDEい／も＝Eも、／ハ＝BCDEは／ず＝Eず、／眛＝BCD眺E眺／ま＝BCDにEに、／て＝Eて、／中島三郎助＝B中嶋三郎助C中嶋三郎助DE中島三郎助／ま＝BCDEに／て＝Eて、／志＝ABCDEし／か＝Eか。／‖＝BCD「／る＝Eる。／‖＝BCD「／ソリヤァ＝BCDソリヤアEソリャァ／だ＝Eだ、／ま＝BCDEに／ね＝ADEお／古と＝AB古とCDEこと／か＝Eか、／ろ＝Eろ。／‖＝BCD「／で＝Eなし／だ＝Eなし／で＝Eなし／か＝Eか。／‖＝BCD「／い＝AゐEい、／ま＝BCDEに／志＝ABCDEし／て＝Eて、／ま＝BCDEに／稲葉美濃守＝B稲葉美濃守CD稲葉美濃守E稲葉美濃守／て＝Eて、／島＝BC嶋／て＝Eて、／志＝ABCDEし／ま志＝AましBCDEにし／ま＝BCDEに／て＝Eて、／古とま＝A古とまB古とにCDEことに／た＝Eた。／で＝Eで、／ハ＝BCDEは／塔ノ澤＝A塔の澤BCD塔澤／ニ＝AまBCDEに／おぢゐ＝BCにぢいDEおぢい／古とで＝CDことでEことで、／嶋＝ADE島／。＝BCDE、／ニ＝BCDEに／ニ＝BCDEに／で＝Eで、／ハ＝BCDEは／ニ＝BCDEに／ぁる＝BCDあるEある。

府の引込めと云ふのは誠ま*楽*なもので外*ま*出るのは一向構*は*ぬ只役所ま*出さへ志*なければ宜しいのでぁ*るから一身の為め*ま*ハ何ともな*ゐ却て暇*ま*なつて難有*ゐ位*の古とだから命令の通り直*ぐ引込んで其時*ま*西洋旅案内と云ふ本を書*ゐて居ました[註13]

亜米利加から帰て日本*ま着いたのは其歳の六月下旬*。天下の形勢*は次才*ニ切迫してな[註14]か〳〵喧しゐ*私ハ*唯家ニ引籠つて生徒*ニ教へたり著書翻訳したりして何も騒ぎハしなゐぶ*世間ではいろ〳〵な評判を志*て居る段*々聞くと福沢*の実兄*ハ鹿児島ま*行て居るとゑ*何とか云ふ途方もない評判を志*て居る兄*が薩藩ま*與みして居るから弟も変*だと云ふのは私*ぶ動もすれ*バ幕府の攘夷

福澤の実*兄薩州ニ*在り

実＝E實／ニ＝Eに

論を冷評して*古*んな政府は潰す*ぶ*宜*ゐなど云ふから*自からそんな評判も立つので*ぁるうぶ*何ハ*扨置き十餘年前ニ*此世を去た兄が鹿児嶋ニ*居る譯けもなし*俗世界の流言として聊*ゑ*辨解もせず又幕府ニ*對しても所謂有志者中*ま*ハ種々様々の奇策妙案を建言する者ぶ*多ゐ*様子なれども*私ハ*一切關係せず*唯獨り世の中を眛めて*居る中*ま段々時勢が切迫して来て或日中島三郎助*と云ふ人が私の處*ま来てドウ志*て引込んで居るか*‖*斯う〳〵云ふ次第で引込んで居る*‖*ソリヤァどうも飛んだ事だ*此忙しい世の中*ま*ね前達が引込んで居ると云ふ古*とがあるか*直ぐ出ろ*‖*出ろッたつて*出さぬものを出*られないぢやないか*‖*宜しい拙者がすぐ*ま出志*て遣ると云て夫れから其時*ま*稲葉美濃守と云ふ老中があつて*ソコへ中島が行て福沢を引込ま*志*て置かないで出すやう*ま*志*たら宜からうと云ふやうな事*ま*なつて夫れから再び出るとま*なつた其美濃守と云ふのは舊淀藩主で今日ハ*箱根塔ノ*澤ニ*隠居して居るあの老爺*さんの古*とで中嶋三郎助*は舊浦賀の與力。*箱館の戦争ニ*父子共ニ*討死した立派な武士で*其碑ハ*今浦賀の公園ニ*立てぁる*

に=AニBCDEに/は=Eは、/か=ABCDEか/に=BCDEに/も=Eも、/バ=BCDEば/さう=Eなし/い。=BCDいEい、/も=Eなし/に=BCDEに/に=BCDEに/み=Eみ、/淂=ABCDE得/ば=Eば、/ニ=BCDEに/し=ABCDEし/、=AE。/爾う=ABCD爾うE爾う/でなく=Dではなく、Eでなく、/か=Eか、/ニ=BCDEに/ニ=BCDEに/そむ=Eなし/い=BCDEい/こ=CDEこ/ある=BCDあるEある。/バ=BCDEば/中=BCD中E中、/え=CゐEえ、/ニ=BCDEに/て=Eて、/バ=BCDEば/ハ=BCDEは/ニ=AにBCDEに/が=ABCDEが/宜しい=BCD宜しいE宜しい/と=Eと、/が=ABCDEが/だ=Eだ。/‖=AE‖=BCD「/こゝ=Eなし/つ=Eなし/き=BCDEなし/さんぐ〵=Eなし/て=Eて、/に=BCDEに/う=Eう。/ハ=BCDEは/に=BCDEに/お=ACDEお/ある=BCDあるEある、/。=BCD、/お=ACDEお/い=BCDEい/ハ=BCDはEは、/が=ABCDEが/あらう=BCDあらうEあらう。/に=BCDEに/が=ABCDEが/か=ABCDEか/ついで=BCDEついで/に=BCDにEに、/い=BCDいEい、/ハ=ABCDEは/。=BCDE、/が=ABCDEが/ニ=AにBCDEに/戯=BCD戯E戯/。=BCE、Dなし/い=BCDEい/に=BCDEに/ハ=BCDEは/いか。=BCDEいか、/こ=CDEこ/が=ABCDEが/も=DたもEなし/か=ABCDEか、/ハ=BCDEは/ゝ=Eゝ、/は=Eは、/こ=CDEこ/きちが=Eなし/ある。=BCDある、Eある。/に=AニBCDEに/い。=BCDいEい、/こと=BとCDEこと/あ=BCDEあ/ら=Eら、/。=BE、CDなし/ハ=BCDEは/い=AいEい。

ニ=Eに/従=E従

長官ニ對して不従順

全体今度の亜米利加行に就て斯く私が擯斥されたと云ふのは何か私が独り宜いやうにあるけれども実を申せバ左様でない。と云ふのは元と私は亜米利加に行きたい〳〵と云て小野友五郎に頼み同人の信用を得て随行員となつた一人であれば一切萬事長者の命令ニ従ひ其思ふ通りの事をしなければ済まない訳けだ、所が実際は爾うでなく始終逆らふやうな事をするのみか明ニ命令ニ背いたこともある例へバ彼の在留中小野も立腹したと見え私ニ向て最早や御用も済みたれバお前ハ今から先きニ帰國するが宜しいと云ふと私が不服だ‖此處まで連れて来て散々御用を勤めさせて用が少なくなつたからと云て途中で帰れと云ふ権力は長官にもなからう私ハ日本を出るとき閣老にお暇乞をして出て来た者である早く云へば御老中から云付けられて来たのだ。お前さんが帰れと云ても私は帰らないとリキンダのハ私の方が無法であらう又或日食事の時に私が何か話の序に全体今の幕府の気が知れない攘夷鎖港とハ何の趣意だ。之が為めニ品川の臺場の増築[註15]とは何の戯れだ。其臺場を築いた者は此テーブルの中にも居るでハないか。こんな事で日本國が保てると思ふか日本ハ大切な國だぞなどゝ公衆の前で公言したやうな事は私の方こそ気違ひの沙汰である。成程小野は頑固な人に違ひない。けれども私の不従順と云ふことも十分であるから始終嫌はれたのは尤も至極。少しも怨む所ハない

自傳才十（封筒表）
福翁自傳（三十六）王政維新（一）時事新報明治三十一年十月三十日（日）

迫つて＝BCD迫(せまつ)てE迫つて、／ょ＝BCDEに／**て**＝Eて、／ょ＝BCDEに／**ら**＝Eら、／ょ＝BCDEに／。＝BCD、／ょ＝BCDEに／**で**＝Eで、／ょ＝BCDEに／**少なく**＝BCD少(すくな)くE少く／ょ＝BCDにEに、／**住て**＝BC住(すん)でD住(す)んでE住で／**は**＝Eは、／ょ＝ABCDEに／ょ＝BCDEに／ょ＝BCDEに／**れ**＝Eれ、／ょ＝AニBCDEに／ょ＝BCDにEに、／**て**＝Eて、／ょ＝BCDEに／**る**＝Eる。／ょ＝BCDE、／ゟ＝BCDあEなし／**年**＝E年、／**て**＝Eて、／**迯**＝BCD迯(に)E逃／**り**＝Eり、／古＝CDEこ／ょ＝BCDEに／**仕舞つた**＝BCD仕舞(しまつ)たE仕舞つた。／。＝BCDE、／ょ＝BCDEに／志＝ABCDEし／**い**＝AゐEい。／**一新**＝BCD維新(ゐしん)E維新／**ら**＝Eら、／**まへ**＝Eなし／ょ＝BCDEに／**もど**＝Eなし／**も**＝Eも、／**ひとゝほ**＝BCDひとゝほEなし／志**て**＝ABCDしてEして、／ょ＝BCDEに、／志＝ABCDし／ょ志＝AょしBCDEにし／**ぬ**＝Eぬ。

素＝BCDE素(も)／ょ＝BCDEに／**れ**＝Eれ、／。＝BCDE、／**で**＝Eで、／**チヤント**＝Eチヤント／**て**＝Eて、／**と**＝Eと、／ょ＝BCDEに／ょ志**て**＝AょしてBCDにしてEにして、／ょ＝BCDEに／**い**＝AゐEい。／ょ＝BCDEに／、＝A。／**経つて**＝BCD經(たつ)てE經つて／**い**＝AゐEい。／ょ＝BCDEに／**は**＝Eは、／ょ＝BCDEに／、＝AE。／ょ＝BCDEに／**ず**＝Eず、／ょ＝BCDEに

王政維新

其歳も段々迫*つてとう〳〵慶応三年の暮ょ*なつて*世の中が物騒ょ*なつて来たから*生徒も自然ょ*其影響を蒙らなければならぬ。*國ょ*帰るもあれば方々ょ*行(ゆ)くもあると云ふやうな訳けで*学生は次第々々ょ**少なくなると同時ょ*今まで私の住*て居た鉄砲洲の奥平の邸(やしき)は*外國人の居留地ょ*なるので註1幕府から上地(じやうち)を命ぜられ*既ょ*居留地ょ*なれば私も其處*ょ居られなくなる*ソコで慶応三年十二月の押詰(おしづ)めょ*新銭座の有馬(ありま)と云ふ大名の中屋敷①を買受けて*註2引移るや否や鉄砲洲は居留地ょ*なり。*明*ゟくれば慶応四年*即ち明治元年の正月早々伏見の戦争が始まつて*将軍慶喜公は江戸へ*迯げて帰り*註3サアそ古*で又大きな騒ぎ*ょなつて*仕舞つた即ち是れが王政維新(わうせいゐしん)の始まり。** 其時ょ*私は少しも政治上ょ*関係志*な*い抑も王政一*新が政治の始まりであるから*話が少し前ょ*(まへ)*戻(もど)つて長くなりますけれども**一通(ひとゝほ)り私が少年のときからの話を志*て政治ょ*関係志*ない顛末を明(あきらか)ょ*志なければならぬ*

維新の際ニ*一身の進退

ニ＝Eに

素*と私は小士族の家ょ*生れ*其頃は封建時代の事で日本國中何れも同様。*藩の制度は守舊一偏の有様で*藩士銘々の分限(ぶんげん)がチヤント*定(き)まつて*上士(じやうし)は上士、下士(かし)は下士と*箱ょ*入れたやうょ*志て其間ょ*少しも融通があられない*ソコで上士族の家ょ*生れた者は親も上士族であれば子も上士族、*百年経(た)*つても其分限は変らない*従て小士族の家ょ*生れた者は*自(おのづ)から上流士族の者から常ょ*軽蔑を受ける、*人々の智愚賢不肖ょ*拘(かゝ)はらず*上士は下士を目下(もくか)ょ*見下すと云ふ風が専

①越前丸岡藩有馬家所有の四〇〇坪の土地を、十二月二十五日に三五五両で買い取る。

ら行はれて私は少年の時からソレニ就て如何にも不平で堪らない所が其不平の極ハ人から侮辱される其侮辱の事柄を悪み遂に人を忘れて唯その事柄を見苦しきことと思ひ門閥の故を以て漫ニ威張

門閥の人を悪まずして其凡習を悪む

悪=E惡／凡=AE風／悪=E惡

るハ男子の愧づ可き事である。見苦しきことであると云ふ観念を生じ例へバ上士下士相對して上士が横凡である。私ハ之を見て其上士の傲慢無礼を憤ると同時に心の中でハ思直して此馬鹿者めが何も知らずニ夢中ニ威張つて居る見苦しい奴だと却て気の毒ニ思ふて心中却て此方から軽蔑して居ました。私が其時老成人であるか又ハ佛者であつたら人道世教の為めニ如何とか又ハ平等を愛して差別を排するとか何とか云ふ説もあらふが十歳以上十九か二十歳の少年にそんな六かしい奥ゆかしい考のある可き筈ハない唯人間の売威張ハ見苦しいものだ威張る奴ハ恥知らずの馬鹿だとばかり思て居たから夫れゆゑ藩中ニ居て人に軽蔑されても侮辱されても其立腹を他に移して他人を辱かしめると云ふことはドウしても出来ない例へば私が小士族の身分で上流に對しては小さくなつて居なければならぬけれども順を云へば又私より以下の者が幾らもある註4から其以下の者に向て自分が軽蔑された丈けソレ丈け軽蔑して遣れバ所謂江戸の敵を長崎で討つて勘定の立つやうなものだがソレが出来ない。出来ない所ではない其反對

父母の遺傳

に私は下の方に向ては大変丁寧にして居ました是れは私独りの発明でない私の父母共に爾う云ふ凡があつたと推察が出来ます前にも云た通り私の父は勿論漢学者で身分は私と同じ事であるから定めて上流士族から蔑視されて居たでせう。所が私の父ハ決して他人を軽蔑しない例へば江州水口の碩学中村栗園②註5は父の実才のやうに親しくして居ましたが元来栗園の身分は豊前

て=Eて、／ニ=BCDEに／いか=ABCDEいか／に=BCDEに／たま=Eなし／い=BCDいEい。／が=ABCDEが／きよく=Eなし／柄=BC柄D柄E柄／ハ=BCDEは、／ぶじよく=BCDぶじよくEなし／柄=BC柄D柄E柄／み=Eみ、／にハ=BCDEには／柄=DE柄／こ=CDEこ／ひ=Eひ、／みだり=Eなし／ニ=BCDEに／ハ=BCDEは／は=Eなし／ある。=BCDEある、／こ=CDEこ／あ=BCDEあ／じ=Eじ、／バ=BCDEば／が=ABCDEが／凡=AE風BCD風／ある。=BCDEある、／ハ=BCDEは／に=BCDEに、／ハ=BCDEは／おもひなほ=AEなしBにもひなほ／て=Eて、／が=Eが、／ニ=ABCDEに／ニ=BCDEに／威張つて=BCD威張て／る=Eる、／い=BCDEい／やつ=Eなし／ニ=AにBCDEに／て=Eて、／けいべつ=BCDけいべつEなし／。=ABCD、／が=ABCDEが／あるか=AあるかBCDEあるか／ハ=BCDEは／ぶつしや=BCDEぶつしや／あ=BCDEあ／ら=Eら、／ニ=BCDEに／か=ABCDかEか、／ハ=BCDEは／ひやうどう=BびやうとうDびやうどうEなし／あい=AあいBCDあいEなし／しやべつ=BCしやべつDさべつEなし／はい=BCDはいEなし／か=ABCDEか／あ=BCDEあ／ふが=ABCDうがEうが、／か=ABCDEか／に=BCDEに／むつ=AEなしBCDむづ／か=Cが／い=BCDEい／おく=BにくEなし／い=BCDEい／あ=BCDEあ／ハ=BCDEは／い=BCDいEい。／売威張=BCDE殻威張／ハ=BCDEは／い=BCDEい／だ=Eだ、／ハ=BCDEは／はちし=ABCDはぢしEなし／ら=Eら、／ゑ=Aへ／ニ=BCDEに／に=BCDEに／も=Eも、／に=BCDEに／し=ABCDEし／はづ=Eなし／し=ABCDEし／と=ABことDEこと／し=ABCDEし／い=AいEい。／に=BCDEに／し=ABCDEし／ちい=BCちいDちひEなし／も=Eも、／いく=AEなしBCDいく／ら=Eら、／に=BCDEに／バ=BCDばEば、／討つて=BCD討てE討つて、／が=Eが、／い。=BCDい、Eい。／い=AいEい、／に=BCDEに／は=BCDEなし／にし=AにしBCDEにし／た=Eた。／い=AいEい、／に=BCDEに／凡=AE風BCD風／す=Eす。／に=BCDEに／り=Eり、／で=Eで、／じ=ABCDEじ／ら=Eら、／。=BCD、／ハ=ABCDEは／決=BC決D決E決／しない=AしないBCDしないEしない。／ば=Dぼ／中村栗園=BCDE中村栗園／才=AE弟BCD弟／に=BCDEに／が=Eが、

中津の染物屋の息子で所謂素町人の子だから藩中士族ハ誰も相手になるものがない、けれども私の父ハ其人物を愛して身分の相違を問はず大層丁寧に取扱ふて大坂の倉屋敷の家に寄寓させて尚ほ種々に周旋してとう〳〵水口の儒者になるやうに取持ち其間柄と云ふものは真に骨肉の兄弟にも劣らず父の死後私の代ニなつても栗園先生は福澤の家を才二の実家のやうな塩梅にして死ぬまで交際して居ましたシテ見ると是れは決して私の発明でない父母から譲られた性質であると思ふソレで私は中津に居て上流士族から蔑視されて居ながら私の身分以下の藩士は勿論町人百姓に向ても假初にも横風に構えて其人々を目下に見下して威張るなどゝ云ふヿは一寸いともしたヿがない勿論上の者に向て威張りたくも威張るヿが出来ない、出来ないから唯モウ觸らぬやうに相手にならぬやうにと獨り自から安心決定して居る。既ニ心ニ決定して居れバ藩に居て

本藩ニ對して功名心なし（ニ=Eに）

功名心と云ふものは更らにない立身出世して高い身分になつて錦を故郷ニ着て人を驚かすと云ふやうな野心ハ少しもないのみか私にハ其錦が却て耻かしくて着ることが出来ないグヅ〳〵云へバ唯この藩を出て仕舞ふ丈けの事だと云ふのが若い時からの考へで人にこそ云はね私の心では眼中藩なしと斯う安心を極めて居ましたので夫れから長崎に行き大坂に出て修業して居る其中に藩の御用で江戸に呼ばれて藩中の子弟を教ふると云ふヿをして居ながらも藩の政廳ニに對しては誠に淡泊で長い歳月の間只の一度も建白なんと云ふヿをしたヿ

むすこ=Eなし／で=Eで、／ら=Eら、／ハ=BCDEは／に=BCDEに／い、=Aい。／ハ=BCDEは／て=Eて、／に=BCDEに／て=Eて、／坂=BCDE阪／に=BCDEに／に=BCDEに／て=Eて、／に=BCDEに／に=BCDEに／ち=Eち、／柄=BC柄D柄E柄／に=BCDEに／に=BCDEに／おと=BおとEなし／ず=Eず、／だい=ABCDだいEなし／ニ=BCDEに／も=CDなしEも、／才=ABCDE第／にして=AにしてBCDにしてEにして、／た=Eた。／決=BC決D決E決／い=AいEい、／ふ=Eふ。／に=BCDEに／ら=Eら、／論=BCD論E論、／に=BCDEに／も=Eも、／に=BCDEに／に=BCDEに／構え=BCD構へE構へ／に=BCDEに／して=ABCDしてEして、／ヿ=ABことCDEこと／一寸いと=B一寸とCD一寸とE一寸と／し=ABCDEし／ヿ=ABことCDEこと／い=AいEい。／に=BCDEに／ヿ=ABことCDEこと／い、=Aい。／さは=Eなし／に=BCDEに／に=BCDEに／にと=BCDにとEにと、／安心決定=A安心決定BC安心決定D安心決定E安心決定／。=BC、Dなし／ニ=AにBCDEに／ニ=BCDEに／決=BC決D決E決／バ=AはBCDばEば、／に=BCDEに／にない=BCDにないEにない、／い=BCDEい／に=BCDEに／ニ=BCDEに／き=Eなし／ハ=BCDEは／い=BCDEい／か=ABCDかEか、／にハ=BCDEには／が=ABCDEが／耻=BCD恥E恥／き=Eなし／こ=CDEこ／が=ABCDEが／い=BCDいEい。／〳〵=CD〳〵／バ=BCDEば／こ=CDEこ／が=ABCDEが／わか=AわかBCDわかEなし／い=BCDEい／で=Eで、／にこ=BにこCDEにこ／ね=Eね、／し=ABCDEし／で=Eで、／に=BCDEに／坂に=BCDE阪に／し=ABCDEし／に=BCDにEに、／に=BCDEに／ヿ=ABことCDEこと／し=ABCDEし／も=Eも、／廳ニに=A廳ニBCD廳にE廳に／に=BCDEに／で=Eで、／ヿ=ABことCDEこと／し=ABCDEし／ヿ=ABことCDEこと

②中津の町人出身の儒者。中津の野本雪巌、豊後の帆足万里につき、のち水口藩の儒者に推される。明治に入り水口藩の大参事となる。文化三年（一八〇六）生、明治十四年（一八八一）没、七十二歳。

い=AゐEい。/ま𛀁=BCDEにあ/で=Eで、/ん=BCなし/ま=BCDEに/か=Eか、/ヿ=ABホとCDEこと/ヿ=ABホとCDEこと/だ、=Aだ。/ニ=AまBCDEに/唯=BCDE只/志=ABCDEし/ヿ=AホとCDEこと/い=AゐEい。/ま=BCDEに/ま=BCDEに/ヿ=ABホとCDEこと/い。=Aゐ。BCい、Dい/ま=BCDEい、/ま=BCDEに/は=AハBCDはEは、/陰ま=BCD陰(いん)にE陰に/ま=BCDEに/ま=BCDEに/志=CDEこ/ぶなゐ=AがなゐBCDがないEがない。/ま=BCDEに/参つて=BCD参(まゐ)て/も=Eも、/バ=ABCDEば/る=Eる。/志=ABCDEし/ヿ=ABホとCDEこと/、=AE。/志=ABCDEし/ヿ=ABホとCDEこと/し=Eし、/ま=BCDEに/盛んま=BCD盛(さかん)にE盛んに/ま=BCDEに/ヿ=ABホとCDEこと/る=Eる。/志=ABCDEし/ヿ=ABホとCDEこと/る=Eる。/ま=BCDEに/可=ABCDEか/で=Eで、/ヿ=ABホとCDEこと/い=Eい。/ま=BCDEに/て=Eて、/で=Eで、/ま=BCDEに/ば=Eば、/が=Eが、/い=AゐEい、/か=Eか、/つま=Eなし/ま=BCDEに/る=Eる。/だ=Eだ、/決=BC決(けつ)D決(けつ)E決/い=AゐEい。/ま=BCDEに/う=Eう、/ソリヤ=Eソリャ/さ=Eなし/う=Eう、/さ=Eなし/が=Eが、/ニ=BCDEに/ま=BCDEに/で=Eで、/も=Eも、/志=ABCDEし/ヿ=ABホとCDEこと/う=Eう、/し=Eなし/ヿ=ABホとCDEこと/う=Eう、/た=Eなし/え=BCDEへ/雉(かた)=A難(かた)B難(がた)CD難(がた)E難/ヿま=AホとまBホとにCDEことに/も=Eも、/ま=BCDEに/ま=BCDEに/で=Eで、/ま=BCDEに/い=AゐEい。/つま=AEなし/す=Eす。/ま=BCDEに/て=Eて、/ま=BCDEに/た=Eた。

はない*能(よ)く世間ま*𛀁る事で*イヤどうも藩政を改革して洋学を盛ん**まするが宜いとか*兵制を改革するが宜いとか云ふヿ[註6]*は書生の能く遣(や)るヿだ、**けれども私ニ*限り唯(よ)*の一度も云出(いひだ)志*たヿ*がない*ソレと同時ま*自分の立身出世を藩ま*向て求めたヿ*がない。*ドウ云ふやうま*身分を取立てゝ貰ひたい。*ドウ云ふやうま*して禄を増して貰ひたいと云ふやうな事は**陰ま*も陽ま*もどんな事があつても藩の長老ま*内願などしたホと*ぶなゐ*ソコで江戸ま**参つてからも*本藩の様子を見れバ*種々な事を試みて居る*兵制で申せば西洋流の操練を採用志*たヿ*がある、*けれども私はソレを宜(い)いと云て誉めも志*なければ悪いと云て止めたヿ*もなし*又或は大ま*漢学を盛んま*すると云て頻りま*学校の改革などを企てたヿ*もある*或は兵制は甲州流が宜(い)いと云て法螺(ほら)の貝を吹て藩中で調練を志*たヿ*もあるソレも私は只目前ま*見て居るばゟりで*善(よ)いとも悪いとも一寸(ちょい)とも云たヿ*がない*或時ま*家老の隠居があつて*大層政治論の好きな人で*[註7]私が家老の家ま*行たらば*其隠居がドウも公武の間が甚だ穏かでない*全体どうも近衛様が爾(さ)うも有りさうもない事だとか*或は江戸の御老中が詰(*つま)らないとか云ふやうな慷慨談(かうがいだん)を頻(しき)りま*云て居る*爾(さ)う云はれると私も何か云ひさうな事だ*所が私は決*して云はない*如何(いか)ま*も爾(さ)うでせう**ソリヤ成程近衛様も爾(*さ)うだらう*御老中も爾(*さ)うだらうが*扨ソレが実地ニ*なると傍観者の思ふやうま*はならぬもので*近くは此奥平様の屋敷でも*マダ志*て宜(い)いヿ*もあるだらう為*(*し)なくて宜いヿ*もあるだらう*傍観者から之を見たらば嘸(*さぞ)堪(*た)え雉(*かた)いヿ*ま思ふでありませうけれども*当局の御家老の身ま*なつて見れば又爾(さ)う思ふ通りま*行(ゆ)かないもので*矢張り今の通りより外ま*仕様がない餘り人の事を批評しても詰(*つま)らぬ事です*私は一体そんな事ま*就ては何を議論しやうとも思はぬと云て*少しも相手ま*ならなかつた*

凡ニ=A風ょBCD風ふうにE風に／構=BCD構かまE構／て=Eて、／ょ=BCDEに／い、=Aゐ。Eい。／志=ABCDEし／い。=Aゐ。BCい、Dい／バ=BCDEば／ニ=BCDEに／ゐ=BCDいEい。／バ=BCDEば／し=Eし、／バ=BCDEば／ず=Eず、／唯=AなしBCD唯たゞ／ょ=BCDEに／り=Eり、／ょ=BCDEに／で=Eで、／ょ=BCDEに／ら=Eら、／御小納戸=B御小納戸にこなんどCDE御小納戸おこなんど／参つた=BCD参まゐつたE参つた／が=Eが、／ょ=BCDEに、／て=Eて、／た=Eた。／だ=Eだ。／志=ABCDEし／ば=Eば、／ず=Eず、／雉有う=A難有うB難有ありがたうCD難有ありがたうE難有う／て=Eて、／ょ=BCDEに／菅沼孫右衛門=BC菅沼孫右衛門すがぬままごゑもんDE菅沼孫右衛門すがぬままごゑもん／ょ=BCDEに／寄つた=BC寄よつたD寄よつた／が=Eが、／ょ=BCDEに／志=ABCDEし／る=Eる。／え=BCDEへ／。=BCD、／が=Eが、／衛=DE衞／ん=Eん、／お=ACDEお／えか=BCDへかEへか。／║=BCD「／さ=Eさ。／║=BCD「／か=Eか、／ょ=BCDEに／買ひ=Bに買ひCDお買かひ／か=Eか。／║=BCD「／ょ=BCDEに／だ=Eだ。／║=BCD「／ソリヤ=DソリアEソリャ／「／ソリヤ=Eソリャ／が=Eが、／は=Eは。／║=BCD「／ば=Aは／ホゝ=BCDこゝい=Eい、／だ=Eだ。／║=BCD「／い=AゐEい、Eなし／ょ=BCDEに／だ=Eだ。／║=BCD「／ね=Eなし／ょ=BCDEに／が=Eが、／價=BCDE價あたひ／だ=Eだ。／║=BCD「／ね=Eなし／ょ=BCDEに／て=Eて、／ら=Eら、／單=BCDE單ひとへ／ふ=Eふ。／ゞ=ABCDEが／て=Eて、／て=Eて、／ょ=BCDEに／帰つた=BCD歸かへつたE歸つた／と=ABホとCDEこと／才=A第BCD第だいE第／で=Eで、／ょ=BCDEに／ば=Eば、／志=ABCDEし／ょ=BCDEに／ニ=AょBCDEに／も=Eも、／ゐ=BCDいEい。

爾さう云ふ凡*ニ構*へて*一切政治の事ょ*就て口を出さうと思はない*、思はないから奥平の邸やしきで立身出世志*やうとも思はない*。立身出世の野心がなけれバ*人ニ*依頼する必要もな*ゐ眼中人もなけれバ*藩もなし*左れバ*とて藩の邪魔をしやうとも思はず**唯屋敷の長屋を借りて安気あんきょ*住居するばかり*誠ょ*淡泊なもので*或時私が何かの事ょ*就て御用があるから出て来いと云ふから*上屋敷の御*小納戸の處へ参*つた所が*之を貴様ょ*下さると云て*奥平家の御紋の付いて居る縮緬の羽織を呉れた*即ち御紋服拝領註8*だ左まで喜びも志*なければ*品物が粗末だと云て苦情も云はず*只雉*有うございますと云て拝領して*其帰りょ*屋敷内ょ*國から来て居る亡兄の朋友菅*沼孫右衛門と云ふ人の勤番長屋ょ*何か用があつて寄*つた所が*其處ょ*出入りの呉服屋か知らん古着屋か知らん呉服商人が来て何か話を志*て居る*ソレを聞て居ると羽織を拵える*と云ふやうな様子。*夫れから私が*ア、孫右衛*門さん*羽織をた*拵えか*║左様さ*

*║爾さうか*羽織ょ*は宜いい縮緬の賣物があるが買*ひなさらんか**║爾さうかソリヤ*幸ひだが*紋所は**║紋所は御紋付だから誰ょ*でも着られる羽織だがドウだ**║ソリヤ*宜いい爾さう云ふ賣物があるなら兎も角も見たいものだ**║買ふと云ひなされば*此處ホゝ*ょ*持て居る此羽織だがドウだ**║成程御紋付だから差支ない*買はう*就ては此處ょ*呉服屋が来て居るが**價はドウだ**║値*ねは呉服屋ょ*付けて貰へば宜いいと云て*夫れからどの位の價かと云たら**單羽織の事だから一両三分だと云ふ*スグ相談ゞ*出来て*其羽織を賣て一両三分の金を持て*私は鉄砲洲の中屋敷ょ**帰つたとがあると云ふやうな次才**で全体藩の一般の習慣ょ*すれば*拝領の御紋服と云ふものは其拝領志*た年月を系図ょ*まで認めて家の名譽ニ*すると云ふ位のものなれども*私は其御紋服の羽織を着ても着なくても何ともなゐ*夫れよ

拝領の紋服を其日ニ賣る

*拝=E拝／ニ=Eに

か＝ABCDEか／**宜い**＝BCD宜いE宜い。／**なれバ**＝BCDEあれば／**る**＝Eる、／**バ**＝BCDEば／**な**＝Eな、／**あつた**＝BCDあつたEあつた。

福翁自傳（三十七）王政維新（二）時事新報明治三十一年十一月三日（木）

に＝BCDEに／、＝A。／**ば**＝Aは／**も**＝Eも、／**バ**＝BCDEば／**深**＝BCD親E親／**で**＝Eで、／**わか**＝AわかBCDわかEなし／**い**＝ABCDEい／**が**＝ABCDEが／**ふきかけ**＝Eなし／**こ**＝CDEこ／**がなる**＝AがなるBCDEがある／**に**＝BCDにEに、／**ハ**＝BCDEは／**る**＝ABCDEて／‖＝BCD「／**深**＝BCD親E親／**も**＝Eも、／**に**＝BCDEに／**ちよい**＝ABCDちよいEなし／**し**＝ABCDEし／**と**＝ABことCDEこと／**い**＝AいEい、／**に**＝BCDEに／**だ**＝Eだ。／**に**＝BCDEに／**深**＝BCD親E親／**と**＝ABことCDEこと／**か**＝Eか。／**い**、＝AいDい／**深**＝BCD親E親／**がない**＝AがないBCDがないEがない。／**ニ**＝AにBCDEに／**し**＝ABCDEし／**か**＝ABCDかEか、／**と**＝ABことCDEこと／**う**＝Eう、／**ゝ**＝BCDなし／**し**＝ABCDEし／**は**＝AハBCDEは／**に**＝BCDEに／**と**＝ABことCDEこと／**か**。＝AかBCDか、／**に**＝BCDEに／**か**＝AカEか、／**に**＝BCDEに／**い**。＝BCDい、DいEい。／**深**＝B深CD親E親／**て**＝Eて、／**なきつ**＝Eなし／**ことは**＝CDことはEことは、／**ニ**＝BCDEに／**い**＝BCDいEい。／**悪い**＝A悪るいBCD悪いE悪い／**おひだ**＝BにひだCDいEい。／**だ**＝Eなし／**ニ**＝BCDEに／**ハあ**＝BCDEはあ／**い**＝BCDいEい。／**だ**＝Eだ。／**うりことば**＝BCDうりことばEなし／**に**＝BCDEに／**かひことば**＝BCDかひことばEなし／**で**＝Eで、／**雉有い**＝A難有いB難有いCD難有いE難有い／**仕合**＝BCD仕合せE仕合せ／**であ**＝BCDEで／**ひど**＝Eなし／**おん**＝BにんEなし／**に**＝BCDEに／**き**＝Eなし／**こつち**＝BCDこつちEなし／**に**＝BCDEに／**る**＝Eる、／**ば**＝Eば、／**に**＝ABCDEに／。＝BCDE、／**に**＝BCDEに／**よ**＝Eなし／**バ**＝ABCDEば／、＝AE。BCDなし／**ニ**＝BCDEに／**に**＝BCDEに／**し**＝ABCDEし／**こ**＝AEなしBCDか／**ば**＝Eば、／**め**＝Eめ、／**蒙つて**＝BCD蒙て／**雉有い**＝A難有いB難有いCD難有いE難有い／**に**＝BCDEに／**たてまつ**＝Eなし／**す**＝Eす、／**るいだい**＝AるいだいBCDるゐだいEなし／**に**＝BCDEに／**た**＝Eた、／**た**＝Eた、／**に**＝BCDEに／**チヤント**＝BCDチヤンとEチヤント／**ニ**＝BCDEに／**た**＝Eた、

りか金の方が宜い一両三分なれバ昨日見た彼の原書も買はれる原書を買はなければ酒を飲むと云ふやうな至極無邪気な事であつた

爾う云ふ風であるから藩に對しては甚だ淡泊、淡泊と云へば言葉が宜いけれども同藩士族の眼から見れバ不深切な薄情な奴と見えるも道理で藩中の若い者等が酒席などで毎度議論を吹掛ることがある其時に私ハ答へる

從＝E從／に＝Eに

主従の間も賣言葉に買言葉

――不深切薄情と云ふけれども私は何も奥平様に向て悪い事をしたことはない一寸とでも藩政の邪魔をしたことはない只命令の侭に堅く守て居るのだ此上に深切と云てドウ云ふことをするのか私は厚かましい事は出来ない、之を不深切と云へば仕方がない今も申す通り私は藩ニ向て悪い事をしないのみか一寸とでも求めたことがなからう或は身分を取立てゝ呉れろ、禄を増して呉れろと云ふやうな事は蔭にも日向にも一言でも云たことがあるか。其言葉を聞た人が此藩中に在るかドウか御家老以下の役人に聞て見るが宜い。厚かましく深切を盡して厚かましく泣付くと云ふことは自分の性質ニ於て出来ない是れで悪いと云ふならば追出すより外ニ仕方ハあるまい追出せば謹んで命を奉じて出て行く丈けの話だ凡そ人間の交際は賣言葉に買言葉で藩の方から数代御奉公を仰付けられて雉有い仕合であらうと酷く恩に被せれば失敬ながら此方にも言葉がある数代家来になつて正直ニ勤めたぞ。そんなに恩に被せなくても宜からうと云はねバならぬ、之ニ反して藩の方から手前達のやうな家来が数代神妙に奉公して呉れたから此藩も行立つと斯う云へば此方も亦言葉を改め数代御恩を蒙つて雉有い仕合せに存じ奉ります累代の間には役に立たぬ小供もありました病人もありましたソレにも拘はらず下さる丈けの家禄はチヤント下さつて家族一同安樂ニ生活しました主

と=Eと、/於=ACDEお/る=Eる。/ゞ=ABCDEが/ょ=BCDEに/て=BCDEに/だ=Eだ。/る=Eる。/ょ=BCDEに/ょ=BCDEに/て=Eて、/深=B深CD親E親/で=Eで、/た=Eた。

おだや=B於だやEなし/い=AゐEい。/めゐ=BCDめいEなし/て=Eて、/り=Eり、/ょ=BCDEに/ょ=BCDEに/下つて=BCD下てE下つて、/。=BCD、/ょ=BCDEに/志=ABCDEし/、=BCDなし/小幡篤次郎=E小幡篤次郎/志た=ABCDしたEした、/志ょ=AしょBCDEしに/ょも=BCDにもEにも、/だ=Eだ。/ゐ=BCDEい/ゞ=ABCDEが/ゐくさ=BCDEいくさ/ニ=AょBCDEに/ょ=AニBCDEに/ゐぶ=ABCDあぶEなし/で=Eで、/流丸=BCD流丸E流丸/ょ=BCDEに/中つて=BCD中てE中つて/で=Aて/古=CDEこ/ょ=BCDEに/かつ=Eなし/ば=Eば、/ょ=BCDEに/志゙=ABCDEじ/だ=Eだ、/ょ=BCDEに/て=Eて、/ょ=BCDEに/ぬ=Eぬ、/ょ=BCDEに/ゐた=BCDあたEなし/も=Eも、/ょ=BCDEに/ふみぬ=AEなし/志=ABCDEし/そん=AEなし/だ。=BCDEだ、/構=A構BCD構E構/古と=BとCDEこと/ゐ=BCDEい/断つて=BCD断てE断つて/へ=Eへ、/い。=Aゐ、BCDEい、/だ=Eだ、/宜=BCD宜E宜/ゐ=BCDEい、/ニ=AょBCDEに/ニ=AょBCDEに/決=BC決D決E決/ゐ=BCDEい/頑張つた=BCD頑張たE頑張つた/が=AかEが、/か=Eか、/強ひて=ABC強ひてD強てE強ひて/還=BCD返E返/古と=AB古とCDEこと/ょ=BCDにEに、/ハ=BCDEは/ょ=BCDEに/ニ=BCDEに/ふ=Eなし/来つて=BCD來てE來つて、/ょ=BCDEに/きはん=AEなし/ょ=BCDEに/で=Eで、

恩海より深し山より高しと此方も小さくなつて於礼を申上げる是れゞ即ち賣言葉ょ買言葉だソレ丈けの事は私も能く知て居る爾う無闇ょ恩ょ被せる事ばかり云て只漠然と不深切と云ふやうな事を云て貰ひたくないと云ふやうな調子で始終問答をして居ました

長州征伐ニ学生の帰藩を留める

ニ=Eに/学=AE學/帰=E歸

夫れから長州藩が穏かでない朝敵と銘が付てソコで將軍御親発③となり又幕府から九州の諸大名ょも長州ょ向て兵を出せと云ふ命令が下つて豊前中津藩からも兵を出す。就ては江戸ょ留学志て居る学生、小幡篤次郎④を始め十人も居ま志たソレを出兵の御用だから帰れと云て呼還志ょ来た[註9]其時ょも私は不承知だ此若ゐ者ゞ戦争ニ出るとは誠ょ危ない話で流丸ょ中つても死んで仕舞はなければならぬ、古んな分らない戦争ょ鉄砲を擔がせると云ふならば領分中の百姓ょ擔がせても同志゙事だ此大事な留学生ょ帰て鉄砲を擔げなんてソンな不似合な事をするょは及ばぬ仮令ひ弾丸ょ中らないでも足ょ踏抜き志ても損だ。構ふ古とはなゐ病氣と云て断つて仕舞へ一人も還さない。ソレが罷り間違へば藩から放逐丈けの話だ長州征伐と云ふ事の理非曲直はどうでも宜しゐ兎ニ角ニ学者書生の関係すべき事でないから決して帰らせなゐと頑張つた所が藩の方でも因循であつたのか強ひて呼還すと云ふともせずょ其罪ハ中津ょ居る父兄の身ニ降り来つて其方共の子弟が命ょ背いて帰藩せぬのは平生の教訓宜しからざるょ由る云々の文句で何でも五十日か六十日の閉門

③小幡らが江戸に留学したのは元治元年（一八六四）六月のことで、八月に第一次長州征伐が起った。将軍の長州親発は慶応元年（一八六五）の再征のときである。④小幡篤次郎は中津藩上士の二男。元治元年江戸に出る。終始福澤を助けて塾中の長者と仰がれる。天保十三年（一八四二）生、明治三十八年（一九〇五）没。

こ=CDEこ/ある=BCDあるEある。/凢=B凡CD凡E凡/こ=CDEこ/凤で=A風でBCD風でE風で、/ニ=AにBCDEに/どう=Eなし/ず=Eず、/ゐば=Eなし/ず=Eず、/ハ=BCDEは/洗つた=A洗つたBCD洗たE洗つた/に=BCDEに/た=Eた。

ニ=AにBCDEに/成行。=BCE成行、D成行/こ=CDEこ/ハ=BCDEは/で=Eで、/ニ=BCDEに/ニ=AにBCDEに/に=AニBCDEに/て=Eて、/にハ=BCDEには/い=BCDEい/ニ=AにBCDEに/で=Eで、/俵=BCD俵E俵、/貰つて=BCD貰て/一寸=BCD一寸とE一寸と/に=BCDEに/ヿ=ABことCDEこと/、=AE。/是亦=BCD是れ亦E是れ亦、/に=BCDEに/。=BCDなしE、/に=BCDEに/柄=BC柄D柄E柄/ハ=BCDEは/い=BCDEい/ら=Eら、/が=ABCDEが/あ=ABCDEあ/ニ=AにBCDEに/こと=CとDEこと/がない=AがないBCDがないEがない。/が=ABCDEが/おか=BCDをかEなし/い=BCDEい/がある=AがあるBCDEがあ/才=A第BCD第E第/ハ=BCDはEは、/御家人=BCDE御家人/ひ=Eひ、/が=ABCDEが/ある=BCDあるEある、/が=ABCDEが/が=ABCDEが/ニ=AにBCDEに/も=Eも、/ばかげ=CばかEなし/こと=CとDEこと/バ=BCDEば/で=Eで、/変つた=BCD變たE變つた/い=BCDいEい。/さ=Eなし/か=ABCDEか/あ=ABCDEあ/か=ABCDEか/ふ=BCDEゆ/に=BCDEに/‖=AE‖BCDなし/か=Eか。/‖=AE‖BCD「/ハ=BCDEは/ん=Eん。/‖=AE‖BCD「/お=BCに/に=BCDEに/お=Bに/い=BCEいDひ/か=Eか、/ハ=BCDEは/か=Eか。/‖=AE‖BCD「/ハ=BCDEは/と=Eと、/頻りに=B頻りにCD頻にE頻りに/、=A。/せま=Eなし/い=BCDEい/が=ABCDEが/て=Eて、/ニ=BCDEに/に=BCDEに/通ほし=BCD通しE通し/こと=CとDEこと/あるが=BCDあるがEあるが、/ニ=AにBCDEに/ハない=BCDはないEはない、/バ=BCDEば/い=BCDEい/い=BCDEい/ら=Eら。

ニ=BCDEに/い=BCDEい/い=BCDいEい。/バ=ABCDEば/舩=BCD船E船/萍=BCD坪E坪/人=E人、/勢=BCD勢E勢/て=Eて、/が=ABCDEが/ドウダ=BCDドウだ/いつてもち=ABCDEいつてもち/ハ=BCDEは/い=BCDいEい、/といつれんぼう=AどいつれんぼうBCDどいつれんぱうEなし/に=BCDEに/いかん=BCDEいかん/に=BCDにEに、/も=Eも、/が=ABCDEが/ふ=Eふ。


を申付けられたこと*がある*凢そ*私の心事はこ*んな凤*で藩ニ*仕へて藩政を如何*しやうとも思はず*立身出世して威張*らうとも思はず*世間で云ふ功名心ハ*腹の底から洗*つたやうに*何に*もなかつた*

幕府に*も感服せず

に=Eに

藩ニ*對しての身の成行*。心の置きどこ*ろハ*右の通りで扨*江戸ニ*来て居る中ニ*幕府に*雇はれて後*にハい*よ〳〵幕府の家来ニ*なつて仕舞へと云ふので*高百五十俵*正味百俵ばかりの米を貰*つて一*寸旗本のやうな者に*なつて居たこと[註10]*がある、*けれども是*亦藩に*居るときと同様。*幕臣に*なつて功名手柄*をしやうと云ふやうな野心ハ*ない*から随て自分の身分が*何である*らうとも気ニ*留めたこ*とがな*い一寸とした事だ*が可笑し*い*話がある其次才*ハ*江戸で御家人*の事を旦那と云ひ*旗本の事を殿様と云ふ[註11]のが*一般の慣例である*所が*私が*旗本ニ*なつたけれども*固より自分で殿様なんて馬鹿気*たこと*を考へる譯けもなければ*家内の者も其通りで*平生と少しも変*つた事はない*爾*うすると或日知己の幕人たしか*福地源一郎であつたかと覺ふ*が玄關に*来て=殿様はお内か**=イーエそんな者ハ*居ません***=お内におい*でなさらぬか殿様ハ*御不在か**=そんな人ハ*居ません*と取次の下女と頻り*に問答して居る様子、**狭*い家だからスグ私が*聞付けて*玄關ニ*出て其客を座敷に**通ほしたこと*がある*が成るほど殿様と云て下女ニ*分る譯けハ*ない私の家の中で云ふ者もなければ*聞い*た者もない*言葉だから*

洋行舩*中の談話

舩=E船

夫れでも私ニ*全く政治思想のない*ではない*例へバ*文久二年欧行の舩*中で松木弘安と箕作秋萍*と私と三人*色々日本の時勢*論を論じて其時*私が*「ドウダ*迚も幕府の一手持*ハ六かしい*先づ諸大名を集めて獨逸*聯邦のやうに*しては如何*と云ふ[註12]*に松木も箕作も*マアそんな事が*穏かだらうと云ふ*夫れ

み=Eなし／うへばなし=Eなし／に=BCDEに／で=Eで、／バ=BCDEば／ニ=AにBCDEに／親玉=B親玉(にやだま)CDE親玉(おやだま)／将軍の事=BCD（将軍の事）E将軍の事／ニ=BCDEに／て=Eて、／に=BCDEに／い=BCDEい／と=Eと、／て=Eて、／さう=Eなし／〳〵=E〳〵、／ハ=BCDEは／やつ=Eなし／い=BCDEい／ハ=BCDはEは、／にハ=BCDEには／ニ=BCDEに／くらい=BくらゐCぐらゐD位(ぐらゐ)Eぐらゐ／で=Eで、／ハ=BCDEは／。=BCDE、／ニ=AにBCDに／ハ=ABCDEは／い=BCDいEい。／ニ=AにBCDEに／か=ABCDEが／嶋=ACDE島／ニ=BにCDEと／て=Eて、／ニ=AにBCDEに／當つた=BCD當(あたつ)た／は=Eは、／ハ=BCDEは／柄(がら)ニ=BC柄(がら)にDE柄(がら)に／あ=BCDEあ／す=Eす。

ハ=BCDEは／勢=BCD勢(せい)E勢／バ=BCDばEば、／ハ=BCDEは／ニ=BCDEに／る=Eる。／で=Eで、／に=BCDEに／て=Eて、／。=BCD、／で=Eで、／ニ=BCDEに／どう=Eなし／に=BCDにEに、

才一=ABCD第一E第一、／ハ=BCDEは／ごく〳〵=CDごく〳〵Eなし／い=BCDEひ／ニ=BCDEに／い=BCDいEい。

才二=ABCD第二E第二、／バ=ABCDEば／バ=BCDばEば、／い=BCDEい／で=Eで、／こ=CDEこ／い=BCDいEい。

才三=ABCD第三E第三、／ハ=BCDEは／扨置き=E扨置(さてお)き、／が=ABCDEが／所謂=BCDE所謂(いはゆる)／ハ=BCDEは／ニ=BCDEに／り=Eり、／ニ=BCDEに／當つて=BCD當(あたつ)て／くだ=Eなし／あるが=ABCDあるがEあるが、／にハ=BCDEには／がない=AがないBCDがないEがない。

才=A第BCD第(だい)E第／う=Eう。／が=ABCDEが／ニ=AにBCDEに／い=BCDいEい。／一寸=BCD一寸(ちよい)とE一寸と／に=BCDEに／た=BCDなし／が=ABCDEが／おうせつぶ=BにうせつぶCDおうせつぶEなし／で=Eで、／辮=BCD辯(べん)E辯／よ=Eなし／ぎやうぎ=Eなし／あるが=BCDあるがEあるが、／に=BCDEに／うはべ=Eウハベ／で=Eで、／ものごと=BCDものごとEなし／ちみつ=Eなし／ニ=BCDEに／バ=BCDEば／弱は=BCD弱(よわ)E弱

から段々身(*み)の上話(*うへばなし)に*及んで*今日吾々共の思ふ通りを云へバ*正米(しやうまい)を年ニ*二百俵貰(もら)ふて*親玉*（将軍の事）の御師匠番(ごしゝやうばん)ニ*なつて*思ふ様(やう)に*文明開國の説を吹込んで大変革をさして見たい*と云ふと*松木が手を拍(うつ)*て左様(*さう)だ〳〵*是れハ*遣(*やつ)て見たい*と云たのハ*松木の功名心も其時*にハ二百俵の米を貰(もら)ふて将軍ニ*文明説を吹込むくらい*の事で*當時の洋學者の考(かんがへ)ハ*大抵皆大同小異。*一身の為めニ*大きな事ハ*考へない*後ニ*其松木か*寺嶋*宗則ニ*なつて参議とか外務卿とか云ふ実際の國事ニ*當*つたのは*実ハ*本人の柄(*がら)ニ於て商賣違ひであ*つたと思ひます*

夫れハ*扨置(さてお)き世の中の形勢*を見れバ*天下の浮浪即ち有志者ハ*京都ニ*集て居る*夫れから江戸の方では又幕府と云ふものが勿論時の政府でリキンで居ると云ふ訳けで*日本の政治が東西二派に*相分れて*勤王(きんわう)佐幕と云ふ二派の名が出來た。*出來た所で*サア其處ニ*至て私が如何(*どう)するかと云ふに*

才*一私ハ*幕府の門閥壓制鎖國主義が極々(*ごく〳〵)嫌い*で之ニ*力を盡す気はない*

才*二左れバ*とて彼の勤王家と云ふ一類を見れバ*幕府より尚ほ一層甚だしい*攘夷論で*こ*んな乱暴者(らんばうもの)を助ける気は固よりない*

才*三東西二派の理非曲直ハ*姑(しばら)く扨*置き男子が**所謂宿昔青雲の志を達するハ*乱世ニ*在り*勤王でも佐幕でも試みニ**當つて砕(*くだ)けると云ふが書生の事であ*るが私に*ハ其性質習慣がない*

今その次才*を語りませう*抑(そ)も私が*始めて江戸ニ*來た時からして幕府の人ニ*は感服しない**一寸旗本御家人に*出遇ふた*所が*應接振(*おうせつぶ)りは上品で*田舎者と違ひ辮*舌も好(*よ)く行儀(*ぎやうぎ)も立派であ*るが何分に*も外邊(*うはべ)ばかりで*物事(*ものごと)を緻密(*ちみつ)ニ*考へる脳力(なうりよく)もなければ*又腕力も弱*はさ

うま見える。けれども先方ハ幕府の御直参。此方ハ見る影もなゐ陪臣だから手の着けやうもなく旗本などま對してハ其人の居なゐ處でも何様〳〵と尊敬して居る其塩梅式ハ京都の御公卿様を取扱ふやうま。唯見た所ばかりを丁寧まして心の中でハ見縊り抜ゐて居た。所ぶ其無脳力無腕力と思ふ幕府人の劍幕ハ中々大造なものであ る。些細な事のやうだぶ當時最も癪ニ障るのは旅行の道中で幕人の威張り方と云ふものハ迚も今時の人ニ想像ハ出來まゐ私などハ譜代大名の家來だから丸で人種違ひの蛆虫同様。幕府の役人ハ勿論凡そ葵の紋所の附ゐて居る御三家と云ひ夫れから徳川親藩の越前家と云ふやうな大名か又ハ其家來が道中を志て居る處ま打付からうものならソリヤ堪らない寒中朝寒い時ま宿屋を出て河を渡らうと思て寒風の吹く處ま立て一時間も舩の來るのを待て居るヤツと舩が着いてヤレ嬉志や此舩ま乘らうと云ふ時ま不意と後ろから葵の紋の侍が来ると其者が先きへ其舩ま乘て仕舞ふ又アト一時間も待たなければならぬ。駕籠を舁ぐ人足でも無人のときまハ吾々ハ問屋場ニ行て頼んでヤツト出來た處まアトから例の葵の紋ぶ來ると出来た其人足を横合から取られて仕舞ふ。如何なお心善でも腹を立てずまハ居られなゐ凡そ幕府の壓制売威張りハ際限のなゐ事ながら私共ぶ若ゐ時ま直接ま侮辱輕蔑を受けたのハ道中の一事でも血氣の熱心ハ自から禁ずることぶ出来ず前後左右ニ深ゐ考へもなく唯癇癪の餘りニ。こんな悪政府ハ世界中ニあるまゐと腹の底から觀念して居た。

葵の紋の御威光

ま＝BCDEに／。＝BCDE、／さき＝Eなし／ハ＝BCDEは／。＝BCDなしE、／こつち＝BCこちら／ハ＝BCDEは／かげ＝Eなし／ゐ＝BCDEい／く＝Eく、／ま＝BCDEに／ハ＝BCDEは／ゐ＝ABCDEい／なニさま＝AなまさまBCDなにさまEなし／〳〵＝BCD々々E々々／ハ＝BCDはEは、／ま。＝BCDEに、／ま＝BCDEに／ハ＝BCDEは／みくび＝AくびEなし／抜ゐて＝BCD抜てE抜いて／。＝BCD、／ぶ＝ABCDEが／むのふりよく＝BCDむなうりよくEなし／むわんりよく＝BCDむわんりよくEなし／ハ＝BCDEは／たゐさう＝ABCDEたいさう／な＝BCDの／あ る。＝BCDある、Eある。／ぶ＝ABCDがEが、／志やく＝BCDしやくEなし／ニ＝BCDEに／で＝Eで、／り＝Aなし／ハ＝ABCDEは／ゐまどき＝AゐまどきBCDいまどきEなし／ニ＝BCDEに／ハ＝BCDEは／まゐ＝BCDないEまい。／ハ＝BCDEは／ぢん志ゆちが＝BCDじんしゆちがEなし／うじむし＝Eなし／。＝BCDE、／ハ＝BCDEは／論＝BCD論E論、／凡＝B凡CD凡E凡／附ゐて＝B附てCD付てE附いて／ひ＝Eひ、／か＝BCDEか／ハ＝BCDEは／志＝ABCDEし／ま＝BCDEに／ぶつゝ＝CぶつDEぶつつ／ソリヤ＝Eソリャ／たま＝Eなし／い＝AゐBCDいEい。／かんちう＝Eなし／あささむ＝ABCあささむCあさざむEなし／ま＝BCDEに／て＝Eて、／ま＝BCDEに／舩＝BCD船E船／る＝Eる、／ヤツと＝ADヤツトEヤッと／舩＝BCDE船／て＝Eて、／ヤレ＝BCDやれ／うれ＝Eなし／志＝ABCDEし／舩＝BCDE船／ま＝BCDEに／ま＝BCDにEに、／うし＝Eなし／ろ＝Dなし／舩＝BCDE船／ま＝BCDEに／ふ＝Eふ、／。＝BC、Dなし／まハ＝BCDEには／ハ＝BCDEは／ニ＝BCDEに／たの＝Eなし／ヤツト＝BCヤツとEヤット／ま＝BCDにEに、／もん＝AEなし／ぶ＝ABCDEが／と＝Eと、／。＝B、CDなし／こゝろよし＝BCDEこゝろよし／まハ＝BCDEには／ゐ＝BCDいEい。／凡＝B凡CD凡E凡／売威張り＝E殼威張り／ハ＝BCDEは／ゐ＝BCDEい／ら＝Eら、／ぶ＝ABCDEが／ゐ＝BCDEい／ま＝BCDEに／ま＝BCDEに／ハ＝ABCDはEは、／ハ＝BCDEは／こ＝CDEこ／ぶ＝ABCDEが／ず＝Eず、／ニ＝BCDEに／ゐ＝BCDEい／く＝Eく、／かん志やく＝ABCDかんしやくEなし／ニ。＝AニBCDEに、／こ＝CDEこ／ハ＝BCDEは／ニあ＝BCDEにあ／ゐ＝BCDEい／た＝Eた。

福翁自傳（三十八）王政維新（三）時事新報明治三十一年十一月六日（日）
売＝BCD売(から)E殼／が＝ABCDEが／ニ＝BCDEに／ハ＝ABCDはEは、／ハ＝ABCDEは／あ＝BCDEあ／き＝Eき、／こ＝CDEこ／い＝BCDEい／ことに＝AことにBことにCDEことに／は＝Eは、／ドウ＝BCD如何(どう)／い、＝Aい。／で＝Eで、／に＝AニBCDEに／き＝Eき、／に＝AニBCDEに／き＝Eき、／に＝AニBCDEに／て＝Eて、／ば＝Eば、／ドウ＝BCD如何(どう)／し＝ABCDEし／たいぐわいこくぜ＝AたいぐわいこくぜBCDたいぐわいこくぜEなし／に＝BCDEに／と＝Eと、／し＝ABCDEし／ことに＝AことにBことにCDEことに／当然＝BCD當(あたりまへ)然E當然／あらう＝ABCDあらうEあらう。／ソコデ＝BCソコで／して＝ABCDしてEして、／とりどころ＝Aとりどころ／い＝BCDEい／で＝Eで、／で＝Eで、／に＝BCDEに／も＝Eも、／の＝Aなし／。＝BCDE、／ハ＝BCDEは／あ＝BCDEあ／い＝BCDいEい。／に＝BCDEに／伊井＝AE井伊BCD井伊(ゐい)／え＝BCDEへ／を＝Eを、／書に＝BCD書(ほん)にE書に／が＝Eが、／だいうそ＝Dおほうそ／皮、＝A皮。BCD皮(かは)E皮(かは)、／か＝Eか、／ぞん＝Eなし／だ＝Eだ。／伊井＝ABCDE井伊／。＝BDE、Cなし／参河武士＝BCDE参河武士(みかはぶし)／。＝BCD、／紅葉山＝BCDE紅葉山(もみぢやま)／ニ＝BCDEに／き＝Eき、／ニ＝BCDEに／生ひ＝BCDなしE生ひ／繁げり＝BCD繁(しげ)りE繁り／て＝Eて、／みづ＝BCDみづEなし／抜いて＝BCD抜(ぬい)てE抜いて／ひ＝Eひ、／ニ＝AにBCDEに／ニ＝BCDEに／がある＝AがあるBCDがあるEがある。／こ＝CDEこ／ニ＝BCDEに／こ＝CDEこ／あ＝BCDEあ／も＝Eも、／ハ＝BCDEは／でハ＝BCDEでは／い＝BCDいEい、／が＝ABCDEが／ニ＝BCDEに／ある＝BCDあるEある。／も＝Eも、／伊井＝ABCDE井伊／ハ＝BCDEは／い＝BCDEい／代＝A代。E代、／豪(ご)＝AE豪BCD豪(がう)／あるが＝ABCDあるがEあるが、／ニ＝BCDEに／は＝AハEは、／ニ＝BCDEに／ハない＝BCDはないEはない。／は＝Eは、／に＝AニBCDEに／当つて＝BCD當(あたつ)てD當てE當つて／よぎ＝AEなし

幕府の攘夷主義

幕政の売威張りが痼瘨ニ障ると云ふのハ是れハ此方(こっち)の血氣の熱心であるとして姑(しばら)く差置(さしお)き扨この日本を開いて外國交際をドウするかと云ふことになつてはドウも見て居られない、と云ふのは私は若い時から洋書を讀で夫れから亜米利加(アメリカ)に行(ゆ)き其次には欧羅巴(エウロッパ)に行き又亜米利加に行て只学問ばかりでなく実地を見聞(けんもん)して見ればドウしても對外國是(たいぐわいこくぜ)は斯(か)う云ふやうに仕向けなければならぬとボンヤリした處でも外國交際法と云ふことに氣の付くは当然の話であらう ソコデ其私の考から割出して此徳川政府を見ると殆んど取所(とりどころ)のない有様で當時日本國中の輿論(よろん)は都(すべ)て攘夷で諸藩殘らず攘夷藩で徳川幕府ばかりが開國論のやうに見えもすれば聞えもするやうでありますけれども正味の精神を吟味すれば天下随一の攘夷藩。西洋嫌ひハ徳川であると云て間違ひはあるまい或は後年に至て大老伊井掃部頭は開國論を唱えた人であるとか開國主義であつたとか云ふやうな事を世間で吹聴する人もあれば書に著はした者もあるが開國主義なんて大嘘(だいうそ)の皮、何が開國論なものか存(ぞん)じ掛けもない話だ伊井掃部頭と云ふ人は純粋無雜(むざつ)。申分のない参河武士だ。江戸の大城(だいじやう)炎上のとき幼君(えうくん)を守護して紅葉山ニ立退き周圍ニ枯草の生(お)ひ繁(し)げりたるを見て非常の最中不用心なりとて親(みづ)から腰の一刀を抜いて其草を切拂ひ手ニ幼君を擁して終夜家外ニ立詰めなりしと云ふ話がある又この人が京都邊の攘夷論者を捕縛して刑ニ處したることはあれども是れハ攘夷論を悪む為めでハない浮浪の處士が横議して徳川政府の政権を犯(をか)すが故ニ其罪人を殺したのである是等の事実を見ても伊井大老ハ真実間違ひもない徳川家の譜代豪(ご)勇無二の忠臣ではあるが開鎖の議論ニ至ては真闇(まつくら)な攘夷家と云ふより外ニ評論ハない唯其徳川が開國であると云ふのは外國交際の衝(しよう)に当つて居るから餘(よ)

志ぶ＼／＝ABしぶ＼／CDしぶ＼／Eなし／ょ＝BCDEに／で＝Eで、／ひとまく＝Eなし／捲(まく)つて＝BCD捲(まくつ)て／がくや＝Aなし／。＝BCD、／古＝CDEこ／ニ＝AょBCDEに／可゙＝ABCDEが／古と＝CDとEこと／可゙＝ABCDEが／ゐ＝BCDEい／う＝Eう。／バ＝BCDEば／ヿ＝AB古とCDEこと／る＝Eる。／チヤンブルス＝BCDチエーンバーEチェーンバー／て＝Eて、／ょ＝BCDEに／人＝E人、／ょ＝BCDEに／ょ＝BCDEに／と＝Eと、／たゐさう＝ABCDたいさうEなし／で＝Eで、／ドウカ＝BCDドウか／ら＝Eら、／に＝AょEに、／コンペチーション＝BCDEコンペチション／ニ＝AょBCDEに／でゟ＝BCDであEなし／ひ＝Eひ、／末(すゑ)。＝A末(すへ)、BCD末(すゑ)、E末、／ニ＝BCDEに／當篏(ゟては)め＝A當篏(あては)めBCD當箝(あては)めE當箝(あては)め、／が＝Eが、／ょ＝BCDEに／可゙＝ABCDがEが、／ょ＝AニBCDEに／可゙ゟる＝Aがゟるbcdがある Eがある、

自傳才十一（封筒表）

ドウも（ここより改丁）

れ＝Dなし／い＝AゐBCDEい、／ドンナ＝BCDどんな／か＝Eか。／ヿ＝AB古とCDEこと／い＝AゐEい、／志＝ABCDEし／り＝DEり、／となり＝Eなし／志やう＝BCDしやうEしやう、／ば＝Eば、／志＝ABCDEし／こ＝BCDかEなし／で＝Eで、／かねかし＝Eなし／可゙＝ABCDEが／バ＝BCDばEば、／で＝Eで、／ょ＝BCDEに／て＝Eて、／る＝Eる、／る＝Eる。／程＝BCD程(ほど)E程、／か＝Eか、／義＝BC義(ぎ)D儀(ぎ)E儀／ね＝Eね。／い＝AゐEい、／おほとも＝ACDEおほもとBたほもと／る＝Eる。／程＝BCD程(ほど)E程、／ヿ＝AB古とCDEこと／が＝Eが、／ドウモ＝BCDドウも／争ひ＝BCD争(あらそひ)／ぬ＝Eぬ。／ドウモ＝BCDドウも／ごらふじうがた＝ABCDごらうぢうがたEなし／ょ＝BCDEに／ヿ＝AB古とDEこと／ゐと＝BCDいとEいと、／ょ＝BCDにEに、／ニ＝BCDEに／ニ＝BCDEに／攘＝AE讓BCD讓(ゆづ)／可゙＝ABCDEが／ゐ＝BCDEい／ゟらう＝BCDあらうEあらう。／例令ば＝BCD例(たと)へばE例へば／志＝ABCDEし／。＝ABCE、Dなし／ょは＝AょハBCDEには／可゙＝ABCDEが／ニ＝BCDEに／ゟ＝BCDEあ／可゙＝ABCDがEが、／ハ＝BCDEは／ゐ＝BCDEい／ら＝Eら、／ドウモ＝BCDドウも／争ひ＝BCD争(あらそひ)／バ＝BCDEば／ニ＝BCDEに／ゐ＝BCDEい／ら＝Eら、

儀(ぎ)なく渋々(しぶ／＼)開國論ょ従て居た丈(だ)けの話で一幕(ひとまく)捲(まく)つて正味(しようみ)の楽屋(がくや)を見たらば大変な攘夷藩だ。古んな政府ニ私可゙同情を表(へう)する古と可゙出來なゐと云ふのも無理はなからう先づ其時の徳川政府の頑固(ぐわんこ)な一例を申せバ斯(か)う云ふヿがある私がチヤンブルスの経済論⑤を一冊持て居て何か話の序(ついで)ょ御勘定方(ごかんぢやうがた)の有力な人即ち今で申せば大蔵省中の重要の職ょ居る人ょ其經済書の事を語ると大造(たゐさう)悦(よろこ)んでドウカ目録だけでも宜(い)いから是非見たいと所望(しよまう)するから早速翻譯する中にコンペチーションと云ふ原語ニ出遭(でゟ)ひ色々考へた末(すゑ)。競争と云ふ譯字を造り出して之ニ當篏(ゟては)め前後二十条ばかりの目録を翻譯して之を見せた所が其人が之を見て頻(しき)りょ感心して居たやうだ可゙「イヤ茲ょ争と云ふ字可゙ゟるドウも是れが穏かでないドンナ事であるか「どんな事ッて是れは何も珍らしいヿはない日本の商人の志て居る通り隣(となり)で物を安く賣ると云へば此方(こつち)の店ではソレよりも安く志やう又甲の商人が品物を宜(よ)くすると云へば乙はソレよりも一層宜(よ)く志て客を呼ばうと斯(こ)う云ふので又或る金貸(かねかし)可゙利息を下げれバ隣の金貸も割合を安くして店の繁昌を謀ると云ふやうな事で互ょ競ひ争ふてソレで以てちやんと物價も定(き)まれば金利も極(き)まる之を名けて競争と云ふので御座る「成程爾(さ)うか西洋の流義はキツイものだね「何もキツイ事はないソレで都(すべ)て商賣世界の大本(おほもと)が定(き)まるのである「成程爾(さ)う云へば分らないヿはないが何分ドウモ争ひと云ふ文字が穏かならぬ是れではドウモ御老中方(ごらふじうがた)へ御覧ょ入れるヿが出来なゐと妙な事を云ふ其様子を見るょ経済書中ニ人間互ニ相攘ると か云ふやうな文字可゙見たゐのでゟらう例令ば商賣を志ながらも忠君愛國。國家の為めょは無代價でも賣るとか云ふやうな意味可゙記(しる)してあつたらば気ニ入(い)るでゟらう可゙夫れハ出來なゐから「ドウモ争ひと云ふ字が御差支ならバ外ニ翻譯の致しやうもなゐから

ハ=BCDEは／て=Eて、／ニ=AょBCDEに／よ=CDEこ／かなる=Aがなる BCDがあるEがある。／凡=AE風BCD風／が=ABCDEが／。=BCD、／ハ=BCDEは／て=Eて、／な=BCDEあ／な=BCDEあ／ら=ABCDEか／ニ=AょBCDEに／し=Eし、／ニ=BCDEに／か=Eか、／た=Eた。／え=CなEえ、／ながく=BCDながくEなし／遣つた=BCD遣た／ょ=BCDEに／と=ABよとDEこと／い=AゐEい。／ゑ=ABCDEり／ば=Aは／日=E日、／ハ=BCDEは／ょ=BCDEに／か=Eか、／舩=BCD船E船／ょ=BCDEに／ゑ=ABCDEし／ょ=BCDにEに、／ソンナ=BCDソンな／で=Eで、／ょ=AニBCDEに／か=Eか、／ょ=BCDEに／ょ=BCDEに／き=Eき、／な=Eな、／ゴテく=BCDゴテぐ／遣つた=BCD遣たE遣つた。／て=Eて、／コリヤ=Eコリャ／い=AゐEい、／ょ=BCDEに／も=Eも、／し=Eなし／たま=Eなし／だ=Eだ、／ゐ=BCDEい／と=Eと、／ニ=AょBCDEに／相想=A相想BCD愛想E愛想／が=ABCDEが／つ=Eなし／ゐ=BCDEい。

バ=BCDEば／ニ=BCDEに／上方=BCDE上方／ょ=BCDにEに、／代つた=BCD代た／つり=Eなし／だ=Eだ。／コリヤ=Eコリャ／ゐ=BCDいEい。／れ=Eれ、／双=BCD双E雙／ニ=BCDEに／ょ=BCDEに／ハなるも=BCDはあるもEはあるも、／ハ=BCDEは／双=BCD双E雙／ょ=BCDEに／しぶ=Eなし／善ゐ=ABC善いD善E善い／ゐ=ABCDEか／悪ゐ=BCD悪いE悪い／で=Eで、／が=ABCDEが／ニ=BCDEに／ニ=BCDEに／なら う=BCDあらうEあらう。／ニ=AょBCDEに／ず=Eず、／ょ=BCDEに／は=Eは、／ょ=BCDEに／ゑ=ABCDEし／ゑ=ABCDEし／る=Eる、

丸で是れハ削りませうと云て競争の文字を眞黒ニ消して目録書を渡したよとかなる此一事でも幕府全体の気凡は推察が出來ませう。夫れから又長州征伐のとき外國人ハ中々注意して居て或時英人でなつたか米人でなつたら幕府ニ書翰を出し長州の大名ニドウ云ふ罪があつて征伐するのだらうかソレを承りたいと云て来た爾うすると其時の閣老役人達がいろく評議をしたと見え長々と返辞を遣つた其返辞の中ょ開鎖論と云ふとを頓と云はない当ゑまへならば國を開いた今日長州の大名ハ政府の命令を奉ぜずょ外國人を敵視するとか下ノ関で外國の舩艦ょ発砲ゑたからとか云ひさうなものであるょソンナ事は一言半句も云はないでイヤどうも京都ょ暴れ込んだとか或は勅命ょ戻り台命ょ背き其罪南山の竹を尽すも数へがたし[註13]と云ふやうな漢學者流の文句をゴテく書いて遣つた私は其返辞を見てコリヤどうも仕様がない表面ょは開國を装ふて居るも幕府は真実自分も攘夷が為たくて堪らないのだ迚もモウ手の着けやうのなゐ政府だと実ニ相想が盡きて同情を表する気がなゐ

然らバ則ち之ニ取て代らうと云ふ上方の勤王家はドウだと云ふょ彼等が代つたら却てお釣の出るやうな攘夷家だコリヤ又幕府よりか一層悪ゐ勤王攘夷と佐幕攘夷と名こそ変れ其実は双方共ニ純粋無雑な攘夷家で其攘夷ょ深浅厚薄の別ハなるも詰る所ハ双方共ょ尊攘の仕振りが善ゐとら悪ゐとか云ふのが争論の點で其争論喧嘩が遂ニ上方の攘夷家と關東の攘夷家と鐵砲を打合ふやうな事ニなるでならうドチラも頼むニ足らず其中ょも上方の勤王家は事実ょ於て人殺ゑもすれば放火もよて居る其目的を尋ねて見る

⑤Chambers' Educational Course ; Political Economy, for use in schools and for private instruction, W. and R. Chambers, London and Edinburgh, 1852.

と＝Eと、／タトヒ＝BCD假令(たと)ひ／尓＝BCDEに／志＝ABCDEし／み＝Aなし／で＝Eで、／志＝ABCDしEし。／尓＝BCDEに／ワツ＝Eワッ／尓＝BCDEに／じ＝Aし／ら＝Eら、／志＝ABCDEし／ニ＝BCDEに／ニ＝A尓BCDEに／ハ＝BCDEは／ゐ＝BCDEい。／古＝CDEこ／ニ＝BCDEに／ほろぼ＝Eなし／。＝BCDなしE、／古＝CDEこ／尓＝BCDEに／ハ＝BCDEは／ニ＝BCDEに／る＝Eる、／なさ＝Eなし／ゐ＝BCDEい／尓＝BCDEに／ら＝Eら、／志＝ABCDEし／尓＝BCDEに／ニ＝A尓BCDEに／ぬ＝Eぬ。

其＝BCD改行なし／尓＝BCDEに／ニ＝A尓BCDEに／る＝Eる。／で＝Eで、／おつか＝B阿つか／尓志＝A尓しBCDEにし／阿る＝BCDあるEある。／尓＝BCDEに／で＝Eで、／ゐ、＝Aゐ。BCDEい、／尓＝BCDEに／も＝Eも、／志＝ABCDEし／よ＝Eなし／い＝AゐBCDいEい、／尓＝AニBCDEに／来て＝BCD行(いっ)てE行て／覧＝BCD覧(らん)E覧。／ソリヤ＝Eソリャ／ヿ＝AB古とCDEこと／ぜ。＝BCDぜ、Eぜ／ふ＝Eふ。／造＝BC造(ぞう)D藏(ぞう)E造〔藏〕／佐野榮寿＝BCDE佐野(さの)榮壽(えいじゅ)／が＝Eが、／尓＝AニBCDEに／志＝ABCDEし／る＝Eる。／て＝Eて、／尓＝BCDEに／志＝ABCDEし／ら＝Eら、／尓＝BCDEに／な＝Eな、／尓＝BCDEに／ゐ＝BCDいEい／尓＝AニBCDEに／は＝Eは、／尓＝BCDEに／雉有＝A雉有B難有(ありがた)CD難有(ありがた)E難有／す＝Eす、／坂＝BCDE阪／尓＝BCDEに／も＝Eも、／阿＝A御CDEお／ん＝Eん、／と＝Eと、／は＝BCDEわ／ヿ＝AB古とCDEこと／志＝ABCDEし／が＝Eが、／で＝Eで、／志＝ABCDEし／尓＝BCDEに／古＝CDEこ／ハ＝BCDEは／た＝Eた。

福翁自傳（三十八）〔九〕王政維新（四）時事新報明治三十一年十一月十日（木）

尓＝BCDEに／ば＝Eば、／で＝Eで、／ゐ＝BCDEい／ヿ＝AB古とCDEこと／い＝AゐEい。／尓＝BCDEに／り＝Eり、／尓＝BCDEに／雇れ＝BCD雇(やと)はれE雇はれ／が＝Eが、／で＝Eで、／尓＝BCDEに／い＝AゐEい。／ら＝Eら、／い＝AゐEい。

と*タ*トヒ此國を焦土尓*しても飽くまで攘夷を志*なければならぬと云ふ觸込み*で*一切萬事一挙一動悉く攘夷ならざるはな志*然る尓*日本國中の人がワ*ツとソレ尓*應*じて騒ぎ立て居るのであるから何と*志*ても之ニ*同情を表して仲間ニ*なるやうな事ハ*出来られなゐ*是れ古*そ実ニ*國を滅(ほろぼ)*す奴等だ。*古*んな不文不明な分らぬ乱暴人尓*國を渡せば亡國ハ*眼(がん)前(ぜん)ニ*見える情(なさ)*け*なゐ*事だと云ふ考が始終胸尓*染込(しみこ)んで居たから何と*志*ても上方(かみがた)の者尓*左(さ)祖(たん)する気ニ*ならぬ*

其*前後尓*緒方の隠居は江戸ニ*居る*是れは故緒方洪庵先生の夫人で*私は阿*母(おつか)さんのやう*尓志て居る恩人で阿*る或時尓*隠居が私と箕作を呼んでドウ*ぢやゐ*、お前さん方(がた)は幕府*尓雇はれて勤めて居るけれども馬鹿々々志*い止(よ)*しなさいソレ*よりか上方尓*来*て御覧*ソ*リヤどうもいろ〳〵な面白いヿ*があるぜ*。と云ふ*段々聞て見ると村田造*六即ち大村益次郎とか佐野*榮寿（常民）⑥註14とか云ふやうな有志者が*皆緒方の家尓*出入を志*て居る*ソレを隠居さんが知て居て*私と箕作の事は自分の子のやう尓*志*て居たものだから江戸*尓*居るな*上方尓*行(ゆ)けと勧めたのも無理はなゐ*其時尓*私は誠尓*雉有うございます大坂*尓*行けば必ず面白い仕事がありませうけれども*私はドウも首をもがれたッて攘夷の阿*供は出来ません*爾(さ)うぢやないかと*箕作と云て断(こと)はつた*ヿ*がありま志*たが*其位の訳け*でドウ志*ても其上方勢尓*與(く)みする古*とハ*出来なかつた*

夫れからモウ一つ私の身尓*就て云へば*少年の時から中津の藩を出て仕舞たので所謂*藩の役人らしゐ*公用を勤めたヿ*がない*夫れから前尓*も云ふ通り*江戸尓*来て徳川の政府尓*雇*れたからと云た所が*是れは云はゞ筆執(ふでと)る翻譯の職人*で政治尓*與(あづ)からう訳けもない*只職人の積りで居るのだから*政治の考と云ふものは少しもない*自分でも仕(し)やうとも思は

ば＝Eば、／い。＝BDい、CいEい。／が＝ABCDEが／て＝Eて、／宜い＝BCD宜(い)いE宜い／ニ＝BCDEに／とひだ＝BCDとびだEなし／が＝ABCDがEが、／ニ＝BCDEに／こ＝CDEこ／ハ＝BCDEは／ず＝Eず、／ニ＝BCDEに／ハ＝CDEは／ニ＝BCDEに／い＝BCDEい／ら＝Eら、／ニ＝BCDEに／ハ＝ABCDEは／ある＝ABCDあるEある。／バ＝ABCDEば／ニ＝BCDEに／。＝BCDE、／い＝BCDいEい。／に＝BCDEに／ハ＝BCDEは／に＝BCDEに／ニ＝AにBCDにEに、／ニ＝BCDEに／張つて＝BCD張(ばっ)て／凡＝AE風BCD風(ふう)／もくか＝AもつかBCDなし／ニ＝BCDEに／みく＝Eなし／こ＝BCDEこ／ある＝BCDあるEある。／バ＝ABCDEば／ハ＝AがBCDEは／呼棄(よびすて)＝D呼棄(よびす)て／に＝BCDEに／こ＝CDEこ／い＝BCDいEい。／。＝ABCDE、／。＝ABCDE、／。＝ABCDE、／こあきんど＝AこあきんどBCDEこあきんど／ハ＝BCDEは／に＝BCDEに／て＝Eて、／い＝BCDEい／ニ＝BCDEに／こ＝CDEこ／い＝BCDいEい。／ハ＝BCDEは／。＝BCDE、／に＝BCDEに／こ＝CDEこ／い。＝BCDい、Eい。／に＝BCDEに／い。＝AいBCDい、Eい。／バ＝ABCDEば／に＝BCDEに／ハ＝BCDEは／も＝Eも、／が＝ABCDEが／い＝BCDEい／凡＝AE風BCD風(ふう)／バ＝AハBCDEば／い＝BCDEい／て＝BCDでEで、／い＝BCDいEい。／ハ＝BCDEは／が＝ABCDEが／か＝Eか、／か＝BCDEか、／ニ＝BCDEに／で＝Eで、／に＝BCDEに／どう＝Eなし／せいうん＝BCDせいうんEなし／くも＝Eなし／うへ＝Eなし／にハ＝BCDEには／い＝BCDEい／あ＝BCDEあ／ら＝Eら、／に＝BCDEに／べつもの＝Eなし／に＝BCDEに／こと丶＝CDことゝEことゝ、／す＝Eす。／て＝Eて、

扨＝A改行なし／に＝BCDEに／には＝BCDにはEには、／たいへん＝ABCDたいへんEなし／。＝BCD、／に＝AニBCDEに／て＝Eて、／ハ＝BCDEは／。＝BE、CDなし／なかそで＝ABCDながそでEなし／皆＝AなしBCD皆(みな)／に＝BCDEに／忙＝BCDE忙(いそがは)／く＝Eく、／酔え＝BCD酔(ゑ)へE酔へ／が＝ABCDEが／が＝ABCDEが

なければ*又私は出来やうとも思はない*。仮令(たと)ひ又私が*奮發して*幕府なり上方なり何でも都合の宜い*方ニ*飛出(*とひだ)すとした處が*人の下流ニ*就て仕事をするこ*とハ*固(もと)より出来ず*中津藩の小士族で他人ニ*侮辱輕蔑された其不平不愉快ハ*骨ニ*徹して忘れられない*から*今更ら他人ニ*屈してお辭儀をするのハ*禁物(きんもつ)である*左れバ*大ニ*立身して所謂政治界の大人(たいじん)とならんか。*是れも甚だ面白くない*前に*も申した通り私ハ*儀式の箱に*入れられて小さくなるのを嫌ふ通りニ*其通りニ*儀式張*つて横凡*な顔をして人を目下(*もくか)ニ*見下(*みく)だすこ*とも亦甚だ嫌ひである*例へバ*私ハ*少年の時から人を呼棄(*よびすて)に*したこ*とがない*車夫。*馬丁。*人足。*小商人(*こあきんど)の如き下等社會の者ハ*別に*して*苟(いやしく)も話の出来る人間らしい*人ニ*對して無礼な言葉を用ひたこ*とはない*青年書生ハ*勿論。*家内の子供を取扱ふに*も其名を呼棄に*するこ*とは出来ない*。左る代りに*政治社會の歴々(れきれき)とか何とか云ふ人を見ても何(なん)ともない*。夫れも白髪の老人とでも云へバ*老人相應に*待遇ハ*すれども*其人の官爵が*高い*なんて高慢な凡*をすれバ*唯可笑(たゞをか)しい*ばかりて*話をするのも面白くない*是れハ*私が*持て生れた性質か*又は書生流儀の習慣か*老年の今日ニ*至るまでも同じ事で*之を要するに*如何(*どう)しても青雲(*せいうん)の雲(*くも)の上(*うへ)*に*ハ向きの悪い*男である*から*維新前後に*も獨り別物(*べつもの)*になつて居たこ*とゝ自分で自分の事を推察して居ます*ソレはソレとして*

扨*慶喜(けいき)さんが京都から江戸に*帰て来たと云ふ其時に*はサア大變(*たいへん)*。朝野共に*物論沸騰して*武家ハ*勿論。*長袖(*なかそで)の学者も医者も坊主も皆*政治論に*忙し*く*酔える*が如く狂するが*如

⑥佐賀藩士。緒方塾出身。維新後大蔵卿、農商務大臣等を歴任。日本赤十社社長。文政五年（一八二二）生、明治三十五年（一九〇二）没。

く人が人の顔を見れば唯その話ばかりで幕府の城内ニ規律もなければ礼儀もなゐ。平生なれバ大廣間。溜の間。雁の間。柳の間[註15]なんて大小名の居る處で中々喧ましゐのが丸で無住のお寺を見たやうニなつてゴロ〳〵箕坐を掻ゐて怒鳴る者もあればソッと袂から小さゐビンを出してブランデーを飲んでる者もあると云ふやうな乱脈ニなり果てたけれども私ハ時勢を見る必要がある。城中の外國方ニ翻譯などの用ハなゐけれども見物半分に毎日のやうに城中ニ出て居ましたが其政論流行の一例を云て見ると或日加藤弘之と今一人、誰であつたか名を覺えませぬが[註16]二人が𧘕𧘔を着て出て来て外國方の役所に休息して居るから私が其處へ行て「イヤ加藤君今日はお𧘕𧘔で何事にお出て来たのかと云ふと「何事だッてお遇ひを願うと云ふのは此時に慶喜さんが帰て来て城中に居るでせう。ソコでいろ〳〵な策士論客忠臣義士が燿気となつて上方の賊軍が出発したから何でも是れは冨士川で防がなければならぬとかイヤ爾うでない箱根の険阻に據て二子山の處で賊を鏖殺しにするが宜ゐ。東照神君三百年の洪業ハ一朝にして棄つ可らず吾々臣子の分として義を知るの王臣となつて生けるハ恩を知るの忠臣となつて死するニ若かずなんて種々様々な奇策妙案を献じ悲憤慷慨の気焔を吐く者が多ゐから云はずと知れた加藤等も其連中で慶喜さんニ御逢ひを願ふ者ニ違ひなゐソコデ私が「今度の一件ハドウなるだらう。ゐよ〳〵戦争ニなるか。ならなゐか君達にハ大抵分るだらうからドウゾ夫れを僕ニ知らして呉れ給へ是非聞きたゐものだ「ソレを聞ゐて何にするか「何にするッて分かつてるではなゐか。是れがゐよ〳〵戦争に極まれは僕ハ荷物を拵えて逃げなくてはならぬ戦争にならぬと云へば落付いて居る。其和戦如何はなか〳〵容易ならぬ大切な事であるからドウゾ知らして貰ゐたゐと云ふと加

く＝Eく、／で＝Eで、／ニ＝AにBCDEに／バ＝BCDEば／ゐ。＝BCDい、Eい。／ふだん＝E′フダン／バ＝BCDEば／おほびろま＝AEなしBおほびろまDおほひろま／。＝BCDE、／。＝BCDE、／がん＝Eなし／。＝BCDE、／て＝Eて、／やか＝Eなし／ゐのが＝BCDいのがEいのが、／ニ＝AにBCDEに／て＝Eて、／〳〵＝BCD〳〵／箕坐＝BCDE箕坐／掻ゐて＝BCD掻てE掻いて、／あれバ＝AあれハBCDあればEあれば、／ソット＝BCDソツト／たもと＝Eなし／小さゐ＝B小さいC少さいD小さいE小さい／あ＝BCDEあ／らんみやく＝Eなし／ニ＝AにBCDEに／は＝Eなし／も＝Eも、／ハ＝BCDEは／勢＝BCD勢E勢／ある。＝BCDEある、／ニ＝BCDEに／など＝BCD抔／ハ＝BCDEは／ゐ＝BCDEい／も＝Eも、／けんぶつはんぶん＝Eなし／に＝BCDEに／やうに＝BCD様にEやうに／ニ＝BCDEに／で＝Eなし／が＝Eが、／と＝Eと、／加藤弘之＝BCDE加藤弘之／が＝Eが、／かみしも＝AEなし／に＝BCDEに／ら＝Eら、／が＝ABCDEが／そこ＝BCDそこEなし／て＝Eて、／君＝E君、／けふ＝Eなし／に＝BCDEに／と＝Eと、／て＝Eて、／お遇＝Aお遇Bお逢CDお逢Eお逢／ねが＝AねかEなし／う＝ABCDEふ／は＝Eは、／此時＝CDE此の時／に＝BCDEに／。＝BCDなしE、／いろ〳〵＝Aいろ〳〵CD色々／が＝ABCDEが／燿気＝BCDE躍氣／て＝Eて、／か＝Eか、／い＝Eい、／険＝BCD嶮E嶮／に＝BCDEに／二子山＝BCD二子山E二子山／ぞく＝AEなし／みなご＝AみなごろBCDEみなごろ／しに＝AしにBCDEしに／宜ゐ。＝A宜ゐ、BCD宜い、E宜い、／ハ＝BCDEは／に＝BCDEに／ず＝Eず、／ハ＝BCDEは／ニ＝AにBCDEに／て＝Eて、／な＝BCDEの／じ＝Eじ、／ゐ＝BCDEい／ら＝Eら、／で＝Eで、／ニ＝BCDEに／御＝BおCDEお／ニ＝AにBCDEに／ゐ＝BCDいEい。／ソコデ＝Aソコで／が＝Eが、／「＝Dなし／ハ＝BCDEは／。＝BCDE、／ゐ＝BCDEい／ニ＝AにBCDEに／。＝BCDなしE、／ゐか＝BCDいかEいか、／にハ＝BCDEには／ら＝Eら、／ドウゾ＝BCDドウぞ／ニ＝BCDEに／へ＝Eへ、／ゐ＝ABCDEい／だ＝Eだ。／聞ゐて＝BCD聞てE聞いて／に＝BCDEに／か＝Eか。／に＝BCDEに／分かつて＝BCD分て／ゐか。＝BCDEいか、／ゐ＝BCDEい／に＝BCDEに／は＝ABCDEば／ハ＝BCDEは／え＝ABCDEへ／迯＝BCD迯E逃／ぬ＝Eぬ、／に＝AニBCDEに／付いて＝A付ゐてBCD付て／。＝BCD、／ら＝Eら、／ドウゾ＝BCDドウぞ／し＝ABCDEし／ゐたゐ＝AひたゐBCDEひたい／と＝Eと、

藤か眼を丸くして「ソンナ気楽な事を云て居る時勢でハないぞ馬鹿〱しい「イヤ〱気楽な所ではない僕は命掛けだ君達は戦ふとも和睦しやうとも勝手にしなさい僕ハ始まると即刻逃げて行くのだからと云たら加藤がプリ〱怒つて居たことがあります

夫れから又或日に外國方の小役人が出て来て時に福沢さんは家来は何人お召連れになるかと問ふから「家来とは何だと云ふと「イヤ事急なれば皆此城中に詰める方々にお賄を下さるので人数を調べて居る處です「爾うかソレは誠に難有い、難有いが私は勿論家来もなければ主人もないドウゾ福沢のお賄だけはお止めにして下さい弥々戦争が始まると云ふのに此御城の中ニ来て悠々と辨當など喰て居られるものか始まらうと云ふ気振りが見えれば何處かへ直ぐに逃出して行きます先づ私のお賄は要らないものとして下さいと笑て茶を呑んで居た全体を云ふと真実徳川の人に戦ふ氣があれば私がそんな放語漫言したのを許す訳けはない直ぐ一刀の下に首が失くなる筈だけれども是れが所謂幕末の形勢で迚も本式ニ戦争などの出来る人気でなかつた

其前に慶喜さんが東帰して来たときに政治上の改革とでも云ふか種々様々な役人が出来た可笑くて堪らない新潟奉行に誰が命せられて何處の代官ニ誰がなる甚だしきに至ては逃去て来た後の兵庫奉行になつた人さへあつて名義上の奉行だけは此方に出来て居る夫れから又御目附になるもあれば御使番になるものもある何でも加藤弘之津田真一（真道）[註17]なども御目附か御使番かになつて居たと思ふ私にも御使番になれと云ふ奉書到来と云ふ儀式で夜中差紙が来た[註18]が真平御免だ私は病気で御座ると云て取合はない。夫れから段々切迫して官軍（上方勢）が這入り込んでソロ〱鎮将府と云ふやうなも

か＝BCDEは／て＝Eて、／ソンナ＝BCDソンな／勢＝BCD勢E勢／ハ＝BCDEは／いぞ＝BCDいぞEいぞ、／馬鹿〱＝BCD馬鹿々々E馬鹿々々／い＝BCDいEい。／い＝AいEい、／いのちが＝BCDいのちがEなし／だ＝Eだ。／し＝ABCDEし／にし＝AにしBCDEにし／い＝AいBCDいEい、／ハ＝BCDEは／逃＝BCD迯E逃／く＝Aなし／ら＝Eら、／怒つて＝B怒てCD怒てE怒つて／こ＝CDEこ／あ＝ABCDEあ／す＝Eす。／に＝BCDEに／て＝Eて、／に＝BCDEに／お＝ACDEお／に＝BCDEに／ら＝Eら、／と＝Eと、／ば＝Aは／に＝BCDEに／お＝ACDEお／に＝BCDEに／お＝ACDEお／まかない＝BCDEまかなひ／す＝Eす。／に＝BCDEに／雉有い、＝A難有い。B難有い、CD難有い、E難有い、／雉有い＝A難有いB難有いCD難有いE難有い／い＝AいEい。／ドウゾ＝BCDドウぞ／お＝ADEお／お＝ACDEお／にし＝AにしBCDEにし／い＝AいEい。／いよ＝BCDEいよ／に＝BCDにEに、／御＝BCDなし／ニ＝BCDEに／ゆう〱＝BCDいう〱Eなし／か＝Eか、／きぶ＝BCDけぶEなし／どこ＝Eなし／に＝BCDEに／迯＝BC逃D迯E逃／し＝ABCDEし／す＝Eす。／お＝ACDEお／い＝BCDいEなし／し＝ABCDEし／いと＝BCDいとEいと、／た＝Eた。／に＝AニBCDEに／ば＝Eば、／し＝ABCDEし／い＝AいEい、／に＝BCDEに／な＝Eなし／も＝Eも、／勢で＝BCD勢でE勢で、／ニ＝BCDEに／た＝Eた。

に＝BCDEに／し＝ABCDEし／に＝BCDにEに、／た＝Eた。／可笑く＝BCD可笑しくE可笑しく／い＝AいEい。／に＝BCDEに／せ＝BCDEぜ／て＝Eて、／ニ＝BCDEに／が＝ABCDEが／る＝Eる。／に＝BCDEに／迯＝BCD迯E逃／あと＝BCDあとEなし／に＝BCDEに／て＝Eて、／に＝AニBCDEに／る＝Eる。／に＝BCDEに／ば＝Eば、／に＝BCDEに／る＝Eる。／之＝E之、／津田真一（真道）＝E津田眞一〔郎〕（眞道）E'津田眞一〔郎〕（眞道）／に＝BCDEに／ふ＝Eふ。／に＝BCDEに／に＝AニBCDEに／ふ＝Eふ。／で＝Eで、／夜中差紙＝BCD夜中差紙E夜中差紙／が＝Eが、／だ＝Eだ、／い。＝Aい。BCDい、／で＝AてEで、

ニ=AょBCDEに/て=Eて、/ょ=BCDEに/で=Eで、/で=AてEで、/ょ=BCDEに/ニ=BCDEに/ぬ=Eぬ。/坪=E坪、/ょ=BCDEに/ら=Eら、/ニ=AょBCDEに/え=BCDEへ/ず=Eず、/え=BCDEへ/。=BCD、/その=CD其(その)/ニ=BCDEに/で=Eで、/中=BCD中(ちう)E中、/宜ゐ=BCD宜(い)いE宜い。/い=AゐEい。/ゐ=BCDいEい、/ょ=BCDEに/。=BCE、Dなし/廻はし=BCD廻(まは)しE廻し/竈=BCDE竈(かまど)/はづ=Aばつ/仕舞つて=BCD仕(し)舞(まつ)てE仕舞つて、/どべつゝゐ=BCDEどべつゝい/え=BCDEへ/𛀂る。=BCDある、Eある。/ょ=BCDEに/所が=BCD處がE處が、/ぬ=Eぬ。/ょ=BCDEに/〳〵=E〳〵、/い、=Aゐ。Dい/𛀂=BCDEあ/で=Eで、/ゐ=BCDEい/ハ=BCDEは/𛀂=ABCDEあ/ら=Eら、/颯々=AE颯々BCD颯(さつ〳〵)々/る=Eる。/ょ=BCDEに/え=BCDEへ/い=AゐEい。/貰=A買/て=Eて、/凡=B凡(によ)CD凡(およ)E凡/ぷ=ABCDがEが、/ハまづゝ=AハまづかBEはわづかCD僅か/げ=Aけ/。=BCD、/ゐ=BCDEい/ハ=BCDEは/ふ=BCDゆEゆ。/態々=BCD態(わざ〳〵)々E態と/ニ=AょBCDEに/て=Eて、/か=Eか、/どぉ=ABCDどこEなし/は志=AけしBCDEはし/ょ=BCDにEに、/ら=Eら、/ハ=ABCDEは/て=Eて、/ソリヤ=Eソリャ/さ=Eなし/ゐ=BCDいEい、/ニ=BCDEに/ゐ=BCDEい/ニ=AょBCDEに/も=Eも、/置ゐた=B置たCD置(おい)たE置いた/。=BCD、/ゐ=BCDEい/ニ=AょBCDEに/迯げ=A迯けBCD迯(に)げE逃げ/ニ=AょBCDEに/かつ=Eなし/ゐで=AゐてBCDEいで/ゐ。=BCい、DいEい。/ニ=BCDEに/バ=BCDEば/ゐ=ABCDいEい、/ゐ=ABCDEい/ゐ=BCDいEい、/ぷ=ABCDEが/バ=BCDEば/志なゐ=AしなゐBCDしないEしない、/ゐ=BCDEい/颯々=AE颯々BCD颯(さつ〳〵)々/て=Eて、/中つた=BCD中(あたつ)たE中(あた)つた/す=BCす、Eす。/志=ABCDEし/ょ=BCDEに/すくな=Eなし/た=Eた。/ょ=AニBCDEに

のが江戸ニ出来て[註19]慶喜さんは水戸の方ょ行(ゆ)くと斯(か)うなつたので是れは慶応四年即ち明治元年春からの騒ぎで其時ょ私は芝の新銭座ニ屋敷が買てあつたから引越さなければならぬ[註20]其屋敷の地坪は四百坪長屋が一棟ょ土蔵が一つある切りだから生徒の為めニ塾舎も拵えなければならず又私の住居(すまゐ)も拵えなければならぬ。扨その普請の一段ニなつた所で江戸市中大騒動(おほさうどう)の最中却て都合が宜ゐ八百八町只の一軒でも普請をする家はないソレどころではなゐ荷物を搦(から)げて田舎(ゐなか)ょ引越すと云ふやうな者ばかり。手廻はしの宜(い)い家では竈の銅壺(どうこ)まで外(はづ)して仕舞つて自分は土竈(どべつゝゐ)を拵えて飯を焚(たい)て居る者も𛀂る。此最中ょ私が普請を始めた所が大工や左官(さくわん)の悦びと云ふものは一方(ひとかた)ならぬ安いょも〳〵何(なん)でも飯が喰(く)はれさへすれば宜(い)い、米の代さへ𛀂れば働くと云ふ訳(わ)けで安ゐ手間(てま)料(れう)で人手ハ幾らでも𛀂るから普請は颯々と出来る其建物も新たょ拵えるのではない奥平屋敷の古長屋を貰て来て凡そ百五十坪も普請したぷ入費ハまづゝ四百両ばかりで一切仕上げました。ゐよ〳〵普請の出来たのハ其年（明治元年）四月頃と覺ふ其時私の朋友などは態々止めニ来て「今頃普請をするものがあるか何處(どぉ)でも家を毀(こ)は志て立退くと云ふ時節ょ君獨り普請をしてドウする積りだと云ふから私ハ答へて「ソリヤ爾(さ)うでなゐ今僕が新ニ普請するから可笑しゐやうニ見えるけれども去年普請をして置ゐたらドウする。ゐよ〳〵戦争ニなつて迯げる時ニ其家を擔(かつ)ゐで行(ゆ)かれるものでなゐ。成程今戦争ニなれバ焼けるかも知れなゐ又焼けなゐかも知れなゐ仮令(たと)ひ焼けても去年の家ぷ焼けたと思へバ後悔も何も志なゐ少しも惜しくなゐと云て颯々と普請をして果して何の災(わざはひ)もなかつたのは投機商賣の中(あた)つたやうなものです何でも私の處で普請を志た為めょ新銭座邊は餘程立退きが寡(すくな)かつた彼處(あすこ)の内で普請をする位だから戦争ょならぬ

う＝Eう、／見合はせ＝BCD見合せE見合せ／、＝E。／ハ＝BCDEは／。＝BCD、／何處＝B可處CD何處／ドンナ＝BCDドンな／尓＝BCDEに／ら＝Eら、／尓＝BCDEに／迯＝BCD迯E逃／志＝ABCDEし／ぬ＝Eぬ。／尓＝BCDEに／堀て＝BCD掘てE掘て／か＝Eか、／尓＝BCDEに／。＝BC、Dなし／椽＝B椽CD椽E椽〔縁〕／尓＝BCDEに／這入つて＝BCD這入て／か＝Eか、／。＝BCD、／志＝ABCDEし／尓＝BCDにEに、／近處尓＝BCD近所にE近所に／て＝Eて、／。＝BCE、Dなし／ニ＝BCDEに／尓＝BCDEに／ぶ＝ABCDがEが、／尓ぢう＝A尓じうBCDにぢうEなし／尓＝BCDEに／くゐちが＝AくいちがBCDEくひちが／尓＝BCDEに／る＝Eる。／う＝Eう、／違つて＝BCD違て／〳〵＝C〴〵／尓＝BCDEに／ば＝Eば、／迯＝BCD逃E逃／で＝Eで、／セツパ＝Eセッパ／詰まつた＝BCD詰た／尓＝BCDにEに、／傳馬舩＝BC傳馬船D傳馬船E傳馬船／五＝E五、／雇つて＝BCD雇てE雇つて、／濵邊尓＝BCD濱邊にE濱邊に／置いた＝A置ゐたB置たCD置た／と＝AB古とCDEこと／る＝Eる。／尓＝BCDEに／舩尓＝BCD船にE船に／て＝Eて、／尓＝BCDEに／。＝BCD、／尓＝BCDEに／人＝E人、／）＝E）、／小＝AE子BCD子／志＝ABCDEし／が＝Eが、／尓＝BCDEに／ず＝Eず、／い＝AゐEい、／決＝BC決D決E決／志＝ABCDEし／い＝AゐEい。／尓＝BCDEに／留＝A溜／尓阿つて＝A尓あつてBCDにあつてEにあつて、／尓＝BCDEに／ばゝ＝BCDばゞ／尓＝BCDEに／で＝Eで、／五歳＝BCDE五歳／ぶ＝ABCDEが／尓＝BCDEに／泊つて＝BCD泊て／が＝Eが、／尓＝AニBCDEに／て＝Eて、／籠つて＝BCD籠て／で＝AてEで、／とりか古＝BCDとりかこEなし／で＝AてEで、／だ＝Eだ、／〳〵＝CD〴〵／遣つて＝BCD遣て／る＝Eる。／つら＝BCDつかEツラ／か＝Eか、／みぞ＝Eなし／尓＝BCDEに／て＝Eて、／突いた＝A突ゐたBCD突た／、＝AE。／ニ＝A尓BCDEに／る＝Eる。／ふ＝BCDう

でもあらう*マア引越を見合*はせやうと云て思止まつた者も大分あつたやうだ、*けれども実ハ*私も心の中では怖いさ。**何處から焼け始まつてドンナ*事尓*なるか知れぬと思ふから*何處か尓*迯げる*用意は志*て置かなければならぬ*屋敷の中尓*穴を堀て隠れて居やうか*ソレでは雨の降るとき尓*困る。*土藏の椽*の下尓**這入つて居やうか*若し大砲で撃れると困る。*ドウ*志やうかと思ふ中尓**近處尓紀州の屋敷（今の芝離宮）があつて*註21其紀州藩から幾人も生徒が来て居るを幸ひ。*其人達ニ*頼んで屋敷を見尓*行た所ぶ*廣い庭で土手が*尓ぢう*二重尓*くゐちが*喰違ひ尓*なつて居る處がある*此處が宜からう*罷り違*つていよ〳〵*ドン〳〵*遣るやう尓*ならば*此處へ迯げて来*やう、けれども表から行かれない、行かれないから海岸から行くより外ないと云ふので*いよ〳〵*セツパ詰まつた其時尓*私は傳馬舩を五六日の間雇*つて新銭座の濵邊*尓繋いで置いた*とがある*サアいよ〳〵と云ふとき尓*家内の者を其舩*尓乗せて海の方から其紀州の屋敷へ行*て土手の間尓*隠れて居やうと云ふ覺悟。*その時*尓私の處の子供が二人*一（総領の一太郎氏なり）と捨（次男の捨次郎氏なり）*家内と小*供を連れて其處へ行かうと云ふ覺悟を志*て居た所が*ソレ程心配尓*も及ばず*追々官軍が入込んで来た所が存外優しい**決して乱暴な事を志*ない*既尓*奥平の屋敷が汐留**尓阿つて彼處尓*居る（別室尓*居る年寄を指して）一太郎のお祖母*さんが其屋敷尓*居るので**五歳ばかりの一太郎ぶ*前夜からお祖母さんの處尓**泊つて居た所が*奥平屋敷のツヒ近所*尓増山と云ふ大名屋敷[註22]があつて*其屋敷へ不逞の徒が何人とか籠*つて居ると云ふので*長州の兵が取圍*んで*サア戦争だ*ドン〳〵*遣つて居る夫れから捕*まへられたとか斬られたとか*或は奥平屋敷の溝*の中尓*人が斬倒されて*ソレを又上から鎗で突い*たと云ふやうな大騒動、*所で私の伜はお祖母さんの處ニ*居る*奥平の屋敷も焼かれて仕舞ふ*だらう、

で=Eで、／尓=BCDEに／ヿ=CDEこ／以。=BCDい、Eい。／ニ=A尓BCDEに／尓=BCDEに／ハ=BCDEは／仕舞つた=BCD仕(し)舞(まつ)た／が=Eが、／尓=BCDEに／優くて=BCD優(やさ)しくてE優しくて、／ジツ=Eジッ／志=ABCDEし／志ない=Aしな以BCDしないEしない、／尓=BCDEに／尓=BCDEに／志=ABCDEし／志ない、=Aしな以BCDしないEしない、／チャント=BCDチャンとEチャント／志=ABCDEし／尓=BCDEに／宥め=BCD和(なだ)め／一寸=一寸(ちよいと)CD一寸(ちよい)／も=AなしEも、／と=ABヿとCDEこと／る=Eる。／尓=AニBCDEに／思つた=BCD思た／ひ=Eひ、／い=A以Eい。

福翁自傳（三十九〔四十〕）王政維新（五）時事新報明治三十一年十一月十三日（日）

尓=BCDEに／り=Eり、／尓=AニBCDEに／仕舞つて=BCD仕(し)舞(まつ)てE仕舞つて、／残つた=BCD残(のこつ)た／尓=BCDEに／人=E人、／尓=BCDEに／て=Eて、／才尓=A第尓BCDE第に／盛ん尓=BCD盛(さかん)にE盛んに／る=Eる。／盛ん尓=B盛にCD盛(さかん)にE盛んに／ヨ=ACDEなしBわ／阿る。=BCEある、Dある／尓=BCDEに／行た=B行(い)つたCD行(いつ)たE行つた／とき=CD時(とき)／尓は=BCDにはEには、／尓=BCDEに／行た=B行(い)つたCD行(いつ)たE行つた／とき=CD時(とき)／た=Eた。／ハ=BCDEは／阿=BCDEあ／ら=Eら、／ハ=BCDEは／てもと=Eなし／ニ=BCDEに／ゆゑ=CD故Eゆゑ、／た=Eた。／。=ABCDE、／書=BCD書(しよ)、E書、／論=BCD論(ろん)E論、／。=ABCDE、／尓=BCDEに／志て=ABCDしてEして、／生徒尓=BCE生徒にD生(せい)徒(と)に／志=ABCDEし／尓=BCDEに／尓志=A尓しBCDEにし／は=Eは、／ニ=A尓BCDEに／た=Eた。／ソコで=BCDEソコデ／尓=AニBCDEに／も=Eも、／ニ=BCDEに／ヿ=CDEこ／。=BCD、／才ハ=A第ハBCE第はD第(だい)は／。=BCE、Dなし／尓=BCDEに／。=BCDE、／尓=BCDEに／尓=BCDEに／ら=Eら、／尓=BCDEに／尓=BCDEに／ゐ=BCDEひ／流布=BCDE流(る)布(ふ)／も=Eも、／ハ=BCDEは／分つて=BC分てD分(わか)つて／す=Eす。

あの子とお祖母さんはドウならうかと大変な心配で*迎ひ尓*遣(や)らうと云ても遣るヿ*とも出来な以*。夫れ是れする中ニ*夕方尓*なつた所で事ハ*鎮まつて仕*舞つたが*其時でも大変尓**優くてジ*ツと志*て居ればドウも志*ない何も此内尓*居る者尓*怪我をさせやうとも志*なければ乱暴も志*ない、チャント*軍令と云ふものがあつて締りが付て居るから安心志*なさいと頻り尓**宥めて一*寸とも手を觸れないと云ふ一例でも*官軍の存外優しかつたヿ*が分る*前尓**思つたとは大違ひ*何ともない*

才=A第E第／ニ=Eに

義塾次才**ニ*繁昌

扨四月尓*なつた所で普請も出来上り*塾生は丁度慶應三年と四年の境が一番諸方尓*散じて仕*舞つて残*つた者は僅(わづか)尓*十八人*註23夫れから四月尓*なつた所が段々帰て来て*追々塾の姿を成して次才*尓盛*ん尓なる*又盛*ん尓なる譯(*ヨ)けも阿*る。と云ふのは今度私が亜米利加(アメリカ)尓**行たとき尓**は其以前亜米利加尓*行*たときよりも多く金を貰ひました*所で旅行中の費用ハ*都(すべ)て官費で阿*るから*政府から請取(うけとつ)た金ハ*皆手元(*てもと*)ニ残るゆゑ*其金を以て今度こそは有らん限りの原書を買て来ました*註24大中小の辭書。*地理書*歴史等は勿論*其外法律書、経済書。*数學書なども其時始めて日本尓*輸入志*て塾の何十人と云ふ生徒尓*銘々其版本を持た志*て立派尓*修業の出来るやう尓*志*たのは実*ニ*無上の便利でした**ソコで其当分十年餘も亜米利加(アメリカ)出版の學校讀本が日本国中尓*行はれて居たのも*畢竟(ひつきやう)私が始めて持て帰たのが因縁(いんねん)ニ*なつたヿ*とです。*其次才*ハ生徒が始めて塾で學ぶ。*其學んで卒業した者が方々尓*出て教師尓*なる。*教師尓*なれば自分が今まで學んだものを其学校尓*用るのも自然の順序であるから*日本國中尓*慶應義塾尓*用ゐ*た原書が流布*して廣く行はれたと云ふのも*事の順序ハ*よく分*つて居ます*

い＝AゐEい。／で＝Eで、／と＝ABゟとCDEこと／ら＝Eら、／ょ＝BCDEに／ょ＝BCDにEに、／ハ＝BCDEは／なょ＝BCDなにEなし／ゟ＝ABCDかEなし／て＝Eて、／ょ＝BCDEに／からゟ＝BCDEからあ／ょ志＝AょしBCDEにし／ひ＝Eひ、／どゟ＝ABCDどこEなし／さが＝Eなし／し＝Eし、／刄＝BCD刄E刃／い＝AゐEい、／ゐちもくめゐはく＝BCいちもくめいはくDもくめいはくEなし／。＝BCDE、／すぐ＝Eなし／ニ＝AょBCDEに／ょ志＝AょしBCDEにし／た＝Eた。／構え＝BCD構へE構へ／ょ志＝AょしBCDEにし／ら＝Eら、／ょ＝BCDEに／ば＝AバEば、／志＝ABCDEし／て＝Eて、／搆＝BCD構E構／ぬ＝Eぬ、／ょ＝BCDEに／向つて＝BC向て／負＝BC負D肩E肩／ょ＝BCDEに／扱つて＝BCD扱て／たから＝BCDるからEたから、／双＝BCD双E雙／ょ＝AニBCDEに／。＝BCDなし／ニ＝AょBCDEに／ゐ＝BCDEい／ぶゟ＝AがゟBCDEがあ／た＝Eた。／ニ＝AょBCDEに／ょ＝AニBCDEに／ょ＝BCDにEに、／ょ＝BCDEに／ゟぜりゟひ＝BCDEこぜりあひ／た＝Eた。／ょ＝BCDEに／戦つて＝BCD戦て／ねむ＝Eなし／ょ＝BCDEに／ゟ＝BCDEあ／ぶ＝ABCDがEが、／根ッから＝BCD根から／搆＝BCD構E構／ゐ＝BCDいEい。／ハ＝BCDEは／て＝Eて、／志＝ABCDEし／。＝ABCDE、／ゟぶ＝AゟふBCDあぶEなし／だ＝Eだ、／ょ＝BCDEに／宜＝BCD宜E宜／ゐ＝BCDEゐ／ゟ＝CDEこ／ゟる＝BCDあるEある。

船＝BCD船E船／が＝Eが、／榎本釜次郎＝DE榎本釜次郎／さきが＝Eなし／で＝Eで、／ニ＝BCDEに／た＝Eた。／ハ＝BCDEは／坂＝BCDE阪／で＝Eで、／才＝ACD弟B弟E弟／ょ＝BCDEに／ら＝Eら、／ハ＝BCDEは／深切＝B深切CD親切E親切／ニ＝AょBCDEに／た＝Eた。／ソリヤ＝Eソリャ／よ＝Eなし／。＝BCDE、／ゐ＝BCDいEい、／バ＝BCDEば／肩＝A負BC負D負E負／ょ＝BCDEに／ゐ＝BCDいEい。／ゐ＝BCDEい／が＝Eが、／志＝ABCDEし／は＝Eは、／船ょ＝BCDE船に／志＝ABCDEし／か＝AEなし／ょ＝BCDEに／志＝ABCDEし／ら＝Eら、／宜ゐ＝BCD宜E宜い／が＝Eが、／で＝Eで、／ょ＝BCDEに／つ＝Eつ、／て＝Eて、／ょ＝BCDEに／志ゆつぼ＝A志ゆつぼつBCDしゆつぼつEなし／船ょ＝BCD船にE船に／ょ＝BCDEに／ゟ＝ABあCDEなし／て＝Eて、

ニ＝Eに

官賊の間ニ偏せず黨せず

それで先づ官軍は存外柔かなものであつて何も心配はない併し政治上の事は極めて鋭敏なもので嫌疑と云ふとがあつては是れは容易ならぬ訳けであるからソレを明ょする為めょ私ハ一切萬事何も斯も打明けて一口ょ云へば塾も住居も殼明きょ志て仕舞ひ何處を捜した所で鉄砲は勿論一挺もなし刄物もなければ飛道具もない一目明白。直ニ分るやうょ志ました始終爾う云ふ身構えょ志て居るから私の處ょは官軍方の人も颯々と来れば賊軍の人も颯々と出入り志て居て私は官でも賊でも一切搆はぬ何方ょ向つても依怙贔負なしょ扱つて居たから双方共ょ朋友でした。其時ニ斯う云ふ面白ゐ事ぶゟりました官軍が江戸ニ乗込んでマダ賊軍が上野ょ籠らぬ前ょ市川邊ょ小競合がありました註25爾うすると賊軍方の者が夜は其處ょ行て戦つて晝は睡いからと云て塾ょ来て寐て居た者がゟつたぶ根ッから搆はなゐ私ハ其人の話を聞て「君はソンナ事を志て居るのか。危ない事だマア止ょした方が宜からうと云たくらゐのゟとでゟる

古川節藏脱走註26

夫れから古川節藏は長崎丸と云ふ船の艦長であつたが榎本釜次郎よりも先駆けして脱走すると云ふので私ニ其事を話した所が節藏ハ先年私が大坂から連れて来た男で才のやうょして居たから私ハ其話を聞て深切ニ止めました「ソリヤ止すが宜い。迚も叶はなゐ戦争すれバ必ず肩けるょ違ひなゐ東西ドチラが正しいとか正しくなゐとか云ふやうな理非曲直は云はないが何志ろ斯う云ふ勢ょなつたからはモウ船ょ乗て脱走志たからとて勝てさうょも志ないからソレは思ひ止まるが宜ゐと云た所が節藏はマダなか〳〵強氣で「ナアょ屹度勝つ是れから出掛けて行て諸方ょ出没して居る同志者を此船ょ乗せて便利の地ょ擧げて官

へ＝BCDEに／うら＝Eなし／衝いて＝A衝ゐてBCD衝てE衝いて、／坂＝BCDE阪／へ＝BCDEに／ニ＝AへBCDEに／て＝Eて、／こと＝BヿCDEこと／ゐ＝BCDEい／ら＝Eら、／「＝Dなし／か＝Eか、／へ＝BCDEに／い＝AゐEい、／おれ＝BたれEなし／負＝BC負D負E負／。＝BCD、／ハ＝ABCDEは／ぬ＝Eぬ。／かまゐ＝BCDかあいEかはい／）＝E）、／ハ＝BCDEは／へ＝BCDEに／し＝ABCDEし／る＝Eる、／ハ＝BCDEは／ゐ＝BCDEい／い＝AゐEい、／し＝ABCDEし／ヿ＝ABことCDEこと／す＝Eす。

一ケ条＝BCD一ケ條E一ヶ條。／へ＝BCDEに／で＝Eで、／へ＝BCDEに／し＝ABCDEし／一条＝BCDE一條／て＝Eて、／。＝BCD、／し＝ABCDEし／ふ＝Eふ。／舩＝BCD船E船／へ＝BCDEに／は＝Eは、／へ＝BCDEに／へ＝BCDEに／。＝BCDE、／し＝ABCDEし／が＝Eが、／へ＝BCDEに／。＝AなしBCD、／へ＝BCDEに／して＝ABCDしてEして、／濱へ＝BCDE濱に／舩＝BCD船E船／した。＝AEした。BCDした、／へ＝BCDEに／で＝Eで、／見付け＝BCD見付／ヿへ＝AことへBことにCEことにDヿに／る＝Eる。／濱へ＝BCDE濱に／が＝Eが、／正しく＝ABC正しくD正くE正しく／だ＝Eだ、／し＝ABCDEし／に＝AへEに、／だ＝Eだ、／へ＝BCDEに／い＝AゐEい。／へ＝BCDEに／島＝B嶋／濱＝BCDE濱／し＝ABCDEし／て＝Eて、／打遣つて＝BCD打遣て／其侭＝AE其儘BCD其儘／へし＝AへしBCDEにし／あ＝ABCDEあ／ニ＝AへBCDにEに、／て＝Eて、／へ＝BCDEに／ず＝Eず、／凡そ＝A凡ぞBCDE凡そ／し＝ABCDEし／い、＝Aゐ。DいEい。／し＝ABCDEし／其侭＝AE其儘BCD其儘／る＝Eる。／宥めて＝BCD和めて／し＝ABCDEし／い、＝Aゐ。CDいEい。／と＝Eと、／し＝ABCDEし／ヿで＝ABことでCDことでEことで、／へ＝BCDEに／ヿ＝ABことCDEこと／ゐひだ＝BCDいひだEなし／した＝ABCDしたEした。／へ＝BCDEに／う＝Eう、／濱へ＝BCDE濱に／ゐ＝ABCDEい／へ＝BCDEに／思つて＝BCD思てE思つて、／島＝B嶋／へ＝BCDEに／伺つた＝BCD伺た

軍が江戸の方へ遣て来る其裏を衝いて夫れから大坂湾へ行て掻廻せば官軍が狼狽すると云ふやうな事ニなつて屹と勝算はありますと云て中々私の云ふことを聞かなゐから「爾うかソレならば勝手へするが宜い乃公はモウ負けても勝ても知らないぞ。だが乃公は足下を助けやうとハ思はぬ唯可哀さうなのはお政さんだ（節藏氏の内君）ソレ丈けハ生きて居られるやうへ世話をして遣る足下ハ何としても云ふ事を聞かなゐから仕方がないドウでもしなさいと云て別れたヿがあります

条＝E條／帰来＝E歸來

發狂病人一条 米國より帰来[註27]

もう一ケ条此時へ仙臺の書生で以前此塾へ居て夫れから亜米利加へ留学して居た一条某と云ふものがあつてソレが亜米利加から帰て来た。所が此男が発狂して居ると云ふソレを舩中で親切へ看病して呉れたと云ふのは矢張り一条と同時へ塾へ居た柳本直太郎。是れは此間まで愛知縣の書記官をして居たが今では市長か何かへなつて居るさうだ。⑦此柳本直太郎が親切へ看病して横濱へ着船した。其時は丁度仙臺藩がいよ〳〵朝敵へなつたときで[註28]江戸中で仙臺人と見れば見付け次第捕縛と云ふヿへなつて居るソコで横濱へ来た所が正しく仙臺人だ捕縛しやうかと云ふに紛ふ方なき発狂人だドウへも手の着けやうがない其時へ寺島（宗則）が横濱の奉行をして居て発狂人は仕方がないから打遣つて置けと云ふやうな事で其侭へしてある其中ニ病人は人を疑ふ病症を發して飲食物へ毒があると云て一切受付けず凡そ一週間餘り何も飲食しない、飲食しないから其侭棄てゝ置けば餓死するソコでいろ〳〵と宥めて勧めたけれども何としても喰はない、爾うすると不意としたヿで其病人が福沢先生へ遇ひたいと云ふヿを云出した福沢は江戸へ居ませうソコで横濱へ置くなら宜ゐが江戸へ連れて行くのはドウかと思つて御奉行（寺島）へ伺つた所

が=Eが、／に=BCDEに／で=Eで、／に=BCDEに／た=Eた。／い。=Aい。BCDEい、／とりあ=BCDとりあEなし／え=BCDEへ／。=BCDなしE、／め=Eめ、／ついで=BCDEついで／に=BCDEに／めし=Eなし／て=DたEて、／出して=ABCD出してE出して、／給(た)=BCDE喫(た)／給=BCD喫(た)E喫／い=BCDいEい、／給=BCE喫D喫(た)／給=BCE喫D喫(た)／給=BCE喫D喫(た)／い=BCDいEい、／ヿ=ABことCDEこと／が=Eが、／くひだ=Eなし／た=Eた。／きちが=Eなし／ら=Eら、／思ふて=BC思てD思(おも)て／ヿ=ABことCDEこと／ひ=Eひ、／ニ=BCDEに／え=Eえ、／ハ=BCDEは／て=Eて、／が=Eが、／〲=BC〲／が=ABCDEが／や=Eなし／だ=Eなし／い=BCDいEい、／ちうやばん=Eなし／い=BCDいEなし／。=BC、Dなし／い。=BCDい、Eい。／に=BCDEに／る=Eる、／て=Eて、／し=ABCDEし／くらい=BCEなしDくらゐ／る=Eる。／る=Eる。／大槻=B大槻(にほつき)CDE大槻(おほつき)／ニ=BCDEに／て=Eて、／て=Eて、／し=ABCDEし／ら=Eら、／バ=AハBCDEば／にがみ=BCDEにがみ／い=AいEい。／あ=BCDEあ／う=Eう。／し=Eし、／たね=Eなし／い=BCDいEい。／に=BCDEに／に=BCDEに／者=BCなし／ば=Eば、／に=BCDEに／チヤント=BCDチヤンとEチヤント／に=BCDEに／う=Dなし／柄=BC柄(がら)D柄(がら)E柄／で=Eで、／造つた=AE造つたBCD造(つくつ)た／ぬ=Eぬ、／ぬ=Eぬ、／い。=Aい、BCDEい、／し=ABCDEし／ば=AはEば、／しない=AしないBCDしないEしない、／に=BCDEに／と=Eと、／ら=Eら、／い=BCDEい／雉ニ=A難ニB難(なん)にCD難(なん)にE難に／過(す)ごし=BCD過(すご)しE過し／こ=CDEこ／ふ=Eふ。

が御奉行様も福澤に行くと云ふなら颯々(さつさ)と連れて行けと云ふのでソレから新銭座に連れて来たソレが面白い。来た所で先づ取敢(とりあ)えず久振りと云て茶を出して。茶も飲め序(ついで)に飯(めし)も喰(く)へと勧めて夫れから握飯を出して私も給(た)べるから君も一つ給べなさい。ソレが給べられなければ私の給べ掛けを半分給べなさい毒はないぢやないかと云ふやうなヿで試みた所がソコで喰出(くひだ)した喰(くつ)て見れば氣狂(きちが)ひの事だから今まで思ふて居たヿは忘れて仕舞ひ新銭座ニ来て安心したと見え食気(しよくき)ハ回復してソレは宜(い)いがマダ〲病人が何を遣(や)り出(だ)すか知れない晝夜番(ちうやばん)が要(い)る。所が可笑(をか)しい。其時には薩州の者も居れば土州の者も居る其官軍一味の者が居て朝敵だから捕縛しやうと云ふ位(くらい)な病人を扶(たす)けて看病して居る爾(さ)うすると仙臺の者が忍んで来る大槻の伜なども内々(ないく)見舞(みまひ)ニ来て官軍と賊軍と塾の中で混り合て朝敵藩の病人を看病して居ながら何も風波もなければ苦味(にがみ)もないソンナ事が塾の安全であつた譯(わ)けでせう真実平等区別なし疑はんとするも疑ふ可き種(たね)がない一方には脱走して賊軍に投ずる者があるかと思へば一方にはチヤント塾に這入て居る官軍もあると云ふやうな不思議な次第(しだい)柄で斯(か)う云ふ事は造(つく)つたのぢや出来ぬ装(よそほ)ふても出来ぬ私は腹の底から偏頗(へんぱ)な考(かんがへ)がない。少しも幕府の事を感服しなければ官軍の事をも感服しない戦争するなら銘々勝手にしろと裏も表もなく其趣意で貫いて居たから私の身も塾も危(あやう)い所を無難ニ過(す)ごしたことゝ思ふ

⑦名古屋市長。

夫れから=A改行なし/て=Eて、/坂=BCDE阪/に=BCDEに/て=Eて、/下つた=BCD下たE下つた。/に=BCDEに/が=Eが、/柳川春三=E柳川春三E'柳川春三〔河〕/。=BCD、/坂=BCDE阪/に=BCDEに/いや=BCDEいや/、=A。/に=BCDEに/い=BCDEい/、=AE。/ニ=AにBCDEに/し=BCDEじ/ふ=Eふ。/り=Eり。/坂=BCDE阪/に=BCDEに/て=Eて、/に=BCDEに/し=ABCDEし/ども=AともEども、/許り=A計りBCD計りE斗り。/に=BCDEに/ら=Eら、/ハ=BCDEは/ニ=BCDEに/て=Eて、/ハ=BCDEは/か=Eか、/ハ=BCDEは/に=BCDEに/宜い=BCD宜いE宜い/でハ=BCDEでは/い。=BCEいか、Dいか/あ=BCDEあ/い=BCDEい/ハ=BCDEは/いか。=BCDEいか、/ニ=BCDEに/ハ=BCDEは/。=BCDなし/と=Eと、/ニ=AにBCDEに/ハ=BCDEは/も=Eも、/ニハ=BCDEには/が=ABCDEが/きら=Eなし/。=BCDE、/あ=BCDEあ/い=BCDEい/云ふのも=BCD云ふものも/是=A是れBCD是/ら=Eら、/ハ=BCDEは/いか。=BCDいか、Eいか。/バ=ABCDEば/ら=Eら、/て=Eて、/ハ=BCDEは/る。=BCEる、Dる/うま=Eなし/い=ABCDEい/こ=CDEこ/だ=Eだ。/すに=AずにBCDEずに/よびだ=Eなし/ニ=BCDEに/ハ=BCDEは/ともだちかひ=BCDともだちがひEなし/い=BCDEい/い=BCDEい/ニ=BCDEに/て=Eて、/あ=BCDEあ/ヿ=ABヿとCDEこと/る=Eる。

夫れから=BCD改行なし/に=BCDEに/が=Eが、/細川潤次郎=E細川潤次郎/ヿ=ABヿとCDEこと/る=Eる。/で=Eで、/し=BCDEし/ふ=Eふ。/い=AいEい、/ハ=BCDEは/何にも=BCD何もE何も/ハ=BCDEは/し=ABCDEし/へ=Eへ、/が=Eが、

新政府の御用召

夫れからいよ〳〵王政維新と定まつて大坂に明治政府の假政府が出来て其假政府から命令が下つた[註29]御用があるから出て来いと一番始めに沙汰のあつたのが神田孝平と柳川春三と私と三人。所が柳川春三はドウも大坂に行くのは嫌だ、だから命は奉ずるけれども御用があればドウゾ江戸に居て勤めたいと云ふ注文、神田孝平は命ニ應して行くと云ふ私は一も二もなく病気で出られませぬと断り其後大坂の假政府は江戸に遷て来て江戸の新政府から又御用召で度々呼びに来ましたけれども始終断る許り或時神田孝平が私の處へ是非出ろと云て勧めに来たから私ハ之ニ答へて「一体君ハどう思ふか男子の出處進退ハ銘々の好む通りにするが宜いでハないか。世間一般さうありたいものでハないか。之ニ異論ハなからう。ソコデ僕の目から見ると君が新政府ニ出たのは君の平生好む所を実行して居るのだから僕ハ甚だ賛成するけれども僕の身ニハ夫れが嫌ひだ。嫌ひであるから出ないと云ふのも是亦自分の好む所を実行するのだから君の出て居るのと同じ趣意でハないか。左れバ今僕は君の進退を賛成して居るから君も亦僕の進退を賛成して福澤ハ能く引込んで居る。旨いと云て譽めてこそ呉れさうなものだ夫れを譽めもせずに呼出しニ来るとハ友達甲斐がないぢやないかと大ニ論じて親友の間であるから遠慮會釋もなく刎付けたヿがある

學者を譽めるなら豆腐屋も譽めろ

夫れから幾ら呼びに来ても政府へはモウ一切出ないと説を極めて居た所が或日細川潤次郎[註30]が私の處へ来たヿがある其時はマダ文部省と云ふものゝない時で何でも此政府の学校の世話をしろと云ふイヤそれは往けない自分ハ何にもそんな事ハしないと答へ夫れからいろ〳〵の話もあつたが

に＝BCDにEに、／し＝ABCDEし／に＝BCDEに／屈＝A窟BCD屈／ら＝Eら、／に＝BCDEに／にし＝AにしBCDEにし／ら＝Eら、／ハ＝BCDEは／て＝Eて、／ソリヤ＝Eソリャ／だ＝Eだ、／にんげんあたりまへ＝BCDにんげんあたりまへEなし／に＝BCDEに／い＝AいEい、／ひ＝Eなし／え＝BCDEへ／をし＝AEをしBCDとし／だ＝Eだ、／し＝ABCDEし／ら＝Eら、／ぬ＝Eぬ、／ソンナ＝BCDソンな／よ＝Eなし／断つた＝BC断たD断つたE断つた／と＝ABことCDEこと／る＝Eる。／ある＝BCDあるEある。

福翁自傳（四十〔四十一〕）王政維新（六）時事新報明治三十一年十一月十七日（木）

で＝Eで、／ひど＝Eなし／に＝BCDEに／も＝Eも、／ば＝Eば、／に＝BCDEに／し＝ABCDEし／し＝ABCDEし／凡＝AE風BCD風／天＝BCD天E天〔點〕／ある＝ABCDあるEある。／で＝Eで、／コンナ＝BCDコンな／しまつ＝Eなし／ハ＝BCDEは／ハ＝BCDEは／替つて＝BCD替て／い。＝BCEい、Dい／にし＝AにしBCDEに／と＝BCDなし／に＝BCDEに／が＝Eが、／に＝BCDEに／で＝Aて／に＝AニBCDEに／は＝Eは、／ニ＝AにBCDEに／難有い＝B難有いCD難有いE難有い／才＝A弟BCD第E第／あるが＝BCDあるがEあるが、／こ＝CDEこ／に＝BCDEに／に＝BCDEに、／に＝BCDEに／ね＝Eなし／て＝Eて、／コンナ＝BCDコンな／ふるくさ＝Eなし／い＝BCDEい／働＝BCD働いてE働いて／わか＝BCDわかEなし／や＝DEなし／ハ＝BCDはEは、／やつ＝Eなし／て＝Eて、／ハ＝BCDEに／ニ＝AにBCDEに／つ＝ABCDEづ／ニ＝BCDにEに、／ニ＝BCDEに／か＝ABCDEか／安心決定＝A安心決定BC安心決定D安心決定E安心決定／こと＝CDEこと／ある＝BCDあるEある。

自傳才十二（封筒表）

思つた＝A思ふたBCD思た／は＝Eは、／決＝DE決／に＝BCDEに／ぢ＝ABCDEじ／い＝AいEい、／ある＝BCDあるEある。／ニ＝AにBCDEに／ば＝AバEば、／が＝Eが、／に＝BCDEに／来遊＝A来遊BD來遊C來遊E來遊、／に＝BCDEに／ことに＝BことにCDEことに／り＝Eり、／ハ＝BCDEは／こ＝CDEこ／あ＝BCDEあ

細川の云ふに*ドウし*ても政府に*於て只棄てゝ置くと云ふ理屈*はないのだから政府*から君が國家に*尽した功労を譽めるやうに*しなければならぬと云ふから私*ハ*自分の説を主張して*「譽めるの譽められぬのと全体*ソリヤ何の事だ*人間が人間當前の仕事をし*て居るに*何も不思議はない*車屋は車を挽*き豆腐屋は豆腐を拵*えて書生は書を讀むと云ふのは人間當前の仕事をし*て居るのだ*其仕事をし*て居るのを政府が譽めると云ふなら*先づ隣の豆腐屋から譽めて貰はなければならぬ**ソンナ事は一切止*しなさいと云て断*つたと*がある*是れも随分暴論である*

マア斯う云ふやうな調子で*私は酷*く政府を嫌ふやうに*あるけれども*其真実の大本を云へば*前に*申し*た通りドウし*ても今度の明治政府は古凡*一天*張りの攘夷政府と思込んで仕舞たからである*攘夷は私の何より嫌ひな事で**コンナ始末*でハ*仮令ひ政府ハ替**つても迚も國は持てない*。大切な日本國を滅茶苦茶にし*て仕舞ふだらうと本當に*爾う思た所が*後に*至て其政府が段々文明開化の道に*進んで*今日に*及んだと云ふのは実*ニ*難有い目出たい次才*である*が其目出たからうと云ふこと*が私に*は始めから測量が出来ずに*唯其時に*現れた実の有様に**値を付けて**コンナ古臭*い攘夷政府を造て馬鹿な事を働*て居る諸藩の分らず屋**ハ國を亡ぼし兼ねぬ奴*等ぢやと思て*身ハ政府*ニ近つ*かず*ニ唯日本*ニ居て何か*勉めて見やうと安心決定*したこと*である*

英國王子に*潔（に＝Eに）

私が明治政府を攘夷政府と思つた*のは決**して空に*信ぢ*たのではない*自から憂ふ可き證據がある*先づ爰ニ*一奇談を申せば*王政維新となつて明治元年であつたか二年であつたか歳は覚えませぬが*⑧英吉利の王子が日本に**来遊東京城に*参内すること*となり*表面ハ*外國の貴賓を接待すること*である*

身の祓[註31]

ハ＝BCDEは／**も**＝Eも、／**尓**＝BCDEに／**尓**＝BCDEに／**尓**＝BCDEに／**て**＝Eて、／**尓**＝BCDEに／**尓**＝BCDEに／**ヿ**＝AB古とCDEこと／**、**＝A。／**やつ**＝Eなし／**ふ志゙やう**＝BCDふじやうEなし／**阿**＝BCDEあ／**はらひ**＝Eなし／**志**＝ABCDEし／**た以**＝ABCDたいEなし／**きよ**＝BDEなし／**。**＝BCD、／**可゙**＝ABCDEが／**以**＝ABCDいEなし／**もの王ら**＝BCDものわらEなし／**たね**＝Eなし／**。**＝BCD、／**尓**＝BCDEに／**志て**＝ABCDしてEして、／**尓**＝BCDEに／**報志゙て**＝AE報じてBCD報知して／**、**＝A。／**ハ**＝ABCDEは／**い。**＝A以。BCDEい、／**こつち**＝BこッちEなし／**阿る。**＝BCDある、Eある。／**ソコデ**＝BCDソコで／**ニ**＝BCDEに／**みそぎ**＝Eなし／**はらひ**＝Eなし／**さぐ**＝Eなし／**尓**＝AニBCDEに／**び**＝AひEび、／**志**＝AしBCDEなし／**。**＝ADなしBCE、／**バ**＝BCDEば／**頭**＝AE統BCD統／**尓**＝BCDEに／**で**＝AてEで、／**表書尓**＝BCDE表書に／**英文**＝ABCDなしEPurification of Prince of Edinburgh／**清**＝BCDE清／**おか**＝ABCDをかEなし／**ふしぎ**＝AEなし／**て**＝Eて、／**尓**＝BCDEに、／**尓**＝BCDEに／**て**＝Eて、／**ちく志やうどうやう**＝BCDちくしやうどうやうEなし／**尓**＝BCDEに／**り**＝Eり、／**尓**＝BCDEに／**き**＝Eき、／**ニ**＝BCDEに／**ニ**＝BCDEに／**り**＝Eり、／**けが**＝AEなし／**尓**＝BCDEに／**が**＝Eが、／**ごへ以**＝BCDごへいEなし／**り**＝Eり、／**な**＝Eなし／**で**＝Eで、／**代用して**＝BCD代用としてE代用として／**こ志゙つ**＝BCDこじつEなし／**阿り**＝BCDありEあり、／**ニ**＝BCDEに／**尓**＝BCDEに／**ニ**＝BCDEに／**古**＝CDEこ／**尓して**＝BCDにしてEにして、／**バ**＝BCDEば／**ちく志やう**＝BCDちくしやうEなし／**ニ**＝BCDEに／**す**＝Eなし／**て**＝Eて、／**筆**＝ABCDE筆／**たくみ**＝Eなし／**尓**＝BCDEに／**と古ま**＝AEなしBCDことこま／**尓**＝BCDEに／**ヿ**＝AB古とCDEこと／**る**＝Eる。／**せき志んぱち**＝ABCDせきしんぱちEなし／**ニ**＝BCDEに／**た**＝Eた。／**弁**＝A辮BCD辯E辯／**志**＝ABCDEし／**で**＝Eで、／**尓**＝AニBCDEに／**古の阿ひだ**＝Aこのあ以だBCDこのあひだEなし／**これ**＝ABCDEなし／。＝BCDE、／**て**＝Eて、／**尓**＝BCDEに／**し**＝BCDEせ／**が**＝Eが、／**尓**＝BCDEに／**以**＝BCDEい／**で**＝Eで、／**ハ**＝BCDEは／**聞以て**＝BCD聞てE聞いて／**ハな以**＝BCDEはない／**た**＝Eた。

から固より故障ハ*なけれども*何分尓*も穢れた外國人を皇城尓*入れると云ふのはドウも不本意だと云ふやうな説が政府部内尓*行はれたものと見えて王子入城の時尓*二重橋の上で潔身の祓をして内尓*入れたヿ*がある、*と云ふのは夷狄の奴*は不浄*の者で阿*るからお祓*を志*て体*を清*めて入れると云ふ意味でせう。*所可゙*ソレが宜い*物笑*ひの種*サ。*其時尓*亜米利加の代理公使尓*ポルトメンと云ふ人が居ま志*て毎度ワシントン政府尓*自分の任所の模様を報志゙*て遣る、*けれども餘り必要でない事ハ*大統領が其報告書を見ない。*此方*では又ソレを見て貰ふのが公使の名譽として阿*る。*ソコデ*公使が今度英の王子入城ニ*付き潔身*の祓*云々の事を探*り出して大尓*悦び*是れは締*めた。*此大奇談を報告すれバ*大頭*領が見て呉れる尓*違ひないと云ふので*其表書*尓 *Purification, Prince of Edinburgh 即ちエッヂンボルフ王子の清*めと云ふ可笑*しな不思議*な文字を書て*中の文句はドウかと云ふ尓*此日本は真実自尊自大の一小鎖國尓*して*外國人をば畜生同様*尓*取扱ふの常なり*既尓*此程英吉利の王子入城謁見のとき城門外ニ*於て潔身の祓を王子の身邊ニ*施したり*抑も潔身の祓とは上古穢*れたる者を清める尓*灌水法を行ひしが*中世紙の発明以来紙を以て御幣*なるものを作り其御幣を以て人の身体を撫*で水の代用*して一切の不浄不潔を拂ふの故実*阿り*故ニ*今度英の王子尓*施したるは其例ニ*由る古*と尓*して日本人の眼を以て見れバ*王子も亦唯不浄の畜生*たるニ*過*ぎず云々とて筆*を巧*尓*事細か尓*書て遣つたヿ*がある*ソレは私が尺振八*から詳*ニ聞きました*此尺振八と云ふ人は其時亜米利加公使館の通弁*を志*て居たので*尺が私の處尓*来て此間*是れ*〳〵の話。*大笑ひではないかと云て*其事実も其書面の文句も私尓*親しく話して聞かしました*が*実*尓苦々し以*事で*私ハ*之を聞以*て笑ひ所でハ*な以*泣きたく思ひました*

*Purification of Prince of Edinburgh

が=ABCDがEが、／ニ=BCDEに／こ=CDEこ／ある=BCDあるEある。／で=Eで、／ニ=BCDEに／て=Eて、／難=AE難B難CD難／ニ=BCDEに／ニ=BCDEに／きづゝ=BCDきずつEなし／こ=CDEこ／ある=BCDあるEある。／ハ=BCDEは／そ=Eなし／ニ=BCDにEに、／贔屓=BC贔負D贔屓E贔屓／あ=BCDEあ／ら=Eら、／来遊=A来遊BCD來遊E來遊、／に=BCDEに／屓=BC負D屓／。=BCDE、／こ=CDEこ／ハ=BCDEは／ハ=BCDEは／い=BCDEい／こ=CDEこ／ある=ABCDあるEある。／で=Eで、／嘗め=A甞めB甞めCD嘗めE嘗め、／からゐば=Eなし／。=BCD、／バ=BCDEば／。=BCD、／い=BCDEい／も=Eも、／ハ=BCDEは／り=Eり、／に=BCDEに／ハ=BCDEは／ず=Eず、／ハ=BCDEは／ニ=BCDEに／て=Eて、／ハ=BCDEは／に=BCDEに／ニ=AにBCDEに／へ=BCDEへ、／あ=BCDEあ／て=Eて、／に=BCDEに／斯民=BCDE斯民／ニ=BCDEに／あ=BCDEあ／と=Eと、／たよ=Eなし／構=BCD構E構／ある=BCDあるEある。

ハ=BCDEは／ニ=AにBCDEに／い=BCDEい／で=Eで、／ニ=BCDEに／こ=CDEこ／ハ=BCDEは／い=BCDEい／さんげ=BCDざんぐゑEなし／う=Eう。／勢=BCD勢E勢／て=Eて、／ハ=BCDEは／い=BCDいEい、／。=BCDE、／バ=BCDEば／いづ=BCDいづEなし／ニ=BCDEに／ハない。=BCDEはない、／ハ=BCDEは／い=BCDいEい、／ニ=BCDEに／なさけ=Eなし／い=BCDEい／あるが=ABCDあるがEあるが、／い=BCDEい／が=ABCDEが／にハ=BCDにはEには、／ハ=BCDEは／も=Eも、／い=BCDEい／ハ=BCDEは／かあい=BCDかあいEなし／だ=Eだ、／ニ=BCDEに／にハ=BCDEには／い=BCDいEい、／ハ=BCDEは

米國前の國務卿又日本を評す

又その頃亜米利加の前國務卿シーワルトと云ふ人が令嬢と同伴して日本ニ来遊[註32]したことがある此人は米國有名の政治家で彼の南北戦争のとき専ら事ニ當てリンコルンの遭難と同時ニ兇徒ニ傷けられたこともある元来英國人とハ反りが合はずニ云はゞ日本贔屓の人でありながら今度来遊その日本の実際を見て何分にも贔屓が出来ぬ。こんな根性の人民でハ気の毒ながら自立ハ六かしいと断言したこともあるソコデ私の見る所で新政府人の擧動は都て儒教の糟粕を嘗め古學の固陋主義より割出して空威張りするのみ。顧みて外國人の評論を聞けバ右の通り。迚も是れは仕方がないと真実落膽したれども左りとて自分ハ日本人なり無為にしてハ居られず政治ハ兎も角も之を成行ニ任せて自分ハ自分にて聊か身ニ覺えたる洋學を後進生ニ教へ又根気のあらん限り著書翻譯の事を勉めて萬が一にも斯民を文明ニ導くの僥倖もあらんかと便り少なくも獨り身構へした事である

子供の行末を思ふ

其時の私の心事ハ実ニ淋しい有様で人ニ話したことハないが今打明けて讖悔しませう維新前後無茶苦茶の形勢を見て迚も此有様でハ國の獨立ハ六かしい他年一日外國人から如何なる侮辱を被るかも知れぬ。左れバとて今日全國中の東西南北何れを見ても共ニ語る可き人ハない。自分一人でハ勿論何事も出来ず亦その勇気もない実ニ情ない事であるがいよ／＼外人が手を出して跋扈乱暴と云ふときにハ自分ハ何とかして其禍を避けるとするも行く先きの永い子供ハ可愛さうだ一命ニ掛けても外國人の奴隷にハしたくない或ハ耶蘇宗の坊主

⑧明治二年七月のこと。

にして政事人事の外ニ獨立させてハ如何、自力自食して他人の厄介ニならず其身ハ宗教の坊主と云へバ自から辱しめを免かるゝこともあらんかと自分ニ宗教の信心ハなくして子を思ふの心より坊主ニしやうなどゝ種々無量ニ考へたことがある[註33]が三十年の今日より回想すれバ恍として夢の如し唯今日ハ世運の文明開化を難有く拝するばかりです

授業料の濫觴

扨鐵砲州の塾を芝の新銭座ニ移したのハ明治元年即ち慶應四年。明治改元の前でありしゆゑ塾の名を時の年号ニ取て慶應義塾と名つけ[註34]一時散じた生徒も次才ニ帰来して塾ハ次才ニ盛ニなる。塾が盛ニなつて生徒が多くなれバ塾舎の取締も必要ニなるからして塾則のやうなものを書て。是れも寫本ハ手間が取れると云ふので版本にして一冊づゝ生徒に渡しソレには色々箇条のある中ニ生徒から毎月金を取ると云ふことも慶應義塾が創めた新案である[註35]従前日本の私塾では支那凡を眞似たのか。生徒入學の時にハ束脩を納めて。教授する人を先生と仰き奉り入學の後も盆暮兩度くらいニ生徒銘々の分ニ應じて金子なり品物なり熨斗を附けて先生家ニ進上する習はしでありしが私共の考へニ迚もそんな事でハ活潑に働く者はない。教授も矢張り人間の仕事だ。人間が人間の仕事をして金を取るニ何の不都合がある。構ふことはないから公然價を極めて取るが宜いと云ふので授業料と云ふ名を作て生徒一人から毎月金二歩づゝ取立て其生徒にハ塾中の先進生が教へることにしました其時塾に眠食する先進長者ハ月ニ金四兩あれバ喰ふことが出来たのでソコデ毎月生徒の持て来た授業料を掻き集めて教師の頭ニ四兩づゝ行渡れバ死はせぬと大本を定めて其上ニ尚ほ餘りがあれバ塾舎の入用ニすることにして居ました今でハ授業

に＝BCDEに／ニ＝BCDEに／ハ＝BCDEは／いかん＝ABCDいかんEなし／、＝A。／じりよくじゝよく＝AじりよくじしよくCDじりよくじしよくEなし／ニ＝BCDEに／ず＝Eず、／ハ＝BCDEは／バ＝BCDEば／こ＝CDEこ／あ＝ABCDEあ／と＝Eと、／ニ＝AにBCDEに／ハ＝BCDEは／て＝Eて、／ニ＝AにBCDEに／しゆ〴〵むりよふ＝BCDしゆ〴〵むりやうEなし／ニ＝BCDEに／こと＝CとDEこと／あるが＝BCDあるがEあるが、／バ＝BCDEば／し＝Eし、／ハ＝BCDEは／難有＝A難有B難有CD難有E難有／す＝Eす。

州＝ABCDE洲／ニ＝BCDEに／ハ＝BCDEは／。＝BCDE、／あ＝ABCDEあ／ゑ＝Eゑ、／ニ＝BCDEに／つけ＝BCDづけEづけ、／才ニ＝A第にBCE第にD第に／ハ＝BCDEは／才ニ＝A第ニBCDE第に／ニ＝BCDEに／。＝BC、Dなし／ニ＝BCDEに／バ＝BCDEば／とりしまり＝BCDとりしまりEなし／ニ＝AにBCDEに／て＝Eて、／。＝BCDE、／ハ＝BCDEは／にして＝BCDにしてEにして、／に＝BCDEに／し＝Eし、／に＝BCDEに／あ＝BCDEあ／ニ＝AにBCDEに／こ＝CDEこ／ある＝BCDあるEある。／凡＝AE風BCD風／まね＝Eなし／。＝BCDE、／にハ＝BCDEには／脩＝B修C脩D脩／て。＝BCEて、Dた、／き＝BCDEぎ／り＝Eり、／ぼんくれ＝AほんくれEなし／くらいニ＝BCDEぐらゐに／めい〳〵＝BCDめい〳〵Eなし／ぶん＝DEなし／ニ＝BCDEに／ニ＝BCDEに／あ＝BCDEあ／が＝Eが、／ニ＝BCDにEに、／こ＝CDEこ／ハ＝BCDEは／に＝BCDEに／い。＝BCDEい、／だ。＝BCDEだ、Cた／ニ＝AにBCDEに／ある。＝BCDEある、／構＝BCD構E構／こ＝CDEこ／い＝BCDEい／が＝ABCDEが／宜い＝BCD宜いE宜い／で＝Eで、／て＝Eて、／歩＝BD分CE分／て＝Eて、／にハ＝BCDEには／こと＝BことにCDEことに／た＝Eた。／に＝BCDEに／ハ＝BCDEは／ニ＝BCDEに／あれバ＝AあればBCDEあれば／こ＝CDEこ／で＝Eで、／ソコデ＝BCDEソコで／か＝Eなし／て＝Eて、／ニ＝BCDEに／バ＝AはBCDEば／しに＝BCDEしに／て＝Eて、／ニ＝BCDEに／あれバ＝AあればBCDEあれば／ニ＝BCDEに／ことに＝BことにCDEことに／た＝Eた。／ハ＝BCDEは

ハ＝BCDEは／ニあ＝BCDEにあ／。＝BCDE、／に＝BCDEに／か＝ABCDEか／た＝Eた。／に＝BCDEに／歩＝BCD分(ぶ)E分／い、＝Aい。／い＝ABCDいEなし／な＝ABCDEな／のし＝Eなし／ない＝AないBCDないEない、／壱＝BCDE一／く＝DEなし／つり＝Eなし／ニ＝BCDEに／ふれこ＝AふれBCDふれこEなし／も＝Eも、／ソレデモ＝ABCDソレでも／る＝Eる。／スルト＝BCDスルと／こんな＝ABこんなCDEこんな／あ＝ABCDEあ／札＝BCDE札(さつ)／あらた＝BCDEあらた／邪摩(じやま)に＝AE邪魔にBCD邪魔(じやま)に／て＝Eて、／わざ＝BCDわざEなし／うハつゝみ＝BCDうはづゝみEなし／ハ＝BCDEは／凡＝AE風BCD風(ぷう)／ことで＝CDことでEことで、／向＝AE間BCD間(けん)／い＝BCDEい／いが＝BCDいがEいが、／凡＝AE風BCD風(ふう)／ニ＝AにBCDEに／て＝Eて、／い＝BCDEい。／ニ＝AにBCDEに／凡＝AE風BCD風(ふう)／ニ＝AにBCDEに／は＝Eは、／バ＝ABCDEば／こ＝CDEこ／ハない＝BCDはないEはない。／ニ＝BCDEに／参(まゐ)つて＝BCD参(まゐつ)てE参つて、／いつ＝AEなしBCDいつ／ま＝AEなし／に＝BCDEに／向＝AE間BCD間(けん)／凡＝ABCDE風／に＝BCDEに／バ＝BCDばEば、／に＝BCDEに／で＝Eで、／こ＝CDEこ／こ＝CDEこ／ハあ＝AはあBCDEはあ／ん＝Eん。

福翁自傳（四十一〔四十二〕）王政維新（七）時事新報明治三十一年十一月二十日（日）

ハ＝BCDEは／幸ニ＝AなしBCE幸にD幸ひに／に＝BCDEに／ず＝Eず、／か＝BCDEか／が＝ABCDがEが、／向＝ABCDE間／ハ＝BCDEは／やかま＝Eなし／い＝BCDいEい。／月＝E月、／ニ＝AにBCDEに／て＝Eて、／みせもの＝Eなし／やす＝Eなし／て＝Eて、／しん＝BCDしんEなし／やみ＝Eなし／、＝BCDなし／い＝BCDEい／も＝Eも、／ない、＝ない。BCDないEない。／、＝A。／はな＝Eなし／て＝Eて、／丸＝BCD玉(だま)E玉／とん＝Eなし／く＝Eなし／きづかひ＝Eなし／な＝ABCDEな／で＝Eで、／し＝ABCDEし／、＝AE。／ざう〳〵し＝ABCDEさう〳〵し／やうす＝ABCDEようす／烟＝A烟BC烟(けぶり)D烟(けむり)E煙／で＝Eで、／ハ＝BCDEは／に＝BCDEに／。＝B、CDなし／ひる＝Eなし／くれす＝Eなし／が＝Eが、／こちら＝BCDこちらEなし／に＝BCDEに／バ＝BCDEば／こは＝BCDこはEなし／い＝BCDEい／い＝BCDいEい。

料なんぞハ普通當然のやうニあるが。ソレを始めて行ふた時は実に天下の耳目(じもく)を驚かしました生徒に向て金二歩持て来い、水引も要(い)らなければ熨斗(のし)も要らない壱両持て来(く)れば釣(つり)を遣(や)るぞと云ふやうニ觸込(ふれこ)んでもソレデモちやんと水引を掛けて持て来るものもあるスルトこんな物があると札(さつ)を検(あらた)める邪摩(じやま)になると云て態(わざ)と上包(うハつゝみ)を還(かへ)して遣(や)るなどハ随分殺凡景なことで世間の人の驚いたのも無理はないが今日それが日本國中の凡俗習慣ニなつて何(なん)ともなくなつたのは面白い何事ニ由らず新工凡を運(めぐ)らして之を実地ニ行ふと云ふのは其事の大小を問はず餘程の無鐵砲でなければ出来たことでハない左る代(かは)りニ夫れが首尾能く参(まゐ)つて何時(いつ)の間(ま)にか世間一般の凡になれバ私の為めには恰も心願成就でこんな愉快なことハありません

戰＝E戰

上野の戦争

新銭座の塾ハ幸ニ兵火の為めに焼けもせず教場もどうやらかうやら整理したが世間ハ中々喧(やかま)しい明治元年の五月⑨上野ニ大戦争(おほせんさう)が始まつて其前後は江戸市中の芝居も寄席(よせ)も見世物(みせもの)も料理茶屋も皆休(やす)んで仕舞て八百八町は真(しん)の闇(やみ)、何が何やら分らない程の混乱なれども私は其戦争の日も塾の課業を罷(や)めない、上野ではどん〳〵鉄砲を打て居る、けれども上野と新銭座とは二里も離(はな)れて居て鉄砲丸の飛(とん)で来(く)る気遣(きづかひ)はないと云ふので丁度あの時私は英書で経済(エコノミー)の講釋をして居ました、大分騒々敷(ざう〳〵し)い容子(やうす)だが烟でも見えるかと云ふので生徒等ハ面白がつて梯子(はしご)に登て屋根の上から見物する。何でも晝(ひる)から暮過(くれす)ぎまでの戦争でしたが此方(こちら)に關係がなければ怖(こは)い事もない

⑨五月十五日。

ニ＝BCDEに／落付拂つて＝B落付拂てCD落付拂てE落付拂つて／バ＝ABCDEば／い＝BCDEい／で＝Eで、／に＝BCDEに／い＝BCDEい／凡ハ＝A風ハBCD風はE風は／どこ＝Eなし／に＝BCDEに／て＝Eて、／す＝Eなし／り＝Eり、／に＝BCDEに／て＝Eて、／に＝BCDEに／た＝Eた。／ば＝Eば、／ひ＝Eひ、／、＝A。／況＝BC況D況E況／ない、＝Aない。BCDEない、／で＝Eで、／に＝BCDEに／に＝BCDEに／こと＝CとDEこと／、＝AE。／拿破崙＝B拿破崙CD拿破翁E拿破翁／に＝BCDEに／ハ＝BCDEは／て＝Eて、／に＝BCDEに／て＝Eて、／な＝ABCDEな／な＝ABCDEな／が＝Eが、／纔に＝B纔にCD纔にE纔に／のこ＝Eなし／た＝Eた。／嶋＝CDE島／ある＝BCDあるEある。／嶋ハ＝B嶋はCDE島は／で＝Eで、／洲＝A州BCD洲／にハ＝BCDEには／て＝Eて、／嶋＝CDE島／ハ＝BCDEは／ニ＝BCDEに／ニ＝BCDEに／飜々＝A飜々BCD飜々／ハ＝BCDEは／こ＝CDEこ／と＝Eと、／誇つて＝BCD誇て／、＝AE。／に＝BCDEに／島＝AB嶋／、＝A。／ニ＝AにBCDEに／いか＝AEなしBCDいか／あ＝BCDEあ／めいみやく＝BCDめいみやくEなし／た＝Eなし／こ＝CDEこ／ない＝AないBCDEない／よ＝Eよ、／こ＝CDEこ／ない＝AないBCDないEない、／あ＝ABCDEあ／ハ＝BCDEは／ある＝BCDあるEある、／ニ＝AにBCDEに／と＝Bど／て＝Eて、／勢＝BCD勢E勢／はげ＝Eなし／こ＝CDEこ／あ＝BCDEあ／す＝Eす。

ソレ＝BCD夫れ／ソレ＝BCDそれ／バ＝ABCDばEば、／にハ＝BCDEには／ニ＝AにBCDEに／た＝Eた。／意外＝B以外CD意外／ニ＝BCDEに／ハ＝BCDEは／が＝Eが、／ニ＝BCDにEに、／に＝BCDEに／て＝Eて、／に＝BCDEに／に＝BCDEに／に＝BCDEに／い＝BCDいEい。／に＝BCDEに／わかむしや＝AわかむしやBCDわかむしやEなし／しゆざや＝AしゆさやBCDEしゆざや／さ＝Eなし／して＝ABCDしてEして、／に＝BCDEに／斬つて＝BCD斬て

日本國中唯慶應義塾のみ

此方が此通りニ落付拂つて居れバ世の中は廣いもので又妙なもので兵馬騒乱の中にも西洋の事を知りたいと云ふ気凡ハ何處かに流行して上野の騒動が済むと奥州の戦争と為り其最中にも生徒は續々入學して来て塾はます〳〵盛になりました顧みて世間を見れば徳川の学校は勿論潰れて仕舞ひ其教師さへも行衛が分らぬ位、況して維新政府は学校どころの場合でない、日本國中苟も書を讀で居る處は唯慶應義塾ばかりと云ふ有様で其時に私が塾の者に語たことがある、昔し〳〵拿破崙の乱に和蘭國の運命ハ断絶して本國は申すに及ばず印度地方まで悉く取られて仕舞て國旗を挙げる場所がなくなつた所が世界中纔に一箇處を遺したソレは即ち日本長崎の出嶋である出嶋ハ年来和蘭人の居留地で欧洲兵乱の影響も日本にハ及ばずして出嶋の國旗ハ常ニ百尺竿頭ニ飜々して和蘭王國ハ曽て滅亡したることなしと今でも和蘭人が誇つて居る、シテ見ると此慶應義塾は日本の洋学の為めには和蘭の出島と同様、世の中ニ如何なる騒動があつても変乱があつても未だ曽て洋学の命脈を断やしたことはない此塾のあらん限り大日本ハ世界の文明國である世間ニ頓着するなと申して大勢の少年を勵ましたことがあります

ニ＝Eに／る＝Eる、

塾の始末ニ困る樂書無用

ソレはソレとして又一方から見れバ塾生始末にハ誠ニ骨が折れました戦争後意外ニ人の数ハ増したが其人はどんな種類の者かと云ふニ去年から出陣してさん〴〵奥州地方で戦て漸く除隊になつて國には帰らずに鉄砲を棄てゝ其侭塾に来たと云ふやうな少年生が中々多い中にも土佐の若武者などは長い朱鞘の大小を挟して鉄砲こそ持たないが今にも斬つて掛らうと云ふやう

る＝Eる。／さ＝Eなし／あか＝AEなしBCDあか／ゐ＝BCDEい／きもの＝Eなし／る＝Eる。／し＝ABCDEし／と＝Eと、／し＝ABCDEし／威張つて＝BCD威張て／る＝Eる。／ニ＝AはBCDEに／ちなまくさ＝BCDEちなまぐさ／ゐ＝BCDEい／ゐ＝ABCDEい／で＝Eで、／ゐつけん＝AEなしBCDいつけん／ゐ＝BCDEい。／ソコデ＝Bソコで／ハ＝BCDEは／は＝BCDEに／かんたん＝AEなし／えて＝BCDへてEへて、／。＝BCDE、／は＝BCDなしEに／。＝AなしBCDE、／は＝BCDなしEに／。＝BCDE、／は＝BCDEに／は＝BCDEに／は＝BCDEに／。＝BCDE、／ぬ＝Eぬ、／は＝BCDEに／するハ＝BCDEずるは／論＝BCD論E論、／行燈＝BCD行燈E行燈／は＝BCDEに／は＝BCDEに／は＝BCDEに／位＝CDEくらゐ／で＝Eで、／は＝BCDEに／し＝ABCDEし／ぬ＝Eぬ。／ソコで＝Aソコデ／は＝BCDEに／以て＝B持て／破つて＝BCD破てE破つて、／は＝BCDEに／もと＝AEなし／は＝BCDEに／る＝Eる。／は＝BCDEに／書いて＝A書ゐてBCD書て／ば＝Eば、／構＝BCD構E構／ぬ＝Eぬ、／。＝BCDE、／ハ＝BCDEは／が＝ABCDがEが、／ハ＝BCDEは／ゐ＝BCDいEい、／ゐ＝BCDEい／ハ＝BCDEは／ぬ＝Eぬ。／云訳け＝BC云譯けD云譯E云譯け／は＝BCDEに／ぬ＝Eぬ、／は＝BCDEに／。＝BDE、Cなし／罸は＝BCD罰にE罰に／え＝BCDEへ／宜しゐ＝BCD宜しいE宜しい、／は＝BCDEに／ぬ＝Dぬかぬ、／か＝Dなし／張つて＝BCD張て／はして＝AはしてBCDにしてEにして、／い＝AゐEい。／は＝BCDEに／ふとも＝BCDうともEうとも、／い＝AゐEい。／やつゝ＝DEやつつ／や＝Eなし／、＝AE。／が＝Eが、／は＝BCDEに／ゐかゞ＝BCDいかゞEなし／る＝Eる。／コリヤ＝BCD「コリヤE「コリャ／だ＝Eだ。／か＝Eか、／だ＝Eだ、／ふ＝ABCDうEう。／と＝ABことCDEこと／い＝Eい、／ぶちこ＝BCDEぶちこ／て＝Eて、／ふみつぶ＝Eなし／て＝Eて、／しろ＝ABCDしろEしろ、／掛つて＝BCD掛て／ニ＝BCDEに／ふ＝ABCDEう／で＝Eで、／決＝BC決D決E決／ぬ＝Eぬ。／ハ＝ABCDEは／からだ＝AからたEカラダ／ハ＝BCDEは／大きが＝A大きゐがBCD大きいがE大きいが、／ハ＝BCDEは／何はも＝BCD何もE何も／ゐ＝BCDいEい、／打つた＝BCD打た／と＝ABことCDEこと／も＝Eも、／う＝Eなし／つか＝Eなし／かゝ＝AEなし／。＝BCDE、

な恐ろしい顔色をして居る爾うかと思ふと其若武者が紅ゐ女の着物を着て居る是れはドウしたのかと云ふと會津で分捕りした着物だと云て威張つて居る実ニ血腥ゐ怖ゐ人物で一見先づ手の着けやうがなゐソコデ私ハ前申す通り新銭座の塾を立てると同時は極めて簡單な塾則を拵えて[註36]塾中金の貸借は一切相成らぬ。寝るときは寝て。起きるときは起き。喰ふときは定めの時間は食堂は出る。夫れから樂書一切相成らぬ壁や障子は樂書を禁するハ勿論自分所有の行燈はも机はも一切の品物は樂書は相成らぬと云ふ位の箇条で既は規則を極めた以上はソレを実行しなくてはならぬソコで障子は樂書してあれば私は小刀を以て其處だけ切破つて此部屋は居る者が元の通りは張れと申付ける夫れから行燈は書いてあれば誰の行燈でも構はぬ其持主を咎めると。時としてハ其者が「是れハ自分でなゐ人の書ゐたのですと云ても私ハ許さぬ人が書いたと云ふのは云訳けはならぬ自分の行燈は樂書されてソレを見て居ると云ふのは馬鹿だ。馬鹿の罸は早々張替えるが宜しゐ樂書した行燈は塾は置かぬ破るからアトを張つて置きなさいと云ふやうはして寸毫も假さない如何は血腥い若武者が何と云はふともそんな事を恐れて居られないミシ〳〵遣付けて遣る、名は忘れたが不図見た所が桐の枕は如何な樂書がしてあるコリヤ何だ銘々の私有品でも樂書は一切相成らぬと云たではないかドウ云ふ訳けだ一句の返答も出来なからふ此枕は私は削りたいけれども削るとが出来ない打毀はすから代りを取て来なさいと云て其枕を取上げて足で踏潰してサアどうでもしろ攫み掛つて来るなら相手ニならふと云はぬばかりの思惑を示した所で決して掛らぬ全体私ハ骨格ハ少し大きが本當ハ柔術も何はも知らなゐ生れてから人を打つたともない男だけれども其権幕はドウモ撃ちさうな攫み掛りさうな氣色で。口の

*法螺(ほら)でなくして身體(*からだ)の法螺(ほら)で吹倒した、* 所が皆小(*ちひ)さくなつて言ふこと*を聞くやうニ*なつて来て*ソレでマア戦争帰りの血腥い奴も自(おのづ)から静に*なつて塾の治(をさ)まりが付き*其中に*は真成(*ほんとう)な大人(おとな)しい學者凡*の少年も多く*至極勉強してます／＼塾凡*を高尚に*して明治四年まで新銭座に*居ました*

維新の騒乱も程なく治まつて天下太平ニ*向ひ*て来たが*新政府ハ*マダ／＼*跡(*あと)の片付(*かたつけ)が容易な*事でな*くして明治五*六年までは教育に*手を着けること*が出来ないで*専ら洋学を教*えるは矢張り*慶應義塾ばかり*であつた、*何でも廃藩置縣の後ニ*至るまでは*慶應義塾ばかり*が洋学を専らに*してソレカラ*文部省と云ふものが出来て政府も

始めて文部省

大層教育に*力を用ゆる*ことに*なつて来た、*義塾は相変らず元との*通りに*生徒を教えて*居て生徒の数も段々に*殖(ふ)えて*塾生の数は常に*二百から三百ばかり*教ゆる*所の事は一切英學と定め*英書を讀み英語を解(かい)するやうにとばかり教導して古来*日本ニ*行はれる漢學に*は重きを置かぬと云ふ凡に*したから其時の生徒の中に*は漢書(かんしよ)を讀むこと*の出来ぬ者が随分あります、*漢書を讀まずに*英語ばかり*を勉強するから*英書は何でも讀めるが日本の手紙が*讀めな*いと云ふやうな少年が出来て来た。*物事(*ものこと)がアベコベになつて*世間では漢書を讀でから英書を学ぶと云ふのを*此方(こちら)に*は英書を学んでから漢書を学ぶと云ふ者もあつた、*波多野承五郎⑩*などは小供(こども)の時から英書ばかり*勉強して居たので*日本の手紙が讀めな*かつた[註37]*が生れ付き文才があ*り気力のあ*る少年だから*英學の跡*で漢書を學べば造作(*ざうさ)もなく漢學が出来て*今でハ*彼(*あ)の通り何でも不自由なく立派な學者ニ**成つて居ます*畢竟(ひつきやう)私が此日本ニ*洋學を盛に*して如何(*どう)でもして西洋流の文明富強國に*した*ひと云ふ熱心で*其趣ハ*慶應義塾を西洋文明の案内者に*して

ほら＝Eなし／からだ＝Eなし／、＝AE。／ちひ＝BCちいDちひEなし／こと＝CDEこ／ニ＝AにBCDEに／て＝Eて、／に＝BCDEに／き＝Eき、／に＝BCDEに／ほんとう＝Eホントウ／凡＝AE風BCD風／く＝Eく、／凡＝ABCDE風／にして＝BCDにしてEにして、／に＝BCDEに／た＝Eた。

ニ＝BCDEに／向ひて＝BCD向(むい)てE向いて／が＝Eが、／ハ＝BCDEは／マダ／＼＝CマダマダDマダ／＼／あと＝BCDあとEなし／かたつけ＝BCDかたづけEなし／な＝ABCDEな／な＝ABCDEな／て＝Eて、／五＝E五、／に＝BCDEに／こと＝CDEこ／で＝Eで、／え＝BCDEへ／り＝ABCDEり／かり＝ABCDEかり／、＝AE。BCDなし／ニ＝BCDEに／は＝Eは、／かり＝ABCDEかり／にして＝BCDにしてEにして、／ソレカラ＝BCDソレから／て＝Eて、／に＝BCDEに／ゆ＝BCDEふ／こと＝CDEこ／に＝BCDEに／、＝AE。BCDなし／元との＝BCD元(もと)のE元の／に＝BCDEに／え＝BCDEへ／て＝Eて、／段々に＝BCD段々(だん／＼)E段々／て＝Eて、／に＝BCDEに／り＝Eり、／ゆ＝BCDEふ／め＝Eめ、／に＝BCDEに／て＝Eて、／ニ＝AにBCDEに／に＝BCDEに／凡に＝BCD風(ふう)にE風に／ら＝Eら、／に＝BCDEに／ことと＝CDとEことと／り＝ABCDEり／、＝E。／に＝BCDEに／かり＝ABCDEかり／ら＝Eら、／が＝Aか／な＝ABCDEな／。＝BCD、／ものこと＝BCDものごとEなし／て＝Eて、／を＝Eを、／に＝BCDEに／、＝AE。／波多野承五郎＝E波田野(はたの)承五郎(しようごらう)／な＝ABCDEな／かり＝ABCDEかり／で＝Eで、／な＝ABCDEな／が＝ABCDがEが、／あ＝BCDEあ／あ＝BCDEあ／ら＝Eら、／跡で＝A跡てBCDE跡(あと)で／ざうさ＝Eなし／て＝Eて、／ハ＝BCDEは／あ＝BCDあEなし／ニ＝BCDEに／成つて＝BCD成(なつ)て／す＝Eす。／ニ＝BCDEに／にして＝BCDにしてEにして、／どう＝Eなし／に＝BCDEに／ひ＝BCDEい／で＝Eで、／ハ＝BCDEは／にして＝BCDにしてEにして、

り=Eり、／賣=BCD賣E賣、／て=Eて、／ニ=BCDEに／ら=Eら、／凡=AE風BCD風／に=BCDEに／きら=AEなし／ハない=BCDはないEはない。／ニ=BCDEに／て=Eて、／にして=BCDにしてEにして、／ハ=BCDEは／ソレカラ=BCDソレから／割合して=BCD割出してE割出して／い。=BCDい、Eい。／に=BCDEに／ハ=BCDはEは、／め=Eめ、／ハ=BCDEは／ない。=BCDEない、／ハ=BCDEは／い。=BCDEい、／ソンナ=BCDソンな／い=BCDEい／ハ=BCDEは／に=BCDEに／。=BCDE、／ニ=BCDEに／いと=BCDいとEいと、／に=BCDEに／に=BCDEに／に=BCDEに／ない=AたいBCDEたい／と=Eと、／どだい=BCDどだいEなし／て=Eて、／に=BCDEに／こ=CDEこ／に=BCDEに／ハ=BCDはEは、／バ=BCDばEば、／ニ=BCDEに／たいさう=ABCDたいさうEなし／さうゐ=AEなし／ある=BCDあるEある。／双=BCD双E雙／共に=BCD共々にE共々に／あり=BCDありEあり、／あり=BCDありEあり、／ニ=BCDEに／に=AニBCDEに／あ=BCDEあ／ら=Eら、／勢=BCD勢E勢／バ=AハBCDEば／冨=BCD富E富／兵=A兵。BCD兵、E兵、／ニ=BCDEに／バ=BCDばEば、／ハ=BCDEは／ニ=BCDEに／バ=BCDEば／。=BCDなし／勢=BCD勢E勢／ハ=BCDEは／バ=BCDばEば、／双=BCD双E雙／ニ=AにBCDEに／ハ=BCDEは／ぬ=Eぬ。／ソコデ=BCDソコで／に=BCDにEに、／に=BCDEに／は=Eは、／ニ=BCDEに／と=Eと、／ニ=BCDEに／と=Eと、／ある=BCDあるEある。／。=BCDなしE、／。=BCDE、／に=BCDEに／冨み。=A冨み、BCD富み、E富み、／團欒=BCDE團欒／に=BCDEに／こまやか=BCDEこまやか／も=Eも、／バ=BCDEば／。=BCDなし／すれバ=BCDEずれば／り=Aり。BCDEり、／バ=BCDEば／あ=BCDEあ／り=Eり、／。=BCDE、

恰も東道の主人と為り*西洋流の一手販賣*特別エゼントとでも云ふやうな役を勤めて*外國人ニ*頼まれもせぬ事を遣て居たから*古凡*な頑固な日本人*に*嫌はれたのも無理ハ*ない

ハ=Eは／数=E數

教育の方針ハ*

元来私の教育主義は自然の原則ニ*重きを置て*数と理と此二つのものを本*にして人間萬事有形の経營ハ*都てソ*レカラ割合*して行きたい。*

***数理と獨立**

又一方の道徳論に*於てハ*人生を萬物中の至尊至霊のものなりと認め*自尊自重 苟も卑劣な事ハ*出来ない*。不品行な事ハ*出来ない*。不仁不義不忠不孝ソン*ナ浅ましい*事ハ*誰に*頼まれても。*何事ニ*切迫しても出来ない*と一身を高尚至極に*し所謂獨立の點に*安心するやうに*しない*ものだと*先づ*土臺を定めて*一心不乱に*唯こ*の主義に*のみ心を用ひたと云ふ其譯けハ*古来東洋西洋相對して其進歩の前後遲速を見れバ*実ニ*大造*な相違*であ*る双*方共*に道徳の教もあ*り経済の議論もあ*り文ニ*武に*おの〳〵長所あ*りながら*扨國勢*の大体より見れバ*冨*國強兵*最大多数最大幸福の一段ニ*至れバ*東洋國ハ*西洋國の下ニ*居らねバ*ならぬ。*國勢*の如何ハ*果して國民の教育より来るものとすれバ*双*方の教育法ニ*相違がなくてハ*ならぬ*ソ*コデ東洋の儒教主義と西洋の文明主義と比較して見るに*東洋に*なきものは*有形ニ*於て数理學*と無形ニ*於て獨立心と*此二點であ*る彼の政治家が國事を料理するも。*実業家が商賣工業を働くも。*國民が報國の念に*冨*み。家族が團欒*の情に*濃*なるも*其大本を尋れバ*自から由来する所が分る。*近く論すれ*バ今の所謂立國の有らん限り*遠く思へバ*人類のあ*らん限り*人間萬事。*数理の外

⑩安政五年（一八五八）遠州掛川藩士の子として生れ、明治五年慶應義塾入学、同七年卒業。東京市会議員、朝野新聞社長、三井銀行、王子製紙等に勤める。衆議院議員。昭和四年（一九二九）没、七十二歳。

ニ=BCDEに／ぉとハ=AぉとBぉとはCDEことは／ず=Eず、／ま=AニBCDEに／を=Eを、／ま=BCDEに／ハ=BCDEは／。=BCD、／ハ=BCDEは／かた=Eなし／并=BCD並E竝／ぉ=CDEこ／ま=BCDEに／ゐ=BCDいEい。／ゟ=BCDEあ／て=Eて、／ゐ=BCDEい／ま=BCDEに／ハ=BCDEは／バ=BCDEば／がら=AからEがら、／ハ=BCDEは／ま=BCDEに／め=Eめ、／まハ=BCDEには／へて=AえてEへて、／ま=BCDEに／り=Eり、／ハ=BCDEは／ま=BCDEに／ハ=BCDEは／筆=AE筆BCD筆／ま=BCDEに／ま=BCDEに／き=Eき、／ま=BCDEに／凡=AE風BCD風／め=Eめ、／ニ=BCDEに／た=Eた。／ま=BCDEに／ま=BCDEに／て=Eて、／ニ=BCDEに／ニ=BCDEに／潤=BCD潤E濶／ず=Eず、／ま=BCDEに／全ふ=BCD全うE全う／ゟ=BCDEあ／バ=BCDばEば、／す=Eす。

福翁自傳（四十二［四十三］）王政維新（八）時事新報明治三十一年十一月二十四日（木）

ハ=ABCDEは／で=Eで、／ニ=AまBCDEに／斗り=ACD計りB許りE斗り／ゐ=BCDいEい、／ふぉゆ=BCDふじゆEなし／ふせつ=Eなし／ゐ=BCDEい／。=BCD、／ソコデ=BCソコでDソレで／ふ=BCDEな／ふ=ABCDEな／ぶ=ABCDEが／まる=BCDわるEなし／普通=BCD普通E普通／で=Eで、／ゑ=ABCDEり／ま=BCDEに／ふ=ABCDEな／、=AE。／、=AE。／ふぶ=AふぶBCDEなが／ふ=ABCDEな／どく〳〵し=CDどく〳〵しEなし／まハ=BCDEには／ゐ=BCDいEい。／ま=AニBCDEに／ハ=BCDEは／しろふと=BCDしろうとEなし／凡=AE風BCD風／も=Eも、／ふ=ABCDEな／、=A。／ま=BCDEに／り=Eり、／ゐ=BCDEい／ゕ=ABCDEか／ま=BCDEに／ま=BCDEに／た=Eた。／論=BCD論E論、／も=Eも、／ゐ=BCDEい／も=Eも、／ニ=AまBCDEに／た=Eた。／ハ=ABCDEは／ゟる=BCDあるEある。／て=Eて、／凡=AE風BCD風／をり〳〵=Eなし／きうぉよ=BCDきふしよEなし／て=Eて、／ま=BCDEに／書ゐた=BCD書たE書いた／ま=BCDEに／ぶゑんりよ=Eなし／ま=BCDEに／ら=Eら、／で=Eで、／まハ=BCDEには／ハ=BCDEは／ニ=AまBCDEに／まる=BCDわるEなし／ゐ=BCDEい／ゟる=ABCDあるEある。／ニ=AまBCDEに／ぶ=ABCDEが

ニ逸するぉとハ叶はず獨立の外ま依る所なしと云ふ可き此大切なる一義を我日本國ま於てハ輕く視て居る。是れでハ差向き國を開て西洋諸強國と肩を并べるぉとは出来さうまもしなゐ全く漢學教育の罪でゟると深く自から信じて資本もなゐ不完全な私塾ま専門科を設けるなどハ迚も及バぬ事ながら出来る限りハ数理を本まして教育の方針を定め一方まハ獨立論の主義を唱へて朝夕一寸した話の端まも其必要を語り或ハ演説ま説き或ハ筆記ま記しなどして其方針ま導き又自分まも様々工凡して躬行実践を勉めます〳〵漢學が不信仰ニなりました今日までも本塾の舊生徒が社會の実地ま乗出して其身分職業の如何ニ拘らず物の数理ニ迂潤ならず気品高尚まして能く獨立の趣意を全ふする者ゟりと聞けバ是れが老餘の一大楽事です

右の通り私ハ唯漢學が不信仰で漢學ニ重きを置かぬ斗りでなゐ一歩を進めて所謂腐儒の腐説を一掃して遣らうと若ゐ時から心掛けました。ソコデ尋常一様の洋学者や通詞ふど云ふやうふ者ぶ漢學者の事を悪く云ふのは普通の話で餘ゑ毒まもふらぬ、所が私は随分漢書を讀で居る、讀で居ふぶら知らふい風をして毒々敷い事を言ふから憎まれずまハ居られなゐ他人まも對してハ真実素人のやうな凡をして居るけれども漢学者の使ふ故事ふどは大抵知て居る、と云ふのは前まも申した通り少年の時から六かしゐ経史をやゕましい先生ま授けられて本當ま勉強しました左国史漢は勿論詩経書経のやうな經義でも又は老子荘子のやうな妙な面白ゐものでも先生の議義を聞き又自分ニ研究しました是れハ豊前中津の大儒白石先生の賜でゟる其經史の義を知て知らぬ凡をして折〳〵漢學の急處のやうな所を押へて話まも書ゐたものまも無遠慮ま攻撃するから是れぞ所謂獅子身中の虫で漢學の為めまハ私ハ実ニ悪ゐ外道でゟる斯くまでニ私ぶ漢學を

ょ=BCDEに/は=Eは、/ょ=BCDにEに、/くさ=Eなし/ニ=
BCDEに/ゑだゕ=Aゑだか BCDわだかEなし/ハ=BCDはEは、
/ハ=BCDEは/ニ=AょBCDEに/ぉ=CDEこ/ゐ=BCDEい
/ゟ=BCDあEなし/し=BCDEじ/ず=Eず、/ゐか=BCDいか
Eなし/ょ=BCDEに/すくゐだ=BCDすくひだEなし/ゑ=ABC
DEなし/ニ=BCDEに/と=Eと、/し=Eし、/真面目=BCDE
眞面目(しんめんもく)/バ=BCDばEば、/ハ=BCDEは/来ゐ=BCD來(こ)いE來い、
/おれ=BにれCDおれEなし/ひとり=Eなし/ニ=BCDEに/決=
BC決D決(けつ)E決(けつ)/ゟつた=BCDあつたEあつた。/ソコデ=BCDソコ
で/バ=BCDばEば、/稍々=BCD稍々(やゝ)E稍ゝ(やゝ)/虽も=A雖もBCD
雖もE雖も、/迚も=ABCDなし/ょ=BCDEに/ぉ=CDEこ/。
=BCDなしE、/ゕ=ABCDEか/す=BCDEず/ょ=BCDEに
/ふ=ABCDEな/ょして=BCDにしてEにして、/ソレカラ=BC
Dソレから/凢潮=AE風潮BCD風潮(ふうてう)/ニ=BCDEに/て=Eて、/
ゟたま=ABCDあたまEなし/みくだ=Eなし/ょ=BCDEに/ら=
Eら、/ょハ=BCDEには/ゟぶ=ABCDあぶEなし/ゐ=BCDE
い/ゟる=BCDあるEある。/ハ=BCDEは/で=Eで、/ハ=BC
DEは/ニ=AょBCDEに/ゟ=BCDEあ/が=Eが、/で=Eで、
/さしづ=Eなし/ニ=BCDEに/ず=Eず、/ニ=BCDEに/筆=
AE筆BCD筆(ぴつ)/て=Eて、/ハ=BCDEは/論=BCD論(ろん)E論、/ぉ
=CDEこ/バ=AハBCDばEば、/況=D況(ま)E況(ま)/たの=Eなし/ぉ
=CDEこ/ゐ=BCDいEい。/凢=AE風BCD風(ぷう)/で=Eで、/ハ
=BCDEは/ニ=BCDEに/ゕ=Eなし/冝=BCD冝(よ)E冝(よ)/ゐが=
BCDいがEいが、/ハ=BCDEは/きら=Eなし/だ=Eだ。/ソン
ナ=BCソンなDソンナな/で=Eで、/ニ=BCDEに/凢=AE風B
CD風(ふう)/ニ=BCDEに/はなゐ=BCDはないEはない。/ソレデモ=
BCDソレでも/ニ=BCDEに/ニ=AょBCDEに/ハ=ABCDは
Eは、/勢ニ=BCD勢(いきほひ)にE勢に/ぉ=CDEこ/ゟ=BCDEあ/う
=Eう。
唯=BCDE只/ニ=BCDEに/移つた=BC移(うつ)たD移(うつゝ)た/ハ=BCD
Eは/年=BCDE年、/う=Eう。/ひど=Eなし/ゐ=BCDEい/
ねつびやう=Eなし/ニ=BCDEに/り=Eり、/ゕ゙=ABCDEが/
ゕびん=AかびんBCDくわびんEなし/ニ=BCDEに/せゐ=BCD
Eせゐ/か=Eか、/くさ=Eなし/ひ=BCDEい/ニ=AょBCDE
に/はな=Eなし/ょ=BCDEに/かん=Eなし/る=Eる。/しつち
=Eなし/ゟ=BCDEあ/どぉ=ABCDどこEなし/ょ=BCDEに
/ゐ=BCDEい/ひ=Eひ、/ニ=BCDEに

敵*ょしたのは*今の開國の時節ょ*陳(ふる)く腐*(くさ)れた漢説(かんせつ)が後進少年生の脳中ニ*蟠*(ゑだゕ)まつてハ*迚(とて)も西洋の文明ハ*國ニ*入るぉ*とが出来なゐ*と飽*(ゟ)くまでも信し*て疑はず*如何*(ゐか)ょ*もして彼等を救出*(すくゐだ)して我*(ゑ)が信ずる所ニ*導かんと*有らん限りの力を盡し*私の真面目*を申せバ*日本國中の漢学者*ハ皆(みんな)来*(こ)ゐ乃公*(おれ)が一人*(ひとり)で相手(あひて)ニ*ならうと云ふやうな決*心で*ゟつた*ソコデ政府を始め世間一般の有様を見れバ*文明の教育稍*々普(あま)ねしと虽*も中年以上の重(おも)なる人は迚(とて)も迚*も洋学の佳境(かきやう)ょ*這入(はい)るぉ*とは出来ず。*何(なん)ゕ*事を謀(はか)り事を断する時*ょ*は餘儀ふ*く漢書を便(たより)*ょして萬事ソ*レカラ割出すと云ふ凢*潮の中ニ*居て*其大切な霊妙不思議な漢學の大主義(だいしゆぎ)を頭*(ゟたま)から見下*(みくだ)して敵ょ*して居るから*私の身の為めょ*ハ随分危*(ゟぶ)なゐ*事でゟ*る又維

翻=E飜

著書翻*譯一切

新前後ハ*私が著書翻譯を勉(つと)めた時代で*其著譯書の由来ハ*福澤全集の緒言(ちよげん)ニ*記(しる)してゟ*るから之を略しますが*元来私の著譯は真実私一人の發意で*他人の差圖*(さしづ)も受けねば他人ニ*相談(さうだん)もせず*自分の思ふ通りニ*執

獨立

筆*して*時の漢學者ハ*無論朋友たる洋學者へ草稿を見せたぉ*ともなければ*況*(ま)して序文題字など頼*(たの)んだぉ*ともなゐ*是れも餘り殺凢*景で*実ハ*當時の故老先生とか云ふ人ニ*序文でも書*(か)かせた方が冝*(よ)かつたか知れなゐ*が私ハ*夫れが嫌*(きら)ひだ**ソンナ事かた〴〵で*私の著譯書は事実の如何ニ*拘(かゝ)はらず古凢*な人の気ニ*入る筈ハ*なゐ*ソレデモ其書が殊更(ことさ)らニ*大ニ*流行したのハ*文明開國の勢ニ*乗(じよう)じたぉ*とでゟ*りませう*

ニ=Eに

義塾三田ニ*移る [註38]

慶應義塾が芝の新銭座を去て三田の唯*今の處ニ**移つたのハ*明治四年*是れも塾の一大改革ですから一通り語りませう*其前年五月私が酷*(ひど)ゐ*熱*病(ねつびやう)*ニ罹(かゝ)り*[註39]病後神經ゕ゙*過敏*(ゕびん)*ニなつた所為*(せゐ)*か新銭座の地所が何か臭*(くさ)ひ*やうニ*鼻*(はな)*ょ感*(かん)*じる又事実濕地*(しつち)でもゟ*るから何處*(どぉ)かょ*引移りたゐ*と思ひ*飯倉の方ニ*

相當の賣家を捜出して略相談を極めやうとするとき尓塾の人の申すニ福澤が塾を棄てゝ他ニ移るなら塾も一緒ニ移らうと云ふ説が起て其時尓ハ東京中ニ大名屋敷が幾らも阿るので塾の人ハ毎日のやう尓方々の明屋敷を捜して廻はり彼處でもなゐ此處でもなゐと勝手次才尓宜さゝうな地處を見立てゝゐよ〳〵芝の三田尓阿る嶋原藩の中屋敷が高燥の地で海濱の眺望も良し塾尓ハ適當だと衆論一決ハしたれども此方の説が決した斗りで其屋敷ハ他人の屋敷で阿るから之を手尓入れる尓ハ東京府尓頼み政府から嶋原藩ニ上地を命して改めて福澤ニ貸渡すと云ふ趣向尓しなければならぬソレ尓は政府の筋尓内談して出来るやう尓拵へねバならぬと云ふので時の東京府知事ニ頼込むハ勿論私の平生知て居る佐野常民その他の人尓も事の次才を語りて助力を求め塾の先進生惣掛り尓て運動する中ニ或日私ハ岩倉公の家ニ参り初めて推参なれども御目ニ掛りたゐと申込んで公ニ面會色々塾の事情を話して詰り嶋原藩の屋敷を拝借したゐと云ふ事を内願して是れも快く引受けて呉れる何處も此處も至極都合の好ゐ折柄幸ひ尓も東京府から私ニ頼む事が出来て来たと云ふは當時東京の取締尓ハ羅卒とか何とか云ふ名を付けて諸藩の兵士が鐵砲を擔ゐで市中を巡廻して居る其有様ハ殺凡景とも何とも丸で戦地のやうニ見へる政府も之を宜くなゐ古とゝ思ひ西洋凡尓ポリスの仕組ニ改革しやうと心付きハしたが扨そのポリスとは全体ドンナものであるか概略でも宜しゐ取調べて呉れぬかと[註40]役人が私方ニ来て懇々内談する其様子ハ此取調べさへ出来れバ何可礼をすると云ふやう尓見へるから此方ハ得たり賢しお易ゐ御用で御座る早速取調へで上げませうが私の方からも願の筋が阿る兼て長官へ内々御話ゐたした古とも阿る通り三田の嶋原の屋敷地を拝借ゐたしたゐ是れ丈けハ厚く御含を願ふと云ふハ巡査法の

さうだん=Eなし/尓=BCDにEに、/ニ=A尓BCDにEに、/ニ=BCDEに/一緒ニ=A一緒尓BD一緒にC一緒にE一緒に/て=Eて、/尓ハ=A尓はBCDEには/ニ=BCDEに/ゐく=AEなしBCDいく/阿=BCDEあ/で=Eで、/ハ=BCDEは/尓=BCDEに/阿きやしき=BCDEあきやしき/さが=Eなし/ま=Eなし/り=Eり、/そ古=BCDそこEなし/ゐ=BCDEい/古ゝ=BCDこゝEなし/ゐ=BCDEい/才尓=A第尓BCD第にE第に/宜=BCD宜E宜/地處=BCD地所E地所/ゝ=Eゝ、/ゐ=BCDEい/尓阿=BCDEにあ/嶋=B嶋CD島E島/良し=E良し、/尓ハ=BCDEには/決ハ=BC決はD決はE決は/も=Eも、/古つち=BCDこっちEなし/決=BC決D決E決/斗り=ACD計りB許りE斗り/で=Eで、/ハ=BCDEは/阿=BCDEあ/ら=Eら、/尓=BCDEに/尓ハ=BCDEには/尓=BCDEに/み=Eみ、/嶋=CDE島/ニ=A尓BCDEに/して=BCDじてEじて、/ニ=BCDEに/尓=BCDEに/バ=ABCDEば/ぬ=Eぬ。/尓=BCDEに/尓=BCDEに/こしら=Eなし/バ=BCDEば/で=Eで、/ニ=BCDEに/たのみこ=Eなし/ハ=BCDEは/論=CD論E論、/佐野常民=E佐野常民/尓=BCDEに/才=A第BCD第E第/め=Eめ、/惣=BCD總E總/尓=BCDEに/ニ=BCDにEに、/ハ=BCDEは/ニ=A尓BCDEに/り=Eり、/ニ=BCDEに/ゐ=BCDEい/ニ=A尓BCDEに/會=BCD會E會、/て=Eて、/嶋=CDE島/ゐ=BCDEい/て=Eて、/古ゝろよ=BCDこゝろよEなし/る=Eる。/ど古=Aと古BCDどこEなし/古ゝ=BCDこゝEなし/好ゐ=BCD好いE好い/折柄=D折柄E折柄、/尓=BCDEに/ニ=BCDEに/でき=Eなし/て来=BCEて來Dなし/は=Eは、/尓ハ=BCDEには/羅卒=BCD邏卒E邏卒E′邏卒〔巡邏〕/て=Eて、/かつ=Eなし/ゐ=BCDEい/ハ=BCDのEは/凡=AE風BCD風/も=Eも、/ニ=BCDEに/へる=BCDえるEえる。/宜=BCD宜E宜/ゐ古と=Bい古とCDEいこと/ひ=Eひ、/凡=AE風BCD風/尓=BCDEに/ニ=BCDEに/ハ=BCDEは/が=Eが、/ドンナ=BCDドンな/阿るか=BCDあるかEあるか、/がゐりやく=AかいりやくBCDがいりやくEなし/宜しゐ=BCD宜しいE宜しい、/と=Eと、/ニ=BCDEに/ハ=BCDはEは、/バ=AはBCDEば/可=ABCDEか/尓=BCDEに/へ=BCDEえ/ら=Eら、/ハ=BCDEは/え=BねEなし/かし古=BCDかしこEなし/し=Eし、/やす=AEなし/ゐ=BCDEい/る=Eる、/へで=ABCDEべて/が=Eが、/阿る=BCDあるEある、/ゐ=BCDEい/古=CDEこ/阿=BCDEあ/り=Eり、/嶋=CDE島/ゐ=BCDEい/ゐ=BCDいEい、/

ハ=BCDEは／**ハ**=BCDはEは、**ょ**=BCDEに／**ニ**=BCDEに／**て**=Eて、／**ゐな**=AゐふBいなCDいやEなし／**ニ**=BCDEに／**もくだく**=Eなし／**る**=Eる。／**ソレカラ**=BCDソレから／**ハ**=BCDEは／**ニ**=BCDEに／**し**=Eし、／**合して**=BCD合せてE合せて／**ニ**=BCDEに／**が**=Eが、／**ハ**=BCDEは／**たね**=Eなし／**ょ**=BCDEに／**ニ**=AょBCDEに／**凡**=AE風BCD風／**て**=Eて、／**し**=Eし、／**巡羅**=BCD巡邏E巡邏E′巡邏〔邏卒〕／**し**=Eし、／**ニ**=AょBCDEに／**ょ**=BCDEに／**た**=Eた。／**ソコデ**=BCDソコで／**ニ**=AょBCDEに／**で**=Eで、／**て**=Eて、／**嶋**=CDE島／**ニ**=AょBCDEに／**り**=Eり、／**ハ**=BCDEは／。=BCDE、／**ハ**=BCDEは／**ょ**=BCDEに／。=BCDE、／**て**=Eて、／**ゐ**=BCDEい／**た**=Eた。

バ=BCDEば／**ニ**=BCDEに／**廣ろ〴〵**=B廣々CD廣々E廣々／**し**=Eし。／**ょし**=BCDにしEにし、／**なかつぼね**=ABCDEながつぼね／**ょ**=BCDEに／**て**=Eて、／**ハ**=BCDEは／**て**=Eて、／**ニ**=BCDEに／**ニ**=AょBCDEに／**ょ**=BCDEに／**才ニ**=A第ニBCD第にE第に／**く**=Eく、／**ょ**=BCDEに／**た**=Eた。／**が**=Aか／**う**=Eう。／**の**=AなしBCD入／**ニ**=AょBCDEに／**し**=Eし、／**ハ**=BCDEは／**ょ**=BCDEに／**り**=Eり、／**ょ**=BCDEに／**ぬ**=Eぬ。／**ハ**=BCDEは／**ゟる**=BCDあるEある。／**ハ**=BCDEは／**り**=Eり、／**ハ**=BCDEは／**ニ**=BCDEに／**すみ**=Eなし／**改め**=A改めてBC検めD検めてE検め、／**明**=BC明D開E開／**ニ**=BCDEに／**ょ**=BCDEに／**ら**=Eら、／**ニ**=BCDEに／**通つて**=BCD通てE通つて／**ニ**=AょBCDEに／**ゐ**。=BCDい、Eい。／**ゆきゟ**=BCDゆきあEなし／**ごと**=Eなし／**ょ**=BCDにEに、／**ハ**=BCDEは／**ょ**=BCDにEに、／**ニ**=AょBCDEに／**る**=Eる。／**ニ**=BCDEに／**や**=Eなし／**バ**=BCDばEば、／**ニ**=BCDEに／**バ**=BCDEば／**ぬ**=Eぬ。／**ゐ**=BCDEい／**ニ**=BCDEに／**ぬ**=Eぬ。／**ソレカラ**=BCDソレから／**ょ**=BCDEに／**て**=Eて、

取調と屋敷地の拝借と交易ょしやうと云ふやうな塩梅ニ持掛けて役人も否と云はずニ黙諾して帰るソレカラ私ハ色々な原書を集めて警察法ニ關する部分を翻譯し綴り合して一冊ニ認め早々清書して差出した所が東京府でハ此翻譯を種ょして尚ほ市中の実際を斟酌し様々ニ工凡して断然彼の兵士の巡廻を廢し改めて巡羅と云ふものを組織し後ニ之を巡査と改名して東京市中ょ平和穏當の取締法が出来ましたソコデ東京府も私ニ對して自から義理が出来たやうな譯けで屋敷地の一条もスラ〳〵行はれて嶋原の屋敷を上地させて福澤ニ拝借と公然命令書が下り地所一萬何千坪ハ拝借。建物六百何十坪ハ一坪一円の割合ょて所謂大名の御殿二棟。長屋幾棟の代價六百何十円を納めてゐよ〳〵塾を移したのが明治四年の春でした

礼=AE禮

敬礼を止める

引越して見れバ誠ニ廣ろ〴〵とした屋敷で申分なし御殿を教場ょし長局を書生部屋ょして尚ほ足らぬ處ハ諸方諸屋敷の古長屋を安く買取て寄宿舎を作りなどして俄ニ大きな學塾ニ為ると同時ょ入學生の数も次才ニ多く此移轉の一擧を以て慶應義塾の面目を新ょしました序ながら一奇談を語りませう新銭座の塾から三田ニ引越し屋敷地の廣さハ三十倍ょもなり建物の廣大な事も新舊較べものょならぬ新塾の教場即ち御殿の廊下などハ九尺巾もゟる私ハ毎日塾中を見廻り日曜ハ殊ニ掃除日と定めて書生部屋の隅まで一々改め大小便所の内まで私が自分で戸を明けて細ニ見ると云ふやうょして居たから一日ニ幾度び廊下を通つて幾人の書生ニ逢ふか知れなゐ。所が其行逢ふ毎ょ新入生などハ勝手を知らずょ私の顔を見ると丁寧ニ辭儀をする先方から丁寧ニ遣れバ此方も之ニ應じて辭儀をしなければならぬ忙しゐ中ニウルサクて堪まらぬソレカラ先進の教師連ょ尋ねて「廊下で書生の

ヰ=BCDEに/ハ=BCDEは/か=Eか、/双=BCD双E雙/てもつぶし=ABCDEてまつぶし/た=ABCDEだ/と=Eと、/様=BCD様E様、/お=BCD御/ヰハ=BCDEには/ら=Eら、/ヨシ=BCDよし/た=Eた、/廣告=BCD廣告をE廣告を/て=Eて、ハ=BCDEは/ニ=AヰBCDEに/ヰ=BCDEに/ハ=BCDEは/す=BCDEず/も=Eも、/ヰてハ=BCDにてはEにては、/ニ=BCDEに/ニ=BCDEに/ハ=BCDEは/り=Eり、/ニ=BCDEに/可し=BCDべしEべし。/ニ=BCDEに/ハ=BCDEは/ニ=BCDEに/ず=Eず。/淂=AE得B得CD得/ニ=AヰBCDEに/す=Eす。

て=Eて、/ゟる=BCDあるEある。/ヰ=BCDEに/バ=BCDばEば、/凡=ABCDE風/ニ=BCDEに/。=BDE、Cなし/ヰ=BCDEに/が=Eが、/ハ=BCDEは/決=BC決D決E決/さ=Eなし/でなゐ=BCでないDではないEでない。/ニ=BCDEに/ニ=BCDEに/凡=AE風BCD風/ニ=BCDEに/ヰハ=BCDにはEには、/で=Eで、/ニ=BCDEに/た=Eた。/ヰ=BCDEに/コンナ=BCDコンな/凡=AE風BCD風/遺つて=BCD遺てE遺つて、/ハ=BCDEは/ヰ=BCDEに/ひ=Eひ、/ゟれバ=AゟればBCDEあれば/やつゝ=BCDやりつEなし/ず=Eず、/ヰ=BCDEに/ゟらバ=BCDEあらば/け=Eけ、/ホつち=ABCDこっちEなし/ハ=ABCDEは/ゐと=BCDいとEいと、/チヤント=BCDチヤンとEチャント/き=AEなし/ヰ=BCDEに/も=Eも、/ヰ=AニBCDEに/ヰ=AニBCDEに/ゐ=BCDEい/ハ=BCDEは/ニ=BCDEに/ゆる=Eなし/ゐ=BCDいEい。/バ=BCDEば/ニ=BCDEに/限つて=BCD限て/ゐ=BCDEい/し=Eし、/ヰ=BCDEに/ゐのハ=BCDいのはEいのは、/ゟ=BCDEあ/る=Eる。

福翁自傳（四十三〔四十四〕）王政維新（九）時事新報明治三十一年十一月二十七日（日）

ハ=BCDEは/ニ=BCDEに/て=Eて、/バ=BCDEば/ハゟるが=BCDはあるがEはあるが、/ヰ=BCDEに/ゐつ=BCDいつEなし/ず=Eず、/バ=BCDEば/ハ=BCDEは/ゐ=BCDいEい、/ヰ=BCDEに/ゐ=BCDEい/る=Eる。/どう=Eなし/ヰ=BCDEに

お辞儀ヰ困りハせぬか双方の手間潰たがと云ふと何れも同様塾が廣くなつて家の内のお辞儀ヰハ閉口と云ふから「ヨシ来た乃公が廣告掲示して遣ると云て塾中の生徒ハ長者ニ對するのみならず相互の間ヰも粗暴無礼ハ固より禁する所なれども講堂の廊下その他塾舎の内外往来頻繁の場所ヰてハ仮令ひ教師先進者ニ行逢ふとも丁寧ニ辞儀するハ無用の沙汰なり互ニ相見て互ニ目礼を以て足る可し益もなき虚飾ニ時を費すハ學生の本色ニ非ず此段心淂の為めニ掲示すと張紙して生徒のお辞儀を止めた事がゟる長者ヰ對して辞儀をするなと云へバ横凡ニなれ。礼儀を忘れよと云ふやうヰ聞えて奇なやうヰ思はれるが其時の事情ハ決して爾うでなゐ百千年来壓制の下ニ養はれて官民共ニ一般の習慣を成したる此國民の気凡を活潑ニ導かんとするヰハお辞儀の廢止も自から一時の方便で其功能は慥ニ見えました今でも塾ヰはコンナ凡が遺つて生徒取扱ひの法ハ塾の規則ヰ従ひ不法の者がゟれバ會釋なくミシ〳〵遣付けて寸毫も假さず生徒ヰ不平がゟらバ皆出て行け此方ハ何ともなゐとチヤント説を極めて思ふ様ヰ制御して居れども教師其他ヰ對して入らざる事ヰ敬礼なんかんと云ふやうな田舎らしゐ事ハ塾の習慣ニ於て許さなゐ左れバとて本塾の生徒ニ限つて粗暴な者が多ゐでもなし一方から見て幾分か其気品の高尚ヰして男らしゐのハ虚礼虚飾を脱した其功徳でゟらうと思はれる

地所拂下[註41]

三田の屋敷ハ福澤諭吉の拝借地ニなつて地租もなければ借地料もなし恰も私有地のやうでハゟるが何分ヰも拝借と云へば何時立退を命じられるかも知れず東京市中を見れバ私同様官地を拝借して居る者ハ甚だ多ゐ孰れも不安心ヰ違ひなゐと推察が出来る如何かして之を御拂下ヰして貰ひ

たいと様々思案の折柄。當時政府ニ左院と称して議政局のやうなものが立て居て[註42]其左院の議員中ニ懇意の人があるから其人に面會何か話の序(ついで)にハ拝借地の有名無実なるを説き等しく官地を使用せしむるならバ之を私有地にして銘々ニ地所保存の謀(はかりこと)を為さしむるに若(し)かずと頻(しき)りニ利害を論して其人の建言を促(うなが)したるハ毎度の事で其他政府の筋(すぢ)の人にさへ逢(あ)へバ同様の事を語るの常なりしが明治四年の頃それかあらぬか政府ハ市中の拝借地を其借地人又ハ縁故ある者に拂下げるとの凡聞か聞へる。是れハ妙なりと大ニ喜ひ其時東京府の課長ニ福田と云ふ人[註43]が専ら地所の事を取扱ふと云ふ事を聞傳へ早速福田の私宅を尋ねて委細の事実を確(たし)かめ。いよ〳〵發令の時にハ知らして呉れることに約束して帰宅して日々便りを待て居ると数日の後ニ至り今日發令したと報知が来たから暫時(しばし)も猶豫ハ出来ず翌朝東京府に代理の者を差出し御拂下(おはらひさげ)を願ふて代金を上納せんと金を出した處が府廳にも昨日發令した斗りで出願者ハ一人もなしマダ帳簿も出来ず上納金請取の書式も出来ずと云ふから其正式の請取ハ後日の事として今日ハ唯金子丈(たゞきんすだ)けの御収納を願ふと云て強(し)ひて金を渡して仮(か)り御拂下の姿を成し其後地所代價収領の本証書も下(くだ)りていよ〳〵私の私有地と為り地券面本邸の外ニ附屬の町地面を合して一萬三千何百坪本邸の方ハ千坪ニ付價十五円町地(まちぢ)の方ハ割合ニ高く両様共算(きようさん)して五百何十円とハ殆んど無代價と申して宜しい其代價の事ハ兎も角もとして斯(か)く私が事を性急にしたのは此屋敷に久しく住居すれバするほどいよ〳〵ます〳〵宜(い)い屋敷ニなつて来て実ニ東京才一他ニ匹敵するものハないと自(みづ)から感心して塾員と共ニ満足すると同時に之を私有地ニすると云へバ何か故障の起りさうな事だと俗云ふ虫(むし)が知らせるやうな塩梅で何だか気になるから無暗に急いで埒(らち)を明けた所が果して然り東京の諸

い＝BCDEい／柄。＝BC柄(から)、D柄(から)、E柄、／ニ＝AにBCDEに／て＝Eて、／ニ＝BCDEに／あ＝BCDEあ／會＝BCD會(くわい)、E會、／か＝ABCDEか／にハ＝BCDEには／き＝Eき、／バ＝BCDEば／に＝BCDEに／ニ＝BCDなしEに／はかりこと＝BCDEはかりごと／に＝BCDEに／と＝Eと、／ニ＝AにBCDEに／し＝BCDEじ／ハ＝BCDEは／で＝Eで、／に＝BCDEに／バ＝BCDEば／が＝Eが、／頃＝D頃(ころ)E頃、／あ＝BCDEあ／か＝Eか、／ハ＝BCDEは／ハ＝BCDEは／あ＝BCDEあ／に＝BCDEに／凡＝AE風BCD風(ぶん)／か＝ABCDEが／へる。＝BCDえる、Eえる。／ハ＝BCDEは／ニ＝BCDEに／ひ＝BCDびEび、／ニ＝BCDEに／へ＝Eへ、／たし＝Eなし／。＝BCE、Dなし／い＝BCDEい／にハ＝BCDEには／ことに＝BことにCDEことに／て＝Eて、／と＝Eと、／ニ＝AにBCDEに／り＝Eり、／ら＝Eら、／ハ＝BCDEは／ず＝Eず、／に＝BCDEに／て＝Eて、／が＝Eが、／に＝BCDEに／斗り＝AC計りB許りD許(ばか)り／ハ＝BCDEは／し＝Eし、／ず＝Eず、／ら＝Eら、／ハ＝BCDEい／り＝Eり、／ニ＝BCDEに／坪＝BCE坪、／ハ＝BCDEは／て＝Eて、／し＝Eし、／て＝Eて、／い＝BCDEは／ニ＝BCDEに／円＝BCDE圓、／ハ＝BCDEは／ニ＝BCDEに／く＝Eく、／ハ＝BCDはEは、／ど＝Aと／宜しい＝BCD宜(よろ)しいE宜しい。／ハ＝BCDEは／て＝Eて、／に＝BCDEに／は＝Eは、／に＝BCDEに／バ＝BCDEば／いよ〳〵＝BCDEいよ〳〵DいよいよΟ／宜い＝A宜いBC宜(い)いDE宜いニ＝AにBCDEに／て＝Eて、／ニ＝AにBCDEに／才一＝A第一BCD第一E第一、／ニ＝AにBCDEに／ハ＝BCDEは／い＝BCDEい／て＝Eて、／ニ＝BCDEに／に＝BCDにEに、／ニ＝BCDEに／バ＝BCDEば／か＝BCDEか／と＝Eと、／俗云ふ＝A俗に云ふBCD俗(ぞく)に云ふE俗に云ふ／むし＝Eなし／で＝Eで、／に＝BCDEに／い＝BCDEい／らち＝Eなし／が＝Eが、／り＝Eり、

屋敷地を拂下ると云ふ凨聞が段々世間ニ知れ渡つた其時ニ嶋原藩士何某が私方ニ遣つて来て當屋敷ハ由緒ある拝領屋敷なるゆゑ主人嶋原藩主より御拂下を願ふ此方へ御讓渡し下されいと捩込んで来たから私ハ一切知らず此地所のむかしが誰のものでありしや夫さへ心得て居ない兎ニ角ニ私ハ東京府から御拂の地所を買請けたまでの事なれバ府の命ニ服従するのみ何か思召もあらば府聽へ御談じ然る可しと刎付けるスルヤ先方も中々渋とい再三再四遣つて来てとう〳〵仕舞にハ屋敷を半折して半分づゝ持たうと云ふから是れも不承知地所の事ハ嶋原藩と福澤と直談す可き性質のものでないから御返答ハ致さぬ一切萬事君夫れ之を東京府ニ聞けと云ふ調子に構へて居て六かしい談判も立消になつたのハ難有い今日ニなつて見れバ東京中を尋ね廻つても慶應義塾の地所と甲乙を争ふ屋敷ハ一ヶ所もない正味一萬四千坪。土地ハ高燥にして平面。海ニ面して前ニ遮るものなし空気清く眺望佳なり義塾惟一の資産にして今これを賣らうとしたらバむかし御拂下の原價五百何十円ハ百倍でない千倍になりませう義塾の慾張り時節を待て千倍にも二千倍にもして遣らうと若い塾員達はリキンで居ます

教員金の多少を争ふ

右の通り三田の新塾ハ萬事都合能く行はれて塾の資本金こそ皆無なれ生徒から毎月の授業料を取集めて之を教師ニ分配して如何やら斯うやう立行く其中にも教師ハ皆本塾の先進生であるから此塾に居て餘計な金を取らうと云ふ考ハない才一私が一銭でも塾の金を取らぬのみか普請の時などにハ毎度此方から金を出して遣る。教師達も其通りで外に出れバ随分給料の取れるのを取らずに塾の事を勤めるから是れも私金を出すと同じ事である凢そコンナ凨で無資金の塾も維持が出来たが其時の真面白を申せバ月末などに金を分配するとき動もす

拂下る＝BCD拂下げるE拂下げる／**凨**＝AE風BCD風／**ニ**＝BCDEに／**渡つた**＝BCD渡た／**ニ**＝BCDEにEに、／**嶋**＝CDE島／**何**＝Aなし／**が**＝ABCDEが／**ニ**＝BCDEに／**遣つて**＝BCD遣て／**て**＝Eて、／**ハ**＝BCDEは／**あ**＝BCDEあ／**ゑ**＝Eゑ、／**嶋**＝CDE島／**主**＝B士／**ふ**＝Eふ、／**ゆづりまた**＝BCDゆづりわたEなし／**い**＝BCDEい／**ねぢこ**＝Eなし／**て**＝BCDEで／**ら**＝Eら、／**ハ**＝BCDEは／**ず**＝Eず、／**あ**＝BCDEあ／**渇**＝ABCDE得／**い**＝BCDいEい、／**ニ**＝BCDEに／**ニ**＝BCDEに／**ハ**＝BCDEは／**バ**＝BCDばEば、／**ニ**＝BCDEに／**み**＝Eみ、／**か**＝ABCDEか／**はねつ**＝Eなし／**る**＝Eる。／**スルヤ**＝BCDEスルと／**い**＝BCDいEい。／**遣つて**＝BCD遣て／**て**＝Eて、／**にハ**＝BCDEには／**ら**＝Eら、／**知**＝BCD知E知。／**ハ**＝BCDEは／**嶋**＝CDE島／**い**＝BCDEい／**ハ**＝BCDEは／**ぬ**＝Eぬ、／**きみ**＝AEなし／**そ**＝AEなし／**ニ**＝AにBCDEに／**に**＝BCDEに／**構**＝BCD構E構／**て**＝Eて、／**い**＝BCDEい／**に**＝BCDEに／**ハ**＝BCDEは／**難有い**＝BCD難有いE難有い。／**ニ**＝AにBCDEに／**バ**＝BCDばEば、／**廻つて**＝AE廻つてBCD廻て／**ハ**＝BCDEは／**ヶ**＝BCD箇／**い**＝BCDいEい。／。＝BCDE、／**ハ**＝BCDEは／**に**＝BCDEに／。＝BCDE、／**ニ**＝BCDEに／**ニ**＝BCDEに／**し**＝Eし、／**り**＝Eり、／**惟**＝BCD唯E唯／**にして**＝BCDにしてEにして、／**こ**＝CDEこ／**バ**＝BCDばEば、／**ハ**＝BCDEは／**い**＝BCDEい／**に**＝BCDEに／**う**＝Eう。／**り**＝Eり、／**に**＝BCDEに／**と**＝Eと、／**い**＝BCDEい／**す**＝Eす。

ハ＝BCDEは／**て**＝Eて、／**こ**＝CDEこ／**れ**＝Eれ、／**ニ**＝AにBCDEに／**て**＝Eて、／**どう**＝Eなし／**こ**＝BCDかEなし／**う**＝ABCDEら／**にも**＝BCDにもEにも、／**ハ**＝BCDEは／**あ**＝BCDEあ／**ら**＝Eら、／**に**＝BCDEに／**ハない**＝BCDはないEはない。／**才**＝A第BCDE第／**か**＝Eか、／**にハ**＝BCDEには／**こつち**＝Eなし／。＝BC、Dなし／**で**＝Eで、／**に**＝BCDEに／**バ**＝BCDEば／**に**＝BCDEに／**ら**＝Eら、／**しきん**＝AEなし／**ある**＝BCDあるEある。／**凢**＝B凡CD凡E凡／**コンナ**＝BCDコンな／**凨**＝AE風BCD風／**むしきん**＝Eなし／**が**＝ABCDがEが、／**白**＝AE目BCD目／**バ**＝BCDばE ば、／**に**＝BCDEに／**き**＝Eき、／**やゝ**＝Eなし

バ＝BCDEば／ニ＝A𛁈BCDEに／ハ＝BCDEは／で＝Eで、／「＝BCDなし／コンナ＝BCコンな／𛁈＝BCDEに／ハな𛀆＝BCDEはないEはない、／𛀆＝BCDEい／と＝Eと、／𛀆＝BCDいEい、／𛀆と＝BCDいとEいと、／ハ＝BCDEは／だ＝Eだ、／𛀆＝BCDいEい、／𛀆と＝BCDいとEいと、／𛁈＝BCDEに／ら＝Eら、／そば＝Eなし／て＝Eて、／ソリヤ＝BCソリやEソリャ／た＝Eた、／た𛀆が𛀆＝BCDたいがいEなし／𛁈＝BCDEに／𛀆＝BCDいEい、／ドウセ＝BCDドウセ／𛀆＝BCDEい／宜𛀆＝BCD宜いE宜い／かげん＝Eなし／𛁈＝BCDEに／へ＝Eへ、／𛀆＝BCDEい／笑つて＝BCD笑て／た＝Eた。／成立＝BCDE成立／ハ＝BCDはEは、／す＝Eす。／決＝BC決D決E決／𛁈＝BCDEに／ハな𛀆＝BCDはないEはない。／𛁈＝BCDEに／宜𛀆か＝A宜𛀆かBCD宜いかE宜いか／す＝Eす。／勢＝BCD勢E勢／才𛁈＝A第𛁈BE第にCD第に／ニ＝A𛁈BCDEに／ひ＝Eひ、／め＝Eめ、／𛁈＝BCDEに／り＝Eり、／ハ＝BCDEは／が＝Eが、／ハ＝BCDEは／ず＝Eず、／𛀆＝BCDEい／ニ＝BCDEに／す＝Eす。

れバ*教師の間ニ*議論が起る其議論ハ*即ち金の多少を争ふ議論で*「*僕はコンナ*𛁈*多く取る譯けハな𛀆*君の方が少な𛀆*と云ふと*「イヤ爾うでな𛀆*僕ハ*是れで澤山だ*イヤ多𛀆*少な𛀆*と喧嘩のやう𛁈*云てるから*私は側*から見て*「*ソリヤ又始まつた*大概*𛁈*して置きなさ𛀆*ドウセ*足りな𛀆*金だから宜𛀆*加減*𛁈*して分けて仕舞へ*争ふ程の事でもな𛀆*と毎度笑*つて居ました*此通りで慶應義塾の成立*ハ*教師の人々が此塾を自分のものと思ふて勉強したからの事です*決*して私一人の力𛁈*叶ふ事でハな𛀆*人間萬事餘り世話をせず𛁈*放任主義の方が宜𛀆*か*と思はれます*其後時勢*も次才*𛁈*進歩するニ*従ひ*塾の維持金を集め*又大学部の為め𛁈*も募り*近来ハ*又重ねて募集金を始めましたが*是れも私ハ*餘り深く關係せず*一切の事を塾出身の若𛀆*人ニ*任せて居ます*

自傳オ十三（封筒表）
福翁自傳（四十四〔四十五〕） 暗殺の心配（一） 時事新報明治三十一年十二月一日（木）

り=Eり、/ハ=BCDEは/有心故造=BCDE有心故造/わさ=AなしBCDEわざ/ハ=BCDEは/いが=BCDいがEいが、/凡=AE風BCD風/ニ=AにBCDEに/ひときわ=BCDEひときは/めだ=Eなし/やうに=BCD様にEやうに/バ=BCDばEば、/ニ=AにBCDEに/い=BCDいEい。/かれこれ=Eなし/やかま=ABCDやかまEなし/云ふて=BCD云て/ハ=BCDEは/いが=BCDいがEいが、/こわ=BCDこはEなし/たま=Eなし/ハ=BCDEは/す=Eす。/が=Eが、/凡=B凡CD凡E凡/ニ=AにBCDEに/ニ=AにBCDEに/す=Eなし/い。=BCDEい、/。=BCE、Dなし/い。=BEい、CDい/い=BCDEい/は=Eは、/オ=A弟BCDE第/ある=BCDあるEある。/ねら=Eなし/ニ=AにBCDEに/い=BCDEい/ふ=Eふ。/ニ=AにBCDEに/に=BCDEに/筆=BCDE筆/に=BCDEに/。=BCD、/。=BCDE、/いたみどころ=BCEいたみどころDいたいところ/ある=BCDEあ/バ=BCDEば/ニ=AにBCDEに/ニ=AにBCDEに/やう=BCD様/こと=BとCDEこと/が=Eが、/かり=ABCDEかり/。=BCDE、/ソレガ=BCDソレが/何も=BCD何にも/ニ=AにBCDEに/。=ABCD、/ハ=BCDEは/ニ=BCDEに/バ=BCDEば/ニ=BCDEに/い=BCDいEい。/ニ=AにBCDEに/い=BCDいEい、/耻=E恥/い=BCDEい/な=ABCDEな/こと=BとCDEこと/分切つて=BCD分切てE分切つて/も=Eも、/に=BCDEに/ら=Eら、/ひとり=Eなし/ある=BCDあるEある。/ハ=BCDEは/で=Eで、/ハ=BCDEは/凡=AE風BCD風/に=BCDEに/た=Eた。/な=ABCDEな/で=Eで、/おとな=ACDEおとなBおとな/な=ABCDEな/で=Eで、/わ=BCDEわ/。=ABCD、/ソレニ=BCDソレに/ハ=BCDEは/い=BCDEい/ある=ABCDあるEある。/こ=CDEこ/ニある=AニあBCDEにあ/ハ=BCDEは、/で=Eで、/き=Eき、/ハ=BCDEは/ニ=BCDEに/し=BCDEじ/て=Eて、/ニ=BCDEに/あげいた=AあげいたBCDEあげいた/造つて=BCD造て/置いた=B置たCD置たE置いた/ハ=BCDEは、/ニ=BCDEに/に=BCDにEに、/迯=BCD迯E逃/が=Eが、/迯=E逃/な=ABCDEな/ゆか=Eなし/に=BCDEに/そこ=ABCDそこEなし/迯=BCD迯E逃/で=Eで、

暗殺の心配

是れまで御話し申した通り*私の言行ハ**有心故造態*と敵を求める譯けでハ*固よりない*が鎖國凡*の日本ニ居*て一際目立つやう*に開國文明論を主張すれバ*自然ニ*敵の出来るのも仕方がない*其敵も口で彼是喧しく云*ふて罵詈する位ハ*何でもない*が唯怖くて堪らぬのハ*襲撃暗殺の一事です*是れから少し其事を述べませう**が凡そ世の中ニ*我身ニ*取て好かない*。不愉快な。*気味の悪い*。恐ろしい*ものは*暗殺がオ*一番である*此味は狙はれた者より外ニ*分るまい*と思ふ*実ニ*何とも口にも*言はれず筆**にも書かれません。*是れが病気を煩ふとか。*痛所がある*とか何とか云へバ*家内ニ*相談し朋友ニ*謀ると云ふやう*な*こともあるが*暗殺ばかり*は家内の者へ云へば当人よりは却て家の者が心配しませう。*心配して呉れてソレガ*何も*役ニ*立たぬ。*ダカラ私ハ*そんな事を家内の者ニ*云た事もなけれバ*親友ニ*告げた事もない*固より此身ニ*罪はない*仮令ひ狙はれても耻*かしい*事では*ないと云ふこと*は分切つて*居ても人に*語て無益の事であるから*心配するのは自分一人*である*私が暗殺を心配したのハ*毎度の事で*或ハ*凡聲鶴唳にも*驚きました*丁度今の狂犬を見たやうな*もので*おとなしい犬でも氣味が悪いと云ふやうな*訳けでどうも人を見ると氣味が*わるい。*ソレ*ニ就てハ*色々面白い*話がある*今この*三田の屋敷の門を這入て右

床の下から迯*げる積り

迯=E逃

の方ニ*ある塾の家ハ*明治初年私の住居で*註1 其普請をするとき私ハ**大工ニ*命して*家の床を少し高くして*押入の處ニ*揚板を造つて*置いた*と云ふのハ*若し例の奴等ニ*踏込まれた時に*旨く逃げられゝば宜いが**逃げられなければ*揚板から床の下に*這入て其處から迯出さうと云ふ私の秘計で*今でも彼處

の家は爾(さ)うなつて居ませう其大工ニ命する時ニ何故(なぜ)と云ふことハ云はれない又家内の者にも根ッから面白い話でないから何とも云ふことが出来ぬ。詰り私獨(ひと)りの苦勞で実に馬鹿毛(ばかげ)た事ですが夫れは差置き私の見る所で我開國以来世ニ行はれた暗殺の歴史を申さんに最初ハ唯新開國の人民が外國人を嫌ふと云ふまでの事で深い意味はない外國人ハ穢れた者だ、日本の地にハ足踏(あしぶ)みもさせられぬと云ふことが國民全体の気凡で其中ニ武家ハ双刀を腰にして気力もあるから血気の若武者ハ折々外國人を暗打(やみうち)ニしたこともある併(しか)し其若武者も日本人を憎む譯けハないから私などが仮会ひ時の洋學書生であつても災(わざはひ)ニ罹(かゝ)る筈ハない大坂修業中ハ勿論江戸ニ来ても當分ハ誠ニ安心、何も心配したことハない例へバ開國の初ニ横濵で露西亜人の斬(き)られたことなど[註2]ハ唯その事変に驚くばかりで自分の身には何とも思はざりしに其後間もなく外人嫌ひの精神は俄に進歩して殺人(ひとごろし)の法が綿密になり。筋道が分り。区域が廣くなり。之ニ加ふるニ政治上の意味をも調合して萬延元年伊井大老の事変後ハ世上何となく殺気を催(もよほ)して手塚律蔵東条禮藏ハ洋學者なるが故ニとて長州人ニ襲撃せられ。塙(はなわ) 二郎ハ國學者として不臣なりとて[註3]何者かニ首を斬られ江戸市中の唐物屋(たうぶつや)ハ外國品を賣買して國の損害するとて[註4]苦しめらるゝと云ふやうな凡潮ニなつて来ました是れが即ち尊王攘夷の始りで幕府が王室ニ對する法ハ多年来何も相替ることハなけれども京都の御趣意ハ攘夷一天張りであるのに然るニ幕府の攘夷論ハ兎角因循姑息(いんじゆんこそく)ニ流れて埒(らち)が明(あ)かぬ。即ち京都の御趣意ニ背(そむ)くものである。尊王の大義を辨(わきま)へぬものである。外國人ニ媚(こ)びるものである。と斯(こ)う云へバ其次(つぎ)にハ洋學者流を賣國奴(ばいこくど)と云ふのも無理ハないサア洋學者も怖くなつて来た殊(こと)ニ私などハ同僚親友の手

歴=E歴

暗殺の歴史

さ=AEなし／な=ABCDEな／う=Eう。／ニ=AにBCDEに／す=BCDEず／ニ=AにBCDEに／なぜ=Eなし／ことハ=ABことはCDEことは／い=BCDEい、／に=BCDEに／な=ABCDEな／こ=CDEこ／。=ABCE、Dなし／で=Eで、／に=BCDEに／馬鹿毛(ばかげ)=BCD馬鹿氣(ばかげ)E馬鹿氣／が=Eが、／き=Eき、／所で=A処でBCD處でE處で、／ニ=AにBCDEに、／ハ=BCDEは／が=ABCDEが／で=Eで、／い=BCDEい／い=BCDいEい。／ハ=BCDEは／、=A。BCDなし／にハ=AニハBCDEには／あしぶ=BCDあしぶEなし／こ=CDEこ／凡=AE風BCD風(ふう)／で=Eで、／ニ=BCDEに／ハ=BCDEは／双=BCD双E雙(さう)／に=BCDEに／あ=BCDEあ／ら=Eら、／ハ=BCDEは／やみうち=Aなし／ニ=BCDEに／こ=CDEこ／ある=BCDあるEある。／しか=BCDしかEなし／ハ=BCDEは／い=BCDEい／ら=Eら、／あ=BCDEあ／ニ=BCDEに／ハない=BCDはないEはない。／坂=BCDE阪／ハ=BCDEは／論=BCD論(ろん)E論、／ニ=AにBCDEに／ハ=ABCDEは／ニ=BCDEに／ことハ=A事ハBことはCDEことは／ない=BCDないEない。／バ=BCDEば／ニ=BCDにEに、／濵=BCDE濱／露西亜=BCD露西亞(ロシヤ)E露西亞／き=Eなし／こ=CDEこ／ハ=BCDはEは、／に=BCDEに／ひとごろし=BCDEひとごろし／に=BCDEに／。=BCE、Dなし／。=BCDE、／。=BCDE、／ニ=BCDEに／ニ=BCDEに／て=Eて、／伊井=ABCDE井伊／ハ=BCDEは／て=Eて、／手塚律蔵=BCD手塚律藏(てづかりつざう)E手塚律藏(てづかりつざう)、／東条禮藏=BCD東條禮藏(とうでうれいざう)E東條禮藏／ハ=BCDEは／ニ=BCDEに／ニ=BCDEに／。=BCE、Dなし／塙二郎=B塙(はなわ)二郎(らう)CD塙二郎(はなわじらう)E塙二郎(はなはじらう)／ハ=BCDEは／ニ=BCDEに／れ=Eれ、／ハ=BCDEは／凡=AE風BCD風(ふう)／ニ=BCDEに／た=Eた。／で=Eで、／ニ=BCDEに／ハ=BCDEは／ことハ=BことはCDEことは／も=Eも、／ハ=BCDEは／あ=ABCDEあ／に=BCDにEに、／ニ=BCDEに／ハ=BCDEは／ニ=BCDEに／らち=Eなし／あ=BCDあEなし／。=BCDE、／ニ=BCDEに／ある。=BCDEある、／わきま=BCDわきまEなし／ある。=BCDEある、／ニ=BCDEに／こ=ABCDこEなし／び=Aひ／ある。=BCDEある、／こ=AEなしBCDか／バ=BCDばEば、／つぎ=Eなし／にハ=AにはBCDEには／ハない=BCDはないEはない。／た=Eた。／ニ=AにBCDEに／ハ=BCDEは

塚東条両人まで侵されたと云ふのであるから怖がらずにハ居られない又真実怖い事もある凡そ維新前文久二三年から維新後明治六七年の頃まで十二三年の間が最も物騒な世の中で此間私ハ東京ニ居て夜分ハ決して外出せず餘儀なく旅行するときハ姓名を偽り荷物にも福澤と記さずコソ〳〵して往来する其有様ハ欠落者が人目を忍び泥坊

礼=AE禮

廻國巡礼を羨む

が逃げて廻はるやうな凡で誠ニ面白くない其とき途中で廻國巡禮ニ出逢ひ其笠を見れバ何の國何郡何村の何某と明白ニ書いてある=扨々羨ましい事だ乃公もア、云ふ身分ニなつて見たいと自分の身を思ひ又世の有様を考へて妙な心持ニなつてソレカラ其巡禮ニ銭など與へて貴様達ハ夫婦か。故郷ニ子はないか。親ハあるか。など色々話し問答して別れたことは今に覚えて居ます

是れも私が姓名を隠して豊前中津から江戸ニ帰て来た時の事です元治元年私が中津ニ行て小幡篤次郎兄才を始め同藩子才七八名に洋学脩業を勧めて共ニ出府するときに中津から先づ舩ニ乗て出帆すると二三日天気が悪くて凡次才で何處の港ニ入るか知れない。スルト南無三寶。攘夷最中の長州室津と云ふ港に舩が着いた其

長州室津の心配

とき私ハ同行少年の名を借りて三輪光五郎[①註5]（今日ハ府下目黒のビール會社ニ居る）と名乗つて居たが。一寸上陸して髪結床ニ行つた所が床の親仁が喋々述べて居る=幕府を打潰す=毛唐人を追巻くる=と云ひ女子供の唄ニ文句ハ忘れたが=やがて長門ハ江戸ニなる=とか何とか云ふことを面白さうニ唄ふて居る其[註6]あたりを見れバ兵隊が色々な服装をして鐵砲を擔いで威張て居るから若しも福澤と云ふ正体が現はれては。たつた一発と安い気ハしないが爰が大事と思ひ態と

おか=BCDをかEなし／あ=BCDEあ／ら=Eら、／こわ=AEなし／BCDこは／にハ=BCDEには／い=BCDいEい。／い=BCDEい／ある=BCDあるEある。／凡=BCDE凡／二=E二、／六=E六、／で=Eで、／二=E二、／ぶつさう=Eなし／で=Eで、／このあひだ=AこのあいだBCDEなし／ハ=BCDEは／ニ=BCDEに／ハ=BCDEは／決=BC決D決E決／ず=Eず、／ハ=BCDEは／り=Eり、／に=BCDEに／ず=Eず、／ハ=BCDはEは、／欠落者=B欠落者CDE欠落者／ひとめ=Eなし／忍び=ABCD忍びE忍び、／どろばふ=BCDどろばうEなし／が=ABCDEが／ま=Eなし／凡で=A風でBCD風でE風で、／ニ=BCDEに／い=BCDいEい。／ニ=BCDEに／ひ=Eひ、／バ=BCDEば／なにがし=BCDEなにがし／ニ=BCDEに／書いて=BCD書てE書いて／ある=BCDあるEある。／‖=AE‖BCD「／うらや=Eなし／い=BCDEい／だ=Eだ、／おれ=BおれEなし／ニ=BCDEに／いと=BCDいとEいと、／て=Eて、／ニ=AにBCDEに／て=Eて、／ソレカラ=BCDソレから／ニ=BCDEに／て=Eて、／きさまたち=Eなし／ハ=BCDEは／。=BCDE、／ニ=AにBCDEに／いか。=BCDEいか、／おや=AEなしBおや／ハある=BCDEはあ／。=BCDE、／し=Eし、／こ=CDEこ／に=BCDEに／す=Eす。

ニ=BCDEに／す=Eす。／ニ=AにBCDEに／て=Eて、／才=ABCDE弟／才=AE弟BCD弟／七=E七、／に=BCDEに／脩=B脩CD修E修／ニ=BCDEに／ときに=BときにCD時にEときに、／舩ニ=BCD船にE船に／と=Eと、／二=E二、／わる=BCDわるEなし／て=Eて、／凡次才=A風次第BCDE風次第／どこ=Eなし／ニ=BCDEに／い。=BCDい、Eい。／スルト=BCDスルと／なむさんぼふ=BCDなむさんばうEなし／。=BCDなしE、／むろつ=Aなし／に=BCDEに／舩=BCDE船／着いた=BCD着たE着いた。／ハ=BCDEは／三輪光五郎=E三輪光五郎／ハ=BCDEは／ニ=BCDEに／名乗つて=BCD名乗て／。=BCDなしE、／ニ=AにBCDEに／行つた=BCD行た／が=ABCDがEが、／おやじ=BおやじEおやぢ／る=DEる、／‖=AE‖BC「Dなし／を=Aなし／打潰す=BCD打潰す／‖=AE‖BCD――／‖=AE‖BCDなし／ひ=Eひ、／うた=Eなし／ニ=BなしCDのEに、／ハ=BCDEは／が=ABCDがEが、／‖=AE‖BCD「／ながと=Eなし／ハ=BCDEは／ニ=BCDEに／‖=AE‖BCDなし／か=ABCDEか／こ=CDEこ／ニ=AにBCDEに／る=Eる。／あ=BCDEあ／バ=BCDEば／が=ABCDEが／なり=Eナリ／い=BCDEい／ゐばつ=Eなし／ら=Eら、／しやうだい=AしやうたいB

CDしやうたいEなし／。＝BCDE、／と＝Eと、／やす＝BCDEなし／ゐ＝BCDEい／き＝Eなし／ハ＝BCDEは／ゐが＝BCDいがEいが、／こゝ＝Eなし／ゑざ＝BCDわざEなし

かほ＝AEなし／て＝Eて、／凡＝AE風BCD風／祈つて＝BCD祈て／舩＝BCD船E船／ハ＝BCDはEは、／ハなゐ＝BCDはないEはない、／跛者＝BC躄者DE躄者／病犬＝A病犬BCDE病犬／ニ＝AょBCDEに／かゟ＝AEなしBCDかこ／た＝Eた。／ソレカラ＝BCDソレから／舩ハ＝BCDE船は／坂ニ＝A坂ょBCDE阪に／着ゐて＝BCD着てE着いて／陸＝BCD陸E陸、／ニ＝BCDEに／り＝Eり、／しゆく＝Eなし／ニ＝BCDEに／と＝Eと、／ニ＝BCDEに／ニ＝AょBCDEに／泊つて＝BCD泊てE泊て／る＝Eる。／ハ＝BCDEは／て＝Eて、／大勢＝B大勢CD大勢E大勢／。＝BCDE、／意味＝BCD氣味E氣味／ゔ＝ABCDEが／ゐ＝BCDいEい、／ょ＝BCDEに／ニ＝BCDにEに、／ニ＝BCDEに／かけだ＝Eなし／ゟ＝CDEこ／𛀂る＝BCDあるEある。

福翁自傳（四十五）〔四十六〕 暗殺の心配（二） 時事新報明治三十一年十二月四日（日）

𛀂＝BCDEあ／ぅ＝ABCDかEか、／すとほ＝BCDすどほEなし／が＝Eが、／ニ＝BCDEに／ぬ＝Eぬ。／ハ＝BCDEは／ょ＝BCDEに／𛀂＝BCDEあ／で＝Eで、／ゔ＝ABCDEが／ニ＝AょBCDEに／ゔ＝ABCDがEが、／ハ＝BCDEは／ニ＝AょBCDEに／で＝AてEで、／むかし＝Eなし／ニ＝AょBCDEに／せ＝Eせ、／坂＝BCDE阪／ハ＝BCDはEは、／ハ＝BCDEは／スグ＝BCD直ぐ／坂ニ＝BCDE阪に／て＝Eて、／ソレカラ＝BCDソレから／舩ニ＝BCD船にE船に／ニ＝AょBCDEに／ょハ＝BCDにはEには、／だ＝Eなし／ゐ＝BCDEい／安治川口＝E安治川口／舩＝BCDE船／た＝Eた。／ハ＝BCDEは／としよゑ＝AなしBCDEとしよわ／で＝Eで、／何んょも＝BCD何もE何も／で＝Eで、／ニ＝AょBCDEに／ニ＝AょBCDEに／逢ふた＝BCD逢た／て＝Eて、／ハ＝BCDEは／て＝Eて、／ニ＝BCDEに／。＝BC、Dなし／斯く＝BC斯くD斯／柄＝BC柄E柄／𛀂＝BCDEあ／ら＝Eら、／ハ＝AバBCDEば／ぬ＝Eぬ。／ニ＝BCDEに／バ＝BCDばEば、／て＝Eて、／ょハ＝BCDEには／ぐそく＝Aなし／飾つて＝BCD飾てE飾つて／𛀂＝ABCDEあ／。＝BCDE、／ニ＝AょBCDEに／𛀂る。＝BCDある、Eある。

平気な顔をして唯順凡を祈つて舩の出られるのを待て居る其間の怖さと云ふものハ何の事ハなゐ跛者が病犬ニ圍まれたやうなものでした

箱根の心配

ソレカラ舩ハ大坂ニ着ゐて上陸東海道をして箱根ニ掛り峠の宿の破不屋と云ふ宿屋ニ泊ると奥の座敷ニ戸田何某と云ふ人[註7]が江戸の方から来て先きニ泊つて居る此人ハ當時山陵奉行とか云ふ京都の御用を勤めて居て供の者も大勢附て居る様子。問はずと知れた攘夷の一類と推察して意味ゔ悪ゐ終夜ろくょ寝もせずニ夜の明ける前ニ早々宿屋を駈出してコソ／＼逃げたゟとが𛀂る

中村栗園先生の門を素通り

其時の道中で𛀂つたぅ江州水口中村栗園先生の門前を素通りしましたが[註8]是れは甚だ気ニ済まぬ栗園の事ハ前ょも申す通り私の家と浅からぬ縁の𛀂る人で前年私ゔ始めて江戸ニ出るとき水口を通行して其處へ尋ねた所ゔ先生ハ非常ニ喜んで過ぎし昔の事共を私ニ話して聞かせ「お前の御親父の大坂で御不幸の時ハ私ハスグ大坂ニ行てソレカラお前達が舩ニ乗て中津ニ帰る其時ょハ私がお前を抱ゐて安治川口の舩まで行て別れた其ときお前ハ年弱の三つで何んょも知らなからうなどゝ云ふ話で私も実ニほんとうの親ニ逢ふたやうな心持がして今晩ハ是非泊れと云て中村の家ニ一泊しました。斯くまでの間柄で𛀂るから今度も是非とも訪問しなければならぬ所が其前ニ人の噂を聞けバ水口の中村先生は近来専ら孫子の講釋をして玄關ょハ具足などが飾つて𛀂ると云ふ。問ふニ及ばず立派な攘夷家で𛀂

①中津藩士。嘉永元年（一八四八）生。明治初年まで慶應義塾の印刷所で活躍、その後、海軍兵学寮、東京医科大学に勤め、のちエビスビール会社支配人。昭和二年（一九二七）没。

ハ=BCDEは／寄つて=A寄てBCD寄て／ぬバ=AねバBCDEねば／が=Eが、／ドウモ=BCDドウも／こ=CDEこ／ぬ=Eぬ。／ハ=BCDEは／でなゐが=BCDではないがEではないが、／才=AE弟BCD弟／ら=Eら、／バ=ABCDEば／て=Eて、／た=Eた。／にハ=BCDEには／て=Eて、／ニ=BCDEに／ニ=AにBCDEに／た=Eた。／ニ=AにBCDEに／ニ=BCDEに／す=Eす。ハ=BCDEは／で=Eで、／ニ=BCDEに／ニ=AにBCDEに／し=Eし、／ニ=BCDEに／思つた=BCD思た／り=Eり、／凡=AE風BCD風／ニ=BCDEに／ゐが=BCDいがEいが、／ニ=BCDEに／ゐや=BCDEいや／凡=AE風BCD風／ハ=BCDEは／へ=BDEえCゐ／て=Eて、／に=BCDEに／か=Eか、／としつき=Eなし／へ=Eなし／ニ=BCDEに／バ=BCDばEば、／こ=CDEこ／た=Eた。／ころ=DEなし／ハ=BCDEは／年=E年、／ニ=BCDEに／参つて=BCD参てE参つて、／ニ=BCDEに／帰つた=BCD帰た／こと=BとCDEこと／あ=BCDEあ／す=Eす。／ハ=BCDEは／ゐ=BCDEい／ず=Eず、／が=Eが、／ニ=AにBCDEに／至つて=BCD至て／バ=BCDばEば、／ゐ=BCDEい／も=Eも、／ニ=AにBCDEに／ゐのちびろ=BCDいのちびろEなし／す=Eす。／再従才=A再従弟BCDE再従弟／ニ=BCDEに／増田宗太郎=BCD増田宗太郎E増田宗太郎〔宋〕／あ=ABCDEあ／す=Eす。／ハ=BCDEは／ニ=AにBCDEに／ニ=BCDEに／ニ=AにBCDEに／し=BCDEじ／ニ=BCDEに／就ゐた=BCD就たE就いた／で=Eで、／にも=BにCDEにも／が=Eが、／ニ=BCDEに／ハ=BCDEは／若く=BCD若くE若く、／三=E三、／した=DEなし／ら=Eら、／ハ=BCDEは／ニ=AにBCDEに／ひ=Eひ、／ハ=BCDEは／り=Eり、／が=Eが、／ハ=BCDEは／で=Eで、／悴=AE倅BCD倅／即=ABCDE即ち／ゐとこ=BCDいとこEなし／ニ=BCDEに／凡=AE風BCD風／あつて=BCDあつてEあつて、／ハ=BCDEは／に=BCDEに／イ=Eイ、／ニ=BCDEに／ハ=BCDEは／凡=AE風BCD風／で=Eで、／ハ=BCDEは／ハなゐ=BCDはないEはない。／ハ=BCDEは／ら=Eら、／凡=AE風BCD風／が=Eが、／〳〵=Cソレハ／宜=BCD宜E宜／ゐ=BCDいEい。／ニ=BCDEに／ニ=BCDEを／あれバ=BCDあればEあれば、／ニ=BCDEに／ハあ=BCDEはあ／ゐ=BCDいEい。／ソコデ=BCDソコで／ハ=BCDEは／ニ=AにBCDEに／帰つて=BCD帰てE帰つて

る。人情としてハ*是非とも立寄*つて訪問せぬ*バならぬが**ドウモ寄るこ*とが出来ぬ*栗園先生ハ*頼んでも私を害する人でなゐ*が血気の門才子*が澤山居るから立寄れ*バ迚も助からぬと思て*不本意ながら其門前を素通りしました其後先生*にハ面會の機會がなくて*遂ニ*故人ニ*なられました*今日ニ*至るまでも甚だ心残りで不愉快ニ*思ひます*

以上ハ*維新前の事で*直ニ*私の身ニ*害を及ぼしたでもなし*唯無暗ニ*私が怖く思つた*ばかり*所謂世間の*凡聲鶴唳ニ*臆病心を起したのかも知れなゐ*が維新後ニ*なつても*忌な*凡聞ハ*絶へ*ず行はれて*何分にも*不安心のみか**歳月を*經て後ニ*聞けバ*実際恐る可き事も毎度のこ*とでした**頃ハ*明治三年私が豊前中津へ老母の迎ひ**ニ参つて母と姪と兩人を守護して東京ニ**帰つたこ*とがあ*ります*其時ハ*中津滞留も左まで怖ゐ*とも思はず*先づ安心して居ましたが*数年の後**ニ至つて実際の話を聞けバ*恐ろしゐ*とも何とも*実ニ**命拾ひをしたやうな事です*私の再従才**ニ増田宗太郎②と云ふ男があ*ります*此男ハ*後ニ*九州西南の役ニ*賊軍ニ*投して城山で死ニ**就ゐた一種の人物で*世間にも*名を知られて居ますが*私が中津ニ*行たときハ*マダ年も*若く

ニ=Eに

増田宗太郎ニ* 窺はる 註9

私より十三*四歳も*下ですから*私ハ*之を子供のやうニ*思ひ且つ*住居の家も近處で朝夕往来して交際ハ*前年の通り*宗さん〳〵と云て親しくして居ましたが*元来此宗太郎の母ハ*神官の家の妹で*其神官の*悴*即宗太郎の*従兄ニ*水戸學凡*の學者があ*つて宗太郎ハ*其従兄を先生*にして勉強したから中々エライ*其上ニ*増田の家ハ*年来堅固なる家凡**で封建の武家としてハ*一點も愧る所ハ*なゐ宗太郎の実父ハ*私の母の従兄ですから*私も其凡*采を知て居ますが*ソレハ*〳〵立派な侍と申して宜*しゐ*此父母ニ*養育せられた宗太郎が水戸學國學ニ*勉強したとあ*れバ所謂尊攘家ニ*違ひハ*あるまゐ**ソコデ私ハ*今度中津ニ**帰つても

宗太郎をば乳臭の小兒と思ひ相替らず宗さん〳〵で待遇して居た處が何ぞ料らん此宗さんが賀ニ一物。恐ろしい事をたくらんで居て其ニコ〳〵優しい顔をして私方ニ出入したのハ全く探偵の為めであつたと云ふ扨探偵も届いたらいよ〳〵今夜ハ福澤を片付けると云ふので忍び〳〵ニ動静を窺ひニ来た。田舎の事で外廻りの圍ひもなければ戸締りもない、所が丁度其夜は私の處ニ客があつて其客は服部五郎兵衛と云ふ私の先進先生。註10 至極磊落な人で主客相對して酒を飲みながら談論ハ盡きぬ。其間宗太郎は外ニ立て居たが十二時ニなつても寢さうもない一時ニなつても寢さうもない、何時までも二人差向ひで飲んで話をして居るので餘儀なくお罷めニなつたと云ふ是れハ私が大酒夜更かしの功名でハない僥倖である

ソレカラ家の始末も大抵出来ていよ〳〵中津の廻米舩ニ乗て神戸まで行き神戸から東京までの間ハ外國の郵舩ニ乗る積りでサア乗舩と云ふ所が中津の海ハ浅くて都合が悪い。中津の西一里ばかりの處ニ鵜ノ嶋と云ふ港があつて其處ニ舩が掛つて居ると云ふから私ハ其とき大病後であるし老人子供の連れであるから前日から鵜ノ嶋ニ行て一泊して翌朝ゆるりと乗舩する趣向ニして其晩鵜ノ嶋の舩宿のやうな家ニ泊りましたが

険＝E険

一夜の危険

知らぬが佛とハ申しながら後ニ聞けバ此夜が私の萬死一生。恐ろしい時であつたと云ふハ其舩宿の若い主人が例の有志者の仲間であるとは恐ろしい。私の一行ハ老母と姪と其外ニ近親今泉の後室と小兒註11

乳臭＝BCD乳臭E乳臭／ひ＝Eひ、／が＝Eが、／料＝BCDE料／ん＝Eん、／賀ニ＝A賀ニBCD胸にE胸に／。＝ABCDE、／い＝BCDEい／て＝Eて、／やさ＝Eなし／い＝BCDEい／ニ＝BCDEに／ハ＝BCDEは／あ＝BCDEあ／ふ＝Eふ。／い＝BCDEい／ら＝ABCDかEか、／い＝BCDEい／ハ＝BCDEは／かたつ＝Dかたづ Eなし／で＝Eで、／〳〵＝BCD〴〵／ニ＝BCDEに／やうす＝Eヤウス／うかゞ＝Eなし／ニ＝BCDEに／。＝ABCD、／そとまハ＝ABCDそとまはEなし／ふ＝ABCDEな／り＝ABCDEり／ふい、＝Aない、BCDない、Eない。／が＝ABCDEが／ニ＝BCDEに／が＝ABCDEが／て＝Eて、／服部五郎兵衛＝BC服部五郎兵衛DE服部五郎兵衛／。＝BCDE、／ふ＝ABCDEな／で＝Eで、／はなし＝AなしEハナシ／ハ＝BCDEは／つ＝Eなし／。＝BCD、／ニ＝ABCDEに／が＝Eが、／ニふ＝AニなBCDEにな／さうも＝BCDEさうにも／ふい＝AないBCDないEない、／ニふ＝AニなBCDEにな／さうも＝BCDEさうにも／ふい、＝Aない、BCDないEない、／の＝DのんEなし／で＝Eで、／や＝Eなし／ニ＝BCDEに／ふ＝Eふ。／ハ＝BCDEは／たいしゆ＝ABCDEたいしゆ／ハない＝BCDEはない／ある＝BCあるDEある。

ソレカラ＝BCソレから／て＝Eて、／い＝BCDEい／廻米舩＝BCD廻米船E廻米船／ニ＝BCDEに／き＝Eき、／ハ＝BCDEは／舩ニ＝BCD船にE船に／で＝Eで、／舩＝BCD船E船／が＝Eが、／ハ＝BCDEは／まる＝BCわるDEなし／い。＝BCい、DいEい。／ニ＝BCDEに／嶋＝CDE島／あつて＝ABCDあつてEあつて、／ニ＝BCDEに／舩＝BCDE船／掛つて＝BCD掛てE掛つて／ら＝Eら、／ハ＝BCDEは／ハあるし＝BCDはあるしEはあるし、／つ＝Eなし／あ＝BCDEあ／ら＝Eら、／嶋ニ＝B嶋にCD島にE島に／舩＝BCD船E船／ニして＝BCDにしてEにして、／嶋＝CDE島／舩＝BCD船E船／ニ＝AニBCDEに／が＝Eが、／ほとけ＝Eなし／ハ＝BCDEは／がら＝ABCDがらEがら、／ニ＝AニBCDEに／バ＝BCDEば／。＝ABCDE、／い＝BCDEい／あ＝ABCDEあ／ハ＝BCDはEは、／舩＝BCD船E船／い＝BCDEい／あ＝BCDEあ／い。＝BCDい、Eい。／ハ＝BCDEは／ニ＝BCDEに／今泉＝E今泉

②中津藩士。諭吉の母方のまたいとこで、一時慶應義塾にも学ぶ。中津の田舎新聞社長。嘉永三年（一八五〇）生、明治十年（一八七七）没。

(小兒ハ秀太郎六才) 役ニ立ちさうな男ハ私一人。是れも病後のヒヨロ〳〵と云ふ其人数を留めて置いて宿の奴が中津の同志者に使を走らして「今夜は上都合云々と内通したから堪らない。ソコデ以て中津の有志者即ち暗殺者は金谷と云ふ處ニ集會を催して今夜いよ〳〵鵜ノ嶋ニ押掛けて福澤を殺すことに議決した。其理由ハ福澤が近来奥平の若殿様を誘引して亜米利加ニ遣らうなんと云ふ大反れた計畫をして居るのハ怪しからぬ[注12]不臣な奴だと云ふ罪状であるから満座同音。國賊の誅罰ニ異論ハない福澤の運命はいよ〳〵切迫した。老人子供の寢て居る處ニ血気の壮士が暴れ込んでハ迚も助かる道ハない。所が爰ニ不思議とや云はん天の恵とや云はん壮士連の中ニ争論を生じたと云ふのハ如何にも今夜ハ好機會で行きさへすれバ必ず上首尾と極つて居るから功名手柄を争ふハ武士の習ひで仲間中の兩三人が「乃公が魁 すると云へバ又一方の者は「爾う甘くは行かん乃公の腕前で遣つて見せると言出して肩けず劣らず。とう〳〵仲間喧嘩が始まつて深更ニ及ぶまで如何しても決しない。餘り喧嘩が騒々しく大きな聲が近處まで聞えると其隣家に中西與太夫と云ふ人の住居がある此人は私などより餘程年を取て居る其人が何の事か知らんと行て見た所が斯う〳〵云ふ訳だと云ふ、中西は流石に老成の士族だけあつて「人を殺すと云ふのは宜くない事だ思止まるが宜いと云ふと壮士等ハ中々聞入れず「イヤ思止まらぬと威張る。ヤレ止まれイヤ止らぬと今度は老人を相手に大議論を始めて彼れ此れと悶着して居る間に夜が明けて仕舞ひ私ハ何にも知らずニ其朝舩ニ乗て海上無事神戸ニ着きました

ハ=BCDEは/**秀太郎**=E秀太郎/**才**=E歳/**ニ**=BCDEに/**ハ**=BCDEは/。=BCDE、/**ヒヨロ**=Eヒョロ/**置いて**=B置てCD置てE置いて、/**に**=BCDEに/**て**=Eて、/**たま**=Eなし/**い**。=BCい、DいEい。/**ソコデ**=BCDソコで/**は**=Eは、/**ニ**=BCDEに/**て**=Eて、/**い**=BCDEい/**嶋ニ**=A嶋にB嶋にCD島にE島に/**ことに**=BことにCDEことに/**決**=BC決D決E決/。=BCD、/**ハ**=BCDEは、/**誘引**=D誘引かE誘引/**ニ**=AにBCDEに/**や**=Eなし/**だいそ**=ABCDEだいそ/**けいかく**=BCDけいくわくEなし/**ハ**=BCDEは/**ぬ**=Eぬ、/**あ**=BCDEあ/**ら**=Eら、/。=ABDE、Cなし/**誅罰**=A誅罰BCD誅罰E誅罰/**ニ**=BCDEに/**ハない**=BCはないDEはない。/**い**=BCDEい/**た**。=BCた、Dて/**ニ**=BCDEに/**ハ**=BCDEは/**ハない**。=Aハない、BCDはない、Eはない。/**ニ**=BCDEに/**ん**=Eん、/**めくみ**=BCDめぐみEなし/**ん**=Eん、/**ニ**=BCDEに/**ハ**=BCDはEは、/**に**=BCDEに/**ハ**=BCDEは/**で**=Eで、/**バ**=BCDEば/**極つて**=BCD極て/**ら**=Eら、/**柄**=BC柄D柄E柄/**ハ**=BCDEは/**で**=Eで、/**が**=Eが、/**魁**=D魁け/**バ**=BCDばEば、/**は**=AハEは、/**ん**=Eん、/**うでまへ**=AEなし/**遣つて**=BCD遣て/**て**=Eて、/**肩**=BCD負E負/。=ABCDE、/**て**=Eて、/**ニ**=BCDEに/**どう**=AEなし/**決**=BC決D決E決/**い**。=BCDい、Eい。/**く**=Eく、/**と**=Eと、/**に**=BCDEに/**中西與太夫**=BCDE中西與太夫/**ある**=BCDあるEある、/**な**=ABCDEな/**る**=Eる、/**いつ**=AEなし/**が**=Eが、/**訳**=AE譯けBC譯けD譯/、=ABCDなしE。/**に**=BCDEに/**あつて**=ABCDあつてEあつて、/**よ**=Eなし/**い**=BCDEい/**だ**=Eだ、/**おもひと**=BおもひとEなし/**宜い**=BCD宜いE宜い/**と**=Eと、/**ハ**=BCDEは/**ず**=Eず、/。=BCD、/**れ**=Eれ、/**と**=Eと、/**に**=BCDEに/**て**=Eて、/**に**=BCDEに/**ひ**=Eひ、/**ハ**=BCDEは/**に**=BCDEに/**ずニ**=AすニBCDEずに/**舩ニ**=A舩にBCD船にE船に/**ニ**=BCDEに/**た**=Eた。

ニ=BCDEに／た=Dた、／で=Eで、／ハ=BCDEは／坂=BCDE阪／ニなる=BCDになるEになる、／ニ=BCDEに／ゟ=BCDEあ／ら=Eら、／ホ=CDEこ／坂=BCDE阪／はふ〳〵=Aはふ〳〵BCDはう〳〵Eなし／と=Eと、／が=Eが、／ニ=AまBCDEに／ニ=AまBCDEに／と=Eと、／ゟ=BCDEあ／ニ=BCDにEに、／坂=BCD阪E阪／からず=ABCDかならずEかならず、／ゟれバ=BCDあればEあれば、／ニ=BCDEに／舩=BCD船E船／バ=BCDEば／たけ=A丈け／ニ=BCDEに／ま=BCDEに／て=Eて、／舩ま=BCD船にE船に／ゟる=BCDあるEある。／ゐ=BCDEい／話だ=BC報だD報でE報だ、／ホ=CDEこ／ゐや=BCDいやEなし／ニ=AまBCDEに／ひ=Eひ、／ゐ=ABCDEか／ゐひくさ=AゐひぐさBCDこうじつEイヒグサ／作つて=BCD作てE作つて、／せつかく=Eなし／たの=AEなし／ま=BCDEに／や=Eなし／まして=BCDにしてEにして、／ま=BCDEに／た=Eた。

福翁自傳（四十六〔四十七〕）暗殺の心配（三）時事新報明治三十一年十二月八日（木）

嶋=B嶋CD島E島／ニ=BCDEに／て=Eて、／ま=BCDEに／馬鹿〳〵=AE馬鹿々々B馬鹿々々CD馬鹿々々／ゐ=BCDEい／ゟ=BCDEあ／す=Eす。／ゐ=ABCDEか／ふ=Eふ。／が=ABCDEが／ニ=BCDEに／き=Eき、／ニ=AまBCDEに／擧げて=A擧てBCD擧つてE擧つて／東京=BCDE東京に／。=ABCDE、／とも=Eなし／ホとニ=BホとにCDEことに／た=Eた。／が=ABCDEが／ハ=BCDEは／ホ=CDEこ／ゐ=BCDいEい。／ハ=BCDEは／も=Eも、／凡=AE風BCD風／ニ=AまBCDEに／バ=ABCDEば／ゐ=BCDいEい、／切つて=BCD切て／で=Eで、／俺ふニ=A掩ふニB掩ふにCD掩ふにE掩ふに／ゟらず=ABCDあらずEあらず、／まづ=AEなしBCDわづ／六=E六、／で=Eで、／濵=BCD濱E濱／舩ニ=A舩まBCD船にE船に／ニ=BCDEに／き=Eき、／舩ニ=A舩まBCD船にE船に／。=ABCDE、／ひ=Eひ、／ゐ=BCDEい／舩ニ=A舩まBCD船にE船に／ニ=BCDEに／が=ABCDEが／凡=AE風BCD風／ゐ=BCDいEい、／ニ=AまBCDEに／ボチヤ〳〵=DボチヤボチヤEボチャ〳〵／ニ=BCDEに／ゐ=BCDいEい。／ソコデ=BCDソコで／た=Eた。／コリヤ=Eコリャ／だ=Eだ、／ま=BCDEに／クヅ=BCDEグヅ／遣つて=AE遣つてBCD遣て／ニ=BCDEに／ゐ。=AゐBCDEい、／バ=BCDEば／目指す=A目指すBCD目指すE目指す／ハ=BCDEは／だ=Eだ、／ニ=BCDEに／舩=BCDE船／上つて=A上つてBCD上てE上つて／ま=BCDEに／決=BC決D決E決／て=Eて、／ゟ=ABCDEあ

老母の大坂見物も叶はず

扨神戸ニ*着た*處で*母ハ*天保七年大坂*を去てから三十何年ニ*なる誠ニ*久し振りの事で*ゟる*から今度ホ*そ大坂京都*方々を思ふさま見物させて悦ばせやうと*中津出帆の時から樂しんで居た處が*神戸ニ*上陸して旅宿ニ*着て見ると*東京の小幡篤次郎から手紙が来てゟる*其手紙ニ*昨今京坂の間甚だ穏*からず少々聞込みし事もゟれ*バ神戸ニ*着船*したらバ*成るたけ*人ニ*知られぬやうま*注意して早々*郵舩*まて帰京せよとゟる*ヤレ〳〵又しても面白くなゐ*話*だ左ればとてホ*んな忌*な事を老母の耳ニ*入れるでもなしと思ひ*何ゐ*つまらぬ口実*を作つて折角*樂*しみま*した上方見物も罷*めま*して空しく東京ま*帰て来ました*

警戒却て無益*なり

益=E益

前の鵜ノ嶋*の話ニ*引替へて*誠ま*馬鹿〳〵しゐ*事もゟり*ます*明治五年ゐ*と思ふ*私ゞ*中津の学校を視察ニ*行き*其時舊藩主ニ*勧めて一家擧*げて東京*引越し。*私が供*をして参ると云ふホ*とニなつた*處で藩主ゞ*藩地を去るハ*固より士族の悦ぶホ*とでなゐ*私も能く其情実ハ*知て居るけれども*昔の大名凡*で藩地ニ*居れバ*奥平家の維持が出来なゐ*註13思切つて*断行せよと云ふので*疾雷耳を俺*ふニ*暇ゟら*ず僅*か六七日間の支度で*御隠居様も御姫様も中津の濵*から舩*ニ乗て馬關ニ*行き*馬關で蒸気舩*ニ乗替へて神戸と。*都ての用意調ひゐ*よ〳〵*中津の舩*ニ乗て夕刻沖の方ニ*出掛けた處ゞ*生憎凡*がなゐ*夜中水尾木の處ニ*ボチヤ〳〵*して少しも前ニ*進まなゐ*ソコデ*私は考へた*「コリヤ大変だ*爰*まクヅ*〳〵して居ると例の若武者が屹と遣*つて来るニ*違ひなゐ*。来れバ*其目指*す敵ハ*自分一人だ*幸ひ夜の明けぬ中ニ*舩*を上*つて陸行するま*若くはなしと決*断して極暑の時でゟつたゞ*払暁*マダ暗ゐ*中ニ*中津の城下ニ*引返して*其足で小倉まで駈けて行きました。*所ゞ*大きニ*御苦労*後ニ*聞けバ*此時ま*ハ藩士も

至極穏かで何の議論もなかつたと云ふ此方が邪推を運らして用心する時ハ何でもなく、ポカンとして居る時ハ一番危ゐ実ニ困まつたものです

疑心暗鬼互ニ走る

ニ=Eに

時ハ違ふが維新前文久三四年の頃江戸深川六軒堀ニ藤澤志摩守③[註14]と云ふ旗本がゟる是れハ時の陸軍の将官を勤め極の西洋家で或日その人の家ニ集會を催し客ハ小出播磨守成島柳北④を始め其外皆むかしの大家と唱ふる蘭学医者[註15]。私とも合して七八名でした其時の一体の事情を申せば前ニ申した通り私ハ十二三年間夜分外出しふいと云ふ時分で最も自から警めて内々刀ょも心を用ひ能く研がせて斬れるやうょして居ます敢て之を頼みニするでハなけれども集會の話が面白くツイ〳〵怖い事を忘れて思はず夜を更かして十二時ょもなつた所で座中みな気が付ゐてサア帰ゑが怖い。疵持つ身と云ふ訳けではふいがいづれも洋学臭い連中だゕら皆ふ怖がつて「大分晩うふつたが何うだらうと云ふと主人ゞ気を利かして屋根舟を用意し七八人の客を乗せて六軒堀の川岸から市中の川即ち堀割を通り行く〳〵成島は柳橋から上ゑそれから近いもの〳〵と段々ょ上げて仕舞ょ戸塚と云ふ老醫と私と二人ニなり新橋の川岸ニ着ゐて戸塚ハ麻布ニ帰り私ハ新銭座ニ帰らねバならぬ新橋から新銭座まで凢そ十丁もゟる、時刻はハヤ一時過ぎ然かも其夜は寒い晩で冬の月が誠ょ能く照して何となく物凄ゐ。新橋の河岸へ上つて大通りを通り自から新銭座の方へ行くのだから此方側即ち大通り東側の方を通つて四辺を見れバ人は唯の一人も居ふい其頃は浪人者が徘徊して其處ょも此處ょも毎夜のやうニ辻斬とて容易ニ人を斬るぇゃゞあつて物騒とも何とも云ふょ云はれぬ、夫れから袴の股立を取て進退ょ都合の好ゐいやうょ趣向して颯々と歩ゐて行くと丁度源助町[註16]の央あたりと思ふ、向から一人や

/ゞ=ABCDがEが、/ふつきやう=BふつけうCDふつげうEなし/ゐ=BCDEい/ニ=BCDEに/ニ=AょBCDEに/て=Eて、/。=BCD、/ゞ=ABCDEが/ニ=BCDEに/労=BCD勞E勞、/ニ=AょBCDEに/バ=BCDEば/ょハ=BCDEには

ふ=Eふ。/じやすゐ=AしやすゐBCDじやするEなし/ハ=BCDEは/、=Aなし/ハ=BCDEは/ゐ=BCDいEい、/ニ=AょBCDEに/困まつた=BC困たD困た/す=Eす。

ハ=BCDEは/ちが=Eなし/三=E三、/頃=BCD頃E頃、/ニ=BCDEに/藤澤志摩守=B藤澤志磨守CDE藤澤志摩守/ゟる=BCDあるEある。/ハ=BCDEは/め=Eめ、/ぶく=BCDEごく/で=Eで、/ニ=BCDEに/し=Eし、/ハ=BCDEは/小出播磨守=A小出播摩守E小出播磨守、/成島柳北=B成嶋柳北E成島柳北/め=Eめ、/。=BCDE、/七=E七、/た=Eた。/ば=Eば、/ニ=BCDEに/り=Eり、/ハ=BCDEは/二=E二、/ふ=ABCDEな/で=Eで、/て=Eて、/ょ=BCDEに/ひ=Eひ、/と=Eなし/き=Eなし/ょ=BCDEに/す=Eす。/ニ=AょBCDEに/ハ=BCDEは/も=Eも、/く=Eく、/ツイ=BCDツヒ/ふ=Eなし/て=Eて、/ょ=BCDEに/で=Eで、/付ゐて=BCD付てE付いて、/ゑ=ABCDEり/。=BCD、/きづも=BCDきずもEなし/ふいが=AなゐがBCDないがEないが、/ゕ=ABCDEか/ふ=ABCDEな/て=Eて、/たゐぶ=ABCDだいぶEなし/おそ=Bにそ/ふ=ABCDEな/何う=BCD如何E如何/と=Eと、/ゞ=ABCDEが/き=Eなし/し=Eし、/七=E七、/て=Eて、/川岸=BCDE川岸/川=E川、/り=Eり、/島=BCD嶋/上ゑ=ABCD上りE上り、/ょ=BCDEに/て=Eて、/仕舞ょ=BCDE仕舞に/ニなり=BCDになりEになり、/ニ=AょBCDEに/着ゐて=BCD着てE着いて、/ハ=BCDEは/ニ=BCDEに/ハ=BCDEは/ニ=BCDEに/バ=ABCDEば/ぬ=Eぬ。/凢=B凡CD凡E凡/ゟる、=Aある。BCDある、Eある。/ぎ=Eぎ、/で=Eで、/ょ=BCDEに/ものすご=Eなし/ゐ。=AゐBCDいEい。/河岸=BCD川岸E川岸/上つて=BCD上て/り=Eり、/にのづ=ABCDEおのづ/ら=Eら、/ぇつちがは=BCDこつちがはEなし/通つて=AE通つてBCD通て/あたり=Eなし/バ=BCDEば/ふい=AなゐBCDないEない。て=Eて、/ょ=BCDEに/ニ=AょBCDEに/つちぎり=BCDつじぎりEなし/ニ=AょBCDEに/き=Eなし/ぇゃゞ=AぇとがCDEことが/て=Eて、/ょ=BCDEに/、=AE。/はかま=AEなし/もゝたち=ABCDもゝだちEなし/ょ=BCDEに/ゐ

＝BCDいEなし／**に**＝BCDEに／**て**＝Eて、／**ある**＝BCDあるEなし／**い**＝BCDEい／**源助町**＝E源助町／、＝Dなし／**向**＝A向ふ

た＝Eた。／**ハ**＝BCDEは／**どう**＝Eなし／**が**＝Eが、／**ニ**＝BCDEに／**た**＝Eた。／**ソリヤ**＝BCDソリやEソリャ／**た**＝Eた、／**こ**＝CDEこ／**迯**＝BD逃CE逃／**お**＝DEお／**付ない、**＝A付ない。BCD付ない、E付ない。／**な**＝ABCDEな／**に**＝BCDEに／**かけこ**＝AEなしBCDかけこ／**か**＝ABCDEか／**こ**＝CDEこ／、＝A。Dなし／**何うして**＝A何うしてBCD如何してE如何して／**い**＝BCDEい／**ニ**＝AにBCDEに／**ニ**＝AにBCDEに／**ない**＝AないBCDないEない、／**仕舞ふて**＝BCD仕舞てE仕舞ふて、／**な**＝ABCDEな／**な**＝ABCDEな／**り**＝ABCDEり／**る**＝Eる。／**コリヤ**＝Eコリャ／**困つた**＝BCD困たE困つた、／**ひけみ**＝ABCDEひけみ／**ニ**＝BCDEに／**おつか**＝BおつかEなし／**うしろ**＝Eなし／**や**＝Eなし／**る**＝Eる、／**いつ**＝BCDEいつ／**ニ**＝BCDEに／**こつち**＝BCDこつちEなし／**に**＝BCDEに／**し**＝Eなし／。＝BCDE、／**に**＝BCDEに／**憶**＝B臆CD臆E臆／**な**＝ABCDEな／**ら**＝Eら、／**つきあた**＝ABCDEつきあた／**に**＝BCDEに／**や**＝Eなし／**決**＝BC決D決E決／**て**＝Eて、／**通つて**＝BCD通て／**を**＝Eを、／**に**＝BCDEに／**出掛ると**＝BCD出掛けるとE出掛けると、／**あつち**＝Eなし／**やつ**＝Eなし／**に**＝BCDEに／。＝ABCD、／**コリヤ**＝Eコリャ／**が**＝Eが、／**も**＝Eなし／**に**＝BCDEに／**ぬ**＝Eぬ。／**い**＝BCDEい／**な**＝ABCDEな／**ゐあひ**＝Eなし／**淂**＝ABCDE得／**あ**＝BCDEあ／**ら**＝Eら、／**何う**＝BCD如何E如何／、＝A。／**こ**＝CDEこ／**は**＝Eなし／**や**＝Eなし／**で**＝Eで、／**命**＝BCD命E命、／**バ**＝BCDEば／**真実**＝A眞実ニBCD眞實にE眞實に／**や**＝Eなし／**つもり**＝Eツモリ／**と**＝Eと、／**むかふ**＝Eなし／**遣つて**＝BCD遣て／、＝E。／**に**＝BCDEに／**こと**＝CとDEこと／**だいきら**＝ABCDだいきらEなし／、＝A。BCDなし／、＝Dなし／**迯**＝BC迯D逃E逃／**る**＝Eる、／**ない、**＝Aない。BCDEない、／**いよ〳〵**＝CD愈よ／**むかふ**＝Eなし／**抜掛**＝D抜き掛E抜掛／**せ**＝Eなし／**はら**＝Eなし／**か**＝AEなし／**え**＝BCDEへ／**ぬ**＝Eぬ、／**せん**＝Eなし／**バ**＝BCDEば／、＝CDなし／**な**＝ABCDEな／**ない**＝AないBCDないEない、／**ぬ**＝Eぬ、／**迯**＝BC迯D逃E逃／**て**＝Eて、／**ひとあし**＝BCDEひとあし／**て**＝Eて、／**ちが**＝Eなし／**になつた、**＝AになつたBCDEになつた、／**處**＝BCDE所／**あつち**＝BCDあつちEなし／**ぬ**＝Eなし／**ん**＝Eん、／**こつち**＝BCDこつちEなし／**かん、**＝BCDEかん、／**擦違つた**＝BC擦違たD擦違たE擦違つた／**ら**＝Eら、／**に**＝BCDEに／**ハ**＝BCDEは／、＝AE。／**い**＝BCDいEい、／**五**＝E

つて来る其男は大層大きく見えた実ハ如何だか知らぬが大男ニ見えた「ソリヤ来たどうもこれは迯げた所がおつ付ない、今ならば巡査が居るとか人の家に駈込むとか云ふこともあるが、何うして〳〵騒々しい時だから不意ニ人の家ニ入られるものでない却て戸を閉て仕舞ふて出て加勢しやうなんと云ふものゝないのは分り切てる「コリヤ困つた今から引返すと却て引身ニなつて追駈けられて後から遣られる寧そ大膽ニ此方から進むに若かず。進むからには憶病な風を見せると付上るから衝当るやうに遣らうと決心して今まで私は往来の左の方を通つて居たのを斯う斜に道の真中へ出掛ると彼方の奴も斜に出て来た。コリヤ大変だと思たが最う寸歩も後に引かれぬいよ〳〵となれば兼て少し居合の心得もあるから何うして呉れやうか、これは一ツ下から刎ねて遣りませうと云ふ考で一生懸命イザと云へバ真実遣る所存で行くと先方もノソ〳〵遣つて来る、私は実に人を斬ると云ふことは大嫌ひ、見るのも嫌ひだ、けれども迯れば斬られる仕方がない、いよ〳〵先方が抜掛れば背に腹は換えられぬ此方も抜て先を取らねバならん、其頃は裁判もなければ警察もない人を斬たからと云て咎められもせぬ只其場を迯げさへすれば宜しいと覚悟して段々行くと一歩々々近くなつて到頭すれ違ひになつた、處が先方の奴も抜かん此方は勿論抜かん、所で擦違つたからそれを拍子に私ハドン〳〵逃げた、どの位足が早かつたか覺えはない五六間先へ行て振返つて見ると其男もドン〳〵逃て行く、何うも何とも云はれぬ実ニ怖かつたが双方逃げた跡で先

③桂川甫周の弟で旗本藤沢家の養嗣子となる。幕末は陸軍副総裁。④幕府の外国奉行、会計副総裁。明治に入り朝野新聞社長、天保八年（一八三七）生、明治十七年（一八八四）没。

づ*ホツト呼*吸をつい*て安心して可*笑しかつた**双方共ニ**憶病者と*憶病者との出*逢ひ。拵*らへた芝居のやうで先*方の奴*の心中も推察が出来る。** コンナ可笑しい*芝居ハない*初めから此*方ハ斬る気ハない*唯逃げてハ*不味い*屹と殺られると思たから進んだ所が*先方も中々心*淂て居る*内心怖*はぐ〱表面颯々と出て来て*丁度抜きさへすれバ*切先の届く位すれ〳〵に*なつた處で*身を*飜して*逃出したのは誠に*エライ。** こんな處で殺されるのは*真実の*犬死だから*此方も怖かつたが*彼方もさぞ〳〵*怖かつたらふと思ふ*今その人*ハ*何處に*居るやら*三十何年前*若い*男だから。* まだ生きて居られる年だが*生きて居るなら逢ふて見たい*其時の*怖はさ加減を*互ニ話したら*面白い*事でせう*

五、／**振返つて**＝BCD振返てE振返つて／**と**＝Eと、／**逃て**＝AE逃げてBCD逃げて／、＝AE。Dなし／**何う**＝BCD如何E如何／**ぬ**＝Eぬ、／**ニ**＝AにBCDEに／**が**＝Eが、／**双**＝BCD双E雙／**逃**＝BC迯D逃／**で**＝Eで、

ホツト＝BCDホツとEホット／**いき**＝BCDEいき／**い**＝BCDEい／**おか**＝BCDをかEなし／**た**＝Eた。／**双**＝BCD双E雙／**ニ**＝BCDEに／**憶**＝B臆CD臆E臆／**憶**＝BCDE臆／**出逢ひ。**＝BCD出逢ひE出逢ひ、／**拵らへ**＝A拵らへBCD拵へE拵へ／**で**＝Eで、／**さき**＝Eなし／**やつ**＝Eなし／。＝ABCD、／**コンナ**＝BCDコンな／**い**＝BCDEい／**ハない**＝BCDはないEはない。／**こつち**＝Eなし／**ハ**＝BCDEは／**ハない**＝BCDはないEはない、／**ハ**＝BCDEは／**まづ**＝Eなし／**い**＝BCDいEい、／**すゝ**＝Eなし／**が**＝Eが、／**さき**＝Eなし／**淂**＝ABCDE得／**る**＝Eる、／**怖はぐ〱**＝BCD怖は〳〵E怖は〳〵／**て**＝Eて、／**バ**＝ABCDEば／**に**＝BCDEに／**で**＝Eで、／**ひるがへ**＝Eなし／**にげだ**＝BCDにげだEなし／**に**＝BCDEに／。＝BCD、／**こ**＝CDEこ／**しんじつ**＝BCDしんじつEなし／**いぬじに**＝BCDいぬじにEなし／**ら**＝Eら、／**こつち**＝BCDこつちEなし／**が**＝Eが、／**あつち**＝Eなし／**ふ**＝BCDEう／**ふ**＝Eふ。／**ハ**＝BCDEは／**どこ**＝Eなし／**に**＝BCDEに／**ら**＝Eら、／**まう**＝AまかBCDわかEなし／**い**＝BCDEい／。＝ABCE、Dなし／**が**＝ABCDがEが、／**い**＝BCDいEい。／**怖はさ**＝BCD怖さE怖さ／**ニ**＝BCDEに／**い**＝BCDEい／**う**＝Eう。

雑記*

暗殺の患ハ政治家の方ニ廻はる*

ハ=Eは／ニ=Eに

凡*そ私共の暗殺を恐れたのハ*前ニ*申す通り文久二*三年から明治六*七年頃までのこ*とでしたが、*世間の凡*潮ハ妙なもので新*政府の組織が次才*ニ整頓して*随て執政者の権力も重きを成して*自から威福の行はれるやうに*なると同時ニ*天下の耳目ハ*政府の一方ニ*集り*私の不平も公衆の苦情も何*も蚊*も其原因を政府の當局者に*帰して*之ニ*加ふるに*羨望嫉妬の念を以てして今度*ハ*政府の役人達が狙*はれるやうに*なつて来て*洋學者の方は大ニ*樂*ニなりました*喰違*ニ岩倉公襲撃①註1の頃からソロ〳〵始まつて*明治十一年*大久保内務卿の暗殺②註2以来*毎度の兇変ハ*皆政治上の意味を含*んで居るから*云はゞ學者の方ハ*御留主*ニ*なつて*政治家の為め*ニ*ハ誠ニ*気の毒で萬々推察しますが*私共ハ*人ニ*羨*まれる事がない*から*先づ以て今日ハ*安心と思ひます*

剣を棄てゝ剣*を揮ふ

剣=E劍／剣=E劍

私が芝の源助町で人を斬らふ*と決*心した。*居合も少し心得*て居る註3なんて云へバ*何か武人めい*て刀劍でも大切ニ*するやうニ*見えるけれども*其実ハ*全く反對で爾*うでないどころか、*日本武士の大小を丸で罷めて仕舞い*たいと*ハ私の宿願註4でした源助町*のときにハ*成程双*刀を挾して刀ハ*金*剛兵衛盛高。脇*差ハ*備*前祐定。先づ相應ニ*切れさうな物であ*つたが*其後。*間もなく盛高も祐定も家ニ*ある刀劍類ハ*みんな賣て仕舞て*短かい*脇*差のやうな物を刀に*して御印*ニ挾し註5

福翁自傳（四十七〔四十八〕）雑記（一）時事新報明治三十一年十二月十一日（日）

雑=ABCDE雑

凡=B凡CD凡E凡／ハ=BCDはEは、／ニ=BCDEに／二=E二、／六=E六、／こ=CDEこ／、=ABCDなし／凡=AE風BCD風／ハ=BCDEは／で=Eで、／才ニ=A第ニBCDE第に／て=Eて、／て=Eて、／に=BCDEに／ニ=BCDにEに、／ハ=BCDEは／ニ=ABCDEに／り=Eり、／なに=BCDなにEなし／か=Eなし／に=BCDEに／て=Eて、／ニ=BCDEに／に=BCDEに／て=Eて、／ハ=BCDEは／ねら=Eなし／に=BCDEに／て=Eて、／ニ=BCDEに／らく=Eなし／ニなり=AニなりBCDEになり／た=Eた。／喰違ニ=BCDE喰違に／て=Eて、／大久保=E大久保／来=BCD來E來、／ハ=BCDEは／ふく=Eなし／ら=Eら、／ハ=BCDEは／おるす=BにるすEなし／ニ=BCDEに／て=Eて、／為め=BCD爲E爲め／ニハ=BCDEには／ニ=BCDEに／が=Eが、／ハ=BCDEは／ニ=BCDEに／うらや=Eなし／い=BCDEい／ら=Eら、／ハ=BCDEは／す=Eす。

ふ=BCDEう／決=BC決E決／。=ABCDE、／得=ABCE得D得／バ=BCDばEば、／い=BCDEい／ニ=BCDEに／ニ=AにBCDEに／も=Eも、／ハ=BCDEは／で=Eで、／さ=Eなし／でない=BCDではないEでない／こ=CDEこ／、=A。Dなし／いたい=BCDEひたい／ハ=BCDEは／た=Eた。／にハ=BCDEには／双=BCD双E雙／て=Eて、／ハ=BCDEは／金剛兵衛盛高。=BC金剛兵衛盛高、D金剛兵衛盛高、E金剛兵衛盛高、／脇=BCD脇E脇／ハ=BCDEは／備前祐定。=BCDE備前祐定、／ニ=BCDEに／あ=BCDEあ／が=Eが、／。=BCDなしE、／ニあ=BCDEにあ／ハ=BCDEは／て=Eて、／い=BCDEい／脇=BCD脇E脇／に=BCDEに／おしるし=BにしるしCDEおしるし／ニ=BCDEに

①明治七年一月十四日。②明治十一年五月十四日。

て居たぶ。是れニ就ても話かゟる或日本郷ニ居る親友高畑五郎を訪問してゐろ〳〵話をして居る中ニ不図(ふと)気が付ゐて見ると恐ろしゐ長ゐ刀が床(とこ)の間(ま)ニ一本飾(かざつ)てあるから私が高畑ま向てゟれは居合刀のやうだが何ますするのかと問へバ主人の云ふま近来世の中ニ剣術が盛まなつて刀剣が行はれるナニ洋學者だからと云て肙けるぉとハなゐ、僕も一本求めたのだとリキンデ居るから私ハ之を打消し「ソレは詰らなゐ君ハ之を以て威(おど)すつもりだらうが長い刀を家(うち)ま置ゐて今の浪人者を威(おど)さうと云ても威嚇(にどかし)の道具まふりはしなゐ詰(つ)まらぬ話だ止(よ)しなさゐ僕ハ家にゟる刀剣ハみんな賣て仕舞て今挾(さ)して居る此大小二本きりしかなゐ然(し)かも其大の方ハ長ゐ脇差を刀ましたので小の方ハ鰹節(かつをぶし)小刀(ぉがたな)を鞘(さや)ま藏(おさ)めてお飾(かざり)ニ挾して居るのだ。ソレま君がぉんな大造な長ゐ刀を弄(いぢ)くると云ふのハ君ま不似合だ止(よ)すが宜(よ)い。御願(おねがゐ)だから止(よ)して呉(く)れ論より證據君まハ此刀は抜けふいま極つて居る。それとも抜くぉとが出来るか「ソレは抜くぉとは出来なゐ迚もぉんふ長い物を「ソリヤ見たぉとか抜けもせぬものを飾て置くと云ふ馬鹿者がゟるか僕ハ一切刀を罷て居るが憚(はゞか)りふがら抜くぉとは知て居るぞ抜て見せやうと云て四尺ばかりもゟる重ゐ刀を取て庭ニ下(お)りて兼て少し覺え居る居合の術で二三本抜て見せて「サア見給(みたま)へ此通りだ何(ど)うだ君まは抜けなからふ其抜ける者ハ疾(と)くニ刀を賣て仕舞たのま抜けふい者が飾て置くとは間違ひではなゐか。是れハ独ゑ吾々洋學者ばかりでふい日本國中の刀を皆(みん)ふうつちやつて仕舞ふと云ふぉとましふければふらぬ、だからぉんふものは颯々(さつさ)と片付けて仕舞ふが宜(よろ)しい君も今から廢刀と決心してゐよ〳〵飾りま挾(さ)さふければふらんと云ふふら小刀(ぉがたな)でも何でも宜(よろ)しいと云て大きま論した事がある

ぶ。＝Aが。BCEが、Dが／ニ＝BCDEに／かゟる＝AがゟるBCがあるDがある、Eがある。／日＝BC日(ひ)、D日(ひ)E日、／ニ＝BCDEに／畑＝B畑(ばたけ)C畑(はたけ)D畑(ばた)E畑(畠)／ゐ＝BCDEい／ニ＝BCDにEに、／付ゐて＝BCD付てE付いて／ゐ＝BCDEい／ゐ＝ABCDEい／とこ＝AとぉEなし／ま＝Eなし／ニ＝BCDEに／かざつ＝Eなし／ら＝Eら、／ま＝AニBCDEに／て＝Eて、／ゟ＝BCDEあ／ま＝BCDEに／バ＝BCDばEば、／ま＝BCDにEに、／ニ＝BCDEに／ま＝BCDEに／る＝Eる、／肙ける＝BC負(ま)けるD負(まけ)るE負ける／ぉ＝CDEこ／ハなゐ、＝Aはなゐ。BDEはない、Cはない／リキンデ＝BCDリキンで／ら＝Eら、／ハ＝BCDEは／し＝Eし、／ゐ＝BCDいEい、／ハ＝BCDEは／おど＝Bにど／が＝Eが、／うち＝Eなし／ま＝BCDEに／置ゐて＝BCD置てE置いて／おど＝AEなしBにど／も＝Eも、／にどかし＝ACDEおどかし／まふ＝AまなBCDEにな／ゐ＝BCDいEい。／詰(つ)まらぬ＝BCD詰(つま)らぬE詰らぬ／だ＝Eだ、／よ＝Eなし／ゐ＝BCDいEい。／ハ＝BCDEは／ゟ＝BCDEあ／ハ＝BCDEは／て＝Eて、／さ＝Eなし／ゐ＝BCDいEい。／ハ＝BCDEは／ゐ＝BCDEい／脇＝BCD脇(わき)E脇／ま＝BCDEに／で＝Eで、／ハ＝BCDEは／鰹節(かつをぶし)＝A鰹節(かつぶし)BCDE鰹節(かつをぶし)／ぉがたな＝BCDEこがたな／さや＝Eなし／ま＝BCDEに／おさ＝BCDをさEなし／かざり＝Eなし／ニ＝BCDEに／。＝ABCDなし／ま＝BCDEに／ぉ＝CDEこ／大造＝B大造(だいさう)CD大造(たいさう)／ゐ＝BCDEい／ゐち＝BCDいぢEイヂ／ハ＝BCDはEは、／ま＝BCDEに／だ＝Eだ、／よ＝Eなし／い。＝AゐBCDいEい、／おねがゐ＝ACDおねがひBにねがひEなし／よ＝Eなし／く＝AEなし／れ＝Eれ。／據＝BC據(こ)D據(こ)、E據、／まハ＝BCDEには／ふいま＝AなゐまBCDEないに／極つて＝BCD極(きまつ)て／。＝BCD、／ぉ＝CDEこ／か＝Eか。／ぉ＝CDEこ／ゐ＝BCDいEい、／ぉんふ＝ABぉんなCDEこんな／を＝Eを。／ソリヤ＝Eソリャ／ぉとか＝CDことかEことか、／ゟるか＝BCDあるかEあるか。／ハ＝BCDEは／罷て＝BCD罷(や)めてE罷めて／が＝Eが、／ふ＝ABCDEな／ぉ＝CDEこ／ぞ＝Eぞ、／て＝Eて、／ゟ＝BCDEあ／ゐ＝BCDEい／ニ＝BCDEに／お＝Bに／て＝Eて、／二＝E二、／て＝Eて、／みたま＝Eなし／へ＝Eへ、／だ＝Eだ。／何(ど)うだ＝BCDどうだEどうだ、／ま＝BCDEに／ふ＝BCDうEう。／ハ＝BCDEは／と＝Eなし／ニ＝BCDEに／ま＝BCDにEに、／ふ＝BCDEな／飾て＝BD飾(かざつ)てC飾(かざり)て／ゐか。＝Aゐか、BCDいか、Eいか。／ハ＝BCDEは／ゑ＝ABCDEり／ふい＝AなゐBCDないEない、／ふ＝ABCDEな／ぉとま＝BぉとにCDEことに／ふ＝BCDEな／ふ＝ABCDEな／、＝AE。／ぉんふ＝ABぉんなCDEこんな／い＝AゐEい。／決＝BC決(けつ)

D決E決／て＝Eて、／ゐ＝BCDEい／ょ＝BCDEに／さ＝Eなし／ふ＝BCDEな／ふ＝ABCDEな／ふら＝ABCDならEなら、／ぉがたな＝BCDこがたなEなし／て＝Eて、／ょ＝BCDEに／し＝ABCDEじ／る＝Eる。

ふ＝Eふ。／ょ＝BCDEに／そぉ＝BCDそこEなし／ょ＝BCDEに／時＝E時、／ょ＝AニBCDEに／ょ＝BCDにEに、／ふぅ＝ABCDEなか／る＝Eる。／てつせん＝AEなし／が＝Eが、／ニ＝BCDEに／て＝Eて、／せんす＝AEなし／置いて＝A置ゐてBCD置てE置いて、／ヒヨイト＝BCDヒヨイとEヒョイト／る＝Eる、／ふぅ＝ABCDEなか／志＝ABCDEし／る＝Eる。／ソコデ＝BCDソコで／ょ＝AニBCDEに／遣つた＝BCD遣たE遣つた。／ほ＝Eなし／、＝AE。／置ゐて＝BCD置てE置いて、／ヒヨイト＝BCDヒヨイとEヒョイト／、＝AE。／ょ志ろ。＝Aょしろ。BCDEにしろ、／さ＝Eなし／志＝ABCDEし／、＝E。／ふ＝BCDEな／あものか＝ABCDあるものかEあるものか、／ふゐ＝AなゐBCDEない／て＝Eて、／す＝Eす。ハ＝BCDEは／て＝Eて、／双＝BCD双E雙／ニ＝BCDEに／と＝Eと、／る＝Eる。／ぉとが＝BCD事はEことが／ゐ＝BCDいEい。／バ＝BCDEば／ら＝Eら、／ハ＝BCDEは／が＝Eが、／決＝BC決D決E決／さ＝Eなし／ゐ＝BCDいEい。／ゞ＝ABCDEが／ニ＝BCDEに／が＝Eが、／ニ＝BCDEに／き＝Eき、／ょ＝BCDEに／ハ＝BCDEは／ニ＝AょBCDEに／ふけゐ＝BCDふけいEなし／ハなゐ＝BCDEはない／ゟ＝BCDEあ／た＝Eた。／小幡仁三郎＝BC小幡甚三郎DE小幡仁三郎／二＝E二、／中＝BCD中E中、／ニ＝BCDEに／ゐ＝BCDEい／ゟる、＝Aゟる。BCDある、Eある。／ハ＝BCDEは／決＝BC決D決E決／て＝Eて、／ニ＝BCDEに／ず＝Eず、／ニ＝BCDEに／ゟりがた＝AEなしBCDありがた／ょ＝BCDEに／ハ＝BCDEは／だ＝Eだ、／ゐ＝BCDEい／ゟ＝BCDEあ／ら＝Eら、／ハ＝BCDEは／名づけ＝BCD名け／宜＝BCD好E宜／バ＝BCDばEば、／ょ＝BCDEに／ゟる＝BCDあるEある。／ニ＝BCDEに／ふ＝Eふ、／和田與四郎＝BCDE和田義郎／ハ＝BCDEは／ニ＝BCDEに／が＝Eが、／戯＝BC戯D戯E戯／ぉ＝CDEこ／ゟる＝BCDあるEある。／ハ＝BCDEは／ニ＝BCDEに／稺＝DE稚

是れも大抵同時代と思ふ幕府の飜譯局ょ雇れて居た時或人が私ょ話すょ「近来ふぅ／＼面白い扇子が流行る鉄扇と云ふものは昔から行はれて居たが今はソレが大ニ進歩して唯の扇子と見せて置いて其実はヒヨイト抜くと懐剣が出て来るふぅ／＼面白い事を発明志たと噂して居るソコデ私が大ょまぜかへして遣つた「扇子の中から懐剣の出るのが何が賞めた話だ、それよりも懐剣として置ゐてヒヨイト抜くと中から扇子の出るのが本当だ、倒まょ志ろ。爾う志たら賞めて遣る、そんふ馬鹿な殺伐な事をする奴があるものか面白くもふゐと云て打毀した事を覚えて居ます

扇子から懐剣が出る

懐剣＝A懐劍E懐劍

幕府が倒れると私ハスグ帰農して[註6]夫れ切り双刀を廃して丸腰ニなると塾の中でも段々廃刀者が出来る所が此廃刀と云ふぉとが中々容易な事でなゐ実を申せバ持兇器を罷めるのだから世間の人ハ悦びさうなものだが決して爾うでなゐ私ゞ始めて腰の物なしで汐留の奥平屋敷ニ行た所が同藩士は大ニ驚き丸腰で御屋敷ょ出入するとハ殿様ニ不敬でハなゐかなどゝ議論する者もゟりました又或るとき塾の小幡仁三郎と誰か二三人で散歩中その廃刀を何處かの壮士ニ見咎められて怖ゐ思ひをした事もゟる、けれども私ハ断然廃刀と決心して少しも世の中ニ頓着せず「文明開國の世の中ニ難有さうょ兇器を腰ょして居る奴ハ馬鹿だ其刀の長ゐほど大馬鹿でゟるから武家の刀ハ之を名づけて馬鹿メートルと云ふが宜からうなどゝ放言して居れバ塾中ょも自から同志がゟる明治

和田與四郎壮士を挑む

與四＝E與〔義〕四

四年新銭座から今の三田ニ移轉した當分の事と思ふ或日和田與四郎③[註7]（今ハ故人ニなりました）と云ふ人が思切た戯をして壮士を驚かしたぉとがゟる此人ハ後ニ慶應義塾幼稺舎の舎長として性質極めて温

和。大勢の幼穉生を実子のやうニ優しく取扱ひ生徒も亦舎長夫婦を実の父母のやうニ思ふと云ふ程の人物であるが本来ハ和歌山藩の士族で少年の時から武藝ニ志して体格も屈強、殊ニ柔術ハ最も淂意で所謂怖いものなしと云ふ武士であるが一夕例の丸腰で二三人連れ芝の松本町を散歩して行くと向ふから大勢の壮士が長い大小を横たへて大道狭しと遣て来る。スルト和田が小便をしながら往来の真中を歩いて行くサア此小便を避けて左右ニ道を開くか。何か咎め立てして喰つて掛るか。爰が喧嘩の間一髪。いよ〱掛つて来れバ五人でも十人でも投り出して殺して仕舞ふと云ふ意気込が先方の若武者共ニ分つたか何にも云はずに避けて通つたと云ふ大道で小便とハ今から考へれバ随分乱暴であるが乱世の時代にハ何んでもない。こんな乱暴が却て塾の獨立を保つ為めニなりました

百姓ニ乗馬を強ゆ[註8]

ニ＝Eに

相手ハ壮士ばかりでない唯の百姓町人ニ對しても色々試みた事がある其頃私が子供を連れて江ノ嶋鎌倉ニ遊び七里ヶ濵を通るとき向ふから馬ニ乗つて来る百姓があつて私共を見るや否や馬から飛下りたから私が咎めて「是れ貴様ハ何んだと云て馬を口を押へて止めると其百姓が怖はさうな顔をして頻りニ詫るから私が「馬鹿云へ左うぢやない此馬ハ貴様の馬だらふ‖ヘイ‖自分の馬ニ自分が乗つたら何んだ。馬鹿な事するな乗つて行けと云ても中々乗らない「乗らなけりや打撲るぞ早く乗つて行け。貴様は左う云ふ奴だからいけない今政府の法律でハ百姓町人乗馬勝手次才誰が馬ニ乗つて誰ニ逢ふても搆はぬ早く乗つて行けと云て無理無体ニ乗せて遣りましたが其時私の心の中で獨り思ふニ古来の習慣ハ恐ろしいものだ此百姓等が教育のない斗りで物が分らずに法律のあることも知らない。

。＝BCDE、／勢＝BCD勢E勢／穉＝C穉D稚E稚／ニ＝AにBCDEに／ひ＝Eひ、／ニ＝AにBCDEに／あるが＝BCDあるがEあるが、／ハ＝BCDEは／で＝Eで、／ニ＝AにBCDEに／、＝Aなし／ニ＝BCDEに／ハ＝BCDEは／淂＝AE得BCD得／で＝Eで、／こは＝AこはEなし／い＝BCDEい／あるが＝BCDあるがEあるが、／二＝E二、／れ＝Eれ、／と＝Eと、／勢＝BCD勢E勢／い＝BCDEい／だいだうせま＝BCDだいだうせまEなし／。＝BCDなし／スルト＝BCDスルと／い＝BCDEい／く＝Eく。／避＝BCD避／ニ＝BCDEに／。＝BCDE、／か＝ABCDEか／とが＝DEなし／た＝DEなし／喰つて＝BCD喰てE喰つて／かゝ＝Eなし／。＝BCDなしE、／が＝ABCDEが／かんいつぱつ＝BCDかんいつぱつEなし／。＝BCDE、／い＝BCDEい／掛ゝて＝BCD掛て／バ＝AハBCDEば／ほを＝BCはうDEはふ／だ＝Eなし／ゐきごみ＝BCDいきごみEなし／が＝Eが、／さき＝Eなし／ニ＝BCDEに／分つたか＝A分つたかBCD分たかE分つたか、／なん＝Eなし／に＝BCDEに／に＝Eなし／通つた＝BCD通たE通つた／ふ＝Eふ。／ハ＝ABCDEは／バ＝BCDEば／あるが＝BCDあるがEあるが、／にハ＝BCDEには／何ん＝BCD何E何／い。＝Aい、BCい、DいEい。／こ＝CDEこ／ニ＝AにBCDEに／た＝Eた。

ハ＝BCDEは／い＝BCDいEい、／ニ＝BCDEに／ある＝BCDあるEある。／が＝ABCDEが／嶋＝CDE島／ニ＝BCDEに／び＝Eび、／濵＝BCDE濱／き＝Eき、／ニ＝BCDEに／乗つて＝A乗てBCD乗て／あつて＝BCDあつてEあつて、／とびお＝BとびたEなし／ら＝Eら、／て＝Eて、／「＝CDなし／れ＝Eれ、／ハ＝BCDEは／何んだ＝B何だCDE何だ／て＝Eて、／を＝BCDEの／おさ＝BたさEなし／と＝Eと、／其＝CDなし／こ＝ABCDこEなし／かほ＝Eなし／ニ＝BCDEに／わび＝BCDわびEなし／ら＝Eら、／が＝Eが、／へ＝Eへ、／左＝BCD爾E爾／い＝BCDいEい、／ハ＝BCDEは／ふ＝ABCDEう／‖＝AE‖BCD「／‖＝AE‖BCD「／ニ＝BCDEに／乗つた＝BCD乗た／何んだ。＝BCD何んだ。／な＝Eな、／乗つて＝BCD乗て／い＝BCDいEい。／ぞ＝Eぞ、／乗つて＝BCD乗て／。＝BC、Dなし／左＝BCD爾E爾／やつ＝Eなし／い＝BCDEい／い＝BCDいEい。／ハ＝BCDEは／才＝A第BCD第E第、／ニ＝BCDEに／乗つて＝BCD乗て／ニ＝BCDEに／搆＝BCD構E構／ぬ＝Eぬ、／乗つて＝BCD乗て／て＝Eて、／むりむたい＝BCDむりむたいEなし／ニ＝AにBCDEに／や＝Eなし／が＝ABCDEが、／ニ＝AにBCDEに／ハ＝BCDEは／い＝BCDEい／だ＝Eだ、／が＝ABCDEが／い＝BCDEい／斗り＝ABC

D計りE斗り／が＝ABCDEが／に＝BCDEに／あること＝BあることCDEあるこ／い。＝Bい、CDEい。

こんな＝ABさんなCDEこんな／な＝ABCDEな／な＝ABCDEな／る＝Eる。

福翁自傳（四十八）〔四十九〕雑記（二）時事新報明治三十一年十二月十五日（木）

こ＝AEなしBCDか／い＝BCDEい／あ＝BCDEあ／た＝Eた。／四＝E′四〔五〕／た＝Eた。／九鬼＝BCDE九鬼／ハ＝BCDEは／柄＝BC柄D柄E柄／で＝Eで、／ハ＝BCDEは／さんだ＝ACさんたEなし／ニ＝BCDEに／ニ＝AにBCDEに／い＝BCDEい／あり＝BCDありEあり、／に＝BCDEに／。＝BCE、Dなし／〱＝BCDE〲／坂＝BCDE阪／て＝Eて、／坂＝BCDE阪／凡＝B凡CD凡E凡／里＝E里、／名塩＝BCD名鹽E名鹽／ニ＝BCDEに／にして＝BCDにしてEにして、／ソコデ＝BCDソコで／坂＝BCDE阪／ニ＝AにBCDEに／バ＝BCDEば／いつ＝ABCDいつEなし／いこ＝BいこCDEいこ／い。＝BCDEい、／こせんせい＝BCDこせんせいEなし／ハ＝BCDEは／い＝BCDEい／に＝BCDEに／ら＝Eら、／坂＝BCDE阪／ニ＝AにBCDEに／て＝Eて、／ニ＝AにBCDEに／ニ＝AにBCDEに／こ＝CDEこ／が＝Eが、／ハ＝BCDEは／ある＝ABCDあるEなし／ニない＝AにないBCDにないEにない、／駕籠＝BCDE駕籠／ふ＝BCDEう／で＝Eで、／坂＝BCDE阪／た＝Eた。／ハ＝BCDEは／三四月＝E三、四月、／ニ＝BCDEに／よ＝Eなし／い＝BCDEい／で＝Eで、／パッチ＝Eパッチ／はい＝BCDはいEなし／か＝ABCDEか／か＝ABCDEか／蝙蝠仐＝BC蝙蝠傘D蝙蝠傘E蝙蝠傘／、＝Dなし／に＝BCDEに／あ＝BCDEあ／が＝ABCDがEが、／ある＝BCDあるEなし／な＝BCDEな／る＝Eる／＝＝AE‖BCD「／コリヤ＝Eコリャ／い＝BCDいEなし／ぬ＝Eぬ、／屋＝BCD屋E屋、／おれ＝ACDおれEなし／ひとり＝Eなし／て＝Eて、／バ＝ABCDEば／つ＝AEなし／い＝BCDいEい、／はなしあひて＝AはなしあいてBCDはなしあひてEなし／い＝BCDEい／ら＝Eら、／何んでも＝AE何でもBCD何でも／ニ＝BCDEに／ことば＝BCDことばEなし／まじ＝Eなし／い＝BCDEい／ひ＝Eひ、／むこ＝AEなしBCDむか／く＝ADEなし／ニ＝AにBCDEに／聞いたら＝BCD聞たらE聞いたら、／そぶ＝Eなし／が＝ABCDEが／か＝ABCDEか／横凡＝AE横風BCD横風／。＝BCE、Dなし／か＝ABCDEか／しやうだい＝AしやうたいBCDしやうたいEなし／が＝ABCDEが／ことば＝AEなし／荒らかつと＝AE荒らかつたとBCD荒らかつたと／へる。＝BCDえる、Eえる。／が＝

下々の人民がこんなでは仕方がないと餘計な事を案じた事がある

路傍の人の硬軟を試る

夫れから又斯う云ふ面白い事がありました明治四年の頃でした摂州三田藩の九鬼と云ふ大名ハ[註9]兼て懇意の間柄で一度ハ三田ニ遊びニ来いと云ふ話もあり私も其節病後の身で有馬の温泉にも行て見たし。かた〳〵先づ大坂まで出掛けて大坂から三田まで凡そ十五里途中名塩ニ一泊する積りにしてソコデ大坂ニ行けバ何時でも緒方の家を訪問しないことはない。故先生ハ居ないでも未亡夫人が私を子のやうにして愛して呉れるから大坂ニ着くと取敢へず緒方ニ行て三田ニ遊び有馬ニ行くことなども話しました所が私ハ病後でどうも歩けさうニない駕籠を貸して遣らふと云はれるので其駕籠をつらせて大坂を出立した頃ハ舊暦の三四月[註10]誠ニ好い時候で私はパッチを穿て羽織か何か着て蝙蝠仐を持て、駕籠に乗て行くつもりであつたが少し歩いて見るとなか〳〵歩ける＝コリヤ駕籠は要らぬ駕籠屋先へ行け、乃公は一人で行くからと云てたつた一人で供もなければ連れもない話相手がなくて面白くない所から何んでも人ニ逢ふて言葉を交へて見たいと思ひ往来の向ふから来る百姓のやうな男ニ向て道を聞いたら其とき私の素振りが何か横凡で。むかしの士族の正体が現はれて言葉も荒らかつと見へる。すると其百姓が誠ニ丁寧ニ道を教へて呉れてお辭儀をして行く。こりや面白いと思ひ自分の身を見れバ持て居るものハ蝙蝠仐一本きりで何んにもない。も一度遣て見やうと思ふて其次ぎニ来る奴ニ向て怒

③和田與四郎のち和田義郎。天保十一年（一八四〇）和歌山に生れ、慶応二年（一八六六）入塾。明治四年まで在塾、のち慶應義塾教員となり、明治七年和田塾を始め、これが明治十三年幼稚舎と改称し初代舎長となる。明治二十五年（一八九二）没。

ABCDEが/ニ=BCDEに/ニ=BCDEに/。=BCD、/こ=CDEこ/い=BCDEい/ひ=Eひ、/バ=BCDEば/ハ=BCDEは/仐=BCD傘E傘/きり=Aぎり/何んに=BCD何にE何に/い。=BCDい、Eい。/いちどやつ=BCDいちどやつEなし/て=Eて、/ニ=BCDEに/ニ=BCDEに/どな=Eなし

け=Eけ、/コリヤ=BCコリやEコリャ/。=ABCDE、/ニ=BCDEに/へ=BCDEえ/ハ=BCDEは/だ=Eだ、/やかず=BCDいへかずEなし/ハ=BCDEは/凢=B凡CD凡E凡/ある。=BCDEある、/あ=BCDEあ/かはらや=BCDかはらやEなし/か=ABCDEか/か=ABCDかEか、/ハ=BCDEは/くだ=AEなし/尋ると=BCD尋ねるとE尋ねると、/そいつ=BCDそいつEなし/ハ=BCDEは/はた=Eなし/ニ=BCDEに/成=BCDEな/おこたへ=AEなしBおこたへCDおこたへ/やうす=Eなし/だ=Eだ。/こつち=Eなし/ハ=BCDは/て=Eて、/ハ=BCDEは/さかさま=ABCDEさかさま/に=BCDEに/やつ=Eなし/き=Eき、/ニ=BCDEに/て=Eて、/ちよと=DちよつとEなし/し=Aなし/ニ=BCDEに/て=Eて、/替はらず=AE替らずBCD替らず/め=Eめ、/ハ=BCDEは/坂=BCE阪D阪/坂=BCE阪D阪/に=BCDEに/ら=Eら。/にハ=BCDEには/坂=BCE阪D阪/ら=Eら、/やつ=Eなし/に=BCDEに/と=Eと、/やつ=Eなし/ハ=BCDEは/坂=BCE阪D阪/が=ABCDEが/かけとり=Aなし/に=BCDEに/か=ABCDかEか、/横凡=AE横風BCD横風/ニ=AにBCDEに/に=BCDEに/。=BCD、/ハ=BCDEは/に=BCDEに/横凡=AE横風BCD横風/み=Eみ、/にハ=BCDEには/ニ=BCDEに/。=ABCDE、/さき=Eなし/かほいろ=BCDEかほいろ/ニ=BCDEに/しゆしや=AしゆBCDしゆしやEなし/たれ=BCDだれEなし/いつぴき=BCDいつぴきEなし/遣つて=BCD遣てE遣つて/が=ABCDEが、/凢=B凡CD凡E凡/ある=BCDあるEなし/間。=A間。BC間、D間E間、/ニ=BCDEに/成つが=A成つたがBCD成たがE成つたが、/ソコデ=BCDソコで/ハ=BCDEは/い=BCDいEい。/いか=AなしBCDEいか/に=BCDEに/ハ=BCDEは/い=BCDEい/やつら=Eなし/だ=Eだ、/ちい=BCちいDちひEなし/なるな=ABCDEなるな/なり。=ABCDEなり、Dなり/な=ABCDEな/し、=Aし。BCEし、Dし/ど=Eなし/さき=Eなし/ない、=Aない。BCEない、Dない/ない、=Aない。BCEない、Dない/ニ=BCDEに/あるが=BCDあるがEあるが、/ハ=BCDEは/い=BCDEい/、=A。/ど=

鳴り付け「コリヤ待て。向ふニ見へる村ハ何と申す村だシテ村の家数ハ凢そ何軒ある。あの瓦屋の大きな家は百姓か町人か主人の名ハ何と申すなどゝ下らぬ事をたゝみ掛けて士族丸出しの口調で尋ると其奴ハ道の側ニ小さく成つて恐れながら御答申上げますと云ふやうな様子だ此方ハます〳〵面白くなつて今度ハ 逆に遣て見やうと思付き又向ふから来る奴ニ向て「モシモシ憚りながら一寸ものをお尋ね申しますと云ふやうな口調ニ出掛けて相替はらず下らぬ問答を始め私ハ大坂生れで又大坂にも久しく寄留して居たから其時にハ大抵大坂の言葉も知て居たから都て奴の調子に合せてゴテ〳〵話をすると奴ハ私を大坂の町人が掛取にでも行く者と思ふたか中々横凡でろくニ會釋もせずに颯々と別れて行く。底で今度ハ又その次ぎの奴に横凡をきめ込み又其次ぎにハ丁寧ニ出掛け。一切先方の面色ニ取捨なく誰でも唯向ふから来る人間一匹づゝ一つ置きと極めて遣つて見た所が凢そ三里ばかり歩く間。思ふ通りニ成つがソコデ私の心中ハ甚だ面白くない如何にも是れハ仕様のない奴等だ誰も彼も小さくなるなら小さくなり。横風ならば横風で可し、斯う何うも先方の人を見て自分の身を伸縮するやうな事では仕様がない、推して知るべし地方小役人等の威張るのも無理はない、世間ニ壓制政府と云ふ説があるが是れハ政府の壓制ではない人民の方から壓制を招くのだ、之を何うして呉れやうか捨てやうと云て固より見捨てられる者でない左れバとて之を導いて俄ニ教へやうもない如何ニ百千年来の餘弊とハ云ひながら無教育の土百姓が唯無闇に人に詫るばかりなら宜しいが先き次才で驕傲になつたり柔和になつたり丸でゴムの人形見るやうだ如何にも頼母しくないと大に落膽したことがあるが変れバ変る世の中でマア此節ハ其ゴム人形も立派な國民と成つて學問もすれバ商工業も働き兵士ニ

Eなし/か=Eか、/す=Eなし/みす=Eなし/ゐ=BCDいEい、/バ=ABCDEば/ゐ=BCDEい/ニ=BCDEに/ゐ=BCDいEい、/ゐか=BCDいかEなし/ニ=BCDEに/ハ=BCDEは/ら=Eら、/ま=AニBCDEに/ま=BCDEに/ゐ=ABCDEか/ふ=ABCDEな/が=Eが、/先き=A先方BCD先(さ)き/才=A第BCD第(だい)E第/きよごう=BCDけうがうEなし/まふ=AまなBCDEにな/ゑ=ABCDEり/ようゑ=BCDにうわEなし/まふ=AまなBCDEにな/り=Eり、/だ=Eだ、/ま=BCDEに/たのも=Eなし/ゐ=BCDEい/ま=BCDEに/ち=CDEこ/ゞ=ABCDがEが、/かゑ=BCDかはEなし/バ=BCDEば/かゑ=BCDEかはEなし/で=Eで、/ハ=BCDEは/ゴム=Bゴマ/成つて=BCD成て/バ=BCDEば/き=Eき、/ニ=AまBCDEに

バ=BCDEば/軽ろんじ=BCD輕(かろ)んじE輕んじ/ニ=AまBCDEに/ま=BCDEに/む=Eむ。/ゞ=ABCDEが/仐=BCD傘(がさ)E傘/ゐか=AEなしBCDいか/ニ=AまBCDEに/ちハゐろ=AちはゐろBこはいろCDこわいろEコハイロ/も=Eも、/ニ=BCDEに/ハ=BCDEは/ゟ=BCDEあ/ゐ=BCDいEい。/たまもの=Eなし/う=Eう。

ハ=BCDEは/ニ=AまBCDEに/斗り(ばか)=ACD計(ばか)りB許(ばか)りE斗り/ハなゐ=BCDはないEはない。/ゐかやう=BCDEいかやう/ま=BCDEに/開ゐて=BCD開(ひら)いてE開いて/ニ=AまBCDEに/き=Eき、/冨=BCD冨(ふ)E冨/ニ=BCDEに/おく=BにくEなし/ま=BCDEに/ゐ=BCDいEい。/ち=CDEこ/ニ=AまBCDEに/く=Eく、/て=Eて、/ま=BCDEに/ハ=BCDEは/す=Eなし/と=Eと、/、=Aなし/。=BCDE、/ニ=BCDEに/ま=BCDEに/て=Eて、/ニ=BCDEに/ま=BCDEに/ゐ=BCDEい/ゟれバ=BCDあればEあれば、/ニ=AまBCDEに/切つて=BCD切(きつ)て/た=Eた。/バ=ABCDEば/ま=BCDEに/り=Eり、/。=BCDE、/双=BCD双(さう)E雙/ニ=AまBCDEに/。=BCDE、/ニ=AまBCDEに/説ゐて=B説(と)てCD説(とい)てE説いて/ニ=BCDEに/。=BCDE、/ハ=BCDEは/ニ=BCDEに/破つて=BCD破(やぶつ)て/用る=BCDE用ふる/。=BCDE、/凡=B凡(によ)CD凡(およ)E凡/ハ=BCDEは/凡=AE風BCD風(ふう)/ま=BCDEに/きら=AEなし/ゟるが=BCDあるがEあるが、/ニ=BCDEに/ハ=BCDEは/ま=BCDEに/し=ABCDEじ/渇(かつ)す=ABCD渇(かつ)するE渇する/ニ=BCDEに

すれバ*一命を軽*ろんじて國の為めニ*水火ま*も飛込む福澤*ゞ*蝙蝠仐*一本で如何(*ゐか)ニ*士族の假色(*ちハゐろ)を使ふても*之ニ*恐るゝ者ハ*全國一人もゟ*るまゐ*是れぞ文明開化の賜(*たまもの)でせう*

獨立敢て新事例を開く

私の考ハ*塾ニ*少年を集めて原書を讀ませる斗り(*ばか)が目的でハ*なゐ如何(*ゐか)様(やう*)まもして此鎖國の日本を開*ゐて西洋流の文明ニ*導き*冨國強兵以て世界中ニ*後れ(*おく)を取らぬやうま*したゐ*左りとて唯ち*れを口ニ*言ふばかりでなく*近く自分の身より始めて假初め(*かりそ)ま*も言行齟齬(げんかうそご)してハ*済(*す)まぬ事だと*先づ一身の私を慎しみ、*一家の生活法を謀(はか)り。*他人の世話ニ*ならぬやうま*と心掛けて扨一方ニ*世の中を見て文明改進の為めま*施して見たゐ*と思ふ事がゟ*れバ世論ニ*頓着せず思切*つて試みました例*へバ*前ま*も申した通り*學生から授業料の金を取立てる事なり。*武士の魂と云ふ双*刀を棄てゝ丸腰ニ*なる事なり。*演説の新法を人ニ*説(*と)ゐて之を実地ニ*施す事なり。*又ハ*著譯書ニ*古来の文章法を破*つて平易(へいゝ)なる通俗文を用*る事なり。*凡*そ是等ハ*當時の古凡*家ま*嫌(*きら)はれる事でゟ*るが幸ニ*私の著譯ハ*世間の人気(にんき)ま*投*して渇(*かつ)す者ニ*水を與

へ=Eへ、/たいかん=ABCDたいかんEなし/ニ=BCDEに/ゆうだち=BCDゆふだちEなし/で=Eで、/ことハ=BことはCDEことは/ニ=AにBCDEに/た=Eた。/い=BCDEい/に=BCDにEに、/ドンナ=BCDドンな/ドンナ=BCDドンな/し=ABCDEし/し=ABCDEし/て=Eて、/に=BCDEに/訳け=BCD譯/い=AいBCDいEい。/も=Eも、/柄=BC柄D柄E柄/ある=BCDあるEある。/筆=AE筆BCD筆/あ=BCDEあ/。=BCDE、/ニ=BCDEに/せいうんねつ=BCDEせいうんねつ/ニ=AにBCDEに/う=Eなし/勢=BCD勢E勢/こ=CDEこ/か=Eか、/い=BCDEゐ/る=Eる。/に=BCDEに/に=BCDEに/に=BCDEに/て=Eて、/ソレデ=ABCDソレで/開いても=BCD開でもE開いても、/僅か=BCD僅E僅か/かきあつ=BCDかきあつEなし/ニ=BCDEに/に=BCDEに/淂=AE得BCD得/ニ=BCDEに/こ=CDEこ/ニ=BCDにEに、/をり〳〵=Eふし/するこ=BずるこCDEずるこ/た=Eた。

ハ=BCDEは/ふか=BCDうかEうか、/ハ=BCDEは/に=BCDEに/ふか=BCDうかEうか、/ニ=AにBCDEに/ニ=BCDEに/ら=Eら、/ハ=BCDEは/に=BCDEに/ブラサガツテ=BCDブラサガツテEブラサガッテ/い。=AいBCDEい、/ニ=BCDEに/のこ=ABCDのこEなし/バ=BCDEば/バ=BCDEば/いと=BCDいとEいと、/安心決定=BC安心決定D安心決定E安心決定/ら=Eら、/ニ=AにBCDEに/い=BCDEい/い=BCDいEい。/に=BCDEに/バ=BCDばEば、/凨=AE風BCD風/し=BCDEじ/そ=Eなし/ニ=BCDEに/こ=CDEこ/いのと=BCDいのとEいのと、/にハ=BCDEには/ニ=BCDEに/こ=CDEこ/に=BCDEに/あ=BCDEあ/ながら=AなかりEながら、/あれバ=AあればBCDEあれば/筆=BCDE筆/あ=BCDEあ/て=Eて、/ハ=BCDEは/しやく=Eなし/ニ=BCDEに/さは=Eなし/こ=CDEこ/あらふ=ABCDあらうEあらう。/バ=ABCDEば/ハ=BCDEは/に=BCDEに/い。=BCDい、Eい。/が=Eが、/あらふ=AあらふBCDEあらう/も=Eも、/困まらせ=BCD困らせE困らせ/やつ=Eなし/あらふ=BCDEあらう/も=Eも、/ず=Eず、/ニ=BCDEに/ニ=BCDEに/ゐかん=CいかんEなし/も=Eも、/か=ABCDEか/に=BCDEに/いや=BCDEいや/ニ=BCDEに/ゝ=Eゝ、/にして=BCDにしてEにして、

へ大旱ニ夕立のしたやうなもので其賣れたことハ実ニ驚く程の数でした時節の悪いときにドンナ文章家ドンナ学者が何を著述したつて何を飜訳したつて私の出版書のやうに賣れやう訳けはない畢竟私の才力がエライと云ふよりも時節柄がエラかつたのである又その時代の學者達が筆不調法であつたか。馬鹿ニ青雲熱ニ浮かされて身の程を知らず時勢を見ることを知らなかつたかマア其くらいの事だと思はれる兎にも角にも著譯書が私の身を立て家を成す惟一の基本になつてソレデ私塾を開いても生徒から僅かばかりの授業料を掻集めて私の身ニ着けるやうなケチな事をせずに全く教師等の所得ニすることが出来た其上ニ折々私の財嚢から金を出して塾用を辨ずることも出来ました

所で私の性質ハ全体放任主義と云はふか又ハ小慾にして大無慾とでも云はふか塾の事ニ就て朝夕心を用ひて一生懸命、些細の事まで種々無量ニ心配しながら又一方でハ此塾にブラサガツテ居る身ではない。是非とも慶應義塾を永久ニ遺して置かなければならぬと云ふ義務もなければ名譽心もないと初めから安心決定して居るから随て世の中ニ怖いものがない同志の後進生と相談して思ふ通りに事を行へバ塾中自から獨立の気凨を生して世間の反りニ合はぬことも多いのと又一つにハ私が政治社會ニ出ることを好まずに在野の身でありながら口もあれバ筆もあるから颯々と言論して時としてハ其言論が政府の癪ニ障ることもあらふ実を云へば私ハ政府に對して不平はない。役人達の以前が無鐵砲な攘夷家であらふとも人を困まらせた奴であらふとも一切既往を云はず唯今日の文明主義ニ変化して開國一偏ニ國事を經營して呉れゝば遺憾なしと思へども何かの気まぐれに官民とか朝野とか忌ニ区別を立てゝ私塾を疎外[註11]し邪魔にして甚

ハ＝BCDEは／ょハ＝BCDEには／た＝Eた。／ぉ＝CDEこ／バ＝BCDEば／きたな＝Eなし／ょして＝BCDにしてEにして、／ハ＝BCDEは／凡＝AE風BCD風／ニ＝BCDEに／て＝Eて、／ひど＝Eなし／ゐ＝BCDEい／ハなゐ＝BCDはないEはない。／ニ＝BCDEに／双方＝BCD双方E雙方／打解＝ACD打解B打解E打解／ょ＝BCDEに／う＝Eう。

自傳才十四〔五十〕（封筒表）

福翁自傳（四十九）雑記（三）時事新報明治三十一年十二月十八日（日）

ハ＝BCDEは／ニ＝AょBCDEに／ぉ＝CDEこ／ゟ＝BCDEあ／す＝Eす。／ハ＝BCDEは／ものすき＝ABCDEものずき／り＝Eり、／決＝BC決D決E決／ふく＝Eなし／ゐ。＝BCい、DいEい。／ふか。＝BCDEうか、／ふか。＝BCうかDEうか、／疳癪＝AB疳癪CD癇癪E癇癪／ふか。＝BCDEうか、／ニ＝BCDEに／ゐたぉ＝BいたぉCDEいたこ／ゟ＝BCDEあ／。＝BCD、／主＝BCD守E守／大童信太夫＝E大童信太夫／ゟつて＝BCDあってEあつて、／ハ＝BCDEは／こく＝AなしBCDEごく／、＝ADなし／ょ＝BCDEに／。＝BCDE、／い、＝Aゐ。／ょ＝BCDEに／ニ＝BCDEに／ハ＝BCDはEは、／ゐ＝BCDEい／宜しゐ＝BCD宜しいE宜しい。／當時＝BCD當時E'當事／ば＝AバEば、／挙＝BCE上D上／ぐ＝Aく／。＝BCE、Dなし／ょ＝BCDEに／集まる＝A集るBCD集まる／。＝BCE、Dなし／屓＝BC負／ニ＝BCDEに／で＝Eで、／かねま＝Eなし／に＝AょBCDにEに、／び＝Aひ／ず＝DずにEず、／と＝AぉとCDEこと／て＝Eて、／志て＝ABCDしてEして、／凢＝B凡CD凡E凡／う＝Eう。／冨田鉄之助＝BCD冨田鐵之助E冨田鐵之助／志＝ABCDEし／ょ＝BCDEに／い。＝Aゐ。BCい、Dい／勢＝BCD勢E勢／て＝Eて、／ょ＝BCDEに／ょ＝BCDEに／志＝ABCDEし／て＝Eて、／但木土佐＝BCDE但木土佐／ゟ＝BCDEあ／て＝Eて、／後で＝BCD後でE後で、

だしきハ之を妨げんなんとケチな事をされたのょハ少々困りました今ぉれを云へバ話も長し言葉も穢くなるから抜きょして近年帝國議會の開設以来ハ官邊の凡も大ニ改まりて餘り酷ゐ事ハなゐ何れ遠からぬ中ニ双方打解けるやうょ成るでせう

又私ハ知る人の為めニ盡力したぉとがゟります是れハ唯私の物数寄ばかり決して政治上の意味を含んで居るのでも何でもなゐ。真実一身の道樂と云はふか。慈悲と云はふか。疳癪と云はふか。マアそんな所から大ニ働ゐたぉとがゟります。仙臺藩の留主居役[註12]を勤めて居た大童信太夫[④註13]と云ふ人がゟつて舊幕府時代から私ハ其人と極、懇意ょして居ました。と云て其人が蘭学者でもなければ英学者でもない、けれども兎に角ょ西洋文明の風を好み洋學書生を愛して樂しみニして居る所ハ気品の高ゐ名士と申して宜しゐ當時諸藩の留守居役でも勤めて居れば藝者を挙げて騒ぐとか。茶屋ょ集まるとか。相撲を贔屓ニするとか云ふのが江戸普通の風俗で大童も大藩の留守居だから随分金廻はりも宜かつたらうと思はれるに絶えてそんな馬鹿な遊びをせず唯何でも書生を養て遣ると云ふとが面白くて書生の世話ばかり志て凢そ當時仙臺の書生で大童の家の飯を喰はない者はなからう今の冨田鉄之助[⑤註15]を始め一人と志て世話ょならない者はない。所が幕末の時勢段々切迫して王政維新の際ょ仙臺は佐幕論ょ加擔志て忽ち失敗して其謀主は但木土佐[註15]と云ふ家老でゟると定まつて其人は腹を切て仕舞つた其後で但木土佐

④仙台藩江戸留守居役。富田鉄之助、高橋是清ら藩内の若い人材を育てる。戊辰戦争時、一時黒川剛と改名。維新後、大蔵、内務省等に出仕、宮城県内の牡鹿等の郡長を歴任。天保三年（一八三二）生、明治三十三年（一九〇〇）没。⑤仙台藩出身。安政四年（一八五七）江戸に出て砲術修業、勝海舟に入門。慶応三年（一八五七）アメリカ留学、一時帰国したが、明治六年ニューヨーク副領事となる。その後外務省、大蔵省に勤める。日本銀行総裁、東京府知事等歴任。天保六年（一八三五）生、大正五年（一九一六）没。

が謀主だと云ふけれども其実ハ謀主の謀主があるソレは誰だと云ふに大童信太夫、松倉良助[註15]の両人だと斯(か)う云ふ訳けで維新後其両人は仙臺に帰て居た所がサア其仙臺の同藩中の者から妙な事を饒舌(しやべ)り出した。既に政府は朝敵の處分をして事済(ことすみ)ニなつては居るが内からそんなことを云出(いひだ)してマダ罪人が幾人もあると訴へたからにはマサカ捨(す)てゝも置かれぬと云ふ所から久我大納言を勅使として下向を命じた、と云ふ政府の趣意は甚だ旨(うま)い。此時に政府は既に處分済みの後だから成る丈け平穏を主として事を好まぬソコデ久我と仙臺家とは親類[註14]であるから久我が行けば定めて大目に見るであらう。左すれば怪我人も少ないだらうと云ふ為めに態(わざ)と久我を撰んだと云ふことハ其時私も窃ニ聞きました政府の略(りやく)ハ中々行届(ゆきどゝ)いて居る所が仙臺の藩士が有らうとか有るまいとか御上使(ごじやうし)の御下向と聞いて景気を催し生首(なまくび)を七ッとやら持て出たので久我も驚いたと云ふ、そんな事まで仙臺藩士が遣つた其時に松倉も大童も居れば危ないから脊戸口(せどぐち)から駈出(かけだ)して東京まで迯げて来た、と云ふのは両人ともモウちやんと首を斬られる中に数へられて居た其次第を誰かゞ告げて呉れる者があつて其侭家を飛出して東京へ来て潜(ひそ)んで居る其中にも仙臺藩の人が在京の同藩人に對して様々残酷な事をして既ニ熱海貞爾(あつみていじ)[註15]と云ふ男ハ或夜今其處(そこ)で同藩士ニ追駈(おツか)けられたと申して私方ニ飛込んで助かつた事さへありましたが此物騒な危(あぶ)ない中ニも大童と松倉ハどうやら斯うやら久しく免かれて居て私ハ素(もと)より懇意だから其居處(ゐところ)も知て居れば私の家にも来る政府の人から見られるのは苦しくない政府はそんな野暮はしない、そんな者を見やうともしないが何分にも同藩の者が遣るので誠に危(あぶな)い引捕(ひつとら)えて是れが罪人でございと云へば如何に優(やさ)しい大目(おほめ)な政府でも唯見ては居られない実に困つた身の有様だと毎度兩人と話す中

も=Eも、／ハ=BCDEは／る=Eる、／に=BCDEに／松倉良助=E松倉良助(まつくらりやうすけ)／で=Eで、／に=BCDEに／が=Eが、／しやべ=BCDしやべEなし／した。=AEした。BCDした、／に=BCDEに／ことすみ=BCDEことずみ／ニ=BCDEに／が=Eが、／こと=BとCDEこと／いひだ=BCDいひだEなし／して=ABCDしてEして、／には=BCDにはEには、／マサカ=BCDマサか／す=Eなし／ら=Eら、／久我大納言=BCD久我大納言(くがだいなごん)E久我大納言(こがだいなごん)／し=ABCDEし／、=A。／旨(うま)い。=A旨(うま)いBCD旨(うま)い、E旨い。／に=BCDEに／に=BCDEに／ら=Eら、／ぬ=Eぬ。／ソコデ=BCDソコで／ら=Eら、／に=BCDEに／。=AなしBCDE、／に=BCDにEに、／わざ=BCDわざEなし／ことハ=BことはCDことはEことは、／窃ニ=BCD窃(ひそか)にE竊に／た=Eた。／ハ=BCDEは／ゆきどゝ=ABCDゆきとゞEなし／い=BCDEい／る=Eる、／とか=ABことかDことかEことか、／聞いて=BCD聞(きい)てE聞いて／し=Eし、／なまくび=Eなし／、=Dなし／遣つた=BCD遣(やつ)たE遣つた。／に=BCDEに／も=Eも、／せどぐち=Dせとぐち／かけだ=Eなし／て=Eて、／迯=BC迯(に)D逃(に)E逃／、=A。Dなし／に=BCDEに／を=Eを、／誰かゞ=BCDE誰か／て=Eて、／ひそ=Eなし／にも=BCDにもEにも、／に=BCDEに／て=Eて、／ニ=AにBCDEに／あつみていじ=BCDEあつみていじ／ハ=BCDEは／そこ=Eなし／ニ=AにBCDEに／おッか=ACDおつかB於つかEなし／て=Eて、／ニ=BCDEに／あ=BCDEあ／が=Eが、／あぶ=BCDあぶEなし／い=BCDEい／ニも=BCDにもEにも、／ハ=BCDEは／て=Eて、／ハ=BCDEは／ゐところ=BCDEゐどころ／に=BCDEに／る=Eる。／い=AいBCDいEい、／しない、=AしないBCDEしない、／し=ABCDEし／が=Eが、／に=BCDEに／に=AニBCDEに／危(あぶな)い=BCD危(あぶ)ないE危ない。／引捕(ひつとら)えて=BC引捕(ひきとら)へてD引(ひつ)捕(とら)へてE引捕へて、／ば=Eば、／に=BCDEに／やさ=Eなし／い=BCDEい／い=AいEい。／に=BCDEに／困つた=BCD困(こまつ)た／と=Eと、

ニ=BCDEに、／ハ=BCDEは／ょ=BCDEに／も=Eも、／ゟとょ=Bゟとに CDEことに／ひど=Eなし／た=Eた。／よはむしや=BCDよわむしやEなし／ゐくぢ=BCDいくぢEなし／𛀆=BCDEい／くせ=Eなし／ひど=Eなし／𛀆=BCDEい／やつ=Eなし／だ=Eだ、／ドウかまて=AドウカしてBCDEドウかして／で=Eで、／ニ=BCDEに／て=Eて、／ドウか=Aドウカ／ょ=BCDEに／だ=Eだ、／う=Eう、／え=BCDEへ／て=Eて、／ょ=BCDEに／も=Eも、／ょら=BCDEにあ／ょ=BCDEに／て=Eて、／ょ=AニBCDEに／おめ=BためEなし／ょ=BCDEに／かゝ=Eなし／ふれこ=Eなし／で=Eで、／ょ=BCDEに／た=Eた。／ソコデ=ABCDそこで／ニ=BCDEに／ニ=BCDEに／は=Eは、／伊達=BCDE伊達(だて)／島=BC嶋／ょ=BCDEに／で=Eで、／ニ=BCDEに／ょ=BCDにEに、／與つて=BCD與(あづかつ)てE與つて／ょ=BCDEに／、=A。Dなし／で=Eで、／撰=BCD選(せん)E選／て=Eて、／ニ=AょBCDEに／て=Eて、／島=BC嶋／る=Eる、／島=BC嶋／ょ=BCDEに／る=Eる、／聞𛀆て=BCD聞(きい)てE聞いて／ら=Eら、／て=Eて、／胷ニ=BCD胸(むね)にE胸に／て=Eて、／ハ=BCDEは／島=BC嶋／ニ=BCDEに／𛀆=ABCDEひ／𛀆=BCDEい／で=Eで、／ハ=BCDEは／島=B嶋／ニ=BCDEに／て=Eて、／櫻田大炊=B櫻田大炊(さくらだにほい)CD櫻田大炊(さくらだおほい)E櫻田大炊(さくらだおほゐ)／ニ=AょBCDEに／と=Eと、／く=Eく、／ょ=BCDEに／難有𛀆=B難有(ありがた)いCD難有(ありがた)いE難有い／。=BCDE、／て=Eて、／ょ=BCDEに／貰つた=BCD貰(もらつ)た／が=Eが、／ょ=AニBCDEに／で=Eで、／ょ=BCDEに／て=Eて、／ょ=BCDEに／、=A。／が=Eが、／迯=BC迯(に)D逃(に)E逃／參𛀆つた=BCD參(まゐつ)たE參つた／は=Eは、／らつち=BCDEあつち／ょ=BCDEに／ょ=BCDEに／とひだ=ABCDとびだ／ま=ABCDEし／が=Eが、／彼=BCDE彼(あ)／ょ=AニBCDEに／ょ=BCDEに／か=Eか、／ま=ABCDEし／か=Eか、／い=A𛀆Eい。／‖=BCD「／決=BC決(けつ)D決(けつ)E決／い=A𛀆Eい。／‖=BCD「／て=Eて、／お=ACDEお／ょは=BCDはEには／まて=ABCDしてEして、／て=Eて、／𛀆のち=BCDいのちEなし／つな=Eなし／ょま=BCDEにし

ニ*私ハ*兩人の為めょ*同情を表すると云ふよりも*寧ろ此仙臺藩士の無情残酷と云ふゟ*とょ酷(*ひど)く腹が立ちました*弱武者(*よはむしや)の意気地(*ゐくぢ)のな𛀆*癖(*くせ)*ニ酷(*ひど)𛀆*事をする奴(*やつ)*だ*ドウかまて呉れたいものだと斯う考へた所で*夫れから私が大童ニ*面會して**ドウか青天白日の身ょ*なる工夫がありさうなものだ*私が一つ試みて見やう何でも*是れは一番藩主を引捕(ひつとら)え*て談ずるが上策だらうと相談して*私は大きょ*御苦労な訳けだけれども*日比谷内ょら*る仙臺の屋敷ょ*行て*藩主ょ*御目(*おめ)ょ*懸(*かゝ)りたいと觸込(*ふれこ)んで*藩主ょ*面會した*註16*ソコデ私が此藩主ニ*向て大ニ*談じられる由縁(ゆかり)のあると云ふのは*其藩主と云ふ者は*伊達家の分家宇和島藩*から養子ょ*来た人で*前年養子ニ*なると云ふ其時ょ*私が與(*あづか)つて大ょ*力がある、*と云ふのは當時大童が江戸屋敷の留守居で世間の交際が廣いと云ふので*養子撰擇*の事を一人で擔任して居て*或時私ニ*談じて*「お前さんの處（奥平家）の殿様は宇和島から*来て居る*其兄(そのあに)さんが國（宇和島）*ょ*居る*其人の強弱智愚如何を聞*𛀆て貰ひたいと云ふから*早速取調べて返事をして*先づ大童の胷*ニ落ちて*今度ハ*宇和島家の方ニ*相談をして貰𛀆*た𛀆*と云ふので*夫れから又私ハ*麻布龍土の宇和島の屋敷ニ*行て*家老の櫻田大炊*と云ふ人ニ*面會して其話をすると*一も二もなく*本家の養子ょ*ならうと云ふのだから*唯難有𛀆*との即答。*一切大童と私と二人で周旋して*夫れから表向きょ*なつて貰つた*其人が其時の藩主ょ*なつて居るので*ソコで私が其藩主ょ*遇ふて時ょ*尊藩の大童、*松倉の両人が*此間仙臺から迯*げて參*𛀆つたのは*彼方(*らつち*)ょ居れば殺されるから此方(こつち*)ょ*飛出(*とひだ*)まて来たのであるが**彼の両人は今でも見付け出せば藩主ょ*於て本當ょ*殺す氣があるのか*但し殺ま*たくないのか*ソレを承(うけたまは)りたい**‖イヤ*決して殺したいなどゝ云ふ意味はない**‖然らばモウ一歩進め**てお前さんょ*はソレを助けると云ふ工夫をま*てドウかして*命(*𛀆のち)の繋(*つな)がるやうょ*まて

遣ては如何で御座る実はお前さんは大童に向て大に報ゐなければならぬヿがある知るや知らずやお前さんが仙臺の御家に養子に来たのは斯う云う由來。是れ〳〵の次才であつたが。夫れを思ふても殺すことは出来まい屹と御決答を伺いたいと顔色を正しくして談じた處が‖決して殺す氣はないが是れは大參事に任かしてあるから大參事さへ助けると云ふ氣になれば私には勿論異論はないと云ふマダ若い小供でしたから何事も大參事に任かしてあつたのでせう‖然らバお前さんは確かだな‖確かだ‖ソレならば宜しい大參事に遇はふと云て直ぐ側の長屋に居たから其處へ捩込んだサア今藩主に話をして来たがドウだ藩主は大參事次第だと確かニ申された然らば則ち生殺はお前さんの手中にある。殺す氣か。殺さぬ氣か假しや殺す積りで捜し出さうと云ても決して出る氣遣ひはない私はちやんと居處を知て居る。捜せるなら試みに捜して見るが宜い。捕縛すると云ふなら私の力の有らん限り隠蔽して見せやう。出来るだけ摘発して見なさい何時まで経つても無益だ、そんな事をして人を苦しめないでも宜いだらうと裏表から色々話すと大參事にも言葉がない、いよ〳〵助ける、助けるけれども薩州邊りから何とか口を添へて呉れると都合が宜いなんて又弱い事を云ふから宜しいと云ひ棄てゝ夫れから私は薩州の屋敷に行て斯う〳〵云ふ次第柄だから助けて遣つて呉れぬかと云ふと大藩とか強藩とか云ふので口を出すのは実は迷惑な話だが何も六かしい事はない宮内省に辨事と云ふものがあるから其者に就て政府の内意を聞て上げるからと云て薩摩の公用人が政府の内意を聞て私の處に報知して呉れたにハ兎も角も自訴させるが宜しい自訴すれば八十日の禁錮ですつかり罪は滅びて仕舞ふと云ふヿが分つた夫れから念の為め私は又仙臺の屋敷に行て大參事に面會して政府の方は自訴すれ

いかゞ＝BCDいかゞEなし／る＝Eる。／お＝ACDEお／に＝BCDEに／に＝BCDEに／むく＝AEなし／ゐ＝BCDEい／ヿ＝ABことCDEこと／る＝Eる。／や＝Eや、／お＝ADEお／ごいへ＝BおいへCDおいへEなし／に＝BCDEに／に＝BCDEに／。＝BCDE、／才＝A弟BCD第E第／あ＝BCDEあ／。＝BCDE、／こ＝CDEこ／い＝BCDいEい。／屹と＝BCDE屹度／決＝BC決D決E決／い＝BCDEひ／いと＝ABCDいとEいと、／が＝ABCDがEが、／‖＝AE‖BCD「／決＝BC決D決E決／が＝Eが、／に＝BCDEに／ま＝Eなし／ら＝Eら、／に＝BCDEに／ば＝Eば、／に＝BCDEに／ふ＝Eふ。／し＝BCDEし／て＝ABCDEで／う＝Eう。／‖＝BCD「／バ＝AハBCDEば／な＝Eな。／‖＝BCD「／だ＝Eだ。／‖＝BCD「／い＝AいEい、／に＝BCDEに／ふ＝BCDEう／て＝Eて、／側＝BCDE側／に＝BCDEに／ねぢこ＝Eなし／だ＝Eだ。／に＝BCDEに／だ＝Eだ。／ニ＝AにBCDEに／た＝Eた。／お＝ACDEお／に＝BCDEに／。＝BC、Dなし／。＝BCDE、／か＝AEか。BCか、／さが＝Eなし／決＝BC決D決E決／で＝AEなし／い＝AいEい。／ゐどころ＝BCDゐどころEなし／。＝BCE、Dなし／に＝BCDEに／い。＝Aい。BCDEい、／いんぺい＝BCDいんぺいEなし／し＝ABCDEし／。＝BCDE、／てきはつ＝Eなし／い＝BCDいEい、／いつ＝BCDいつEなし／経つて＝BCD經てE經つて／、＝AE。／し＝ABCDEし／と＝Eと、／うらおもて＝AEなしBうらおもて／と＝Eと、／にも＝AもBCEにもDには／い、＝Aい。BCDいEい。／あた＝BCDEあた／そ＝AEなし／宜い＝BCD宜いE宜い／い＝BCDEい／ら＝Eら、／云ひ＝A云／ゝ＝DてEゝ、／に＝BCDEに／て＝Eて、／柄＝BC柄D柄E柄／遣つて＝BCD遣て／と＝Eと、／が＝Eが、／い＝AいEい、／に＝BCDEに／ら＝Eら、／に＝BCDEに／て＝Eて、／て＝Eて、／にハ＝BCDにはEには、／い＝AいEい、／ほろ＝Eなし／ふ＝Bう／ヿ＝ABことCDEこと／分つた＝BCD分たE分つた。／に＝BCDEに／に＝BCDEに／て＝Eて、

極つて=BCD極(きまつ)て/が=Eが、/尓丹=A尓おBCに丹DEにお/負(ま)=BC負(ま)E負/ハ=BCDEは/以ら、=A以か、BCDいかEいか、/バ=ABCDEば/尓=BCDEに/が=BかEが、/私=BCDE私(わたくし)/尓志=A尓しBCDEにし/丹=ACDEお/負=BE負C負(ま)D負(ま)/志=ABCDEし/か=Eか、/尓=BCDEに/志=ABCDEし/以と=BCDいとEいと、/ニ=BCDEに/。=BCE、Dなし/尓ハ=A尓はBCDEには/バ=ABCDEば/復讎する=A復讎をするBCD復讐(ふくしう)するE復讐する/脅=BCD脅(けふ)E脅/て=Eて、/以=BCDEい/て=Eて、/ソレカラ=BCDEソレから/比日谷=BCDE日比谷/尓=BCDEに/、=A。Dなし/尓ハ=BCDEには/むかし=Eなし/なら=Eなし/う=Eう、/、=A。/志=ABCDEし/で=Eで、/ハ=BCDEは/た=Eた。/尓=BCDEに/て=Eて、/で=Eで、/ソレから=Aソレカラ/日=BCD日(じつ)E日、/そと=Eなし/阿る=BCDあるEなし/尓=BCDEに/て=Eて、/ハ=BCDEは/ニ=BCDEに/ニ=BCDEに/す=Eす。/う=Eう。/ニ=A尓BCDにEに、/ニ=A尓BCDEに/ニ=BCDEに/し=BCDEじ/古とで=CDことでEことで、/彼方此方=BCDE彼方此方(あちこち)/阿る=BCDあるEなし/まは=Eなし/が=Eが、/も=Eも、/し=Eし、/た=Eた。

郎=E郎、/う=Eう。/尓=BCDEに/尓=BCDEに/志=ABCDEし/で=Eで、/尓=BCDEに/で=Eで、/どこ=Eなし/尓=BCDEに/尓=BCDEに/て=Eて、/尓=BCDEに/て=Eて、/起つた=B起(にこつ)たCD起(おこつ)た/で=Eで、/遣つた=BCD遣(やつ)た/す=Eす。/阿と=BCDあとEなし/て=Eて、/箱=BCDE函/尓=BCDEに/て=Eて、/ニ=BCDEに/、=A。

ば八十日と極つて居るが之尓丹負(ま)けが付きハしな以ら、自訴と云へバ此屋敷尓自訴するのであるが此屋敷で本藩の私を以て八十日を八年尓志て遣らうなんと云ふ丹負けを遣りは志ないかソレを確か尓約束志なければ玉(たま)は出されな以と念ニ念を入れて問答を重ね。最後尓ハ若し違約すれバ復讎するとまで脅迫して以よ〳〵大丈夫と安心してソレカラ其翌日両人を連れて比日谷の屋敷尓行た、所が屋敷の役所見たやうな處尓ハ罪人大童松倉の舊時(むかし)の属官ばかりが列(なら)んで居るだらう罪人の方が餘程エライ、オイ貴様はドウ志て居るのだと云ふやうな調子で私ハ側(そば)から見て可笑しかつた夫れから宇田川町の仙臺屋敷の長屋の二階尓八十日居てソレで事が済んでソレから二人は青天白日外(そと)を歩(阿る)くやう尓なつて其後ハ今日ニ至るまでも舊(もと)の通りニ交際して互ニ文通して居ます生涯変らぬ事でせう只此事たるや仙臺藩の無気力残酷を憤(いきどほ)ると同時ニ藩中稀有の名士が不幸ニ陥りたるを気の毒ニ感したからの古とで随分彼方此方と歩(阿る)き廻(まは)りましたが口で云へば何でもないけれども人力車のある時節ではなし一切歩いて行かなければならぬから中々骨が折れました

夫れから榎本（当年の釜次郎今の武揚）の話をしませう前尓申す通り尓古川節藏は私の家から脱走志たやうなもので後で聞て見れば榎本よりか先き尓脱走したさうで房州鋸山(のこぎりやま)とか何處(どこ)とか尓居た佐幕党の人を長崎丸尓乗せてソレを箱根山尓上げてソレで箱根の騒動が起つたのであれは古川節藏が遣つたのだと申します節藏が脱走した後(阿と)で以て脱走艦は追々箱館尓行て夫れから古川の長崎丸⑥と一處(いつしょ)ニ又此方(こっち)へ侵し尓来た、と

⑥品川湾脱走のときは長崎丸であったが、函館からは秋田藩から奪った高雄丸の艦長であった。

吾妻艦=BCD東艦(あづまかん)E東艦、/**吾妻**=BCD東(あづま)/**船ま**=BCDE船に/**る**=Eる、/**志**=ABCDEし/**ヿ**=ABホとCDEこと/**ゝ**=Eゝ、/**戦つた**=BCD戦た(たゝかつ)/**が**=Eが、/**負**=BC負(ま)D負(ま)E負/**仕舞つて**=BCD仕舞(しまつ)て/**て**=Eて、/**て**=Eて、/**で**=Eで、/**ゟつて**=BCDあつてEあつて、/**ニ**=AまBCDEに/**と**=Eと、/**ま**=BCDEに/**小笠原賢藏**=BCDE小笠原賢藏(をがさはらけんざう)/**と**=Eと、/**ま**=BCDEに/**る**=Eる。/**まは**=AまもBCDEには/**も**=Eも、/**かあゐさう**=AEなしBCDかあいさう/**だ**=Eだ。/**ま**=BCDEに/**ら**=Eら、/**ま**=BCDEに/**て**=Eて、/**志**=ABCDEし/**ま**=BCDEに/**ば**=Eば、/**が**=Eが、/**取斗ゐで**=A取計(とりはから)ゐてBCD取計(とりはから)ひでE取計ひで、/**志**=ABCDEし/**た**=Eた。/**くら**=Eなし/**ゐ**=BCDEい/**ニ**=BCDEに/**チヤント**=BCDチヤンとEチヤント/**ら**=Eら、/**て**=Eて、/。=BCE、Dなし/**なん**=Eなし/**だ**=Eだ、/**しやう**=Eなし/**か**=Eか。/**と**=Eなし/**まい**=Aなゐ/**とか、**=Aホとか。Bホとか、CDEことか、/**か**=Eか。/**が**=Eが、/**志**=ABCDEし/**う**=Eう、/**て**=Eて、/**ニ**=AまBCDEに/**遣つたり**=BCD遣(やつ)たりE遣つたり、/**遣つたり**=BCD遣たりE遣つたり、/**志**=ABCDEし/**で**=Eで、/**能く**=BCDなし/**す**=Eす。

福翁自傳(五十)〔五十一〕雑記(四) 時事新報明治三十一年十二月二十二日(木)

、=E。/**志**=ABCDEし/**おく**=BにくEなし/**ま**=BCDEに/**ま**=BCDEに/**掛つて**=BCD掛(かゝつ)て/、=AE。/**い、**=Aゐ。Dい/**ホと**=CヿDEこと/、=A。/**遇つて**=BCD遇(あつ)て/**ちよと**=BちよつとCDちよいと/**ゟゐさつ**=AあゐさつBCDあいさつEなし/**が**=Eが、/**ま**=BCDEに/**ニ**=BCDEに/**ニ**=BCDEに/**す**=BCDEず/**ゐ**=BCDEい/**い。**=Aゐ。BCDい、/**ま**=BCDEに/、=DなしE。/**大本とを**=ACDE大本(おほもと)をB大本(にほもと)を/**と**=Eと、/**おツか**=BにつかCDEおつか/**ハ**=BCDEは/**御馬方**=B御馬方(にんまかた)CDE御馬方(おんまかた)/**林代次郎**=BCDE林代次郎(はやしだいじらう)/**才**=A弟BCDE第/**で**=Eで、

云ふのは官軍方の吾妻艦即ち私などが亜米利加(アメリカ)から持て来た吾妻艦が官軍の船まなつて居るソレを分捕り志やうと云ふヿを企てゝさうして奥州宮古と云ふ港で散々戦つた所が負けて仕舞つて到頭降参して夫れから東京へ護送せられて其時は法律も裁判所も何もないときで糺問所と云ふ牢屋のやうなものがゟつて其糺問所の手ニ掛つて古川節藏と前年私が米國ま同行した小笠原賢藏と云ふ海軍士官と二人連れで霞ヶ關の藝州の屋敷ま監禁されて居るソコで私は前まは馬鹿をするなと云て止めたのであるけれども監禁されて居ると云へば可哀想(かあゐさう)だ幸ひ藝州の屋敷ま懇意な医者が居るから其医者の處ま行てドウか志て古川ま遇ひたいものだが遇はして呉れぬかと云たらば番人も何も居ないやうであつたが其医者の取斗ゐ(とりはから)で遇は志て呉れました夫れから長屋の暗(くら)ゐやうな處ニ行て見ると二人がチヤント這入て居るから私が先づ言葉を掛けて「ザマア見ろ。何(なん)だ仕様(しやう)がないぢやないか止(と)めまいとか、あれ程乃公(おれ)が止めたぢやないか今更ら云たつて仕方はないが何志ろ喰物が不自由だらう着物が足りなからうと云て夫れから宅ニ帰て毛布(けつと)を持て行て遣つたり牛肉の煮たのを持て行て遣つたり戦争中の様子や監禁の苦しさ加減を聞たり志た事があるので私は能く糺問所の有様を知て居ます

所が榎本釜次郎だ、[註17] 釜次郎は節藏よりか少志遅れ(おく)て此方ま帰て来て同じく糺問所の手ま掛つて居る、所が頓と音づれが分らない、と云ふのは私は榎本と云ふ男は知て居るホとは知て居る、途中で遇つて一寸挨拶(ちよとゟゐさつ)したぐらゐな事はあるが一緒ま相對して共ニ語り共ニ論すると云ふやうな深ゐ交際はない。だから餘り氣ま止めて居なかつた、所が此榎本と云ふ一体の大本(おほもと)とを云ふとあの阿母(おツか)さんと云ふ人ハ(も)素と一橋家の御馬方で林代次郎と云ふ日本才一乘馬の名人と云はれた大家の娘で此婦人が幕府の御徒士(おかち)の榎

ニ＝BCDEに／す＝Eす。／かいゑん＝Bくわいゐん CDEくわいえん／とほ＝Eなし／い＝BCDEい／續合ひ(つゝきあ)＝BC續合(つゞきあ)ひD 續合(つゞきあひ)E續合ひ／ニ＝BCDEに／ら＝ABCEら、／ソレデ＝BCDソレで／ハ＝BCDEは／こつち＝BCDこつちEなし／ニ＝BCDEに／き＝ABCDEなし／こ＝CDEこ／ある＝BCDあるEある。／に＝BCDEに／と＝ABあ＝Bおばあ CDEおばあ／に＝BCDEに／と＝ABこと DEこと／で＝Eで、／通つて＝BCD通て／い＝BCDいEい。／に＝BCDEに／掛つて＝BCD掛(かゝつ)て／て＝Eて、／そのせつ＝Eなし／おツか＝Bおつか CDおつかEなし／あね＝AEなしBCDあね／お＝ACDEお／に＝BCDEに／が＝Eが、／ニ＝BCDEに／と＝Eと、／ニ＝BCDEに／おつと＝BCDEをつと／ニ＝BCDEに／江連加賀守＝E江連加賀守(えづれかがのかみ)／あつて＝BCDあつてEあつて、／ハ＝BCDEは／も＝Eなし／ハ＝BCDEは／あ＝BCDEあ／る＝Eる。／に＝BCDEに／よこ＝AよこEなし／して＝ABCDしてEして、／か＝Eか、／る＝Eる、／に＝BCDEに／に＝BCDEに／も＝Eも、／たしか＝Eなし／と＝ABこと CDEこと／い。＝Aい。BCDEい、／に＝BCDEに／ども＝AともEども、／よこ＝ABCDよこEなし／し＝ABCDEし／い＝AいEい、／に＝BCDEに／遣(や)つた＝BCD遣(やつ)たE遣つた／が＝Eが、／ドウぞ＝ABCDEドウぞ／こ＝CDEこ／こまぐ＝BこまぐCDこまぐE コマぐ／書いて＝BCD書(かい)てE書いて／た＝Eた。／ハ＝BCDEは／りつぷく＝Eなし／は＝AハEは、／も＝Eも、／ニ＝AにBCDEに／し＝ABCDEし／。＝ADなしBCE、／。＝ABCDE、／に＝BCDEに／。＝BCDE、／おれ＝BおれEなし／あたま＝ABCDあたまEなし／ニ＝BCDEに／うか＝DEなし／て＝Eて、／に＝BCDEに／ら＝Eら、／ニ＝BCDへ／し＝Eし、／に＝BCDEに／這入つて＝BCD這入(はいつ)て／る＝Eる、／ソリヤ＝BCソリやEソリャ／し＝ABCDEし／煩らひ＝BCD煩(わづら)ひE煩ひ／し＝ABCDEし／に＝BCDEに／る＝Eる、／と＝Eと、／て＝Eて、／に＝BCDEに／し＝ABCDEし

本圓兵衛と云ふ人ニ*嫁して設けた次男が榎本釜次郎です*ソコで其林の家と私の妻の里の家とは回縁(*かいゑん)の遠い(*とほ*) 續合ひ(*つゝきあ)ニ*なつて居るから**ソレデ前年中ハ*榎本の家内の者も此方(*こつち)ニ*来(*き)たこと*がある*又私の妻も小娘のときに*は祖母(*おばあ)さんに*連れられて榎本の家に*行たと*があると云ふので*少し往来の道筋が通*つて居て全く知らぬ人でない*所が其榎本が今度糺問所の手に**掛つて居て*其節(*そのせつ)榎本の阿母(*おツか)さんも姉(*あね)さんもお内儀(*かみ)さんも静岡に*居るが*一向釜次郎の處から便りがないので大ニ*案じて居ると*丁度其時ニ*榎本の妹の良人(*おつと)ニ**江連加賀守と云ふ人があ*つて此人ハ*素(*も)と幕府の外國奉行を勤めて居て私ハ*外國方の翻譯方であ*つたから能く知て居る*ソコで江連が静岡から私の處に*手紙を寄越(*よこ)し*て榎本は此節どうして居るだらうか*頓と便りがないので母も姉も家内も日夜案じて居る*何でも江戸に*来て居ると云ふ噂は風の便りに*聞たけれども*ソレも確(*たしか)めること*が出来ない*。其れに*就て江戸に*親戚身寄の者に*問合せたけれども*嫌疑を恐れてか只の一度も返辞を寄越(*よこ)し*た者がない*ソコで君の處に*聞きに*遣(*や)つたら何か様子が分るだらうと思ふが**ドウぞ知らして呉れぬかと云ふこと*を縷々(*こまぐ)と書い*て来ました所*で私ハ*其手紙を見て先づ立腹(*りつぷく)したと申すは*榎本は兎も角も*其親戚身寄の者が江戸ニ*居ながら嫌疑を恐れて便りをしない*とは卑劣な奴だ。*薄情な奴だ。*実に*幕府の人間は皆こんな者だ。*好(よ)し乃公(*おれ)が一人で引受けて遣ると云ふ心が頭(*あたま)*ニ浮(*うか)んで来て*加ふるに*私は古川節藏の一件で糺問所の様子を知て居るから*スグ江連の方ニ*返辞を出し*榎本は今糺問所に**這入つて居る*殺されるか助かるか*ソリヤどうも分らない、分らないけれども何し*ろ煩らひ*もし*なければ何もせずに*無事に*居るので御座る*其事を阿母さん始め皆さんへ傳へて呉れよと云て遣ると*又重ねて手紙を寄越して*老母と姉が東京に*出たいと云ふが上京し*ても宜(よろ)しからうかと云

ら=Eら、/颯々=AE颯々とBCD颯々と/おゐで=BにいでCDEおいで/ゐ=BCDいEい、/ニ=AにBCDEに/に=BCDEに/ゐ=BCDいEい、/で=Eなし/御ゐで=B御出でCD御出でE御いで/ゐ=BCDEい/と=Eと、/て=Eて、/ソレカラ=BCDソレから/ニ=BCDEに/ニ=BCDEに/ゐ=BCDEい/ゐひだ=BCDいひだEなし/た=Eた。/で=Eで、/どこ=ABCDどこEなし/ニ=AにBCDEに/どう=Eなし/ゐ=BCDいEい。/ソコデ=ABCDソコで/工夫=AE工風BCD工風/て=Eて、/こと=BとCDEこと/にして=BCDにしてEにして、/才ハ=A第ハBCD第はE第は、/悴=AE倅BC倅D倅/ニ=BCDEに/恐=B恐れCD恐れE恐れ/す=Eす、/ハ=BCDEは/ケ様〳〵=BCD斯様々々E斯様々々、/で=Eで、/ニ=BCDEに/ハ云々=BCDは云々Eは云々、/その=BCD其/ハ云々=BCDは云々Eは云々、/ハ=BCDEは/ソレヲ=ABCDソレを/す=Eす。/ニ=BCDEに/はづ=BCDはずEなし/ハなゐ=BCDはないEはない、/あ=BCDEあ/ニ=BCDEに/限つて=BCD限て/ゐ=BCDEい/ハ=BCDEは/ござゐ=BCDございEなし/ん=Eん、/ニ=BCDEに/ゐ=BCDEひ/す=Eす、/ゐ=BCDEい/ら=Eら、/ゐ=BCDEい/罸=BC罸D罰E罰/バ=BCDEば/みがは=Eなし/くだ=AEなし/ゐ=BCDEい/で=Eで、/ゐ=BCDEい/かたことまじ=BCDかたことまじEなし/に=BCDEに/書ゐて=BCD書てE書いて、/に=BCDEに/て=Eて、/ソレカラ=BCソレから/はア=ABCばアDばあEなし/ゐ=BCDEい/ニ=BCDEに/が=Eが、/え=Eえ、/こ=CDEこ/ハなゐが=BCDはないがEはないが、/ニ=BCDEに/ハ=BCDEは/。=BCD、/ニ=AにBCDEに/ニ=BCDEに/宜ゐ=BC宜いD好いE宜い/才ハ=A第ハBCD第はE第は、/き=Eき、/び=Aひ/溤=ABCDE得/筆=BCD筆E筆/筆=BCDE筆/を=Eを、/に=BCDEに/ニ=AにBCDEに/て=Eて、/黒田良助=E黒田良助/清隆=E清隆/ニあ=AにあBCDEにあ/こ=CDEこ/。=BCD、/ハ=BCDEは/が=Eが、/ニ=AにBCDEに/て=Eて、/翻=BCD飜E飜/ゐ=BCDEひ/ゐ=BCDEい/ら=Eら、/バ=BCDEば/ニ=AにBCDEに/聞ゐた=BCD聞たE聞いた/筆=BCD筆E筆/ニ=BCDEに/なゐ=BCDないEない。/ハ=BCDEは/ゐ=BCDEい/ひ=Eひ、/翻=BCD飜E飜/ハ=BCDEは/ゐこ=BいこCDEいこ/あ=BCDEあ/を=Eを、/ハ=BCDEは/ニ=AにBCDEに/も=Eなし/わざ=BCDわざEなし/ゐ=BCDいEい。/四=E四、/ニ=AにBCDEに/ニ=AにBCDEに/翻=BCD飜E飜/て=Eて、/ニ=BCDEに

て来たから颯々御出(おゐで)なさゐ私方ニ嫌疑もなんにもなゐ公然と出(で)て御ゐでなさゐと返辞をすると間もなく老人と姉(あね)さんと母子二人出京してソレカラ糺問所の様子も分り差入物などして居る中ニ阿母さんが是非釜次郎ニ逢ひたゐと云出(ゐひだ)した所が法律も何もない世の中で何處(どこ)ニ訴へて如何(どう)しやうと云ふ方角が分らなゐソコデ私が一案を工夫して老母から哀願書を差出すことにして私が認(したゝ)めた案文の其次才ハ云々今般悴釜次郎犯罪の儀誠ニ以て恐入ります同人事ハ実父圓兵衛存命中ケ様〳〵至極孝心深き者で父ニ事(つか)へて平生ハ云々又その病中の看病ハ云々私ハ現在ソレヲ見て居ます此孝行者ニ此不忠を犯す筈(はづ)ハなゐ彼(あ)れニ限つて悪ゐ根性の者でハ御在(ござゐ)ませんドウゾ御慈悲ニ御助けを願ゐます私はモウ餘命もなゐ者で御座るからゐよ〳〵釜次郎を刑罰とならバ此母を身代(みがは)りとして殺して下(くだ)さゐと云ふ趣意で分らなゐ理窟を片言交(かたことまじ)りにゴテ〳〵厚かましく書ゐて姉さんのお樂さんに清書をさせてソレカラお婆(はア)さんが杖をつゐて哀願書を持て糺問所ニ出掛けた處がコレは餘程監守の人を感動さしたと見え固よりこんな事で罪人の助かる譯けハなゐがとう〳〵仕舞ニ獄窓を隔てゝ母子面會だけハ叶(かな)ひました。夫れ是れする中ニ爰ニ妙な都合の宜ゐ事が出来ました其次才ハ榎本が箱館で降参のとき自分が嘗て和蘭(オランダ)在留中學び溤たる航海術の講義筆記を秘藏して居る其筆記の蘭文の書を國の為めにとて官軍ニ贈て其書が官軍の將官黒田良助（黒田清隆）の手ニあると云ふことを聞きました。所で人ハ誰か忘れたが或日其書を私方ニ持参して何の書だか分らぬが此蘭文を翻譯して貰ゐたゐと云ふから之を見れバ兼て噂ニ聞ゐた榎本の講義筆記ニ違ひなゐ是れハ面白ゐと思ひ蘭文翻譯ハ易ゐことであるのを私ハ先方ニ気を揉(も)ませる積りで態(わざ)と手を着けなゐ初めの方四五枚だけ丁寧ニ分るやうニ翻譯して原本ニ添へて返

して遣つて是れは如何尓も航海尓はなくてはならぬ有益な書ニ違ひな以巻初の四五枚を見ても分る所が版本の原書なれバ翻譯も出来るが講義筆記で阿るから其講義を聴聞した本人でなければ何分尓も分り兼ねる誠尓可惜以寶書で御座ると云て私ハ榎本の筆記と知りながら知らぬ凢をして唯翻譯の云々で気を揉まして自然ニ榎本の命の助かるやうニ云はゞ伏線の計略を運らした積りで阿る又其時代ニハ黒田も私方ニ来れバ私も黒田の家ニ行た古とも阿る何時か何處か時も處も忘れましたが私が黒田ニ写真を贈た古とが阿る其写真ハ亜米利加の南北戦争。南部敗北のとき南部の大統領か大將か何でも有名の人が婦人の着物を着て逃げ掛けて居る写真で私がその前年亜米利加から持帰て一枚阿つたから黒田ニ贈て是れは亜米利加の南部の何と云ふ人で迯げる時尓斯う云ふ姿で迯げたと云ふ敢て命を惜むでもなからうけれども又一方から云へば命は大切な者だ何としても助からうと思へば斯く見苦し以姿を志ても迯げるのが当然の道で阿る人間と云ふものは一度び命を取れば後で幾ら後悔しても取返志が付かない。ドウも榎本は大変な騒ぎを志た男で阿るが命だけは取らぬやう尓志た方が得ぢやないか何志ろ此写真を進上するから御覧なさ以と云て濃ニ話した古とも阿る爾うした所でドウやら斯うやらする間尓以よ〳〵助かるヿ尓なつた、けれども其助かると云ふのは固より私の周旋したばかりで助かつたと云ふ訳けではない其時の真実内情の噂を聞けバ長州勢はドウも榎本等を殺すやうな勢があつたソコで薩州の藩士がソレを助けやうと云ふ意味があつたと云ふから長州勢尓任せたら或ハ殺されたかも知れぬ何れ大西郷など可゙リキンデとう〳〵助かるやうニなつたのでせう是れは私の為め尓は大童信太夫よりか餘程骨の折れた仕事でした彼れ此れする中尓私が煩らひ付て其事は病後まで引張

遣つて＝BCD遣てE遣つて、／**尓**＝BCDEに／**尓**＝BCDEに／**ニ**＝BCDEに／**以**＝BCDいEい、／**四**＝E四、／**る**＝Eる、／**バ**＝BCDEば／**翻**＝BCD飜E飜／**が**＝Eが、／**筆**＝BCD筆E筆／**阿**＝BCDEあ／**バ**＝BCDEば／**尓**＝BCDEに／**る**＝Eる、／**尓**＝AニBCDEに／**おし**＝BCDEをし／**以**＝BCDEい／**て**＝Eて、／**ハ**＝BCDEは／**筆**＝BCD筆E筆／**凢**＝AE風BCD風／**翻**＝BCD飜E飜／**も**＝Eなし／**て**＝Eて、／**ニ**＝BCDEに／**以のち**＝BCDいのちEなし／**ニ**＝A尓BCDEに、／**阿る**＝BCDあるEある。／**ニハ**＝BCDEには／**ニ**＝BCDEに／**バ**＝BCDばEば、／**ニ**＝BCDEに／**古**＝CDEこ／**阿る**＝ABCDあるEある。／**以つ**＝BCDいつEなし／**ど古**＝AEなしBCDどこ／**が**＝Eが、／**ニ**＝A尓BCDEに／**写真**＝BCD寫眞E寫眞／**古**＝CDEこ／**阿**＝ABCDEあ／**写真ハ**＝BCD寫眞はE寫眞は、／。＝ABCDE、／**き**＝Eき、／**写真で**＝BCD寫眞でE寫眞で、／**阿**＝BCDEあ／**ニ**＝BCDEに／**て**＝Eて、／**で**＝Eで、／**迯**＝BCD迯E逃／**尓**＝BCDEに／**迯**＝B迯CD逃E逃／**ふ**＝Eふ、／**惜む**＝A惜しむBCD惜む／**も**＝Eも、／**だ**＝Eだ、／**以**＝BCDEい／**志**＝ABCDEし／**迯**＝BCD迯E逃／**当然**＝BCD當然／**阿る**＝BCDあるEある。／**一度び**＝A一度ひE一度び／**以のち**＝BCDいのちEなし／**阿と**＝BCDあとEなし／**で**＝Aて／**以く**＝BCDいくEなし／**とりかへ**＝CとりEなし／**志**＝ABCDEし／**い**。＝A以。BCDい、／**志**＝ABCDEし／**阿る**／**が**＝BCDあるがEあるが、／**尓志**＝A尓しBCDEにし／**とく**＝Eなし／**か**＝Eか、／**志**＝ABCDEし／**写真**＝BCDE寫眞／**以**＝BCDEい／**て**＝Eて、／**古まやか**＝BCDEこまやか／**ニ**＝A尓BCDEに／**古**＝CDEこ／**も阿る**＝Aが阿るBCDもあるEもある。／**で**＝Eで、／**尓**＝BCDEに／**以**＝BCDEい／**ヿ**＝AB古とCDEこと／**尓**＝BCDEに、／、＝Dなし／**い**＝A以Eい、／**バ**＝BCDEば／**た**＝Eた、／**ら**＝Eら、／**尓**＝BCDEに／**任せ**＝BCD任かせ／**ハ**＝BCDEは／**ぬ**＝Eぬ。／**以づ**＝BCDEいづ／**可゙**＝ABCDEが／**リキンデ**＝BCDリキンで／**ニ**＝BCDEに／**う**＝Eう。／**尓**＝BCDEに／**た**＝Eた。／**尓**＝BCDEに／**煩らひ**＝BCD煩ひE煩ひ／**て**＝Eて、／**引張つて**＝BCD引張て

て=Eて、/ょ=BCDEに/ぶ=Aふ/ら=Eら、/三=E′三〔五〕/ょ=BCDEに/ょ=BCDEに/ゞ=ABCDがEが、/ハ=BCDはEは、/おツか=BれつかCDおつかEなし/ハ=BCDEは/ニ=BCDEに/た=Eた。

刎頸=BCDE刎頸(ふんけい)/交=BCDE交(まじはり)/し=Eし、/ょ=BCDEに/い=AゐEい、/ゐきどほ=BCDEいきどほ/で=Eで、/ょ=BCDEに/と=ABぉとCDEこと/ょ=BCDEに/障つた=BCD障(さはつ)た/で=Eで、/こ=BCDかEなし/思つて=BCD思て/が=Eが、/す=Eす、/ニ=BCDEに、/ニ=AょBCDEに/ハ=BCDEは/ニ=BCDEに/が=Eが、/ニ=BCDEに/ょ=BCDEに/ハなゐ=BCDはないEはない、/ハ=BCDEは/ゐ=BCDEい/ょ=AニBCDEに/ニ=BCDEに/ハなゐ=BCDはないEはない、/けゐろ=BCDEけいろ/変つた=BCD變(かは)たE變つた/ハ=BCDEは/ゟるが=BCDあるがEあるが、/ょ=BCDEに/で=Eデ/ごけょん=BCDEごけにん/とのさます=ABCDとのさまずEなし/だ=Eだ、/ぉ=CDEこ/ょ=BCDEに/も=Eも、/ょ=BCDEに/ば=Eば、/ごょち=AEなしDごじつ/ょ=AニBCDEに/ぬ=Eぬ、/ゟ=BCDEあ/い。=Aゐ。BCDいEい、/ニ=AょBCDEに/聞ゐた=BCD聞(きい)たE聞いた/て=Eて、/むかし=Eなし/ます=BCDわすEなし/あつ=Eなし/ゐ=BCDEい/おか=BCDをかEなし/ゐ=BCDEい/う=Aなし/け=AEなし/はら=Eなし/そこ=Eなし/ニゟ=AょゟBCDEにあ/ハ=BCDEは、/ハ=BCDEは/ゐ=BCDEい/こつち=Eなし/ひれつ=Eなし/。=BCDE、/ハ=BCDEは/ニ=BCDEに/バ=AハBCDばEば、/で=Eで、/そん=Eなし/ゟさ=ABCDあさEなし/ゐ=BCDEい/ゐや=BCDいやEなし/ゐ=BCDEい/了管=BCD了簡(れうけん)E了簡/ハ=BCDEは/決=BC決(けつ)D決(けつ)E決/ゐ=BCDEい/て=Eて、/ぉ=CDEこ/ゟるが=BCDあるがEあるが、/ニ=BCDEに/ょ=BCDEに/ゐ=BCDいEい。/ゞ=ABCDEが/ニ=AょBCDEに/ニ=BCDEに/ニ=BCDEに/は=Eは、/うらなゐ=BCDEうらなひ/はつけゐ=BCDはつけいEはつけ/も=Eも、/ょ=BCDEに/チヤント=BCチヤンとEチヤント/て=Eて、/ハ=BCDEは/ょ=BCDEに/ゐから=BCDいからEいから、/ふ=ABCDEう/うはさ=Eなし/ゐ=BCDいEい、/ハ=BCDEは/う=Eう。

つて居て病気全快ょ及ぶと云ふときだから明治三年ょいよ〳〵放免ょなりましたゞ唯残念で気の毒なのハ阿母(おツか)さんハ愛子(あいし)の出獄前ニ病死しました

所が前申す通り榎本釜次郎と私とは刎頸の交と云ふ訳けではなし何もそんなょ力を入れる程の親切のあらう訳けもない只仙臺藩士の腰抜けを憤(ゐきどほ)つたと同じ事で幕府の奴の如何ょも無気力不人情と云ふとが癪ょ障つたのでソコでどうでも斯(こ)うでも助けて遣らうと思つて駈廻はりましたが其節毎度妻と話をして今でも覚えて居ます私の申すニ扨榎本の為めニ今日ハ此通りニ骨を折て居るが是れは唯人間一人の命を助けるばかりの志で外ニなんょも趣意ハなゐ元来榎本と云ふ男ハ深く知らなゐが随分何かの役ょ立つ人物ニ違ひハなゐ少し毛色(けゐろ)の変(かは)つた男でハゟるが何分ょも出(で)身が幕府の御家人(ごけょん)だから殿様(とのさます)好きだ今ぉそ牢ょ這入て居るけれども是れが助かつて出るやうょなれば後日(ごょち)或は役人ょなるかも知れぬ其時は例の通りの殿様風でぴん〳〵するやうな事がゟるかも知れない。其時ニなつて殿様のぴん〳〵を見たり聞ゐたりしてヤレ昔(むかし)を忘(ます)れて厚(あつ)かましゐだの可笑(おか)しゐだのと云ふ念が兎(う)の毛(け)ほども腹(はら)の底(そこ)ニゟつてハ是れハ榎本の悪ゐのでなく此方(こつち)の卑劣(ひれつ)と云ふものだから。そんな事なら私ハ今日唯今から一切の周旋を止(や)めるがドウだと妻ニ語れバ妻も私と同説で左様(そん)な浅(ゟさ)ましゐ卑しゐ(ゐや)了管(れうけん)ハ決してなゐと申して夫妻固く約束したぉとがゟるが後日ニ至て私の云た通りょなつたのが面白ゐ榎本ゞ段々立身して公使ニなつたり大臣ニなつたりして立派な殿様ニなつたのは私が占(うらなゐ)八卦(はつけゐ)の名人のやうだけれども私の處ょはチヤント説が極(き)まつて居て一切の事情を知る者ハ私と妻と兩人より外ょなゐから榎本がドウならふと私の家で噂(うはさ)をする者もなゐ子供などハ今度の此速記録を見て始めて合點(がてん)するでせう

自傳十五（封筒表）

福翁自傳（五十一）一身一家經濟の由來（一）時事新報明治三十一年十二月二十五日（日）

經済＝A経済BCDE經濟／来＝ABCDE來

經済＝A経済BCD經濟E經濟／陳＝BCDE陳／う＝Eぅ。／凢＝B凡CD凡E凡／ニ＝AにBCDEに／こは＝Eなし／い＝BCDEい／も＝Eも、／ハ＝BCDEは／にして＝AニしてBCDにしてEにして、／い＝BCDEゐ／い＝BCDEい／い＝BCDEい。／ニ＝BCDEに／ハ＝BCDEは／決＝DE決／バ＝BCDばEば、／す＝Eす。／才＝AE弟BCD弟／ハ＝BCDEは／甞＝BCD甞E嘗／て＝Eて、／労＝AE勞BCD勞／ん＝Eん。／。＝BCDEなし／艱難＝A艱難B艱難CD艱難E艱難／に＝BCDにEに、／かず〳〵＝BCDかず〳〵Eなし／あ＝BCDEあ／バ＝BCDばEば、／三＝E三、／ニ＝AにBCDEに／使ひ＝B使ひCD使E使／こ＝CDEこ／あ＝BCDEあ／す＝Eす。／次才柄ハ＝A次第柄ハBC次第柄はD次第柄はE次第柄は／こ＝CDEこ／。＝BCD、／坂ニ＝BCDE阪に／ニ＝BCDEに／ニ＝BCDEに／き＝Eき、／に＝BCDにEに、／ハ＝BCDEは／ら＝Eら、／たのもしこう＝AたのもしこうBCDEたのもしかう／拵らへ＝BCD拵へE拵へ／して＝ABCDじてEじて、／り＝Eり、／くじびき＝Aくじびき／に＝BCDEに／ニ＝BCDEに／かいざい＝BCDEかいさい／ニ＝BCDEに／仕組＝ABCD仕組／あるが＝BCDあるがEあるが、／ハ＝BCDEは／ニ＝AにBCDEに／こ＝CDEこ／ニ＝AにBCDEに／ハ＝BCDEは／ら＝Eら、／かけきん＝BかけまへEなし／だ＝ADEなし／ニ＝BCDEに／ある＝BCDあるEある。／かけすて＝CDEかけずて／す＝Eす。／ハ＝BCDEは／ニ＝BCDEに／ども＝B共Eども、／凢俗＝AE風俗BCD風俗／ニ＝BCDEに／い＝BCDいEい。／ニ＝BCDEに／大坂屋五郎兵衛＝B大阪屋五郎兵衛C大阪屋五郎兵衛DE大阪屋五郎兵衛／廻船屋＝BCD廻船屋E廻船屋／に＝BCDEに／す＝Eす。／三＝E三、／ゴク＝BCD頃か／が＝Eが、／三＝E三、／ニ＝AにBCDEに／に＝BCDにEに、／ハ＝BCDEは／が＝Eが、／ニ＝BCDEに／あ＝BCDEあ／坂＝BCDE阪／にして＝BCDにしてEにして、／ハ＝BCDEは／坂＝BCDE阪／ニ＝BCDEに／だ＝AEだ。BCだ、／ニ＝BCDEに／ニ＝AにBCDEに／。＝BCD、／めぐ＝Eなし／ふ＝BEぅ／黙つて＝BD黙てC黙てE黙つて

一身一家經済の由来

是れから私が一身一家の經済の事を陳べませう凢そ世の中ニ何が怖いと云ても暗殺ハ別にして借金ぐらい怖いものはない他人ニ對して金銭の不義理ハ相済まぬ事と決定すれバ借金はます〳〵怖くなります私共の兄才姉妹ハ幼少の時から貧乏の味を甞め盡して母の苦労した様子を見ても生涯忘れられません貧小士族の衣食住。その艱難の中に母の精神を以て自から私共を感化した事の数々ある其一例を申せバ私が十三四歳のと

弐＝E貳

頼母子の金弐朱を返す

き母ニ云付けられて金子返済の使ひをしたことがあります其次才柄ハ斯う云ふことです。天保七年大坂ニ於て私共が亡父の不幸で母ニ従て故郷の中津ニ帰りましたとき家の普請をするとか何とか云ふに勝手向ハ勿論不如意ですから人の世話で頼母子講[註1]を拵らへて一口金二朱づゝで何両とやら纏まつた金が出来て一時の用を辨して其後毎年幾度か講中が二朱づゝの金を持寄り鬮引にて満座ニ至りて皆済ニなる仕組であるが大家の人ハ二朱ばかりの金の為ニ何年もこんな事ニ關係して居るのハ面倒だと云ふ所から一時二朱の掛金を出したまゝニ手を引く者がある之を掛棄と云ひます其実ハ講主が人ニ金を唯貰ふやうな事なれども一般の凢俗で左まで世間ニ怪しむ者もない所が福澤の頼母子ニ大坂屋五郎兵衛と云ふ廻船屋が一口二朱を掛棄にしたさうです勿論私の三四歳ゴク幼少の時の事で何も知りませんでしたが十三四歳のとき或日母が私ニ申すに「お前ハ何も知らぬ事だが十年前ニ斯う〳〵云ふ事があつて大坂屋が掛棄にして福澤の家ハ大坂屋ニ金二朱を貰ふたやうなものだ誠ニ気ニ済まぬ。武家が町人から金を恵まれて夫れを唯貰ふて黙つて

居ることハ出来ません疾うから返したい〳〵と思ては居たがドウモ爾う行かずにヤツト今年ハ少し融通が付いたから此二朱のお金を大坂屋ニ持て行て厚う禮を述べて返して来いと申して其金を紙ニ包んで私ニ渡しましたソレカラ私ハ大坂屋ニ参いつて金の包みを出すと先方でハ意外ニ思ふたか「御返済など却て痛入ります最早や古い事です。決してそんな御心配にハ及びませんと云て頻りニ辭退すれども私ハ母の云ふことを聞いて居るから是非渡さねばならぬと互ニ押し返して口喧嘩のやうニ争ふて金を置て帰たことがあります今はハヤ五十二三年も過ぎてむかし〳〵の事であるが其とき母ニ云付けられた口上も先方の大坂屋の事もチヤント記臆ニ存して忘れません年月日ハ覺えないが何でも朝のことゝ思ふ豊前中津下小路の西南の角屋敷大坂屋五郎兵衛の家ニ行て主人五郎兵衛ハ留主で才の源七ニ金を渡したと云ふことまで覺えて居ますこんなことが少年の時から私の脳中ニ遺つて居るから金銭の事ニ就てハ何としても大膽な横着な挙動ハ出来られませんソレカラ段々成長して中津ニ居る間ハ漢學脩業の傍ニ内職のやうな事をして多少でも家の活計を助け畑もすれバ米も搗き飯も炊き鄙事多

金がなければ出来る時まで待つ

バ=Eば／来=E來

能。あらん限りの辛苦して貧小士族の家ニ居り年二十一のとき始めて長崎ニ行て勿論學費のあらう譯けもない、寺の留主番をしたり砲術家の食客ニなつたりして不自由ながら蘭學を學んで其後大坂ニ出て大坂の緒方先生の塾に脩業中も相替らず金の事は恐ろしくて唯の一度でも他人ニ借りたことはない。人ニ借用すれバ必ず返済せねバならぬ。當然のことで分り切つて居るから其返済する金が出来る位ならば出来る時節まで待て居て借金はしないと斯う覚悟を極めてソコで二朱や一分は扨置き百文の銭でも人に借りたことはない。チヤンと

こ=CDEこ／ハ=ABCDEは／ん=Eん。／と=CDEなし／い=BCDEい／ドウモ=BCDドウも／さ=Eなし／に=BCDにEに、／ヤツト=BCDヤツとEヤット／ハ=BCDEは／付いた=BCD付たE付いた／ら=Eら、／かね=BCDEなし／坂=BCDE阪／ニ=BCDEに／厚う=A厚くBD厚うC厚うE厚う／かへ=Eなし／来い=BCD來いE來い／て=Eて、／ニ=BCDEに／つゝ=Eなし／ニ=BCDEに／た=Eた。／ソレカラ=BCDソレから／ハ=BCDEは／坂=BCDE阪／ニ=BCDEに／参いつて=BCD参てE参て／と=Eと、／ハ=BCDEは／ニ=BCDEに／か=Eか、／す=Eす。／もは=Eなし／ふる=Eなし／い=BCDEい／。=BC、Dなし／決=BC決D決E決／にハ=BCDEには／ニ=BCDEに／も=Eも、／ハ=BCDEは／こ=CDEこ／聞いて=BCD聞てE聞て／ら=Eら、／と=Eと、／ニ=BCDEに／くちけんか=BCくちげんくわDくちけんくわEなし／ニ=BCDEに／て=Eて、／こ=CDEこ／あ=BCDEあ／す=Eす。／二=E二、／あるが=BCDあるがEあるが、／ニ=AにBCDEに／も=Eも、／坂=BCDE阪／も=Eも、／チヤント=BCDチヤンとEチヤント／臆ニ=B憶にCD憶にE憶に／ん=Eん。／ハ=BCDEは／い=BCDEい／こ=CDEこ／ふ=Eふ、／しもせうじ=BCDしもこうぢEしもせうぢ／敷=BCD敷E敷、／坂=BCDE阪／衛=DE衛／ニ=BCDEに／衛=DE衛／ハ=BCDEは／で=Eで、／才=ABCDE弟／ニ=AにBCDEに／こ=CDEこ／す=Eす。／こ=CDEこ／こ=CDEこ／のふちう=BCDなうちうEなし／ニ=BCDEに／遺つて=BCD遺てE遺つて／ら=Eら、／ニ=AにBCDEに／ハ=BCDEは／だいたん=ABCDだいたんEなし／わうちやく=BCDわうちやくEなし／ハ=BCDEは／ん=Eん。／ソレカラ=BCDソレから／て=Eて、／ニ=BCDEに／ハ=BCDEは／脩=B脩CD修E修／ニ=BCDEに／け=Eけ、／はたけ=Eなし／バ=BCDEば／つ=Eなし／た=Eなし／き=Eき、／ひじたのふ=BCDひじたのうEなし／。=BCDE、／あ=BCDEあ／ニ=BCDEに／り=Eり、／ニ=BCDEに／て=Eて、／あ=BCDEあ／い、=Aい。BCEい、Dい／ニ=BCDEに／て=Eて、／で=Eで、／坂ニ=BCDE阪に／出て=E出て、／坂=BCDE阪／に=BCDEに／脩=BCD修E修／も=Eも、／ニ=BCDEに／こ=CDEこ／い。=BCDい、Eい。／ニ=BCDEに／バ=BCDEば／ず=Aす／バ=BCDEば／。=BCD、／當然=BCD當然／こ=CDEこ／切つて=BCD切て／ら=Eら、／ば=AはEば、／と=Eと、／こ=AEなしBCDか／て=Eて、／き=Eき、／に=AニBCDEに／こ=CDEこ／い。=Aい。BCDい、／チヤン=Eチヤン

る=Eる。/ハ=BCDEは/耳=BCDEに/ヿ=AB古とCDEこと/い=AゐEい。/耳=BCDEに/なつふゆ=AEなし/てをりもめん=Bて於りもめんCDておりもめんEなし/が=Eが、/耳=BCDEに/ば=Aは/ゐつ=BCDいつEなし/ゐちど=BCいちどDEなし/ぬ=Eぬ。/ら=Eら、/ニ=BCDEに/ヿ=AB古とCDEこと/い、=Aゐ。DいEい。/耳=BCDEに/せまつ=Eなし/どう=Eなし/。=BCDE、/耻=BC耻D恥E恥/たま=Eなし/ヿ=AB古とCDEこと/ば=AバEば、/切つて=BCD切て/着=A差BCD着/す=Eす。/バ=ABCDEば/ニ=A耳BCDEに/ニ=BCDEに/。=ABCE、Dなし/てばな=AEなし/二=BCDE貳/ニ=BCDEに/古と耳=B古とにCDEことに/耳して=BCDにしてEにして、/ハ=BCDEは/寫=BCD寫E冩/古=CDEこ/ゐ=BCDいEい。/ニ=A耳BCDEに/ハ=BCDEは/もつたゐ=ABCDもつたいEなし/ゐ=ABCDいEい、/和がみ=AEなしBCDわがみ/耳ハ=BCDEには/阿る。=BCDEある、/バ=AはBCDEば/て=Eて、/坂ニ=BCDE阪に/志=ABCDEし/ヿ=AB古とCDEこと/志て=ABCDしてEして、/耳=BCDEに/。=BCE、Dなし/耳=BCDEに/ニ=A耳BCDEに/古=CDEこ/ゐ=BCDいEい。/をりふし=Eなし/志ぶん=BCDじぶんEなし/こは=Eなし/たま=Eなし/い。=Aゐ。BCEい、Dい/どう=Eなし/う=Eう、/、=A。Dなし/耳=BCDEに/阿=BCDEあ/だ=Eだ、/て=Eて、/こちら=BこちCDこっちEなし/あちら=CDあっちEなし/耳=BCDEに/し=Eし、/彼方=B彼方CD彼方/此方=BCD此方/耳=BCDEに/が=Eが、/ハ=BCDEは/志ない=AしなゐBCDしないEしない。/ニ=BCDEに/で=Eで、/ゐそが=ABCDいそがEなし/う=Eう、/アレデ=BCDアレで/やす=Eなし/て=Eて、/ゐ=BCDいEい。/ニ=BCDEに/バ=BCDEば/ハ=BCDEは/ニ=BCDEに/だゐ=BCDEなし/で=Eで、/ゐ=BCDいEい。/耳=BCDEに/耳=BCDEに/古=CDEこ/は=Eは、/うし=Eなし/おつか=B於つかEなし/古ゝろもち=ABCDこゝろもちEなし/す=Eす。/ソコデ=BCDソコで/耳=BCDEに/ニ=A耳BCDEに/バ=BCDばEば、/耳=BCDEに/下谷練塀小路=E下谷練塀小路/大槻俊斎=B大槻俊齋CDE大槻俊齋/塾=BC塾D熟/耳=BCDEに/て=Eて、

自分の金の出来るまで待て居る*夫れから又私ハ*質耳*置たヿが*ない着物は塾*耳居るときも故郷の母が*夏冬*手織木綿の品を送て呉れましたが*ソレを質*耳置くと云へば*何時か*一度は請還さなければならぬ*請還す金があるなら其金の出来るまで待て居るが宜いと斯う思ふから*金の入用はあつても只の一度も質*ニ入れたヿ*がない、*けれどもいよいよ金*耳*迫て*如何してもなくてならぬと云ふときか。*耻かしい事だが酒が飲みたくて*堪らないと云ふやうなヿ*があれば*思切つて*其着物を賣て仕舞ひます*例へバ*其時*ニ浴衣一枚を質*ニ入れゝば弐朱貸して呉れる。*之を*手離して賣ると云へば弐朱と*二百文*ニなるから賣る古と*耳すると云ふやうな經済法*耳して且つ又私ハ*冩本*で銭を取る古と*もしなゐ*大事な修業の身を以て銭の為め*ニ時を費すハ*勿体なゐ*吾身の為め*耳ハ一刻千金の時で*阿る。金がなければ*唯使はぬと覚悟を定めて*大坂*ニ居る間とう〳〵一錢の金も借用志*たヿ*なく志て*其後江戸*耳来ても同様。*假初*耳も人*ニ借用した古と*はなゐ*折節*自分で想像しては唯*怖くて*堪らない。*借金が出来て人から催促されたら*如何だらう世間の人、*朋友の中*耳も*毎度阿る話*だ借金が出来て返さなければならぬと云て*此方から借りては*彼方*耳返し*又彼方から借りては此方*耳返すと云ふ者があるが*私ハ*少しも感服志*ない*誠ニ氣の済まぬ話で*金を借りて返さなくてならぬなんて*嘸*忙しい事であらう*能く*もアレデ一日でも半日でも*安んじて居られたものだと思ふて*殆んど推量が出来なゐ*一*口ニ云へバ*私ハ*借金の事*ニ就て大*の臆病者で少しも勇気がなゐ*人*耳金を借用して其催促*耳*逢ふて返す古と*が出来ないと云ふときの心配は*恰も白刃を以て後ろから*追蒐けられるやうな*心地がするだらうと思ひます**ソコデ私が金を大事*耳する心掛けの事実*ニ現はれた例を申せバ*江戸*耳参てから*下谷練塀小路の*大槻俊斎先生の*塾*耳朋友があつて私*註2

駕籠ニ乗らず下駄仐を買ふ

ニ=Eに/仐=E傘

は其時鉄砲洲ニ居たが其朋友の處へ話ニ行て夜ニなつて練塀小路を出掛けて和泉橋の處ニ来ると雨が降出した、こりやドウも困つたヿが出来た迚も鉄砲洲までは行かれないと思ふと和泉橋の側ニ辻駕籠が居たから其駕篭屋ニ鉄砲洲まで幾らで行くかと聞いたら三朱だと云ふドウも三朱と云ふ金を出して此駕篭ニ乗るは無益だ此方は足があるソレは乗らぬヿニして其少し先きニ下駄屋が見えるから下駄屋へ寄て下駄一足ニ傘一本買て兩方で二朱餘り。三朱出ない。夫れから雪踏を懐ニ入れて下駄を穿いて傘をさして鉄砲洲まで帰て来た。デ其途中私ハ獨り首肯き此下駄と傘があれば又役ニ立つ駕篭ニ乗たつて何も後ニ残るものはないこんな處が慎しむ可きことだと思たヿがありますがマア其位ニ注意して居たから外は推して知るべし一切無駄な金を使つたヿがない紙入ニ金を入れて置く。ソレは二分か三分か入れてある、入れてあるけれども何時まで経つても其金のなくなつたヿがない酒は固より好きだから朋友と酒を飲みニ行くことはあるソンナ時ニハ金も入りますが唯獨りでブラリと料理茶屋ニ這入つて酒を飲むなぞと云ふことは假初ニもしたヿがないソレ程ニ私が金を大事ニするから又同時ニ人の金も決して貪らないソリヤ以前奥平家ニ對して朝鮮人を氣取つたのは別な話ニして其外と云ふものは決して金は貪らないと自身獨立自力自活と覚悟を極めました

事変の當日約束の金を渡す

変=E變

ソコで以て慶応三年即ち王政維新の前年の冬。芝新銭座ニ有馬家（大名）の中屋敷が四百坪ばかりある其屋敷を私が買ひました徳川の昔からの法律ニ依ると武家屋敷は換え屋敷を許しても賣買は許さないと云ふのが掟であつた、所が徳川も其末年ニなると様々な根本的改革と云ふやう

ニ=BCDEに/が=Eが、/ニ=BCDEに/て=Eて、/よる=BCDEなし/ニ=BCDEに/て=Eて、/和泉橋=E和泉橋/ニ=BCDEに/く=Eなし/ふりだ=Eなし/した、=Aした。BCDした、Eした。/困つた=BD困たC困た/ヿ=ABことCDEこと/た=Eた、/と=Eと、/まき=BCDEわき/ニ=BCDEに/ら=Eら、/駕篭屋ニ=A駕籠屋ニBCD駕籠屋にE駕籠屋に/聞いたら=BCD聞たらE聞いたら、/ふ=Eふ。/駕篭ニ=A駕籠ニBCD駕籠にE駕籠に/むゑき=AEなしBむいきCDむえき/だ=Eだ、/こつち=BCこちらEなし/ある=BCDあるEある。/ヿ=ABことCDEこと/ニして=AニしてBCDにしてEにして、/ニ=BCDEに/ら=Eら、/ニ=BCDEに/。=BCDなしE、/で=AEなし/い。=Aい。BCDい、/雪踏=BCD雪駄E雪駄/ふところ=Eなし/ニ=AニニBCDEに/て=Eて、/穿いて=A穿いてBCD穿てE穿いて/。=BCD、/ハ=BCDEは/き=Eき、/あれば=AあれバBCDなし/ニ=BCDEに/つ=Aつ。Eつ、/駕篭ニ=A駕籠ニBCD駕籠にE駕籠に/のつ=Eなし/あと=Eなし/ニ=BCDEに/い=AいEい、/こ=CDEこ/こ=CDEこ/ヿ=ABことCDEこと/が=BCDなしEが、/ニ=BCDEに/ら=Eら、/し=Eし、/使つた=BCD使た/ヿ=ABことCDEこと/い=AいEい。/ニ=BCDEに/。=BCDなしE、/、=A。Dなし/いつ=AいつEなし/経つて=BCD經てE經つて/ヿ=ABことCDEこと/い=AいEい。/ニ=BCDEに/こ=CDEこ/ある=BCDあるEある、/ソンナ=BCDソンな/ニハ=BCDEには/が=Eが、/ニ=BCDEに/這入つて=BCD這入て/こ=CDEこ/ニ=BCDEに/し=ABCDEし/ヿ=ABことCDEこと/い=AいEい。/ニ=BCDEに/ら=Eら、/ニ=BCDEに/決=BC決D決E決/むさぼ=Eなし/い=Eい。/ソリヤ=Eソリャ/ニ=BCDEに/氣取つた=BCD氣取た/ニして=AニしてBCDにしてEにして、/も=BCDなし/決=BC決D決E決/と=Eと、/た=Eた。

福翁自傳（五十二〔五十三〕）一身一家經濟の由來（二）時事新報明治三十一年十二月二十九日（木）

年=E年、/。=ABCDなしE、/しばしんせんざ=BCDしばしんせんざEなし/ニ=BCDEに/有馬=BCDE有馬/た=Eた。/ニ=BCDEに/と=Eと、/え=BCDEへ/、=AE。/ニ=BCDEに

て=Eて、/才=A第BCD第E第/古と尓=B古とにCDEことに/て=Eて、/ニ=BCDEに/て=Eて、/大橋榮次=B大橋榮次CDE大橋榮次/尓=BCDEに/で=Eで、/と尓=A古と尓B古とにCDEことに/て=Eて、/兩=E兩、/が=Eが、/と=AB古とCDEこと/い=AゐEい、/て=Eて、/ゐつ=ABCDいつEなし/と=Eと、/尓=BCDEに/於=AおBCD相E相/す=Eす、/と=Eと、/チヤント=BCDチヤンとEチヤント/て=Eて、/ハ=BCDEは/え=BCDEへ/尓=BCDEに/て=BCDでEで、/尓=BCDEに/と=Eと、/締まつて=BCD締てE締まつて/とざ=Eなし/る=Eる。/尓=BCDにEに、/古ゝ=BCDこゝEなし/れ=Eれ、/なん=AEなし/締めて=ABC締めてD締て/と=Eと、/ヱ=BCDEヱ/ん=Eん。/‖=BCD「/だ=BCDた/ハ=BCDはEは、/で=Eで、/尓ハ=BCDEには/ニ=BCDEに/尓=BCDEに/ら=Eら、/く=Eなし/が=Eが、/さう〴〵=CDさうざうEなし/い=Eい、/やつ=Eなし/。=BCD、/と=Eと、/まつくろ=Eなし/煙=BC烟D烟/立つて=BCD立て/る=Eる。/尓=BCDEに/上つて=BC上てD上てE上つて/尓=BCDEに/遇つて=BCD遇てE遇つて、/と=Eと、/て=Eて、/「=Dなし/か=DがEか、/た=Eた、/だ=Eだ、/ふ=ABCDEう/。=BCDE、/。=BCDE、/ら=Eら、/ゐて=BCDいてEいて、/ソリヤ=Eソリャ/知=BCし/た=Eた、/なるほど=Eなし/が=Eが、/ハ=BCDEは/て=Eて、/尓=BCDEに/於=ACDEお/く=Eなし/と=Eと、/が=Eが、/い=AゐEい、/こ=AB古/い。=Aゐ。BCDEい、/だ=Eだ、/こ=AB古/。=BCE、Dなし/ソンナ=BCDソンな/。=BCDE、/し=Eなし/とり阿は=BCDとりあはEなし/ら=Eら、/ハ=BCDEは/だ=Eだ。/ソリヤ=Eソリャ/さ=Eなし/い=AゐEい、

な事が行はれて武家屋敷でも代金を以て賣買勝手次才と云ふ古と尓なつて新銭座の有馬の中屋敷が賣物ニなると人の話を聞て同じ新銭座住居の木村摂津守の用人大橋榮次と云ふ人尓周旋を頼んで其有馬屋敷を買ふと尓約束して價は三百五十五兩その時の事だから買ふと云た所が武家と武家との間で手金だの證書取換せなどゝ云ふとのあらう訳けはない唯賣りませう然らば則ち買ひませうと云ふ丈けの話で約束が出来て其金の受取渡しは何時だと云ふと十二月二十五日尓金を於渡し申す請取らうとチヤント約束が出来て居て夫れから私ハ其前日三百五十五両の金を揃えて風呂敷尓包んで翌早朝新銭座の木村の屋敷尓行て見ると門が締まつて潜戸まで鎖してある夫れから門番尓此處を明けて呉れ何で締めて置くかと云ふと「イーヱ此處は明けられません‖明けられませんだつて福沢だと云ふのハ私は亜米利加行の由縁で木村家尓ハ常ニ出入して家の者のやう尓して居たから門番も福澤と聞て潜戸を明けて呉れたは呉れたが何だか門前が騒々しいドタバタ遣て居る。何事か知らんと思て南の方を見ると真黒な煙が立つて居るソレで木村の玄關尓上つて大橋尓遇つて大変騒々しいが何だと云ふと大橋がヒソ〳〵して「お前さんは何も知らぬか大変な事が出来ました大騒動だ酒井の人数が三田の薩州の屋敷を焼拂はふと云ふ[註3]。ドウもそりや大騒動。戦争で御座ると云ふから私も驚ゐてソリヤ少しも知らなかつた成程ドウも容易ならぬ形勢だが夫れハ夫れとして時尓あの屋敷の金を持て来たから渡して於呉んなさいと云ふと大橋が途方もない屋敷どころの話ぢやない。何の事だモウこりや江戸中の屋敷が一銭の價なしだ。ソレを屋敷を買ふなんてソンナ馬鹿らしい事は一切罷めだ。マアそんな事を為なさるなと云て取合ぬから私ハ不承知だソリヤ爾うでない今日渡すと云ふ約束だから此金は渡さなくて

はならぬと云ふと大橋ハ脇の方ニ向ゐて「約束志たからと云て時勢尓依つたものだ此大変な騒動中尓屋敷を買ふと云ふやうな馬鹿毛たヿがあるものか仮令ひ今買へばと云ても三百五十五両を半價尓志ろと云へば半價尓する尓違ひない只の百両でも悦んで賣るだらう兎ニ角ニ見合せだ。罷めだ〱と云て相手ニならぬから私ハ押返して「イヤそれは出来ません大橋さん能く於聞なさい先達古れを有馬から買はふと云ふとき尓何と貴方は約束なすつたか只十二月の二十五日即ち今日金を渡さう受取らうとソレより外尓何尓も約束はなかつた。若し万が一。世の中尓変乱があれば破約する。其價を半分尓すると云ふ言葉が約束の中尓あるかないかと云ふ尓そんな約束はなゐでハなゐか。仮令ひ約条書がなからうと、人と人と話したのが何寄の證據だ賣買の約束をした以上ハ當然ニ金を拂はぬ古そ大きな間違ひだ何でも拂はんければならぬ加之ならずマダ私が云ふヿがある若し大橋さんの言ふ通り尓此三百五十五両を半價尓せよとか百両尓せよとか云へば時節柄有馬家では承知するで阿らうソコで私が三百五十五両の物を百両尓買たと斯うした所で此変乱がどんな尓なるか分らなゐ今阿の通り酒井の人数が三田の薩州屋敷を焼拂つて居るが是れが何でもない事で天下泰平、安全の世の中尓なるまいものでもない扨いよ〱天下泰平尓なつて私が彼の買屋敷の内ニ住ひ込んで居る。スルト有馬の家来も大勢あるから私の處の門前を通る度尓睨んで通るだらう彼の屋敷は三百五十五両の約束を志たが金の請取渡志の其日尓三田尓大変乱があつた其為め尓百両で賣つた福澤は二百五十五両。得をして有馬家では二百五十五両損を志たと通る度尓睨んで通る尓違ひない口尓言はないでも心ニ爾う思て忌な顔をする尓極つて居る私はソンナ不愉快な屋敷尓住まふと思はない。何は扨置き搆ふヿはないドウぞ此

と=Eと、/ハ=BCDEは/王き=BCDわきEなし/方ニ=BCD方にE方に/向ゐて=BCD向てE向いて、/志=ABCDEし/尓=AニBCDEに/依つた=BCD依たE依た/だ=Eだ、/尓=BCDEに/馬鹿毛=BCD馬鹿氣E馬鹿氣/ヿ=AB古とDEこと/か=Eか。/も=Eも、/はんね=Eなし/尓志=A尓しBCDEにし/はんね=Eなし/尓=BCDEに/尓=BCDEに/い=AゐEい、/よろ古=ABCDよろこEなし/う=Eう、/ニ=A尓BCDEに/ニ=A尓BCDEに/。=BCE、Dなし/や=Eなし/〱=BCD〲/ニ=BCDEに/ら=Eら、/ハ=BCDEは/をしかへ=B於しかへCDおしかへEなし/て=Eて、/ん=Eん。/ん=Eん、/於聞=Aお聞B於聞きCDお聞きEお聞き/い=AゐEい。/先達=BCDE先達/古=CDEこ/ふ=BCDEう/尓=BCDにEに、/あなた=Eなし/か=Eか、/二十=CD廿/日=E日、/う=Eう、/と=Eと、/尓=BCDEに/尓=BCDEに/。=BCDなし/。=ABCDなしE、/尓=AニBCDEに/。=BCE、Dなし/尓=BCDEに/が=Eが、/尓=BCDEに/尓=BCDにEに、/ゐでハ=BCDEいでは/なゐか。=Aふいか。BCDないか、Eないか。/、=ABCDなし/はな=AはふBCDEなし/何寄=ABCDE何寄/だ=Eだ。/ハ=BCDEは/阿たりまへ=BCDあたりまへEなし/ニ=BCDEに/古=CDEこ/だ=Eだ、/ぬ=Eぬ。/志かのみ=BCDしかのみEなし/ず=Eず、/ヿ=AB古とCDEこと/尓る=Eる。/尓=BCDEに/尓=AニBCDEに/尓=BCDEに/ば=Eば、/柄=BC柄D柄E柄/阿らう=BCDあらうEあらう。/尓=BCDEに/で=Eで、/尓=BCDEに/ゐ=BCDいEい。/阿=BCDEあ/拂つて=BCD拂て/が=Eが、/、=A。/尓=BCDEに/い=AゐEい。/尓=BCDEに/て=Eて、/あ=Eなし/かゐやしき=BCDかひやしきEなし/ニ=AなしBCDEに/すま=Eなし/こ=Eなし/。=BCD、/スルト=BCDスルと/ら=Eら、/とほ=DEなし/たび=AEなし/尓=BCDEに/尓ら=BCDにらEなし/う=Eう、/あ=Eなし/志たが=ABCDしたがEしたが、/志=ABCDEし/尓=BCDEに/尓=BCDEに/賣つた=BCD賣たE賣つた、/。=BCDEなし/とく=Eなし/て=Eて、/志たと=ABCDしたとEしたと、/尓=BCDEに/で=Aて/尓=BCDEに/い=AゐEい。/尓=BCDEに/ニ=A尓BCDEに/ゐや=BCDいやEなし/かほ=AEなし/尓=BCDEに/極つて=BCD極て/る=Eる。/ソンナ=BCDソンな/尓=AニBCDEに/ふ=BCDEう/い。=Aゐ。BCDい、/き=Eき、/搆=BCD構E構/ヿ=AB古とCDEこと/い=AゐEい、

たさゐ＝AださゐBCDださいEださい。／かゐむ＝BCDEかいむ／そん＝Eなし／志＝ABCDEし／よろ＝AEなし／い。＝Aゐ。BCDい、／斗りで＝ACD計りでB許りでE斗りで、／者＝BCDEに／ふ＝Bう／い＝AゐEい、／迯出志＝ABCD迯出しE逃出し／い。＝Aゐ。BCDい、／。＝BCD、／い＝AゐEい、／者＝BCDEに／る＝Eる。／矧＝BCDE矧／。＝BCDE、／何でも＝BCDなし／バ＝BCDEば／ねじ＝BCDねぢEなし／こ＝Eなし／で＝Eで、／とう〳〵＝BCDたうとうEなし／た＝Eた。／さ＝AEなし／者＝BCDEに／ヿ者＝A志と者B志とにCDEことに／きは＝ACDEなし／者＝BCDEに／は＝Eは、／ハ＝ABCDEは／で＝Eで、／淂＝AE得BCD得／ニ＝A者BCDEに／だ＝Eだ、／き＝Eなし／餒える＝CD餒ゑるE餒ゑる／思つた＝BCD思た／す＝Eす。

者＝BCDEに／似寄つた＝BCD似寄た／ヿ＝AB志とCDEこと／る＝Eる。／者＝BCDEに／濵＝BCDE濱／えて＝BCDへてDへて、／者＝AニBCDEに／志＝ABCDEし／た＝Eた。／者＝AニBCDEに／ミづ＝BCDEみづ／者＝BCDEに／志＝ABCDEし／ニ＝A者BCDEに／。＝BCD、／者ハ＝BCDEには／二人＝BCD二人E二人、／て＝Eて、／なゝつ＝CなつゝDなゝく／者＝BCDEに／いつゝ＝AゐつゝDいつつ／。＝BC、Dなし／者＝BCDEに／い。＝Aゐ。BCDEい、／バ＝BCDEば／ニ＝BCDEに／ゐ＝BCDEい／る＝Eる、／凢＝AE風BCD風／ニ＝A者BCDEに／やゝ＝AEなし／バ＝ABCDEば／ニ＝A者BCDEに／て＝Eて、／を＝Aも／者志＝A者しBCDEにし／者＝BCDEに／志＝CDEこ／祈つて＝BCD祈てE祈つて、／こ＝BCDかEなし／届いて＝BCD届て／ゑもの＝BゑものCDえものEなし／阿＝BCDEあ／ニ＝A者BCDEに／ゐ＝BCDいEい。／阿ゝ＝ABCあゝDああEなし／ゐ＝BCDEい／だ＝Eだ、／う＝Eなし／バ＝ABCDEば／脩＝AE修BCD修／ニ＝A者BCDEに／宜しゐが＝BCD宜しいがE宜しいが、／バ＝ABCDEば／さ＝Eなし／宜しゐ＝BCD宜しいE宜しい、／こじき＝Eなし／ニ＝A者BCDEに／ニ＝BCDEに／泣付ゐて＝BCD泣付てE泣付いて／脩＝BCD修E修／さて＝Eなし／ゐくち＝BCDいくぢEなし／ゐ＝BCDEい／やつども＝Eなし／と＝Eと、／志ゝろひそか＝ABCDこゝろひそかEなし／ニ＝BCDEに／喂笑＝A憫笑BCD愍笑E愍笑／ら＝Eら、／者＝BCDEに／可゛＝BCDEが／阿る＝BCDあるEある、／八＝E八、

金を渡して下たさゐ皆無損を志ても宜しい。此金を唯渡した斗りで其屋敷者住まふどころではない迯出志て行くと云ふやうな大騒動があるかも知れない。有ればあつた時の話だ。人間世界の事は何が何やら分らない確か者生きて居ると思ふ人が死んだりする矧んや金だ。何でも渡さなければならぬと捩くれ込んで到頭持て行て貰ひました爾う云ふ訳けで誠者私が金と云ふヿ者就て極めて律義者正しく遣て居たと云ふのは是れハ矢張り昔の武家根性で金銭の損淂ニ心を動かすは卑劣だ氣が餒えると云ふやうな事を思つたものと見えます

学＝AE學

子供の学資金を謝絶す

それ者又似寄つたヿがある明治の初年者横濵の或る豪商①が学校を存えて此慶応義塾の若い人を教師者頼んで其学校の始末を志て居ました爾うすると其主人は私者親から新塾者出張して監督を志て貰ひたいと云ふ意があるやうニ見える。私の家者ハ其とき男子が二人娘が一人あつて兄が七歳者弟が五歳ぐらゐ。是れも追々成長する者違ひない。成長すれバ外國ニ遊學させたゐと思て居る所が世間一般の凢を見るニ學者とか役人とか云ふ人が動もすれバ政府ニ依頼して自分の子を官費生者志て外國者修業させる志とを祈つてドウやら斯うやら周旋が行届いて目的を達すると獲物でも阿つたやうニ悦ぶ者が多ゐ嗚呼見苦しゐ事だ自分の産んだ子ならバ學問脩業の為めニ洋行させるも宜しゐが貧乏で出来なければ為せぬが宜しゐ夫れを乞食のやうニ人ニ泣付ゐて脩業をさせて貰ふとは扨も〳〵意気地のなゐ奴共だと心 竊ニ之を喂笑して居ながら私者も男子可゛二人阿る此子が十八九

①高島嘉右衛門。明治三年横浜伊勢山下（西区宮崎町）に高島学校を設立。明治五年廃校。

歳にもなれは是非とも外國ニ遣らなければならぬが先(さき)だつものは金だ。どうかして其金を造り出したいと思へども前途甚だ遙(はるか)なり二人遣つて何年間の學費ハ中々の大金。自分の腕(うで)で出来やうか如何(どう)だらうか誠に覺束(おぼつか)ない困(こま)つたことだと常ニ心ニ思て居るから敢て愧づるとでもなし颯々(さつさ)と人に話して金が欲(ほ)しい金が欲(ほ)しいドウかして洋行をさせたい今この子が七歳(なゝつ)だ五歳(いつゝ)だと云ふけれどもモウ十年経(た)てば仕度をしなければならぬドウもソレまでに金が出来れば宜(よ)いがと人に話して居ると誰か其話を例の豪商にも告げた者があるか或日私の處に来て商人の云ふニお前さんに彼(あ)の学校の監督をお頼み申したい斯(か)く申すのは月に何百円とか其月給を上(あ)げるでもない態々月給と云ては取りもしなからうが茲(こゝ)ニ一案があります。外(ほか)でハなゐお前さんの小供両人彼(あ)のお坊(ぼ)ッちやん両人を外國に遣る其修業金になるべきものを今お渡し申すが如何(どう)だらう此處で今五千円か一万円ばかりの金をお前さんに渡す、所で今要(い)らない金だからソレを何處へか預(あづ)けて置く、預けて置く中に小供衆が成長する。成長して外國に行(ゆ)かうと云ふときには其金も利倍増長して確かに立派な學費ニなつて不自由なく脩業が出来ませう此御相談ハ如何で御座ると云ひ出した。成程是れは宜(い)い話で此方(こつち)はモウ実に金ニ焦(こが)れて居る其最中ニ二人の子供の洋行費が天から降(ふつ)て来(き)たやうなもので即刻。應(をう)と返辞(へんじ)をしなければならぬ處だが私ハ考へました。待(ま)て霎時(しばし)、どうも爾(さ)うでない抑(そ)も乃公(おれ)が彼(あ)の学校の監督をしないと云ふものは為(し)ない所以(ゆゑん)があつて。為(し)ないと。チヤント説を極(き)めて居るソコで今金の話が出て来て其金の聲を聞き前説を変して學校監督の需ニ應じやうと云へバ前ニ之を謝絶したのが間違ひかソレが間違ひでなければ今その金を請取るのが間違ひである。金の為めニ変説と云へバ金さへ見れバ何でもすると斯(こ)う成(な)らなけれ

に=BCDEに/は=ABCDEば/ニ=BCDEに/バ=ABCDEば/が=Eが、/さき=Eなし/。=BCDなしE、/も=Eも、/はるか=Eなし/り=Eり、/遣つて=BCD遣(やつ)て/ハ=BCDEは/。=BCDE、/うで=Eなし/どう=Eなし/に=AニBCDEに/い=AゐEい、/困つた=BCD困(こまつ)たE困つた/こ=CDEこ/ニ=BCDEに/ニ=BCDEに/ら=Eら、/愧づる=BCD愧(はづ)る/と=ABことCDEこと/し=Eし、/に=BCDEに/して=ABCDしてEして、/ほ=Eなし/い=AゐEい、/ほ=DEなし/い=AゐEい、/し=ABCDEし/い=AゐEい、/こ=CDEこ/なゝつ=Eなし/だ=Aた/いつゝ=AゐつゝEなし/も=Eも、/た=Eなし/し=ABCDEし/ぬ=Eぬ、/に=BCDEに/と=Eと、/に=BCDEに/し=ABCDEし/と=Eと、/に=BCDEに/あるか=BCDあるかEあるか、/に=AへBCDEに/ニ=BCDEに/に=BCDEに/あ=Eなし/お=ACDEお/申したい=A申たゐE申したい、/に=AニBCDEに/い=AゐEい、/態々=B態(わざ)々CD態(わざ)々E態ゝ/し=ABCDEし/が=Eが、/こゝ=AEなしBCDこゝ/ニ=BCDEに/あ=BCDEあ/。=BCE、Dなし/ハなゐ=BCDはないEはない、/お=ADEお/人=E人、/ぼ=Eなし/に=BCDEに/お=ACDEお/どう=Eなし/う=Eう、/お=ADEお/に=BCDEに/、=A。/、=A。Dなし/に=BCDEに/。=BCDE、/に=BCDEに/には=BCDにはEには、/に=BCDEに/ニ=AにBCDEに/て=Eて、/脩=AE修BCD修(しゅ)/う=Eう、/ハ=BCDEは/した。=AEした。BCDした、/で=Eで、/に=BCDEに/ニ=AにBCDEに/こが=Eなし/ニ=BCDにEに、/ふつ=Eなし/き=Eなし/で=Eで、/。=ABCDEなし/をう=BおうCDおうEなし/へんじ=Eなし/し=ABCDEし/が=Eが、/ハ=BCDEは/。=BCD、/ま=AEなし/、=A。Dなし/い=AゐEい、/あ=Eなし/し=ABCDEし/は=AハEは、/し=ADしBCEなし/。=ABCDEなし/。=BCDEなし/チヤント=BCDチヤンとEチヤント/る=Eる。/て=Eて、/し=BCDEじ/需ニ=BCDE需(もとめ)に/バ=AハBCDEば/ニ=BCDEに/か=Eか、/バ=ABCDEば/ある。=AEある。BCある、Dある/ニ=AにBCDEに/バ=AはBCDEば/バ=ABCDEば/こ=AEなしBCDか/な=AEなし

バ＝ＡＢＣＤＥば／。＝ＢＣＤ、／ハ＝ＢＣＤＥは／い。＝ＢＣＤい、Ｅい。／且＝ＢＣＤ且つＥ且つ／ほ＝Ｅなし／に＝ＢＣＤＥに／ば＝Ｅば、／。＝Ｂ、ＣＤなし／に＝ＢＣＤＥに／し＝Ｅなし／。＝ＢＣＥ、Ｄなし／に＝ＢＣＤＥし／し＝Ｅなし／あるが。＝ＢＣＤＥあるが、／ニ＝ＢＣＤＥに／か＝Ｅか、／。＝ＢＣＤ、／ニ＝ＡにＢＣＤＥに／ハ＝ＢＣＤＥは／に＝ＡニＢＣＤＥに／い、＝Ａい。Ｅい。／が＝Ｅが、／て＝Ｅて、／だ＝Ｅだ。／どう＝Ｅなし／い。＝ＡいＢＣＤい、／ニ＝ＢＣＤＥに／し＝ＢＣＤＥじ／ニ＝ＢＣＤＥに／決＝ＢＣ決Ｄ決Ｅ決／を＝Ｅを、／に＝ＢＣＤＥに／ハ＝ＢＣＤはＥは、／ゐどころ＝ＡＢＣＤゐどころＥなし／。＝ＢＣ、Ｄなし／も＝Ｅも、／、＝Ａなし／。＝ＡなしＢＣＤ、／ニ＝ＡにＢＣＤＥに／ニ＝ＢＣＤＥに／と＝ＡＢことＣＤＥこと／い、＝Ａい、Ｅい。／しい＝ＡしいＢＣＤしいＥしい、／乃公＝Ｂ乃公ＣＤ乃公／い＝ＢＣＤＥい／ニ＝ＡにＢＣＤＥに／こ＝ＣＤＥこ／バ＝ＢＣＤばＥば、／ハ＝ＢＣＤＥは／だ＝Ｅだ。／に＝ＢＣＤＥに／バ＝ＢＣＤＥば／。＝ＢＤＥ、Ｃなし／バ＝ＢＣＤＥば／ニ＝ＢＣＤＥに／打遣つて＝ＢＣＤ打遣てＥ打遣つて／と＝Ｅと、／ニ＝ＢＣＤＥに／決＝ＢＣ決Ｄ決Ｅ決／て＝Ｅて、／ハ＝ＢＣＤＥは／ニ＝ＢＣＤＥに／で＝Ｅで、／いから＝ＢＣＤいからＥいから、／ていよ＝ＢＣＤていよＥてい／が＝ＡＢＣＤがＥが、／ハ＝ＢＣＤＥは／ニ＝ＢＣＤＥに／ゆくすゑ＝Ｅなし／ひ＝Ｅひ、／ひ＝Ｅひ、／こ＝ＣＤＥこ／決＝ＢＣ決Ｅ決／にハ＝ＢＣＤＥには／なや＝ＣふやＥなし／た＝Ｅた。／ハ＝ＢＣＤＥは／み＝Ｅみ、／まじめ＝Ｅなし／ニ＝ＢＣＤＥに／翻＝Ｂ翻ＣＤ飜Ｅ飜／と＝Ｅと、／ニ＝ＢＣＤＥに／が＝ＡＢＣＤＥが／て＝Ｅて、／が＝Ａか／としころ＝ＢＣＤとしごろＥなし／に＝ＢＣＤＥに／に＝ＢＣＤＥに／ら＝Ｅら、／あとまは＝ＢＣＤあとまはＥなし／に＝ＢＣＤＥに／中上川彦次郎＝ＤＥ中上川彦次郎／ニ＝ＢＣＤＥに／た＝Ｅた。／ハ＝ＢＣＤＥは／に＝ＢＣＤＥに／ひとり＝ＤＥなし／、＝Ａ。／あちら＝ＤあつちＥなし／又＝ＢＣＥ亦Ｄ亦／に＝ＡニＢＣＤＥに

バならぬ。是れハ出来ない。且又今日金の欲しいと云ふのは何の為めに欲しいかと云へば小供の為めだ。小供を外國で修業させて役に立つやうに為やう。学者に為やうと云ふ目的であるが。子を學者ニすると云ふ事が果して親の義務であるかないか是れも考へて見なければならぬ。家ニ在る子ハ親の子に違ひない、違ひないが衣食を授けて親の力相応の教育を授けてソレで澤山だ如何あつても最良の教育を授けなければ親たる者の義務を果さないと云ふ理窟はない。親が自分ニ自から信して心ニ決して居る其説を子の為めに変じて進退すると云てハ所謂獨立心の居處が分らなくなる。親子だと云ても親は親、子は子だ。其子の為めニ節を屈して子ニ奉公しなければならぬと云ふとはない、宜しい今後若し乃公の子が金のない為めニ十分の教育を受けることが出来なけれバ是れハ其子の運命だ幸にして金が出来れバ教育して遣る。出来なけれバ無學文盲のまゝニして打遣つて置くと私の心ニ決断して扨先方の人ハ誠ニ厚意を以て話して呉れたので固より私の心事を知る譯けもないから体能く禮を述べて断りましたが其問答應接の間、私ハ眼前ニ子供を見て其行末を思ひ又顧みて自分の身を思ひ一進一退これを決断するにハ随分心を悩ましました其話ハ相済み其後も相替らず真面目ニ家を治めて著書翻譯の事を勉めて居ると存外ニ利益が多くてマダ其二人の小供が外國行の年頃にならぬ先きに金の方が出来たから小供を後廻しにして中上川彦次郎②を英國ニ遣りました註5彦次郎ハ私の為めに只た一人の甥で、彼方も又只た一人の叔父さんで外に

②中上川才蔵と福澤の姉婉夫妻の長男。安政元年（一八五四）生。明治二年慶應義塾入社、明治四年以降教員となり、七年小泉信吉と共に英国に留学、十年十二月帰国。

い＝Aい、Eい、／又＝BCE亦D亦／に＝BCDEに／ら＝Eら、／す＝BCEす。／あ＝BCDあEなし／三＝E三、／ニ＝BCDEに／にハ＝BCDEには／が＝Eが、／あと＝Eなし／に＝BCDEに／チヤント＝ABCDチヤンとEチヤント／て＝Eて、／に＝BCDEに／た＝Eた。／に＝BCDEに／す＝Eす。／に＝BCDEに／た＝Eた、／が＝Eが、／したと＝ABCDしたとEしたと、／て＝Eて、／ニ＝BCDEに／きづ＝ACDEきず／す＝Eす。

福翁自傳（五十三〔五十四〕）一身一家經済の由來（三）時事新報明治三十二年一月一日（日）

い＝BCDいEい、／ごく〳〵＝BCごく〳〵Dごく〴〵Eなし／さゝい＝BさゝいCDさゝいEなし／ちよい＝ABCちよいDちよつEなし／ごまか＝BCDごまくわEなし／むさぼ＝Eなし／ことハ＝ABことはCDEことは／むし＝Eなし／す＝Eなし／い＝BCDいEい。／春＝BCD春E春、／ニ＝BCDEに／き＝Eき、／ハ＝BCDEは／り＝Eり、／ハ＝BCDEは／り＝Eり、／に＝BCDにEに、／濵＝BCDE濱／舩ニ＝BCD船にE船に／り＝Eり、／舩＝BCD船E船／ハ＝BCDEは／に＝BCDEに／か＝ABCDEか／。＝BCDE、／ニ＝BCDEに／ニ＝BCDEに／舩、＝A舩。BCD船、E船、／金場小平次＝BE金場小平次C金場小平次D金場小平次／ニ＝BCDEに／泊＝BCD泊E泊、／ソレカラ＝BCDソレから／坂＝BCD阪E阪、／都＝E都、／等＝E等、／諸處＝AE諸所BCD諸所／ニ＝BCDEに／て＝Eて、／ま＝Eなし／舩ニ＝BCD船にE船に／き＝Eき、／ニ＝BCDEに／舩＝BCD船E船／ひ＝Eひ、／に＝BCDEに／バ＝BCDばEば、／あ＝BCDEあ／ら＝Eら、／で＝Eで、／「＝ABCDなし／枚＝E枚、／だ＝Eだ、／か＝ABCDEか／ひで＝Aびて／あらう。＝BCDEあらう、／い＝BCDEい／と＝Eと、／ハ＝BCDEは／落付き＝B落付CD落付／ひ＝Eひ、／あ＝BCDEあ／ん＝Eん。／い＝BCDEい／おとし＝BおとしEなし／おたんじやう＝BおたんじやうCDおたんじやうEなし／た＝Eた。／二＝E二、／。＝BCDE、／ハ＝BCDEは／當然＝BCD當然／す＝Eす。／にハ＝BCDEには／書いて＝BCD書てE書いて／あ＝BCDEあ／が＝Eが、／三＝E三、／舩＝B船CD船E船／ハ＝BCDEは／あ＝BCDEあ／ら＝Eら、／ハ＝BCDEは／い＝BCDいEい。／二＝E二、／二＝E二、／ハ＝BCDEは／だ＝Eだ、／ニ＝BCDEに／と＝Eと、／なか〳〵＝DEなし／ごうじやう＝AごうじやうBCDがうじやうEなし／で＝Eで、／ソンナ＝BCDソンな／ハ＝BCDEは／いた＝BCDいたEなし／ニ＝BCDEに／ら＝Eら、／宜しい＝BCD宜しいE宜しい。／おれ＝BおれEなし

叔父はない私も又彦次郎の外に甥はないから先づ親子のやうなものです彼れが三四年も英國ニ居る間にハ随分金も費しましたがソレでも後の小供を修業に遣ると云ふ金はチヤント用意が出来て二人とも亜米利加に六年ばかり遣て置きました私は今思ひ出しても誠に宜い心持がします能くあの時に金を貰はなかつた貰へば生涯氣掛りだが宜い事をしたと今日までも折々思ひ出して大事な玉ニ瑾を付けなかつたやうな心持がします

乗舩切符を偽らず

乗舩＝E乗船／偽＝E僞

右様な大金の話でない極々些細の事でも一寸と胡麻化して貪るやうなことハ私の虫が好かない明治九年の春私が長男一太郎と次男捨次郎と兩人を連れて上方見物[註6]ニ行くとき一ハ十二歳餘り捨ハ十歳餘り父子三人従者も何もなしに横濵から三菱會社の郵便舩ニ乗り舩賃ハ上等にて十円か十五円。規則の通りニ拂ふて神戸ニ着舩、金場小平次と云ふ兼て懇意の問屋ニ一泊ソレカラ大坂京都奈良等諸處見物して神戸ニ帰て来て復た三菱の舩ニ乗込むとき問屋の番頭ニ頼んで乗舩切符を買ひサア乗込みと云ふときに其切符を請取て見れバ大人の切符が一枚と子供の半札が二枚あるから番頭を呼んで「先刻申した通り切符は大人が二枚小供が一枚の筈だ何かの間違ひであらう。替へて貰ひたいと云ふと番頭ハ落付き拂ひ「ナーニ間違ひはありません大きいお坊ッちゃんの御年も御誕生も聞きました正味十二と二三ケ月。半札ハ當然です規則にハ満十二歳以上なんて書いてありますが満十三四歳まで大人の舩賃を拂ふ者ハ一人もありはしませんと云ふから私ハ承知しない「二三ケ月でも二三日でも規則ハ規則だ是非規則通りニ拂ふと云ふと番頭も中々剛情でソンナ馬鹿な事ハ致しませんと云て議論のやうニ威張るから「何でも宜しい乃

ハ=BCDEは/、=A。/にハ=BCDEには/しうせん=Eなし/たの=Eなし/た=BCDだEなし/だ=Eだ。/ニ=BCDEに/て=Eて、/て=Eて、/船=BCD船(せん)E船/。=BCE、Dなし/い=BCDEい/ニ=BCDEに/ある=BCDあるEある。/ハ=BCDEは/い=BCDいEい、/當然=BCD當然(あたりまへ)/ニ=BCDEに/ら=Eら、/さう=Eなし/あ=BCDEあ/も=Eも、/バ=BCDEば/汽車ニ=A瀛車ニBCD汽車(きしや)にE汽車に/と=Eと、/い=BCDEい/に=BCDEに/あ=BCDEあ/だ=Eだ。/濵=BCDE濱/ニ=AにBCDEに/に=BCDEに/上つた=BCD上(あがつ)た/ある=BCDあるEある。/ハ=BCDEは/に=BCDEに/ニ=BCDEに/て=Eて、/ソツト=AソつとBCDソツとEソット/やつ=AEなし/ニ=AにBCDEに/にぎつ=BCDにぎつEなし/て=Eて、/い=BCDEい/た=Eた。

ハ=BCDEは/何んだ=BCD何(なん)だE何だ/が=Aハ/ニ=BCDEに/が=Eが、/い=BCDいEい。/ニ=AにBCDEに/ハ=BCDEは/らざ=ABCDEらざる/ふるまい=BCふるまいDふるまひEなし/。=AなしBCD、/話ハ=BCD話(はなし)はE話は/いが=BCDいがEいが、/が=ABCDEが/ニ=BCDEに/に=BCDEに/う=Eう。/ニ=BCDEに/ニ=BCDEに/ヶ=AケBCD箇/し=Eし、/才=A苐BCDE第/ニ=BCDEに/か=Eか、/才=A苐BCDE第/に=AニBCDEに/に=AニBCDEに/か=Eか、/才=A苐BCDE第/平民ニ=BDE平民にC平に民/ら=Eら、/ハ=BCDEは/て=Eて、/ニ=BCDEに/ひ=Eひ、/に=BCDEに/がら=AからEがら、/で=Eで、/あ=ABCDEあ/ばは=AばハBCばゝ/ある=BCDあるEある。/に=BCDEに/い=BCDEい/バ=BCDばEば、/から=BCDの/いから=BCDいからEいから、/ニ=AにBCDEに/も=Eも、/。=BCDE、/ハ=BCDEは/に=BCDEに/ぐ〳〵=BCD〳〵/あるが=BCDあるがEあるが、/し=ABCDEし/と=ABしとCDEこと

公(れ)*ハ乃公の金を拂ひものを拂ひ、*貴様に*ハ唯その周旋(しうせん)*を頼(たの)*む丈(た)*けだ*何も云はずニ*呉れろと申して*何円か金を渡して*乗船*前。*忙しい*處ニ*切符を取替へた事がある*是れハ*何も珍らしくない*買物の代を當然*ニ*拂ふまでの事だから世間の人も左様(さう)*であらうと思ふけれども*今日例へバ*汽車*ニ乗て見ると青い*切符を以て一寸(ちよい)と上等に*乗込む人もある*やうだ*過日も横濵*から例の青札を以て上等ニ*飛込み神奈川に*上つ*た奴がある*私ハ箱根帰りに*丁度(ちやうど)その列車ニ*乗て居てソツト*奴(やつ)*の手ニ*握(にぎつ)てる中等切符を見て扨々賤(いや)しい*人物だと思ひました*

是れまで申した所でハ*何んだ*か私が潔白な男のやうニ*見えるが*中々爾(さ)うでない*此潔白な男が本藩の政廳ニ*對してハ*不潔白とも卑劣とも名状す可らざ*擧動(ふるまい)をして居ました。*話*ハ少々長い*が*私が金銭の事ニ*付き数年の間に*豹変(へうへん)した其由来を語りませう*王政維新の其時ニ*幕府から幕臣一般ニ*三ヶ*条の下問を發し才*一王臣ニ*なるか才*二幕臣に*なつて静岡に*行(ゆ)く*か才*三帰農して平民ニ*なるかと云て来たから私*ハ*無論帰農しますと答へて*其時から大小を棄てゝ丸腰ニ*なつて仕舞ひ*ソコで是れまで幕府の家来に*なつて居ると

本藩の扶持米を辞退す

は云ひながら奥平からも扶持米を貰(もらつ)て居たので幕臣であ*りながら半ばは奥平家の藩臣である*然るに*今度い*よ〳〵帰農と云へバ勿論幕府から物を貰ふ譯けもない*から同時ニ*奥平家の方から貰て居る六人扶持か八人扶持の米[③]*も御辭退申すと云て返して仕舞ひました。*と申すハ*其時に*私の生活はカツ〳〵*出来るか出来ないかと云ふ位である*が併しドウかしたなら出来ないとはな

③江戸藩邸でもらっていた扶持米は六人扶持で、これを辞退したのは明治二年八月。

いと大凡(おほよそ)その見込が付いて居ました前ょも云ふ通り私は一体金の要(い)らない男で一方では多少の著譯書を賣て利益を収め又一方では頓(とん)と無駄な金を使はないから多少の貯蓄(たくはえ)も出来て赤貧でハなゐ是れから先き無病坚固ニさへゟれバ他人の世話ニならずょ衣食して行(ゆ)かれると考(かんが)へを定めてソレで男らしく奥平家ニ對しても扶持方を辭退しました。是れまで通スルト奥平の役人達ハ却(かへつ)て之を面白く思はぬ「ソンナょ志なくても宜(よ)い。是れまで通り遣(や)らうと云て其押問答がなか〳〵喧(やかま)しゐ。妙なもので此方(こつち)が貰はふと云ふときょハ容易ニ呉れぬものだが要らないと云ふと向ふが頻りょ強(し)ゆる。ソレで仕舞ょはドウもお前は不深切だモウ一歩進めると藩主ょ對して薄情不忠な奴だと云ふまでょなつて来た夫れから此方(ぉつち)も意地(いぢ)ニなつて「ソレなら戴きませう、戴きませうだが毎月其扶持米を精(しら)げて貰ひたい。モ一つ序(つゐ)でょ其米を飯(めし)か粥ょ焚(た)いて貰ひたい。イヤ毎月と云はずょ毎日貰ひたい。都(すべ)ての失費は皆米の内で償(つぐの)ひさへすれば宜(よ)いから爾(さ)う志て貰ひたい。ソレでドウだと申すニ御扶持を貰はなければ不深切不忠と云はれる不忠の罪を犯(をか)すまでょして御辭退申す程の考へはないから慎(つゝ)んで戴(ゐたゞ)きます願の通り其御扶持米が飯か粥ニなつて来(く)れバ私は新銭座私宅近處の乞食(ぉじき)ょ觸(ふれ)を出志て毎朝来(こ)い喰(く)はして遣(や)ると申して私が殿様から戴ゐた物を私宅の門前ニ於て難渋者共ニ戴(ゐたゞ)かせます積りですと云ふやうな乱暴な激論で役人達も困つたと見えとう〳〵私の云ふ通りょ奥平藩の縁も切れて仕舞ひました

本藩ニ對してハ其卑劣朝鮮人の如し（ニ=Eに／ハ=Eは）

斯(か)う云へバ私が如何ょも高尚廉潔の君子のやうニ見えるが此君子の前後を丸出しょするど実ハ大笑ひの話だ是れハ私一人でなゐ同藩士も同じぉとだ。イヤ同藩士ばかりでなゐ。日本國中の大名の家来ハ

付いて=BCD付て／た=Eた。／ょ=AニBCDEに／で=Eで、／め=Eめ、／たくはえ=AたくはへBCDたくはへEなし／て=Eて、／ハなゐ=BCDはないEはない。／坚=AE堅BCD堅(けん)／ニ=BCDEに／ゟれバ=AあれバBCDあればEあれば、／ニ=AょBCDEに／ょ=BCDEに／て=Eて、／ニ=BCDEに／。=BCD、／スルト=BCDスルと／ハ=BCDEは／ぬ=Eぬ。／ソンナ=BCDソンな／ょ志=AょしBCDEにし／。=BCDE、／て=Eて、／やぅ=ABCDやかEなし／ゐ。=BCDい、Eい。／で=Eで、／ふ=BCDEう／ょハ=BCDEには／ニ=AょBCDEに／が=Eが、／ゐ=BCDいEなし／ょ=BCDEに／ゆる。=BCDふる、Eふる。／ょは=BCDにはEには、／た=ACDEお／不深切=B不深切(ふしんせつ)CD不親切(ふしんせつ)E不親切／だ=Eだ、／ょ=BCDEに／た=Eた。／ぉつち=BCDこつちEなし／ニ=BCDEに／て=Eて、／「=Dなし／、=AE。／が=Eが、／い。=Aゐ。BCい、Dい／つゐ=BCDついEなし／ょ=BCDEに／ょ=AニBCDEに／焚(た)いて=A焚(た)ゐてBC焚(たい)てD炊(たい)て／い。=Aゐ。BCDい、／ょ=BCDEに／い。=Aゐ。BCDい、／志=ABCDEし／い。=Aゐ。BCDい、／ニ=BCDEに／バ=AはBCDEば／不深切=B不深切(ふしんせつ)CD不親切(ふしんせつ)E不親切／る=Eる、／ょ=BCDEに／つゝ=ABCDつゝしEなし／ゐたゞ=AEなしBCDいたゞ／す=Eす。／か=Bが／ニ=BCDEに／く=Eなし／バ=BCDばEば、／ぉじき=AEなしBCDこじき／ょ=BCDEに／ふれ=Eなし／志て=ABCDしてEして、／来(こ)い=A来(こ)ゐB來(こ)ひE來い、／て=Eて、／ゐ=BCDEい／を=Eを、／ニ=BCDEに／难=A難B難(なん)CD難(なん)E難／ニ=BCDEに／ゐたゞ=BCDいたゞEなし／で=Eで、／困つた=BC困(こまつ)たD困(こま)つた／え=Eえ、／ょ=BCDEに／た=Eた。

バ=BCDEば／ょ=BCDEに／ニ=AょBCDEに／が=Eが、／ょ=BCDEに／ハ=BCDEは／だ=Eだ。／ハ=BCDEは／ゐ=BCDいEい、／ぉとだ。=Bぉとだ、Cことだ、DことだEことだ。／ゐ。=BCDEい、／ハ=BCDEは

こ=CDEこ／あらう。=BCDあらう、Eあらう。／バ=ABCDEば／て=Eて、／ニ=BCDEに／ハない。=BCDはない、Eはない。／ニ=AにBCDEに／バ=BCDEば／ごしゆく=ABCDEごしゆくだ／て=Eて、／に=BCDEに／たゞ=DただEなし／難有い=A難有いB難有いCD難有いE難有い／おじぎ=AEなしBにじぎ／で=Eで、／ハ=BCDEは／ら=Eら、／ニ=BCDEに／ぬ=Eぬ。／ニ=BCDEに／筆=BCD筆E筆／ハ=BCDはEは、／こ=CDEこ／こと=A事CDEこと／斗り=ABCD計りE斗り／て=Eて、／搆=BCD構E構／ぬ=Eぬ、／で=Eで、／うま=Eなし／とりだ=Eなし／バ=BCDばEば、／なん=Eなし／かり=Eなし／ニ=AにBCDEに／ゑもの=BにものCDえものEなし／かする。=AがするBCDがする、Eがする。／こつち=Eなし／で=Eで、／い=AいEい。／に=BCDEに／ニ=AにBCDEに／にぎ=BCDにぎEなし／バ=BCDばEば、／ことで=CDことでEことで、／あと=ABCDあとEなし／ハ=BCDEは／ず=Eず、／耻=BC耻D恥E恥／い=BCDEい／ハ=BCDはEは、／に=BCDEに／変つた=BCD變たE變つた／こと=ABことCDEこと／い=AいEい。／うそ=Eなし／つ=Eなし／こび=Eなし／けん=Eなし／じ=Eじ、／さんぐ〵=ABさん〳〵Eなし／こと=ABことCDEこと／して=ABCDしてEして、／い=BCDいEい。／二=E二、／ケ=Eヶ／ば=AはEば、／は=BCDEが／に=BCDEに／て=Eて、／し=ABCDEし／と云ふ=BCDなし／に=BCDにEに、／に=BCDEに／い、=Aい。DいEい。／に=BCDにEに、／し=ABCDEし／造つた=BCD造たE造つた。／濱に=BCDE濱に／る=Eる、／に=BCDEに／つゝ=BCDEづゝ／行=BCD行、E行、／て=Eて、／ては=DてEては、／か=Eか、／一=E一、／したか=ABしたかCDしたEしたか、／ソンナ=BCDEソンな／に=AニBCDEに／て=Eて、／ドウゾ=BCDドウぞ／いたい=BCDEひたい／ニ=AにBCDEに／工凨=AE工風BCD工風／り=Eり、／ハ=BCDEは／が=ABCDがEが、／勢=BCD勢E勢／おつゝ=AおつつBにつゝEなし／い=AいEい。／ニ=BCDEに／あるこ=BあるこCDEあるこ／ら=Eら、／に=BCDEに／宜い=BCD宜いE宜い／て=Eて、／何日頃=CD何日の頃／ニ=BCDEに／あ=BCDEあ／うそ=Eなし／えて=BCDへてEへて、／まこと=BCDまことEなし／ニ=AにBCDEに／て=Eて、／さんぐ〵=Eなし／おじき=BにじぎCDおじぎEなし／こ=BCDかEなし

大抵皆同じことであらう。藩主から物を貰へバ拝領と云て之ニ返禮する気ハない。馳走ニなれバ御酒下されなんと云て気の毒にも思はず唯難有いと御辭儀をするばかりで其実ハ人間相互ひの附合ひと思はぬから金銭の事ニ就ても亦その通りでなければならぬ私が中津藩ニ對する筆法ハ金の辭退どころか唯取ること斗り考へて何でも搆はぬ取れる丈け取れと云ふ気で一兩でも十兩でも旨く取出せバ何だか猟ニ行て獲物のあつたやうな心持かする。拝借と云て金を借りた以上は此方のもので返すと云ふ念は萬々ない假初にも自分の手ニ握れバ借りた金も貰た金も同じことで後の事ハ少しも思はず義理も廉耻もない其有様ハ今の朝鮮人が金を貪ると何にも變つたことはない嘘も吐けば媚も献じ散々なことをして藩の物を只取らう〳〵とばかり考へて居たのは可笑しい其二三ケ条を云へば小幡其外の人は江戸に来て居て私が一切引受けて世話をして居ると云ふときに藩から勿論ソレに立行く丈けの金を呉れやう訳けはない、ドウやら斯うやら種々様々に私が有らん限りの才覚をして金を造つた例へば當時横濱に今のやうな欧字新聞がある一週に一度づゝの発行其新聞を取寄せてソレを飜訳しては佐賀藩の留守居とか仙臺藩の留守居とか其外一二藩もありましたかソンナ人に話を付けてドウゾ飜譯を買て貰いたいと云て多少の金ニするやうな工凨をしたり又ハ私が外國から持て帰た原書の中の不用物を賣たりして金策をして居ましたが何分大勢の書生の世話だから

百五十兩を掠め去る

其位の事では迚も追付く訳けのものでない所で其時江戸の藩邸ニ金のあることを聞込んだから即案に宜い加減な事を書立て何月何日頃何の事で自分の手ニ金の這入る約束があると云ふやうな嘘を拵えて誠めかしく家老の處ニ行て散々御辭儀をして斯う〳〵云ふ譯けですから暫時百五

十両丈けの御振替を願ひますと極手輕ま話をすると家老ハ逸見志摩[註7]と云ふ誠ニ正しゐ氣の宜い人で暫時の古とならば拝借仰付けられても宜からうと云ふやうな曖昧な答を志たから其答を聞くや否やすぐま其次の元締役の奉行の處ま行て今御家老志摩殿ニ斯う云ふ話をした所が貸して苦しくないと御聞済ニなつたから今日その御金を請取りたゐと云ふと奉行ハ不審を抱きソレハ何時の事だか知らぬがマダ其筋から御沙汰まならぬと妙な顔色して居るから仮令ひ御沙汰まならぬでもモウ事は済んで居ます唯金をさへ渡して下されハ宜しゐ何も六かしい事はないと段々說いた、所が家老衆が爾う云へば御金のないヿはない餘り不都合でもなからうと其答も曖昧であつたが此方はモウ済んだ事まして仕舞つて其足で又其下役の元締小吟味。是れが真実その金庫の鍵を持て居る人で阿る其小吟味方の處へ行て只今金を出志て貰ひたゐ斯う〳〵云ふ次第で決して於前さんの落度まなりは志ない正当な手順で僅か三ヶ月経てハ私の手ニちやんと金が出来るからすぐま返上すると云て何の事はない疾雷耳を掩ふま遑あらず役人と役人と評議相談のなゐ間ま百五十両と云ふ大金を掠めて持て来た其時は恰も手ニ龍宮の珠を握りたるが如くまして且つ其握つた珠を龍宮へ返へさうなんと云ふ念は毛頭ない誠ニ不埒な奴サ夫れで以て一年ばかり大ニ樂をした古とがあります

ま=Eに

原書を名まして金を貪る

又或る時家老奥平壹岐の處ニ原書を持参して御買上を願ふと持込んだ所が此家老は中々黒人。其原書を見て云ふま是れは宜い原書だ大層高價のものだらうと頻りニ賞めるから此方はチャント向ふの腹を知て居る有益な本で實價は安ゐなどゝ威張て出掛けるとソレぢや外へ持て行けと云ふま極つて居るから一番その裏を掻ゐて「左様です原書ハ誠ニ必要な原書ですが之を

の=Aなし/おふりかへ=B於ふりかへEなし/てがる=Eなし/ま=BCDEに/と=Eと、/ハ=BCDEは/逸見志摩=BCDE逸見志摩/ニ=BCDEに/ゐ=BCDEい/で=Eで、/古=CDEこ/志=ABCDEし/ら=Eら、/ま=BCDEに/て=Eて、/ニ=BCDEに/が=Eが、/おきゝすみ=B於きゝずみCDおきゝずみEなし/ニ=AまBCDEに/ら=Eら、/ゐ=BCDEい/と=Eと、/ハ=BCDEは/ふしん=Eなし/抱き=BCD抱きE抱き、/ソレハ=BCDソレは/ゐつ=BCDいつEなし/ま=BCDEに/ら=Eら、/ま=BCDEに/す=Eす、/ハ=BCDEば/宜しゐ=BCD宜しいE宜しい、/だん〳〵=BCDだん〴〵Eなし/説いた、=A説ゐた。BCD説た、E説いた、/ば=Eば、/ヿ=AB古とCDEこと/い=AゐEい、/が=Eが、/ま志=AましBCDEにし/仕舞つて=BCD仕舞ゐてE仕舞つて、/。=BCDE、/阿=BCDEあ/て=Eて、/志=ABCDEし/ゐ=BCDいEい、/決=BC決D決E決/於=ACDEお/ま=BCDEに/志ない=AしなゐBCDしないEしない、/で=Eで、/和づ=BCDわづEなし/ヶ=ABCDケ/た=Eなし/ハ=AバBCDEば/ニ=BCDEに/ま=BCDEに/て=Eて、/い=AゐEい、/ま=BCDEに/ず=Eず、/ゐ=BCDEい/ま=BCDEに、/は=AハEは、/恰も=BD恰もC恰も/ニ=AまBCDEに/りゆうぐう=BCDりうぐうEなし/珠=D球E珠/まして=BCDにしてEにして、/握つた=BCD握た/珠=BC珠D球/い=AゐEい。/ニ=BCDEに/サ=BCさDさ、Eサ。/ニ=BCDEに/らく=Eなし/古=CDEこ/す=Eす。

福翁自傳（五十四）（五十五）一身一家經濟の由來（四）時事新報明治三十二年一月五日（木）

ニ=BCDEに/て=Eて、/もち古=ABCDもちこEなし/が=Eが、/黒人。=BCE黒人、D黒人/ま=BCDにEに、/だ=Eだ、/ニ=BCDEに/ほ=Eなし/ら=Eら、/チャント=BCDチャンとEチャント/る=Eる、/ゐ=BCDEい/と=Eと、/ま=BCDEに/極つて=BCD極て/ら=Eら、/番=BCD番E番、/うら=Eなし/掻ゐて=BCD掻てE掻いて、/す=Eす、/ハ=BCDEは/ニ=BCDEに/が=Eが、

まに=AまおBにCDEにお／は=Eは、／て=Eて、／て=Eて、／ま=BCDEに／志=ABCDEし／で=Eで、／バ=BCDEば／ふ=ABCDEう／畧=BCD略E略／る=Eる。／ま=BCDEに／ら=Eら、／ま志=AましBCDEにし／い=AゐEい。／ニ=AまBCDEに／バ=BCDEば／ハ=BCDEは／てゐ=ABCDていEなし／宜ゐ=BCD宜いE宜い／こじき=Eなし／もら=Eなし／ぶつゝ=Eぶつつ／が=Eが、／い=AゐEい、／ヱ=AEなしBCDわ／ハ=BCDはEは、／ま=BCDEに／ま=BCDEに／と=ABゑとCDEこと／で=Eで、／ゐな=AゐふBCDいなEなし／に前=ACDお前Eお前／なば=AEなしBCDあば／ふくせん=Eなし／なる=BCDあるEある、／ら=Eら、／ま=BCDEに／て=Eて、／ま=BCDEに／ニ=BCDEに／て=Eて、／ニ=AまBCDEに／凌=B陵E凌／た=BCた、Eた。

と=CD改行せず前文に続く／才で=BCD第でE第で、／ニ=BCDEに／志=ABCDEし／ちよつ=CDちよいEなし／は=Eなし／い。=AゐBCDい、／かりそめ=AEなし／ま=BCDEに／あるまじきゑと=AなるまじきBCDEあるまじきこと／と=ABゑとCDEこと／い。=Aゐ。Bい、CDい／そん=Eなし／り=Eり、／ま=BCDEに／撃つた=A撃たBCD撃た／取つた=BCD取た／了管で=BCD了簡でE了簡で、／バ=BCDEば／窃ま=A窃ニBC窃にD竊にE竊に／は=Eは、／ニ=AまBCDEに／なさ=AEなしBCDあさ／ゐ=BCDEい／な=BCDEあ／ず=Eず、／ほど=Eなし／鄙劣=BD卑劣C卑劣E鄙劣／ゐ=BCDいEい、／家凡=BCD家風E家風／ゐ=BCDEい／ニ=AまBCDEに／て=Eて、／ゑゝろたゞ=BCDこゝろたゞEなし／ニ=AまBCDEに／そだ=Eなし／て=Eて、／ゐやしく=ABCDいやしくEなし／ニ=AまBCDEに／ゑとハ=ABゑとはCDEことは／ゐ=BCDEい／が=Eが、／ニ=AまBCDEに／ニ=AまBCDEに／耻=AE恥BC耻D恥／や=Eや、／とん=Eなし／ヱ=BCDわEなし／。=BCD、／コリヤ=Eコリャ／ニ=BCDEに／ゐ。=BCDい、Eい。／ニ=BCDEに／つゞ=Eなし／ば=Eば、／ぶ=ABCDEが／う=AEなし／ゐ=BCDEい／ニ=BCDにEに、／うじむし=Eなし／奴頴=A奴隷BCD奴隷E奴隷／が=Eが、／ふと=Eなし／まハ=BCDにはEには、／ニ=BCDEに／なけバ=AなければBなけばCDEなければ／る=Eる。／ソコデ=BCDソコで／バ=ABCDばEば、／ハ=BCDEは／で=Eで、／随て=BCD随分

私が奥平様*まに買上げを願ふと云ふのは*此代金を私が請取て*其金は私が使て爾*うして其御買上げま*なつた原書を私が拝借志*やうと斯う云ふので*正味を申せバ*私がマア金を唯貫はふ*と云ふ策畧*でござる斯*くの通り平たく心の実を明らさまま*申上げるのだから*ドウか此原書を名ま*志て金を下さい*一口ニ*申せバ*私ハ*体の宜ゐ*乞食お貰ひ見たやうなものでござると打付*けた所が*家老も仕方がない*其譯*ハ*家老が以前ま*自分の持て居る原書一冊を奥平藩ま*二十何両かで賣付けたと*がある其事を聞込んだから私が行たので*若しも否めば*に前*さんはドウだと暴れ*て遣らうと云ふ強身の伏線*がなる*丸で脅迫手段だから*家老も仕方なしま*承知して*私も矢張り其原書を名ま*して先例ニ*由り二十何両かの金を取て*其内十五両を故郷の母の方ニ*送て一時の窮を凌*ぎました*と*云ふやうな次才*でソレは〳〵卑劣とも何とも実ニ*云ひやうのない悪い事を志*て一寸*とも愧*ぢない。*假初*ま*も是れはドウも有間敷事*だなんと思たと*がない。*取らないのは損*だとばかり猟*ま*行けば雀を撃*つたより雁を取*つた方がエライと云ふ位の了管*で旨く大金を掠め取れバ*心窃ま*誇て居るとは*実ニ*浅まし*ゐ事*でなる*のみならず*本来私の性質がソレ程*鄙劣*とも思はなゐ*随分家凡*の悪くなゐ*家ニ*生れて*幼少の時から心正*しき母ニ*育*てられて*苟*も人ニ*交て貪る

ハ=Eは／虫=E蟲

人間ハ*社會の虫*なり

ゑ*とハしなゐ*と説を立てゝ居る者が*何故ニ*藩廳ニ*對してばかり斯くまでま*破廉耻*なりしや*頓*と譯*けが分らぬ。*シテ見ると人間と云ふ者はコ*リヤ社會の虫ニ*違ひなゐ。*社會の時候が有りのまゝ*ニ續*けば*其虫ぶ*虫を産*んで際限のなゐ*所ニ*此蛆虫*即ち習慣の奴*頴が*不図*面目を改めると云ふま*ハ社會全体ニ*大なる變革激動がなけ*バならぬと思はれる**ソコデ*三百年の幕府が潰れたと云へバ*是れハ*日本社會の大變革で*随*て私の一身も始

めて夢が醒めて藩廳ニ對する擧動も改まらなければならぬ是れまで自分が藩廳ニ向て愧づ可き事を犯したのハ畢竟藩の殿様など云ふ者を崇め奉つて其極度ハ其人を人間以上の人と思ひ其財産を天然の公共物と思ひ知らず識らず自から鄙劣ニ陥りしことなるが是れからハ藩主も平等の人間なりと一念こゝに發起して此平等の主義からして物を貪るハ男子の事ニ非ずと云ふ考へが浮かんだのだらふと思はれる其時にハ特ニ考へたこともない説を付けたこともないが私の心の変化ハ恐ろしい何故に以前藩ニ對して。あれほど鄙劣な男が後ニ至てハ折角呉れやうと云ふ扶持方をも一酷ニ辞退したか。辞退しなくても世間ニ笑ふ者もないのに打て変つた人物ニなつて此間まで丸で朝鮮人見たやうな奴が恐ろしい権幕を以て呉れる物を刎返して伯夷叔齊のやうな高潔の士人ニ変化したとハ何と激變でハあるまいか。他人の話でハない私が自分で自分を怪しむことであるが畢竟封建制度の中央政府を倒して其倒るゝと共ニ個人の奴隷心を一掃したと云はなければならぬ。之を大きく論すれバ彼の支那の事

支那の文明望む可らず 註8

だ支那の今日の有様を見るニ何としても満清政府をあの儘に存して置いて支那人を文明開化に導くなんと云ふとはコリヤ真実無益な話だ何は扨置き老大政府を根絶やしにして仕舞つてソレから組立てたらば人心こゝに一変することもあらう政府に如何なるエライ人物が出やうとも百の李鴻章が出て来たつて何にも出来はしない其人心を新にして國を文明にしやうとならバ何ハ兎もあれ試ニ中央政府を潰すより外ニ妙策ハなからう之を潰して果して日本の王政維新のやうニ旨く参るか参らぬか。屹と請合ハ雉けれども一國獨立の為めとあれバ試みにも政府を倒すニ會釋ハあるまい。國の政府か政府の國か。此くらいの事ハ支那人にも分る筈

て=Eて、/**ニ**=BCDEに/**なけれバ**=ABCDEなければ/**ぬ**=Eぬ。/**ニ**=BCDEに/**ハ**=BCDはEは、/**あがめ**=AあがBCDあがEなし/**たてまつ**=Eなし/**て**=Eて、/**ハ**=BCDEは/**ひ**=Eひ、/**ひ**=Eひ、/**ニ**=AにBCDEに/**こ**=CDEこ/**が**=Eが、/**ハ**=BCDEは/**こゝに**=BこゝにCDEこゝに/**て**=Eて、/**ハ**=BCDEは/**ニ**=BCDEに/**ふ**=BCDEう/**る**=Eる。/**にハ**=BCDEには/**どく**=ABCDとくEなし/**ニ**=BCDEに/**こ**=CDEこ/**い**=BCDいEい、/**こ**=CDEこ/**いが**=BCDいがEいが、/**ハ**=BCDEは/**い**=BCDい、Eい。/**に**=BCDEに/**ニ**=AにBCDEに/**。**=BCDEなし/**あ**=BCDEあ/**鄙劣**=BCD卑劣E卑劣/**ニ**=AにBCDEに/**ハ**=BCDEは/**いつこく**=AいつこくBCDEいつこく/**ニ**=BCDEに/**。**=BCDE、/**しなくても**=BCDしなくつても/**ニ**=AにBCDEに/**いのに**=BCDいのにEいのに、/**変つた**=BCD變たE變つた/**ニ**=AにBCDEに/**て**=Eて、/**このあひだ**=AこのあいだBCDこのあひだEなし/**やつ**=Eなし/**が**=Eが、/**い**=BCDEい/**て**=Eて、/**伯夷叔齊**=B伯夷叔齊C伯夷叔齊DE伯夷叔齊/**ニ**=BCDEに/**変化**=BCD變化/**ハ**=BCDはEは、/**ハあ**=BCDEはあ/**いか。**=BCDいが、Eいか。/**ハない**=BCDはないEはない、/**こ**=CDEこ/**あるが**=BCDあるがEあるが、/**ニ**=BCDEに/**隷**=BCD隷E隷/**いつさう**=BCDいつさうEなし/**バ**=BCDEば/**。**=BCDなし/**すれバ**=BCDずればEずれば、/**だ**=Eだ、/**ニ**=BCDにEに、/**なん**=Eなし/**に**=AニBCDEに/**し**=BCじ/**置いて**=B置てCD置てE置いて、/**に**=BCDEに/**とは**=ABことはCDことはEことは、/**コリヤ**=BCコリやEコリャ/**だ**=Eだ。/**ねだ**=Eなし/**しに**=AしにBCDEしに/**仕舞つて**=BCD仕舞てE仕舞つて、/**ば**=Aは/**こゝに**=BこゝにCDEこゝに/**こ**=CDEこ/**あらう**=BCDあらうEあらう。/**も**=Eも、/**李鴻章**=BCDE李鴻章/**に**=BCDEに/**い**=BCDいEい。/**に**=BCDEに/**バ**=BCDばEば、/**ハ**=BCDEは/**あれ**=ABCDあれEあれ、/**試ニ**=BCD試みにE試みに/**ニ**=AにBCDEに/**ハ**=BCDEは/**う**=Eう。/**ニ**=AにBCDEに/**うま**=AEなし/**。**=BCD、Eなし/**ハ**=BCDEは/**雉けれども**=A雉けれどもB難けれどもCD難けれどもE難けれども、/**あれバ**=BCDEあれば/**に**=BCDEに/**ニ**=AにBCDEに/**ハあ**=BCDEはあ/**い。**=BCDい、Eい。/**か**=Eか、/**。**=BCDE、/**い**=BCDEゐ/**ハ**=BCDEは/**に**=BCDEに

ふ=Eふ。

ゐ=BCDEい／が=ABCDがEが、／ニ=BCDEに／。=BCDE、／あ=BCDEあ／す=Eす。／ニ=BCDEに／ハ=BCDEは／に=BCDEに／し=ABCDEし／ず=Eず、／に=BCDEに／に=BCDEに／快よい=A快よいBCD快(こゝろよ)いE快い／ヿ=ABこととCDEこと／、=A。／に=BCDにEに、／に=BCDにEに、／で=Eで、／に=BCDEに／か=Eか、／に=BCDにEに、／に=AニBCDEに／り=Eり、／事ハ=B事はCDことはEことは、／ゐづ=AEなしBCDいづ／八=E八、／九=A九。BCDE九、／に=BCDにEに、／あつて=BCDあつてEあつて、／に=BCDEに／ば=AバEば、／に=BCDEに／い、=Aゐ。Eい。／黙つて=BCD黙(だまつ)て／ず=Eず、／ば=Eば、／さ=AEなし／やかま=Eなし／い=AゐEい、／に=BCDにEに、／にし=AにしBCDEにし／ら=Eら、／に=AニBCDEに／しづか=BCDしづかEなし／で=Eで、／し=ABCDEし／す=Eす。／し=ABCDEし／黜陟=BCD黜陟(ちつちよく)E黜陟(ちゆつちよく)／し=ABCDEし／ヿ=AことCDEこと／た=Eた。／に=BCDEに／ひに=BCDEへ／ヿ=AことDEこと／、=A。／に=BCDEに／変つて=BCD變(かはつ)てE變つて／て=Eて、／ヿに=A事にBことにCDEことに／て=Eて、／に=BCDEに／、=AE。／に=BCDEに／。=BCD、／に=BCDにEに、／さぞ=Eなし／に=BCDEに／い=AゐEい。／ニ=BCDEに／と=Eと、／に=BCDEに／し=ABCDEし／か=Eか、／に=BCDEに／迷つて=BC迷(まよつ)て／と=Eと、／か=ABCDEか／に=BCDEに／ら=Eら、／ハ=BCDEは／ニ=BCDEに／て=Eて、／に=BCDEに／ことだ=CDことだEことだ、／だゐぶ=BだいぶCDだいぶんEなし／さうぐ=Eなし

と思ふ*

舊藩の平穏ハ*自から原因あ*り

ハ=Eは／あ=Eあ

私の経済話から段々枝がさゐ*て長くなりましたが*序ながら中津藩の事ニ*就て。*モ少し云ふ事があ*ります*前ニ*申す通り私ハ*勤王佐幕など云ふ天下の政治論に*少しも関係し*ないのみならず*奥平藩の藩政に*までも至極淡泊に*あつたと云ふ其為めに*茲に*随分心に**快よいヿ*がある、*と云ふのはあの王政維新の改革が行はれたときに*諸藩の事情を察するに*勤王佐幕の議論が盛んで*動(やゝ)もすれば旧大臣等に*腹を切らせる註9とか*大英断を以て藩政改革とか云ふ為めに*一藩中に*争論が起り*黨派が分れて血を流すと云ふやうな事*ハ何(*ゐづ)れの藩も十中八*九*皆ソレであつた其時に*若(も)し私に*政治上の功名心(こうめいしん)があ*つて藩に*行て佐幕とか勤王とか何か云出せば*必ず一騒物を起すに*違ひない、*所が私は黙*つて居て一寸(ちよいと)も發言(はつごん)せず*人が噂をすれば*爾(*さ)う喧(*やかま)しく云はんでも宜(い)い棄て*ゝ置きなさいと云ふやうに*極(ごく)淡泊に*して居たから*中津の藩中が誠に**静(*しづか)*で人殺し*も何もなかつたのはソレが為めだらうと思ひます*人殺し*どころか人を黜陟し**たと云ふヿ*もなかつた*ソコで私が明治三年中津に*母を迎ひに*行たヿ*がある、*所が其時は藩政も大いに**変つて居まして*福沢が東京から来たから話を聞かうではないかと云ふやうなヿ*になつて*家老の邸に*呼ばれて行た、*所が藩の役人と云ふ有らん限りの役人重役が皆其處に*出て居る。*案ずるに*私が行たらば嘸(*さぞ)ドウも大変な事を云ふだらうと待受けて居たに*違ひない*夫れから私が

藩の重役ニ*因循姑息説を説く 註10

ニ=Eに

其處ニ*出席すると*重役達の云ふに*藩はドウし*たら宜(よ)からうか方向に*迷*つて五里霧中なんかんと*何か*心配さうに*話すから*私ハ*之ニ*答へて*イヤもう是れはドウするに*も及ばぬこ*とだ能く諸藩では或は禄を平均すると云ふやうな事で大分(*だゐぶ)騒々(*さうぐ)し

いが私の考へでは何にもせずに今日の此侭で千石取て居る人は千石、百石取て居る人は百石、太平無事に悠々として居るが上策だと其説を詳ニ陳べると列坐の役人は大層驚くと同時に是れは〳〵穏かなヿを云ふもの哉と云はぬばかりの趣で大分顔色が宜い夫れから段々話が進んで来た所で私は一つ注文を出した今云ふ通り禄も身分も元の通りにして置くが宜からうソレは宜しいが茲に一つ忠告したいヿがある今此中津藩には小銃もあれば大砲もあり武を以て國を立てやうと云ふ其趣はチヤント見えて居るが併し今の藩士と此藩に在る武器で以て果して戦争が出来るかドウか私はドウも出来なからうと思ふ左れば今日只今長

武器賣却を勸む 註11

勸=E勸

州の人がズツと暴れ込めば長州に従はなければならぬ又薩州の兵が攻来れば之にも抵抗するヿが出来ないから薩州に従はなければならぬ誠に心配な話である之を私が言葉を設けて評すれバ弱藩罪なし武器災をなすと云はねバならぬ。ダカラ寧そ此鉄砲を皆賣て仕舞ひたい、見れば大砲は何れもクルツプだ今これを賣れば三千五千或は一万円にもなるかも知れぬから一切賣て仕舞て昔の琉球見たやうになつて仕舞ふが宜い爾うして置いて長州から攻めて来たら。ヘイ〳〵又薩摩から遣て来たら。ヘイ〳〵斯う為やうとかア、為やうとか云へばドウか長州に行て直ニ話をして下さい又長州ならドウか薩州に行て直談を頼むと云て一切の面倒を他ニ嫁して此方はドウでも宜いと斯う云ふ仕向けが宜からう、さうした所で殺しもしなければ捕縛して行きもしないから爾う云ふやうにしたい、さうして一方に於てはドウしても此世の中は文明開化になるに極まつてるから学校を拵えて文明開化の何物たるを藩中の少年子弟に知らせると云ふ方針を執るが一番大事である扨爾う云ふ方針を執るとして武器を廢して仕舞へば餘り割

が=Eが、／に=BCDEに／に=BCDEに／で=Eで、／、=A。Dなし／、=A。／に=AニBCDEに／し=ABCDEし／と=Eと、／ニ=BCDEに／と=Eと、／坐=AE座BCD座／に=AニBCDにEに、／ヿ=ABことCDEこと／かな=Eなし／で=Eで、／い=AいEい。／で=Eで、／た=Eた。／にし=AにしBCDEにし／う=Eう、／が=Eが、／に=BCDEに／し=ABCDEし／ヿ=ABことCDEこと／る=Eる。／に=BCDEに／り=Eり、／チヤント=BCDチヤンとEチヤント／が=Eが、／に=AニBCDEに／か=Eか、／ふ=Eふ、／ズツ=Eズッ／に=BCDEに／ぬ=Eぬ、／ヿ=ABことCDEこと／に=BCDEに／ぬ=Eぬ、／に=AニBCDEに／ある=BCDあるEある、／バ=BCDばEば、／バ=BCDEば／。=BCDE、／いつ=AいつCなし／い、=Aい。／クルツプだ=Eクルツプだ、／今これ=BこれCDこれE今これ／に=BCDEに／ら=Eら、／に=BCDEに／ふ=Bう／い=AいEい、／置いて=A置いてB置てCD置て／。=BCDE、／〳〵=BCD〳〵、／。=BE、CDなし／〳〵=BCE〳〵、／為=ABCD爲E爲／か=ABCDEか、／し=Eなし／ば=Eば、／に=BCDEに／ニ=BCDEに／し=ABCDEし／い=Aい。BCDEい、／に=AニBCDEに／て=Eて、／ニ=BCDEに／嫁=BC嫁D稼／て=Eて、／と=Eと、／、=A。／し=ABCDEし／にし=AにしBCDEにし／い、=Aい。／に=BCDEに／し=ABCDEし／に=BCDEに／極まつて=BCD極てE極まつて／ら=Eら、／え=CDEへ／に=BCDEに／ある=BCDあるEある、／さ=Eなし／て=Eて、／ば=AバEば、

よす=AEなし/可゙=ABCDがEが、/尓=BCDEに/ヿ=AB古とCDEこと/る=Eる、/尓=BCDEに/ニ=BCDEに/困つて=BCD困て/る=Eる、/志=ABCDEし/い、=Aゐ。Dい/廢志た=A廢したBCD廢したるE廢した/尓=BCDEに/年々=AなしBCD年々/る=Eる、/ば=Eば、/尓=BCDEに/、=A。Dなし/尓=BCDEに/ば=Eば、/各々=B各々CD各々E各ゝ/ゐろがは=BCDいろがはEなし/尓=AニBCDEに/た=Eなし/い=AゐEい、/志=ABCDEし/尓志=A尓しBCDEにし/は=Eは、/コリヤ=Eコリャ/畧=BCD略E略/尓=BCDEに/尓=BCDEに/極つた=BCD極た/か=Eか、/尓=BCDEに/クルツプ=Eクルップ/だ=Eだ、/となり=Eなし/アームストロン=BCDEアームストロング/だ=Eだ、/。=BCE、Dなし/な=Eな、/は=AハEは、/尓=BCDEに/志ない=AしなゐBCDしないEしない、/い=AゐEい、/て=Eて、/尓=AニBCDEに/尓なる=BCDになるEになる、/爾=BC爾D爵/、=AE。/尓=BCDEに/。=BCD、/で=Eで、/菅沼新五右ヱ門=A菅沼新五右衛門BC菅沼新五右衛門DE菅沼新五右衛門/對=BCD對E對、/坐=A座BCD坐E坐/で=CDEで、/ぬ=Eぬ、/い=AゐEい、/尓=BCDEに/尓=BCDEに/で=Eで、/斗りハ=A計リハBCD計りはE斗りは/ら=Eら、/ず=Eず、/し=Eなし/な=Eな、/い=AゐEい、/尓=BCDEに/い=AゐEい、/志=ABCDEし/て=Eて、/や=AEなし/尓=BCDEに/が=Eが、/尓=BCDEに/志=ABCDEし/ニ=A尓BCDEに/為=AしBCD爲E爲/ヿは=AB古とはCDことはEことは、/尓=BCDEに/ヿで=AB古とでCDことでEことで、/ニ=A尓BCDEに/くどく=Eなし/ニ=A尓BCDEに/う=Eう。/ニ=BCDEに/藩=Aなし/志=ABCDEし/ず=Eず、/志=ABCDEし/る=Eる。/尓=BCDEに/た=Eた。

合が宜過ぎるやうだ可゙ソコ尓は斯う云ふヿがある今私は東京の事情を察する尓新政府は海陸軍を大ニ改革しやうとして金がなくて困つて居るソコで一片の願書なり届書なり認めて出志て見るが宜しい、其次第は此中津藩は武備を廢志た為め尓年々何万円と云ふ餘計な金がある此金を納めませうから政府の方でドウでも為すつて下さいと斯う云へば海陸軍では大尓悦ぶ、政府の身尓なつて見れば此諸藩三百の大名が各々色変りの武器を作り色変りの兵を備へて置く其始末尓堪まるものぢやないドウ志たッて一様尓志たいと云ふのはコリヤ政府の政畧尓於て有る尓極つた訳けではないか然る尓此處ではクルツプの鉄砲だ隣ではアームストロンの大砲だイヤ彼處では佛蘭西の小銃。此方は和蘭から昔し輸入したゲベルを持て居ると云ふやうな日本國中千種萬様の兵備では政府尓於てイザ事と云ても戦争が出来さう尓も志ないソレよりか其金を納むるが宜い爾うすれば獨り政府が悦ぶのみならずして中津藩も誠尓安楽尓なる所謂一挙両全の策であるから爾う遣りなさいと云た、所がソレ尓は大反對さ。兵事係の役人が三人も四人も居る中で菅沼新五右ヱ門[註12]と云ふ人などは大反對満坐一致でソレは出来ませぬ

武士の丸腰

何の事はない武士尓向て丸腰尓なれと云ふやうな説でソレ斗りハ何としても出来ないと云ふから私は深く論じもせず出来なければ為なさるなドウでも宜しい御勝手尓なさい只私は爾う志たらば便利だと思ふ丈けの話だからと云てソレ切り罷め尓なつて仕舞ひましたが併し私が其政治論尓熱志なかつたと云ふ為めニ中津の藩士が怪我を為なかつたと云ふヿは是れは事実尓於て間違ひないヿで自から藩の為めニ功徳ニなつて居ませう其上ニ中津藩では減禄を志ないのみならず平均志た所で加増志た者がある何でも大変尓割合が宜かつた例へば私

ひ＝Eひ、／、＝AE。Dなし／に＝BCDEに／で＝Eで、／つい＝BCDつひEなし／にハ＝AにはBCDEには／仕舞つて＝BCD仕舞て／しない＝AしないBCDしないEしない。／に＝BCDEに／に＝BCDEに／穏か＝B穏かCD穏かE穏か／こ＝ABことCDEこと／す＝Eす。

自傳十六（封筒表）
福翁自傳（五十五）（五十六）一身一家經濟の由來（五）時事新報明治三十二年一月八日（日）
もと＝Eモト／ニ＝AにBCDEに／たちかへつ＝Eなし／ま＝Eなし／う＝Eう。／ハ＝BCDEは／に＝BCDEに／が＝Eが、／だ＝Aた／ある＝BCDあるEある、／い＝BCDいEい、／ハ＝BCDEは／淂＝ABCE得D得／が＝Eが、／ニ＝BCDEに／ハ＝BCDEは／い＝BCDいEい。／凡＝AE風BCD風／て＝Eて、／ニ＝BCDEに／こ＝CDEこ／あたま＝BCDEあたま／ニ＝AにBCDEに／で＝Eで、／ハ＝BCDEは／い＝BCDEい／て＝Eて、／ニ＝AにBCDEに／。＝BCD、／ニ＝BCDEに／ニ＝BCDEに／き＝Eき、／が＝ABCDがEが、／翻＝BCD飜E飜／兩＝D兩E兩、／にハ＝BCDEには／い＝BCDEい／あ＝BCDEあ／ニ＝AにBCDEに／ニ＝AにBCDEに／て＝Eて、／ニ＝AにBCDEに／と＝Eと、／歩。＝BCD分、E分、／ニ＝BCDEに／いた＝BCDいたEいた、／ハ＝BCDEは／ん＝Eん、／ほん＝Eなし／ハ＝BCDEは／あき＝ABCDあきEなし／だ＝Eだ、／見縊つて＝BCD見縊て／めぐ＝Eなし／了管＝BCD了簡E了簡／あらう＝BCDあらうEあらう、／ニ＝BCDEに／て＝Eて、／まじめ＝Eなし／ニ＝AにBCDEに／あ＝BCDEあ／才で＝A苐でBCD第でE第で、／ニ＝AにBCDEに／こ＝CDEこ／て＝Eて、／にハ＝BCDEには／い＝BCDいEい。／ハ＝BCDEは／に＝BCDEに／み＝Eみ。／理窟＝BCD理屈／に＝BCDEに／ハ＝BCDEは／ニ＝AにBCDEに／こ＝CDEこ／ある＝BCDあるEある。／ニ＝BCDEに／だいじふのう＝BCだいじうのうDEだいじふのう／て＝Eて、／時＝D時E時、／とも＝Eなし／に＝BCDEに／居て＝ABCDなしE居て、／バ＝BCDEば、／凢＝B凡CD凡E凡／二＝E二、／ニ＝BCDEに

の妻の里などは二百五十石取て居て三千円ばかりの公債証書を貰ひ今泉（秀太郎氏なり）は私の妻の姉の家で三百五十石か取て居たが四千円も貰ひましたらう、けれども藩士の禄券と云ふものは悪銭身に付かずと云ふやうな訳けで終にハなくして仕舞つて何もありはしない兎に角に中津藩の穏かであつたと云ふことは間違ひない話です

商賣の実地を知らず
実＝E實

話は以前ニ立還て復た經濟を語りませう私ハ金銭の事を至極大切にするが商賣は甚だ不得手である其不得手とは敢て商賣の趣意を知らぬではない其道理ハ一通り心得て居る積りだが自分ニ手を着けて賣買貸借ハ何分ウルサクて面倒臭くて遣る気がない且つむかしの士族書生の気凡として利を貪るは君子の事ニ非ずなんと云ふことが脳ニ染込んで商賣ハ愧かしいやうな心持がして是れも自から身ニ着き纏ふて居るでせう。既ニ江戸ニ始めて来たとき同藩の先輩岡見彦曹と云ふ人が和蘭辭書の原書を翻刻して一冊の代價五兩その時にハ安いもので随分望む人もある中ニ私が世話をして朋友ニ一冊買はせて其代金五兩を岡見ニ持て行くと主人が金一歩。紙ニ包んで呉れたから驚いた是れハ何の事か少しも分らん本の世話をして賣た其礼とハ呆れた話だ畢竟主人が少年書生を見縊つて金を恵む了管であらう無礼な事をするもの哉と少し心ニ立腹して真面目ニなつて争ふた事があると云ふやうな次才で物の賣買ニ手数料などゝ云ふことは町人共の話として書生の身にハ夢ほども知らない左れども是等ハ唯書生の一身に直接して然るのみ扨経済の理窟に於

火斗を買て貨幣法の間違ひを知る

てハ當時町人共の知らぬ處ニ考の届くことがある或るとき私が鍛冶橋外の金物屋ニ行て臺火斗を買て價が十二匁と云ふ其時どう云ふ譯けだか供の者に銭を持たせて居て十二匁なれバ凢そ一貫二三百文ニ

ら=Eら、/に=BCDEに/に=BCDにEに、/ふと=Eなし/心付いた=BCD心付たE心付いた。/ハ=BCDEは/凡=B凡CD凡E凡/七=E七、/ある=BCDあるEある、/ニ=BCDEに/ニ=AにBCDEに/ハ=BCDEは/二=E二、/い=BCDいEい、/じふのう=ABCじうのうEなし/あ=BCDEあ/ら=Eら、/ハ=BCDEは/ハ=BCDEは/い。=BCEい、Dい/こ=CDEこ/。=BCDE、/こ=CDEこ/バ=BCDEば/いつぶ=ABCDいつぶEなし/だ=Eだ、/ハ=BCDEは/ニ=AにBCDEに/い=BCDEい/て=Eて、/て=Eて、/に=BCDEに/バ=BCDばEば、/ハ=BCDEは/で=Eで、/に=BCDEに/はず=BCDばずEばず、/凡聞=A風聞BCD風聞E風聞。/ソレカラ=BCDソレから/ニ=BCDEに/ニ=BCDEに/あるが=BCDあるがEあるが、/ニ=BCDEに/斗り=ACD計りB許りE斗り/にハ=AにはBCDEには/に=BCDEに/ぬ=Eぬ。/冬=BCD冬E冬、/前=E前、/ニ=BCDEに/て=Eて、/バ=AハBCDばEば、/ニ=BCDEに/淂=ABCDE得/で=Eで、/ニ=AにBCDEに/て=Eて、/ニ=BCDEに/ら=Eら、/に=BCDEに/はず=ABCDばずEばず、/ハ=BCDEは/ニ=BCDEに/て=Eて、/こ=CDEこ/ある=BCDあるEある。/な=DEの/ことで=CDことでEことで、/ハ=BCDEは/帳合之法=BCDE帳合之法/翻=BCD飜E飜/て=Eて、/ニあ=BCDEにあ/ハ=BCDEは/ニ=BCDEに/倣ふて=BC倣ふてD倣つて/書いた=BCD書たE書いた/ある=BCDあるEある。/ハ=BCDEは/くろふと=BCDEくろうと/ぬ=Eぬ、/ハ=BCDEは/て=Eて、/ハ=BCDEは/実に=BC實にDE實地に/こと=BとCDEこと/か=ABCDかEか、/が=ABCDEが/い=BCDいEい。/ウント=BCDウンと/バ=BCDEば/こと=BとCDEこと/い=BCDいEい、/も=Eも、/ソンナ=BCDソンな

なるから其銭を店の者に渡したときに私が不図心付いた此銭の目方ハ凡そ七八百目から一貫目もある然るニ銭の代りニ請取た臺火斗ハ二三百目しかない銭も火斗も同じ銅でありながら通用の貨幣ハ安くて賣買の品ハ高い。是れこそ経済法の大間違ひだ。こんな事が永く續けバ銭を鋳潰して臺火斗を作るが利益だ何としても日本の銭の價ハ騰貴するニ違ひないと説を定めて一歩を進めて金貨と銀貨との目方性合を比較して見て西洋の金一銀十五④の割合にすれバ日本の貨幣法ハ間違ひも間違ひか大間違ひで私が首唱して云ふにも及はず外國の商人は開國その時から大判小判の輸出で利を占めて居るとの凡聞ソレカラ私も知て居る金持の人ニ頻りニ勧めて金貨を買はせた事があるが是れも唯人ニ話をする斗りで自分にハ何にも為やうとも思付かぬ唯私の覺えて居るのは安政六年の冬米國行の前或人ニ金銀の話をして翌年夏帰國して見れバ其人が大ニ利益を淂た様子で御礼ニ進上すると云て一朱銀の数も計へず私の片手ニ山盛り一杯金を呉れたから深く礼を云ふにも及はず何ハ扨置き早速朋友を連れて築地の料理茶屋ニ行て思ふさま酒を飲ませたことがある先づ此位なことで其癖私ハ維新後早く帳合之法と

簿記法を翻譯して簿記を見るに面倒なり
翻=E飜/に=Eに

云ふ簿記法の書を翻譯して今日世の中にある簿記の書ハ皆私の譯例ニ倣ふて書いたものであるダカラ私ハ簿記の黒人でなければならぬ所が讀書家の考と商賣人の考とハ別のものと見えて私ハ此簿記法を実に活用することが出来ぬのみか他人の記した帳簿を見ても甚だ受取が悪いウント考へれバ固より分らぬことはない屹と分るけれども唯面倒臭くてソンナ事をして居る気

④当時日本では金一に対し銀は五の割合であった。

ゐから＝BCDいからEいから、／か＝Eか、／ゟ＝ABCDEか／ハ＝BCDEは／ひとまか＝Eなし／ょして＝BCDにしてEにして、／ハ＝BCDEは／惣＝BCD總E總／しめ＝Eなし／斗り。＝A計り。BCD計り、E斗り。／ゝ＝CDEこ／ゐ＝BCDEい／る＝Eる。／バ＝BCDEば／て＝Eて、／ゐ＝BCDEい／ゐ＝BCDEい／ゐる＝ABCDあるEある。／瀧口吉良＝E瀧口吉良／も＝Eも、／ハ＝BCDEは／で＝Eで、／ニ＝BCDEに／ゐ＝BCDEあ／が＝Eが、／ハ＝BCDEは／チヤント＝BCDチヤンとEチヤント／たんす＝Eなし／ニ＝AょBCDEに／て＝Eて、／ニ＝BCDEに／バ＝BCDEば／て＝Eて、／ハ＝BCDEは／ニ＝BCDEに／く＝Eく。／ニ＝BCDEに／どう＝Eなし／バ＝BCDEば／ヿ＝ABゝとCDEこと／ゐ＝BCDEい／ゟ＝ABCDかEか、／承知で＝BCD承知で／ょ＝BCDEに／ら＝Eら、／ヿ＝ABゝとCDEこと／い＝AゐBCDいEい。／ニ＝BCDEに／ハ＝BCDEは／き＝Eき、／預つた＝BC預たD預た／ニ＝BCDEに／本＝BCDE本／か＝Eなし／ゝ＝CDEこ／ゐ＝BCDいEい。／どう＝Eなし／ハ＝BCDEは／か＝Eか、／バ＝BCDEば／つくえ＝BCDつくゑEなし／ひきだし＝Eなし／う＝Eう。／ソコデ＝BCDソコで／が＝ABCDEが／ニ＝BCDEに／て＝Eて、／ゟ＝ABCDEか／ニ＝BCDEに／て＝Eて、／ニ＝AょBCDEに／ょ＝BCDEに／ら＝Eら、／どう＝Eなし／だ＝Eだ、／ゐつち＝BCDあつちEなし／ょ＝BCDEに／て＝Eて、／彼の＝A彼方のBCD彼の／ゝつち＝AEなしBCDこつち／ょ＝BCDEに／が＝Eが、／ょ＝BCDEに／よ＝Eなし／。＝BCE、Dなし／ヿ＝ABゝとCDEこと／。＝BCDなしE、／ょ＝BCDEに／ヿ＝ABゝとCDEこと／餘つた＝BCD餘た／。＝BCE、Dなし／ゐ＝BCDEあ／ニ＝AょBCDEに／て＝Eて、／ゐ＝BCDEい／ょ＝BCDEに／ゐか。＝BCDEいか、／ょ＝BCDEに／ニ＝AょBCDEに／ら＝Eら、／態々＝BCD態々E態と／ょ＝BCDEに／ハ＝BCDEは／だ＝Eだ、／と＝Eと、／ニ＝AょBCDEに／て＝Eて、／濶＝BCD濶E闊／萬＝BCD萬E萬、／。＝BCDE、／ょ＝BCDEに／ょ＝BCDEに／ヿ＝ABゝとCDEこと／、＝A。／か＝Eか、／ょ＝BCDEに

がなゐから塾の會計とか新聞社の勘定とか何ゟ入組んだ金の事ハみんな人任せょして自分ハ唯その惣体の締て何々と云ふ数を見る斗り。ゝんな事で商賣の出来なゐのは私も知て居る例へバ塾の書生などが學費金を持て来て毎月入用だけ請取りたゐから預けて置きたゐと云ふ者がゐる今の貴族院議員の瀧口吉良⑤註13なども先年書生の時ハ其中の一人で何百円か私の處ニ預けてゐつたが私ハ其金をチヤント箪笥の抽斗ニ入れて置て毎月取りニ来れバ十円でも十五円でも入用だけ渡して其残りハ又紙ニ包んで仕舞て置く其金を銀行ニ預けて如何すれバ便利だと云ふヿを知るまゐ事ゟ百も承知で心ょ知て居ながら手で為るヿが出来ない銀行ニ預けるハ扨置き其預つた紙幣の大小を一寸私ニ取替へて本の姿を変へるゝとも気が済まなゐ如何でも是れハ持て生れた藩士の根性か然らざれバ書生の机の抽斗の會計法でせう

借用證書がゐらバ百萬円遣らう（ゐ＝Eあ／バ＝Eば／円＝E圓）

ソコデ或時例の金融家のエライ人が私方ニ来て何ゟ金の話ニなつて千種萬様実ニ目ょ染みるやうな混雑な事を云ふから扨て／＼如何もウルサイ事だ此金を彼方ょ向けて彼の金は此方ょ返へすと云ふ話であるが人ょ貸す金があれば借りなくても宜さゝうなものだ。商賣人は人の金を借りて商賣すると云ふヿは私も能く知て居るが。苟も人ょ金を貸すと云ふヿは餘つた金があるから貸すのだ。仮令ひ商賣人でも貸す金がゐるなら成る丈けソレを自分ニ運轉して他人の金をば成る丈け借用しなゐやうょするのが本意ではなゐか。然るょ自分ニ資本を持て居ながら態々人ょ借用とハ入らざる事をしたものだ餘計な苦労を求めるやうなものだと云ふと其人が大ニ笑て迂濶千萬途方もない事を云ふ。商賣人と云ふものは入組んで／＼滅茶々々ょなつたと云ふ其間ょ又種々様々の面白いヿのあるもので、そんな馬鹿な事が出来るものか啻ょ商賣人

ま=BCDEに／ず=Eず、／ま=BCDEに／ヿ=ABホとCDEこと／。=BCDE、／ソンナ=BCDソンな／どホ=BCDどこEなし／ま=BCDEに／ら=Eら、／ハ=BCDEは／ヒヨイト=BCDヒヨイとEヒョイト／付ゐた=BCD付(つい)たE付いた。／おはなし=BにはなしEなし／バ=BCDばEば、／ニ=AまBCDEに／どこ=Eなし／ま=BCDEに／が=Eが、／ハ=BCDEは／ホヽま=BホヽにCDEこヽに／す=Eす。／ヿ=ABホとCDEこと／い=AゐEい。／‖=BCD「／な=Eな。／‖=BCD「／どう=Eなし／い=AゐEい。／ハ=BCDEは／四=E四、／ホ=CDEこ／い=AゐDい、Eい。／うそ=Eなし／ば=AバEば、／ま=BCDEに／据つて=BCD据(すわっ)て／い。=Aゐ。BCDEい、／い=AゐEい、／志=ABCDEし／、=AE。／ふ=BCDうEう。／志=ABCDEし／志ない=AしなゐBCDしないEしない。／ま=AニBCDEに／こそ=ABホそ／どう=Eなし／だ、=Aだ。／で=Eで、／ま=BCDEに／志たが=ABCDしたがEしたが、／ヿ=ABホとCDEこと／い=AゐEい。／も=Eも、／ぬ=Eぬ。

、=A。／で=Eで、／だ=Aた／ヿ=AホとCDEこと／い=AゐEい。／ま=BCDEに／返さ=BCD返(か)へさ／ぬ=Eぬ、／こちら=AEなし／ま=BCDEに／い=AゐEい。／が=Eが、／ニあ=BCDこっち／ま=BCDEに／い=AゐEい。／が=Eが、／ニあ=BCDEにあ／搆=BCD構(かま)E構／ゐ=BCDいEい、／ニ=BCDEに／て=Eて、／こきつて=CDこぎつてEなし／バ=BCDEば／とく=AEなし／ニ=BCDEに／ふ=Eふ、／ソレハ=BCDソレは／て=Eて、／凡ニ=A風まBCD風(ふう)にE風に／ゐとハ=AゐとはBCDEいとは／も=Eも、／まハ=BCDEには

ま*限らず*凡そ人の金を借用せずま*世の中を渡ると云ふヿが*出来るものか。**ソンナ人が*何処(どホ)ま*在るかと云て私を冷却(れいきやく)するから**私ハ其時始めて*ヒョイト思付*ゐた今*御話(おはなし)を聞け*バ世の中*ニ借金しない者が何処(*どこ)*ま在るかと云ふが*其人ハ*今ホヽま*居ます私は是れまで只の一度も人の金を借りた*ヿがない**‖そんな馬鹿な事を云ひなさるな**‖イヤ如何(*どう)してもない*生れて五十年（是れハ*十*四五年前の話）人の金を一銭でも借りた*ホとはな*いソレが嘘(*うそ)ならば*試(こゝろみ)*ま私の印形の*据つて居るものとは云はない。反古(ほご)でも何でも宜(よろ)し*いソレを捜*志て持て来て御覧、*私が百万円で買は*ふドウ*志たつてありは*志ない日本國中ま*福澤の書いた借用證文と云ふものはソレこ*そ有る氣遣ひはないが如何(*どう)だ、*と云ふやうな譯けで其時*ま*私も始めて思ひ出*志たが私は生れて此方(このかた)遂ぞ金を借りた*ヿがない*是れはマア私の眼から見れば尋常一様の事と思ふけれども*世間の人が見たらば甚だ尋常一様でないのかも知れぬ*

金を預けるも面倒なり

ソレで私は今でも多少の財産を持て居る*、持て居るけれども私ところの会計と云ふものは至極簡単で少しも入込(いりこ)んだ*ヿ*はない此金を誰*ま*返さなければならぬ之を此方(*こちら*)*ま振向けなければならぬと云ふやうな事は絶えてない*ソレで僅かばかり二百円とか三百円とか云ふ金が手元*ニあつてもなくても*搆はな*ゐソレを銀行*ニ預けて必要のとき小切手(*こきつて)で拂ひをすれ*バ利息が徳(*とく)*ニなると云ふ*ソ*レハ私も能(よ)く知て居て*世間一体そう云ふ*凡ニなりた*ゐとハ思へども*扨自分*ま

⑤山口県出身。安政五年（一八五八）生。明治十四年慶應義塾入社、一時帰国し、十九年卒業。貴族院・衆議院議員。昭和十年（一九三五）没、七十八歳。

ハ*小面倒臭(こめんどくさ)*い*ソンナ事に*ドタバタするよりか*金は金で仕舞て置て。*拂ふときに*は其紙幣(さつ)を計(かぞ)へて渡して遣ると*斯(か)う云ふ趣向にして*私も家内も其通りな考へで*真実封建武士の机(つくゑ)の抽斗(ひきだし)の会計と云ふヿに*なつて*其話に*なると丸で別世界のやうで*文明流の金融法ハ*私の家ニ*這入(はい)りません*

に=Eに

假初に*も愚痴を云はず

夫れからして*世間の人が私に*對して推察する所を*私が又推察して見るに*ドウも世人の思ふ所は決して*無理でない、*と云ふのは私が若(わか)*い時から困*つたと云ふヿを*一言(いちごん)*でも云たヿが*ない*誠に*家事多端で金の入用が多くて困るとか。*今歳(ことし)*は斯(か)う云ふ不時な事があつて困却致すとか云ふやうな事を*假初(かりそめ)に*も口外したヿが*ない。*私の眼に*ハ世間が可笑(をか)しく見える*世間多数の人が動(やゝ)*もすれバ*貧乏で困(こま)*る。*金が不自由だ。*無力だ。*不如意だ。*なんかんと愚痴(ぐち)をこ*ぼすのハ*或ハ*金を貸し*て貰ひたいと云ふやうな意味で言ふのか*但し*は洒落(しゃれ)に*言ふのか。*飾(かざ)*りに*言ふのか。*私の眼から見れば何の事だか*少しも譯けが分らない*自分の身に*金があらうとなからうと敢て他人に*関係したヿで*ない自分一身の利害を下(くだ)*らなく人に*語るのは獨語(ひとりごと)*を言ふやうなもので。*こんな馬鹿毛(ばかげ)*た事ハ*ない*私の流儀に*すれバ*金がなければ使はない。*有つても*無駄に*使はない。*多く使ふも。*少なく使ふも。*一切世間の人のお世話に*相成らぬ。*使ひたくなければ使はぬ。*使ひたければ使ふ。*嘗て*人に*相談しやうとも思はなければ人ニ*喙(くちばし)*を容(い)れさせやうとも思はぬ。*貧富苦樂共ニ*獨立獨歩。*ドンな事があつても*一寸*でも困つた*なんて泣言(なきごと)*を云はずニ*何時(いつ)*も悠々として居るから*凡(ぼん)俗*の世界てバ*其様子(やうす)*を見て*コリヤ*何でも金持だと測量する人もあり*ませう*所が私ハ*又その測量者があらうと。*なからうと。*其推測が中(あた)らうと。*中るまいと。*少しも頓着(とんぢゃく)なしニ*

こめんどくさ=BCDこめんだうくさEなし/い=Eい、/ソンナ=BCDソンな/に=BCDEに/か=Eか、/。=BCDE、/に=BCDEに/と=Eと、/にして=AにしてBCDにしてEにして、/で=Eで、/ヿに=AことにBことにCヿにDEことに/て=Eて、/に=BCDEに/で=Eで、/ハ=BCDEは/ニ=BCDEに/ん=Eん。

福翁自傳（五十六〔五十七〕）一身一家經濟の由來（六）時事新報明治三十二年一月十二日（木）

て=Eて、/に=BCDEに/を=Eを、/に=BCDにEに、/決=BC決D決E決/い、=Aい。/わか=BCDわかEなし/困つた=BCD困(こまつ)た/ヿ=ABことCDEこと/いちごん=BCDいちごんEなし/ヿ=ABことCDEこと/い=AいEい、/に=AニBCDEに/。=AなしBCDE、/ことし=Aなし/を=Eを、/に=BCDEに/ヿ=ABことCDEこと/い。=AいBCDEい、/にハ=BCDEには/る=Eる、/やゝ=AEなし/バ=BCDEば/こま=Eなし/。=BCDE、/。=BCDなしE、/。=BCDなしE、/。=BCDE、/こ=CDEこ/ハ=BCDはEは、/ハ=BCDEは/し=ABCDEし/か=Eか、/し=ABCDEし/に=BCDEに/。=BCDE、/かざ=Eなし/に=BCDEに/。=BCE、Dなし/か=ABCDEか/い=BCDいEい、/に=BCDEに/に=AニBCDEに/し=ABCDEし/ヿ=ABことCDEこと/い=AいEい、/くだ=Eなし/に=BCDEに/ひとりごと=BCDEひとりごと/。=BCDE、/こ=CDEこ/馬鹿毛(ばかげ)=BCD馬鹿氣(ばかげ)E馬鹿氣/ハ=BCDEは/い=BCいDEい、/に=BCDEに/バ=BCDEば/い。=Aい。BCDEい、/有つても=BCD有ても/に=BCDEに/い。=Aい。BCDEい、/。=ABCDなしE、/。=ABCDなしE、/お=ACDEお/に=BCDEに/。=BCDE、/。=BCDE、/嘗て=A甞てBCD甞(かつ)て/に=BCDEに/し=ABCDEし/ば=Eば、/ニ=BCDEに/くちばし=Eなし/。=BCDE、/ニ=BCDEに/。=BCDE、/あ=ABCDEあ/も=Eも、/一寸=B一寸(ちよつと)CD一寸(ちよいと)/困つた=BCD困(こまつ)た/なきごと=BCDなきごとEなし/ニ=AにBCDEに/いつ=BCDいつEなし/ら=Eら、/凡=BCD凡(ぼん)E凡/てバ=AでハBCDEでは/やうす=AEなし/て=Eて、/コリヤ=Eコリャ/あ=BCDEあ/う=Eう。/ハ=BCDEは/あ=ABCDEあ/。=ADEなしBC、/。=BDE、Cなし/あた=BCDEあた/。=BC、DEなし/いと。=BCEいと、Dいと/ニ=BCDEに。=BCD、/ニ=AょBCDEに/淂=AE得BCD得(とく)/ゐ=BCDいEい、/淂=AE得BCD得/云人が=BCD云ふ人がE云ふ人が、/ょハ=BCDEには/凡=B凡CD凡E凡/𛀂=BCDEあ/と=Eと、/𛀂=ABCDEあ/ら=Eら、/ゕ゛=ABCDEが/ニ=AょBCDEに/に=AょBCDEに、/どうぞ=Eなし/。=BCDE、/まへ=Eなし/はだゝ=ABCDEはだか/ょ=BCDEに/ら=Eら、/ゐたゐ=BCDひたいEひたい、/ハ=BCDEは/て=Eて、/ら=Eら、/ソツクリ=Eソックリ/ニ=BCDEに/ゐ=BCDいEい、/ハ=BCDEは/だ=Eだ、/ゐ=BCDいEい、/さ=AEなし/バ=BCDEば/で=Eで、/𛀂=BCDEあ/で=ABCDてEて、/ホ=CDEこ/𛀂=BCDEあ/す=Eす。

ゕ゛=ABCDEが/ニ=BCDEに/坚=AE堅BCD堅(けん)/ゐのハ=BCDいのはEいのは、/せんてん=AEなし/𛀂るか=A𛀂るがBCDあるかEあるか、/そ=Eなし/ょ=BCDEに/か=DEなし/ニ=BCDEに/坚=AE堅BCD堅(かた)/こ=Eなし/かた=Eなし/う=Eう。/ニ=BCDEに/が=Eが、/来=BCD來(らい)E來、/し=Eし、/ハ=BCDはEは、/け=Eけ、/ょ=BCDEに/み=Eみ、/ニ=AょBCDEに/ょな=BCDになEなし/て=Eて、/ニ=BCDEに/。=BCDE、/坂=BCE阪D阪(さか)/ょ=BCDEに/ひんホん=BCDひんこんEなし/ニ=AょBCDEに/よく=Eなし/み=Eみ、/ハ=BCDEは/ょ=BCDEに/ニ=BCDEに/ホ=CDEこ/ホ=CDEこ/ゐ。=AゐBCい、DいEい。/。=BCE、Dなし/。=BCE、Dなし/ニ=BCDEに/て=Eて、/ホとハ=ABホとはCDEことは/て=Eて、/。=BCE、Dなし/。=BCDE、/ニ=AょBCDEに/ハ=BCDEは/十人並(ぢうにんなみ)=A十人並(ぢうまんなみ)B十人並(じうにんなみ)CD十人並(じふにんなみ)E十人竝/ょ=AニBCDEに/や=Eなし/がら=AからEがら、/。=BCDなしE、/ニ=BCDEに/で=Aて/𛀂ゐぐわん=AEなしBCDあいぐわん/ゐ。=BCDEい、/もと=Eなし/ょ=BCDEに/立戻(たちもど)つて=BCD立戻(たちもどつ)てE立戻つて/ゑづか=ABCDしづかEなし/ニ=BCDEに/おもひとゞま=Bおもひとゞまなし/み=Eみ。/つま=Eなし/。=BCDE、/ニ=AょBCDEに/で=Eで、/ハ=BCDEは/ゐつ=ABCDいつEなし/ら=Eら、/ょ=BCDEに/覺え(おぼへ)=AE覺えB覺(にぼ)えCD覺(おぼ)え/ゐが=BCDいがEいが、/ソンナ=BCDソンな/け=Eけ、

相替らず悠々として居ます。*既ニ*先年所淂税法の始めて發布せられた時などは可笑しゐ*区内の所淂*税掛りとか何とか云人*が私の家ょ*ハ財産が凡(およ)*そ七十萬円𛀂る*其割合で税を取ると内々*云て来た者が𛀂る*から私ゕ゛*其者ニ云ふに*何卒(*どうぞ)その言葉を忘れて呉れるな。*見て居る前(*まへ)で福澤の一家残らず裸体(*はだゝ)ょなつて出て行(ゆ)くから七十万円で買て貰ゐた*ゐ財産*ハ帳面のまゝ渡して家も倉も衣服も諸道具も鍋も釜も皆遣るから*ソツクリ買取て七十萬円の金ニ*易(か)へたゐ*唯漠然たる評價ハ*迷惑だ*現金で賣買したゐ*爾(*さ)うなれバ*生来(しやうらい)始めての大儲(おほまう)け*で生涯さぞ安樂で𛀂らう*と云で大笑ひしたホと*が𛀂ります*

ニ=Eに/謀=E′語

他人ニ*私事を謀*らず

私ゕ゛*経済上ニ*坚固を守て臆病で大膽な事の出来なゐ*のハ先天(*せんてん)の性質で𛀂るか抑(*そ)も亦身の境遇ょ*駈(*か)られて遂ニ*坚*く凝(*こ)り固(*かた)まつたものでせう*本年六十五歳ニ*なりますが*二十一歳のとき家を去て以来*自(みづ)から一身の謀(はかりごと)を為し*二十三歳家兄を喪ひしより後ハ*老母と姪と二人の身の上を引受け*二十八歳ょ*して妻を娶り子を生み*一家の責任を自分一身ニ*擔(*にな)ふて*今年ニ*至るまで四十五年の其間。*二十三歳の冬大坂*緒方先生ょ*身の貧困(*ひんこん)を訴へて大恩ニ*浴(*よく)したるのみ*其他ハ*假初ょ*も身事家事(しんじかじ)の私を他人ニ*相談したホともなければ又依頼したホともなゐ*。人の智恵を借りやうとも思はず。*人の差図(さしづ)を受けやうとも思はず。*人間萬事天運ニ*在りと覺悟して*勉めるホと*ハ飽(あ)くまでも根気能く勉めて*種々様々の方便を運らし。*交際を廣くして愛憎の念を絶ち。*人ニ*勧め又人の同意を求るなどハ*十人並(*ぢうにんなみ)*ょ*遣(*や)りながらソレでも思ふ事の叶はぬときは。*尚ほ其以上ニ*進んで哀願(*𛀂ゐぐわん)はしなゐ*。唯元(*もと)*ょ*立戻(*たちもど)つて獨り静(*ゑづか)*ニ*思(*おもひとゞま)止るのみ詰(*つま)る所。*他人の熱ニ*依らぬと云ふのが私の本願で此一義ハ*私が何(*いつ)時(つ)發起したやら自分ょ*も是れと云ふ覺え(*おぼへ)はなゐ*が少年の時からソンナ*心掛け*イヤ心掛

けと云ふよりもソンナ癖があつたと思はれます中津ニ居て十六七歳のとき白石と云ふ漢学先生の塾ニ脩業中同塾生の醫者か坊主か二人至極の貧生で二人とも按摩をして凌いで居る者がある其時私ハ如何でもして國を飛出さうと思て居るから之を見て大に心を動かしコリヤ面白い一文なしに國を出て罷り違へば按摩をしても喰ふことは出来ると思てソレカラ二人の者ニ按摩の法を習ひ頻りニ稽古して随分上達しました幸ニ其後按摩の藝が身を助ける程の不仕合もなしに済みましたが。習ふた藝ハ忘れぬもので今でも普通の田舎按摩よりかエライ湯治などニ行て家内子供を揉んで遣て笑はせる事があります。こんな事がマア私の常ニ云ふ自力自活の姿とでも云ふ可きものか。是れが故人の傳を書くとか何とか云へバ何々氏夙ニ獨立の大志あり年何歳其学塾ニ在るや按摩法を学んで云々なんと鹿爪らしく文字を並べるであらうが私などハ十六七のとき大志も何もありハせぬ唯貧乏で其癖。学問脩業はしたい。人ニ話しても世話をして呉れる気遣ひなし。せうことなしニ自分で按摩と思付た事です凡そ人の志ハ其身の成行次才ニ由て大きくもなり又小さくもなるもので子供の時に何を言はふと何を行なはふと其言行が必ずしも生涯の抵當ニなるものではない唯先天の遺傳。現在の教育ニ従て根気能く勉めて迷はぬ者か勝を占めることでせう

按摩を學ぶ

一大投機 註14

私が商賣ニ不案内とは申しながら生涯の中で大きな投機のやうなことを試みて首尾能く出来た事がありますソレハ幕府時代から著書翻譯を勉めて其製本賣捌の事をば都て書林ニ任してある所が江戸の書林が必ずしも不正の者ばかりでもないが兎角。人を馬鹿にする凡がある。出版物の草

ソンナ=BCDソンな/くせ=Eなし/あ=BCDEあ/す=Eす。/ニ=BCDEに/六=E六、/き=Eき、/ニ=AにBCDEに/脩業中=BCD修業中E修業中、/か=ABCDEか/二人=D二人E二人、/で=Eで、/凌い=A凌いBC陵いD凌いE凌い/ある=BCDあるEある。/ハ=BCDEは/どう=Eなし/とひだ=ABCDとびだEなし/ら=Eら、/に=AニBCDEに/し=Eし、/コリヤ=Eコリャ/い=BCDいEい、/に=BCDEに/出て=E出て、/まか=AEなし/ちが=AEなし/こ=CDEこ/て=Eて、/ソレカラ=BCDソレから/ニ=AにBCDEに/ひ=Eひ、/ニ=BCDEに/た=Eた。/ニ=BCDEに/ほど=Eなし/に=BCDEに/す=AEなし/。=BCDE、/ハ=BCDEは/で=Eで、/イ=Eイ。/ニ=AにBCDEに/も=AEなし/で=Aて/あ=BCDEあ/。=AなしBCD、/こ=CDEこ/ニ=AにBCDEに/。=BCDE、/バ=ABCDばEば、/ニ=BCDEに/あり=BCDありEあり、/ニ=BCDEに/と=Eと、/並=BCD並E竝/あ=BCDEあ/が=Eが、/ハ=BCDEは/六=E六、/あ=BCDEあ/ハせぬ=BCDはせぬEはせぬ、/くせ=Eなし/。=BCDE、/脩=BCD修E修/い。=BCDEい、/ニ=AにBCDEに/きづか=Eなし/。=BCDE、/こ=CDEこ/ニ=BCDEに/す=Eす。/凡=B凡CD凡E凡/ハ=BCDEは/才ニ=A第ニBCD第にE第に/で=Eで、/に=BCDEに/い=AEなしBCDい/ふ=BCDEう/行なはふと=B行はうとCD行はうとE行はうと、/けんこう=AEなしBCDげんかう/ニ=BCDEに/い=BCDいEい、/。=BCDE、/ニ=BCDEに/て=Eて、/か=ABCDEが/こと=BとCDEこと/う=Eう。

ニ=AにBCDEに/ら=Eら、/こ=CDEこ/て=Eて、/あ=BCDEあ/す=Eす。/ソレハ=BCDソレは/翻=BCD飜E飜/て=Eて、/ニ=BCDEに/まか=Eなし/ある=BCDあるEある。/が=ABCDEが/いが=BCDいがEいが、/。=ADEなしBC、/に=BCDEに/凡=AE風BCD風/ある。=BCDある、Eある。

と=Eと、/にも=BCDにもEにも、/はんぎ=Eなし/はんすり=Eなし/にも=BCDEにも/又=BCDE亦/にも=BCDにもEにも、/で=Eで、/い=BCDEい/い=BCDEい/にして=BCDにしてEにして、/おほもと=Bにほもと/ハ=BCDEは/あてがひぶち=AあてがひぶBCDEあてがひぶち/ある=BCDあるEある。/ソコデ=BCDソコで/なか〱=Eなし/たいさう=ABCDたいそうEなし/で=Eで、/ひとまか=Eなし/に=BCDEに/分つて=BCD分(わかつ)て/。=ADなしBC、/ニ=AにBCDEに/あ=BCDEあ/い=BCDいEい、/。=BCDE、/に=BCDEに/。=BCD、/宜い=BCD宜(い)いE宜い/ハ=BCDEは/たん=Eなし/で=Eで、/とつゝきは=AとりつきはBCとつつきはEなし/い=BCDいEい。/第=B第(たい)CD第(だい)E第/ぬ=Eぬ。/に=BCDEに/て=Eて、/おじきさん=BにぢきさんCDEおぢきさん/くて=BCDくEくて、/むか=ABCDむかEなし/がし=DかしEなし/に=BCDEに/ら=Eら、/あ=Eなし/こちら=BCDこつちEなし/にし=AにしBCDEにし/。=BCD、/才ハ=A第ハBCD第(だい)はE第は、/あり=BCDありEあり、/かきあつ=BCDかきあつEなし/ら=Eら、/嶋=ACDE島/ニ=BCDEに/て=Eて、/て=Eて、/俵=BCD俵(べう)E俵、/ニ=BCDEに/ことニ=AにとにBことにCDEことに/た=Eた。/に=BCDEに/に=BCDEに/。=BCD、/虽も=A雖もBCD雖(いへど)もE雖も、/ヤツト=Eヤット/で=Eで、/。=BCDE、/に=BCDEに/し=ABCDEし/ら=Eら、/値(ね)=BCD直(ね)E値/る=Eる、/よこ=AよこEなし/に=BCDEに/極つてる、=A極つてる。BCD極(きまつ)てる、E極つてる。/が=Eが、/ニ=AにBCDEに/に=AニBCDEに/て=Eて、/で=Eで、/ソレカラ=BCDソレから/に=BCDEに/と=ABことCDEこと/にして=AにしてBCDにしてEにして、/勢=BCD勢(ぜい)E勢/め=Eめ、/に=BCDEに/置いて=A置いてB置(にい)てCD置(おい)て/に=BCDEに/ら=Eら、/に=BCDEに/這入つて=BCD這入(はいつ)て/ニ=BCDEに/き=Eき、/だ=Eだ、/だ=Eだ、

稿が出来ると*其版下を書くに*も*版木(はんぎ)*版摺(はんすり)の職人を雇ふに*も又*その製本の紙を買入るゝ*にも都(すべ)て書林の引受けで*其高い*も安い*も云ふがまゝに*して大本(*おほもと)の著譯者ハ*當合扶持(*あてがひぶち)を授けられると云ふのが年来の習慣である*ソコデ*私の出版物を見ると中々(*なか〱)大層(*たいさう)なもので*之を人任(*ひとまか)せに*して不利益は分つて居る。*書林の奴等ニ*何程の智恵もありはしない*高の知れた町人だ。*何でも一切の権力を取揚げて此方(こっち)のものに*して遣らうと説を定めた。*定めたは宜(*い)いが*実ハ望洋の歎(*たん)*で少しも取付端(*とつゝきは)がない*第*一番の必要と云ふのが職人を集めなければならぬ*今までは書林が中に*挾(はさ)まつて居て*一切の職人と云ふ者は著譯者の御(*お)直参(じきさん)でなく*て向(*むか)ふ河岸(*がし)に*居るやうなものだから*彼(*あ)れを此方(*こちら)の直轄に*しなければならぬと云ふのが差向きの必要。*ソコで私は一策を案じた其次才*ハ當時明治の初年で餘程金も*あり之を搔集(*かきあつ)めて千両ばかり出来たから*夫れから數寄屋町の鹿嶋*⑥と云ふ大きな紙問屋ニ*人を遣て*紙の話をして*土佐半紙を百何十俵*代金千両餘りの品を即金で一度ニ*買ふ*ことニ約束をした*其時に*千両の紙と云ふものは実に*人の耳目を驚かす。*如何なる大書林と虽*も百五十両か二百両の紙を買ふのが*ヤツトの話で*ソコへ持て来て千両現金。*直ぐに*渡して*遣ると云ふのだから*値(*ね)も安くする品物*も宜(い)い物を寄越(*よこ)すに*極*つてる、高かつたか安かつたか知らないが*百何十俵の半紙を一時ニ*新銭座に*引取て*土藏一杯積込んで**ソレカラ書林に*話して版摺(はんずり)の職人を貸して呉れと云ふと**にして何十人と云ふ大勢*の職人を集め*旧同藩の士族二人を監督に**置いて仕事をさせて居る中に*職人が朝夕(てうせき)紙の出(だし)入(い)れをするから*藏に**這入つて其紙を見て大ニ*驚き*大変なものだ*途方もないものだ*此家

⑥加島屋が正しいといわれる。

に=BCDEに／。=BCDE、／い=BCDEゐ／なれバ=BCDEあれば／ハ=ABCDEは／ニ=AにBCDEに／い=BCDEい／て=Eて、／此方=A此分BCD此方(こつち)／し=ABCDEし／ふ=ABCDEな／で=Eで、／端緒(いとぐち)=BDE端緒(いとぐち)C緒端(いとぐち)／ニ=BCDEに／て=Eて、／ハ=BCDEは／に=BCDEに／。=ADなしBC、／ハ=BCDEは／き=Eなし／い=BCDEい／凡=AE風BCD風(ふう)／が=Eが、／ハ=BCDEは／な=BCDEあ／から=ABCDがらEがら、／ニ=BCDEに／おそ=BCDをそEなし／で=Eで、／ニ=BCDEに／て=Eて、／ソレカラ=BCソレから／板=AE版BCD版(はん)／次才〳〵=A次第〳〵B次第(しだい)〳〵C次第(しだい)々々D次第(しだい)〳〵E次第々々／ニ=BCDEに／ニ=BCDEに／て=Eて、／ハ=BCDEは／にして=BCDにしてEにして、／にハ=BCDEには／し=BCDEじ／斗り=A計りB許(ばか)りCD計(ばか)り／ことに=BことにCDEことに／は=Eは、／ハ=AバBCDEは／が=Eが、／こ=CDEこ／す=Eす。

に製本を始めたが。 此くらい*紙がな*れバ仕事ハ*永續するニ*違ひない*と先づ信仰して*且(か)つ*此方では拂ひをキリ〳〵*して遣ると云ふやうふ*訳けで*是れが*端緒(いとぐち)*ニなつて*職人共ハ**問はず語りに*色々な事を皆白状して仕舞ふ。*此方の監督者ハ*利い*(き)*た凡をして居るが*其実ハ*全くの素人(しろうと)でな*りなから*職人ニ*教(おそ)*はるやうなもので*段々巧者ニ*なつて**ソレカラ板*木師も製本仕立師も次才〳〵*ニ*手ニ*附けて*是れまで書林の為す可き事ハ*都(すべ)て此方の直轄に*して書林に*ハ唯出版物の賣捌(うりさばき)を命して*手数料を取らせる斗り*のこと*にしたのは*是れハ*著譯社會の大変革でしたが*唯こ*の事ばかりが私の商賣を試みた一例です*

品行家凡*

経済の事ハ*右の如くに*して私ハ*私の流義を守て生涯こ*のまゝ替へずニ*終るこ*とであ*らうと思ひますが**ソレカラ又自分の一身の行狀ハ*如何(どう)*であ*つたか。*家を成した後に*家の有様は如何(どう)かと云ふこ*とに付て*有りのまゝの次才*を語りませう*扨私の若い**時ハ*如何(どう)だと申すニ*中津ニ*居たとき子供の時分(じぶん)から成年ニ*至るまで何としても同藩の人と打解けて真実ニ*交はるこ*とが出来ない*。本當(ほんとう)*ニ朋友ニ*なつて共々(ともぐ)*ニ心事(しんじ)を語る所謂莫逆*の友と云ふやうな人は一人もない*註1。世間に*ないのみならず親類中に*もない*、と云て私が**偏窟者(へんくつもの)で人と交際(つきやい)が出来ない*と云ふではない*。ソリヤ男子ニ*接しても婦人ニ*逢ふても快(こゝろよ)く話をしてドチラかと云へバ*お饒舌(しやべ)*りの方であ*つたが**本當(ほんとう)を云ふと表面(うはむき)ばかりで*実ハ*此人の真似(まね)*をして見たい*。彼(あ)*の人のやうニ*成りたい*とも思はず。*人ニ*譽(ほ)められて嬉(うれ)*しくもなく*悪く云はれて怖(こは)*くもなく*都(すべ)て無頓着(むとんぢやく)*で悪く評すれバ*人を馬鹿に*して居たやうなもので*假初(かりそめ)に*も争ふ気がない*其證據に*ハ同年輩の子供と喧嘩をしたこ*とがない*喧嘩をしなけれバ怪我もしない友達と喧嘩をして泣(な)い*て家ニ*帰て阿母(おツか)*さんニ言告(いひつ)*けると云ふやうなこ*とハ唯の一度もない*口先(くちさ)*き斗(ばか)*り達者(たつしや)*で内実ハ*無難無事(ぶなんぶじ)*な子でした。**ソレカラ國を去て長崎に*行き大坂に*出て其修業中も*ワイ〱朋友と共に*笑ひ共に*語て浮々(うか〱)*して居るやうにあるけれども*身の行狀を慎み品行を正しくすると云ふとは*努(つと)めずして自然に*ソレが私の体(からだ)*に備(そなは)*つて居ると云ても宜(よろ)*しい。モウそれはさん〱な乱暴な話をして*大言壮語至らざる所なしと*云ふ中にも*嫌(いや)らしい*汚(きた)*ない*話と

莫逆の友なし

大言壮語の中忌む可きを忌む

福翁自傳（五十七〔五十八〕）品行家風（一）時事新報明治三十二年一月十五日（日）

凡＝ABCDE風
ハ＝BCDEは／**にして**＝BCDにしてEにして、／**ハ**＝BCDEは／**こ**＝CDEこ／**ニ**＝BCDEに／**こ**＝CDEこ／**あ**＝BCDEあ／**が**＝ABCDがEが、／**ソレカラ**＝BCソレから／**ハ**＝BCDEは／**どう**＝Eなし／**あ**＝ABCDEあ／。＝BCDE、／**に**＝BCDEに／**どう**＝Eなし／**ことに**＝BことにCDEことに／**て**＝Eて、／**才**＝A第BCD第(だい)E第／**う**＝Eう。／**い**＝BCDEい／**ハ**＝BCDEは／**どう**＝Eなし／**ニ**＝BCDにEに、／**ニ**＝BCDEに／**じぶん**＝Eなし／**ニ**＝BCDEに／**で**＝Eで、／**解**＝A解(と)BCD解(と)E解／**ニ**＝AにBCDEに／**こ**＝CDEこ／**い**。＝BCDEい、／**ほんとう**＝AEなしBCDほんたう／**ニ**＝AにBCDEに／**ニ**＝BCDEに／**ともぐ**＝Eなし／**ニ**＝BCDEに／**莫逆**＝BCDE莫(ばく)逆(げき)／**い**。＝BCEい、Dい／**に**＝BCDEに／**に**＝BCDEに／**い**、＝Aい、／**が**＝ABCDEが／**へんくつもの**＝Eなし／**つきやい**＝BCDつきあひEなし／**い**＝BCDEい／**い**。＝BCDい、Eい。／**ソリヤ**＝Eソリャ／**ニ**＝BCDEに／**ニ**＝BCDEに／**て**＝Eて、／**バ**＝BCDEば／**しやべ**＝Eなし／**あ**＝BCDEあ／**が**＝Eが、／**ほんとう**＝BCDほんたうEなし／**うはむき**＝Eなし／**で**＝Eで、／**ハ**＝BCDEは／**まね**＝Eなし／**い**。＝BCDEい、／**あ**＝BCDあEなし／**ニ**＝BCDEに／**い**＝BCDEい／。＝BCDE、／**ニ**＝AにBCDEに／**うれ**＝Eなし／**く**＝Eく、／**こは**＝Eなし／**く**＝Eく、／**で**＝Eで、／**バ**＝BCDEば／**に**＝BCDEに／**で**＝Eで、／**に**＝BCDEに／**い**＝BCDEい／**にハ**＝BCDにはEには、／**こ**＝CDEこ／**い**＝BCDいEい、／**バ**＝BCDEば／**い**＝BCDEい、／**ない**＝BCDないEなし／**ニ**＝BCDEに／**おツか**＝BおツかDEおつか／**ニ**＝BCDEに／**いひつ**＝BCいひつDいひEなし／**ことハ**＝BことはCDEことは／**い**＝BCDいEい。／**くちさ**＝Eなし／**斗(ばか)り**＝ACD計(ばか)りB許(ばか)りE斗り／**たつしや**＝Eなし／**ハ**＝BCDEは／**無難(ぶなん)無事(ぶじ)**＝ACD無難(ぶなん)無事(ぶじ)B無難(ぶなん)無事(ぶじ)E無難無事／。＝BCD、／**ソレカラ**＝BCDソレから／**に**＝BCDEに／**坂**＝BCDE阪／**に**＝BCDEに／**も**＝Eも、／**に**＝AニBCDEに／**し**＝ABCDEし／**に**＝BCDEに／**とは**＝ABことはCDことはEことは、／**つと**＝Eなし／**に**＝BCDEに／**からだ**＝Eなし／**に**＝BCDEに／**備(そなは)つて**＝BC備(そなはつ)てE備つて／**よろ**＝Eなし／**い**。＝Aい。BCDい、／**して**＝ABCDEして、／**し**＝ABCDEし／**にも**＝BCDにもEにも、／**いや**＝BCDいやEなし／**い**＝BCDEい／**きた**＝Eなし／**い**＝BCDEい

ちよい＝Aちよゐ Eなし／し＝Eなし／古＝CDEこ／ゐ、＝Aゐ。BCDいEい。／尓＝BCDEに／阿＝BCDEあ／で＝Eで、／ゆうべ＝Eなし／ニ＝BCDEに／遊＝BCD遊E遊／ゐひだ＝BCDいひだEなし／と＝Eと、／ハ＝BCDEは／王ざ＝BCDわざEなし／そこ＝Eなし／ニ＝BCDEに／大箕坐＝B大箕坐CD大箕坐E大箕坐／ゐ＝BCDEい／し＝Eし、／。＝BCDE、／よけゐ＝BCDよけいEなし／古＝CDEこ／くちばし＝Eなし／。＝BCD、Eなし／やう＝ABCDEやうな／て＝ABCDEで／かへ＝Eなし／ふ。＝Bう、CDふ、／ソレカラ＝BCDソレから／ニ＝BCDEに／り＝Eり、／ゐ＝BCDEい／ニ＝BCDEに／ふだん＝Eなし／古とで＝BCD事でEことで、／尓＝BCDEに／飛廻つて＝BCD飛廻てE飛廻つて／も＝Eも、／れゐ＝AEなしBCDれい／ニ＝A尓BCDEに／と＝Eと、／ニ＝BCDEに／古＝CDEこ／ゐ＝BCDいEい。／くせ＝Eなし／ハ＝BCDEは／。＝BCD、／ニ＝BCDEに／古と古まか＝BCDEことこまか／ニ＝BCDEに／譯けハ＝A譯けハBC譯けはD譯けはE譯けは、／尓＝BCDEに／はず＝BCDばずEばず、／ニ＝BCDEに／うか＝ABCDうEなし／志やべ＝BCDしやべEなし／を＝Eを、／黙つて＝AE黙つてBC黙てD黙つて／バ＝BCDEば／ニ＝BCDEに／。＝BCD、／むつ＝CDむづEなし／ゐ＝BCDEい／尓＝BCDEに／ゐ＝BCDいEい、／チヤン＝Eチャン／のみこ＝AEなし／も＝Eも、／ゐか＝ACDいかBEなし／古と。＝B古と、CDEこと、／おもひだ＝BにもひだEなし／古＝CDEこ／ゐ＝BCDEい／ず＝Eず、／き＝Eき、／ニ＝BCDEに／古＝CDEこ／ゐ。＝AEい。BCDい、／ハ＝BCDEは／三＝E三〔五〕／尓＝BCDEに／て＝Eて、／で＝Eで、／尓＝BCDEに／ぬ＝Eぬ、／尓＝BCDEに／は＝AハEは、／ソリヤ＝Eソリャ／志＝ABCDしEなし／も＝Eも、／ゐ＝BCDいEい。／き＝Eき、／。＝BCDE、／尓＝BCDEに／時＝E時、／て＝Eて、／た＝Eた。／ニ＝BCDEに／阿る＝BCDあるEある。／‖＝AE‖BCD「／成る程＝BCD成程／古＝CDEこ／。＝BCDE、／と＝Eと、／。＝BCD、／嶋＝CDE島／で＝Eで、／ニ＝BCDEに／尓ハ＝BCDEには／古＝CDEこ／ゐ。＝BCい、DいEい。／ひど＝Eなし／ゐ＝BCDEい／腸窒扶斯＝BE腸窒扶斯CD腸窒扶斯／ひ＝Eひ、／尓＝BCDEに／尓＝BCDEに／宜しゐと＝BCD宜しいとE宜しいと、／で＝Eで、／ニ＝BCDEに／り＝Eり、／嶋＝CDE島／バ＝BCDばEば、／尓＝BCDEに／遊び＝BCD遊びE遊び、／どこ＝AEなしBCDどこ／て＝Eて、／た＝Eた。／ニ＝A尓BCDEに／嶋＝CDE島／し＝Eし、／て＝Eて、／嶋＝CDE島／廻つて＝BCD廻て

云ふことは一寸とでも為た古とがなゐ、同窓生の話尓能く阿る事で昨夜北の新地[註2]ニ遊んでなんと云ふやうな事を云出さうとすると私ハ態と其處を去らずニ大箕坐をかゐてワイ〳〵と其話を打消し「馬鹿野郎。餘計な古とを口走るな。と云ふやう調子で雑ぜ返して仕舞ふ。ソレカラ江戸ニ出て来ても相替らず其通り朋友も多ゐ事だから相互ニ往来するのは不断の古とで頻り尓飛廻つて居たけれども扨例の吉原とか深川とか云ふ[註3]事ニなると朋友共が私ニ話をする古とが出来なゐ其癖私ハ能く事情を知て居る。誠ニ事細ニ知て居る其譯けハ小本[註4]なんぞ讀む尓も及はず近く朋友共が馬鹿話ニ浮かれて饒舌るのを黙つて聞て居れバ容易ニ分る。六かしゐ事も何尓もなゐチヤンと呑込んで知て居るけれども如何な古と。左様な事を思出した古ともなゐのみならず吉原深川は扨置き上野の花見ニ行た古ともなゐ。私ハ安政三年江戸尓出て来て只酒が好きだから所謂口腹の奴隷で家尓ない時は飲み尓行かなければならぬ朋友相會すれば飲み尓行くと云ふやうな事はソリヤ為て居るけれども遂ぞ花見遊山はしなゐ文久三年六月緒方先生不幸のとき下谷の自宅出棺。駒込の寺尓葬式執行の其時上野山内を通行して始め

嶋＝E島

始めて上野向嶋を見る

て上野と云ふ處を見た即ち私が江戸ニ来てから六年目で阿る‖成る程これが上野か。花の咲く處か[註5]と通行しながら見物しました。向嶋も其通りで江戸ニ来てから毎度人の話尓ハ聞くが一度も見たことがなゐ。所で明治三年酷ゐ腸窒扶斯を煩ひ病後の運動尓は馬尓乗るのが最も宜しゐと医者も勧め朋友も勧めたので其歳の冬から馬ニ乗て諸方を乗廻り向嶋と云ふ處も始めて見れバ玉川邊尓も遊び市中内外行かれる處だけは何處でも乗廻はして東京の方角も大抵分りました其時ニ向嶋は景色もよし道もよし毎度馬を試みて向嶋を廻つて上野の

方ニ帰て来るとき何でも土手のやうな處を通りながらア丶彼處が吉原かと心付てソレでは此ま丶馬ょ乗て吉原見物を為やうぢやないかと云出したら連騎の者が場所柄ニ騎馬でハ餘り凡が悪ゐと止めてソレ切りニなつて未だょ私は吉原と云ふ處を見たとがない

斯う云ふやうな次才で一寸人が考へると私ハ奇人偏窟者のやうょ思はれませうが決して爾うでなゐ私の性質ハ人ニ附合ひして愛憎のなゐ積りで貴賤貧富君子も小人も平等一様。藝妓ニ逢ふても女郎を見ても蘆も埃も之を見て何とも思はぬ。何とも思はぬから困るゟともなゐ此奴は穢れた動物だ同席ハ出来なゐなんて妙な渋ゐ顔色して内実プリ〳〵怒ると云ふやうな事ハ決してなゐ古ゐむかしの事ではるが

小僧ニ盃を差す

四十餘年前長崎ニ居るとき光永寺と云ふ真宗寺ニ同藩の家老が滞留中或日市中の藝妓か女郎ゟ五六人も変な女を集めて酒宴の愉快。私ハ其時酒を禁して居るけれども陪席御相判を仰せ付けられ一座杯盤狼藉の最中家老が私ニ杯をさして「此酒を飲んで其杯を座中の誰でも宜しゐ足下の一番好ゐてる者へさすが宜からうと云ふのハ実ハ其處ニ美人ぶ幾人も居る。私ぶ其杯を美人ニさしても可笑しゐ。態と避けてさ丶なくても可笑しゐ。屹と困るではらうと嬲るのはチヤント分て居る。所ぶ私ハ少しも困らなゐ。杯をグイト干して大夫さんの命ニ従ひ一番好ゐた人ニ上げますソレ高さんと云て杯をさしたのは六七歳ばかりの寺の末子で私が瀉蛙〳〵として笑て居たから家老殿も興ニならぬ既ニ今年春ジヤパンタイム社の山田季治①が長崎へ行くと聞き不図光永寺の事を思出して。はの寺ハ如何なつてるか。高さんと云ふ小僧がはつた筈だが如何して居るか尋ねて見たゐと申したら山田の返事ニ寺ハ

ニ=BCDEに/き=Eき、/ら=Eら、/はれ=BCDあれEアレ/て=Eて、/ょ=BCDEに/志=ABCDしEなし/云出=Aゐひ出BCD云出E云出/ら=Eら、/れんき=Eなし/柄ニ=A柄ょBC柄にD柄にE柄に/ハ=BCDEは/凡=AE風BCD風/まる=BCDわるEなし/ゐ=BCDEい/て=Eて、/ニ=BCDEに/ゐま=BCDいまEなし/ょ=BCDEに/と=AおとCDEこと/い=AゐEい。/才で=A苐でBCD第でE第で、/一寸=BCD一寸とE一寸と/ハ=BCDEに/ょ=BCDEに/が=Eが、/決=BC決D決E決/さ=Eなし/ゐ=BCDいEい。/ハ=BCDEは/ニ=BCDEに/ゐ=BCDEい/で=Eで、/冨=BCD富E富、/。=BCDE、/妓ニ=A岐ニBCD妓にE妓に/蘆=BCD塵E塵/ほこり=Eなし/。=BC、Dなし/ゟ=CDEこ/ゐ=BCDいEい。/こゐつ=BCDこいつEなし/けが=Eなし/だ=Eだ、/ハ=BCDEは/ゐ=BCDEい/て=Eて、/しぶ=Eなし/ゐ=BCDEい/かほ=AEなしBかCDかほいろ/おこ=BれこEなし/ハ=BCDEは、/決=BC決D決E決/ゐ=BCDいEい。/ふる=Eなし/ゐ=BCDEい/はるが=ABCDあるがEあるが、/前=BCD前E前、/ニ=AょBCDEに/とき=AときょEとき/真宗寺=BCD眞宗寺E眞 宗 寺/ニ=AょBCDEに/中=BCD中E中、/ゟ=ABCDEか/五=E五、/へん=AEなし/。=BCDE、/ハ=BCDEは/し=ABCDEじ/判=BCD伴E伴/れ=Eれ、/杯=AE杯BCD杯/中=BCD中E中、/ニ=BCDEに/杯=AE杯BCD 杯/て=Eて、/「=Dなし/飲んで=BC飲んでD飲でE飲んで、/杯=AE杯BCD 杯/宜しゐ=BCD宜しいE宜しい、/す=Eなし/ゐ=BCDEい/宜=BCD宜E宜/ハ=ABCDはEは、/ハ=BCDEは/そゟ=BCDそこEなし/ニ=BCDEに/ぶ=ABCDEが/ゐくたり=BCEいくたりDいくにん/。=BCE、Dなし/ぶ=AがBCDEは/杯=AE杯BCD 杯/ニ=AょBCDEに/おか=BCDをかEなし/ゐ。=AゐBCDいEい、/まざ=BCDわざEなし/よ=BCDさEなし/ゐ。=BCDEい、/屹=BC屹D屹/ゟま=BCDこまEなし/はら=BCDEあ/チヤント=BCDチヤンとEチャント/。=BC、Dなし/ぶ=ABCDEが/ハ=BCDEは/ゐ。=BCDい、Eい。/杯=AE杯BCD 杯/グイト=BCDグイと/ほ=Eなし/て=Eて、/たゐふ=BCDたいふEなし/ニ=AょBCDEに/す=Eなし/ゐ=BCDEい/ニ=BCDEに/げ=Aけ/す=Eす、/ん=Eん、/杯=ABCDE杯/は=Eは、/六=E六、/末子で=BCD末子でE末子で、/瀉蛙〳〵=B瀉蛙〳〵CE瀉蛙々々D瀉蛙々々/きや=AEなし/ニ=AょBCDEに/ぬ=Eぬ。/ニ=AょBCDEに/ジヤパンタイム=Bジヤパン タイムスCDジヤパン、タイムスEジャパ

ン・タイムス/**山田季治**=E山田季治(やまだすゑぢ)/**き**=Eき、/**ふと**=Eなし/**おもひだ**=BにもひだEなし/。=BCDE、/あ=BCDEあ/**ハ**=BCDEは/**どう**=Eなし/**てるか。**=AてるかBCEてるか、Dてゐるか/あ=BCDEあ/**はづ**=AEなしBCDはず/**だが**=AたがEだが、/**どう**=Eなし/い=BCDEい/**ら**=Eら、/**ニ**=AにBCDEに、/**ハ**=BCDEは

や=Eなし/。=BCDE、/。=BCDE、/**ハ**=ABCDEは/**寫真**=BCD寫眞(しやしん)E寫眞/**寄送**(よこ)=D寄越(よこ)/**が**=Eが、/**ら**=Eら、/**らう。**=BCDらうに、/い=BCDEい/**うる**=ABCDふるEなし/い=BCDEい/**す**=Eす。/**さう**=Eなし/い=BCDEい/わ=AEなしBCDわ/**ハ**=BCDEは/わか=AEなしBCDわか/い=BCDEい/**ニ**=BCDEに/**かりそめ**=AEなし/に=BCDEに/**ハ**=BCDEは/い。=BCDい、Eい。/**ニ**=AにBCDEに/**謹しむ**=BCD謹(つゝし)む/**ハ**=BCDEは/**謹しみ。**=BCD謹(つゝし)み、E謹しみ、/いや=BCDいやEなし/こ=CDEこ/い。=BCDい、Eい。/**しやうごほんしやう**=AじやうごほんしやうBCDじやうごほんしやうEなし/**で**=Eで、/**謹しみ**=BCD謹(つゝし)み/**か**=ABCDEが/**ニ**=AにBCDEに、/**バ**=BCDEば/。=BCDE、/いつ=AEなしBCDいつ/**な**=AEなし/**て**=Eて、/**きよく**=AEなし/**ハ**=BCDEは/。=BCD、/**ニ**=AにBCEにDは/こ=CDEこ/**あると**=BCDあるとEあると、/**チャント**=BCDチヤンとEチヤント/**ニ**=BCDEに/あ=BCDEあ/**ら**=Eら、/**よるゆ**=Eなし/**ともし**=ABCDEともしび/。=BCE、Dなし/**ニ**=BCDEに/に=BCDEに/**か**=Eか、/**アンナ**=BCDアンな/い=BCDEい/**ハ**=BCDはEは、/い=BCDEい/**り**=Eり。/。=BE、CDなし/**ソンナ**=BCDソンな/**窟**=BCD窟(くつ)E窟〔屈〕/。=BCDE、/**ニ**=BCDEに/いこ=BいこCDEいこ/**あらう。**=BCEあらう、Dあらう/**ニ**=BCDEに/いと=BCDいとEいと、/**颯々**=AE颯々BC颯々(さつさ)D颯々(さつさつ)/**ニ**=AにBCDEに、/**でいり**=BCDでいりEなし/**て**=Eて、/**そこ**=ABCDそこEなし/**ニ**=AにBCDEに/**と**=Eと、/わか=AEなしBCDわか/い=BCDEい/**おかみさん**=BにかみさんEオカミサン/**主**=BCD守(す)E守/**と**=Eと、/**ハ**=BCDEは/**杯**=AE杯BCD杯(はい)/に=AニBCDEに/**か**=Aなし/い=BCDEい/**と**=Eと、/い。=ABCDい、Eい。/**飲んで**=BCD飲(のん)で/**ドン〱**=BCドン〱Dどん〱/**て**=Eて、/**バ**=BCDEば/**戯れ**=BC戯(たはふ)れD戯(たはむ)れE戯れ/**凡**=AE風B風(ふ)CD風(ふう)/あ=BCDEあ/**ら**=Eら、/**ハ**=BCDEは/**バ**=AハBCDEば/**へん**=Eなし/**ニ**=BCDEに/こ=CDEこ/あ=BCDEあ/**う**=Eう。/**ソコデ**=BC

舊(もと)の通り焼(や)けもせず。高さんも②無事息災。今ハ五十一歳の老僧で隠居して居るとて寫真など寄送(よこ)しましたが右の一件も私の二十一歳の時だから計(かぞ)へて見ると高さんは七歳でしたらう。恐ろしい古(ふる)い話です左様(さう)いふ譯(わ)けで私ハ若(わか)い時から

嫌疑を憚らず

婦人ニ對して假初(かりそめ)にも無礼ハしない。仮令ひ酒ニ酔ても謹しむ所ハ屹(きつ)と謹しみ。女の忌(いや)がるやうな禁句を口外したことはない。上戸本(じやうごほん)性(しやう)で謹しみながら女を相手ニ話もすれバ笑ひもして談笑自在。何時(いつ)も慣(な)れ〱しくして其極(きよく)ハ世間で云ふ嫌疑と云ふやうな事を何とも思はぬ。血ニ交はりて赤くならぬこそ男子たる者の本領であるとチャント自分ニ説を極めてあるから男女夜行(よるゆ)くときは燈(ともし)を照らすとか。物を受授するニ手より手にせずとかアンナ古めかしい教訓ハ私の眼から見ると唯可笑しいばかり扨も〱卑怯なる哉。ソンナ窮窟な事で人間世界が渡れるものか。世間の人が妙な處ニ用心するのはサゾ忙しいことであらう。自分は古人の教ニ縛(しばら)れる気はないと自から自分の身を信じて颯々と人の家ニ出入(でいり)して其處(そこ)ニお嬢さんが居やうと若(わか)い内君(おかみさん)が獨(みづ)り留主して居やうと又ハ抔盤狼藉の席に藝妓とか何とか云ふ者が騒いで居やうと少しも遠慮はしない。酒を飲んで大きな聲をしてドン〱話をして酔へバ面白くなつて戯れて居ると云ふやうな凡であるから或ハ人が見たらバ変(へん)ニ思ふこともありませうソコデ或時奥平藩の家老が態々(わざ〱)私を呼びニよこして扨云ふやう足下ハ近来某々(それ〲)の家などに毎度出入して例の如く夜分晩(おそ)くまで酒を飲んで居るとの凡聞。某家(ばうか)にハ娘もあり某家(ばうか)ハ何時(いつ)も藝妓など出入して家凡が宜しくない足下がそんな處ニ近づいて醜聲外聞とハ残念だ君子ハ瓜田に履(くつ)を結(むす)ばず李下に冠を正さずと云ふとがある。年の若い大事な身体(からだ)である。少し注意致したら宜(よ)からうと真面目(まじめ)

Dソコで/態々=B態々CD態々E態〻/びニ=AひニBCDEびに/古
して=BCDこしてEこして、/う=DうにEう、/ハ=BCDEは/尓
=BCDEに/て=Eて、/おそ=Eなし/飲んで=BCD飲で/凡聞。
=A風聞。BCD風聞、E風聞、/尓ハ=BCDEには/阿り=BCDあ
りEあり、/ハ=BCDEは/以つ=BCDいつEなし/家凡=AE家風
BCD家風/宜=BCD宜E宜/以=BCDいEい、/ニ=BCDEに/
づ以=Aつ以BCDEづい/ハ=BCDEは/だ=Eだ、/ハ=BCDE
は/瓜田=BCDE瓜田/尓=BCDEに/むす=Eなし/李下=BCD
E李下/尓=AニBCDEに/ヿ=AB古とCDEこと/。=BCDE、
/の=BCDなし/。=BCDE、/志=ABCDEし/よ=Eなし/と
=Eと、/まじめ=Eなし

尓=BCDEに/志=ABCDEし/ら=Eら、/い=A以BCDいEい。
/ござ以=BCDございEなし/か=Eか、/コリヤ=Eコリャ/い=A
以Eい。/だとか。=Aたとか。BCDたとかEたとか、/こゑだか=A
なしBCDEこわだか/尓=BCDEに/志=ABCDEし/て=Eて、
/以や=BCDEいや/が=ABか/ヿ=AB古とCDEこと/が=Eが、
/以ろおとこ=A以ろおと志BCDいろをとこ/けふ=AEなし/。=B
CD、/コリヤ=Eコリャ/で=Eで、/や=AEなし/い=A以Eい。
/相替=AE相替BC相替D相變/尓=BCDEに/志=BCDEし/う
=Eう。/蒙つて=BCD蒙てE蒙つて/ぜんぴ=Eなし/や=Eなし
/て=Eて、/ソンナ=BCDソンな/。=BCDなし/深=BCD親E
親/ハ=BCDEは/難有い=A難有以B難有いCD難有いE難有い、/
耳=AおB御CD御E御/が=Eが、/ハ=BCDEは/ぬ=Eぬ。/。
=BCDE、/モツト=BCDモツとEモット/て=Eて、/志=ABC
DEし/阿=BCDEあ/す=Eす。

福翁自傳(五十八)〔五十九〕品行家風(二)時事新報明治三十二年一月十九日(木)

ニ=A尓BCDEに/り=Eり、/ハ=BCDEは/尓=BCDEに/ニ
=A尓BCDEに/て=Eて、/ニ=BCDEに/嶋=DE島/以=BC
DEゐ/ら=Eら、/古=CDEこ/以=BCDいEい。/で=Eで、/
ニ=A尓BCDEで/し=Eし、/ニ=BCDEに/阿つて=BCDあつ
てEあつて、/尓=BCDEに/て=Eて、/坂脩=BCD阪修E阪修/
。=BCDE、/市川團十郎=E市川團十郎/海老藏=E海老藏/中=B
CD中E中、/尓=BCDEに/ニ=BCDEに/ふ。=AふBCDうE
う、/阿=BCDEあ/ら=Eら、/ハ=BCDEは/聞以て=A聞てB
CD聞てE聞いて/ゑう=B耳うCDおうEなし/へ=Eへ、/ソレカラ
=BCDソレから/て=Eて、/二=E二、/ニ=A尓BCDEに/り=
Eり、/。=BCD、/ソレカラ=BCDソレから/ニ=A尓BCDEに

尓なつて忠告志たから私は其時少しも謝らない左様で御在ますかコリヤ面白い私は今まで随分太平樂を云だとか。恐ろしい声高尓話を志て居たとか云て毎度人から嫌がられたヿもありませうが併し艶

誉=AE譽

醜聲外聞の評判却て名誉

男と云はれたのは今日が生れてから始めて。コリヤ私の名譽で至極面白い話だから私は罷めますまい相替らず其家尓出入志ませう此處で御注意を蒙つて夫れで前非を改めて罷めるなんてソンナ弱い男ではござらぬ。但し御深切ハ難有い耳礼は申上げませうが実ハ私は何とも思はぬ却て面白いから。モツト評判を立てゝ貰ひたいと云て冷か志て帰た事が阿ります

前ニ申す通り私ハ江戸尓来て六年目ニ始めて上野と云ふ處を見て十四年目ニ始めて向嶋を見たと云ふくら以の野暮だから勿論芝居などを見物した古とはな以少年のとき舊藩中津で藩主が城内の能舞臺ニ田舎の役者共を呼出して芝居を催し藩士ばかりニ陪観させる例が阿つて其時尓一度見物して其後大坂脩業中。今の市川團十郎の実父海老藏が道頓堀の興行中或る夜同窓生が今から道頓堀の芝居尓行くから一緒ニ行かふ。酒も阿ると云ふから私ハ酒と聞以て應と答へソレカラ行く道で酒を一升買て徳利を携へて二三人連れで芝居ニ這入り夜分二幕か三幕見たのが生来二度目の見物。ソレカラ江

観=E観

始めて東京の芝居を観る

戸ニ来て江戸が東京となつても芝居見物の事ハ思出しもせず又その機會もなくして居る中ニ今を去る古と凡そ十五六年前不図とした事で始めて東京の芝居を見て③其時戯れ尓

①福澤の妻錦の父方の従弟。明治三十年ジャパン・タイムズを創刊、同社社長。②のち光永寺の住職となった正木現諦。幼名は孝丸。③東京の芝居をみたのは、明治二十年三月のこと。

誰道名優伎絶倫　先生遊戯事尤新
春風五十獨醒客　却作梨園一酔人

と云ふ詩が出来ました之[註6]を見ると私が変人のやうニなるが実ハ鳴物ハ甚だ好きで女の子ㇳハ娘ㇳも孫ㇳも琴三味線を始め又運動半分ニ躍の稽古もさせて老餘惟一の樂みㇳして居ます元来私ハ生れ付き殺凡景でもなるまい人間の天性ニ必ず無藝殺凡景と約束がなるでもなからうと思ふが何分私の性質と云ふよりも少年の時から様々の事情がコンナ男ㇳして仕舞たのでせう先づ才一ニ私ハ幼少の時から教育の世話をして呉れる者がないのでロクニ手習をせずㇳ成長したから今でも書が出来ない成長の後でも自分で手本を習ふたら宜さゝうなものだが其時は既ニ洋学の門ニ入て天下の儒者流を目の敵ㇳして儒者のする事なら一から十まで皆気ㇳ入らぬ就中その行状が好かないロニ仁義忠孝など饒舌りながらサアと云ふときㇳハ夫れ程ㇳ意気地はない殊ニ不品行で酒を飲んで詩を作て書が旨いと云へバ評判が宜い。都て気ニ喰はぬ。よし〳〵洋学流の吾々は正反對ニ出掛けて遣らうと云ふ気ㇳなつて恰も江戸の剣術全盛の時代ニ刀剣を賣拂て仕舞ひ。兼て嗜きな居合も罷めて知らぬ凡をして居たやうな塩梅式ニ儒者の奴等が詩を作ると云へバ此方は態と作らずㇳ見せやう。奴等が書を善くすると云へバ此方は殊更ら二等閑ㇳして善く書かずㇳ見せやうと飛んだ處ニ力身込んで手習をしなかつたのが生涯の失策。私の家の遺傳を云へバ父も兄も文人で殊ニ兄ハ書も善くし画も出来。篆刻も出来る程の多藝な人ㇳ其才ハ此通りな無藝無能。書画ハ扨置き骨董も美術品も一切無頓着。住居の家も大工任せ。庭園の木石も植木屋次才。衣服の流行など何が何やら少しも知らず又知ら

不凡流の由来

凡＝AE風／来＝E來

／て＝Eて、／も＝Eも、／ハ＝BCDEは／ず＝Eず、／ニ＝AㇳBCDEに／ㇳ＝CDEこ／凡＝BCDE凡／五＝E五、／前＝BCD前E前、／ふと＝Eなし／て＝Eて、／戯れㇳ＝BC戯れにD戯れにE戯れに、

倫＝E倫〔誰か道う名優の伎は絶倫なりと〕／新＝E新〔先生の遊戯、事尤新たなり〕

客＝E客〔春風五十、獨醒の客〕／却＝E却〔却つて梨園の一酔人と作る〕

た＝Eた。／ニ＝BCDEに／なるが＝BCDあるがEあるが、／ハ＝BCDEは／ハ＝BCDEは／す＝Eなし／で＝Eで、／ㇳハ＝BCDEには／ㇳ＝BCDEに／ㇳ＝BCDEに／始め＝BCD初めE初め、／ニ＝BCDEに／躍＝BCD踊E踊／惟一＝BC唯一D唯一E唯一／ㇳ＝BCDEに／す＝Eす。／ハ＝BCDEは／凡＝AE風BCD風／な＝BCDEあ／い＝BCDいEい、／ニ＝BCDEに／凡＝AE風BCD風／な＝BCDEあ／が＝Eが、／コンナ＝BCDコンな／ㇳ＝BCDEに／う＝Eう。／才＝A弟BCDE第／ニ＝BCDEに／ハ＝BCDEは／いので＝BCDいのでEいので、／ニ＝BCDEに／ㇳ＝BCDEに／ら＝Eら、／い＝ABCDいEい。／習ふたら＝BCD習たら／宜＝BCD宜E宜／が＝Eが、／ニ＝AㇳBCDEに／ニ＝BCDEに／め＝Eなし／ㇳして＝BCDにしてEにして、／事＝BㇳとCDEこと／ㇳ＝BCDEに／ぬ＝Eぬ、／就中＝BCDE就中／す＝Eなし／い＝BCDいEい。／ニ＝BCDEに／ぇやべ＝ABCDしやべEなし／ら＝Eら、／ㇳハ＝BCDEには／ㇳ＝BCDEに／ゐくぢ＝BCDいくぢEなし／い＝BCDいEい。／ニ＝BCDEに／飲んで＝BCD飲で／ぇよ＝BCDしよEなし／うま＝Eなし／い＝BCDEい／バ＝ABCDEば／宜い。＝BC宜い、D宜いE宜い。／ニ＝BCDEに／。＝BC、Dなし／正＝BCDなし／ニ＝BCDEに／や＝Eなし／ㇳ＝BCDEに／て＝Eて、／ニ＝BCDEに／。＝BCE、Dなし／いやひ＝BCDEゐあひ／や＝Eなし／凡＝AE風BCD風／なんばいしき＝BCDあんばいしきEなし／ニ＝BCDにEに、／やつら＝Eなし／バ＝BCDEば／こつち＝Eなし／ヱざ＝BCDわざEなし／ㇳ＝BCDEに／。＝BCDE、／やつら＝Eなし／しよ＝Eなし／よ＝Eなし／バ＝BCDEば／ㇳとさ＝BCDことさEなし／ニ＝AㇳBCDEに／なをざり＝Eなし／ㇳ＝BCDEに／か＝Eなし／ㇳ＝BCDEに／と＝Eと、／飛んだ＝A飛んたBCD飛だE飛んだ／ニ＝AㇳBCDEに／力身込んで＝BCD力身込で／。＝BCD、／バ＝BCDばEば、／で＝Eで、／ニ＝BCDEに／ハ＝BCDEは／し＝Eし、／。＝BCDE、／てんㇳく＝BCDEてんこく／ㇳ＝BCDにEに、／才ハ＝A弟ハBCDE弟は／。＝BCDE、／ハ＝BCDEは／。＝BCDE、／すまい＝BCすまゐDすまねEすまひ／たいく＝Aだ

ゐくBCDEなし／まか＝Eなし／。＝BCDE、／てゐゑん＝BCDていゑんEなし／ぼくせき＝Eなし／うゑきや＝Eなし／オ。＝A弟。BCD第、E第、

ふ＝ABCDEう／ず＝Eず、／き＝Eなし／。＝BCD、／主ニ＝A主ょBCD守にE守に／き＝Eき、／ひ＝Eひ、／たんす＝Eなし／ひきだ＝Eなし／明＝A明BC明D開E開／ゐちばんうへ＝AゐちはんうへBCDいちばんうへEなし／ニゐ＝AょゐBCDEにあ／きもの＝AEなし／き＝Eなし／出て＝A出てE出て、／。＝BCE、Dなし／き＝Eなし／て＝Eて、／したぎ＝Eなし／ニ＝BCDEに／こ＝CDEこ／ゐる＝BCDあるEある。／凡＝ADE風BC風／ち＝Dなし／凡＝AE風BCD風／で＝Eで、／決＝DE決／ゐ＝BCDいEい。／ニ＝BCDEに／コンナ＝BCDコンな／ニ＝AょBCDEに／き＝Eき、／こ＝CDEこ／う＝Eう。／ハ＝ABCDはEは、／ょハ＝AょもBCDEには／ニ＝AょBCDEに／ぬ＝Eぬ、／ニ＝BCDEに／そん＝Eなし／こやうぶん＝BCDしやうぶんEなし／。＝AなしBCD、／ハ＝BCDEは／り＝Eり、／ハ＝BCDEは／ニ＝BCDEに／こ＝CDEこ／ゐるが＝BCDあるがEあるが、／ず＝Eず、／まゞゝ＝BCDまごこEなし／ニ＝BCDEに／戯れ＝BC戯れD戯れE戯れ、／す＝Eなし／て＝Eて、／し＝Eじ／ニ＝BCDEに／打解＝BCD打解E打解／て＝Eて、／ょ＝BCDEに／す＝Eす。

ソレカラ＝BCDソレから／凡＝AE風BCD風／う＝Eう。／定府＝BCDE定府／土岐太郎八＝E土岐太郎八／り＝Eり、／てず＝ABCDですEです。／。＝BCDE、／ハ＝BCDEは／。＝BCDE、／バ＝BCDEば／ハ＝BCDEは／。＝BCDE、／ょゐるが＝BCDにあるがEにあるが、／ハ＝BCDEは／宜しく＝BCD宜しくE宜しく、／ず＝Eず、／凢＝BCDE凡／双＝BCD双E雙／ょ＝BCDEに／バ＝ABCDEば／ニ＝BCDEに／し＝Eし。／ハ＝BCDEは／。＝BCDE、／ニ＝BCDEに／ゐ＝BCDEあ／く＝Eく、／。＝BCD、／ょ＝BCDEに／郎＝E郎、／ハ＝BCDEは／と＝Eと、／オニ＝A第ニBCD第にE第に／女＝E女、／ょ＝BCDEに／り＝Eり、／ょ＝BCDEに／か＝Eなし／ゐ。＝BCDい、Eい。／ハ＝BCDEは／ひ＝Eひ、／ハ＝BCDEは／身体＝AなしBCD身體E身體／ニ＝BCDEに／そだ＝Eなし／。＝BCD、／ハ＝BCDEは／ょ＝BCDEに／。＝BCDE、／ハ＝BCDEは／ハ＝BCDEは／ょして＝BCDにしてEにして、／ニ＝AょBCDEに／ハ＝AハBCDEは／ゐ＝BCDいEい。／こつけかた＝BCDEしつけかた

ふとも思はず唯人の着せて呉れるものを着て居る。或時家内の留主ニ急用が出来て外出のとき着物を着替へやうと思ひ箪笥の引出しを明けて一番上ニゐる着物を着て出て帰宅の上。家内の者が私の着て居るのを見てソレは下着だと云て大ニ笑はれたことがゐる殺凡景も些と念入の殺凡景で決して誉めた話でなゐ畢竟少年の時から種々様々の事情ニ逐はれてコンナ事ニ成行き生涯これで終るのでせう兎角世間の人の悦んで居るやうな事ハ私ょハ樂みニならぬ誠ニ損な性分です。ダカラ近来ハ芝居を見物したり又ハ宅ニ藝人など呼ぶこともゐるが是れとて無上の快樂事とも思はれずマア〳〵児孫を集めて共ニ戯れ色々な藝をさせたり嗜きな物を馳走したりして一家内の長少睦しく互ニ打解けて談り笑ふ其談笑の聲を一種の音樂として老餘の樂みょして居ます

妻を娶て九子を生む

ソレカラ私方の家事家凡を語りませう文久元年舊同藩士の媒妁を以て同藩士族江戸定府土岐太郎八の次女を娶り是れが今の老妻てず結婚の時私は二十八歳。妻ハ十七歳。藩制の身分を申せバ妻の方ハ上流士族。私ハ小士族。少し不釣合のやうょゐるが血統ハ兩人共頗る宜しく往古はイザ知らず凢そ五世以降双方の家ょ遺傳病質もなけれバ忌む可き病ニ罹りたる先人もなし妻ハ無論。私の身ニ悪疾のゐる可きやうもなく夫妻無病。文久三年ょ生れたのが一太郎その次ハ捨次郎と次オニ誕生して四男五女合して九人の子供ょなり幸ょして九人とも生れたまゝ皆無事で一人も缺けなゐ。九人の内五人まてハ母の乳で養ひ以下四人ハ多産の母の身体衛生の為めニ乳母を雇ふて育てました。養育法ハ着物よりも食物の方ょ心を用ひ。粗服ハさせても滋養物ハ屹と與へるやうょして九人とも幼少の時から体養ニ不足ハなゐ又その躾方は温

子供の活動を妨けず

け＝AEげ

和と活潑とを旨として大抵の處まで八子供の自由ニ任せる例へバ凡呂の湯を熱くして無理ニ入れるやうな事ハせずニ据凡呂の側ニ大きな水桶を置て子供の勝手次才に。ぬるくも熱くもさせる。全く自由自在のやうなれども左れバとて食物を勝手ニ任せて何品でも喰い次才にするを云ふ譯けではない又子供の身体の活發を祈れバ室内の装飾などは迚も手ニ及ばぬ事と覚悟して障子唐紙を破り諸道具ニ疵付けても先づ見逃がしにして大抵な乱暴にハ大きな聲をして叱ることはない酷く剛情を張るやうな事があれバ父母の顔色を六かしくして睨む位が頂上で如何なる場合にも手を下して打つたことは一度もない又親が実子ニ向ても嫁ニ接しても又兄姉が才妹に對しても名を呼棄ニせず家の中に厳父慈母の区別なく厳と云へバ父母共ニ厳なり慈と云へバ父母共ニ慈なり一家の中ハ丸で朋友のやうで今でも小さい孫などハ阿母さんはどうかすると怖いけれども。お祖父さんが一番怖くないと云て居る世間並にすると少し甘いやうに見へるがソレデモ私方の孫子ニ限て別段ニ我儘でもなし長少戯れながら長者の真面目ニ言ふ事ハ能く聞て逆ふ者もないから餘り厳重にせぬ方が利益かと思はれる

家ニ秘密事なし

(ニ=AEに/秘=A和)

又家の中ニ秘密事なしと云ふのが私方の家凡で夫婦親子の間ニ隠す事ハないドンナ事でも云はれないことはない。子供が段々成長して是れハ彼の子ニ話して此の子にハ内證なんてソンナ事ハ絶えてない。親が子供の不行届を咎めて遣れバ子供も亦親の失策を笑ふと云ふやうな次才で古凡な目を以て見ると一寸尊卑の礼儀がないやうニ見えませう其礼儀の事ニ就て申せバ家の主人が出入するとき家内の者が玄關まで送迎して御辭儀をすると云ふやうな事が能く世間ニあるが私の處でハ絶へてソンナ事がない私の外出するにハ玄關からも出れバ臺所からも出

して=BCDEして、/ハ=BCDEは/ニ=BCDEに/る=Eる。/バ=BCDEば/凡呂=AE風呂BCD風呂/阿つ=BCDあつEなし/ニ=A尓BCDEに、/ハ=BCDEは/ニ=BCDなしEに、/据凡呂=A据風呂BCDE据風呂/ニ=BCDEに/ミつおけ=BCDみづをけEなし/て=Eて、/才尓。=A苐尓。BC第に、D第にE第に、/阿つ=BCDあつEなし/。=BCD、/も=Eも、/バ=BCDEば/ニ=A尓BCDEに/く=Eなし/以=BCDEひ/才尓=A苐尓BCD第にE第に/以=BCDいEい。/活發=BCD活潑E活潑/バ=BCDEば/ニ=A尓BCDEに/かくご=Aかく古゙Eなし/て=Eて、/志ようじ=A志やうじBCDしやうじEなし/からかみ=Eなし/ニ=A尓BCDEに/きづゝ=BCDきずつEなし/みの=AEなし/尓して=BCDにしてEにして、/尓ハ=BCDEには/古=CDEこ/以=BCDいEい。/ひど=Eなし/ごうぢやう=Aごう志やうBDがうじやうCごうじやうEなし/は=AEなし/阿れバ=BCDあればEあれば、/にら=AEなし/で=Eで、/尓=BCDEに/打つた=BCD打た/古=CDEこ/以=BCDいEい。/ニ=BCDEに/よめ=Eなし/ニ=A尓BCDEに/も=Eも、/才=ABCDE弟/尓=BCDEに/よびずて=DEよびすて/ニせず=BCDにせずEにせず、/尓=BCDEに/く=Eく、/バ=ABCDEば/ニ=BCDEに/り=Eり、/バ=ABCDEば/ニ=BCDEに/り=Eり、/ハ=BCDEは/で=Eで、/以=BCDEい/ハ=BCDはEは、/おツか=BにツかDEおつか/古は=BCDこはEなし/以=BCDEい/。=BCDE、/ぢ以=AなしBCDEぢい/以=BCDEい/る=Eる。/世間並尓=A世間並尓BCD世間並にE世間竝に/阿ま=ABCDあまEなし/以=BCDEい/尓=BCDEに/へるが=ABCDえるがEえるが、/ソレデモ=BCDソレでも/まごゝ=CDEまごこ/ニ=BCDEに/ニ=A尓BCDEに/王がまゝ=BCDわがまゝEなし/し=Eし、/戯=BC戯D戯E戯/か=ABCDが/まじめ=Eなし/ニ=BCDEに/ハ=ABCDEは/逆ふ=BCD逆ふE逆ふ/以から=BCDいからEいから、/尓=BCDEに/る=Eる。/ニ=BCDEに/家凡=AE家風BCD家風/ニ=BCDEに/ハない=BCDはないEはない、/ドンナ=BCDドンな/以古=Bい古CDEいこ/以。=BCい、DいEい。/て=Eて、/ハ=BCDEは/阿=BCDあEなし/ニ=BCDEに/尓ハ=BCDEには/て=Eて、/ソンナ=BCDソンな/ハ=BCDEは/以。=BCDい、Eい。/や=Eなし/バ=BCDばEば、/才で=A苐でBCD第でE第で、/古凡=AE古風BCD古風/一寸=A一寸とBCD一寸とE一寸と/以=BCDEい/ニ=A尓BCDEに/う=Eう。/ニ=A尓BCDEに/バ=BCDばEば、/可゙=ABCDEが/おじぎ=BにじぎEなし/ニ阿=

Aま あBCDEにあ／が＝Eが、／ハ＝BCDEは／へ＝BDEえCに／ソンナ＝BCDソンな／ゐ＝BCDいEい。／まハ＝BCDEには／バ＝BCDEば

。＝BC、Dなし／あし＝AEなしBCDあし／向ゐた＝A向ゐたBCD向いたE向いた／ニ＝BCDEに／。＝BCDなし／ハ＝BCDEは／ニ＝AまBCDに／ニ＝AまBCDにEに、／へ＝Eへ、／、＝A。BCDなし／ら＝Eら、／ゐく＝AEなしBCDいく／怒鳴つて＝BCD怒鳴てE怒鳴つて／い＝AゐEい。／ま＝BCDEに／おばゝ＝BにばゝCDおばゞ／あやし＝ABCDあやしEなし／う＝Eう。／ハ＝BCDEは／室＝BCD室E室、／歳＝E歳、／で＝Eで、／れゐぎさはふ＝AEなしBCDれいぎさはふ／ニ＝BCDEに／あ＝BCDEあ／ら＝Eら、／家凡＝AE家風BCD家風／て＝Eて、／ぶさはふ＝Eなし／ゐ＝BCDいEい、／バ＝BCDEば／まる＝BCDわるEなし／ゐ＝BCDEい／ゐ。＝BCEい、Dい／と＝Eと、／ニ＝BCDEに／す＝Eす。ソレカラ＝BCDソれから／ニ＝AまBCDEに／あるが＝BCDあるがEあるが、／ニ＝BCDEに／ことハ＝BことはCDEことは／ちよい＝AちよゐEなし／ゐ＝BCDいEい。／あ＝BCDEあ／ゐ＝BCDいEい。／ハ＝BCDEは／たゐさう＝ABCDたいさうEなし／めでた＝AめでだEなし／めでた＝Eなし／ゐ＝BCDEい／てり＝Eり、／ハ＝AバBCDEば／めでた＝Eなし／ゐ＝BCDEい／て＝Eて、／あ＝BCDEあ／が＝Eが、／コンナ＝BCDコンな／毛＝BCD氣E氣／ゐ＝BCDいEい。／バ＝ABCDEば／まる＝BCDわるEなし／ゐか。＝BCDEいか、／ハ＝BCDEは／ぬ＝Eぬ。／ハ＝BCDEは／。＝BCDE、／。＝BCDなしE、／宜ゐ＝BCD宜いE宜い／あんばゐ＝BCDあんばいEなし／ニ＝BCDEに／ふりま＝BCDふりわEなし／ニ＝BCDEに／り＝Eり、／。＝BCE、Dなし／う＝いEはない。／ハ＝BCDEは／やゝ＝Eなし／ま＝BCDEに／ゐか。＝BCDいか、Eいか。／況＝A況E況／う＝AEなし／とりあつか＝BCDとりあつかEなし／ニ＝AまBCDにEに、／ゐ＝BCDEい／あ＝BCDEあ／か＝Eか。／ニ＝BCDにEに、／ら＝Eら、／。＝BCE、Dなし／バ＝BCDEば／ニ＝AまBCDEに／ら＝Eら、／まも＝BCDにEにも、／ニ＝AまBCDEに／て＝Eて、／ゟ＝ABCDEか／あつて＝BCDあつてEあつて、／才＝ABCDE弟／たれ＝AEなし／ま＝BCDEに／や＝Eなし／ゐ＝BCDいEい、／たゞひと＝Eなし／ゐ＝BCDEい／ハ＝BCDはEは、／宜＝BCD宜E宜／ゐ＝BCDEゐ／で＝Eで、／ま／BCDEに／と＝A事BことCDEこと／い＝AゐBCDいEい。／バ＝ABCDEば／こ＝BCDかEなし／ある＝BCD

る。帰るときも其通りで唯足の向ゐた方ニ這入て来る。或ハ車ニ乗て帰て来た時ニ車夫又別當共へ玄關の處で御帰りなんて餘計な事を云て呉れるな、と云ふ訳けであるから幾ら玄関で怒鳴つても出て来る人はない其一點まなると世間の人ぢやない近くは内の御祖母さんが怪んで居ませう

礼儀足らざるぶ如し　（礼＝AE禮／ぶ＝AEが）

此老人ハ土岐家の後室本年七十七歳むかしは奥平藩士の奥様で武家の礼儀作法を大事ニ勤めた身であるから今日の福澤の家凡を見て何分不作法で善くなゐ左れバとて是れが悪ゐと云ふ箇条もなゐ。妙な事だと思て居るだらうと私は竊ニ推察しますソレカラ又私ニ九人の子供があるが其九人の中ニ輕重愛憎と云ふことハ真実一寸もなゐ又四男五女の其男の子と女の子と違ひのあられやう譯けもなゐ世間でハ男子が生れると大造目出度がり女の子でも無病なれハ先づ〳〵目出度ゐなんて自から輕重があるやうだ

子女の間ニ輕重なし　（ニ＝Eに）

がコンナ馬鹿毛た事はなゐ娘の子なれバ何が悪ゐか。私ハ九人の子がみんな娘だつて少しも残念と思はぬ唯今日でハ男の子が四人。女の子が五人。宜ゐ塩梅ニ振分けニなつてると思ふばかり男女長少。腹の底から之を愛して兎の毛ほども分隔てハなゐ道徳學者ハ動もすると世界中の人を相手まして一視同仁なんて大きな事を云てるではなゐか。況して自分の生んだ子供の取扱ひニ一視同仁が出来ぬと云ふやうな浅ましゐ事があられるものか唯私の考ニ総領も其他の子供も同じとは云ひながら私が死ねば総領が相續する。相續すれバ自から中心ニなるから財産を分配するまも外の子ニ比較して一段手厚くして又何ゟ物があつて兄才中誰まも遣りやうがなゐ唯一つしかなゐと云ふやうな物ハ総領の一太郎が取て宜からうと云ふくらゐな事で其外まは何も変るとはない例へバ斯う云ふ事がある

あるEある。

四=E四、/。=AなしBCDE、/**ハ**=BCDEは/**が**=Eが、/**ニ**=BCDEに/**と**=Eと、/**に**=A二BCDEに/**はなゐけ**=BCDEはないけ/**〲**=C〲/**に**=A二BCDEに/**なら**=Eなし/**る**=Eる。/**コリヤ**=Eコリャ/**バ**=BCDばEば、/**に**=BCDEに/**ふ**=Eふ。/**で**=Eで、/**ひとめ**=Eなし/**ほ**=Eなし/**ゐ**=BCDEい/**なゐ**=BCDないEない、/**が**=Eが、/**バ**=ABCDEば/**さ**=Aら/**だ**=Eだ、/**ニ**=BCDEに/**ニ**=BCDEに/**に**=BCDEに/**ゑ**=ABCDEし/**に**=BCDEに/**も**=Eも、/**どう**=Eなし/。=BCE、Dなし/**い**=AゐEい、/**に**=BCDEに/**で**=Aて/**と**=Eと、/**ゐ**=BCDいEい、/**な**=DなしEな、/**コリヤ**=Eコリャ/**が**=Eが、/**に**=BCDEに/**やつ**=Eなし/**る**=Eる、/に=ACDEお/**に**=BCDEに/**や**=AEなし/**な**=Eなし/**に**=BCDEに/。=BCDなしE、/**ソンナラ**=BCDソンなら/**て**=Eて、/**二**=E二、/**で**=Eで、/**ろく**=Eなし/**に**=BCDEに/**で**=Aて/**仕舞つた**=BCD仕舞(しまつ)た/**が**=Eが、/**し**=Eし、/**品柄**=BC品柄(しながら)D品柄(しながら)E品柄/**えず**=CゑずEえず、/**ゑやま**=AEなしBCDじやま/**に**=BCDEに/**ら**=Eら、/**五**=E五、/、=A。Dなし/**ニ**=BCDEに/**て**=Eて、/**て**=Eて、/**に**=BCDEに/**て**=Eて、/**て**=Eて、/**に**=BCDEに/**て**=Eて、/**に**=BCDEに/**り**=Eり、/**に**=BCDEに/**凡**=B凡(によ)CD凡(およ)E凡/**で**=Eで、/**に**=BCDEに/**ちよい**=AEなし/**ら**=Eら、/**に**=BCDEに/**す**=Eす。

福翁自傳（五十九〔六十〕）品行家風（三）時事新報明治三十二年一月二十二日（日）

た=Eた。/**ニ**=BCDEに/**ハ**=BCDはEは、/**にあ**=BCDEにあ/**あと**=BCDあとEなし/**ワット**=BCDワッとEワット/**ゐ**=BCDEい/**ハ**=BCDEは/**が**=Eが、/**ハ**=BCDEは/**ゐ**=BCDいEい。/**ニ**=AにBCDEに/**こ**=CDEこ/**ニ**=BCDEに/**こ**=CDEこ/**ゐ**=BCDEい/**おか**=BCDをかEなし/**ゐ**=BCDいEい。/**ニ**=BCDEに/**だ**=Eだ、/**ソンナ**=BCDソンな

明治十四*五年の頃④*。月日ハ*忘れたが*私が日本橋の知る人の家ニ*行て見ると*其座敷*に金屏風だの蒔繪だの花活(はないけ)*だのゴテ〲*一杯に*列(なら)*べてあるコ*リ*ヤ何だと聞て見れバ*亜米利加(アメリカ)*に輸出する品だと云ふ*夫れから私が不図(ふと)した出来心で*此品を一目(ひとめ)*見渡して私の欲(ほ)*しゐ*ものは一品でもなゐ*皆不用品だが*又入用と云へバ*一品も残さ*ず皆入用だ*兎ニ*角ニ*之を亜米利加(アメリカ)*に積出ゑ*て幾らの金*になれば宜(い)いのかソレは知らぬけれども賣ると云へば*皆買ふが如何(どう)*だ。*買たからと云てソレを又儲けて賣らうと云ふのではない*家に*仕舞込んで*置くのだと云ふ*と其主人も唯の素町人(すちやうにん)でなゐ*成程爾(さ)うだなコ*リ*ヤ名古屋から来た物であるが*亜米利加に*遣(やつ)*て仕舞へば是れ丈けの品がなくなるに*前*さんの處に*遣(や)*れば失(な)*くならずにあるから*賣りませう。**ソンナラ皆買ふと云て*二千二*三百円⑤かで*何百品あるか碌(ろく)*に*品も見ないで*皆買て仕*舞つたが*夫れから私が其品を見て楽しむではなし*品*柄も能く知らず数も覺え*ず唯邪魔(じやま)*に*なるばかりだから*五*六年前の事でした、*九人の小供ニ*分けて取て仕舞へと申して*小供がワイ〲寄て*其品を九に*分けて*ソレを籤で取て*今では皆小供が銘々*に引受けて*家を持て居る者は家に*持て行く者もあり*マダ私のところの土蔵の中に*入れてあるのもある、と云ふのが凡*そ私の財産分配法で*如何に*も其子に*厚薄と云ふものは一寸(ちよい)*ともないのですから*小供の中に*不平があらうたツて有られた訳けのものでないと思て居ます*

ニ=Eに

西洋流の遺言法ニ*感服せず

近来遺言も書きました*遺言の事ニ*就てハ*能(よ)く西洋の話にある*主人の死んだ後(あと)*で遺言書を明けて見てワ*ット驚ゐ*たなんて云ふ事ハ*毎度聞てるが*私ハ*甚だ感服しなゐ*死後ニ*見せるこ*とを生前ニ*言ふこ*とが出来なゐ*とは可笑(おか)*しゐ*畢竟(ひつきやう)西洋人が習慣ニ*迷ふて馬鹿をして居るのだ*乃公(おれ)はソ*ンナ馬鹿

の真似ハしないぞと云て家内小供ニ遺言の書付(かきつけ)を見せて此遺言書ハ簞笥(たんす)の此抽斗(ひきだし)に這入つて居るから皆能(よ)く見て置け又説が変(かは)れバ又書替(かきか)へて又見せるから能く見て置て乃父(おれ)の死んだ後(あと)で争ふやうな鄙劣(ひれつ)な事をするなよと申して笑て居ます

体育を先にす　（体＝E體／に＝Eに）

扨又子供の教育法ニ就てハ私ハ専ら身体の方を大事にして幼少の時から強ひて讀書などさせない先づ獣身(じうしん)を成(な)して後ニ人心(じんしん)を養ふと云ふのが私の主義であるから生れて三歳五歳まではいろはの字も見せず七八歳にもなれバ手習をさせたりさせなかつたりマダ讀書はさせない。夫れまでは唯暴(あば)れ次才ニ暴れさせて唯衣食にハ能く気を付て遣り又子供ながらも鄙劣な事をしたり賤(いや)しい言葉を真似たりすれバ之を咎(とがむ)るのみ其外ハ一切投遣(なげやり)にして自由自在にして置く其有様ハ犬猫の子を育(そだ)てると変(か)はることハない即ち是れが先づ獣身を成(な)すの法にして幸ニ犬猫のやうに成長して無事無病(ぶじむびやう)。八九歳か十歳にもなれバソコデ始めて教育の門ニ入れて本當に毎日の時を定めて脩業をさせる。尚(な)ほ其時にも身体の事ハ決して等閑(なをざり)にしない。世間の父母は動(やゝ)もすると勉強〳〵と云て子供が静にして讀書すれバ之を賞(ほ)める者が多いが私方の子供ハ讀書勉強して遂ぞ賞められたことはないのみか私ハ反對に之を止(と)めて居る小供ハ既ニ通り過ぎて今ハ幼少な孫の世話をして居るが矢張り同様で年齢不似合ニ遠足したとか柔術体操がエラクなつたとか云へバ褒美でも與へて賞めて遣るけれども本(ほん)を能く讀むと云て賞めたことはない既に二十年前の事です長男

ハ＝BCDEは／い＝BCDEい／て＝Eて、／小＝B小CD子E子／ニ＝ABCDEに／かきつけ＝Eなし／て＝Eて、／ハ＝BCDEは／ひきだし＝Eなし／に＝BCDEに／這入つて＝BCD這(はい)て／け＝Eけ、／かは＝Eなし／バ＝BCDEば／かきか＝Eなし／ら＝Eら、／て＝Eて、／乃父(おれ)＝B乃公CD乃公(おれ)E乃公(オレ)／あと＝ABCDあとEなし／鄙劣(ひれつ)＝A鄙劣BCD卑劣(ひれつ)E卑劣／す＝Eす。ニ＝BCDEに／ハ＝BCDはEは、／ハ＝BCDEは／にして＝BCDにしてEにして、／い＝BCDいEい。／じうしん＝AぢうしんBCDじうしんEなし／な＝AEなし／ニ＝BCDEに、／じんしん＝AぢんしんBCじん〳〵DじんしんEなし／あ＝BCDEあ／ら＝Eら、／ハ＝BCDEは／ず＝Eず、／七＝E七、／に＝BCDEに／バ＝ABCDEば／り＝Eり、／い。＝BCDいEい。／あば＝AEなしBCDあば／才ニ＝A第にBCD第(だい)にE第に／て＝Eて、／にハ＝BCDEには／付て＝ABCE付けてD附(つ)けて／り＝Eり、／子＝A小D子(こ)／鄙＝BCD卑(ひ)／い＝BCDEい／バ＝ABCDEば／み＝Eみ、／ハ＝BCDEは／投遣(なげやり)りに＝BCDE投遣(なげや)りに／に＝BCDEに／ハ＝BCDはEは、／そだ＝Eなし／か＝AEなし／ことハ＝BとCDEこと／ハない＝AはないBCDはないEはない。／にして＝BCDにしてEにして、／ニ＝BCDEに／に＝BCDEに／。＝BCDE、／八＝E八、／か＝ABCDEか／に＝BCDEに／バ＝BCDEば／ソコデ＝BCDソコで／ニ＝BCDEに／て＝Eて、／に＝BCDEに／の＝BCDなし／脩＝AE修BCD修(しゆ)／。＝BCD、／に＝BCDEに／ハ＝BCDEは／決＝BC決(けつ)D決(けつ)E決／に＝BCDEに／い。＝BCDい、Eい。／やゝ＝Eなし／勉強〳〵＝B勉(べん)強(きやう)々々CD勉強(べんきやう)々々E勉強々々／て＝Eて、／に＝BCDEに／バ＝BCDEば／ほ＝Eなし／いが＝BCDいがEいが、／ハ＝BCDEは／こ＝CDEこ／い＝BCDEい／か＝Eか、／ハ＝BCDEは／に＝BCDEに／と＝Eなし／る＝Eる。／ハ＝BCDEは／ニ＝BCDEに／ハ＝BCDEは／が＝Eが、／で＝Eで、／ニ＝BCDEに／か＝Eか、／バ＝ABCDばEば、／も＝Eも、／ほん＝AEなし／こ＝CDEこ／い＝BCDいEい。／に＝AニBCDEに／す＝Eす、

④福澤家に保存されていた「古器物類代價目録」によると、明治十四年三月のこと。⑤古器物一八六点、代価一九〇〇円。

一太郎と次男捨次郎と両人を帝國大学の豫備門ニ*入れて*脩学させて居た處が兎角胃が悪くなる**ソレカラ*宅ニ呼返して色々手當すると次*オニ*宜(よ)くなる。*宜くなるから又入れると又悪くなる*到頭三度入れて三度失敗した*其時*尓は*田中不二麿と云ふ人が文部の長官を*志て居たから*田中*尓も毎度話を*志ました*私方の小供を豫備門*尓入れて実際の実験が*ゐるが文部學校の教授法を此まゝ*尓して尓遣(やっ)て行けば*生徒を殺す*尓極つて居る。*殺さなければ*気狂(きちが)ひ*尓なるか*然らざれば身心共*ニ衰弱して半死半生(はんしはんじやう)の片輪者(かたわもの)*尓なつて仕舞ふ*尓違ひない*丁度此豫備門の*脩業が*三四年かゝる。*其間*尓大学の法が改まるだらうと思て*ソレを便り*尓子供を豫備門*尓入れて置く*が早く改正して貰ひた*ゐ此侭で置くならば東京大学は少年の健康屠殺場(けんかうとさつば)と命名して*宜しゐ早々教授法を改めて貰ひたゐ*と懇意の間*柄て遠慮なく話*ハした*可゙何分*埒(らち)が明かず*子供*ハ相替らず*三ケ月遣て置けば*三ケ月引かして置かなければならぬと云ふやうな訳けで*何としても豫備門の*修業*尓堪え*ずらば私も遂*尓断念して仕舞ふて*夫れから此方(こちら)の塾（慶応義塾なり）*尓入れて普通の学科を卒業させて*亜米利加(アメリカ)*尓遣て彼の大学校の世話*尓なりました*私*ハ日本大学の教科を*悪(ゑる)いと云ふのではない*、けれども教育の仕様が餘り厳重で*荷物が重過ぎるのを恐れて文部大学を避けたのです*其通りで今でも説は変へない*何と*志ても身体が大事だと思ひます*

子女幼時の記事[註8]

又私の考*ニ人間*ハ*長成して後*ニ自分の幼年の時の有様を知りたゐ*もので*他人はイザ知らず私が自分で*左様思ふから*筆まめな事だが私*ハ小供の生立(*おひたち)の模様を書*ゐて置きました*⑥此子*ハ何年何月何日何時*何分*尓産*れ産の*難易*ハ云々*幼少の時の健康*ハ斯(か)く〳〵。*気質の強弱。**生付(うまれつ)きの癖など**ザツト*荒増し記(しる)して*ゐれバ幼少の時の寫真を見ると同様。**古の書*ゐたものを見れバ*成長の

ニ＝BCDEに／脩＝B脩C D修E修／る＝Eる。／ソレカラ＝BCDソレから／ニ＝A尓BCDEに／オニ＝A第尓BCD第にE第に／宜＝BCD宜E宜／。＝BC、Dなし／る＝Eる。／た＝Eた。／尓＝BCDEに／田中不二麿＝E田中不二麿／志＝ABCDEし／ら＝Eら、／尓＝BCDEに／志＝ABCDEし／た＝Eた。／尓＝BCDEに／ゐるが＝BCDあるがEあるが、／尓して尓＝A尓してBCDEにして／ば＝Eば、／尓極つて＝BCDに極てEに極つて／。＝ABC、Dなし／きちが＝Eなし／尓＝BCDEに／か＝Eか、／ニ＝BCDEに／尓＝BCDEに／い＝AゐBCDいEい。／脩＝B脩C D修E修／三＝E三、／。＝BCE、Dなし／尓＝AニBCDEに／て＝Eて、／尓＝BCDEに／が＝Eが、／ゐ＝BCDいEい。／宜しゐ＝BCD宜しいE宜しい。／ゐと＝BCDいとEいと、／柄て＝A柄でBC柄でD柄でE柄で／ハ＝BCDEは／可゙＝ABCDがEが、／らち＝Eなし／ず＝Eず、／ハ＝BCDEは／三ケ月＝E三ヶ月／三ケ月＝E三ヶ月／で＝Eで、／修業尓＝A脩業尓B脩業にCD修業にE修業に／えず＝BCDへずEへず、／尓＝BCDEに／て＝Eて、／こちら＝Eなし／尓＝BCDEに／た＝Eた。／ハ＝BCDEは／ゑる＝BCDわるEなし／い、＝Aゐ。／で＝Eで、／す＝Eす。／い＝AゐEい、／志＝ABCDEし／す＝Eす。

ニ＝BCDにEに、／ハ＝BCDEは／長成＝BCD成長(せいちやう)E成長／ニ＝BCDEに／ゐ＝BCDEい／で＝Eで、／左様＝BCDE左様(さう)／ら＝Eら、／筆＝AE筆BCD筆(ふで)／ハ＝BCDEは／おひたち＝Bおひたち／書ゐて＝BCD書(かい)てE書いて／た＝Eた。／ハ＝BCDEは／何時＝BCDなし／尓＝BCDEに／れ＝Eれ、／难＝A難B難(なん)CD難(なん)E難／ハ＝BCDEは／々＝E々、／ハ＝BCDEは／。＝BCDE、／。＝BCDE、／生付き＝BCD生付(うまれつき)／ど＝Eど、／ザツト＝BCDザツとEザット／荒増＝BCDE荒増(あらま)／ゐれバ＝BCDあればEあれば、／。＝BCDE、／古＝CDEこ／書ゐた＝BCD書(かい)たE書いた／バ＝ABCDEば

。＝BCE、Dなし／才＝A第BCDE第／いに＝BCDEいに／い。＝BCEい、Dい／淂ニ＝A得ニBD得(え)にCE得に／あ＝BCDEあ／う＝Eう。／に＝BCDEに／面＝BCDE面(かほ)／ず＝Eず、／面像ニ＝BCDE畫像(ゑざう)に／ものなし＝BCDものもなしEものもなし、／ドンナ＝BCDドンな／あ＝BCDEあ／ニ＝BCDEに／聞いた＝BCD聞(きい)たE聞いた／書いた＝BCD書(かい)たE書いた／い＝BCDいEい。／ソンナ＝BCDソンな／て＝Eて、／ニはかり＝AニばかりBCDEにばかり／て＝Eて、／かなし＝Eなし／ら＝Eら、／ハ＝BCDEは／に＝BCDEに／ニ＝BCDEに／にし＝BCDにしEにし、／ハない＝BCDEはない／す＝Eす。／ハ＝BCDEは／で＝Eで、／なニ＝AEなしBCDなに／ニ＝BCDEに／い＝BCDEい／ハ＝BCDEは／ある＝BCDあるEある。／ハ＝BCDEは／で＝Eで、／ニ＝AにBCDEに／斗り＝A計りBCD計(ばか)りE斗り。／バ＝BCDEば／に＝BCDEに／には＝AにハBCDにはEには、／舩＝BCD船(せん)E船／に＝AニBCDEに／、＝A。／し＝ABCDEし／に＝BCDEに／が＝Eが、／中＝BCD中(ちう)E中、／ハ＝BCDEは／ときハ＝BCDEときは／。＝BCE、Dなし／い＝BCDEい／ハない。＝BCDはない、Eはない。／が＝ABCDがEが、／書(かき)放(ばな)に＝BC書放(かきはなし)にDE書放(かきばなし)に／校合方に＝A校合方ニBCDE校合方(けうがふかた)に／し＝ABCDEじ／や＝AEなし／ら＝Eら、／筆ニ＝A筆にBCD筆(ぴつ)にE筆に／い＝BCDいEい。／あちら＝Eなし／舩＝BCD船(せん)E船／く＝AEなし／に＝BCDEに／よこ＝Eなし／す＝Eす。／ハ＝BCDEは／て＝Eて、／ハ＝BCDEは／必ず＝BCDE必ず〳〵／バ＝ABCDEば／い＝BCDEい／せ＝Eせ、／に＝BCDEに／り＝Eり、／に＝BCDEに／い＝AいEい、／よほど＝Eなし／よろこば＝BCDよろこばEなし／いから＝AいからBCDいEい。／に＝BCDEに／し＝ABCDEし／す＝Eなし／。＝BC、Dなし／しろ、＝Aしろ。BCDEしろ、／に＝BCDEに／ニ＝BCDEに／き＝Eき、／どう＝Eなし／に＝BCDEに／こ＝CDEこ／へ＝Eへ、／搆＝BCD構(かま)E構

後。才一面白いに違ひない。自(おのづ)から又心淂ニなる事もありませう私などは不幸にして実父の面も知らず画像ニ冩したものなし又私がドンナ子供であつたか母ニ聞いたばかりで書いたものはない少年の時から長老の人がソンナ話をすると耳を傾(かたぶ)けて聞て唯残念ニはかり思ふて獨(ひと)り身の不幸を悲(かなし)んで居たから今度ハ私の番になつて此通りニ自分の傳(でん)を記(しる)して子供の為めにし又先年小供の生立(おひたち)の事をも認(したゝ)めて置たから先づ遺憾(ゐかん)ハない積りです又親子の間ハ愛情一偏で何(なニ)ほど年を取ても互ニ理窟らしい議論ハ無用の沙汰である是れハ私も妻も全く同説で親子の間を成る丈け離れぬやうニする斗(ばか)り例へバ先年長男次男が六年の間亜米利加(アメリカ)に行て居ました其時には亜米利加の郵舩が一週間に大抵一度、時としては二週間に一度と云ふ位の往復でしたが小供両人の在米中私ハ何か要用のときハ勿論。仮令(たと)ひ用事がなくても毎便必ず手紙を遣(や)らない事ハない。六年の間何でも三百何十通と云ふ手紙を書きましたが[註9]

三百何十通の手紙

私が手紙を書放(かきはな)しにして家内が校合方になつて封して遣(や)るから両親の親筆ニ相違ない彼方(あちら)の小供両人も飛脚舩の来(く)る度に必ず手紙を寄越(よこ)す此事ハ両人出發の節堅く申付て「留学中手紙ハ毎便必ず出せ、用がなけれバ用がないと云て寄越せ又学問を勉強して半死半生の色の青い大学者になつて帰て来るより筋骨逞(たくま)しき無学文盲なものになつて帰て来い其方が餘程(よほど)悦(よろこ)ばしいから假初(かりそめ)にも無法な事をして勉強し過(す)ぎるな。儉約は何處までも儉約しろ、けれども健康に係はると云ふほどの病氣か何かの事ニ付き金次第で如何(どう)にもなると云ふことならば思ひ切て金を使へ少しも搆はぬから

⑥「福澤諭吉子女之傳」（『福澤諭吉全集』別巻一二一頁）。

こ＝BCDかEなし／で＝Eで、／ソンナ＝BCDソンな／ヰ＝AニBCDEに／た＝Eた。

むつ＝ABCDEむつま／𛀆＝BCDEい／て＝Eて、／ニ＝BCDEに／𛀆＝BCDいEい。／ニ＝AヰBCDEに／ハ＝BCDEは／𛀆く＝AEなしBCDいく／𛀂る＝BCDあるEある。／亦＝BCD亦E亦、／𛀙＝CDEこ／惟一＝BCD唯E唯／脩＝B脩CD修E修／能事＝BCDE能事／じまん＝Eなし／𛀆＝BCDEい／し＝ABCDEじ／が＝Eが、／𛀙＝CDEこ／で＝Eで、／ニ＝BCDEに／ハ＝BCDEは／て＝Eて、／ニ＝BCDEに／ほ＝ABCDEぼ／𛀙と＝A事CDEこと／𛀂＝BCDEあ／バ＝BCDばEば、／ヰ＝BCDEに／ハ＝BCDEは／尋るニ＝BCD尋ぬるにE尋ぬるに、／かげ＝AEなし／𛀚゙＝ABCDがEが、／脩＝B脩CD修E修／へ＝Eへ、／ハ＝BCDEは／ニ＝AヰBCDEに／き＝Eき、／ハ＝BCDEは／翻＝BCD飜E飜／たいげん＝ABCDたいげんEなし／し＝Eし、／𛀂まつ＝BCDEあまつ／バ＝BCDばEば、／ゐたん＝BCDEいたん／ヰ＝BCDEに／𛀆。＝BCい、DいEい。／バ＝BCDばEば、／ヰハ＝BCDEには／ドンナ＝BCDドンな／𛀆＝BCDいEい。／ニ＝AヰBCDEに／ハ＝BCDEは／をりかみ＝AEなしCDをりがみ／ヰ＝BCDEに／𛀆。＝BCDい、Eい。／り＝Eり、／勢＝BCD勢E勢／ニ＝BCDEに／バ＝AハBCDばEば、／め＝Eめ、／𛀆＝BCDEい／日＝E日、／し＝Eし、／ハ＝BCDEは／つ＝BCDEづ／ヰ＝BCDEに／𛀙＝CDEこ／𛀂＝BCDEあ／涌𛀆て＝A涌いてBCD涌いてE涌いて／ヰ＝BCDにEに、／嶋津祐太郎＝E嶋津祐太郎／は＝Eは、／。＝BCDE、／で＝Eで、／勢＝BCD勢E勢／て＝Eて、／コリヤ＝Eコリャ／𛀂＝BCDEあ／𛀙とヰ＝B𛀙とにCDEことに／柄。＝BC柄、D柄、E柄、／ヰ＝BCDEに／芳蓮院＝BCDE芳蓮院／𛀂る＝BCDあるEある、／ハ＝BCDEは／一橋＝BCDE一橋／ニ＝BCDEに／𛀂＝BCDEあ／で＝Eで、／𛀂り＝BCDありEあり、／おんかたさま＝Bおんかたさま／𛀂が＝BCDEあが／る＝Eる。／ソコデ＝BCDソコで／ニ＝BCDEに／ニ＝AヰBCDにEに、／ヰハ＝BCDEには／。＝BCE、Dなし／。＝BCE、Dなし／くヱ＝BCDくはEなし／り＝Eり、／ヰハ＝BCDEには／凡＝AE風BCD風／ニ＝BCDEに／違た＝B違たCD違たE違た／かず〳〵＝CDかず〳〵Eなし／𛀂＝BCDEあ／が＝Eが、／ヰ＝AニBCDEに／ヰ＝BCDEに／ハ＝BCDEは／柄で＝BC柄でD柄でE柄で、

と斯*う云ふのが私の命令で**ソンナ事で六年の間学んで二人とも無事ヰ*帰て来ました*

𛀂＝Eあ

一身の品行亦自から効力𛀂*り

又私の内が夫婦親子睦*じくて私の行状が正し𛀆*からと云て特*ニ譽め*る程の事でもな𛀆*世の中ニ*品行方正の君子ハ*幾*らも𛀂*る私も亦*𛀙*れが人間惟*一の目的で一身の品行脩*まりて能事*終るなんて自慢*をするやうな馬鹿でもな𛀆*と自から信*して居るが*扨又𛀙*れが妙なもので*社會の交際ニ*關係する所ハ*甚だ廣くて*意外の邊ニ*力を及ほす*𛀙*とが𛀂*る其一例を申せ*バ舊藩の奥平家ヰ*對して私ハ*如何なる者ぞと尋る*ニ見る影*もなき貧小士族𛀚゙*洋学など脩業*して異様な説を唱へ*或ハ*外國ニ*行き又或*ハ外國の書を翻*譯して大言*を吐散らし*剰*さへ儒流を輕蔑して憚る所を知らずと云へバ*是れは所謂異端*外道ヰ*違ひな𛀆*。同藩一般の見る所で此通りなれバ*藩主の奥なんぞヰ*ハ*ドンナ報告が這入て居るか知れな𛀆*兎ニ*角ニ*福澤諭吉ハ*大変な奴だと折紙*が付て居たヰ*違ひな𛀆*。所が物換り星移り*段々時勢*が変遷して王政維新の世の中ニ*なつて見れバ*藩論も自から面目を改め*世間一般西洋流の喧まし𛀆*今日*福澤もマンザラでなし*或*ハ之を近つけ*て何かの役ヰ*立つ𛀙*とも𛀂*らうと云ふやうな説がチラホラと涌*𛀆て来た其時ヰ**嶋津祐太郎と云ふ奥平家の元老は*頗る事の能く分る。*云はゞ卓識の君子で*時勢*の緩急を視察して**コリヤ福澤を疎外するは不利で𛀂*ると云ふ𛀙*とヰ着眼して居る折柄*。奥平家の大奥ヰ**芳蓮院様[註10]と云ふ女隠居が𛀂*る此貴婦人ハ**一橋家から奥平家ニ*下て来た由緒𛀂*る身分で*最早や餘程の老年でも𛀂*り一家無上の御方*様と崇*められて居る**ソコデ嶋津が先づ其御隠居様ニ*對して色々西洋の話をする中ニ*彼の國ヰ*ハ文学武備。*富國強兵。*醫術も精しく*航海術も巧なり*其中ヰ*ハ随分日本の凡*俗習慣ニ*違*た事も数々*𛀂りますが*爰ヰ*西洋流義ヰ*不思議なるハ*男女の間柄*で男女相互

ニ*軽重(けいぢう)なく*如何なる身分の人でも一夫一婦に*限て居ます*是れ丈けハ*西洋の特色で御座ると云ふ所を持込んだ*所が*其御隠居様も若い*時には*直接ニ*身ニ*覚えがある。*此話*を聞て心を動かさずには*居られない。*恰も豁然(くわつぜん)発明した様子で*ソレカラ*福澤を近つ*ける気に*なつて*次才〳〵に*奥向(*おくむき)の方(*はふ)ニ*出入の道が開けて*御隠居様を始め所謂御上通(*おかみとほ)りの人に*逢ふて見れバ*福澤の外道(*けだう)も唯の人間で*角(つの)も生(*は)へて居なけれバ*尻尾(しつぽ)のあ*る者でもない*至極穏(*おだや)かな人間だと云ふ所からして*段々懇親(こんしん)に*なつたと云ふ其話ハ*程経(ほどへ)て後ニ*内々嶋津から聞きました*シテ見ると一夫一婦の説も隠然の中には*随分勢*力のあ*るもので*就てハ*今の世ニ*多妻の悪弊を除て文明凡に*するなんと論するハ*野暮(やぼ)だと云ふやうな説があ*るけれども*畢竟肩惜(*まけおし)みの苦(*くる)しい*遁(*に)げ口上で取るニ*足らない。*一夫一婦の正論決*して野暮でない*世間の多数ハ*同主義で*殊ニ*上流の婦人ハ*悉く此方(*こつち)の味方であ*るから。*私の身がこ*の先き何時(*いつ)まで生きて居るか知れぬけれども*有らん限りの力を盡して*前後左右を顧みずドンナ*奴を敵に*しても搆*はぬ*多妻法を取締(とりし)めて*少しでも此人間社會の表面だけでも見られるやうな凡ニ*して遣らうと思て居ます*

ニ＝BCDEに／く＝Eく、／に＝A二BCDEに／す＝Eす、／ハ＝BCDEは／込んだ＝BD込(こ)んだC込(こん)だ／が＝Eが、／い＝BCDEい／にハ＝BCDEには／ニ＝AにBCDEに／ニ＝AにBCDEに／ある。＝BCDあるEある。／話＝A語BCD話(はなし)／にハ＝BCDEには／い。＝BCDい、Eい。／で＝Eで、／ソレカラ＝BCDソレから／つ＝BCDEづ／に＝BCDEに／て＝Eて、／次才〳〵に＝A次第〳〵にBCD次第(しだい)々々にE次第々々に／奥向(おくむき)＝A奥向(おくむ)きB奥向(にくむき)E奥向／はふ＝AEなし／ニ＝BCDEに／て＝Eて、／おかみとほ＝BおかみどほCDEおかみどほ／に＝AニBCDEに／バ＝AハBCDばEば、／けだう＝ABCDげだうEなし／で＝Eで、／は＝Eなし／バ＝ABCDEば／あ＝BCDEあ／い＝BCDいEい、／おだや＝BにだやEなし／て＝Eて、／に＝BCDEに／ハ＝BCDはEは、／ニ＝BCDEに／た＝Eた。／にハ＝BCDEには／勢＝BCD勢(せい)E勢／あ＝BCDEあ／で＝Eで、／ハ＝BCDEは／ニ＝BCDEに／凡に＝A風にBCD風(ふう)にE風に／するハ＝BCDEずるは／あ＝BCDEあ／も＝Eも、／肩惜(まけおし)＝BCD負惜(まけをし)E負惜／くる＝Eなし／い＝BCDEい／に＝BCDにEなし／ニ＝AにBCDEに／い。＝BCDい、Eい。／決＝BC決(けつ)D決(けつ)E決／い＝BCDいEい、／ハ＝BCDEは／で＝Eで、／ニ＝BCDEに／ハ＝BCDEは／こつち＝BCDこつちEなし／あ＝ABCDEあ／。＝BCDE、／こ＝CDEこ／いつ＝BCDいつEなし／も＝Eも、／て＝Eて、／ドンナ＝BCDドンな／に＝BCDEに／搆＝BCD構(かま)E構／ぬ＝Eぬ、／て＝Eて、／凡ニ＝A風にBCD風(ふう)にE風に／す＝Eす。

自傳十七（封筒表）

福翁自傳（六十〔六十二〕）　老餘の半生（一）　時事新報明治三十二年一月二十六日（木）

ハ=BCDEは／こ=CDEこ／。=BCDE、／。=BCE、Dなし／安=A案BCD安(あん)／。=BCE、Dなし／いこ=BいこCDEいこ／い。=BCい、DいEい。／ニ=AにBCDEに／甞(な)=E嘗／て=Eて、／ニ=BCDEに／ニ=BCDEに／はづ=Eなし／こ=CDEこ／ニ=BCDEに／こ=CDEこ／く=Eく、／こゝろしづか=AこゝろしづかBCDEこゝろしづか／に=BCDEに／つきひ=Eなし／ハ=BCDはEは、／バ=BCDEば／。=BCD、／し=Eし、／ニ=BCDEに／に=AニBCDEに／あ=ABCDEあ／う=Eう。／ら=Eら、／ニ=BCDEに／ニ=AにBCDEに／ハ=BCDEは／い。=BCDEい、／ハ=BCDEは／。=BCDE、／ハ=BCDEは／人=E人、／にこ=BにこCDEにこ／そのところ=BCDEそのところ／に=BCDにEに、／こ=CDEこ／い=BCDEい／ハ=BCDEは／と=Eと、／かげ=Eなし／ひそか=Eなし／に=BCDEに／斗(ばか)り=ACD計(ばか)りB許(ばか)りE斗り／い=BCDいEい、／ニ=BCDEに／ニ=AにBCDEに／ニ=AにBCDEに／ある=BCDあるEある。／ニ=BCDEに／は=ABCDEば／い=BCDいEい、／うたが=AEなし／ひ=Eひ、／に=BCDEに／か=Eか、／ニ=BCDEに／バ=BCDばEば、／に=BCDEに／に=BCDEに／り=Eり、／いでハ=BCDEいでは／いかと=BCDいかとEいかと、／ハ=BCDEは／ニ=AにBCDEに／こ=CDEこ／あ=BCDEあ／も=Eも、／ハ=BCDEは／ぬ=Eぬ。／ソコデ=BCDソコで／ハ=BCDEは／れんちう=Eなし／め=Eめ、／あ=BCDEあ／ハ=BCDEは／に=BCDEに／みさほ=CDみさをEなし／に=BCDEに／ある。=Aある。BCDEある、／ある=BCDあるEある、／ニ=BCDEに／あるが=BCDあるがEあるが、／て=Eて、／ニ=BCDEに／飄然=AE飄然BCD飄然(へうぜん)／いだ=BCDいだEなし／い=BCDEい／ニ=AにBCDEに／い=BCDいEい、／ニ=BCDEに／あれバ=AあればBCDEあれば／に=BCDEに／宜(よ)いこ=B宜(よ)いこCD宜(よ)いこE宜いこ／かんが=Eなし／い=BCDEい、／やつ=Eなし／て=Eて、／いのハ=BCDいのはEいのは、／。=BCD、／か=Eなし／ハ=BCDはEは、／い=BCDEい／ニ=BCDEに／て=Eて、／に=BCDEに／し=ABCDEじ

老餘の半生

仕官を嫌ふ由縁

私の生涯ハ*終始替るこ*となく。*少年時代の辛苦。*老後の安*樂。*何も珍らしい*ことはない*。今の世界ニ*人間普通の苦樂を甞(な)*め*て今日ニ*至るまで大ニ*愧(はづ)*る*こともなく大ニ*後悔するこ*ともなく*心 静(こゝろしづか)*に月日(つきひ)*を送りしハ*先づ以て身の仕合せと云はねバ*ならぬ。*所で世間は廣し*私の苦樂を遠方から見て色々ニ*評論し色々に*疑ふ者もあり*ませう*就(なかんづく)中私がマンザラの馬鹿でもなく政治の事も随分知て居なが*ら遂ニ*政府の役人ニ*ならぬと云ふハ*可笑(をか)しい*。日本社會の十人ハ*十人。*百人ハ*百人*皆立身出世を求めて役人に*こそなりたがる其處(そのところ)*に福澤が一人こ*れをい*やがるのハ*不審だと*蔭(かげ)*で竊(ひそか)*に評論する斗(ばか)*りでない*現ニ*直接ニ*私ニ*向て質問する者もあ*る啻(たゞ)ニ*日本人はかりでな*い知己(ちき)の外國人も私の進退を疑(うたが)*ひ何故(なぜ)政府に*出て仕事をせぬか*政府の好地位ニ*立て思ふ事を行へバ*名譽に*も為り金に*も為り面白い*でハない*かと米國人などハ*毎度勧めニ*来たこ*とがあ*るけれども*私ハ*唯笑て取合はぬ*ソコ*デ維新の當分ハ*政府の連中(れんちう)*が私を評して佐幕家の一人と認め*彼(あ)*れハ*舊幕府に*操(みさほ)*を立てゝ新政府に*仕官せぬ者であ*る。将軍政治を悦んで王政を嫌ふ者であ*る古来革命の歴史ニ*前朝の遺臣と云ふ者があ*るが福澤も其遺臣を気取て物外ニ*飄然*として居ながら心中無限の不平を抱(いだ)*いて居るニ*違ひない*心ニ*不平があ*れバ新政府の為めに*宜(よ)*いこと*は考(かんが)へない*油断のならぬ奴(やつ)だなんて*種々様々な想像を運らして居る者の多い*のハ私も大抵知て居る。*所が斯(か)*く評せらるゝ前朝の遺臣殿ハ*久しい*以前から前朝の門閥制度鎖國主義ニ*愛想(あいそ)をつかして*維新の際に*幕府の忠臣義士が盛んに*忠義論を論して*佐幕の気

焔を吐て脱走までする時ニ*私ハ**強ひて議論もせず*脱走連中ニ*知て居る者がゟれバ*餘計な事をするな**肩けるから罷(よし)*尓しろと云て止めて居た位だから福澤を評するニ*前朝の遺臣論も勘定(かんぢやう)が合はぬ*前朝の遺臣と云へバ*維新の時ニ*幕府の忠臣義士ホそ*丁度(*てうど)*適當(てきたう)の嵌役(はまりやく)なれども*此忠臣義士ハ*前朝ニ*忠義の一役を勤めて何時(*いつ)の間(*ま)*ニか早替(*はやがは)り。才二の忠義役を勤めて才*二の忠臣義士ニ*為(な)つて居るから*是れも遺臣と云はれぬ*其遺臣論ハ*姑(*しばら)く擱(*さしを)*き私の身の進退ハ*前ニ*申す通り維新の際ニ*幕府の門閥制度鎖國主義が腹(*はら)の底(*そこ)から嫌(*きら)ゐだから佐幕の気がなゐ*左ればとて勤王家の擧動を見れバ*幕府ニ*較(*くら)べてお釣(*つ)りの出(*で)る程(*ほど)の鎖國攘夷。*固(もと)よりコンナ連中ニ*加勢しやうと思ひも寄らず*唯ジツト中立獨立と説を極めて居ると今度の新政府ハ*閞國に豹変(へうへん)した様子(*やうす)で立派な命令ハ出たけれども*閞國の名義中(*めゐぎちう)。*鎖攘(*さゞやう)*タツプリ何が何やら少しも信ずるニ*足らず*東西南北何(*ゐづ)れを見ても共ニ*語る可き人ハ*一人もなし唯獨りで身ニ*叶ふ丈けの事を勤めて閞國一偏西洋文明の一天張りでリキンデ*居る中ニ*政府の閞國論が次才〳〵尓*真成(*ほんとう)のもの尓*なつて来て*一切萬事改進ならざるハなし所謂文明駸々乎(*ミん〳〵こ)として進歩するの中の世ニ*なつたホそ実ニ*有り難ゐ*仕合せで実ニ*不思議な事で云はゞ私の大願も成就したやうなものだから最(*も)

問題更らニ*起る

ニ＝Eに

早(は)や一點の不平ハ*云はれなゐ*ソコデ私の身の進退尓*就ても更(さ)ら尓*問題が起る。*是れまで新政府尓*出身(しゆつしん)しなかつたのは*政府が鎖國攘夷の主義でゟるから之を嫌ふたのだ。*仮令ひ閞國と觸出(*ふれだ)しても其内実ハ*鎖攘の根性。*信ずる尓*足らずと見(み)縊(*くび)つたのでゟる*然る尓*政府の方針がゐ*よ〳〵閞國文明と決して着々事実ニ*顕(あら)はるゝニ*於てハ*官界ニ*力を盡(*つく)して政府人と共ニ*文明の國事を経營するホそ*本意でハなゐ*かと世間の人の思ふのハ*一寸(*ちよゐ)と尤(もっと)ものやうニ*見えるが*此一

ニ＝BCDEに、／ハ＝BCDEは／強ひて＝BCD強(しひ)て／ず＝Eず、／ニ＝BCDEに／ゟれバ＝AあれバBCDあればEあれば、／な＝Eな、／肩＝BC負(ま)D貟(ま)E負／尓＝BCDEに／ら＝Eら、／ニ＝A尓BCDEに／ぬ＝Eぬ。／バ＝ABCDEば／ニ＝BCDEに／ホ＝CDEこ／てうど＝BCDちやうどEなし／てきたう＝Eなし／も＝Eも、／ハ＝BCDEは／ニ＝BCDEに／ゐつ＝BCDいつEなし／ま＝AEなし／ニ＝BCDEに／はやがは＝Eなし／。＝AなしBCDE、／才＝A苐BCDE第／才＝A苐BCDE第／ニ為つて＝Aニ為(な)つてBCDEとなつて／ら＝Eら、／ぬ＝Eぬ。／ハ＝BCDEは／しばら＝Eなし／さしを＝CDさしおEなし／き＝Eき、／ハ＝BCDはEは、／ニ＝BCDEに／り＝Eり、／ニ＝BCDEに／はら＝Eなし／そホ＝BCDそこEなし／きらゐ＝BCDきらひEなし／ゐ＝BCDいEい。／バ＝BCDばEば、／ニ＝BCDEに／くら＝Eなし／つ＝Eなし／で＝Eなし／ほど＝Eなし／。＝BCDなしE、／コンナ＝BCDコンな／ニ＝BCDEに／勢＝BCD勢(せい)E勢／ず＝Eず、／ジツト＝BCジツトDヂツとEジツト／と＝Eと、／ハ＝BCDEは／閞＝AE開BCD開(かい)／やうす＝Eなし／ハ＝BCDEは／も＝Eも、／閞＝AE開BCD開(かい)／めゐぎちう＝BCDめいぎちうEなし／。＝BCDE、／さゞやう＝AEなしBCDさじやう／タツプリ＝Eタップリ、／するニ＝BCDEずるに／ず＝Eず、／ゐづ＝BCDEいづ／ニ＝BCDEに／ハ＝BCDEは／し＝Eし、／ニ＝BCDEに／閞＝AE開BCD開(かい)／偏＝BCD偏(べん)E偏、／リキンデ＝BCDリキンで／中ニ＝BCD内にE内に、／閞＝AE開BCD開(かい)／次才〳〵尓＝B次第(しだい)〳〵にC次第(しだい)々々にD次第次第(しだいしだい)にE次第々々に／ほんとう＝BCDほんたうEホントウ／尓＝BCDEに／て＝Eて、／ハなし＝BCDはなしEはなし、／ミん〳〵こ＝BCDEしん〳〵こ／中の世ニ＝A世の中ニBCDE世の中に／ホ＝CDEこ／ニ＝A尓BCDEに／有り難ゐ＝A有難ゐB有り難いC有り難いD有難いE有難い／で＝Eで、／ニ＝BCDEに／で＝Eで、／ら＝Eら、／もは＝Eなし／ハ＝BCDEは／ゐ＝BCDいEい。／ソコデ＝BCDソコで／尓＝AニBCDEに／尓＝BCDEに／。＝BCD、／尓＝AニBCDEに／は＝Eは、／ゟ＝BCDEあ／。＝AなしBCDE、／閞＝ABCDE開／ふれだ＝Aなし／ハ＝BCDEは／。＝BCE、Dなし／する尓＝BCDEずるに／縊つた＝BCD縊(くび)た／ゟる＝ABCDあるEある、／尓＝BCDEに／ゐよ＝BCDEいよ／閞＝AE開BCD開(かい)／決＝BC決(けつ)D決(けつ)E決／ニ＝A尓BCDEに／ハ＝BCDはEは、／ニ＝BCDEに／つく＝Eなし／ニ＝BCDEに／ホ＝CDEこ／ハなゐ＝BCDEはない／ハ＝BCDはEは／ちよゐ＝BCDちよいEなし／ニ＝BCDEに／が＝Eが、

尓=BCDEに/ニ=BCDEに/ゐ=BCDいEい。/古れまで=BCDこれまでEコレマデ/尓=BCDEに/ず=Eず、/ゐ=BCDEい/黙つて=BCD黙てE黙つて/て=Eて、/尓=BCDEに/ゐが=BCDいがEいが、/尓=BCDEに/ゐ=BCDEい/真面目=BE眞面目CD眞面目/尓=BCDEに/バ=BCDばEば、/才一=A第一BCD第一E第一、/開=AE開BCD開/決=BC决D决E決/ニ=BCDEに/尓=AニBCDにEに、/可゙=ABCDEが/尓=AニBCDEに/尓=BCDEに/る=Eる、/バ=BCDEば/阿るが=BCDあるがEあるが、/ハ=BCDEは/ゐ=BCDいEい、/売=BCDE殻/る=Eる。/バ=BCDEば/新=BCD新E新、/ニ=BCDEに/や=Eなし/古=CDEこ/ニ=BCDにEに、/ニ=A尓BCDEに/て=Eて、/ゐ=BCDEい/ニ=BCDEに/ゝ=Eゝ、/。=BCD、/ニ=BCDEに/ゐ=BCDEい/云べ=A云へバBCDE云へば/ニ=BCDEに/ニ=BCDEに/。=BCDE、/なれバ=BCEなればDれば/ニ=BCDEに/ニ=BCDEに/。=BCDE、/ハ=BCDEは/売威張で=BC殻威張でD殻威張りでE殻威張で、/ニ=BCDEに/宜=BCD宜E宜/ゐ=BCDEい/ら=Eら、/何も=A何もBCDE何も/勢=BCD勢E勢/で=Eで、/ニ=BCDEに/バ=BCDEば/ゐつ=BCDいつEなし/ま=Eなし/尓=BCDEに/ニ=BCDEに/売=BCD殻E殻/や=AEなし/ニ=BCDEに/く=Eく。/ず=Eず、/の=A尓BCDEに/バ=BCDEば/ニ=BCDEに/ハ=BCDEは/。=BC、Dなし/ゐたち=BCDEいたち/古つ古=CDこつこEごつこ/ねずみ=Eなし/古つ古=CDこつこEごつこ、/ニ=BCDEに/ゐ。=BCDい、Eい。/ニ=BCDEに/バ=BCDEば/斗り=A計りBCD計り/も=Eも、/今ハ=ABCDE今の/凡潮で=A風潮でBCD風潮でE風潮で、/ニ=BCDEに/バ=BCDばEば、/最上=BCD其上/ニ=BCDEに/ニ=BCDEに/ニ=BCDEに/売=BCD殻E殻/な=Eなし/づ=Aつ/バ=BCDEば/ぬ=Eぬ。/ニ=BCDEに/ゐ。=BCDい、Eい。/才=A第BCDE第/て=Eて、/才=A第BCDE第/尓ハ=BCDEには/尓く=BCDにくEなし/ゐ古=BいこCDEいこ/が=Eが、/凡儀=AE風儀BCD風儀/尓=BCDEに/ゐ=BCDいEい。/食=BCD食E食、/てゐたく=AEなしBCDていたく/ニ=A尓BCDEに/で=Eで、/て=Eて、/ニ=BCDEに/尓=BCDEに/ゐ=BCDいEい、/ゐ=BCDEい/気凡=AE氣風BCD氣風/阿るが=BCDあるがEあるが、/尓=BCDEに/気取つて=AE氣取つてB氣取てCD氣取て/古と尓=B古とにCDEことに/ぬ=Eぬ。/やゝ=Eなし/バ=BCDEば/ニ=BCDEに/戯れ=BC戯れD戯れE戯れ、/尓く=AEなしB

段*尓なつてもマダ私*ニ動く気がなゐ*従前*曽て人*尓語らず*又語る必要もなゐ*から黙*つて居*て内の妻子も本當*尓知りますまゐ*が私の本心*尓於て何としても仕官が出来られなゐ*其*真面目を丸出し尓*申せバ*才*一政府が其方針を開*國文明と決定*して大*ニ國事を改革すると同時*尓役人達可゙*國民*尓對して無暗*尓威張る*

殻威張の群ニ*入る可らす*

ニ=Eに/す=AEず

其威張るのも行政上の威厳と云へバ*自から理由も阿る*が実際ハ*爾うでなゐ*唯売*威張をして喜んで居る*例へバ*位記などは王政維新*文明の政治と共ニ*罷*めさうな古*とを罷めずニ*人間の身ニ*妙な金箔を着けるやうな事をして*日本國中ゐ*らざる處ニ*上下貴賤の区別を立てゝ*役人と人民と人種の違ふやうな細工をして居る。*既ニ*政府が貴ゐ*と云*べ政府ニ*入る人も自然ニ*貴くなる。*貴くなれ*バ自然ニ*威張るやうニ*なる。*其威張りハ*即ち売*威張で誠ニ*宜*しくなゐ*と知りながら*何*も蚊も自然の勢*で*役人の仲間ニ*なれバ*何時*の間*尓か共ニ*売*威張を遣*るやうニ*成り行く*然かのみならず*自分より下の*向て威張れバ*上ニ*向てハ*威張られる。* 鼬*古つ古*鼠*古つ古*実ニ*馬鹿らしくて面白くなゐ*。政府ニ*這入りさへせねバ*馬鹿者の威張るのを唯見物して唯笑て居る斗*りなれども**今ハ日本の凡*潮で役人の仲間ニ*なれバ*仮令ひ最*上の好地位ニ*居ても兎ニ*角ニ**売威張と名*づく*る醜体を犯さねバ*ならぬ*是れが私の性質ニ*於て出来なゐ*。之を才*一として才*二尓*ハ甚だ申し憎*ゐ*古とだが*役人全体の凡儀*を見る尓*気品が高くなゐ*其平生美衣美食大きな邸*宅*ニ住居して散財の法も奇麗で萬事萬端思切りが能くて世*ニ*處し政を料理する尓*も卑劣でなゐ*至極面白ゐ*

身の不品行ハ*人種を殊ニす*るが如し

ハ=Eは/ニ=Eに

気*凡で阿る*が何分尓*も支那流の磊落を気取つて一身の私を慎しむ古*と尓気が付かぬ*動*もすれバ*酒を飲んで婦人ニ**戯れ肉慾を以て無上の快楽事として居るやうニ*見える*家

CDにく／ニ＝BCDEに／る＝Eる。

ニ＝BCDEに／て＝Eて、／耻＝BC耻D恥E恥／い＝BCDEい／ず＝Eず、／に＝BCDEに／横风＝AE横風BCD横風／は＝Eは、／ニ＝BCDEに／ひ＝Eひ、／に＝BCDEに／バ＝ABCDEば／ぬ＝Eぬ。／さしおい＝BさしゐいCDさしおいEなし／に＝BCDEに／バ＝ABCDばEば、／なん＝AEなし／いちだん＝BCDいちだんEなし／下つた＝BCD下たに＝BCDEに／。＝BCD、／なが＝Eなし／バ＝BCDEば／で＝Aて／にく＝BCDにくEなし／。＝BCE、Dなし／ニ＝AにBCDEに／も＝Eも、／いよ〳〵＝BCEいよ〳〵D愈々／ニ＝BCDEに／また＝ABCDしたEなし／かまど＝Eなし／めし＝Eなし／く＝Eなし／にハ＝BCDにはEには、／どこ＝Eなし／きた＝Eなし／い＝BCDEい／に＝BCDEに／けが＝Eなし／に＝BCDEに／ツイ＝BCDツヒ／いや＝BCDいやEなし／になる＝BCDになるEになる。／ハ＝BCDEは／けつぺき＝Eなし／で＝Eで、／バ＝BCDEば／せま＝Eなし／い＝BCDEい／が＝Eが、／に＝BCDEに／あれバ＝AあれハBCDEあれば／い＝BCDEい。

福翁自傳（六十一〔六十二〕）老餘の半生（二）時事新報明治三十二年一月二十九日（日）

才三＝A第三BCD第三（改行する）E第三、／ニ＝AにBCDEに／ニ＝AにBCDEに／ハ＝BCDEは／。＝BCE、Dなし／で＝Eで、／に＝BCDEに／か＝Eか、／コンナ＝BCDコンな／つぶ＝Eなし／宜い＝A宜いBCD宜いE宜い／ふだん＝Eなし／きゑん＝BきゑんCDきえんEなし／はい＝BCDはいEなし／が＝Eが、／バ＝BCDEば／さま＝Eなし／バ＝BCDばEば、／ハ＝BCDEは／ニ＝BCDEに／くら＝Eなし／はげ＝Eなし／いから＝BCDいからEいから、／コンナ＝BCDコンな／に＝BCDEに／よ＝AEなし／ハない＝BCDはないEはない。／黙つて＝BCD黙てE黙つて／に＝BCDEに／て＝Eて、／迯＝B迯CD逃E逃／た＝Eた。／スルト＝BCDスルと／ハ＝BCDEは／論＝BCD論E論、／なか〳〵＝Eなし／。＝BCDE、／ハ＝BCDEは／に＝BCDEに／す＝Eなし／ず＝Eず、／ハ＝BCDEは／ず＝Eず、／ぞ＝Eぞ、／み＝Eみ、／譜＝BC普D譜／騎＝BC騎D騎E騎、／あれバ＝BCDEあれば／ニ＝BCDEに／て＝Eて、／で＝Eで、／ニ＝BCDEに／むか＝ABCDEむか／撃たん＝BCD撃んE撃たん／あれバ＝BCDあればEあれば、／あり＝BCありDあるEあり、／ハ＝BCDEは／ニ＝AにBCDEに／ゑつ＝BゑつCDえつEなし／うな＝Eなし／し＝Eし、／かんさう＝

の内外ニ妾などを飼ふて多妻の罪を犯しながら耻かしいとも思はず其悪事を隠さうともせずに横风な顔をして居るのは一方ニ西洋文明の新事業を行ひ他の一方には和漢の舊醜体を學ぶものと云はねバならぬダカラ外の事を差置て此一點に就て見れバ何だか一段下つた下等人種のやうに見える。是れも世の中の流俗として遠方から眺めて居れバ左まで憎らしくもなく又咎めやうとも思はぬ。時ニ往来して用事も語り談笑妨げなけれども扨いよ〳〵此人種の仲間ニなつて一つ竈の飯を喰ひ本當に親しく近くならうと云ふにハ何處となく穢ないやうに汚れたやうに思はれてツイ嫌になる是れハ私の潔癖とでも云ふやうなもので全体を申せバ度量の狭いのでせうが何分にも生れつきの性質とあれバ仕方がない

忠臣義士の浮薄を厭ふ

才三幕末ニ勤王佐幕の二派が東西ニ立分れて居る其時ニ私ハ唯古来の門閥制度が嫌ひ。鎖國攘夷が嫌ひばかりで固より幕府に感服せぬのみかコンナ政府は潰して仕舞ふが宜いと不断気焔を吐て居たが左れバとて勤王連の様を見れバ鎖攘論ハ幕府ニ較べて一段も二段も劇しいから固よりコンナ連中に心を寄せる筈ハない唯黙つて傍観して居る中に維新の騒動になつて徳川将軍が迯げて帰て来たスルト幕府の人ハ勿論諸方の佐幕連が中々喧しくなつて議論百出。東照神君三百年の遺業ハ一朝にして棄つ可らず三百年の君恩ハ臣子の身として忘る可らず薩長何者ぞ唯是れ関ケ原の降参武士のみ堂々たる三河譜代の八万騎何の面目あれバ彼の降参武士ニ膝を屈す可きやなんて大造な剣幕で薩長の賊軍を東海道ニ邀へ撃たんとする者もあれバ軍艦を以て脱走する者もあり策士論客ハ将軍ニ謁して一戦の奮発を促がし諫争の極。聲を放つて号泣するなんぞは如何にもエライ有様で忠臣義士の共進會であつたが其忠義論もトウ〳〵行はれずニ幕府がい

Eなし／極。=BCD極E極、／放つて=A放つてBCD放てE放つて／がうきう=BCDがうきふEなし／は=Eは、／に=BCDEに／で=Eで、／あ=BCDEあ／が=Eが、／トウ〳〵=Dトウトウ／ニ=BCDEに／いよ=BCDEいよ

解散に=BCD解散にE解散に／と=Eと、／ハ=BCDEは／ニ=BCDEに／ニ=BCDEに／あれバ=BCDあればEあれば、／ニ=BCDEに／あり=BCDありEあり、／ニ=BCDEに／ある=BCDEある／で=Eで、／かた=Eなし／い=BCDEい／ハ=BCDEは／て=Eて、／ハ=BCDEは／ぬ=Eぬ、／ニ=AにBCDEに／あたま=BCDあたまEなし／ニ=BCDEに／。=BCDE、／バ=BCDEば／けが=Eなし／。=BCE、Dなし／バ=BCDEば／ハ=BCDはEは、／。=BCDE、／ハ=BCDEは／首陽山=BCDE首陽山／あ=ABCDEあ／すさ=Eなし／い。=BDい、CいEい。／が=ABCDEが／ニ=BCDにEに、／に=BCDEに／わらび=BCDわらびEなし／い=BCDEい／。=BCDE、／ふもと=Eなし／ニ=BCDEに／を=BにDおEなし／て=Eて、／に=BCDEに／ノツソリ=Eノッソリ／くび=Eなし／か=Eか、／からだ=Eなし／に=BCDEに／ニ=BCDEに／。=BCDE、／も=Eも、／ニ=AにBCDEに／む=Eなし／集つて=A集つてBCD集てE集まつて、／に=BCDEに／。=BCDE、／ハ=BCDEは／御ニ=A御目ニB御目にCD御目にE御目に／掛る=BCD謁る／い。=BCDEい、／で=Eで、／ハ=BCDEは／ず=Eず、／ハ=BCDEは／戯=BC戯D戯E戯／と=Eと、／双=BC双D雙E雙／鮮=BCD解E解／波凡=ABCD波風E波風／付いた=BC付たDE付いた／ハ=ABCDEは／ニ=BCDEに／い=BCDいEい、／とがめだ=Eなし／に=BCDEに／ば=Aは／たが=ABCDだがEだが、／にハ=BCDEには／ある=BCDあるEある。／が=Eが、／同=B動CD同／起つて=B起てCD起てE起つて、／バ=BCDEば／ハ=BCDEは／し=Eし、／ハ=BCDEは／閙=AE開BCD開／て=Eて、／ニ=BCDEに／り=Eり、／ニ=BCDEに／至りて=BCD至て／ニ=BCDEに／閙=AE開BCD開／に=BCDEに／し=BCDじEじ、／ニ=BCDEに／す=BCDEず／ニ=BCDにEに、／ニ=BCDEに／与に=A与ニBCDE与に／バ=ABCDEば／ニ=BCDEに／も=Eも、／ニ=BCDEに／閙=AE開BCD開／ハ=BCDEは／い=BCDいEい。／ハ=BCDEは／割出して=BC割出してD割出てE割出して、／ら=Eら、／衛=BCD衛E衛／ハ=BCDEは／い=BCDEい。／ソレモ=BCDソレも／窟=BCD屈／バ=BCDEば／宜しいが=BCD宜しいがE宜しいが、／に=AニB

よ〳〵解散になると忠臣義士ハ軍艦ニ乗て箱館ニ居る者もあれバ陸兵を指揮して東北地方ニ戦ふ者もあり又はプリ〳〵立腹して静岡の方ニ行く者もある其中で忠義心の堅い者ハ東京を賊地と云て東京で出来た物ハ菓子も喰はぬ夜分寝る時ニも東京の方は頭ニせぬ。東京の話をすれバ口が汚れる。話を聞けバ耳が汚れると云ふ塩梅式ハ丸で今世の伯夷叔斉。静岡ハ恰も明治初年の首陽山であつたのは凄まじい。所が一年立ち二年立つ中ニ其伯夷叔斉殿が首陽山に蕨の乏しいのを感じたか。ソロ〳〵山の麓ニ下りて賊地の方にノツソリ首を出すのみか身体を丸出にして新政府ニ出身。海陸の脱走人も静岡行の伯夷叔斉も猫も杓子も政府の邊ニ群れ集つて以前の賊徒今の官員衆に謁見。是れハ初めて御ニ掛るとも云はれまい。兼て御存じの日本臣民で御座ると云ふやうな調子で君子ハ既往を語らず前言前行ハ唯戯れのみと双方打鮮けて波凡なく治まりの付いたのハ誠ニ目出度い何も咎立てするにも及ばぬやうたが私にハ少し説がある抑も王政維新の争が政治主義の異同から起つて例へバ勤王家ハ鎖國攘夷を主張し佐幕家ハ閙國改進を唱へて遂ニ幕府の敗北と為り其後ニ至りて勤王家も大ニ悟りて閙國主義に変し恰も佐幕家の宿論ニ投するが故ニ之と共ニ爾後の方針を與にすると云へバ至極尤もニ聞ゆれども當時の争ニ閙鎖など云ふ主義の沙汰ハ少しもない佐幕家の進退ハ一切萬事君臣の名分から割出して徳川三百年の天下云々と争ひながら其天下が無くなつたら争の點も無くなつて平気の平左衛門とハ可笑しいソレモ理窟の分らぬ小輩ならバ固より宜しいが争論の發起人で頻りに忠義論を唱へて伯夷叔斉を気取り又ハ其身躬から脱走して世の中を騒がした人達の気が知れない。勝屓ハ時の運ニ由る。屓けても耻かしいことはない。議論が中らなかつても搆はないが遺傷なつたら其身の不運と

CDEに/り=Eり、/ハ=BCDEは/さは=AさゑBCDさわEなし/い。=BCDい、Eい。/肩ハ=BC負はD員はE負は/ニ=BCDEに/。=BCDE、/肩=BC負D員E負/耻=BC耻D恥E恥/いこ=BいこCDEいこ/い。=BCDEい、/あた=AEなしBCDあた/搆=A搆BD構C構E構/いが=BCDいがEいが、/やりそこ=ABCDEやりそこ

あき=BCDあきEなし/て=Eて、/に=BCDEに/。=BCDE、/に=BCDEに/て=Eて、/涯=AE涯BCD涯/バ=AハBCDEば/宜い=A宜いBCD宜いE宜い/も=Eも、/なか〳〵=Eなし/ころか=CDころかEころか、/洒蛙〳〵=BCDE洒蛙々々/い=BCDEい/ニ=AにBCDEに/うれ=Eなし/ニ=AにBCDEに/く=ADEなし/ぬ=Eぬ。/扨〳〵=A扨て〳〵BCD扨々E扨々/あ=ABCDあEなし/ニ=BCDEに/。=BCDE、/うはき=AEなし/だ=Eだ、/コンナ=BCDコンな/薄つぺら=BCD薄ぺらE薄つぺら/ご=BCDごEなし/宜い=BCD宜いE宜い/て=Eて、/り=Eり、/ハ=BCDEは/いつさい=BCDいつさいEなし/ニ=BCDEに/まか=Eなし/て=Eて、/ハ=BCDEは/た=BCDEだ/に=BCDEに/搆=BCD構E構/た=Eた。/ハ=BCDEは/ニ=AにBCDEに/い=BCDEい/ことで=CDことでEことで、/が=Eが、/ら=Eら、/なりゆき=Eなし/ツイ=BCDツヒ/に=BCDEに/て=Eて、/ゐくし=AゐくじBCDいきぢEなし/に=BCDEに/に=BCDにEに、/い=BCDEい/思ふて=BCD思て/たま=Eなし/い=BCDいEい。/癇積=A癇癪BCD癇癪E癇癪/が=Eが、/ニ=BCDEに/に=BCDEに/あ=BCDEあ/す=Eす。/才五=B第五〔二月二日掲載「老餘の半生」(三)に「第四」の誤植との訂正記事あり、二七九頁参照〕CDE第四/にハ=BCDにはEには、/い=BCDEい/ハ=BCDEは/き=Eき、/と=Eと、/ハ=BCDEは/論=BCD論E論、/才も=A弟もB弟もCD弟もE弟も、/やつ=Eなし/ハ=BCDEは/ニ=BCDEに/い=BCDEい/ふ=Eふ。/ニ=BCDEに/も=Eも、/ニ=BCDEに/ニ=BCDEに/ニ=BCDEに/つい=BCDEづい/か=ABCDEか/で=Eで、/ハ=BCDEは/い=BCDEい/ニ=BCDEに/だ=Eだ。/民=BCD民E民、/ニ=AにBCDEに/バ=BCDEば/い=BCDEい/ニ=AにBCDEに/て=Eて、/ハ=BCDEは/い=BCDいEい。/隅ま=A偶まBCDE偶ま/て=Eて、/ハ=BCDEは/ひつ=Eなし/で=BCで、/仕=BCD任/ハ=BCDEは/。=BCDE、/ハ=BCDEは/ある=BCDあるEある。/ハ=BCDEは/に=BCDEに/

諦らめて山に引込むか。寺の坊主までもなつて生涯を送れバ宜いと思へども中々以て坊主どころか洒蛙〳〵と高い役人ニなつて嬉しがつて居るのが私の気ニ喰はぬ扨〳〵忠臣義士も當てニならぬ。君臣主従の名分論も浮気なものだコンナ薄つぺらな人間と伍を為すよりも獨りで居る方が心持が宜いと説を極めて初一念を守り政治の事ハ一切人ニ任せて自分ハ自分たけの事を勉めるやうに身構へをしました実ハ私の身の上ニ何も縁のないことで入らざるお世話のやうだが前後の事情を能く知て居るから忠臣義士の成行を見るとツイ気の毒になつて意気地なしのやうに腰抜のやうに思ふまいと思ふても思はれて堪らない全く私の癇積でせうが是れも自然ニ私の功名心を淡泊に

獨立の手本を示さんとす

させた原因であらうと思はれます才五にハ勤王佐幕など云ふ喧しい議論ハ差置き維新政府の基礎が定まると日本國中の士族ハ無論百姓の子も町人の才も少しばかり文字でも分る奴ハ皆役人ニなりたいと云ふ仮令ひ役人ニならぬでも兎ニ角ニ政府ニ近ついて何か金儲でもしやうと云ふ熱心で其有様ハ臭い物ニ蝿のたかるやうだ全國の人民政府ニ依らねバ身を立てる處のないやうニ思ふて一身獨立と云ふ考ハ少しもない隅ま外國修業の書生などが帰て来て僕ハ畢生獨立の覺悟で政府仕官ハ思ひも寄らぬ。なんかんと鹿爪らしく私方へ来て満腹の気焔を吐く者ハ幾らもある私ハ最初から當てにせずニ宜い加減に聞流して居ると其獨立先生が久しく見えぬ。スルト後ニ聞けバ其男はチャント何省の書記官ニ為り運の好い奴ハ地方官ニなつて居ると云ふやうな凡で何も之を咎るでハない人々の進退ハ其人の自由自在なれども全國の人が唯政府の一方を目的にして外ニ立身の道なしと思込んで居るのハ畢竟漢學教育の餘弊で所謂宿昔青雲の志と云ふことが先祖以来の遺

傳に存して居る一種の迷でゐる今この迷を醒まして文明獨立の本義を知らせやうとするにハ天下一人でも其真実の手本を見せたい。亦自から其方針ニ向ふ者もゐるだらう一國の獨立ハ國民の獨立心から涌いて出てることだ。國中を擧げて古凡の奴顯根性でハ迚も國が持てない。出来ることか出来ないことかソンナ事ニ躊著せず自分が其手本ニなつて見やうと思付き人間萬事無頓着と覺悟を定めて唯獨立獨歩と安心決定したから政府ニ依りすがる気もない役人達に頼む気もない貧乏すれバ金を使はない。金が出来れバ自分の勝手に使ふ。人ニ交はるにハ出来る丈けの誠を盡して交はるソレデモ忌と云へバ交はつて呉れなくても宜しい。客を招待すれバ此方の家凡の通りニ心を用ひて饗應する其凡が嫌ひなら来て呉れなくても苦しふない此方の身ニ叶ふ丈けを盡してソレカラ上ハ先方の領分だ譽めるなり譏るなり喜ぶなり怒るなり勝手次才にしろ譽められて左まで歓びもせず譏られて左まで腹も立てずいよ〳〵気が合はねバ遠くに離れて附合はぬ斗りだ一切萬事。人にも物にもぶら下らずに云はゞ捨身ニなつて世の中を渡るとチヤント説を定めて居るから何としても政府へ仕官などハ出来ない此流儀が果して世の中の手本ニなつて宜い事か。悪い事か。ソレモ無頓着だ宜ければ甚だ宜しい。悪るけれバソレマデの事だ其先きまで責任を脊負ひ込まうと思ひません

ニ=AにBCDEに／宜い=BCD宜いE宜い／に=BCDEに／と=Eと、／。=BCD、／スルト=BCDスルと／ニ=BCDEに／バ=BCDEば／チヤント=BCDチヤンとEチヤント／ニ=BCDEに／り=Eり、／うん=AEなし／い=BCDいEなし／い=BCDEい／ハ=BCDEは／ニ=BCDEに／凡で=A風でBCD風でE風で、／咎る=BCD咎めるE咎める／ハない=BCDはないEはない、／ハ=BCDEは／も=Eも、／に=BCDEに／ニ=BCDEに／ハ=BCDはEは、／で=Eで、／こ=CDEこ

に=BCDEに／まよひ=Eなし／ゐる=BCDあるEある。／こ=CDEこ／にハ=BCDにはEには、／い。=BCDEい、／おのづ=BにのDEこ／ニ=BCDEに／ゐ=BCDEあ／う=Eう、／ハ=BCDEは／涌いて=BCD涌てE涌いて／て=Aなし／ことだ。=Bことだ、CDEことだ、／古凡=AE古風BCD古風／顯=A隷BCD隷E隷／ハ=BCDEは／い。=BCEい、Dい／こ=CDEこ／いこと=BいとCDEいこと／ソンナ=BCDソンな／ニ=AにBCDEに／躊著=ABCD躊躇E躊躇／ず=Eず、／ニ=AにBCDEに／き=Eき、／て=Eて、／決=BC決D決E決／ら=Eら、／ニ=BCDEに／い=BCDいEい、／に=BCDEに／い=BCDいEい。／バ=BCDEば／い。=BCEい、Dい／バ=BCDEば／に=BCDEに／。=BC、Dなし／ニ=BCDEに／まじ=Eなし／にハ=BCDEには／る=Eる、／ソレデモ=BCDソレでも／いや=BCDEいや／バ=BCDEば／宜しい。=A宜しいBC宜しい、D宜しいE宜しい。／バ=AハBCDEば／家凡=AE家風BCD家風／ニ=BCDEに／る=Eる、／凡=AE風BCD風／ふない=BCDうないEうない。／こつち=BCDこつちEなし／ニ=AにBCDEに／て=Eて、／ソレカラ=BCDソレから／ハ=BCDEは／さき=AEなし／だ=Eだ。／そし=Eなし／才=BCD第E第／ろ=Eろ、／よろこ=Eなし／ず=Eず、／そし=Eなし／ず=Eず、／いよ=BCDEいよ／バ=BCDEば／に=BCDEに／斗りだ=A計りだB許りだCD計りだE斗りだ。／。=BCE、Dなし／に=BCDEに／に=BCDEに／さが=Eなし／に=BCDにEに、／すてみ=AEなし／ニ=AにBCDEに／チヤント=BCDチヤンとEチヤント／ら=Eら、／ハ=BCDEは／い=BCDいEい。／儀=A義BCD儀／ニ=BCDEに／宜い=BCD宜いE宜い／。=BCDE、／ゑる=BCDわるEなし／い=BCDEい／。=BCDE、／ソレモ=BCDソレも／だ=Eだ、／宜=BCD宜E宜／バ=BCDEば／宜しい。=BCD宜しい、E宜しい、／ゑ=BCDわEなし／バ=BCDEば／ソレマデ=BCDソレまで／だ=Eだ、／脊肩=B脊負CD脊負E脊負／こ=ABCDこEなし／と=B

右の通り條目を並べて才一から才五まで述立てゝ見れバ私の政府に出ないのハ初めからチヤント理窟を定めてケ様く／＼と自から自分を束縛してあるやうに見えるが実はソレホド窮窟な譯けでハないソレホド六かしい事でもない唯今日これを筆記して人ニ分るやうにしやうとするにハ話ニ順序がなくては叶はぬソコデ久しい前年から今日に至るまで物ニ觸れ事ニ當り人と談論した事などを思出して彼の時はアヽであつた此時ハ斯うであつたと記憶中ニ往来するものを取集めて見ると前ニ記した通りになる。詰る所。私ハ政治の事を軽く見て熱心でないのが政界に近つかぬ原因でせう喩へバ人の性質ニ下戸上戸があつて下戸ハ酒屋ニ入らず上戸ハ餅屋ニ近つかぬと云ふ位のもので政府が酒屋なら私ハ政事の下戸でせう。トハ云ふものゝ私が政治の事を全く知らぬでハ

政治の診察醫にして閙業醫ニ非ず

（に＝Eに／閙＝AE開／ニ＝Eに）

ない口ニ談論もすれバ紙ニ書きもする但し談論書記する斗りで自から其事ニ當らうと思はぬ其趣ハ恰も診察醫が病を診断して其病を療治しやうとも思はず又事実ニ於て療治する腕もないやうなものでせうが病床の療治ハ皆無素人でも時としてハ診察醫も役ニ立つことがある。ダカラ世間の人も私の政治診断書を見て是れハ本當の閙業醫で療治が出来るだらう病家を求めるだらうと推察するのハ大間違ひの沙汰です此事ニ就て一寸語りますが明治十四年の頃

明治十四年の政変[註1]

日本の政治社會ニ大騒動が起て私の身にも大笑ひな珍事が出来ました明治十三年の冬、時の執政大隈伊藤井上の三人から私方に何か申して参つて或る處ニ面會して見ると何か公報のやうな官報のやうな新聞紙を起すから私に擔任して呉れろと云ふ一向趣意が分らぬから先づ御免と申して去ると其後度々人の往復を重ねて話が濃くなりとう／＼始舞に政府はいよ／＼國會を

CDEとは／ん＝Eん。

福翁自傳（六十二〔六十三〕）老餘の半生（三）時事新報明治三十二年二月二日（木）

并＝BCD並E竝／才＝A第BCE第D第／才五＝BCE第四D第四／バ＝BCDばEば、／に＝BCDEに／いのハ＝BCDEいのは／チヤント＝BCDチヤンとEチヤント／窟＝BC屈D窟／ケ様く＝BCD箇様々々E箇様々々／あ＝BCDEあ／に＝BCDEに／が＝Eが、／窟＝BC屈D窟／ハない＝BCDはないEはない、／い＝BCDEい／い＝BCDいEい。／こ＝CDEこ／筆＝BCD筆E筆／ニ＝BCDEに／に＝BCDEに／ハ＝BCDにはEには、／ニ＝BCDEに／ぬ＝Eぬ。／ソコデ＝BCDソコで／い＝BCDEい／に＝BCDEに／で＝Eで、／ニ＝AにBCDEに／ニ＝AにBCDEに／り＝Eり、／て＝Eて、／あ＝ABDあCEなし／あつた＝BCDあつたEあつた、／ハ＝BCDEは／か＝Eなし／あ＝BCDEあ／と＝Eと、／臆中ニ＝B憶中にCD憶中にE憶中に／と＝Eと、／ニ＝BCDEに／まる＝AEなしBCDしる／に＝BCDEに／。＝BC、Dなし／。＝BCDE、／ハ＝BCDEは／い＝BCDEい／に＝BCDEに／つ＝BCDEづ／う＝Eう。／バ＝BCDEば／ニ＝BCDEに／あつて＝BCDあつてEあつて、／ハ＝BCDEは／ニ＝BCDEに／ハ＝BCDEは／ニ＝BCDEに／つ＝BCDEづ／で＝Eで、／ハ＝BCDEは／。＝BCD、／トハ＝BCDとは／ゝ＝Eゝ、／ハない＝BCDはないEはない、／ニ＝BCDEに／バ＝AハBCDEば／ニ＝AにBCDEに／る＝Eる。／斗りで＝A計りでB許りでC計りでD計りでE斗りで、／ニ＝BCDEに／ハ＝BCDはEは、／ず＝Eず、／ニ＝BCDEに／い＝BCDEい／が＝Eが、／ハ＝BCDEは／も＝Eも、／ハ＝BCDEは／ニ＝BCDEに／こ＝CDEこ／ある。＝BCDある、Eある。／ダカラ＝Aタカラ／て＝Eて、／ハ＝BCDEは／閙＝AE開BCD開／う＝Eう、／ハ＝BCDEは／す＝Eす。／ニ＝BCDEに／一寸＝BCD一寸とE一寸と／が＝Eが、／頃＝E頃、／ニ＝BCDEに／て＝Eて、／に＝BCDEに／た＝Eた。／、＝A。／に＝BCDEに／か＝ABCDEか／参つて＝BCD参てE参つて、／ニ＝BCDEに／と＝Eと、／か＝ABCDEか／に＝BCDEに／ふ＝Eふ。／と＝Eと、／濃く＝D濃E濃く／り＝Eり、／始＝AE仕BCD仕／に＝BCDにEに、／いよ＝BCDEいよ

㒵=AE開BCD開/ニ=AょBCDEに/𛀃=BCDEあ/ら=Eら、/ハ=BCDEは/ゐ=BCDEい/だ=Eだ、/ソンナ=BCDソンな/凢=B凡CD凡E凡/ハ=BCDEは/が=Eが、/ゐつ=BCDいつEなし/ょ=BCDEに、/ニ=BCDEに/り=Eり、/ゟゆんきよしうらゐ=BCDEしゆんきよしうらい/。=AなしBCDE、/とん=Eなし/らち=Eなし/も=Eも、/こつち=Eなし/ゐそ=BいそCDEなし/ゐ=BCDEい/打遣つて=BCD打遣てE打遣つて/ニ=AょBCDにEに、/ゕ=ABCDEか/ニ=BCDEに/え=CゑEえ、/𛀃=BCDEあ/ょ=BCDEに/て=Eて、/は=Eなし/ハ=BCDEは/ゟとょ=BゟとにCDEことに/た=Eた。/ハ=BCDEは/ょ=BCDEに/ず=Eず、/ハ=BCDEは/ゐ=BCDEい/𛀃るが=BCDあるがEあるが、/ょ=BCDEに/だ=Eだ。/ハ=BCDEは/ひとゝほ=BひととほEなし/ゐ=BCDいEい。/バ=BCDEば/て=Eて、/凨聞=AE風聞BCD風聞/ゐ=BCDEい/凨聞=AE風聞BCD風聞/一=E一、/バ=AハBCDばEば、/ハ=BCDEは/で=Eで、/ょ=AニBCDEに/うしろ=Eなし/ょハ=BCDにはEには、/ニ=BCDEに/ニ=AょBCDEに/岩崎弥太郎=BCD岩崎彌太郎E岩崎彌太郎/ゞ=ABCDEが/ニ=BCDEに/ニ=BCDEに/て=Eて、/たやうな=Dたいやう/て=Eて、/ソレカラ=BCDソレから/ニ=BCDEに/り=Eり、/㒵=AE開BCD開/ハ=BCDEは/ょも=BCDにもEにも、/め=Eめ、/凨ニ=A風ニBCD風にE風に/て=Eて、/凨=ABCDE風/すみ〳〵=BCDすみ〴〵Eなし/なび=Eなし/て=Eて、/ょ=BCDEに/ニ=AょBCDEに/う=Eう。/凢=B凡CD凡E凡/ハ=BCDEは/で=Eで、/ハ=BCDEは/びょ=AひょBCDEびに/て=Eて、/ソツト=BCソツとEソツト/うら=Eなし/。=BCDE、/ハ=BCDEは/ゕ=ABCDEか/で=Eで、/ハ=BCDEは/、=A。/ニ=BCDEに/𛀃る=BCDあるEある、/ょ=BCDEに/が=Eが、/ソレヨリモ=BCDソレよりも/ゐ=BCDEい/なんかんと=Dなんと/バ=BCDばEば、/ゐ=BCDEい/る=Eる。/ニ=AょBCDEに/毛=BCD氣E氣/ゟとで=BCとでDことでEことで、/ハ=BCDEは/㒵=AE開BCD開/ニ=BCDEに/て=Eて、/ょハ=BCDEには

㒵く積りで其用意の為めニ新聞紙も起す事で𛀃ると秘密を明かしたから是れハ近頃面白ゐ話だソンナ事なら考へ直して新聞紙も引受けやうと凢そ約束ハ出来たがマダ何時からと云ふ期日は定まらずょ其まゝニ年も明けて明治十四年と為り十四年も春去秋来。頓と埒の明かぬ様子なれども此方も左まで急ぐ事でなゐから打遣つて置く中ニ何ゕ政府中ニ議論が生じたと見え以前至極同主義で𛀃りし隈伊井と三人が漸く不和ょなつて其果てハ大隈が辭職するゟとょなりました扨大隈の辭職ハ左まで驚くょ足らず大臣の進退ハ毎度珍らしくもなゐ事で𛀃るが此辭職の一条が福澤ょまで影響して来たのが大笑ひだ當時の政府の騒ぎハ中々一通りでなゐ政府が動けバ政界の小輩も皆動揺して随て又種々様々の凨聞を製造する者も多ゐ其凨聞の一二を申せバ全体大隈と云ふハ専横な男で様々ょ事を企てる其後ょハ福澤が居て謀主ニなつてる其上ニ三菱の岩崎弥太郎ゞ金主ニなつて既ニ三十萬円の大金を出したさうだなんて馬鹿な茶番狂言の筋書見たやうな事を觸廻はしてソレカラ大隈の辭職と共ニ政府の大方針が定まり國會㒵設ハ明治二十三年と豫約して色々の改革を施す中ょも従前の教育法を改めて所謂儒教主義を復活せしめ文部省も一時妙な凨ニなつて来て其凨が全國の隅々までも靡かして十何年後の今日ょ至るまで政府の人も其始末ニ當惑して居るでせう凢そ當時の政変ハ政府人の發狂とでも云ふやうな有様で私ハ其後岩倉から度々呼びょ来てソツト裏の茶室のやうな處で面會。主人公ハ何ゕエライ心配な様子で此度の一件ハ政府中、実ニ容易ならぬ動揺で𛀃る西南戦争の時ょも随分苦勞したが今度の始末はソレヨリモ六かしゐなんかんと話すのを聞けバ餘程騒ゐだものと察しられる実ニ馬鹿毛たゟとで政府ハ明治二十三年國會㒵設と國民ニ約束して十年後ょハ饗應すると云て案内状を出した

だ＝Eだ、／に＝BCDEに／に＝BCDEに／しむ＝Eなし／て＝Eて、／ニ＝AにBCDEに／ニ＝BCDEに／おひだ＝BにひだEなし／り＝Eり、／ニ＝BCDにEに、／ハ＝BCDEは／まね＝AEなし／に＝BCDEに／て＝Eて、／に＝BCDEに／売威張＝BCD殻威張E殻威張／遣つて＝BCD遣てE遣つて／ら＝Eら、／ハ＝BCDEは／。＝BCD、／ハない＝BCDEはない／あ＝AEなしBCDあ／に＝BCDEに／つのつきあ＝BDつのつきあCつのづきあEなし／に＝BCDEに／い。＝BCDい、Eい。／真面目＝BCDE眞面目／ハ＝BCDはEは、／に＝BCDEに／しる＝Eなし／ニ＝AにBCDEに／あ＝BCDEあ／も＝Eも、／いや＝BCDいやEなし／おほや＝BにほやEなし／に＝BCDEに／黙つて＝BCD黙てE黙つて／が＝Eが、／ハ＝BCDEは／嶋＝CDE島／極く＝BCD極／て＝Eて、／今＝BCD今E今、／くち＝Eなし／に＝BCDEに／饒舌つて＝BCD饒舌てE饒舌つて／廻はる＝BCD廻る／ニ＝BCDEに／やつ＝Eなし／と＝Eと、／嶋＝ACDE島／き＝Eき、／だ＝Eだ、／こんたん＝BCDこんたんEなし／ハ＝BCDEは／穢ない＝BCDE穢い／ら＝Eら、／ハ＝BCDEは／酷い＝BCD酷いE酷い。／捩ぢ＝BCD捩E捩ぢ／遣つて＝BCD遣て／宜い＝BCDE宜い／いかと＝BCDいかとEいかと、／態と＝A態々BCD態とE態と／すゝ＝Eなし／凡＝AE風BCD風／あ＝BCDEあ／も＝Eも、／ハ＝ABCDEは／に＝BCDEに／ぬ＝Eぬ。／「＝Aなし／ごどうぜん＝ABCDごどうぜんEなし／に＝BCDEに／ハ＝BCDEは／ハないか＝BCDはないかEはないか、／〱＝BC〲／ソンナ＝BCDなし／に＝BCDEに／て＝Eて、／こと＝BとCDEこと／ある＝ABCDあるEある。／コンナ＝BCDコンな／譯けで＝BCD譯でE譯けで、／ハ＝BCDEは／ら＝Eら、／に＝BCDEに／ハない＝BCDはないEはない、／ニ＝BCDEに／ど＝Aと、／思ひも＝B思もC思もD思ひも／ニ＝AにBCDEに／で＝Eで、／も＝Eも、／ば＝Eば、／で＝Eで、／いろ〱＝BCDいろ〱Eなし／ニ＝BCDEに／うつ＝Eなし／る＝Eる。／き＝Eき、／とがにん＝BCDEとがにん／に＝BCDEに／凡聞。＝AE風聞。BCD風聞、／ソレハ＝BCDソレは／ニ＝BCDEに／小野友次郎＝E小野友次郎／ニ＝BCDEに／あつて＝BCDあつてEあつて、／て＝Eて、／ニ＝BCDEに／後藤象次郎＝E後藤象次郎／ニ＝BCDEに／ら＝Eら、／ハなし＝BCDはなしEはなし、／バ＝BCDEば

やうなものだ所が其十年の間に客人の気に入らぬ事ばかり仕向けて人を捕へて牢ニ入れたり東京の外ニ逐出したりマダ夫れでも足らずニ役人達ハむかしの大名公卿の真似をして華族になつて是れ見よがしに売威張を遣つて居るから天下の人ハます〱腹を立てゝ暴れ廻はる。何の事ハない饗應の主人と客とマダ顔も合はせぬ先きに角突合ひになつて居るから可笑しい。十四年の真面目の事実ハ私が詳に記して家ニ蔵めてあるけれども①今更ら人の忌がる事を公けにするでもなし黙つて居ますが其とき私ハ寺嶋と極く懇意だから何も蚊も話して聞かせて「ドウダイ僕が今口まめに饒舌つて廻はると政府の中ニ随分困る奴が出来るがと云ふと寺嶋も始めて聞て驚き「成程さうだ政治上の魂膽ハ随分穢ないものとは云ひながら是れハアンマリ酷い少し捩ぢくつて遣つても宜いぢやないかと態と勧めるやうな凡であつたけれども私ハ夫れ程に思はぬ「御同前に年ハモウ四十以上でハないか先づ〱ソンナ無益な殺生は罷にしやうと云て笑て分れたことがあるコンナ譯けで私ハ十四年の政変の其時から何も実際に關係ハない俗界ニ云ふ政治上の野心など思ひも寄らぬ事だから誠ニ平気で唯他人のドタバタするのを見物して居るけれども政府の目を以て此見物人を見れば又不思議なもので

保安條例

色々な姿ニ冩ると見える明治何年か保安條例の出たとき②私も此條例の科人になつて東京を逐出されると云ふ凡聞。ソレハ其時塾ニ居た小野友次郎が警視廳ニ懇意の人があつて極内々其事を聞出して私と同時ニ後藤象次郎も共ニ放逐と確ニ云ふから「ナニ殺されるでハなしイザと云へバ川

①「明治辛巳紀事」(『福澤諭吉全集』二十巻二二三頁)。②明治二十年十二月。

崎邊まで出て行けば宜ゐと申して居る中。その翌日か翌々日か小野が又来て前の事ハ取消しニなつたと云ふので事ハ済みました又その後。明治二十年頃[3]かと思ふ井上角五郎が朝鮮で何とやらしたと云ふので捕へられて其時の騒動と云ふものハ大変で警察の役人ぶ来て私方の家捜しサ。夫れから井上が何か吟味ニ逢ふて福澤諭吉ニ證人ニなつて出て来ゐ[註2]と云て私を態々裁判所ニ呼出してタワイモなゐ事を散々尋ねてドウカしたら福澤も科人の仲間ょしたゐと云ふやうな凡が見えました都てコンナ事ハ唯大間違で私の身ょハ何ともなゐ却て世の中の人心の動く其運動の方向緩急を視察して面白く思て居るが又一歩を進めて虚心平気ニ考れバ私が兎角政界の人ニ疑はれると云ふのも全く無理ハなゐ才一私ハ何としても役人ニなる気がなゐ是れハ世間ニ例の少なゐ事で仕官流行熱中奔走の世の中ょ獨りぉれが嫌ゐと云へバ一寸と見て不審を起さねバならぬソレモゐよ〳〵官途に気がなゐとならバ田舎ょでも引込んで仕舞へバ宜ゐょ都會の真中ニ居て然かも多くの人ニ交際して口も達者ニ筆もまめニ洒敷〳〵と饒舌つたり書ゐたりするから世間の目ニ觸れ易く随て人ニ不審を懐かせるのも自然の勢でぁる之を才一として。モ一つ本當の事を云ふと私の言論を以て政治社會ょ多少の影響を及ぼした

一片の論説能く天下の人心を動かす

か=Aなし

ぉともぁりませう例へバ是れまで頓と人の知らぬ事で面白ゐ話がぁる明治十年西南の戦争も片付て後。世の中ハ静ニなつて人向が却て無事ニ苦しむと云ふとき私が不図思付て是れハ國會論を論じたら天下ニ應ずる者もぁらう随分面白からうと思てソレカラ其論説を起草してマダ其時ょハ時事新報と云ふものハなかつたから報知新聞の主筆藤田茂吉箕浦勝人ょ其草稿を見せて「此論説ハ新聞の社説として出されるから出して見なさゐ屹と世間の人が悦ぶニ

宜ゐ=BCD宜いE宜い/。=BCDE、/て=Eて、/ハ=BCDEは/ニ=BCDEに/ハ=BCDEは/た=AだEた。/。=BCDEなし/二十=B廿/ふ=Eふ、/井上角五郎=E井上角五郎/て=Eて、/ハ=BCDEは/で=Eで、/ぶ=ABCDEが/やさが=Eなし/。=BCD、/ニ=BCDEに/て=Eて、/ニ=BCDEに/ニ=BCDEに/ゐ=BCDEい/て=Eて、/態々=BC態々D態々E態ゝ/ニ=BCDEに/て=Eて、/タワイモ=BCDタワイも/ゐ=BCDEい/さんぐ〳〵=Eなし/尋ねて=BCD尋てE尋ねて、/ドウカ=BCDドウか/ょ=BCDEに/ゐ=BCDEい/凡=AE風BCD風/た=Eた。/コンナ=BCDコンな/ハ=BCDEは/で=Eで、/ょハ=BCDEには/ゐ=BCDいEい。/が=Eが、/ニ=BCDEに/考れば=BCD考ふればE考ふれば、/ニ=BCDEに/ハなゐ=BCDはないEはない。/才=A第BCDE第/ハ=BCDEは/ニ=BCDEに/ゐ=BCDいEい、/ハ=BCDEは/ニ=BCDEに/ゐ=BCDEい/で=Eで、/ょ=BCDEに/ぉ=CDEこ/ゐ=BCDEひ/云へバ=BC云へばD云ふはE云へば、/ちよゐ=BCDちよいEなし/バ=BCDEば/ぬ=Eぬ。/ソレモ=BCDソレも/ゐよ=BCDEいよ/ゐ=BCDEい/バ=BCDEば/ょ=BCDEに/バ=BCDEば/宜ゐょ=BCD宜いにE宜いに、/まんなか=Eなし/ニ=BCDEに/ニ=BCDEに/ニ=BCDEに/ニ=BCDEに/筆=BCD筆E筆/ニ=BCDEに/て=Eて、/ニ=AょBCDEに/洒敷〳〵=BC洒蛙々々D洒蛙々々E洒蛙々々/饒舌つた=BCD饒舌たE饒舌つた/書ゐた=BCD書たE書いた/ら=Eら、/ニ=AょBCDEに/く=Eく、/ニ=BCDEに/ふ志ん=BCDふしんEなし/ゐだ=AEなしBCDいだ/勢=BCD勢E勢/ぁる=BCDあるEある。/才=A第BCDE第/。=BCDE、/と=Eと、/ょ=BCDEに/ぉ=CDEこ/ぁ=BCDEあ/う=Eう。/バ=BCDEば/とん=Eなし/ゐ=BCDEい/ぁる=BCDあるEある。/。=BCDE、/ハ=BCDEは/ニ=BCDEに/て=Eて、/ニ=AょBCDEに/き=Eき、/ふと=Eなし/おもひつゐ=BにもひついCDおもひついEなし/て=Eて、/ハ=AバBCDEは/ニ=AょBCDEに/ず=Aす/ぁらう=BCDあらうEあらう、/て=Eて、/ソレカラ=BCDソレから/て=Eて、/ょハ=BCDEには/ハ=BCDEは/ら=Eら、/筆=BCD筆E筆/藤田茂吉=CD藤田茂吉、E藤田茂吉、/箕浦勝人=E箕浦勝人/ょ=BCDEに/て=Eて、/ハ=BCDEは/から=BCDEから/ゐ=BCDいEい、/ニ=AょBCDEに

ゐ=BCDいEい。／ょ=BCDEに／と=Eと、／くせ=Eなし／筆=BCD筆E筆／ぉ=CDEこ／ら=Eら、／ハ=BCDEは／。=BCE、Dなし／ょして=BCDにしてEにして、／ゐ=BCDEい／ニ=BCDEに／ょ=BCDEに／なほ=Eなし／て=Eて、／ょ=BCDEに／ごらん=Eなし／。=BCD、／か=Eか、／ゐ=BCDEい／ゐ=BCDEい／と=Eと、／ゐ=BCDEい／冝ゐ=BCD宜いE宜い／ら=Eら、／ニ=BCDEに／て=Eて、／ょ=AニBCDEに／た=Eた。／ょ=BCDEに／勢=BCD勢E勢／ゐ=BCDEい／ら=Eら、／ょ=BCDEに／す=BCDEず／ら=Eら、／ハ=BCDEは／ゐ=BCDEい／ニ=AょBCDEに／ら=Eら、／ぬ=Eぬ。／凢=B凡CD凡E凡／ょ=BCDEに／て=Eて、／せんどう=Eなし／ニ=BCDEに／かきた=ACDEなし／ゝ=Eゝ、／形勢=BCD形勢E形勢／ゐかん=ADいかんBCゝかんEなし／ぶ=ABCDがEが、／。=BCDE、／凢=B凡CD凡E凡／二=E二、／ケ=B、D箇Eヶ／た=Eなし／と=Eと、／ハ=BCDEは／。=BCE、Dなし／ょ=BCDEに／て=Eて、／ょハ=AニハBCDEには／開=AE開B開CD開／せゐぐゑん=BCDせいぐわんEなし／ニ=BCDEに／ょ=BCDEに／ハ=BCDはEは、／ゟれバ=BCDあればEあれば、／ヒヨイト=BCDヒョイとEヒョイト／かんがへ=AEなし／バ=BCDばEば、／ハ=BCDEは／ら=Eら、／ニ=BCDEに／ょ=BCDEに／バ=BCDEば／ものずき=Aなし／バ=BCDEば／て=Eて、／はか=AEなし／きょ=BCDEぎに／て=Eて、／どぉ=AとぉCDEどこ／ゐ=BCDいEい、／かれの=Eなし／ょ=BCDEに／やう=ABCDEやうな／と=Eと、／こは=Eなし／た=Eた。〔B註記「前回福翁自傳の二段二十四行目第五とあるは第四の誤植なり」〕

福翁自傳（六十三）（六十四）老餘の半生（四）時事新報明治三十二年二月五日（日）

併し=BCD併し（改行する）E併し／ハ=BCDEは／まゐ=AEなしBCDまい／ゟつて=BCDあつてEあつて、／ょ=BCDEに／撰=BCD選E選／ゟり=BCDありEあり、／ゐ=BCDいEい。／ソンナ=BCDソンな／ゐ=BCDEい／ゐ=BCDEい／ニ=AょBCDEに／ハなゐ=BCDEはない／も=Eも、／不圖と=ABCD不圖E不圖／筆=BCD筆E筆／て=Eて、／。=BCE、Dなし／か=Eなし／で=Aて／ょ=BCDEに／ゟと=BCDあとEなし／で。=ABCDでEで、／ま=ADEなし／ょ=BCDEに／持上つて=BCD持上てE持上つて／ら=Eら、／どう=Eなし／導火=BC導火DE導火／ょ=BCDEに

違ひなゐ但し此草稿のまゝょ印刷すると文章の癖が見えて福澤の筆と云ふぉとが分るから文章の趣意ハ無論。字句までも原稿の通りょして唯意味のなゐ妨げニならぬ處をお前達の思ふ通りょ直して試みょ出して御覧。世間で何と受けるか面白ゐではなゐかと云ふと年の若ゐ元気の冝ゐ藤田箕浦だから大ニ悦んで草稿を持て帰て早速報知新聞の社説ょ載せました當時世の中ょマダ國會論の勢力のなゐ時ですから此社説が果して人気ょ投するやら又ハ何でもなゐ事ニなつて仕舞ふやら頓と見込みが付かぬ凢そ一週間ばかり毎日のやうょ社説欄内を塡めて又藤田箕浦が筆を加へて東京の同業者を煽動するやうニ書立てゝ世間の形勢如何と見て居た所ぶ不思議なる哉。凢そ二三ヶ月も経つと東京市中の諸新聞ハ無論。田舎の方ょも段々議論が喧しくなつて来て遂ょハ例の地方の有志者が國會開設請願なんて東京ニ出て来るやうな騒ぎょなつて来たのハ面白くもゟれバ又ヒョイト　考　直して見れバ仮令ひ文明進歩の方針とハ云ひながら直ニ自分の身ょ必要がなければ物数寄と云はねバならぬ其物数寄な政治論を吐て図らずも天下の大騒きょなつてサア留めどぉろがなゐ恰も秋の枯野ょ自分が火を付けて自分で當惑するやうものだと少し怖くなりました併し國會論の種ハ維新の時から蒔てゟつて明治の初年ょも民撰議院云々の説もゟり其後とても毎度同様の主義を唱へた人も多ゐソンナ事が深ゐ永ゐ原因ニ違ひハなゐけれども不圖とした事で私が筆を執て事の必要なる理由を論じて喋々喃々数千言。嚙んでくゝめるやうょ言て聞かせた跡で。間もなく天下の輿論が一時ょ持上つて来たから如何しても報知新聞の論説が一寸と導火ょ

③明治二十一年一月のこと。

なつて居ませう其社説の年月を忘れたから先達箕浦ニ面會。昔話(むかしばなし)をして新聞の事を尋ねて見れバ同人もチヤント覺えて居て其後古(ふる)ゐ報知新聞を貸して呉れて中を見ると明治十二年の七月二十九日から八月十日頃まで長々(ながなが)と書並(かきなら)べて一寸(ちよい)と辻褄(つじつま)が合(あ)つて居ます是れが今の帝國議會を開く為めの加勢ょなつたかと思へバ自分でも可笑(をか)しゐシテ見ると先きの明治十四年の騒動ょ福澤が政治ニ關係するなんかんと云はれて其後も兎角私の身ニ目を着ける者が多くて色々ょ怪しまれたのも直接ニ身ニ覺えのなゐ事とは云ひながら間接ょハ自(おのづ)から因縁(ゐんねん)のなゐでハなゐ國會開設改進々歩が國の為めょ利益なれバこそ善(よ)けれ。是れが実際の不利益ならバ私ハ現世(げんぜ)の罪ハ免かれても死後閻魔(ゑんま)の廰(てう)で酷(ひど)ゐ目ニ逢ふ筈でせう報知新聞の一件ばかりでなゐ政治上ニ就て私の言行ハ都てコンナ塩梅式で自分の身の私ニ利害ハなゐ所謂診察醫の考で政府の地位を占めて自から政権を振廻(ふりま)はして天下の治療をしやうと云ふ了管ハなゐが如何(どう)でもして國民一般を文明開化の門ニ入れて此日本國を兵力の強ゐ商賣の繁昌する大國ょして見たゐと斗(ばか)り夫れが大本願で自分獨り自分の身ニ叶ふ丈けの事をして政界の人ニ交際すれバとて誰ニ逢ふても何ともなゐ。別段ニ頼むこともなければ相談することもなゐ貧冨苦樂。獨り分(ぶん)ニ安んじて平気で居るから考の違ふ役人達が私の平生(へいぜい)を見たり聞ゐたりして変(へん)ニ思ふたのも決して無理でなゐ。けれども真実ニ於て私ハ政府ょ對して少しも怨(うらみ)ハなゐ役人達ょも悪ゐ人と思ふ者ハ一人もなゐ。是れが封建門閥の時代ニ私の流儀ょして居たらばソレコソ如何なる憂き目ょ逢つて居るか知れななゐ。今日安全ニ寿命を永くして居るのハ明治政府の法律の賜(たまもの)と思て喜んで居ます

う＝Eう。／**先達**＝BCDE先達(せんだつて)／**ニ**＝BCDEに／。＝BCDなしE、／**むかしばなし**＝Eなし／**バ**＝BCDばEば、／**チヤント**＝BCDチヤンとEチヤント／**て**＝Eて、／**古**(ふる)**ゐ**＝BCD古(ふる)いE古い／**呉れて**＝BC呉(く)れてD呉てE呉れて、／**なが〳〵**＝BCDなが〳〵Eなし／**書並**＝A書并(かきなら)E書竝／**て**＝Eて、／**ちよゐ**＝BCDちよいEなし／**つじつま**＝Eなし／**合つて**＝BCD合(あつ)てE合つて／**す**＝Eす。／**開**＝AE開BCD開(ひら)／**勢ょ**＝BCD勢(せい)にE勢に／**バ**＝BCDEば／**ゐ**＝BCDいEい。／**ょ**＝BCDにEに、／**ニ**＝BCDEに／**て**＝Eて、／**ニ**＝AょBCDEに／**ょ**＝BCDEに／**も**＝Eも、／**ニ**＝BCDEに／**ニ**＝AょBCDEに／**ゐ**＝BCDEい／**から**＝ABCDがらEがら、／**ょハ**＝BCDEには／**おのづ**＝Bにのづ／**ゐんねん**＝BCDいんねんEなし／**ゐ**＝BCDEい／**ハなゐ**＝BCDはないEはない。／**ょ**＝BCDEに／**バこ**＝BばこCDEばこ／**よ**＝Eなし／。＝BCDE、／**バ**＝BCDEば／**ハ**＝BCDEは／**げんぜ**＝AげんBCDげんせEなし／**ハ**＝BCDEは／**か**＝Aなし／**ゑんま**＝BゑんまCDえんまEなし／**てう**＝BCDちやうEなし／**ひど**＝Eなし／**ゐ**＝BDEいCひ／**ニ**＝AょBCDEに／**う**＝Eう。／**ゐ**＝BCDいEい、／**ニ**＝BCDEに／**ハ**＝BCDEは／**コンナ**＝BCコンな／**で**＝Eで、／**ニ**＝AょBCDEに／**ハなゐ**＝BCDEはない／**で**＝Eで、／**振廻は**＝D振廻(ふりまは)E振廻は／**了管**＝BCD了簡(れうけん)E了簡／**ハなゐが**＝BCDはないがEはないが、／**どう**＝Eなし／**ニ**＝BCDEに／**て**＝Eて、／**ゐ**＝BCDEい／**の**＝BCDなし／**ょ**＝BCDEに／**ゐ**＝BCDEい／**斗り**＝ACD計(ばか)りB許(ばか)りE斗り、／**で**＝Eで、／**ニ**＝BCDEに／**て**＝Eて、／**ニ**＝BCDEに／**バとて**＝BCDばとてEばとて、／**ニ**＝AょBCDEに／**ゐ**。＝BCEい、Dい／**ニ**＝BCDEに／**こ**＝CDEこ／**バ**＝BCDEば／**こ**＝CDEこ／**ゐ**＝BCDいEい、／**冨**＝BCD富(ぶ)E富／。＝BCE、Dなし／**ぶん**＝DEなし／**ニ**＝BCDEに／**ら**＝Eら、／**聞ゐた**＝BCD聞たE聞いた／**変ニ**＝A変ょBCD變(へん)にE變に／**決**＝BC決(けつ)D決(けつ)E決／**ゐ**。＝BCDEい、／**ニ**＝AょBCDEに／**ハ**＝BCDEは／**ょ**＝BCDEに／**ハなゐ**＝BCDはないEはない、／**ょ**＝BCDEに／**ゐ**＝BCDEい／**ハ**＝BCDEは／**ゐ**。＝BCDEい、／**ニ**＝BCDEに／**ょ**＝BCDEに／**ば**＝AバEば、／**ょ**＝BCDEに／**逢つて**＝BCD逢(あつ)て／**ななゐ**。＝AなゐBCDないEない。／**ニ**＝BCDEに／**ハ**＝BCDEは／**す**＝Eす。

ソレカラ＝BCDソレから／に＝BCDEに／た＝Eた。／政界＝BCD政府／で＝Eで、／が＝Aか／に＝BCDEに／ニ＝BCDEに／る＝Eる。／に＝BCDにEに、／勢ハ＝BCD勢はE勢は／才に＝A第にBCD第にE第に／て＝Eて、／。＝BCDE、／ニ＝BCDEに／ハ＝BCDEは／才ニ＝BCD第にE第に／に＝BCDEに／い＝BCDいEい。／ニ＝AにBCDEに／が＝ABCDEが／ぜ＝Eなし／ひ＝Eなし／ソレハ＝BCDソレは／き＝Eき、／双＝BCD双E雙／こ＝CDEこ／ある＝BCDあるEある。／ニ＝BCDEに／が＝ABCDEが／バ＝BCDEば／に＝BCDEに／バ＝BCDEば／ぬ＝Eぬ。／いよ＝BCDEいよ／い＝BCDEい／に＝BCDEに／あらう＝BCDあらうEあらう。／ニ＝AにBCDEに／ハ＝BCDEは／あるが＝BCDあるがEあるが、／ハ＝BCDEは／くち＝Eなし／こ＝CDEこ／。＝BCDE、／ニ＝BCDEに／が＝Aか／ニ＝BCDEに／あ＝BCDEあ／ニ＝BCDEに／ハ＝ABCDEは／立てる＝B立てる／い＝BCDいEい。／ソコデ＝BCDソコで／に＝AニBCDEに／が＝Aか／あ＝BCDEあ／ら＝Eら、／ハ＝BCDEは／ニ＝BCDEに／に＝AニBCDEに／に＝BCDEに／ハ＝BCDはEは、／おこ＝BCDEをこ／に＝AニBCDEに／ニ＝AにBCDEに／て＝Eて、／ニ＝BCDEに／決＝BC決D決E決／に＝BCDEに／す＝Eす。／既ニ＝B以下二八二頁十三行目まで省略されているCD既にE既に／決＝C決D決E決／ハ＝CDEは／こ＝CDEこ／あ＝CDEあ／が＝Eが、／ず＝Eず、／ニ＝CDEに／ず＝Eず、／バ＝CDEば／り＝Eり、／す＝CDEず／ニ非ず＝CDに非ずEに非ず、／ず＝Eず、／に＝CDEに／て＝Eて、／凡潮に＝A風潮にCD風潮にE風潮に／に＝AニCDEに／遣つて＝CD遣て／こ＝CDEこ／が＝Eが、／決＝C決D決E決／ハ＝CDEは／ら＝Eら、／ハ＝CDEは／にハ＝CDEには／が＝CDEが／て＝Eて、／うちまか＝AEなしDまか／いや＝CDいやEなし／ハ＝CDEは／い＝CDいEい。／當分＝A當分E當分、／ハ＝CDEは／が＝ACDEが／け＝Eけ、／ハ＝CDEは／伊藤欽助＝CD伊藤欽亮E伊藤欽亮、／ハ＝CDEは／捨次郎＝E捨次郎／が＝ACDEが／ニ＝CDEに／。＝AなしCDE、／ハ＝CDEは／本山彦一。＝CD本山彦一、E本山彦一、／坂田實。＝CD坂田實、E坂田實、／ハ＝CDEは／戸張志智之助＝E戸張志智之助／が＝Eが、

時事新報

ソレカラ明治十五年に時事新報と云ふ新聞紙を發起しました[註3]丁度十四年政界変動の後で慶應義塾先進の人達が私方に来て頻りニ此事を勧める私も亦自分で考へて見るに世の中の形勢ハ次才に変化して政治の事も商賣の事も日々夜々運動の最中。相互ニ敵味方が出来て議論ハ次才ニ喧しくなるに違ひない既ニ前年の政変も孰れが是か非かソレハ差置き双方主義の相違で喧嘩をしたことである政治上ニ喧嘩が起れバ経済商賣上にも同様の事が起らねバならぬ今後はいよ〳〵ます〳〵甚だしい事になるであらう此時ニ當て必要なるハ所謂不偏不黨の説であるが扨その不偏不黨とハ口でこそ言へ。口ニ言ひながら心ニ偏する所があつて一身の利害ニ引かれてハ迚も公平の説を立てる事が出来ないソコデ今全國中に聊かながら獨立の生計を成して多少の文思もありながら其身ハ政治上ニも商賣上にも野心なくして恰も物外に超然たる者ハ嗚呼がましくも自分の外に適當の人物が少なからうと心の中ニ自問自答して遂ニ決心して新事業に着手したものが即ち時事新報です既ニ決断した上ハ友人中これを止める者もありしが一切取合はず新聞紙の發賣数が多からうと少なからうと他人の世話ニならうと思はず此事を起すも自力なれバ倒すも自力なり仮令ひ失敗して廃刊しても一身一家の生計を変するニ非ず又自分の不名譽とも思はず起すと同時に倒すの覺悟を以て世間の凡潮に頓着なしに今日までも首尾能く遣つて来たことですが畢竟私の安心決定とハ申しながら其実ハ私の朋友にハ正直有為の君子が多くて何事を打任せても間違ひなど云ふ忌な心配ハ聊かもない發行の當分何年の間ハ中上川彦次郎が引受け其後ハ伊藤欽助今ハ次男の捨次郎が之ニ任じ。會計ハ本山彦一。次で坂田実。今ハ戸張志智之助等が専ら擔任して居ますが私の性質として金銭出

納の細目を聞ゝたゐともなく見たゐともなく其人々のするゞまゝニ任かせて置て曽て一度も変な間違ひの出来たゐとはなゝ。誠ニ安心気楽なものですコンナ事ゞ新聞事業の永續する譯けでせう又編輯の方ニ就て申せバ私の持論ょ執筆者ハ勇を鼓して自由自在ニ書く可し但し他人の事を論し他人の身を評するょハ自分と其人と兩々相對して直接ニ語られるやうな事ニ限りて其以外ニ逸す可らず如何なる劇論。如何なる大言壮語も苦しからねど新聞紙ニ之を記すのみょて扨その相手の人ニ面會したとき自分の良心ニ愧ぢて卒直ニ陳べるゐとの叶はぬ事を書ゝて居ながら遠方から知らぬ凢をして恰も迯げて廻はるやうなものは之を名つけて蔭辨慶の筆と云ふ其蔭辨慶ゐそ無責任の空論と為り罵詈讒謗の毒筆と為る。君子の愧づ可き所なりと常ニ警しめて居ます併し私も次才に年をとり何時までもコンナ事ニ勉強するでもなし老餘ハ成る丈け閑清ニ日を送る積りで新聞紙の事も若ゝ者ニ譲り渡して段々遠く為つて紙上の論説なども石川幹明北川禮助堀江帰一などゞ専ら執筆して私ハ時々立案して其出来た文章を見て一寸〳〵加筆する位ょして居ます

為＝E爲／ょ＝Eに

事を為すょ極端を想像す

扨ゐれまで長々と話を續けて私の一身の事、又私ニ關係した世の中の事をも語りましたが私の生涯中ニ一番骨を折たのは著書翻譯の事業で是れょハ中々話が多ゝが其次才ハ本年再版した福澤全集の緒言④ょ記して旳れバ之を略し著譯の事を別ょして元来私が家ニ居り世ニ處するの法を一括して手短ニ申せバ都て事の極端を想像して覺悟を定めマサカの時ょ狼狽せぬやうニ後悔せぬやうょと斗り考へて居ます生きて居る身ハゝつ何時死ぬかも知れぬから其死ぬ時ニ落付ゝて静ょしやうと云ふのハ誰も考へて居ませう夫れと同様ょ例へバ私が自身

聞ゝた＝CD聞たE聞いた／ゐ＝CDEこ／く＝Eく、／ゐ＝CDEこ／ゞ＝ACDEが／ニ＝CDEに／て＝Eて、／へん＝AEなし／ゐ＝CDEこ／ゝ。＝CDい、Eい。／ニ＝CDEに／す＝Eす。／コンナ＝CDコンな／ゞ＝CDEが／う＝Eう。／ニ＝CDEに／バ＝AハCDばEば、／ょ＝CDにEに、／筆＝AE筆CD筆／ハ＝CDEは／ニ＝CDEに／し＝Eし、／但し＝CDなし／し＝CDEじ／ょハ＝CDにはEには、／ニ＝CDEに／ニ＝CDEに／て＝Eて、／ニ＝CDEに／ず＝Eず、／。＝CDE、／くる＝Eなし／ど＝Eど、／ニ＝CDEに／ょて＝CDにてEにて、／ニ＝CDEに／ニ＝CDEに／卒直＝E率直／ニ＝CDEに／ゐ＝CDEこ／書ゝて＝CD書てE書いて／ら＝Eら、／凢＝AE風CD風／迯＝CD迯E逃／は＝Eは、／つ＝CDEづ／かげべんけゝ＝CDEかげべんけい／筆＝CD筆E筆／ふ＝Eふ、／ゐ＝CDEこ／り＝Eり、／ばりざんばふ＝CDばりざんばうEなし／筆＝CD筆E筆／る。＝AるCDEる、／ニ＝CDEに／す＝Eす。／才ニ＝CD第に E第に／り＝Eり、／ゝつ＝CDいつEなし／コンナ＝CDコンな／ニ＝AょCDEに／し＝Eし、／ハ＝CDEは／清ニ＝CD静にE静に／で＝Eで、／ゝ＝CDEい／ニ＝AょCDEに／為つて＝CDなつてEなつて、／石川幹明＝D石河幹明、E石河幹明、／北川禮助＝C北川禮弼D北川禮弼、E北川禮弼、／堀江帰一＝CD堀江歸一E堀江歸一／ゞ＝ACDEが／筆＝AE筆CD筆／て＝Eて、／ハ＝CDEは／一寸〳〵＝CDE一寸々々／筆＝CD筆E筆／ょ＝CDEに／す＝Eす。

福翁自傳（六十四）〔六十五〕老餘の半生（五）時事新報明治三十二年二月九日（木）

ゐ＝CDEこ／つゞ＝DつづEなし／て＝Eて、／ニ＝BCDEに／が＝BCDEが、／ニ＝BCDEに／翻＝B翻CD飜E飜／で＝Eで、／ょハ＝BCDEには／ゝが＝BCDいがEいが、／才ハ＝BCDE第は／ょ＝Aょも／旳れバ＝BCDEあれば／し＝Eし、／ょ＝BCDEに／て＝Eて、／ニ＝AょBCDEに／ニ＝BCDEに／ゝつかつ＝BCDいつくわつEなし／てみしか＝ABCDてみじかEなし／ニ＝BCDEに／バ＝BCDばEば、／め＝Eめ、／ょ＝AニBCDEに／ニ＝AょBCDEに／斗り＝ABCD計りE斗り／す＝Eす。／ハゝ＝BCDEはい／なんどき＝Aなし／ら＝Eら、／ニ＝AょBCDEに／付ゝて＝BCD付てE付いて／ょ＝BCDEに／ハ＝BCDEは／う＝Eう。／様ょ＝A時ょBCD様にE様に、／バ＝BCDEば

ニ＝BCDEに／ハ＝BCDはEは、／ニ＝BCDEに／ハ＝BCDEは／ニ＝BCDEに／決＝BC決D決E決／ら＝Eら、／い＝BCDEい／こ＝CDEこ／い＝BCDいEい。／バ＝AはBCDEば／ある＝BCDあるEある、／そ＝BCDさEなし／すれバ＝AすれハBCDEすれば／も＝Eも、／に＝BCDEには／こ＝CDEこ／あらう＝BCDあらうEあらう、／こ＝CDEこ／あ＝BCDEあ／て＝Eて、／こ＝CDEこ／い。＝BCい、DいEい。／得＝ABCDE得／も＝Eも、／バ＝BCDEば／に＝BCDEに／。＝ADなしBC、／あんまあんぷく＝AあんまあんぷくBCDあんまあんぷくEなし／餓へて＝BC餓ゑてD餓てE餓ゑて／きづか＝Eなし／ハない＝BCDはないEはない、／に＝BCDEに／い＝BCDEい／りきみこ＝BCDEりきみこ／で＝Eで、／ニ＝BCDEに／ハ＝BCDEは／にぶ＝BCDにぶEなし／が＝Eが、／に＝BCDEに／ニ＝BCDEに／ハ＝BCDEは／ふかつぱつ＝AEなしBCDふくわつぱつ／い＝BCDいEい。／遣傷こ＝BCDE遣傷／ニ＝BCDEに／い＝BCDEい／ハ＝BCDEは／颯々＝AE颯々BCD颯々／や＝Eなし／す＝Eす。／バ＝BCDEば／開て＝A開てBC開いてDE開いて／ハ＝BCDEは／い＝BCDいEい。／ハ＝BCDEは／へ＝Eなし／こと＝BとCDEこと／あれバ＝BCDEあれば／ふへ＝BふゐCDふえEなし／こ＝CDEこ／ある。＝Aある、BCDある、Eある。／い＝BCDいEい、／こ＝CDEこ／が＝Eが、／ソンナ＝BCDソンな／に＝BCDEに／ハ＝BCDEは／い＝BCDいEい。／バ＝BCDEば／に＝BCDEに／。＝BCE、Dなし／に＝BCDEに／。＝BCE、Dなし／あきや＝ABCDEあきや／に＝BCDEに／バ＝ABCDばEば、／ハ＝BCDEは／だ＝Eだ、／ソコデ＝BCDソコで／ニ＝BCDEに／る＝Eる、／ソレモ＝BCDソレも／バ＝BCDEば／ハ＝BCDEは／ぬ＝Eぬ、／ハ＝BCDEは／才＝AE弟BCD弟／バ＝BCDEば／ニ＝BCDEに／こ＝CDEこ／い＝BCDいEい、／ニ＝BCDEに／も＝Eなし／ハ＝BCDEは／と＝Eと、／に＝BCDEに／て＝Eて、／開いた＝BC開たDE開いた／ら＝Eら、／なんどき＝Eなし／つぶ＝Eなし／ふ＝Bう／ら＝Eら、／い＝BCDEい／い。＝BCい、DいEい。／ニ＝BCDEに／バ＝BDEばCは／も＝Eも、／に＝BCDEに／真面目＝A真面BCD眞面目E眞面目／バ＝AハBCDEば／ハ＝BCDEは／戯れ。＝A戯れB戯れ、CD戯れ、E戯れ、／か＝Eなし／さう＝Eなし／ら＝Eら、

自家の経済ニ就てハ何としても他人ニ對して不義理ハせぬと心ニ決定して居るから危い事を犯すことが出来ない斯うすれバ利益がある爾うすれバ金が出来るなど云ても危険を犯して失敗したときにハ必ず狼狽することがあらう後悔することがあらうと思て手を出すことが出来ない。金を得て金を使ふよりも金がなけれバ使はずに居る。按摩按腹をしても餓へて死ぬ気遣ひハない粗衣粗食などに閉口する男でないと力身込んで居るやうな譯けで私が経済上ニ不活潑なのハ失敗の極端を恐れて鈍くして居るのですが其外直接に一身の不義理ニならぬ事ニ就てハ必ずしも不活潑でないトヾの詰り遣傷こなつても自身獨立の主義ニ妨げのない限りハ颯々と遣ります例へバ慶應義塾を開て何十年来様々変化ハ多い時としてハ生徒の減ることもあれバ増ることもある。唯生徒ばかりでない會計上からして教員の不足することも度々でしたがソンナ時にも私ハ少しも狼狽しない生徒が散ずれバ散ずるまゝにして置け。教員が出て行くなら行くまゝにして留めるな。生徒散じ教員去て塾が空屋になれバ残る者ハ乃公一人だソコデ一人の根気で教へられる丈けの生徒を相手ニ自分が教授して遣るソレモ生徒がなけれバ強ひて教授しやうとハ云はぬ福澤諭吉ハ大塾を開て天下の子才を教へねバならぬと人ニ約束したことはない塾の盛衰ニ気を揉むやうな馬鹿ハせぬと腹の底に極端の覺悟を定めて塾を開いた其時から何時でも此塾を潰して仕舞ふと始終考へて居るから少しも怖いものはない。平生は塾務を大切ニして一生懸命ニ勉強もすれバ心配もすれども本當に私の心事の真面目を申せバ此勉強心配ハ浮世の戯れ。假りの相ですから勉めながら

④明治三十年十二月発行の『福澤全集緒言』は、翌年一月発行の『福澤全集』第一巻に収録されている。

に=AニBCDEに／す=Eす。／て=Eて、／ニ=BCDEに／ほしう=AEなしBCDぼしふ／、=ABCDなしE。／バ=ABCDEば／ニ=AなしBCDEに／ニ=BCDEに／で=Eで、／ニ=BCDEに／が=Eが、／いか=BCDいかEいか、／ハ=BCDEは／に=BCDEに／す=Eす。／。=AなしBCDE、／バ=BCDEば／し=Eし、／ハ=BCDEは／倒ふれ=BCD倒れE倒れ／こ=CDEこ／あらう=BCDあらうEあらう、／ニ=BCDEに／に=BCDEに／ら=Eら、／ニ=BCDEに／ぬ=Eぬ。／翻=AE譯BCD譯／ニ=BCDEに／こ=CDEこ／い=BCDEい／し=BCDEじ／あ=BCDEあ／ハ=BCDはEは、／ハ=BCDEは／あ=BCDEあ／が=Eが、／ハ=BCDEは／宜しい。=BCD宜しいE宜しい。／ハ=BCDEは／い=BCDいEい。／ニ=BCDEに／バ=ACDEばBは／宜い=BCD宜いE宜い／ニ=BCDEに／も=Eも、／ハ=BCDEは／いと=BCDいとEいと、／ら=Eら、／に=AニBCDEに／ニ=BCDEに／書いて=BC書てD書いてE書いて／こと=BヿCDEこと／い=BCDいEい。／ニ=BCDEに／交る=BCD交はるE交はる／筆=BCD筆E筆／ニ=BCDEに／ひ=Eひ、／ハ=BCDEは／い=BCDEい／バ=BCDEば／で=Eなし／で=Eで、／い=BCDEい／ニ=BCDにEに、／こ=CDEこ／い=BCDいEい。／いが=BCDいがEいが、／ニ=AにBCDEに／ハ=BCDEは／い=BCDいEい。／ニ=BCDEに／なかよ=Eなし／ハ=BCDEは／が=ABCDがEが、／い=BCDEい／なんどき=Eなし／ハ=BCDEは／い=BCDいEい。／さう=Eなし／バ=BCDEば／ハ=BCDEは／や=Eなし／ぬ=Eぬ。／こつち=BCDこつちEなし／ニ=AにBCDEに／ハ=BCDEは／にハ=BCDEには／ぬ=Eぬ、／つ=BCDEづ／に=BCDEに／斗りだ=A計りたB許りだCD計りだE斗りだ。／コンナ=BCDコンな／才ニ=A第ニBCDE第に／て=Eて、／に=BCDEに／くる=Eなし／い=BCDいEい、／決=BC決D決E決／い=BCDいEい、／す=Eなし／ハ=BCDEは／と=Eと、／に=BCDEに／チヤン=Eチャン／ハ=BCDEは／あ=BCDEあ／ら=Eら、／にハ=BCDEには／ソンナ=BCDソンな／い=BCDいEい。／ニ=BCDにEに、／ハ=BCDEは／あ=BCDEあ／で=Eで、／こ=CDEこ／こ=CDEこ／い=BCDEい／い。=BCDい、Eい。／で=Eで、／ハ=BCDEは

も誠に安気です近日は又慶應義塾の維持の為めとて本塾出身の先進輩が頻りニ資金を募集して居ます、是れが出来れバ斯道の為めニ誠ニ有益な事で私も大ニ喜びますが果して出来るか出来ないか私ハ唯静にして見て居ます又時事新報の事も同様。最初から是非とも永續させねバならぬと誓を立てた譯けでもなし或ハ倒ふれることもあらう其時ニ後悔せぬやうにと覺悟をして居るから是れも左までの心配ニならぬ又私の著翻書ニ他人の序文を求めたことのないのも矢張り同し趣意であると申すハ人の序文題字などを以て出版書の信用を増すハ自から名譽でもあらうが内実ハ發賣を多くせんとするの計略と云ても宜しい。所が私の考ハ左様でない自分の著譯書が世間ニ流行すれバ宜いと固より心の中ニ願ひながらも又一方から考へて是れが全く賣れなくても後悔ハしないと例の極端を覺悟して居るから実際の役にも立たぬ餘計な文字を人ニ書いて貰たことはない又他人ニ交るの法も此筆法ニ従ひ私ハ若い時からドチラかと云へバ出しやばる方で交際の廣い癖ニ遂ぞ人と喧嘩をしたこともない親友も甚だ多いが此交際ニ就ても矢張り極端説ハ忘れない今日まで此通りニ仲好く附合ハして居るが先方の人がいつ何時変心せぬと云ふ請合ハ六かしい若し左様なれバ交際ハ罷めなければならぬ交際を罷めても此方の身ニ害を加へぬ限りハ相手の人を憎むにハ及ばぬ唯近つかぬやうにする斗りだコンナ事で朋友が一人なくなり二人なくなり次才ニ淋しくなつて自分獨り孤立するやうになつても苦しうない決して後悔しない自分の節を屈して好かぬ交際ハ求めずと少年の時から今に至るまでチヤンと説ハ極めてありながら扨実際にハ頓とソンナ必要はない生来六十餘年の間ニ知る人の数ハ何千も何萬もある其中で誰と喧嘩したこともなし義絶したこともないのが面白い。都て斯う云ふ塩梅式で私の流儀ハ仕事をす

るに*も朋友ニ*交はるに*も最初から棄身*に*なつて取て掛り*仮令ひ失敗しても苦しからずと*浮世の事を軽く視ると同時に*一身の獨立を重んじ人間萬事、*停滞せぬやうに*と心の養生をして参れバ*世を渡るに*左までの困難*もなく*安気に*今日まで消光して来ました扨*

身体*の養生

体=E體

又心の養生法ハ*右の如しとして*身の養生ハ*如何*だと申すに*私の身ニ*極めて宜*しくない*極めて赤面す可き*悪癖ハ*幼少の時から酒を好む一条*で然かも図抜け*の大酒。*世間に*ハ大酒をしても必ずしも酒が旨い**とは思はず*飲んでも飲まなくても宜い*と云ふ人が*あるが私ハ*左様*でない*私の口に*ハ酒が旨くて多く飲みたい*其上ニ*上等の銘酒を好んで*酒の良否*が誠ニ*能く分る*先年中一樽の價七*八円のとき*上下五十銭も相違すれバ*先づ價を聞かずに**チャント其凡*味を飲み分けると云ふやうな黒人*で其上等の酒をウント*飲んで*肴も良い*肴を澤山喰い**満腹**飲食*した跡*で飯*もドッサリ*給*べて残*す所なしと云ふ*誠ニ*意地*の穢*ない*所謂牛飲馬食とも云ふ可き男である*尚ほ其上ニ*此賤しむ可き男が酒*に*酔て酔狂でもすれバ*自から警*しめると云ふこ*ともあらう*が大酒の癖ニ*酒の上が決*して悪*くない*酔へバ*唯大きな聲をして饒舌*るばかり*遂*ぞ人の気ニ*なるやうな忌*がるやうな根性*の悪*いこ*とを云て喧嘩をしたこ*ともなければ*上戸本性真面目*ニなつて議論したこ*ともない*から人ニ*邪魔ニ*されない*是れが却て不幸で*本人ハ*宜い*気に*なつて*酒とさへ云へバ*一番先き*ニ罷出て*人の一倍も二倍も三倍も飲んで天下ニ*敵なしなんて*浔意がつて居たのハ*返す〲*も愧かしい*事であるが*酒の事を除て其外ニ*なれバ*私ハ*少年の時から宜い*加減な摂生家と云ても宜しい*何も別段ニ*摂生をしやうなんてソンナ*六かしい*考のあらう*やうもないが*日ニ*三度の食事の外に**メツタに*物を食*はない*或ハ*母が給**させなかたのか知らぬが*幼少から癖ニ*な

に=BCDEに／ニ=BCDEに／にも=BCDにもEにも、／すてみ=Eなし／に=BCDEに／り=Eり、／と=Eと、／に=AなしBCDEに／じ=Eじ、／に=BCDEに／バ=BCDばEば、／に=BCDEに／雉=A難B難C D難E難／く=Eく、／に=BCDEに／た=Eた。／ハ=BCDEは／て=Eて、／ハ=BCDEは／どう=Eなし／に=BCDにEに、／ニ=AにBCDEに／宜=BCD宜E宜／い=BCDEい／可=BCDEべ／ハ=BCDはEは、／で=Eで、／づぬ=AぬEなし／。=BCDE、／にハ=BCDEには／うま=DEなし／い=BCDEい／ず=Eず、／宜い=BCD宜いE宜い／あるが=BCDあるがEあるが、／ハ=BCDEは／さう=Eなし／い=BCDいEい。／にハ=BCDEには／い=BCDEい／ニ=BCDにEに、／で=Eで、／よしあし=BCDよしあしEなし／ニ=BCDEに／る=Eる。／七=E七、／き=Eき、／バ=BCDばEば、／に=BCDEに／チャント=BCDチャンとEチャント／凡=AE風BCD風／黒人で=BCD黒人でE黒人で、／ウント=BCDウンと／で=Eで、／良い=BC良いDE良い／い=BCDひEひ、／まんぷく=Eなし／のみくい=BCDEのみくひ／あと=BCDあとEなし／めし=Eなし／ドッサリ=Eドッサリ／た=CDなし／のこ=BCDのこEなし／ふ=Eふ、／ニ=BCDEに／いぢ=Eなし／きた=Eなし／い=BCDEい／ある=BCDあるEある。／ニ=BCDにEに、／に=BCDEに／バ=ABCDEば／警しめ=BCD警めE警め／こ=CDEこ／あ=ABCDEあ／が=Eが、／ニ=AにBCDEに／決=BC決D決E決／わる=BCDわるEなし／い=BCDいEい。／バ=BCDEば／しやべ=Eなし／り=Eり、／つい=AなしBCDつひEなし／ニ=BCDEに／いや=BCDいやEなし／こんだやう=BCDこんじやうEなし／悪い=A悪いBCD悪いE悪い／こ=CDEこ／こ=CDEこ／バ=BCDばEば、／ニ=BCDEに／こ=CDEこ／い=BCDEい／ら=Eら、／ニ=AにBCDEに／ニ=BCDEに／い=BCDいEい。／で=Eで、／ハ=BCDEは／宜い=BCD宜いE宜い／に=BCDEに／て=Eて、／バ=BCDEば／さ=Eなし／ニ=BCDEに／て=Eて、／ニ=BCDEに／浔=AE得BCD得／ハ=BCDはEは、／〲=E〲／はづ=Eなし／い=BCDEい／あるが=BCDあるがEあるが、／ニ=BCDEに／バ=BCDばEば、／ハ=BCDEは／宜い=A宜いBCD宜いE宜い／宜しい=BCD宜しいE宜しい。／ニ=AにBCDEに／ソンナ=BCDソンな／い=BCDEい／あ=BCDEあ／いが=BCDいがEいが、／ニ=BCDEに／に=BCDEに／メッタに=BCDメツタにEメッタに／く=ADEなし／い=BCDいEい。／ハ=BCDEは／た=Eなし／べ=Aへ／なかた=ABCDEなかつた／が=Eが、／ニ=AにBCDEに

つて*間の食物が*欲しくない*殊ニ*晩食の後。*夜ニ*なれバ*如何なる*好物が*あつても口ニ*入れる*ことが出来ない*例へバ*親類の不幸ニ*通夜するとか*又ハ*近火の騒ぎニ*夜を*更かすとかして*自然ニ*其處*に食物が*出て*来ても*食ふ気*にならぬ*是れハ*母ニ*仕込まれた習慣が生涯*残つて居るのでせう*摂生の為め*にハ最も*宜しい習慣です*又私ハ*随分気の長い*方でない*何事もテキパキ早く遣ると云ふ*凡で時としてハ*人ニ*笑はれるやうな事も多い*所が三度の食事となると丸で別人のやうニ*変化して*何としても早く食ふ*ことが出来ない*子供の時*に早飯と*何とやらは武士の*嗜なんと云て*人ニ*悪く云はれた事も*あり又自分でも早く食い*たい*と思て居たが*何分*にも*頬張つて*生噛*にして食ふ*ことが出来ない*其後西洋流の書を讀んで生噛の宜*しくない*事を知て*始めて是れハ*却て自分の悪い*癖が宜*い事ニ*なつたと合點して大きニ*悦び*爾来憚る所もなくゆる〳〵食事をして*凡そ*人の一*二倍も時を費します*是れも摂生の為め*に甚だ*宜しい*ソレカラ又酒の話ニ*なつて*私が*生*淂酒を好んでも*郷里*に居るとき少年の身として自由ニ*飲まれるものでもなし*長崎でハ*一年の間、*禁酒を守り*大坂*ニ出てから随分自由ニ*飲む*ことハ飲んだが*兎角銭ニ*窮して思ふやうニ*行がす*年二十五歳のとき江戸ニ*来て以来*嚢中も少し*温か*になつて酒を買ふ位の事ハ*出来るやうニ*なつたから*勉強の*傍ら飲む*ことを*才一の樂み*にして朋友の家ニ*行けバ*飲み。*知る人*が*来れバ*スグ*に酒を命して*客ニ*勧めるよりも主人の方が*嬉しがつて飲むと云ふやうな譯けで朝でも*昼でも晩でも時を嫌はず能くも飲みました*夫れから三十

漸く酒を節す

二*三歳の頃と思ふ*獨り大ニ*發明して*斯う飲んでハ*迚も寿命を*全ふする*ことは叶はぬ*左れバ*とて断然禁酒ハ*以前ニ*覺えが*ある唯一時の事で*永續きが出来ぬ。*詰り生涯の根気でそろ〳〵自から節するの外ニ*

あひだ＝AEなしBCDあひだ／ほ＝AEなし／い＝BCDいEい。／ニ＝BCDEに／。＝ADなしBCE、／ニ＝BCDEに／バ＝BCDEば／こうぶつ＝BCDかうぶつEなし／あ＝BCDEあ／ニ＝AにBCDEに／こ＝CDEこ／い＝BCDいEい。／バ＝BCDEば／ニ＝AにBCDEに／か＝Eか、／ハ＝BCDEは／ニ＝AにBCDEに／ふ＝Eなし／て＝Eて、／ニ＝AにBCDEに／そこ＝BCDそこEなし／に＝AニBCDEに／で＝ACDEなし／き＝AEなし／く＝Eなし／に＝BCDEに／ぬ＝Eぬ。／ハ＝BCDEは／ニ＝AにBCDEに／残つて＝BC残てD残て／う＝Eう。／にハ＝BCDEには／宜しい＝BC宜しいDE宜しい／す＝Eす。／ハ＝BCDEは／い＝BCDEい／い＝BCDいEい、／凡で＝A風でBCD風でE風で、／ハ＝BCDEは／ニ＝BCDEに／い＝BCDいEい。／ニ＝AにBCDEに／へんげ＝CへんぐゑDへんくわ／て＝Eて、／こ＝CDEこ／い＝BCDいEい。／に＝BCDEに／なん＝AEなしBなに／嗜＝A嗜D嗜みE嗜／て＝Eて、／ニ＝BCDEに／悪＝BCD悪E悪／あり＝BCDありEあり、／い＝BCDEひ／い＝BCDEい／が＝Eが、／に＝BCDEに／頬張つて＝B頬張つてE頬張つて／なまがみ＝Aなまかみ／に＝BCDEに／こ＝CDEこ／い＝BCDいEい。／宜＝BCD宜E宜／い＝BCDEい／て＝Eて、／ハ＝BCDEは／い＝BCDEい／宜い＝BCD宜いE宜い／ニ＝AにBCDEに／ニ＝BCDEに／び＝Eび、／て＝Eて、／凡＝B凡CD凡E凡／一＝E一、／す＝Eす。／に＝BCDEに／宜しい＝BCD宜しいE宜しい。

福翁自傳（六十五）〔六十六〕老餘の半生（六）時事新報明治三十二年二月十二日（日）

ソレカラ＝BCD改行する／ニ＝BCDEに／て＝Eて、／が＝ABCDEが／生淂＝A生得BCDE生得／も＝Eも、／に＝BCDEに／ニ＝AにBCDEに／し＝Eし、／ハ＝BCDEは／、＝A。Dなし／り＝Eり、／坂ニ＝BCDE阪に／ニ＝BCDEに／ことハ＝BことはCDEことは／が＝Eが、／ニ＝BCDEに／ニ＝AにBCDEに／がす＝ABCDかずEかず、／ニ＝BCDEに／来＝BCD來E來、／のうちう＝BCDなうちうEなし／温かに＝BC温かにD温にE温かに／ハ＝BCDEは／ニ＝AにBCDEに／ら＝Eら、／かたは＝AEなし／こ＝CDEこ／才＝BCDE第／にして＝BCDにしてEにして、／ニ＝BCDEに／バ＝AハBCDEば／。＝AなしBCDE、／が＝ABCDEが／バ＝ABCDEば／に＝BCDEに／して＝ABCDじてEじて、／ニ＝BCDEに／が＝ABCDEが／うれ＝Eなし／で＝Eで、／た＝Eた。／二＝E二、／ふ＝Eふ。／ニ＝BCDEに／て＝Eて、／ハ＝BCDEは／全ふ＝BCD全く／こ＝CDEこ／ぬ＝Eぬ、／バ＝BCDEば／ハ＝B

道なしと決断したのハ支那人が阿片を罷めるやうなもので随分苦しゐが先づ才一ょ朝酒を廢し暫くして次ぎニ昼酒を禁したが客のゟるときハ矢張り客来を名ょして飲んで居たのを漸く我慢して後ょハ其客ばかりょ進めて自分ハ一杯も飲まぬぉとょして是れ丈けハ如何やら斯うやら首尾能く出来てサア今度は晩酌の一段ニなつて其全廢ハ迚も行はれなゐからそろ〳〵量を減するぉとょしやうと方針を定め。口でハ飲みたゐ。心でハ許さず。口と心と相反して喧嘩をするやうょ争ひながら次才〳〵ょ減量して稍や穏ょなるまでょハ三年も掛りました。と云ふのハ私ぶ三十七歳のとき酷ゐ熱病ょ罹つて萬死一生の幸を淂た其とき友醫の説ょ是れが以前のやうな大酒でハ迚も助かる道ハなゐが幸ニ今度の全快ハ近年節酒の賜ニ相違なゐと云たのを覺えて居るから私ぶ生涯鯨飲の全盛ハ凢そ十年間と思はれる其後酒量ハ減するばかりで増すぉとはなゐ初めの間ハ自から制するやうょして居たが自然ニ減して飲みたくも飲めなくなつたのハ道徳上の謹愼と云ふよりも年齡老却の所為でせう兎ょ角ニ人間が四十ょも五十ニもなつて酒量が段々強くなつて遂ょハ唯の清酒ハ利きぶ鈍ゐなんてブラデーだのウヰスキだの飲む者がゟるがアレは宜くなゐ苦しからうが罷めるが上策だ私の身ょ覺えがゟる私のやうな無法な大酒家でも三十四五歳のときトウ〳〵酒慾を征伐して勝利を淂たから況して今の大酒家と云ても私より以上の者ハ先づ少なゐ高の知れた酒客の葉武者だ。そろ〳〵遣れバ節酒も屹と出来ませうソレカラ私の身体運動ハ如何だと

身体運動

体＝E體

其話もしませう幼年の時から貧家ニ生れて身体の運動ハイヤでもしなければならぬソレガ習慣ニなつて生涯身体を動かして居ます少年のとき荒仕事ばかりして冬ニなると瘃ぶ切れて血ぶ出るスルト木

CDはEは、／ニ＝BCDEに／ゟる＝BCDあるEある、／ながつゞ＝Aふがつゞ Eなし／。＝BCDE、／ニ＝BCDEに
決＝BC決D決E決／ハ＝BCDはEは、／くる＝Eなし／ゐが＝BCDいがEいが、／づ＝Aつ／才一ょ＝BCDE第一に／し＝Eし、／ぎニ＝AきょBCDEぎに／したが＝ABCDじたがEじたが、／ゟ＝BCDEあ／ハ＝BCDEは／ょ＝BCDEに／を＝Eを、／て＝Eて、／ょハ＝BCDEには／ょ＝BCDEに／ハ＝BCDEは／ぉと＝CとDEこと／ょして＝BCDにしてEにして、／ハ＝BCDEは／どう＝DEなし／こ＝BCDかEなし／て＝Eて、／ニ＝BCDEに／て＝Eて、／ハ＝BCDEは／ゐから＝BCDいからEいから、／す＝BCDEず／ぉとょ＝BぉとにCDEことに／。＝BCDE、／ハ＝BCDEは／ゐ。＝BCDEい、／ハ＝BCDEは／。＝BCDE、／ょ＝BCDEに／ら＝Eら、／次才〳〵＝BCD次第々々E次第々々／ょ＝BCDEに／て＝Eて、／や＝Eなし／おだやか＝BをだやかEなし／ょ＝BCDEに／ょハ＝BCDEには／。＝BCE、Dなし／ハ＝ABCDEは／ぶ＝ABCDEが／ひど＝Eなし／ゐ＝BCDEい／ょ＝BCDEに／罹つて＝BCD罹てE罹つて、／淂＝ABCDE得／き＝Eき、／ょ＝AニBCDにEに、／ハ＝BCDEは／たす＝DEなし／ハ＝BCDEは／ゐが＝BCDいがEいが、／ニ＝BCDEに／ハ＝BCDEは／ニ＝BCDEに／ゐ＝BCDEい／ら＝BCDらEら、／ぶ＝ABCDEが／鯨飲＝BC鯨飲DE鯨飲／ハ＝BCDEは／凢＝B凡CD凡E凡／る＝Eる。／ハ＝BCDEは／す＝BCDEず／ぉ＝CDEこ／ゐ＝BCDいEい。／ハ＝BCDEは／ょ＝BCDEに／が＝Eが、／ニ＝AょBCDEに／し＝BCDEじ／ハ＝BCDはEは、／ねんれゐ＝BCDねんれいEなし／らうきやく＝Eなし／所為＝BCDE所爲／う＝Eう。／ょ＝BCDEに／ニ＝AょBCDEに／ょ＝BCDEに／ニ＝AょBCDEに／て＝Eて、／ょハ＝BCDEには／ハ＝BCDがEは／き＝AEなし／ぶ＝ABCDEが／ょぶ＝BCDにぶEなし／ゐ＝BCDEい／ブラデー＝BCDEブランデー／ウヰスキ＝BCDEウヰスキー／ゟるが＝BCDあるがEあるが、／宜くなゐ＝BCD宜くないE宜くない。／や＝AEなし／だ＝Eだ。／ょ＝BCDEに／ゟる＝BCDあるEある。／も＝Eも、／四＝E四、／淂＝ABCDE得／ら＝Eら、／況＝BC況D況E況／ハ＝BCDEは／ゐ＝BCDいEい、／。＝BCDE、／バ＝BCDEば／う＝Eう。／ソレカラ＝BCDソレから／ハ＝BCDEは／どう＝Eなし／う＝Eう。／ニ＝AょBCDEに／ハ＝BCDEは／バ＝BCDEば／ぬ＝Eぬ。／ソレガ＝BCDソレが／ニ＝BCDEに／す＝Eす。／ゟらしごと＝AゟらしぉとBCDあらしごとEなし／て＝Eて、／ニ＝BCDEに／ゟかぎれ＝BCDEあかぎれ

綿糸(めんゐと)で瘃の切口(*きれくち)を縫(*ぬ)ふて熱油(*ょえ𛀁ぶら)を滴(*た)らして手療治(てれうぢ)をして居た事を覚えて居る*江戸ニ*来てから自然*ソンナ*ホとが無くなつたから*或る時*

鄙事多能年少春*　立身自笑却壊身*

浴餘閑坐*肌全浄*　曽是綿糸*縫瘃人*

と云ふ詩のやうなものを記した事ゟ*𛀁る又藩中ニ*居て武藝をせねバ*人でなゐ*やうニ*凡*ゟ悪ゐ*から中*村庄兵衛と云ふ居合(ゐあひ)の先生ニ*就て少し稽古したから*其後洋學脩*業ょ*出て*ハ國ニ*居るときのやうニ*荒ゐ*仕事をしなゐ*から始終居合刀を所持して*大坂*の藩の倉屋敷ニ*居るとき*又緒方の塾でも*折節(をりふし)ハ*ドタバタ遣*つて居ました*夫れから江戸ニ*来て世間ニ*攘夷論が盛ょ*なつてから居合ハ*罷(や)めょ*して兼て腕ニ*覚えの𛀁*る米搗(*こめつき)を始めて*折々遣*つて居た所ゟ*明治三年大病を煩(わづら)ふて*病後何分ょ*も舊(もと)のやうょ*ならぬ*其年ゕ*其翌年ゕ*岩倉大使が欧行ニ*付き*⑤親友の長與専齋も随行を命せられ*近々出立とて私方ニ*告別ニ*参り**キニー子一オンスのビンを懐中から出して*「君の大病全快はしたが*来年その時節ニ*為ると何ゕ*故障を生し*て薬品の必要が𛀁*るニ違ひなゐ*是れハ*塩酸キニー子*最上の品で*薬店などょ*はなゐ*。之を遣(*や)るから大事ニ*貯へて置け*僕の留主中ニ*思當(*おもひ𛀁た)るホ*とが𛀁*らうと云ふのは実ニ*朋友の深*切なれども*私ハ*却(かへつ)て喜ばぬ*「馬鹿なホ*とを云て呉れるな*病気全快の僕の身ニ*薬なんぞ要(*ゐ)るものか*面白くもなゐ*僕ハ*貰はなゐ*と云ふ*と長與ゟ*笑て*「知らぬ事を云ふな*屹(きつ)と役ょ*立つホ*とが𛀁*るから黙(*だま)つて取て置けと云て*其薬を私ょ*渡して別れた所ゟ*果して然り*長與の外行留主中*毎度発熱して*夫(*そ)れ*キニー子*又キニー子*と**てトウト一オンスの品を飲み盡したと云ふやうな容体で*何分ょ*も力が回復しなゐ*横濱の友醫*ドクトルシモンズの説ょ*何でも肌(*はだ)**着(*つ)くもの**ハフラ子ル*ょせよと云ふから**シヤ

／ゟ＝ABCDEが／ゟ＝ABCDEが／出(で)る＝E出る、／スルト＝BCDスルと／もめんゐと＝BCDもめんいとEなし

きれくち＝Bきれぐち／縫(ぬ)ふて＝BCD縫(ぬつ)てE縫ふて／ょえ𛀁ぶら＝AなしBにゐあぶらCDEにえあぶら／た＝Eなし／る＝Eる。／ニ＝BCDEに／ソンナ＝Bソンな／ホ＝CDEこ／ら＝Eら、／時＝E時、春＝E春〔鄙事に多能なりき年少の春は〕／身＝E身〔立身して自ら笑う却つて身を壊(やぶ)るを〕

坐＝BCDE坐／浄＝E浄〔浴餘閑坐するに肌(はだへ)全く浄(きよ)し〕／糸＝BCDE絲／人＝E人〔曽て是れ綿絲もて瘃(あかぎれ)を縫ひし人〕

ゟ𛀁る＝Aが𛀁るBCDがあるEがある。／ニ＝BCDEに／バ＝BCDEば／ゐ＝BCDEい／ニ＝AょBCDEに／凡ゟ＝AE風がBCD風(ふう)が／ゐから＝BCDいからEいから、／中村庄兵衛＝D中村庄兵衛E中村(なかむら)庄兵衛(しやうべゑ)／ニ＝BCDEに／ら＝Eら、／脩＝BCD修(しう)E修／ょ＝AニBCDEに／ハ＝BCDはEは、／ニ＝BCDEに／ニ＝BCDEに／ゐ＝BCDEい／ゐから＝BCDいからEいから、／て＝Eて、／坂＝BCDE阪／ニ＝BCDEに／き＝Eき、／も＝Eも、／ハ＝BCDEは／遣つて＝BCD遣(やつ)て／た＝Eた。／ニ＝BCDEに／ニ＝AょBCDEに／ょ＝BCDEに／ハ＝BCDEは／ょして＝BCDにしてEにして、／ニ＝BCDEに／𛀁＝BCDEあ／こめつき＝DつきEなし／て＝Eて、／遣つて＝BCD遣(やつ)て／ゟ＝ABCDがEが、／て＝Eて、／ょ＝BCDEに／ょ＝BCDEに／ぬ＝Eぬ。／ゕ＝ABCDEか／ゕ＝ABCDEか／ニ＝BCDEに／き＝Eき、／せられ＝ABCDぜられEぜられ、／ニ＝BCDEに／ニ＝BCDEに／り＝Eり、／キニー子＝DEキニーネ／て＝Eて、／が＝Eが、／ニ＝BCDEに／ゕ＝ABCDEか／し＝BCDEじ／𛀁るニ＝BCDEあるに／ゐ＝BCDいEい。／ハ＝BCDEは／キニー子＝DEキニーネ／で＝Eで、／ょ＝BCDEに／ゐ。＝BCDい、Eい。／や＝Eなし／ニ＝BCDEに／け＝Eけ。／主＝BCD守(す)E守／ニ＝BCDEに／おもひ𛀁た＝AEなしBにもひあたCDおもひあた／ホ＝CDEこ／𛀁＝BCDEあ／ニ＝BCDEに／深＝BCD親(しん)E親／も＝Eも、／ハ＝BCDEは／ぬ＝Eぬ。／ホ＝CDEこ／な＝Eな。／ニ＝AょBCDEに／ゐ＝BCDいEなし／か＝Eか。／ゐ＝BCDいEい。／ハ＝BCDEは／ゐ＝BCDEい／と＝Eと、／ゟ＝ABCDEが／て＝Eて、／な＝Eな。／ょ＝BCDEに／ホ＝CDEこ／𛀁＝BCDEあ／黙(だま)つて＝BCD黙(だまつ)てE默つて／て＝Eて、／ょ＝BCDEに／ゟ＝ABCDがEが、／り＝Eり、／主＝BC主(す)D守(す)／て＝Eて、／そ＝Eなし／キニー子＝DEキニーネ／キニー子＝DEキニーネ／て＝Eて、／トウト＝BCDEトウ〳〵／で＝Eで、／ょ＝BCDEに／ゐ＝BCDいEい。

/**ドクトルシモンズ**=BCドクトル　シモンズDEドクトル・シモンズ/**に**=AニBCDにEに、/**はだ**=Eなし/**ニ**=BCDEに/**つ**=Eなし/**ハ**=BCDEは/**フラチル**=DEフラネル/**に**=BCDEに/**ら**=Eら、/**シヤツ**=Eシャツ

フラチル=DEフラネル/**へ**=Eへ、/**たび**=AEなし/**うら**=Eなし/**に**=BCDEに/**フラチル**=DEフラネル/**つ**=Eなし/**が**=Eが、/**ぬ**=Eぬ。/**ドウカ**=BCDドウか/**凬**=AE風BCD風(かぜ)/**昇る**=A昇るBCD昇(のぼ)るE昇る。/**で**=Eで、/**凢**=B凡(およ)C凡DE凡/**ニ**=BCDEに/**あ**=BCDEあ/**ら**=Eら、/**ニ**=BCDEに/**て**=Eて、/**ハ**=BCDEは/**ニ**=BCDEに/**ひ**=Eひ、/**にして**=BCDにしてEにして、/**ニ**=BCDEに/**こび**=BCDこびEなし/**だ**=Eだ。/**こつち**=Eなし/**こび**=BCDこびEなし/**ハ**=BCDEは/**つけあが**=BCDEつけあが/。=BCDなし/**にハ**=BCDEには/**ある**=BCDあるEある。/**ニ**=AにBCDEに/**ニ**=AにBCDEに/**こ**=CDEこ/**も**=Eも、/**ハ**=BCDEは/**ニ**=BCDEに/**よう**=AEなしBゑうCDえう/**ハない**=BCDEはない/**ら**=Eら、/**で**=Aて/**う**=Eう。/**本ハ**=B本(ほと)はCDE本(もと)は/**で**=Eで、/**べは**=ABCDへばEへば、/**むぎめし**=Eなし/**くら**=Dく/**い**=BCDEひ/**とうなす**=BCDたうなすEなし/**すゝ**=Eなし/**り**=Eり、/**ハ**=BCDEは/**ておりもめん**=BてにりもめんEなし/**て**=Eて、/**フラチル**=DEフラネル/**ニ**=AにBCDEに/**こ**=CDEこ/**い**=BCDいEい。/**凬潮ニ**=AE風潮にBCD風潮(ふうてう)に/**つ**=Eなし/**ニ**=BCDEに/**て**=Eて、/**ニ**=BCDEに/**おか**=BCDをかEなし/**い**=BCDいEい。/**からだ**=Eなし/**はふ**=BCDはうEなし/**い**=BCDEい/**ふ**=BうEふ。/**凬**=AE風BCD風(かぜ)/**引いた**=BCD引(ひい)たE引いた/**グヅ〳〵**=BCDグズ〴〵/**ハ**=BCDEは/**ニ**=BCDEに/**あ**=BCDEあ/**ら**=Eら、/**ニ**=BCDEに/**せんび**=BCDぜんぴEなし/**て**=Eて、/**フラチル**=DEフラネル/**シヤツ**=Eシャツ/**ぬ**=AEなし/**き**=BCDEぎ/**す**=Eなし/**て**=Eて、/**襦袢**=BCD襦袢(じゆばん)E襦袢/**に**=BCDEに/**へ**=Eへ、/**ストーヴ**=BCDストーブ/**餘り**=BCD餘(あま)りにE餘りに/**た**=Eなし/**にして**=BCDにしてEにして、/**ハ**=BCDEは/**ニ**=AにBCDEに/**ばかり**=B許りC計りD計(ばか)りEばかり、/**て**=Eて、/**ふだん**=Eなし/**ハ**=BCDEは/**じゆんすい**=BCDじゆんすゐEなし/**て**=Eて、/**さむ**=Eなし/**い**=BCDEい/**凬が**=ABCDE風が/**ふきとほ**=Eなし/**搆**=BCD構(かま)E構/**うち**=Eなし/**に**=BCDEに/**バ**=BCDEば/**そと**=Eなし/**に**=BCDEに/**出る**=D出(で)るE出る。/**に**=BCDEに/**まね**=Eなし/**ひ**=Eひ、/**ハ**=BCDEは/**に**=BCDEに/**て**=Eて、/**ソレカラ**=

ツも股引(もゝひき)もフラチルで拵(こしら)へ足袋(たび)の裏(うら)にもフラチルを着(つ)けさせて全身を纏ふて居た所が頓と功能が見えぬドウカすると凬を引て悪寒(をかん)を催(もよほ)して熱が昇る毎度の事で凢そ二年餘り三年ニなつても同様であるから或日私が大ニ奮發して是れハ醫師の命令ニ従ひ餘り病気を大切にして云はゞ病ニ媚(こび)るやうなものだ此方(こつち)から媚(こび)るから病ハ段々付揚(つけあが)る。自分の身体にハ自分の覺えがある真実の病中ニは固より醫命ニ服することなれども今日ハ病後の摂生(せつせい)より外ニ要(よう)ハな

ニ=Eに/ひ=Eび

病ニ媚ひず

いから自分で摂生を試みませう抑(そ)も自分の本ハ田舎士族で少年のとき如何なる生活して居たかと云へは麦飯(むぎめし)を喰(くら)い唐茄子(とうなす)の味噌汁を啜(すゝ)り衣服ハ手織木綿(ておりもめん)のツンツルテンを着てフラチルなんぞ目ニ見たこともない此田舎者が開國の凬潮ニ連(つ)れ東京ニ住居して當世流ニ摂生も可笑(おか)しい田舎者の身体(からだ)の方(はふ)が驚いて仕舞ふ即ち今日凬を引いたり熱が出たりしてグヅ〳〵して居るのハ摂生法の上等ニ過る誤(あやまち)であるから直(すぐ)ニ前非(せんぴ)を改めると申して其日からフラチルのシヤツも股引(もゝひき)も脱(ぬ)き棄(す)てゝ仕舞て唯の木綿の襦袢(じゆばん)に取替へストーヴも餘り焚(た)かぬやうにして洋服ハ馬ニ乗る時ばかり騎馬の服と定めて不断(ふだん)ハ純粋(じゆんすい)の日本の着物を着て寒(さむ)い凬が吹通(ふきとほ)しても搆はず家(うち)にも居れバ外(そと)にも出(で)る唯食物ばかりを西洋流に真似(まね)て好(よ)き品を用ひ其他ハ一切むかしの田舎士族に復古してソレカラ運動にハ例の米搗薪割(まきわり)に身を入(い)れて少年時代の貧乏(びんばふ)世帯(しよたい)と同じやうにして毎日汗(あせ)を出(だ)して働いて居る中ニ次才ニ身体が丈夫(ぢやうぶ)になつて凬も引かす發熱もせぬやうになつて来ました私の身の丈けハ五尺七寸三四分体量ハ十八貫目足らず年の頃十八九の時

⑤岩倉使節団は明治四年十月に出発した。

BCDソレから／ヨハ＝BCDEには／まきわり＝BCDまきわりEなし／ヨ＝BCDEに／て＝Eて、／びんばふ＝AびんぼふBCDびんばふEなし／志よたゐ＝AEなしBしよたいCDじよたい／ヨ＝BCDEに／阿せ＝BCDあせEなし／だ＝Eなし／ゐ＝BCDEい／ニ＝AヨBCDEに、／才ニ＝BCD第(だい)にE第に／志やうぶ＝BCDぢやうぶEなし／ヨ＝BCDEに／て＝Eて、／凡＝AE風BCD風(かぜ)／す＝ABCDEず／ヨ＝BCDEに／た＝Eた。／ハ＝BCDEは／三＝E三、／分＝E分、／ハ＝BCDEは／ず＝Eず。／八＝E八、

し＝Eし、／ゟ＝CDEこ／バ＝ABCDEば／ニ＝BCDEに／下た＝BCE下(くだ)たD下(くだ)つた／ゟ＝CDEこ／ゐ＝BCDいEい。／宜しゐ＝BCD宜(よろ)しいE宜しい／が＝Eが、／ヨ＝BCDEに／し＝BCDEじ／二＝E二、／が＝Eが、／チヤント＝BCDチヤンとEチヤント／舊＝BCDE舊(もと)／ニ＝BCDEに／て＝Eて、／ニ＝BCDEに／ハなゐ＝BCDはないEはない。／ヨ＝BCDEに／か＝Eか、／ハ＝BCDEは／ヨ＝BCDEに／ヨ＝BCDEに／か＝Eか、／。＝BCD、／ニ＝BCDEに／ヨ＝BCDEに／バ＝ABCDばEば、／凡＝AE風BCD風(ふう)／ゐ＝BCDEい／ゟ＝CDEこ／ハ＝BCDEは／たし＝Eなし／ニ＝AヨBCDEに／る＝Eる。／ヨ＝AニBCDEに／寒凡＝AE寒風BCD寒風(かんぷう)／阿るか＝BCDあるかEあるか、／ハ＝BCDEは／て＝Eて、／ニ＝BCDEに／寒凡ヨ＝A寒風ヨBCD寒風(かんぷう)にE寒風に／ニ＝BCDEに／ゆ＝BCDEふ／阿るか。＝A阿るかBCDEあるか、／寒凡＝AE寒風BCD寒風(かんぷう)／ニ＝BCDEに／ず＝Eず、／寒凡＝ABCE寒風D寒風／阿るか＝BCDあるかEあるか、／凡＝B凡(によ)C凡(およ)DE凡／ハ＝BCDEは／す＝Eす。

福翁自傳（六十六）〔六十七〕　老餘の半生（七）　時事新報明治三十二年二月十六日（木）第五千四百六十四號

ソレハ＝BCDソレは（改行する）／き＝Eき、／ハ＝BCDEは／め＝Eめ、／茶＝BCD茶(ちや)E茶、／ヨ＝BCDEに／て＝Eて、／ニ＝BCDEに／凡＝B凡(によ)CD凡(およ)E凡／ニ＝BCDEに／が＝Eが、／ヨ＝BCDEに／ハ＝BCDEは／ぬす＝Eなし／が＝Eが、／才ニ＝BCDE第に／する＝AするヨBCDEするに／ヨ＝BCDEに／ヨ＝BCDEに／ゟとヨ＝BゟとにCDEことに／た＝Eた。／よゐ＝BCDよひEなし／ハ＝BCDEは／き＝Eき、／ヨ＝AニBCDEに／ニ＝BCDEに／て＝Eて、／ヨ＝BCDEに／バ＝BCDEば／抜ゐた＝BCD抜(ぬ)たE抜いた／搗ゐたり＝BCD搗(つい)たりE搗いたり、／と＝BCDもEと、／チヤント＝BCDチヤントEチヤント／ヨして＝BCDにしてEにして、／か＝Eなし／ゟ＝CDEこ／ゐ＝BCDいEい。／戯れニ＝BCD戯(たはむ)れにE戯れに、

から六十前後まで増減なし十八貫を出たゟともなければ十七貫ニ下たゟともなゐ随分調子の宜しゐ其身体が病後は十五貫目ヨまで減して二三年悩んだが此田舎流の摂生法でチヤント舊の通りニ復して其後六十五歳の今日ニ至り今でも十七貫五百目より少なくハなゐ扨私が考へるヨ右の田舎摂生(ゐなかせつせい)が果して実効を奏したのか又ハ病の回復期が自然ヨ来た處で偶然ヨも摂生法を改めたのかソレは何とも判断が付かぬ。兎ニ角ヨ生理上必要の處ヨ少し注意さへすれバ田舎凡の生活も悪くなゐと云ふゟと丈(だ)けハ確(たし)かニ分る但し肌ヨ寒凡の吹通しが有益で阿るか又ハ外の摂生を以て体力が強くなつて実際害ニ為る可き寒凡ヨも能く抵抗して之ニ堪ゆるので阿るか。即ち寒凡其物は薬ニ非ず寒凡をも犯(をか)して無頓着と云ふ其全般の生活法が有益で阿るか凡そ此種の關係ハ醫學の研究す可き問題と思ひますソレハ扨置き私の摂生(せつせい)ハ明治三年三十七歳大病の時から一面(いちめん)目(もく)を改め書生時代の乱暴無茶苦茶殊ヨ十年間鯨飲の悪習を廢して今日ニ至るまで前後凡そ四十年ニなりますが此四十年の間ヨも初期ハ文事勉強の餘暇を偸(ぬす)んで運動摂生したものが次才ニ老却する従ひ今は摂生を本務ヨして其餘暇ヨ文を勉めるゟとヨしました今でも宵(よい)ハ早く寝て朝早く起き食事前(ぜん)ヨ一里半ばかり芝の三光から麻布古川邊の野

居合米搗

外を少年生徒と共ニ散歩して午後ヨなれバ居合を抜ゐたり米を搗ゐたり一時間を費して晩の食事とチヤント規則のやうヨして雨が降ても雪が降ても年中一日も缺(か)かしたゟとはなゐ去年の晩秋戯れニ

一點寒鐘聲遠傳　半輪残月影尚鮮
草鞋竹策侵秋曉　歩自三光渡古川

なんて詩を作りましたゞ此運動摂生が何時(いつ)まで續(つゞ)くゟとやら自分で自分の体質の強

弱。根気の有無を見て居ます回顧すれバ六十何年。人生既往を想へバ恍として夢の如しとハ毎度聞く所で𛀂るが私の夢ハ至極変化の多𛀆賑かな夢でした舊小藩の小士族。窮窟な小さ𛀆箱の中ニ詰込まれて藩政の楊枝を以て重箱の隅をほじくる其楊枝の先きニ掛つた少年がヒョイト外𛂦飛出して故郷を見捨るのみか生来教育された漢學流の教をも打遣つて西洋學の門ニ入り以前ニ変つた書を讀み。以前ニ変つた人ニ交はり自由自在𛂦運動して二度も三度も外國𛂦往来をれバ考ハ段々廣くなつて舊藩ハ扨置き日本𛀙゙狭く見えるやう𛂦なつて来たのは何と賑かな事で大きな変化でハ𛀂るま𛀆か。或ハ其向𛂦艱難辛苦など述立てれバ大造のやうだが咽元通れバ熱さ忘れると云ふ其通りで艱難辛苦も過ぎて仕舞へバ何ともな𛀆。貧乏ハ苦し𛀆𛂦違ひな𛀆が其貧乏𛀙゙過ぎ去つた後で昔の貧苦を思出して何𛀙゙苦し𛀆か却て面白𛀆くら𛀆だから私ハ洋學を脩めて其後ドウヤラ斯うやら人𛂦不義理をせず頭を下げぬやう𛂦して衣食さへ出来れバ大願成就と思て居た處ニ又図らずも王政維新。𛀆よ〳〵日本國を閞て本當の閞國となつたのは難有𛀆幕府時代𛂦私の著はした西洋事情なんぞ出版の時の考𛂦ハ天下𛂦コンナものを讀む人が有るか無𛀆か夫れも分らず仮令ひ讀んだからとて之を日本の実際ニ試みるなんて固より思ひも寄らぬ𛀻とで一口𛂦申せバ西洋の小説夢物語の戯作くら𛀆𛂦自から認めて居たものが世間ニ流行して実際の役ニ立つのみか新政府の勇気は西洋事情の類でな𛀆一段も二段も先きニ進んで思切つた事を断行してアベコベ𛂦著述者を驚かす程の𛀻とも折々見えるからソコデ私も亦以前の大願成就ニ安んじて居られな𛀆コリヤ面白𛀆此勢ニ乗じて更らニ大ニ西洋文明の空気を吹込み全國の人心を根底から轉覆して絶遠の東洋ニ一新文明

行路変化多し

変＝E變

／傳＝E傳〔一點の寒鐘聲遠く傳ふ〕／尚＝BCDE猶／鮮＝E鮮〔半輪の殘月影猶鮮かなり〕／曉＝A晩E曉〔草鞋竹策秋曉を侵し〕／川＝E川〔歩みて三光より古川を渡る〕／𛀙゙＝ABCDがEが、／𛀆つ＝BCDいつEなし／つゞ＝Eなし／𛀻＝CDEこ／ら＝Eら、。＝BCDE、／す＝Eす。／バ＝BCDEば／。＝BCDE、／バ＝BCDEば／ハ＝BCDEは／𛀂るが＝BCDあるがEあるが、／ハ＝BCDEは／𛀆＝BCDEい／にぎや＝A𛂦ぎやEなし／た＝Eた。／。＝BCDE、／ち𛀆＝BCちいDEなし／𛀆＝BCDEい／はこ＝Eなし／ニ＝BCDEに／つめ𛀻＝ABCDつめこEなし／て＝Eて、／やうじ＝Eなし／じうばこ＝AしうばこBCDぢうばこEなし／すみ＝Eなし／ニ＝A𛂦BCDEに／掛つた＝BCD掛た／が＝Eが、／ヒヨイト＝BCDヒヨイとEヒヨイト／𛂦＝BCDEに／か＝Eか、／打遣つて＝A打遣つてBCD打遣てE打遣つて／ニ＝BCDEに／り＝Eり、／ニ＝BCDEに／ニ＝BCDEに／り＝Eり、／𛂦＝BCDEに／て＝Eて、／𛂦＝AニBCDEに／をれバ＝AすれバBCDEすれば／ハ＝BCDEは／て＝Eて、／ハ＝BCDEは／𛀙゙＝ABCDEが／𛂦＝BCDEに／は＝Eは、／𛂦ぎや＝BCDにぎやEなし／ハ𛀂＝BCDEはあ／𛀆か。＝BCDいか、Eいか。／ハ＝BCDEは／𛂦＝BCDEに／のべた＝AEなし／バ＝BCDEば／た𛀆そう＝AEなしBCDたいさう／が＝Eが、／のどもと＝Eなし／とほ＝Eなし／バ＝BCDEば／𛀂つ＝BあさCDあつEなし／忘＝B怠CD忘／で＝AてEで、／す＝Eなし／バ＝BCDば／𛀆。＝BCい、DいEい。／ハ＝BCDEは／𛀆𛂦＝BCDEいに／𛀆が＝BCDいがEいが、／𛀙゙＝ABCDEが／去つた＝BCD去た／𛀂と＝BCDあとEなし／で＝Aて／𛀙゙＝ABCDEが／くる＝DEなし／𛀆か＝BCDいかEいか、／𛀆＝BCDEい／𛀆＝BいCDEゐ／ら＝Eら、／ハ＝BCDEは／脩＝BCD修E修／て＝Eて、／ドウヤラ＝BCDドウやら／𛂦＝BCDEに／𛀂たま＝BCDあたまEなし／𛂦して＝BCDにしてEにして、／バ＝BCDEば／ニ＝BCDにEに、／はか＝AEなし／。＝BCDE、／𛀆よ＝BCDEいよ／閞て＝AE開てBC開てD開いて／ほんとう＝BCDほんたうEなし／閞＝ABCDE開／難有𛀆＝A難有𛀆B難有いCD難有いE難有い。／𛂦＝BCDEに／ぞ＝Eぞ、／𛂦ハ＝BCDにはEには、／𛂦＝BCDEに／コンナ＝BCDコンな／𛀆＝BCDEい／ず＝Eず、／ニ＝BCDEに／𛀻とで＝CDことでEことで、／ひとくち＝Eなし／𛂦＝BCDEに／バ＝BCDEば／せうせつ＝Eなし／ゆめものがたり＝Eなし／戯作＝A戯作BC戯作D戯作E戯作／𛀆𛂦＝BCDEゐに／ミヅ＝BCDEみづ／が＝Eが、／ニ＝BCDEに／か

國を開き東ニ日本。西ニ英國と相對して後れを取らぬやうょなられまゐものでもなゐと茲ニ才二の誓願を起して扨身ニ叶ふ仕事ハ三寸の舌、一本の筆より外ニ何もなゐから身体の健康を頼みょして専ら塾務を務め又筆を弄び種々様々の事を書き散らしたのが西洋事情以後の著譯です一方ょハ大勢の學生を教育し又演説などして所思を傳へ又一方ょハ著書翻譯随分忙しゐ事でしたが是れも所謂萬分一を勉める気でせう。所で顧みて世の中を見れバ堪へ雖ゐぉとも多ゐやうだが一國全体の大勢ハ改進々歩の一方で次才〳〵ょ上進して数年の後その形ニ顕はれたるハ日清戦争など官民一致の勝利。愉快とも雖有ゐとも云ひやうがなゐ命ゟれバぉそコンナ事を見聞するのだ前ニ死んだ同志の朋友が不幸だア、見せて遣りたゐと毎度私ハ泣きました實を申せバ日清戦争何でもなゐ唯是れ日本の外交の序開きでぉそゟれソレホド喜ぶ譯けもなゐが其時の情ニ迫まれバ夢中ニならずょハ居られなゐ凡そコンナ譯けで其原因ハ何處ニ在るかと云へバ新日本の文明冨強ハ都て先人遺傳の功徳ニ由来し吾々共は丁度都合の宜ゐ時代ニ生れて祖先の賜を唯貰ふたやうなものょ違ひハなゐが兎ニ角ニ自分の願ニ掛けて居た其願が天の惠。祖先の餘徳ニ由て首尾能く叶ふたぉとなれバ私の為めょハ才二の大願成就と云はねばならぬ。

人間の慾ニ際限なし ニ=Eに

左れバ私ハ自身の既往を顧みれバ遺憾なきのみぁ愉快な事ばかりでゟるが扨人間の慾ょハ際限のなゐもので不平を云はすれバマダ〳〵幾らもゟる。外國交際又ハ内國の憲法政治などニ就て其れ是れと云ふ議論ハ政治家の事として差置き私の生涯の中ニ出来して見たゐと思ふ所ハ全國男女の気品を次才〳〵ょ高尚ょ導ゐて真実文明の名ニ愧かしくなゐやうょする事と佛法ょても耶蘇教ょても孰れょても宜しゐ之を引立てゝ多数の民心

BCDEに

=Eか、/たぐゐ=ABCDたぐひEなし/ゐ=BCDいEい、/ニ=BCDEに/思切つた=B思切たCD思切たE思切つた/て=Eて、/ょ=BCDEに/ぉ=CDEこ/をり〳〵=AEなし/ら=Eら、/ソコデ=BCDソコで/ニ=BCDEに/ゐ=BCDいEい。/コリヤ=Eコリャ/ゐ=BCDいEい、/勢ニ=BC勢にD勢ひにE勢に/ニ=BCDEに/ニ=BCDEに/み=Eみ、/根底=AE根底BCD根抵/てんぷく=AぷくEなし/て=Eて、/せつゑん=AEなしBCDぜつゑん/ニ=BCDEに

き=Eき、/ニ=BCDEに/。=BCDE、/ニ=BCDEに/と=Eと、/後れ=B後れD後E後れ/ょ=BCDEに/まゐ=BEまいCDない/ゐと=BCDいとEいと、/ニ=BCDEに/才=BCDE第/て=Eて、/ニ=BCDEに/ハ=BCDEは/、=A。BCDなし/筆=BCD筆E筆/ニ=BCDEに/ゐから=BCDいからEいから、/ょ=BCDEに/め=Eめ、/筆=BCD筆E筆/び=Eび、/か=DEなし/ち=Eなし/す=Eす。/ょハ=BCDEには/勢=BCD勢E勢/し=Eし、/へ=Eへ、/ょハ=BCDEには/翻譯=B翻譯CD飜譯E飜譯、/ゐ=BCDEい/が=Eが、/。=BCD、/バ=ABCDEば/雖ゐぉ=A難ゐぉB難いぉCD難いこE難いこ/ゐ=BCDEい/が=Eが、/勢ハ=BCD勢はE勢は/で=Eで、/次才〳〵=BCE次第々々D次第々々/ょ=BCDEに/て=Eて、/ニ=BCDEに/ハ=BCDはEは、/。=ABCDE、/雖有ゐ=A難有ゐB難有ゐC難有いD有難いE難有い/ゐ=BCDいEい。/ゐのち=BCDいのちEなし/ゟ=BCDEあ/バぉ=BばぉCDEばこ/コンナ=BCDコンな/だ=Eだ、/ニ=BCDEに/だ=Eだ、/ゐと=BCDいとEいと、/ハ=BCDEは/た=Eた。/バ=BCDEば/ゐ=BCDいEい。/ぉ=CDEこ/ゟれ=BCDあれEあれ、/ソレホド=BCDソレほど/ゐが=BCDいがEいが、/ニ=BCDEに/バ=BCDEば/ニ=BCDEに/ょハ=BCDEには/ゐ=BCDいEい。/凡=B凡CD凡E凡/コンナ=BCDコンな/で=Eで、/ハ=BCDEは/ニ=AょBCDEに/バ=BCDばEば、/冨=BCD冨E冨/ハ=BCDEは/ニ=BCDEに/し=Eし、/宜ゐ=A宜ゐBCD宜いE宜い/ニ=BCDEに/ょ=BCDEに/ハ=BCDEは/ゐが=BCDいがEいが、/ニ=BCDEに/ニ=BCDEに/ぐゑん=BCDぐわんEなし/ニ=BCDEに/が=Eが、/惠。=B惠、C惠み、D惠みE惠、/ニ=BCDEに/ふ=Bう/ぉ=CDEこ/バ=BCDばEば、/ょハ=BCDEには/才=BCDE第/。=AなしBCD、/バ=BCDEば/ハ=BCDEは/バ=BCDEば/ぁ=ABCDEか/で=Aて/ゟるが=BCDあるがEあるが、/ょハ

を和らげるやうょ*する事と大*ニ*金を投して*有形無形。*高尚なる學理を研究させるやう
*ニする事と*凢*そ此三ヶ*条です。*人ハ*老しても無病なる限りハ*唯安閑(あんかん)としてハ*居られゞ*
私も今の通りニ*健全なる間ハ*身ニ*叶ふ丈けの力を盡す積*です

三十一年五月十一日終

＝BCDEには／ゐ＝BCDEい／で＝Eで、／バ＝BCDEば／ゐく＝BCDいくEなし／ゐる。＝BCある、DあるEある。／ハ＝BCDEは／ニ＝AょBCDEに／ハ＝BCDEは／き＝Eき、／ニ＝BCDEに／ゐ＝BCDEい／ハ＝BCDはEは、／次才〱＝BCDE次第々々／ょ＝BCDEに／ょ＝BCDEに／ゐ＝BCDEい／ニ＝BCDEに／はづ＝Eなし／ゐ＝BCDEい／ょ＝BCDEに／と＝Eと、／ょ＝BCDEに／蘓＝BCD蘇(そ)E蘇／ょ＝BCDEに／ょ＝BCDEに／宜しゐ＝BCD宜(よろ)しいE宜しい、／ひきた＝Eなし
ょ＝BCDEに／と＝Eと、／ニ＝BCDEに／し＝BCDEじ／。＝BCE、Dなし／ニ＝AょBCDEに／と＝Eと、／凢＝B凢(によ)CD凢(およ)E凡／ヶ＝ABCDケ／。＝BCD、／ハ＝BCDEは、／ハ＝BCDEは／ハ＝BCDEは／ゞ＝ABCDずEず、／ニ＝BCDEに／ハ＝BCDEは／ニ＝AょBCDEに／です＝AてずEです。

後　記

巻末においてさきの「解題」で触れられなかった『自傳』口述の契機となった「或る外国人」のことや、浄写本の筆者についての推定、昭和版全集本以外の諸本の紹介、口述校訂原稿の数量的分析などを行って、福澤の生涯を回顧した『福翁自傳』の味わい方を考えてみようと思う。

一　『自傳』口述の契機

福澤が自叙伝を口述する切っ掛けとなったのは、「解題」でも触れたように、明治三十二年六月に刊行された時事新報社版『福翁自傳』初版本の序文に、石河幹明が「一昨年の秋、或る外國人の需に應じて維新前後の實歴談を述べたる折」に、ふと思い立って幼時から老後に至る経歴の概略を、速記者に口述して筆記させたものとあるように、福澤が明治三十年の秋に外国人と面談している時、思い付いたことだという。そこで維新前後における福澤の行動に関心をよせていた外国人とは、具体的に一体誰であろうかと推測してみたが、『全集』二十一巻掲載の年譜からは残念ながら見出すことは出来なかった。ところが最近慶大教授土屋博政氏が明治三十年（一八九七）十月一日に福澤が五時間にもわたり一人の外国人と懇談していたことを報告されたのである（「なぜ福澤諭吉はユニテリアンに関心を失ったのか――ナップの手紙が明らかにする新事実――」『慶應義塾大学日吉紀要』英語英米文学No.41平成十四年九月、および『ユニテリアンと福澤諭吉』二〇〇四年十月慶應義塾大学出版会刊）。

土屋氏はハーヴァード大学のアンドゥヴァー・ハーヴァード神学校図書館記録保管所において、内外の宣教師たちの手書きの書翰を束ねたものの中からナップ（Arthur May Knapp, 1841-1921）の書翰四通を発見し、それを紹介している。ナップは明治二十年（一八八七）に米国ユニテリアン協会（American Unitarian Association）の最初の代表使節として来日した。福澤は長男一太郎が米国で世話になっていたことからナップに接近するようになり、特にユニテリアン主義はキリスト教をある程度超越した、奇跡を完全に否定した普遍宗教を目指したものであることに注目して、それまで二十三年（一八九〇）を期して設置しようとしていた大学部の主任教師の人選を、英国の聖公会宣教師ロイド（Arthur Lloyd, 1852-1911）に斡旋を頼むつもりであったのを、急遽ナップの母校ハーヴァード大学のエリオット総長にそれを依頼することにしている。結局文学科（リスカム）理財科（ドロッパース）法律科（ウィグモア）の主任教師をハーヴァードから迎えて二十三年一月大学部は発足している。

ナップは二十三年十一月末に病を得て帰国したので、代りにマコーリィ（Clay MacCauley, 1843-1925）が着任する。この日本での宣教拠点たる日本ユニテリアン・ミッションに対して米国の本部はこれを廃止しようと考えていたようで、マコーリィはミッションの存続を訴えるため三十年二月に日本を発ち帰国して本部を説得した結果、その希望は適えられたので十一月下旬に日本に再度渡来した。ところがそれまで三田の慶應義塾構内に住居を提供していた福澤からそこを立ち退くことを要求される。マコーリィの住居は元来福澤の親友であったドクトル・シモンズの家として三田山上西側に建てられたもので、二十二年にシモンズが亡くなった後マコーリィに提供されていた。この時の退去の理由は三田山上に新しい寄宿舎を建設するために取り払われるとのことだったが、実際はその後福澤の五女光の婿潮田傳五郎が住み、のち塾長宅として鎌田栄吉が住んでいる。三十年十一月にこのように福澤がユニテリアン・ミッションに冷たい態度をとるようになる理由として考えられるのは、この年の春家族を伴って再来日したナップの存在であろう。この両者は何故か極めて不仲のようで、ナップがこの時期ミッションとは一線を画すような態度をとっていたからと土屋氏は推定している。

このナップがアメリカ・ユニテリアン協会の幹事バチェラーに宛てた四通の書翰のうち、最後の一八九七年（明治三十年）十月一日付の書翰は七ページにわたる長文のものである。これによると福澤はナップを非常に信頼し敬意を表してくれており、日本人は自分のことを第二のドクトル・シモンズと言ってくれていると自負している。そして、

　最近福澤という名前は大衆の中で力と影響力を増してきており、名声は天皇に次ぐ程です。（中略）彼は最近彼の大学と学校の組織変更を考えています。それでその事に関し私の助けを求めました。私は彼との五時間にわたる懇談から今戻ったばかりです。（土屋氏訳）

と述べて、ナップは慶應義塾がアメリカの大学と密接な提携を結び国際的な性格を担うようになることを提案したところ、福澤は全面的に賛同したと結んでいる。十月一日のナップとの対談は五時間に及んでいてその話題のメインテーマは「解題」で述べたように大学部中心の体制樹立についてであったと思われるが、十月五日の時事社説「開國同化は日本の國體に差支なし」（『全集』十六巻一二七頁）や十月二十七日の「文明先輩の功勞忘る可らず」（同一四三頁）等を読むと、国を開いて外国と交わる以上は学問、教育、政治、法律はもとより、人情、風俗、衣食住までも世界の多数と仲間入りすることを勧め、さらに文明開化のために尽した前人先輩の功労を肝に銘じなければならないとして、明和八年（一七七一）千住骨ヶ原の人体解剖見学から蘭書の会読が始まったことや、万延元年（一八六〇）外国人の力を借りることなく咸臨丸で太平洋を横断したことを書き記しているから、「維新前後の実歴談」というのは、この様な話題から発展したものかと推測される。

二　浄写本の筆者

口述筆記の校訂原稿を福澤は側近の門下生に浄写（恐らく二部）を依頼していて、そのうちの一部は時事新報掲載用に使用され、それは今日遺されていない。もう一部は手許に留めるために写させたようで、今日慶應義塾福澤研究センターに架蔵している。それは慶應義塾作文用紙に

ペン書きされたものが「中見出し」（章）ごとに紙縒でまとめられた綴が十五綴ある。この綴の前半第七綴までと、後半第八綴以降とは明らかに筆蹟が異なるので、浄写本は二名の人物により筆写されたものと思われる。これらの浄写本の筆者の一人は葦原雅亮であることは分っている。それは明治三十一年（福澤は三十年と誤記）八月六日付の葦原宛の福澤書翰（『福澤諭吉書簡集』第九巻四一頁）に

自伝態と御遣し被下、是ハ急き候事ニ無之、御気まゝニ被成下度候。

とあることによる。葦原は明治八年（一八七五）の生れ、熊本県天草の浄土真宗西本願寺派（福澤家と同宗旨）円教寺の出身で、二十五年（一八九二）九月慶應義塾に入社、三十年（一八九七）四月別科を二十二歳で卒業し、寄宿舎の舎監となった。この当時は高橋誠一郎の思い出（「エピメーテウス38」『三田評論』昭和四十一年四月号）によると、葦原は三田山上の童子寮舎監であったが、三十一年春に三田西側の崖下にあった外塾寄宿舎の舎監が病気入院したので、その代理としてそちらに移っていたとの事である。葦原は二十九年の在学中友人に連れられて福澤宅を訪問したが、その時福澤は非常に不機嫌で一言半句も口を利いてくれなかったが、翌年卒業して舎監に採用されて挨拶に行くと、打って変って上機嫌で、葦原の経歴なども熟知していて、それからは福澤の家にしばしば出入するようになったという人物である（伊藤正雄「福翁こぼれ話――故葦原雅亮老師の談話から――」『福澤諭吉論考』五五六頁）。

右の書翰は茨城県磯浜町大洗海岸の金波楼という旅館に滞在している葦原に、「福翁自傳」の浄書は急がないからゆっくり写すようにとのことを付言したもので、その理由はすでに七月一日から時事新報への掲載が始まり八月の時点では「大阪修業」の章に入っていたからであろう。この書翰の本文は福澤が広尾の別邸（現在、幼稚舎の建っている地域）に移ったところ、散歩の相手がいないので帰京したら別邸に同居しないかという内容で、同日付で信州在住の小山完吾（のち福澤一太郎の長女と結婚）にも同様趣旨の手紙を出している。七月末から八月にかけて学校は夏期休暇の期間であるから、寄宿舎に残っている舎生は極めて少数であろうと思われるので、寄宿舎の舎監も保養を兼ねて茨城県の海岸で休暇をとるに絶好の季節であった筈で、そこで福澤は日頃の気安さから葦原に『自傳』校訂原稿の浄写を依頼したものと考えられる。試みに明治三十年六月以降の福澤家の「金銭出入帳」（『全集』別巻一五六～一六三頁）を見ると、「福翁自傳」関係の支出と思わせる項目が二、三目につく。

三十年十二月廿四日
　貳拾圓　矢野由次郎へ贈る／自傳用
三十一年六月卅日
　四圓　　自傳寫代
三十一年七月卅日
　拾圓　　寫本代

右の福澤書翰とは別に葦原家には福澤資料が数点保存されており、そ

の中に福澤自筆の七言絶句を書き流した巻紙があって、その巻紙を納める封筒はその内容と無関係のもので次のように記してあるという（富田正文「故葦原雅亮遺蔵資料について――新資料紹介――」『福沢手帖』18号）。

外塾
　童子舎
　　葦原様　　福沢
　　　自伝草稿添

これは明らかに元童子寮の舎監で当時外塾寄宿舎の舎監を兼ねていた明治三十一年春以降の葦原に、福澤が自伝草稿の浄写を頼むために、使いの者に草稿を持たせた封筒の表書きであろう。

以上のように福澤は自伝原稿を門下生に浄写を依頼して、急いで写させたものは新聞掲載用に供し、もう一部は福澤家に遺していたのである。

この浄写本の筆者の一人、葦原の二十三歳当時の筆蹟が遺っておれば、前半・後半の役割分担は直ちに判明するのであるが、無論今日それを期待することは出来ない。しかし幸運なことに、時代はそれより六十年ほど経過した昭和三十年頃の自筆原稿が現在福澤研究センターに保存されている。それは「戴恩拾遺鈔」と題し葦原が福澤に私淑していたころの思い出話十数編を原稿用紙に書き綴ったもので、そのうちの八編は『三田評論』昭和三十年六、八、十月号（五六五～七号）に「福沢先生の思い出」として掲載されている。八十歳になった葦原の筆蹟は原稿用紙の枡目一杯にしっかりした文字で几帳面に書き記されていて、浄写本の分担から見ると、後半担当者の筆蹟に近いのではないかと感じられる。勿論断定は控えなければならないから、現在のところはこの程度の印象だけに止めておこう。

なお、『全集』第七巻の後記（六九四頁）に「この写本には本文中の小見出しは全く見られない」とあるが、福澤家に遺された浄写本には原稿の上部欄外に、本文中の小見出しが記入されている。従って後記に「察するにこの小見出しは、福澤がこの原稿完成の後やゝしばらく日を経て後に書き入れたものではないかと思はれる」とあるのは、訂正さるべきであろう。

三　昭和版全集本以外の諸本

大正の末年に出版された十冊本の『福澤全集』は、福澤著作の定本として利用されていたが、未だ全著作を網羅した訳ではなく、特に時事新報や各種雑誌に執筆した論稿をはじめ、短編の文書やまた多数の書翰なども紹介されておらず、そのうえ確実な史実に基づいた伝記も出版されていなかった。そこで慶應義塾は昭和七年（一九三二）に創立七十五年を、また同九年（一九三四）には福澤の誕生百年を迎えるのに因み、まず福澤の伝記として石河幹明による『福澤諭吉傳』全四巻を七年七月に出版し、九年七月には『續福澤全集』全七巻をいずれも岩波書店から出版し完結させた。またこの九年には福澤の外孫に当る清岡暎一によって『福翁自傳』の英訳本 "The Autobiography of Fukuzawa Yukichi"

が北星堂から出版され、欧米の文壇に大きな反響を呼んだ。これらの出版事業により福澤の思想家としての文化的貢献の内容は確かに明確になったのであるが、その波瀾に富んだ人生を浩澣なる十七巻に及ぶ正続全集から読み取ることは、決してたやすいことではない。そこで六十余年の生涯を自から口述した『福翁自傳』は一般の読者層にも受け容れ易いとして、右の伝記と続全集を出版した岩波書店から、昭和十二年四月文庫本で発行されることとなった。担当は石河の助手を勤めて伝記編纂に従事した富田正文で、巻頭に掲げられた「序」は小泉信三（昭和八年塾長就任）の起草である。その序文に福澤の文体は「故らに自ら漢字の使用を制限し、文章を口語に近づけ、學者としては或は不似合なほど俗語を使ひ、殊に好んで傳法な捲舌風の俗語を取り入れて、其文章を生氣あるものにした」と指摘して口語体文体の特色を説明し、そして最後に次のように締め括っている。

　福翁自傳が一の傑作であることは、くり返して言はぬ。人はたゞ本書に依て、先見ある愛國者とは如何なるものか、道學者臭なき教育者とは如何なるものか、眞に不羈独立の男子の生涯とは如何なるものか、それを其人自身の率直に無造作に物語るところに依て知るであらう。

この岩波文庫本は昭和十九年に活字を大きくして改版されたが、この本に対して終戦後占領軍の民間情報局（CIE）による検閲があって、占領中のアメリカの世界政策に沿わない箇所は削除を命ぜられた。しかも削除部分を空白にしたり「××」等の印を付けたりして、文章を削ったことが分らないように訂正せよとの指示であったという。一九九四年一月、嗣子富田道彦氏によって慶應義塾福澤研究センターに寄贈された「富田正文氏旧蔵書籍」の、昭和二十一年六月発行第二刷の文庫本表紙に、朱のペン書で富田は

　昭和二十一年新版第二刷
　進駐軍検閲により削除を命ぜられたる部分四ヶ所あり
　　P.178　P.189　P.199　P.333
　その中最後の一ヶ所は組みかへ其他は註を以て埋む

と記している。P.178は「歐羅巴各國に行く」の章でロシアに留まれと言われ「氣の知れぬ國だと思はれる」という箇所八行分（一二二頁一四行目「露西亜𛀁来て」〜一二三頁一行目「思はれる」）、P.189は〔攘夷論〕の章でイギリスとロシアは犬猿の間柄という箇所三行分（一三一頁一七行目「當時クリミヤ戦争」〜一三二頁二行目「𛀁見える」）、P.199は生麦事件における英国の賠償請求交渉の箇所十行分（一三八頁二〇行目「加之ならず」〜一三九頁九行目「しやうがない」）、P.333は「一身一家經濟の由來」の金銭問題の件で「此間まで丸で朝鮮人見たやうな奴が、」（二四〇頁八〜九行目）の部分でこれは短いので組替えで指示に従っている。これらは昭和二十九年六月の『改訂版福翁自傳』では復原されている。

ここで戦後に単行本もしくは文庫本で出版された『福翁自傳』の主なものを列記しておこう。

昭和二十二年　昆野和七校訂　森下書房
昭和二十四年　富田正文校訂解題　慶應通信教育図書のち慶應通信
昭和二十八年　昆野和七校訂「復元版」大内兵衛解題　角川文庫
昭和四十五年　会田倉吉校注　旺文社文庫
昭和四十六年　茅根英良校訂　潮文庫
昭和四十六年　土橋俊一校訂校注　永井道雄解説　講談社文庫
平成十五年　松崎欣一編集　福澤諭吉著作集12巻　慶應義塾大学出版会

四　口述校訂原稿の数量的分析

すでに「解題」で述べたように、底本となる口述校訂原稿は時事新報社用の原稿用紙に毛筆で記されており、これを巻紙のように貼り継いだものが十七巻ある。これは「中見出し」の章だてより多く、その継ぎ方はかなり自由であって、余り整理されているとは思われない。また福澤の文章の特色の一つは、論旨を展開する過程で、余り段落を設けないことであろう。『自傳』の場合は「小見出し」を後から付け加えているということを考えても、「小見出し」の数より校訂原稿の段落の数が少ないのである。これは進藤氏の指摘する「スピード感ある筆運び」の現われであろうと思われる。

原稿全体の数量を示すと、本書の組版（一頁三八字二〇行詰、小見出し部分は三〇字）の総頁数は二九三頁、総行数は五四四三行である。行数で最も多い章は「王政維新」七八〇行（一四％）であるが、「大坂脩業」と「緒方の塾凡」の緒方塾時代の分を合せると九一六行（一六％）となり、福澤の青春時代の思い出が如何に楽しいものであったかがよく分る。三位が「一身一家經済の由来」、四位が「老餘の半生」となる。最も少ないのは「大坂を去て江戸ニ行く」と「再度米國行」との二章で同数の一六八行（三％）である。これらの行数の一行三十八字あるいは三十字の半ばをこえる字数（二〇字あるいは一六字）のものを速記者あるいは福澤の加筆部分の行と見なして、それを章別に数えてみた（同数である一九、あるいは一五を除く）。福澤加筆の最高の章は最後の「老餘の半生」で一〇〇％、次いで「暗殺の心配」八二％、「品行家凡」八〇％であり、少ない章は「大坂を去て江戸ニ行く」一九％、「攘夷論」二二％、「始めて亜米利加ニ渡る」二七％等である。

次頁の分析表で見る通り、福澤の校訂加筆が多くなるのは草稿「自傳才十二」の「王政維新」の後半部分（一七九頁以下）以下のことで、「維新前後無茶苦茶の形勢を見て迚も此有様でハ國の獨立ハ六かしいろ」（一八一頁）との危機意識を持って子供の将来を考えたり、中津藩の藩邸に設けていた英学塾を芝の新銭座に移し、慶應義塾と初めて名乗って藩との関係を断ち切り、明治元年五月十五日に起った上野の彰義隊の戦争の時も、砲声のとどろく中で英語の経済書を読んでいたという事実を誇らし気に語り、「此塾のあらん限り大日本ハ世界の文明國である」（一八四頁）と言って塾生を励ましたと記しているように、維新前後の政情不安

『福翁自傳』の数量的分析表

<table>
<tr><th rowspan="2">草稿番号</th><th rowspan="2">中見出し(章名)</th><th rowspan="2" colspan="2">頁　数</th><th rowspan="2" colspan="2">小見出し数</th><th rowspan="2" colspan="2">段落数</th><th rowspan="2" colspan="2">総行数
(比率)
%</th><th colspan="6">行　数　内　訳</th></tr>
<tr><th colspan="2">速記者
(比率)
%</th><th colspan="2">福澤加筆
(比率)
%</th><th colspan="2">速記・
福澤同数
(比率)%</th></tr>
<tr><td>自傳才一</td><td>幼少の時</td><td colspan="2">18</td><td colspan="2">17</td><td colspan="2">13</td><td colspan="2">314
(5.77)</td><td colspan="2">133
(42.36)</td><td colspan="2">180
(57.32)</td><td colspan="2">1
(0.32)</td></tr>
<tr><td>自傳才二</td><td>長崎遊學</td><td colspan="2">16</td><td colspan="2">11</td><td colspan="2">14</td><td colspan="2">283
(5.20)</td><td colspan="2">110
(38.87)</td><td colspan="2">172
(60.78)</td><td colspan="2">1
(0.35)</td></tr>
<tr><td>自傳才三</td><td>大坂脩業</td><td colspan="2">18</td><td colspan="2">14</td><td colspan="2">13</td><td colspan="2">338
(6.21)</td><td colspan="2">192
(56.80)</td><td colspan="2">144
(42.60)</td><td colspan="2">2
(0.60)</td></tr>
<tr><td>自傳才四</td><td rowspan="2">緒方の塾凡</td><td>16</td><td rowspan="2">31</td><td>18</td><td rowspan="2">26</td><td>19</td><td rowspan="2">29</td><td>307</td><td rowspan="2">578
(10.02)</td><td>89</td><td rowspan="2">262
(45.33)</td><td>218</td><td rowspan="2">314
(54.33)</td><td colspan="2">0</td></tr>
<tr><td>自傳才五</td><td>15</td><td>8</td><td>10</td><td>271</td><td>173</td><td>96</td><td colspan="2">2
(0.34)</td></tr>
<tr><td rowspan="2">自傳才六</td><td>大坂を去て江戸ニ行く</td><td colspan="2">10</td><td colspan="2">6</td><td colspan="2">8</td><td colspan="2">168
(3.09)</td><td colspan="2">135
(80.36)</td><td colspan="2">32
(19.05)</td><td colspan="2">1
(0.59)</td></tr>
<tr><td>始めて亜米利加ニ渡る</td><td colspan="2">17</td><td colspan="2">19</td><td colspan="2">21</td><td colspan="2">329
(6.04)</td><td colspan="2">238
(72.34)</td><td colspan="2">91
(27.66)</td><td colspan="2">0</td></tr>
<tr><td rowspan="2">自傳才七</td><td>欧羅巴各國ニ行く</td><td colspan="2">13</td><td colspan="2">10</td><td colspan="2">17</td><td colspan="2">250
(4.59)</td><td colspan="2">120
(48.00)</td><td colspan="2">130
(52.00)</td><td colspan="2">0</td></tr>
<tr><td rowspan="3">〔攘夷論〕</td><td>3</td><td rowspan="3">22</td><td>1</td><td rowspan="3">18</td><td>1</td><td rowspan="3">12</td><td>42</td><td rowspan="3">400
(7.35)</td><td>36</td><td rowspan="3">310
(77.50)</td><td>6</td><td rowspan="3">88
(22.00)</td><td colspan="2">0</td></tr>
<tr><td>自傳才八</td><td>14</td><td>12</td><td>8</td><td>266</td><td>200</td><td>64</td><td colspan="2">2
(0.50)</td></tr>
<tr><td rowspan="2">自傳才九</td><td>5</td><td>5</td><td>3</td><td>92</td><td>74</td><td>18</td><td colspan="2">0</td></tr>
<tr><td>再度米國行</td><td colspan="2">9</td><td colspan="2">9</td><td colspan="2">6</td><td colspan="2">168
(3.09)</td><td colspan="2">104
(61.90)</td><td colspan="2">63
(37.50)</td><td colspan="2">1
(0.60)</td></tr>
<tr><td>自傳才十</td><td rowspan="3">王政維新</td><td>11</td><td rowspan="3">41</td><td>11</td><td rowspan="3">31</td><td>12</td><td rowspan="3">40</td><td>216</td><td rowspan="3">780
(14.33)</td><td>121</td><td rowspan="3">349
(44.74)</td><td>94</td><td rowspan="3">430
(55.13)</td><td colspan="2">1
(0.13)</td></tr>
<tr><td>自傳才十一</td><td>14</td><td>6</td><td>13</td><td>258</td><td>164</td><td>94</td><td colspan="2">0</td></tr>
<tr><td>自傳才十二</td><td>16</td><td>14</td><td>15</td><td>306</td><td>64</td><td>242</td><td colspan="2">0</td></tr>
<tr><td rowspan="2">自傳才十三</td><td>暗殺の心配</td><td colspan="2">11</td><td colspan="2">11</td><td colspan="2">9</td><td colspan="2">195
(3.58)</td><td colspan="2">35
(17.95)</td><td colspan="2">160
(82.05)</td><td colspan="2">0</td></tr>
<tr><td rowspan="2">雑　記</td><td>8</td><td rowspan="2">18</td><td colspan="2">7</td><td>8</td><td rowspan="2">12</td><td>147</td><td rowspan="2">338
(6.21)</td><td>22</td><td rowspan="2">135
(39.94)</td><td>124</td><td rowspan="2">200
(59.17)</td><td>1</td><td rowspan="2">3
(0.89)</td></tr>
<tr><td>自傳才十四</td><td>10</td><td colspan="2">0</td><td>4</td><td>191</td><td>113</td><td>76</td><td>2</td></tr>
<tr><td>自傳十五</td><td rowspan="2">一身一家經濟の由来</td><td>19</td><td rowspan="2">28</td><td>16</td><td rowspan="2">25</td><td>9</td><td rowspan="2">14</td><td>375</td><td rowspan="2">531
(9.75)</td><td>198</td><td rowspan="2">239
(45.01)</td><td>175</td><td rowspan="2">290
(54.61)</td><td colspan="2">2
(0.38)</td></tr>
<tr><td rowspan="2">自傳十六</td><td>9</td><td>9</td><td>5</td><td>156</td><td>41</td><td>115</td><td colspan="2">0</td></tr>
<tr><td>品行家凡</td><td colspan="2">15</td><td colspan="2">18</td><td colspan="2">11</td><td colspan="2">284
(5.22)</td><td colspan="2">52
(18.31)</td><td colspan="2">229
(80.63)</td><td colspan="2">3
(1.06)</td></tr>
<tr><td>自傳十七</td><td>老餘の半生</td><td colspan="2">26</td><td colspan="2">19</td><td colspan="2">10</td><td colspan="2">487
(8.95)</td><td colspan="2">0</td><td colspan="2">487
(100.00)</td><td colspan="2">0</td></tr>
<tr><td></td><td></td><td colspan="2">293頁</td><td colspan="2">241個</td><td colspan="2">223個</td><td colspan="2">5443行</td><td colspan="2">2414行
(44.35%)</td><td colspan="2">3010行
(55.30%)</td><td colspan="2">19行
(0.35%)</td></tr>
</table>

定の時期に、独立の国であることを強く意識していたことを、口述のあと自から書き加えているのである。

この「王政維新」と緒方塾時代のことを語った「大坂脩業」・「緒方の塾凡」が『自傳』の二つのピークであるが、その後八〇％を越える加筆をした「暗殺の心配」を語り、次の「中見出し」を「雑記」という附録のような名称にして、大童信太夫、古川節蔵や榎本武揚の助命救済のことを語っている。それ以後は個人的・家庭的内容の話題を中心とし、四男五女九人の子女に恵まれた幸せな家庭生活において、男女間の差別は全くなかったことを語った「品行家凡」に続いて、最後の章になった「老餘の半生」においては、全編福澤の書き下ろしの文章であるためか、進藤氏の指摘するような脱字や誤字の多さに驚かされるのである。それらの幾つかを列記してみよう。

二七二頁九行「御ニ掛る」は浄写本より「御目ニ（に）掛る」と脱字を補っている。

二七三頁五行「自分たけ」は新聞掲載より「自分だけ」と誤字を訂正している。

二七三頁七行「ゐくし」は浄写本「ゐくじ」、新聞掲載から大正版全集本まで「いきぢ」、昭和版全集本は振仮名なし

二七五頁七行「近つかぬ」は浄写本より「近づかぬ」と濁点を補う。

二七八頁一二行「洒欵(しやら)」は浄写本より「洒蛙(しやあ)」と、判読不能のような文字を訂正する。

二八二頁一八行「てみしか」は浄写本より「てみじか」と濁点を正しく改めているが、昭和版全集本は振仮名を省略している。

このようにその筆致はスピード感にあふれ、六十余年を回顧した自分の人生は「至極変化の多𛀆賑(にぎや)かな」（二九一頁二行）ものであったと語っている。そして最後に三段階の大願成就を説明し、第一の誓願は九州の小藩の小士族の家に生まれ、門閥の窮屈な枠の中から飛び出して、故郷を離れ江戸へ出て来たばかりか三度も欧米に往来して洋学を学び、一家を成して経済的にも独立することであった。ところが時代は予期以上に進展して王政維新となったので期待を籠めて第二の誓願をおこし、日本を「東洋ニ一新文明國」（二九一頁二〇行）たらしめんとして「教育の方針ハ数理と獨立」（一八七頁小見出し）をモットーに慶應義塾の経営に励み、五十五部に及ぶ著訳書を著述出版し、演説・討論の法を指導して今日に及び、「一國全体の大勢ハ改進々歩」（二九二頁六行）の方向に向ったので、遺された人生を第三の誓願の達成に尽してみたいとして、「出(で)来(か)して見た𛀆」（二九二頁一八行）三箇条を掲げて『自傳』を締め括っている。

それは全国男女の気品を高尚にして真の文明国にしたいこと、宗旨を問わず宗教を奨励して民心をやわらげたいこと、そして高尚な基礎的な学理の研究を運営・資金の両面で援助したい、という希望の三箇条である。このような昂揚した感情を認めた後、ある程度の満足感をもって「三十一年五月十一日終」とその決意の年月日を書き込んだものと推定

したい。

五　昭和版全集本の再版本

昭和四十五年四月十三日に出版された再版本は、三十四年十二月刊行の初版本の誤りや記憶違い等に基づく誤記について、いくつかの方法で訂正されているので、その訂正方法の違いに基づいてまとめて示しておこう。(便宜上『全集』七巻の頁・行も示す)

訂正部分を〔　〕をもって改めている場合

二五頁一三行(『全集』七巻二七―一二)「三月」を「三〔二〕月」

二六頁一一行(二八―七)「天草」を「天草〔有明〕」

二八頁一一行(二九―一五)「三月」を「三〔二〕月」

九一頁一七行(八四―四)「村田造六（むらたぞうろく）」を「村田造〔藏〕六（むらたぞうろく）」

一一四頁二〇行(一〇四―五)「ローレンス」を「ローレンス〔ロレーヌ〕」

一三〇頁一六行(一一七―八)「六艘」を「六〔七〕艘」

一三〇頁二〇行(一一七―一二)「二艘」を「二〔三〕艘」

一七八頁三行(一五九―四)「柳川春三（やながはしゅんざう）」を「柳〔河〕川春三（やながはしゅんさん）」

一九〇頁一三行(一七〇―七)「羅卒」(「邏卒」)を「邏卒〔巡邏〕」

一九一頁四行(一七〇―一六)「巡羅」(「巡邏」)を「巡邏〔邏卒〕」

二一一頁二行(一八七―一四)「四年」を「四〔五〕年」

二二四頁一行(一九九―二)「三年」を「三〔五〕年」


訂正部分を指摘することなく訂正されている場合

四頁二〇行(一〇―七)「行かぬ、どんふ事があつても」(「行かぬ。どんな事があつても、」)を「行かぬ、どんな事があつても。」

七頁一〇行(一二―一一)「荘子」(「莊子（さうし）」)を「莊子（さうじ）」

一一頁一一行(一五―一七)「一枚着」(「一枚着（いちまいき）」)を「一枚着（いちまいぎ）」

二六頁六行(二八―三)「船場屋寿久右衛門」(「船場屋壽久右衞門（せんばやすくゑもん）」)を「船場屋壽久右衞門（せんばやすぐゑもん）」

二八頁一六行(三〇―一)「取付端（とつゝきは）」(「取付端（とつつきば）」)を「取付端（とつつきは）」

八八頁一七行(八一―一一)「取付端（とりつきは）」(「取付端（とりつきば）」)を「取付端（とりつきは）」

九一頁一二行(八三―一六)「神田孝平」(「神田孝平（かんだかうへい）」)を「神田孝平（かんだたかひら）」

九四頁一一行(八五―一五)「小永井五八郎」(「小永井五八郎（さながゐごはちらう）」)を「小永井五八郎（こながゐごはちらう）」

九九頁六行(九〇―二)「艦長」(「船長」)を「艦長」

一三三頁二行(一一九―七)「安繹」(「安繹（あんえき）」)を「安繹（やすつぐ）」

一三六頁一二行(一二二―七)「思案」(「思索」)を「思案」

一七〇頁二行(一五二―一)「平生（ふだん）」を「平生（フダン）」

一七一頁一八行(一五三―一二)「真道」(「眞道（まみち）」)を「眞道（まさみち）」

身分的差別に関する語句の場合

一二頁一七行(一七―二)「穢多」(「穢多（ゑた）」)を「、、〔省略〕」

五七頁三行(五四―一)「穢多（ゑた）」(「穢多」)を「、、〔省略〕」

五七頁四行(五四―二)「穢多」を「、、〔省略〕」

五七頁一二行(五四―八)「穢多」を「、、〔省略〕」

一五二頁小見出し（一三六）「穢多」を「、、〔省略〕」

一五二頁五行（一三六—六）「穢多（えた）」（「穢多」）を「、、〔省略〕」

再版本でも判読し難い文字や、誤植に近い内容の文字が僅か見られるので、触れておこう。

七一頁小見出し（六六）「原書」が「原本」となっている。

一〇五頁小見出し（九五）「如何を問ふ」が「如何と問ふ」となっている。

一一八頁一行（一〇六—一五）「醫師の合羽」が昭和版全集本のみ「醫者の合羽」となっている。

二一五頁一〇行（一九一—六）「當時」を昭和版全集本のみ「當事」となっている。

序でに言えば、『全集』一九一頁にある小見出し「疳癪〔癇〕」は「解題」でも触れたように、これは疑わしい文字を再検討する心覚えのために書き入れたもので、小見出しではないと思われる。

二四九頁小見出し（二二二）「私事を謀らず」が「私事を語らず」となっている。

六　索引について

「凡例」で記したように巻末に人名・書名・地名の主なものを集めた固有名詞索引と政治・経済・社会上の術語的用語や、福澤特有の文字遣い等の用語を集めた語句索引を付けてみた。

口述校訂原稿は福澤の談話体口語文を速記した矢野由次郎がそれを飜訳して原稿用紙に書き綴ったものを、福澤が自から筆を加えて原稿に仕上げたものであるから、口語文を活字化する場合に、両者とも同じ言葉、例えば「こども」という語を「小供」（一五、一七三）「子供」（一、六、一七三）の二様で書き表わしたり、漢字では主に福澤が「凢そ」「淂意」「決心」「涼」「迯」等通行の漢字とは異なる字体を使ったり、「あたりまえ」という言葉に「當然」「當前」「普通」（矢野）の三種類の宛字を使ったり、また指示代名詞の「あちら」「あっち」の漢字として同じ「彼方」が使われる等不統一である場合が多いが、それらも煩を厭わず採取してみた。

その外、九州の中津出身の福澤が、六十余歳になっても出身地の言葉、所謂方言が使われていることも注目すべき特色である。福澤は大阪で生まれ、満十八ケ月で父の死去に伴い出身地中津に住むことになった。ところが一兄三姉はすべて大阪の生れで「皆大坂言葉」（二—八）で母も「長く大坂に居たから大坂の風に慣れて」（二—一〇）近所の者と「混和（こんくゎ）」（二—四）することが出来なかったと述懐しているが、その後二十歳まで中津で生活し、一年間長崎で過した後、三年半大阪の緒方塾で生活している。その後、安政五年（一八五八）江戸に出て来て三度の外遊（約二年間）を除き明治三十年（一八九七）まで約四十年間を東京で過している。それなのに中津特有の発音や表現が依然として残っているのは注目される。この『自傳』口述以外の文献として『全集』十九巻（七二八〜七三五頁）に「明治三十一年一月二十八日三田演説會に於ける演説」が載っていて、これは他の演説記録と違い口語体がそのまま復元されているので、その文言を調べると、自伝口述とほぼ同時期の演説なので同じような表現が多く見られる。例えば「有られない」「教場が持てない」（維持できないの意味）「出来られない」「言出しさうにもしない」等である。要するに中津を離れて四十年経っても、故郷の言葉は抜けていないのである。

例えば「ヲシ〳〵」という言葉をとりあげてみよう。これは「幼少の時」の章で自分は子供の頃から手先きが器用で、桶のたがを入れることから刀剣の細工までこなしていたが、安政五年福澤二十五歳の時、初めて江戸へ出てきたときに、年の若い子供が鋸の刃を研ぐための鑢の目立をしているのを目撃して、大都会の工芸技術の進歩に驚嘆し、田舎の技術の遅れを実感した時に使われている。即ち鋸に使う鑢の目立はとても出来ないが、木材などを削る普通の鑢の目立ならば自分でも「ヲシ〳〵」（九―七）出来ると自筆で書いてある所である。この「ヲシ〳〵」という表現は共通語ではあまり使われない用語で、全体の文意から推察すると「どうにか」とか「どうやら」と言うような意味ではないかと思われる。

この「ヲシ〳〵」という表現は、自傳口述の三十年前にも使われていて、その時は「押ゝ」と漢字で書いている。その一つは明治二年二月二十二日付で中津の叔父や従兄弟である東條・藤本・渡辺等に宛てた書翰で、昭和版『全集』十七巻初版（六九頁）に「小禄にても押て立行可申存じ候」とあり、同再版本では「押て（押ゝ?）」と訂正し、更に『書簡集』第一巻（一二一頁）でも「押て（押ゝカ）」とし、最新刊の『福澤諭吉の手紙』（岩波文庫、二〇〇四年四月刊、二七八頁）では「押々（おしおし）」としている。二番目の例は明治三年十月十四日付九鬼隆義宛ての書翰に、「手紙抔認候事は押々出来申候」（一〇二頁）とあり、再版本はそのまま、『書簡集』第一巻（一七四頁）には「押ゝ」とあり、『福澤諭吉の手紙』（二八三頁）では「押々（おしおし）」としている。

これらの使用方法を見ても、中津の目上の親戚とか旧三田藩主に対しても使っているところから、福澤は特に方言であるという意識は無かったのではないかと想像される。そこで中津地方の方言について詳しい大家愼司氏の近著『中津地方の方言』（二〇〇三年一〇月刊）によってみると、「ヲシ〳〵」という表現は取挙げられていない。しかし近い表現として「オジイ＝恐ろしい」（八一頁）「オジー＝怖い」（一四七頁）「オジイ＝こわい、おそろしい」（二一二頁）とあるところから、「ヲシ〳〵」は「おそるおそる」とか「こわごわ」という意味から発展した用法であろうかと思い本文に注記しておいた。

佐志傳

固有名詞索引

あ 行

か　行

た　行

な　行

は　行

ま　行

や　行

ら　行

わ　行

語句索引

あ 行

か 行

決定　98, 157, 270, 283
決定（けつぢやう）　225
決心　6, 24, 51, 66, 189, 205, 207〜209, 281
下等（げとう）　12
外道　148
外道（けだう）　267
外道（げだう）　188, 266
健康屠殺場　264
言語擧動　125
建白　157
如斯（こう）　82
公儀　90
交際　8, 200, 284
剛情　66, 95
剛情（ごうぢやう）　58
剛情（ごうぢやう）　29, 234, 260
孝悌忠信　12
蒙るまいものでもない　122
蝙蝠傘　109
公用方　94, 97
御家人　144, 162, 163
御家人（ごけにん）　224
御國益掛（ごこくえきかゝり）　149
五國條約　87
心得　89, 192, 194, 205〜207, 244, 265
心得（こゝろえ）　14
心地　101, 109
心地（こゝろもち）　17, 20, 32, 37, 117, 227
心持　118, 198, 199, 234, 237, 244, 273
心持（こゝろもち）　143
此方等（こちとら）　66
此身等（こちとら）　152
此方（こちら）　18, 87, 227, 247, 251, 264
此方（こちら）　17, 132, 183
國會開設　280
此方　29, 57, 102, 113, 117〜119, 125, 141, 146〜148, 160, 161, 165, 166, 171, 184, 186, 190, 191, 194, 204, 205, 219, 220, 227, 232, 236, 238, 242, 243, 252, 274
此方（こつち）　13, 22, 48, 50, 51, 61, 65, 82, 84, 105, 106, 156, 164, 180, 194, 206, 212, 217, 224, 228, 237, 258, 276, 289
此方（こつち）　16, 67, 88, 147, 160, 190, 192, 204〜206, 221, 236, 246, 267, 274, 284
御亭主　103
絆切れて（ことき）　139
子供　2, 6, 173, 231, 233, 234, 263〜265
小供　2, 3, 6, 8, 9, 15, 16, 36, 92, 160, 173, 186, 218, 232〜234, 262〜265
小供（こども）　16
此方（このかた）　247
此身　196
胡麻化（ごまか）　234
縷々と（こまごま）　221
濃ニ（こまやか）　223
米搗　289
米搗（こめつき）　288
小面倒臭い（こめんどくさ）　248
従前　276
従前（これまで）　270
虎列拉　85
破落戸（ごろつき）　53
假色（こはいろ）　213
混和（こんくわ）　2
如斯な（こん）　6
如斯な（こん）　32
如斯（こんな）　20
コンミツション（手数料）　150

さ　行

左院　193
左様　12, 44, 46, 51, 57, 79, 159, 238, 257, 264
左様（さう）　11, 14, 23, 40, 53, 150, 154, 235, 256, 284, 285
爾う　4, 5, 7, 8, 29, 52, 54, 59, 70, 74, 91, 92, 99, 104, 121, 124, 126, 127, 136, 137, 142, 148, 151, 156, 158〜161, 166〜168, 170, 171, 175〜177, 179, 195, 202, 223, 230〜232, 235, 236, 238, 239, 242, 243, 262, 270
爾う（さ）　16, 17, 23, 29, 30, 35, 36, 46, 50, 65, 115, 120, 122, 143, 144, 152, 158, 162, 172, 185, 192, 197, 207, 209, 226, 229, 231, 241, 242, 249, 255
爾う（さう）　154
左様だ（さう）　163
左様で（さう）　285
左様な（さう）　284
月代　47, 108
鎖國　116, 117, 148, 163, 180, 196, 213
――家　144, 148

た　行

な　行

は　行

ま 行

や 行

ら 行

わ 行

［編著者略歴］

河北展生（かわきた　のぶお）

大正10年生まれ。昭和18年9月慶應義塾大学文学部卒業。同年10月慶應義塾大学文学部助手。昭和39年4月慶應義塾大学文学部教授。昭和45年4月慶應義塾大学大学院文学研究科委員兼任。昭和61年4月慶應義塾福澤研究センター所長兼任。昭和62年3月慶應義塾大学定年退職。同年4月慶應義塾大学名誉教授、福澤研究センター顧問。

主な編著書に、『幕末史』（慶應義塾大学通信教育教材、昭和25年、慶應義塾）、『万延元年遣米使節資料集成　第一巻』（昭和36年、日米修好通商百年記念行事委員会）、『慶應義塾百年史』分担執筆（昭和33〜44年、慶應義塾）、『幕末の政争』（昭和43年、講談社）、『慶應義塾125年』編集（昭和58年、慶應義塾）等がある。

佐志　傳（さし　つたえ）

昭和5年生まれ。昭和28年慶應義塾大学文学部卒業。昭和30年3月慶應義塾大学大学院文学研究科修了、文学修士。同年4月慶應義塾史編纂所事務員、のち所員。昭和40年4月慶應義塾高等学校教諭。昭和58年慶應義塾福澤研究センター所員兼務。平成8年3月慶應義塾定年退職。同年4月慶應義塾福澤研究センター顧問。

主な編著書に、『慶應義塾百年史』編集・分担執筆（昭和33〜40年、慶應義塾）、『交詢社百年史』編集・分担執筆（昭和58年、交詢社）、『慶應義塾125年』編集（昭和58年、慶應義塾）、『慶應義塾社中之約束』解説（昭和61年、慶應義塾福澤研究センター）、『慶應義塾豆百科』分担執筆（平成8年、慶應義塾）、マイクロフィルム版『福澤関係文書』編集・解説（平成元〜10年、慶應義塾福澤研究センター）等がある。

「福翁自傳」の研究　本文編

2006年 6 月10日　初版第1刷発行
2006年11月 1 日　初版第2刷発行

編著者――――河北展生（註釈編）・佐志　傳（本文編）
発行者――――坂上　弘
発行所――――慶應義塾大学出版会株式会社
〒108-8346　東京都港区三田2-19-30
TEL〔編集部〕03-3451-0931
〔営業部〕03-3451-3584〈ご注文〉
〔　〃　〕03-3451-6926
FAX〔営業部〕03-3451-3122
振替 00190-8-155497
http://www.keio-up.co.jp/
装　丁――――巖谷純介
印刷・製本――株式会社精興社

Printed in Japan ISBN 4-7664-1295-8